I0251914

www.ingramcontent.com/pod-product-compliance
Lightning Source LLC
Chambersburg PA
CBHW080213040426
42333CB00044B/2633
9781778921216

درختی که ریشه دارد ترسی از تبر ندارد

مجموعه کامل نامه‌های زیگموند فروید به ویلهلم فلیس

(۱۸۸۷-۱۹۰۴)

نوشته: زیگموند فروید

ترجمه: سید علی‌سینا رحیمی

سلام هم زبان

دستیابی ایرانیان مقیم خارج از کشور به کتاب‌های بسیار متنوع و جدیدی که به تازگی در ایران نگاشته و چاپ می‌شوند، محدود است. ما قصد داریم این خدمت را به فارسی زبانان دنیا هدیه دهیم تا آنها بتوانند مانند شما با یک کلیک کتاب‌هایی در زمینه‌های مختلف را خریداری کنند و درب منزل تحویل بگیرند.

ما در گروه KPH و یا خانه انتشارات کیدزوکادو این افتخار را داریم تا برای اولین بار در جهان کتاب‌های با ارزش تألیفی با زبانهای فارسی، انگلیسی، فرانسه و چند زبان دیگر را در خارج از ایران منتشر کنیم و در دسترس جهانیان قرار دهیم، باشد که گوشه‌ای از توانایی ایرانیان را به دنیا نشان دهیم.

از اینکه توانستیم کتابهای جدید و با ارزشی که به قلم عالی نویسندگان و نخبه‌گان خوب ایرانی نگاشته شده است را در اختیار شما قرار دهیم و در هر چه بیشتر معرفی‌کردن ایران، ایرانیان و فارسی زبانان قدم برداریم، بسیار احساس رضایتمندی داریم.

این کتاب‌ها تحت اجازه مستقیم نویسنده و یا انتشارات کتاب صورت گرفته و سود حاصله بعد از کسر هزینه‌ها، به نویسنده پرداخته می‌شود.

خانه انتشارات کیدزوکادو در قبال مطالب داخل کتاب هیچگونه مسئولیتی ندارد و صرفاً به عنوان یک انتشار دهنده می‌باشد. شما خواننده عزیز می‌توانید ما را با به اشتراک گذاشتن نظرات خود در مورد کتاب در وب‌سایتی که آن را تهیه کرده‌اید، ما را به این کار فرهنگی دلگرمتر کنید. از کامنتی که در برگیرنده نظرتان نسبت به کتاب است عکس بگیرید و برای ما به این ایمیل بفرستید. از هر ۴ نفری که برایمان کامنت می‌فرستند، یک نفر یک کتاب رایگان از انتشارات هدیه می‌گیرد.

ایمیل : info@kidsocado.com

سریال کتاب: P 2445130207
عنوان: مجموعه کامل نامه های زیگموند فروید به ویلهلم فلیس
پدید آورنده: زیگموند فروید
ترجمه: سید علی سینا رحیمی
شابک: ISBN: 978-1-77892-119-3
موضوع: روانکاوی
مشخصات کتاب: صحافی مقوایی / سایز وزیری
تعداد صفحات: ۶۹۷
تاریخ نشر در کانادا: جون۲۰۲۴

Kidsocado Publishing House
خانه انتشارات کیدزوکادو
ونکوور، کانادا

تلفن: 8654 633 (833) 1+
واتس آپ: 7248 333 (236) 1+
ایمیل: INFO@KIDSOCADO.COM
وبسایت انتشارات: HTTPS://KIDSOCADOPUBLISHINGHOUSE.COM
وبسایت فروشگاه: HTTPS://KPHCLUB.COM

برای خورشید زندگی، آن هنگام که ضرب‌آهنگ نگاه کودکانه‌اش، ناخودآگاه، فروید بنیان‌گذار روان‌کاوی را نشانه رفت و از زاویه دید خارج شد. نهان شد. در بازگشت کتاب به‌دست، نفس‌نفس، اشتیاق نگاهی را که سال‌ها پیش در جلسه آنالیز من نهفته شده بود به درخشندگی نگاهش گره زد. آهسته و آرام فریاد سکوتم را با زبان، رمزگشایی کرد. قد می‌کشید شوق کودکانه‌اش، پر کرده بود پژواک صدایش فضای شهر کتاب را. تداعی او بود ادامه آنالیز من؛ بازنمایی رانه‌ای در میل کودکی تکرار می‌شد که من زمان زیادی در بند این تکرار بودم. از اضطرابی پنهان، جان‌سخت به فرسودگی خشنود بودم. شاید تکرار، آن هنگام رخت یادآوری پوشید. کودکی‌ام... دوباره ده‌ساله شدم...
و تغییر ارمغانی است تا بی‌نهایت ....

اکنون برای تو به خاطر هلیا

چاپ‌شده در ایالات متحده آمریکا ۱ ۲ ۳ ۴ ۵ ۶ ۷ ۸ ۹ ۱۰
این کتاب با کاغذهای بدون اسید چاپ شده و مواد چسبی آن محکم و مقاوم هستند.
اطلاعات و دسته‌بندی در کتابخانه کنگره در آخرین صفحه‌های کتاب آمده است.

زبان و صدای علم در سکوت نشر تبلور می‌یابد تا در محتوای خودآگاهی، جامه ناخودآگاهی‌اش را هویت بخشد. نشر توتم با احترام و افتخار به یگانه روان‌کاو برجسته ایران، سرکار خانم دکتر میترا کدیور، پیشگام روان‌کاوی فروید-لکان و سرکار خانم دکتر سوگل اخوان، پیشگام روان‌کاوی روابط ابژه در ایران؛ انتشار اولین اثر روان‌کاوانه «مجموعه کامل نامه‌های زیگموند فروید به ویلهلم فلیس» را پس از فرازونشیب هفت ساله در رشد و تحول تا چهره‌به‌چهره شدن در دنیای ادب و زبان پارسی همراه می‌نماید با سپاسگزاری از هنرمند گرامی جناب آقای بزرگمهر حسین پور، طراح و نقاش انحصاری جلد کتاب «نامه‌های فروید»؛ جناب آقای دکتر علی‌حسین سازمند، مدیر مسئول نشر دانژه؛ جناب آقای دکتر هومن نامور، مدیر مسئول نشر روان‌شناسی و هنر؛ جناب آقای دکتر حسن رفیعی؛ سرکار خانم دکتر لیلا سلیمانی نیا؛ سرکار خانم دکتر فرزانه آزاد اصل؛ سرکار خانم ریحانه جان بزرگی؛ سرکار خانم شارمیلا امیرتیموری؛ جناب آقای علاالدین پژهان؛ سرکار خانم شایسته ایرانی؛ جناب آقای سید صادق رحیمی؛ سرکار خانم لیلا جعفری؛ سرکار خانم دکتر لیلی عباسی؛ سرکار خانم گلناز مهدویخواه؛ سرکار خانم نگین مرزپور؛ جناب آقای علی سامانی؛ جناب آقای مجتبی محمدی؛ سرکار خانم هانیه دهقان؛ سرکارخانم هلیا رحیمی؛ جناب آقای شنتیا راد و درود بر تمامی آنانی که در این مسیر تلاش کردند و از ادامه بازماندند.

مدیر مسئول نشر توتم

تصاویر

۱) فهرست نامه‌های ماری بناپارت (از مجموعه ویراستار؛ پیداشده در میز کار فروید در مارسفیلد گاردنز، لندن)
۲) فروید و نامزدش، مارتا برنایز (با احترام به ماری اوانز/ حق کپی‌رایت زیگموند فروید)
۳) ماتیلده فروید، اولین فرزند (با احترام به ماری اوانز/ حق کپی‌رایت زیگموند فروید)
۴) آیدا بوندی فلیس در سال ۱۸۹۲ (عکس از مجموعه ویراستار؛ هدیه النور فلیس)
۵) ژاکوب فلیس، پدر ویلهلم (عکس از مجموعه ویراستار؛ هدیه النور فلیس)
۶) رابرت ویلهلم، پسر فلیس (عکس از مجموعه ویراستار؛ هدیه النور فلیس)
۷) اِما اکستاین در سال ۱۸۹۵ (با احترام به حق کپی‌رایت زیگموند فروید و کتابخانه کنگره)
۸) فروید و فلیس در دهه ۱۹۸۰ (با احترام به حق کپی‌رایت زیگموند فروید)
۸۹) آمالی ناتانسون فروید (با احترام به حق کپی‌رایت زیگموند فروید و کتابخانه کنگره)
۱۰) ژاکوب فروید در آخرین سال عمرش (با احترام به حق کپی‌رایت زیگموند فروید و کتابخانه کنگره)
۱۱) نامه ۲۱ سپتامبر ۱۹۹۷ (با احترام به حق کپی‌رایت زیگموند فروید و کتابخانه کنگره)
۱۲) نمای ۹، برگاس ۱۹ (عکس سرسرای آرشیو لی مایلر (با احترام کتاب‌های پایه خارجی و ماری اوانز/ حق کپی‌رایت زیگموند فروید)
۱۳) خانواده فروید در باغچه خانه‌شان (با احترام به حق کپی‌رایت زیگموند فروید)
۱۴) ویلهلم فلیس در سال‌های پایانی (با احترام به ماری اوانز/ حق کپی‌رایت زیگموند فروید)
۱۵) ژوزف و متیو بروئر (از مجموعه خانوادگی)
۱۶) دو نفر از سه دختر فروید (با احترام به حق کپی‌رایت زیگموند فروید و کتابخانه کنگره)
۱۷) سه پسر فروید (با احترام به حق کپی‌رایت زیگموند فروید و کتابخانه کنگره)

فهرست

مقدمه مترجم

درون ما خویشتنی است که شنیده نمی‌شود. احساسات و خواسته‌هایش بیان نمی شود. توجه لازم دریافت نمی‌کند. انحراف از معیارش تأیید نمی‌شود. سخن و زبانش فهمیده و درک نمی‌شود و خودمان نیز سردرگم از شناخت هویتش، قادر به پاسخ دادن به «من کیستم» نیستیم. در اندرون من خسته‌دل ندانم کیست که من خموشم و او جیغ می‌کشد. خویشتنی که با ضربه تولد قدم در مسیر زندگی می‌گذارد. زندگی مسیر پر رنجی است که رنج، سنگفرش راهی است رنج آلود. لذت گذر از هر رنجی مقدمه رنجی دیگر است. بودنی که برای فرار از درک نابودن، ناگزیر از درک رنج است. زندگی ابزار فریب است که بازیچه آن انسان، توهم اربابی دارد. اربابی که اسیر نیاز است و با انکار کاستی و کمبود خود ماهیت وجودی‌اش را در فلسفه، تئوری، دین، فرهنگ و تمدن به انحراف می‌کشاند و برای گریز از اختلال و بیماری به هر شکلی از خشونت گرفته تا هنر و نوع‌دوستی به خودارضائی و خودفریبی می‌پردازد. در پس پرده ذهن دیگران، دانش می‌سازد و با پیروی از نادانسته‌های دانسته‌پندار، مغرور به همه‌چیزدانی و همه‌کارتوانی می‌شود؛ تا رنج خودکم‌بینی و اختگی‌اش را پنهان کند؛ تا مسیر مرگ را رهبری کند. سرباز شطرنجی که در تصور وزیر شدن در خودشیفتگی خود، به پایان نمی‌رسد... که تولد آغاز زندگی نیست.

هنگامی که تصور می‌کنیم ماهیت وجودی انسان را می‌فهمیم و از فهمیدن موضوع سخن می‌گوئیم، درواقع، میزان فهمیدن ما بسیار کمتر از آن چیزی است که تصور درکش را داریم و به همین میزان از هستی و چیستی آن موضوع هم فاصله داریم. درک و فهم جدید ماهیت وجودی انسان، متأثر از درک و فهم گذشته نیز می‌باشد.

بنابراین، فهم‌های پیشین ما در شکل‌گیری و سوگیری فهم‌های نوین تأثیر دارند، اما ادراک و آگاهی از فهم‌های پیشین، بینش و پذیرش نسبت به جانبداری و سوءگیری فهم‌های گذشته می‌تواند منجر به داشتن تفکر آزاد و پذیرا بودن شود و این خودش زمینه‌ساز درک و فهم نوینی است که در آغاز فقط تصوری از آن داشتیم.

برای دریافت ماهیت انسان و درک چیستی هر موضوعی ناگزیر از بررسی گذشته، جریان و سیر تاریخ آن هستیم. نامه‌های فروید، مرجع اسناد ارزشمند تاریخ چگونگی شکل گیری و بنیان‌گذاری روان‌کاوی است که تحول و تغییرات ذهن بنیان‌گذارش را بیان می کند.

روان انسان همان‌گونه که از معنی‌اش «جاری بودن» تداعی می‌شود، ویژگی نهفته و بارزش جریان داشتن و پویایی، تغییر و تحول در بستر زمان است و این به معنی در حرکت بودن انسان داینامیک است که هستی در تکاپوست. این جریان پویا در شخصیت فروید قابل بررسی و ردیابی است. *فروید را می‌توان از درون نامه‌هایش شناخت.*

آنان که فروید را به باد انتقاد گرفتند و سعی در حذف وی و منسوخ شدن روان‌کاوی داشتند، گویا از فروید، فرویدی‌تر عمل کردند. از آن‌جا که با انکار نادانی خود با فرافکنیِ خطاهای فروید به روان‌کاوی تاختند، غافل از این‌که منطق خطا در پی یافتن هدف است و در مورد فروید گاهی هدفی بزرگتر به نام ناخودگاه نشان می‌شود. هرچند، انسان بدون اشتباه نمی‌تواند انسان باشد تا آن‌جا که فروید به خواب رفت و از زنده بودنش قدرتمندتر شد و آنگونه که خود می‌پنداشت به پیروزی پس از مرگ دست یافت.

و کسانی که سعی در شناخت فروید با رویکرد انتقادی و رجوع به آراء پسافرویدی و پیروانش داشتند، در بیراهه شناخت دیگران بر طبل افکار نوین کوبیدند تا ابزاری باشند برای توجیه هدف ایستاگران و ایجاد انسان استاتیک که خود نیز برای رهایی از آن به لطف لکان به بازگشت به فروید روی آورند.

روی سخن با این دو گروه است که هر دو در پس پرده علم و دانش روان‌کاوی، رزق خود می‌برند و با تولید نادانسته‌های دانسته‌پندار، چون از فرونشانی انسان داینامیک و درک و تصاحب منطق روان‌کاوی فروید ناتوان می‌شوند به دشمنی می‌پردازند.

مشکل ما شاید نه، درواقع، این است که در ایران آنالیست زیاد داریم اما روان‌کاو نه، روان درمانگر زیاد داریم، روان‌شناس و درمان نه. مشکل بزرگتر ما شاید نه، درواقع، این است

که ابزار و تکنیک و روش‌های ابداعی و اقتباسی زیاد داریم، (که همه فریب‌اند) اما روش شناسی نه و بزرگترین مشکل ما این است که بیمار روان‌رنجور نمی‌خواهد درمان شود و درمانگر آری و روان‌رنجوری بسیار شایسته و قدرتمندتر از رویکردهای روان‌درمانی عمل کرده است.

و مشکل روان‌کاوی شاید نه، درواقع، این است که هنوز باید بر کرسی فروید بنشیند تا یک قرن سکوت کلاسیک، طی شود. شاید، آری شاید، تکامل بشر لنگ‌لنگان از راه برسد تا پایان دهد به لذت برداشت‌گرایانی که در قرن ۲۱ با استناد به آثار فروید و به‌خصوص نامه‌های وی به تحقیر خود پاسخ می‌دهند و در این خودارضائی ابتدا با تخریب و انتقاد سوگیرانه و روشنفکرمآبانه و سپس، بعد از رسوایی با خودبزرگ‌پنداری در پذیرش خطای خود باز هم کیفور می‌شوند.

زهی خیال باطل، در تکرار تاریخ این نکته مستتر است که هر تکراری، تکرار نیست که ناخودآگاهی رسم مهر آکین دارد.

دلت گر به راه خطا مایل است ترا دشمن اندر جهان خود دل است

فردوسی

مجموعه کامل نامه‌های فروید به فلیس تقدیم می‌شود به پارسی‌زبانان تا ضمن آشنایی با جهان‌بینی فروید که شامل اجزاء ناسازگار داینامیک و استاتیک انسانی است، بدانند فروید سنگ‌بنای روان‌کاوی را براساس داده‌های تجربی بنا نهاده و چون علم مبتنی بر آزمایش و تجربه است، هم‌زمان که نسبی است اعتبار دارد، هرچند، فرایند علم روان کاوی پیچیده مبهم و دشوار باشد.

سید علی‌سینا رحیمی

پیشگفتار

چاپ کتاب منشأ روان‌کاوی، نسخه انتخابی نامه‌های زیگموند فروید به ویلهلم فلیس، در سال ۱۹۵۰ در آلمان، سپس در سال ۱۹۵۴ در انگلستان، همه خوانندگان از جمله خود من را ترغیب می‌کرد که به دنبال نسخه تلخیص‌نشده این اسناد خارق‌العاده باشم. من در سال ۱۹۷۸ به دختر فروید، آنا، نزدیک شدم و در مورد علاقه‌ام و اطمینان از این مسئله که نامه‌های منتشرنشده حاوی اطلاعات ارزشمندی هستند با او صحبت کردم. او به من اجازه داد که به اسناد مربوط به سال‌های ۱۸۹۷ دسترسی پیدا کنم و وقتی که توانستم به او نشان دهم آن اسناد درواقع، برای تاریخ‌نگاران روان‌کاوی حاوی مسائل مهمی است، تمایل پیدا کرد که به اجازه انتشار کامل نامه‌ها فکر کند، اما زمانی که کی. *آر. ایسلر*، دوست صمیمی و مشاور مورد اعتماد خانم فروید، با من هم‌نظر شد آنا کاملاً نرم شد و موافقت کرد تا نسخه جدیدی را آماده کنم. من در ابتدا نمی‌دانستم این کار چقدر پیچیده خواهد شد و چقدر تلاش نیاز دارد؛ باید از چند کشور دیدن کنم؛ چند کتابخانه را بگردم و چندین سند را پیگیری کنم. وقتی کارم تمام شد، ۱۳۳ نامه‌ای که منتشر نشده بودند به ۱۶۸ نامه ارائه‌شده به صورت کامل یا جزئی در کتاب منشأ اضافه شدند.

ویرایش کاری به این بزرگی خطرناک است، زیرا این احتمال هست که چهره یک مرد بزرگ را تغییر بدهد. من هنوز هم فکر می‌کنم بیشتر خوانندگان موافقند که یک *زیگموند فروید* که بیشتر شبیه به یک انسان است از این نسخه کامل نامه‌هایش به فلیس پدید می‌آید. همچنین این مسئله صحت دارد که تفسیر کامل‌تر تفکر او در مورد برخی از نظریه‌های کلیدی‌اش به شدت با نسخه‌ای که فروید سال‌ها بعد در کارهای منتشرشده‌اش ارائه داد، متفاوت است. شاید اجتناب‌ناپذیر باشد که دسترسی به کارهایی

که هیچ‌وقت قرار نبوده چاپ شوند، تاریخ‌نگاران بی‌طرف را مجبور می‌کند که نتیجه‌گیری‌های سخت و حتی غیررایج داشته باشند. در این نسخه جدید تلاش کردم که تا حد امکان نامه‌ها را واقع‌گرایانه ارائه کنم و از انجام هر گونه تفسیر یا ارزیابی از طرف خودم خودداری کرده‌ام.

وقتی که *آنا فروید* تصمیم گرفت اجازه انتشار نامه‌ها را بدهد، با سخاوتی بی‌وقفه، وقت و دانش خود را در اختیار من گذاشت. زمان زیادی را در خانه‌اش در مارسفیلد گاردنز، لندن (که خانه پدر او در سال‌های پایانی عمرش نیز بود) گذراندم. آن‌جا کتابخانه شخصی فروید را مطالعه کردم و کشوها و کابینت‌های اسناد را زیر و رو کردم و برخی از اشاره‌ها به نامه‌هایش به فلیس را پیدا کردم. با *آنا فروید* در مورد نامه‌ها و محتوای آن‌ها بسیار صحبت کردم. هر دوی ما درگیر هیجان جستجوی دقیق میز کار فروید و یافتن اسنادی شدیم که گمان می‌رفت گم شده‌اند. من باور دارم که خانم فروید متوجه شد چقدر چیزها جا مانده است که هنوز باید کشف شوند و چه لذتی در پیدا کردن آن‌ها وجود دارد. مطمئناً، او هم با من در یک رضایت قابل توجه سهیم بود که در تجربه این کار کارآگاهی، شامل تألیف این نامه‌ها وجود داشت.

بنابراین، قدردانی اصلی من برای *آنا فروید* فقید و بسیاری از مهربانی‌های وی نسبت به من محفوظ است. علاوه بر این، بدون کمک *کی. آر. ایسلر*، این پروژه هرگز شروع نمی‌شد. او به‌طرز سخاوتمندانه‌ای وقت و انرژی خود را پای این کار گذاشت و دسترسی من در کتابخانه کنگره و در هر جای دیگر را به انبار وسیع اسناد اصلی تسهیل کرد که بسیاری از آن‌ها حاشیه‌نویسی‌های این نسخه را غنی‌تر کردند.

تمام کسانی که به این نامه‌ها علاقه داشتند، باید بسیار قدردان *ماری بناپارت* برای نجات اسناد اصلی و *ارنست کریس* و *آنا فروید* برای اولین نسخه نامه‌ها باشند.

لوتی نیومن که به‌وسیله *آنا فروید* به عنوان مترجم انتخاب شد، اولین پیش‌نویس ترجمه‌ها را آماده کرد و آن را با تمام ترجمه‌های موجود مقایسه کرد. او همچنین پیشنهادات ارزشمند و نقدهایی عالی در مورد پیش‌نویس‌های بعدی ارائه کرد. *جرارد فیچتنر* مسئول متون آلمانی است که ترجمه جدید برمبنای آن می‌باشد. نیازی به گفتن نیست که بدون کمک او ارائه این نسخه امکان‌پذیر نبود. او از یک برنامه پرمشغله در دانشگاه توبینگن وقتش را آزاد کرد تا به بروکلی کالیفرنیا، جایی که من کار می‌کردم،

بیاید و حمایت علمی‌اش را ارائه کند. *ماریان لورینگ*، دستیار تحقیق من، مستحق بخش بزرگی از امتیاز نسخه پایانی‌ست. بسیاری از یادداشت‌ها هم تا حد زیادی مدیون توانایی‌های تحقیقی او هستند. او همکار فکری من در شش سال تألیف این کار بوده است و اصلاً اغراق نیست اگر بگویم بدون کمک‌های ماهرانه، نامحدود و سرزنده او نمی توانستم این کار را مدیریت کنم. در نهایت، این کتاب شکل حاضر خود را مدیون کمک این سه نفر است: *لوتی نیومن*، *جرارد فیچتنر* و *ماریان لورینگ*. بسیار بیشتر از آنچه که بتوانم به زبان بیاورم، قدردان این سه نفر هستم. همچنین طی این کار به‌وسیله *مارک پترسن*، مدیر اجرایی حق کپی‌رایت *زیگموند فروید*، حمایت شدم. *ایلس گروبریچ سیمیتیس* همیشه با مشاوره‌های ارزشمندش حاضر بوده است. موریی*ل گاردینر* از آغاز مشتاق این پروژه بوده و مرحوم *النور فلیس*، بیوه پسر *ویلهلم فلیس*، رابرت، طی نوشتن این کتاب از دوستان من شد. افسوس می‌خورم که آن‌قدر زنده نماند که چاپ این کتاب را ببیند. می‌دانم که این سبب خوشحالی بیشتر او می‌شد.

آرتور روزنتال، مدیر انتشارات دانشگاه هاروارد، حمایت قوی و دائمی در کل دوران تألیف این نسخه جدید ارائه کرده است. *ویویان ویلر*، ویراستاری ایده‌آل و با نزاکت و خردمند است و کار کردن با او مزیتی برای من بود.

برخی از نامه‌های گنجانده‌شده در این جلد، از کتابخانه ملی و دانشگاه یهودی در اورشلیم آمده‌اند، جایی که نامه‌ها به‌وسیله دختر فلیس، *پائولین فلیس* ژاکوبسن به امانت گذاشته شده بودند. پیتر *سوالز* توجه مرا به آن‌ها جلب کرد و من مدیون خانم ژاکوبسن هستم که به من اجازه داد تا از آن‌ها استفاده کنم. شاهزاده یوگین از یونان، با محبت به متخصصان اجازه داد از دفترچه *ماری بناپارت* استفاده کنند.

جان برودریک، *پائول هفرون* و خصوصاً *رونالد ویلکینسون* و کارمندان کتابخانه کنگره در بخش دست‌نوشته‌ها همیشه مشتاق بودند به من کمک کنند تا مطالبی را که دسترسی به آن‌ها سخت است، پیدا کنم و از تمام چیزهایی که نیاز داشتم کپی‌هایی را برایم فراهم کنند.

آلبرت دیکسون، *آلن کیلر* و *مایکل* شروتر در ترجمه پایانی چندین اصلاح مفید انجام دادند.

می‌خواهم از افراد زیر نیز که به روش‌های مختلف کمک کردند، تشکر کنم: *آنجلا هریس*، *سوزان منگو*، *آنی اورباخ*، *رابرت والرستین* و *ترود ویس‌کوف*.

کاری به این بزرگی نمی‌تواند بدون کمک مالی تألیف شود. به خاطر کمک‌های سخاوتمندانه، قدردان بنیاد نیولند، صندوق تحقیق روان‌کاویِ انجمن روان‌کاوی آمریکا، کتابخانه ملی پزشکی و سرمایه‌گذاری ملی برای بشریت هستم.

جِی. ام. ام.

نکاتی در مورد روش

این ترجمه از نامه‌های فروید به فلیس براساس یک متن آلمانی کاملاً جدید است و درک اقتباس نسخه‌های انگلیسی و آلمانی آن مهم است.

آنا فروید، دست‌نوشته‌های اصلی سند آلمانی تمام نامه‌ها را در اختیار من قرار داد که به‌وسیله او و *ارنست کریس*، اصلاح و چاپ و حذف‌هایی در آن‌ها انجام شده بود. نام آن کتاب «زیگموند فروید در شروع روان‌کاوی» بود. من از تمام نامه‌های اصلی که در کتابخانه کنگره نگهداری می‌شوند و همچنین از چند نامه که در اختیار مرحوم جیمز *استرچی* بودند، کپی‌هایی را گرفتم. سپس همکارم؛ *ماریان لورینگ* این ۲۸۴ نامه اصلی را با رونوشت‌ها مقایسه کرد. من و او تصحیحات زیادی روی رونوشت‌ها انجام دادیم که در مورد تعدادی از آن‌ها با *آنا فروید* صحبت کردم. سپس *جرارد فیچتنر*، مدیر مؤسسه تاریخ پزشکی در دانشگاه توبینگن و یک مقام برجسته در مؤسسه فروید، مجدداً کل نامه‌ها را بررسی کرد و برخی خطاهای دیگر را نیز پیدا کرد. فیچتنر هم در کتاب آلمانی *شروع* و هم در رونوشت اصلاح‌شده، یک رونوشت جدید نوشت که من و لورینگ باز هم آن را مرور و اصلاح کردیم. فیچتنر برای بار سوم این رونوشت را با نامه‌های اصلی مقایسه و رونوشت پایانی را تهیه کرد و این سندی است که ترجمه حاضر از آن گرفته شده است.

لوتی نیومن اولین پیش‌نویس این ترجمه را آماده کرد که *ماریان لورینگ* و من پیش از این‌که به نسخه حاضر برسیم، چندین بار آن را اصلاح کردیم. به جز چند اصلاح کوچک، من از بازبینی‌های عالی فیچتنر برای جلد اول نسخه استاندارد کارهای روان‌شناسی کامل *زیگموند فروید* پیروی کردم.

مقایسه این ترجمه با ترجمه‌های منتشرشده قبلی در کتاب *منشأ روان‌کاوی* و کتاب *نسخه استاندارد* نشان می‌دهد؛ کتاب من گاهی اوقات تغییراتی دارد که نشان‌دهنده چیزی بیش از درک زبان آلمانی است. (هرچند، گاهی اوقات هم مسئله این است) بیشتر اوقات، متن آلمانی که فیچتنر تصدیق کرده بود با متن چاپ‌شده در کتاب *شروع* مغایر بود. وقتی که این تفاوت‌ها به نظر مهم می‌رسیدند من متوجه آن‌ها شدم، اما اغلب فقط از نسخه صحیح استفاده کردم. خواننده می‌تواند با دیدن متن جدید آلمانی تفاوت‌ها را ببیند، چون نسخه اصلاح‌شده آلمانی و نامه‌ها به‌طور هم‌زمان با این نسخه به‌وسیله *اس. فیشر ورلاگ* در فرانکفورت و با عنوان *نامه‌های زیگموند فروید به ویلهلم فلیس* ۱۹۰۴-۱۸۸۷ نسخه کامل ویرایش‌شده توسط *جفری مسیف ماسون*؛ ویرایش نسخه آلمانی توسط *مایکل شروتر*؛ رونویسی توسط *جرارد فیچتنر* چاپ شده است.

من سعی کردم در توضیح منابع، اطلاعات واضحی را که خواننده به راحتی می‌تواند به دست بیاورد، ذکر نکنم. (مثلاً، با مشورت با بیوگرافی سه جلدی *ارنست جونز* در مورد فروید) به همین دلیل، اغلب، مطالبی را که در یادداشت‌های *ارنست کریس* در نسخه قبلی نامه‌ها قابل دسترسی‌اند، بازتولید نکردم بلکه فقط خواننده را به آن نسخه ارجاع دادم. من کارهای استرچی را نیز کپی نکردم. اولین جلد کتاب از استرچی با عنوان *نسخه استاندارد* با نشان دادن آخرین کارهای فروید به خواننده کمک می‌کند تا ایده‌هایی را گسترش دهد که برای اولین بار در این نامه‌ها ذکر شده‌اند.

پاورقی‌های خود فروید به‌وسیله ستاره‌ای در بالایشان و همچنین دیگر نشانه‌ها مشخص شده‌اند. اعداد نشان‌دهنده توضیح منابع توسط خود من هستند. من سعی کردم تا حد ممکن یادداشت‌ها را کوتاه کنم و از وسوسه تفسیر یا تأمل روی آن‌ها اجتناب کنم. خواننده، مشخصات اولیه افراد و مکان‌ها و وقایع خانوادگی را در جای مشخص‌شده، خواهد یافت. همچنین توضیحاتی در مورد اشاره‌های مبهم، اتفاق‌های سیاسی یا رویدادهای ادبی و نظرات کوتاه در مورد تجدیدنظرهای معاصر کارهای فروید و فلیس ارائه می‌شود. *مایکل شروتر*، چند یادداشت اضافی دیگر برای نسخه آلمانی این نامه‌ها نوشته که با مهربانی در اختیار من قرار داده است. به جایی که در این نسخه از آن‌ها استفاده کرده‌ام نیز اشاره کردم.

یادداشت‌های ویراستار، نامعلومی‌ها در تاریخ و یا مطالب غیرمعمول را شرح می‌دهد. نام فروید و ساعت‌های انداختن نامه به صندوق پست در سربرگ نامه‌ها حذف شده‌اند چون تکراری بودند. نشانی فرستنده و تاریخ‌های ارسال حفظ شده‌اند. اسامی بیماران تغییر داده شده است، مگر این‌که نامشان قبلاً عمومی شده باشد. اطلاعات آمده در کروشه در نامه‌ها می‌توانند توضیح عبارات خارجی و الزامات اضافی تبدیل زبان آلمانی به انگلیسی یا پیشنهادهای دیگر برای متن‌های ناخوانا باشند.

من چند اصلاح کوچک نیز انجام داده‌ام. مثلاً، در جایی که فروید در گرامر یا علامت گذاری‌ها اشتباه کرده بود، آن را مشخص نکرده‌ام. به‌علاوه، استفاده از کروشه برای نشان دادن این است که در زبان انگلیسی به کلمه‌های بیشتری نسبت به زبان آلمانی نیاز است، ملّانقطی‌مانند است. بنابراین، ضمایر که معمولاً در آلمانی حذف می‌شوند، بدون این‌که چیزی در موردشان گفته شود به نسخه انگلیسی اضافه شده‌اند. وقفه‌ها و کلمات ناخوانا در نسخه اصلی ذکر شده‌اند، اما هیچ فاعلی با لحن نوشته‌های خود فروید تفسیر نشده است. هر تغییر کوچک دیگر نیز به خاطر روشنی مطالب بوده است.

بخش انتهایی کتاب، با عنوان کارهای اصلی نقل‌شده، حاوی تمام نشرهای فروید و فلیس است که در نامه‌ها ذکر شده‌اند و همچنین حق تجدید نظری که ذکر شده است. فهرست کارهای دیگر نویسنده‌ها انتخابی است و تا حدی به خاطر نویسنده‌های معاصری که دیدگاه‌هایشان در این‌جا ذکر یا مطرح شده، آمده است. نویسنده‌های معاصر با فروید و فلیس که معمولاً فقط در متن‌ها به آن‌ها اشاره کوچک شده است، در یادداشت‌ها به‌طور کامل ذکر شده‌اند.

مقدمه

نامه‌های زیگموند فروید به نزدیک‌ترین دوستش، ویلهلم فلیس،[1] احتمالاً تنها مجموعه اسناد مهم در تاریخ روان‌کاویست. این نامه‌ها که هیچ تاریخی برای انتشارشان در نظر گرفته نشده بود، از سال ۱۸۸۷ تا ۱۹۰۴ نوشته شده‌اند. دوره‌ای که گستره آن به پیدایش و توسعه روان‌کاوی باز می‌گردد. در طول این هفده سال مکاتبه، فروید برخی از انقلابی‌ترین کارهایش را نوشته است؛ «مطالعات در مورد هیستری»، «تفسیر خواب»، «اتولوژی هیستری» و بررسی موردی معروف روی دورا.[2] هیچگاه خالق حوزه کاملاً جدیدی از دانشِ انسانی، چنین آشکارا و با این جزئیات، فرایندهای فکری‌ای را که منجر به کشف‌هایش شده، شرح نداده است. هیچ‌یک از نوشته‌های بعدی، صراحت و تأثیر این نامه‌های اولیه را ندارند و هیچ‌یک تا این اندازه افکار درونی فروید را در زمانی که در آغاز خلق این حوزه بود، آشکار نمی‌کنند. نتیجه این مجموعه، نوشته‌هایی بسیار متقاعدکننده است که برای اولین بار بدون هیچ کم و کاستی ارائه شده‌اند.

در زمانی که مکاتبات شروع شد، فروید یک سخنران سی و یک ساله در حوزه نوروپاتولوژی در دانشگاه وین بود. به‌تازگی، با مارتا برنایز[3] ازدواج کرده بود و بعد از این که شش ماه در پاریس با اعصاب‌شناس برجسته، ژان مارتین شارکو[4] درس خوانده بود، شیوه عصب‌شناسی خود را بنیان‌گذاری کرد. فلیس، بیست و نه ساله، پزشک متخصص گوش و حلق و بینی موفقی در برلین بود. در پائیز سال ۱۸۸۷ او به وین رفت تا از

1. Whilhelm Fliess
2. Dora
3. Martha Bernays
4. Jean Martin Charcot

متخصصان آن‌جا و به وضوح از پزشک برجسته آن‌جا ژوزف بروئر[1] (۱۹۲۵-۱۸۴۲) کسب علم کند. سپس مربی، همکار و دوست فروید به فلیس پیشنهاد کرد که در سخنرانی فروید در دانشگاه شرکت کند. چند ماه بعد، پس از این‌که فلیس به برلین بازگشت، فروید اولین نامه از مجموعه نامه‌هایی را نوشت که منشأ و تکامل روان‌کاوی را ترسیم می‌کرد.

در طول پنج سال، فروید و فلیس مکاتبات منظمی با هم داشتند. در سال ۱۸۹۰ آن‌ها شروع کردند به دیدار در برلین، وین (جایی که نامزد فلیس، آیدا بوندی[2] تا زمان ازدواجش با فلیس در سال ۱۸۹۲ زندگی می‌کرد) و همچنین شهرهای مختلف اتریش و آلمان و این دیدارها به خاطر چیزی بود که این دو نفر آن را «جلسه» خصوصی می‌نامیدند. این رابطه گسترش یافت و عمیق‌تر شد تا جایی که فلیس تبدیل شد به صمیمی‌ترین دوست فروید و در بیان احساسات و افکار درباره موضوعات شخصی و حرفه‌ای، فروید با فلیس راحت‌تر از هرکس دیگری بود.

دقیقاً نمی‌توان دانست که چه چیزی این دو نفر را به هم نزدیک کرد. شباهت‌های آشکاری وجود دارد؛ هر دو یهودی بودند، هر دو پزشک بودند و هر دو درگیر تحقیقات پزشکی بودند و احتمالاً از همه مهم‌تر این‌که خیلی زود متوجه شدند که هر دو نفرشان به جنبه‌هایی از علم پزشکی علاقه دارند که خارج از کانال‌های متداول تحقیق است. مثلاً، هر دو به پاریس رفتند تا با شارکو ملاقات کنند. به نظر می‌رسید عشق به بررسی‌ها و ماجراهای علمی آن‌ها را از نظر حرفه‌ای با هم مرتبط می‌کرد. به‌علاوه، ملاقات‌های‌شان شامل اشتیاق غیرمتداول برای صحبت درباره مسائل شخصی و بیان جزئیات زندگی خانوادگی‌شان بود. کاوش‌های بی‌وقفه فروید در مورد پیامدهای روان‌شناسی تجربیات جنسی زودهنگام بیمارانش، مورد استقبال همکاران پزشک بسیار محافظه‌کارش قرار نمی‌گرفت و این انزوای حتمی بی‌شک، تعداد زیاد نامه‌ها را توجیه می‌کند. برای سال‌های بسیار، فلیس تنها شنونده فروید بود.

فروید در نامه منتشرنشده ۷ آوریل ۱۸۹۳ به خواهرزنش مینا برنایز، تحسین و علاقه‌اش نسبت به فلیس را شرح داده است: «او فردی استثنایی است و ماهیت شخصیتی خوبی

---

1. Josef Breuer
2. Ida Bondy

دارد. من معتقدم اگر به آن دست می‌یافت، به واسطه نبوغی که دارد به بهترینِ خودش تبدیل می‌شد. بنابراین، جاذبه‌اش صمیمیت گرمابخش اوست».[1]

فروید اغلب نسبت به فلیس محترمانه رفتار می‌کرد. او در اول ژانویه ۱۸۹۶ نوشت:

> «دوست عزیزم!
>
> مهربانی تو نباید از بین برود. بقیه ما به کسانی مانند تو خیلی احتیاج داریم. من چقدر به تو مدیونم؛ آرامش، درک، انگیزش من در تنهایی‌ام، معنایی که در زندگی‌ام از طریق تو به آن رسیدم و سرانجام حتی سلامتی‌ای که هیچ‌کس دیگر نمی‌توانست آن را به من بازگرداند».

ادعای این مسئله آن‌گونه که برخی مطرح کرده‌اند، روشن‌کننده نیست که این رابطه عمیق یکی از روابط انتقالی است که پیش‌درآمد ضروری آنالیز فروید از خودش می باشد. هر رابطه عاشقانه‌ای (که این رابطه هم مطمئناً این‌چنین است) حاوی یک راز ضروری است که فهمیدن آن به چالش کشیده می‌شود. خود فروید سپس درباره مؤلفه هم‌جنس‌گرایی این دوستی[2] صحبت می‌کند و در واقعیت هر دو عقیده داشتند که عناصر دوجنسیتی در تمام افراد وجود دارد. یادداشت‌های رابرت فلیس، پسر ویلهلم، نکاتی را مشخص می‌کند. او در ۲۸ آگوست ۱۹۴۴، نامه‌ای به شاگرد ممتاز فروید زیگفرید برنفلد[3] نوشت (نامه منتشرنشده به زبان انگلیسی در آرشیو برنفلد در کتابخانه کنگره):

---

۱. این نامه که دختر فروید، آنا آن را به من داد، در مارسفیلد گاردنز لندن، آخرین خانه فروید، یافت شد. ترجمه تمام نامه‌های منتشرنشده فروید در کل این مقدمه را خودم انجام داده‌ام.

۲. ارنست جونز، (زندگی ۲:۹۲) نامه‌ای از ۶ اکتبر ۱۹۱۰ را روایت می‌کند که از طرف فروید برای دوست و همکارشساندرو فرنزی نوشته شده است: «تو نه تنها متوجه شدی بلکه درک هم کردی که من دیگر هیچ نیازی به آشکار کردن کامل شخصیتم ندارم و به درستی این را ردگیری کردی تا به علت آسیب‌زای آن برسی. از زمان موضوع فلیس که تو اخیراً من را مشغول غلبه کردن بر آن می‌بینی، این نیاز مشخص شده است. بخشی از تمرکز هم‌جنس‌گرایی حذف شده است و از آن برای گسترش ایگوِ خود استفاده کرده‌ام. من در جایی که افراد مبتلا به پارانویا، شکست می‌خورند، موفق شدم.

3. Siegfried Bernfeld

«شما به درستی به ویژگی بسیار احساسی این دو فرد برای همدیگر اشاره کردید. من چیزهای زیادی در مورد این مسئله از هر دوی آن‌ها شنیده‌ام. مسلماً در سال‌های بسیار، البته، از پدرم و صحبت‌های طولانی‌اش با فروید در سال ۱۹۲۹ که در آن مکالمات با صداقتی صحبت می‌کرد که در موضوعات شخصی برای او عادی نبود».

از این مکاتبه این‌طور به نظر می‌رسد که فروید دوست سخاوتمندتری بود و خودش را به صورت بی‌ریا وقف این دوستی کرده بود، در حالی که فلیس خود را کنار می‌کشید. درواقع، فروید به اندازه‌ای در به اشتراک‌گذاری اکتشافات خود غرق بود که به نظر می‌رسید غافل از این است که تقریباً در اواخر قرن، فلیس داشت از او کناره‌گیری می‌کرد و به‌تدریج این دوستی را بر هم زد.

ماری بناپارت[1] (۱۹۶۲-۱۸۸۲) یکی از آنالیزان و شاگردان محبوب فروید، شرح پایان این رابطه را در کتاب منتشرنشده خود نوشت:

«دوستی با فلیس در اوایل سال ۱۹۰۰ شروع کرد به از بین رفتن؛ وقتی که فروید کتابی در مورد رویاها منتشر کرد. فروید این را متوجه نشد، من به او گفتم. دوستی او با فلیس سبب شد که تمایلی به متهم کردن فلیس به حسادت نداشته باشد. فلیس نمی‌توانست برتری دوستش را تحمل کند. او همچنین نمی‌توانست (براساس گفته‌های فروید) انتقادهای علمی فروید را نیز تحمل کند. به‌علاوه، آیدا فلیس، از روی حسادت هر کاری می‌کرد تا رابطه این دو دوست شکراب شود. در حالی که مارتا فروید خیلی خوب درک کرده بود که فلیس می‌تواند چیزی فراتر از آنچه خودش می‌تواند را به همسرش بدهد. طبق گفته‌های فروید، فلیس درست به همان اندازه‌ای که فروید در دوستی‌شان احساسی بود، احساسات به خرج می‌داد».

برخی از مشکلات ایجادشده به خاطر سرسختی و حس مالکیت فلیس نسبت به نظریه‌هایش بودند. او دائم به طرح خود اصرار داشت. طرحی که در آن بیان می‌شد

1. Marie Bonapart

حوادث مهم زندگی انسان احتمالاً از پیش تعیین شده‌اند. فروید تأکیداتی درباره ادعای فلیس در مورد اهمیت بینی مطرح کرد. ماری بناپارت، در ادامه در کتابچه‌اش می‌گوید:

> «در مورد ارتباط بین بینی و دیگر اندام‌ها، واقعیت‌هایی وجود دارد. فروید خودش آن را تجربه کرد. با توجه به سوزش معده‌اش که به صورت ناگهانی و بعد از درمان بینی از بین رفت، توانسته بود روش فلیس را در تسکین درد زایمان درک کند. در مورد دوجنسیتی، اگر فلیس اولین کسی بود که در این خصوص با فروید صحبت کرده بود، او نمی‌توانست وانمود کند که در این ایده زیست‌شناسی پیشگام است و اگر او ایده دوجنسیتی بودن را به من داده است، من پیش از آن جنسیت را ارائه کرده‌ام. این چیزی بود که فروید به من گفت».

آگاهی فروید در مورد این‌که بعد از همه این‌ها فلیس خیلی هم عالی نیست، سال‌ها بعد ایجاد شد و احتمالاً این را به شخص دیگری غیر از بناپارت اعلام نکرده است. فروید در سال‌های دوستی‌اش با فلیس عقیده داشت که هر دو نفر به یک اندازه به ایده‌های نظری در مورد جنسیت باور دارند، اما واقعیت این است که تفاوت مشهودی وجود داشت، خصوصاً در حوزه مهم احساسات تحریک‌شده توسط جنسیت. فروید حق داشت به بناپارت بگوید که او، هرچند به‌طور ناقص، فلیس را در مورد ارتباط جنسیت با روان شناسیِ پزشکی آشنا کرده است.

پایان واقعی دوستی خصوصاً برای فروید بسیار دشوار بود و بعداً در زندگی‌اش به‌ندرت در مورد فلیس صحبت کرد. از نامه‌های فروید (که برخی از آن‌ها منتشر نشده‌اند) به همکارانش کارل یانگ،[1] کارل آبراهام،[2] و خصوصاًساندور فرنزی[3] مشخص است که در مورد فلیس با آن‌ها صحبت کرده است -اما به‌ندرت و هرگز با جزئیاتی که فرنزی می‌خواسته همراه نبوده است.[4] آنا فروید فقید در نامه‌ای به من نوشت که پدرش هرگز

---

1. Carl jung
2. Carl Abraham
3. Sandor Ferenczi

۴. در نامه منتشرنشده‌ای در ۱۷ اکتبر ۱۹۱۰ فروید به فرنزی نوشت: «احتمالاً فکر می‌کنی رازهایی دارم به جز آنچه برای خودم حفظ کرده‌ام و یا معتقدی که رازهایم با غم خاصی مرتبطاند، در حالی که من فکر می‌کنم قادر

در مورد فلیس با او صحبت نکرد، مگر خیلی کم و در اواخر زندگی‌اش، بعد از این‌که نامه‌هایش به فلیس کشف شدند. آنا فکر می‌کرد به این خاطر است که این جدایی هنوز هم برای او دردناک بود؛ هرچند، سال‌ها از آن زمان گذشته است.

نامه‌های فروید به فلیس، از زمان نوشتن تا انتشارشان، مسیر طولانی و پیچیده‌ای را طی کرده‌اند. در آرشیو فلیس در اورشلیم، کپی‌هایی از دو نامه منتشرنشده آیدا فلیس به فروید و دو نامه منتشرنشده از طرف فروید برای او وجود دارد.[1] آیدا فلیس ابتدا در ۶ دسامبر ۱۹۲۸ کمی پس از مرگ همسرش برای فروید نوشت:

«پرفسور گرامی!

نمی‌دانم آیا چیزی را که می‌خواهم به من می‌دهید یا نه، اما درخواستی دارم که به هر حال می‌خواهم از شما تقاضا کنم. احتمالاً نامه‌هایی از ویلهلم دارید که پیش از این‌که رابطه‌تان تیره و تار شود برای شما فرستاده بود. آن‌ها احتمالاً از بین نرفته‌اند؛ هرچند، معنای خود را برای شما از دست داده‌اند. اگر این‌چنین است، پرفسور عزیز، آن‌قدر خوب و قابل اعتماد هستید که آن‌ها را به من بسپارید؟! زیرا من کسی هستم که بیش از همه به آن نامه‌ها علاقه دارم. به شما قول می‌دهم برای هیچ هدف دیگری آن‌ها را نمی‌خواهم. اگر چنین چیزی امکان ندارد، حداقل می‌توانید برای مدت کوتاهی آن‌ها را به من قرض بدهید. این نامه جاده‌ای را پیش روی شما می‌گشاید که مدت‌هاست برای من بسته شده است. امیدوارم بتوانم یک بار دیگر به شما نزدیک شوم تا صمیمانه از شما تشکر کنم».

ارادتمند شما

آیدا فلیس

فروید فوراً در ۱۷ دسامبر جواب نامه را داده بود:

به کنترل همه‌چیز هستم و از استقلال بیشتری که از غلبه بر هم‌جنس‌گرایی‌ام ناشی شد، خوشحالم». در ۱۶ دسامبر، باز هم در نامه‌ای منتشرنشده به فرنزی، فروید برای آخرین بار از فلیس نام می‌برد: «حالا بر فلیس که تو این‌قدر در موردش کنجکاوی، غلبه کرده‌ام».

۱. اصل آن‌ها در کتابخانه ملی و دانشگاه یهودی در اورشلیم است.

«بانوی گرامی!
عجله داشتم که پاسخ نامه‌تان را بدهم؛ هرچند، در حال حاضر نمی‌توانم به‌طور قطعی نسبت به برآوردن درخواست شما صحبت کنم. حافظه‌ام به من می‌گوید که من بخش بزرگی از مکاتباتمان را بعد از سال ۱۹۰۴ از بین برده‌ام، اما احتمالاً تعدادی از نامه‌ها باقی مانده‌اند که حفظ شده‌اند و شاید بعد از جستجوی دقیق اتاق‌هایی که در سی و هفت سال گذشته در آن‌ها زندگی کرده‌ام، پیدایشان کنم. بنابراین، از شما می‌خواهم تا کریسمس به من مهلت بدهید. هر چیزی را که پیدا کنم، بدون هیچ قیدوشرطی در اختیارتان قرار می‌دهم. اگر چیزی پیدا نکنم، می‌توانید تصور کنید که هیچ‌چیزی باقی نمانده است. خوشحال خواهم شد که بدانم نامه‌هایم به همسرتان که سال‌های بسیاری دوست صمیمی‌ام بود، سرنوشتی پیدا کرده‌اند که حفاظتشان در برابر هر چیزی در آینده را تضمین خواهد کرد. با توجه به شرایط، ابراز همدردی مرا به خاطر این وضعیت بپذیرید».

ارادتمند شما فروید

این نامه نشان می‌دهد که ممکن است فروید همه نامه‌هایی را که از فلیس دریافت کرده، نابود نکرده باشد.[1] هرچند، او در ۳۰ دسامبر اعلام کرد:

«بانوی عزیز!
من تاکنون چیزی پیدا نکرده‌ام و بسیار تمایل دارم که فرض کنم کل مکاتبات از بین رفته‌اند، اما به این دلیل که تاکنون نتوانسته‌ام چیزهای دیگری را که قطعاً می‌خواستم نگهدارم، (مثلاً نامه‌های شارکو را پیدا کنم)

۱. آنا فروید به من اطمینان داد که در جستجوی بسیار دقیق مارسفیلد گاردنز هیچ سند دیگری پیدا نشد. اما با وجود این‌که او این را به من گفت، من در میان نامه‌هایی که آن‌جا بود مکاتبات نامعلومی را از فلیس به فروید پیدا کردم. من به سختی می‌توانستم باور کنم که فروید همه نامه‌ها را از بین برده و به یاد نمی‌آورده که این کار را کرده است، با وجود اهمیت این دوستی برای او و این واقعیت که طبق گفته خودش تا سال ۱۹۱۰ نتوانسته بود بر این رابطه «غلبه پیدا کند».

فکر نمی‌کنم موضوع بسته شده باشد. قول من (که اگر چیزی پیدا کنم به شما می‌دهم) سر جایش باقی می‌ماند».

ارادتمند شما!

فروید

آیدا فلیس در سوم ژانویه ۱۹۲۹ به این نامه پاسخ داده بود و از فروید به خاطر «کورسوی امیدی که برایش باقی گذاشته تا شاید روزی یک یا چند نامه پیدا شود» تشکر کرده بود.

سپس، آن‌طور که ما از مجموعه نامه‌های ماری بناپارت به فروید متوجه شدیم، آیدا فلیس نامه‌های فروید به همسرش را فروخت.[۱] بخشی از این اولین نامه‌های مربوط به تاریخ ۳۰ دسامبر ۱۹۳۶ در زیر آمده است:

«امروز آقای استال[۲] از برلین به دیدنم آمد. او نامه‌ها و نوشته‌هایی از تو را از همسر فلیس گرفته بود که جزء دارایی‌های فلیس بود. همسر او، در ابتدا می‌خواست همه‌چیز را به کتابخانه ملی پروسیا بدهد، اما به این دلیل که کارهای شما در آلمان سوخته بودند، این ایده را رها کرد و نوشته‌ها را به آقای استال فروخت. او نویسنده و دلال آثار هنری است و تأثیر فردی بسیار خوبی دارد. ظاهراً، او برای این مجموعه نوشته‌های شما پیشنهاداتی از آمریکا دارد، اما پیش از این‌که به خودش اجازه بدهد که ببیند این اسناد ارزشمند به آمریکا می‌روند، به من نزدیک شد و من تصمیم گرفتم همه‌چیز را از او بخرم. بنابراین، این نامه‌ها در اروپا و پیش من باقی می مانند. سپس، او برای ۲۵۰ نامه شما (چند تا از آن‌ها از طرف بروئر بود) و پیش‌نویس‌های نظری بسیار طولانی با دست‌خط شما، قیمت کمتری به من پیشنهاد کرد-۱۲۰۰۰ فرانک برای همه. خوشحالم که توانستم این کار

---

۱. این نامه‌ها توسط مکس شور در مقدمه ویراستار در جلد دوم «درایوها، تأثیرات، رفتار، مقالاتی به یاد ماری بناپارت» منتشر شد (هرچند، با برخی اهداف که در این‌جا آورده شده‌اند) من نتوانستم نامه‌های اصلی را که در آرشیو ماری بناپارت در کتابخانه کنگره است و تا سال ۲۰۲۰ مهر و موم شده‌اند، ببینم. من کپی‌هایی را که (احتمالاً از طرف بناپارت) به ارنست جونز فرستاده شده بودند و امروزه در آرشیو جونز در لندن هستند، دیده‌ام.

2. Stahl

را انجام بدهم. چون از دیدن این‌که این همه نامه به دنیای وسیع‌تری فرستاده می‌شوند، افسوس می‌خوردم. هیچ شکی وجود ندارد که این نامه‌ها مال شما هستند. بعد از این همه وقت دست‌خط شما را می‌شناسم».

پاسخ فروید (۳ ژانویه ۱۹۳۷) تصریح می‌کند که او نامه‌های فلیس را یا گم کرده است و یا نابودشان کرده و در عین حال به اهمیت آن‌ها تأکید کرده است.

«ماری عزیزم!
موضوع مکاتباتم با فلیس به شدت بر من تأثیر گذاشته است. بعد از مرگ او، همسرش از من خواست که نامه‌هایش را به او بازگردانم. من بدون قیدوشرط قبول کردم، اما نتوانستم آن‌ها را پیدا کنم. تا به امروز نمی‌دانم که آیا آن‌ها را از بین برده‌ام یا به صورت متکبرانه مخفی‌شان کرده‌ام. مکاتبات ما به صمیمی‌ترین شکلی بود که می‌توانی تصور کنی. بسیار خجالت می‌کشم که این نامه‌ها به دست غریبه‌ها بیفتند. بنابراین، بسیار خوشحال می‌شوم که آن‌ها را نگهداری و از خطر محافظت کنی. فقط به خاطر هزینه‌ای که متحمل شدی افسوس می‌خورم. می‌توانم نیمی از این هزینه را به تو بپردازم؟ بعد از این همه، اگر این مرد مستقیماً با من تماس می‌گرفت خودم نامه‌ها را می‌خریدم. نمی‌خواهم هیچ‌یک از آن‌ها به دست آیندگان بیفتد».

یک بار دیگر، با تشکر صمیمانه از تو!
فروید

چهار روز بعد ماری بناپارت از پاریس به او پاسخ داد:

«آقای استال تازه رسیده‌اند و اولین بخش از نامه‌های فلیس؛ شامل مقالات علمی‌ای که در کلِ نامه‌هایتان پخش شده را به من داده‌اند که او به‌طور جداگانه جمع‌آوری کرده و کنار هم گذاشته است. بقیه آن‌ها که نامه‌هایی واقعی‌اند و تعدادشان به ۲۰۰ تا ۲۵۰ نامه می‌رسد، هنوز در آلمان هستند.

او می‌خواهد کسی را پیدا کند که طی چند هفته دیگر این نامه‌ها را به پاریس بفرستد. نامه‌ها و نوشته‌ها به شرطی به من واگذار می‌شوند که من هرگز، مستقیماً یا غیرمستقیم، این نامه‌ها را به خانواده فروید نفروشم. چون این ترس وجود دارد که این اسناد که برای تاریخ روان‌کاوی بسیار بااهمیت هستند نابود شود، اما این دلیلی قطعی برای من نخواهد بود که این موضوع را با تو در میان نگذارم. هنوز هم غافلگیر نخواهی شد، زیرا احساسات و عقاید مرا در مورد این موضوع می‌دانی که من شخصاً از نابود شدن نامه‌هایت نفرت عظیمی دارم.

عقیده من این‌چنین است: برای حفظ نامه‌ها به‌طوری که توسط هیچ‌کس منتشر نشوند، آن‌ها را برای چند سال مثلاً در کتابخانه ملی جنوا که دلیل کمتری برای ترس از انقلاب یا خطر جنگ در آن‌جا وجود دارد، نگهدارم. با این شرط که تا هشتاد یا صد سال پس از مرگ تو کسی نتواند آن‌ها را ببیند. آیا چیزی در این نامه‌ها هست که به کسی حتی خانواده‌ات آسیب بزند؟

به‌علاوه، من نمی‌دانم چه چیزی در این نامه‌هاست. اگر شما این‌چنین می‌خواهید من نامه‌های شما را نخواهم خواند، هر چه که می‌خواهد باشد. من فقط به یک نامه که همراه یکی از مقالات بود، نگاه کردم. هیچ‌چیز خجالت‌آوری در آن نبود!

آیا بعد از این مدت طولانی، می‌توانی واقعاً به یاد بیاوری چه چیزی در این نامه‌هاست؟ بالاخره، شما حتی فراموش کرده‌اید که نامه‌های فلیس را از بین برده‌اید یا مخفی‌شان کرده‌اید. پشتیبانی از این دوستی باید خیلی دردناک بوده باشد.

احتمالاً آزادانه در مورد خیلی از افراد، حتی در مورد خانواده‌تان صحبت کرده‌اید و مطالب زیادی در مورد خودتان نیز بیان کرده‌اید.

به‌علاوه، هنوز نامه‌ها به دستم نرسیده‌اند، اما در چند هفته آینده خواهند رسید. در اوایل مارس، می‌توانم سر راهم به یونان، یک یا دو روز را در وین

بمانم تا در مورد این موضوع با شما صحبت کنم. دوستتان دارم... و برایتان احترام قائلم و به همین خاطر است که این نامه را برای شما نوشتم».

ماری

پی‌نوشت: «من می‌خواهم خودم نامه‌ها را به‌دست بیاورم. این کار ما را قادر می‌کند تا با آزادی بیشتری در مورد آن‌ها صحبت کنیم».

با تأکید بر لزوم مالکیت بناپارت بر نامه‌ها، فروید تأکید کرده است که آن نامه‌ها تا حد زیادی خودمانی و صمیمانه هستند. (۱۰ ژانویه ۱۹۳۹):

«ناامیدکننده است که نامه‌های من به فلیس هنوز در دست تو نیستند و در برلین هستند. هرچند، من به خودم می‌گویم که در هشتاد یا صد سال آینده علاقه به محتوای این مکاتبات، بسیار کمتر از امروز خواهد بود.

طبیعتاً، برای من بهتر است که تو نامه‌ها را نخوانی، اما نباید باور کنی که آن‌ها حاوی چیزهایی به جز نبش قبر هستند. با در نظر گرفتن ماهیت بسیار نزدیک دوستی ما، این نامه‌ها با هیچ‌چیز و همه‌چیز مرتبطاند. موضوعات واقعی و همچنین موضوعات شخصی. موضوعات واقعی مرتبط با تمام گمان‌ها و روش‌های غلط مربوط به پیدایش تحلیل هستند و در این صورت بسیار شخصی‌اند. به همین دلیل خوشحال خواهم شد که بدانم این نامه‌ها در دست توست.

با تشکر، پیشنهادت را برای آمدن به وین در ماه مارس می‌پذیرم. حتی اگر برای چند روز باشد».

از صمیم قلب برای تو!

فروید

بناپارت خیلی سریع به فروید گفت که جای نامه‌ها امن است. (۱۲ ژانویه):

«حالا می‌خواهم شما را در مورد نامه‌های فلیس خاطرجمع کنم. هرچند آن‌ها هنوز در آلمان هستند، اما در دست آن «جادوگر» (آیدا فلیس) نیستند بلکه متعلق به آقای استال هستند که این نامه‌ها را همراه کل

کتابخانه از آیدا خریده است. این نامه‌ها در مالکیت او هستند و یکی از دوستانش نامه‌ها را به من خواهد رساند».

و در ۱۰ فوریه مجدداً نوشت:

«امروز قرار است نامه‌ها به من تحویل داده شوند. یک زن آن‌ها را با خود به لندن خواهد آورد. آن‌ها حالا در پاریس هستند و امروز بعدازظهر این نامه‌ها به دستم خواهند رسید».

در کتابچه بناپارت که من روی میز فروید در مارسفیلد گاردنز در لندن[1] پیدایش کردم، او نوشته است:

«وقتی از پاریس برای فروید نوشتم که آیدا فلیس نامه‌هایش را فروخته است و من آن‌ها را از رینهولد استال خریده‌ام، بسیار جا خورد! او نسبت به همسر فلیس بسیار خصمانه رفتار کرد. خیلی خوشحال بود از این‌که می‌فهمید نامه‌ها حداقل در دستان من هستند و به آن سوی کره زمین و آمریکا فرستاده نشده‌اند. جایی که بی‌شک بدون معطلی منتشر می‌شدند. آیدا فلیس شرط گذاشته بود که نامه‌ها به‌دست فروید نیفتند. من از فروید اجازه خواستم که نامه‌ها را بخوانم. او در ابتدا نوشت که ترجیح می‌دهد آن‌ها را نخوانم، اما کمی بعد، در اواخر فوریه یا اوایل مارس ۱۹۳۷ او را در وین دیدم و به من گفت که می‌خواهد نامه‌ها سوزانده شوند. من موافقت نکردم. از او خواستم که نامه‌ها را بخوانم تا بتوانم محتوای آن‌ها را قضاوت کنم و فروید موافقت کرد. یک روز به من گفت: «امیدوارم تو را متقاعد کنم که آن‌ها را از بین ببری». مارتین و آنا [دو تن از فرزندان فروید] مانند من، عقیده دارند که نامه‌ها باید حفظ شوند و بعدها منتشر شوند. فروید به نامه تامسی[2] [اقامتگاه تفریحی در دریاچه آلپ] که پیش از آن به او نشان

۱. کتابچه‌ای با دست‌خط ماری بناپارت (مربوط به ۲۴ نوامبر ۱۹۳۷) در آن نامه‌های فروید به فلیس را فهرست می‌کند و خلاصه‌ای از محتوای هر کدام را به زبان فرانسه می‌نویسد. (که معمولاً بیش از یک یا دو پاراگراف نیستند) در پایان کتابچه، چند صفحه وجود دارد که مکالمات بناپارت با فروید در مورد فلیس را گزارش می‌کنند.

2. Thumsee

داده بودم علاقه داشت و گفته بود که نامه بسیار مهمی است. [تاریخ آن مربوط به ۷ آگوست ۱۹۱۰ می‌باشد].[1] باز هم نامه‌های دیگر را به او نشان خواهم داد. او به من اشاره کرد که نامه‌هایی گم شده است؛ تمام نامه‌هایی که مربوط به قطع رابطه با فلیس می‌باشند و یک نامه مربوط به خوابی در مورد مارتا فروید. به‌علاوه، چهار پاکت نامه نیز خالی‌اند».[2]

آخرین بخش این متن اهمیت زیادی دارد: بیشتر نامه‌های مربوط به قطع رابطه با فلیس (بی‌شک بخشی از بسته استال) سرانجام به کتابخانه کنگره فرستاده شدند. برخی از آن‌ها به مارسفیلد گاردنز راه پیدا کردند؛ احتمالاً وقتی که فروید وین را ترک کرده آن‌ها را با خود آورده است. همه آن‌ها به‌طور کامل در این جلد آمده‌اند. نامه مربوط به خوابی در مورد مارتا، هنوز راز است و هرگز پیدا نشده است. احتمالاً نامه‌ای است که «رویای ازدست‌رفته» را توصیف می‌کند. همان خوابی که فلیس، فروید را ترغیب می‌کرد تا از *تفسیر خواب* دست بردارد و معمولاً در نامه‌های بعدی به آن اشاره شده است. فروید از کجا می‌دانست که این نامه گم شده است؟ آیا او به نامه‌هایی که ماری بناپارت فرستاده بود، نگاه کرده است؟ یا مدت‌ها قبل از فلیس خواسته بود که نامه را به او برگرداند یا آن را از بین ببرد؟ هنوز هم این امید وجود دارد که روزی این نامه پیدا شود. هیچ شکی وجود ندارد که مهم‌ترین نامه این مجموعه است، زیرا حاوی تنها خوابی است که فروید به‌طور کامل آن را تحلیل کرده است.

حماسه خارق‌العاده نامه‌ها توسط ارنست جونز[3] در آغاز فصل، «دوره فلیس» ادامه یافته است:

---

۱. بناپارت دو برگه عنوان داشت: «فهرست نامه‌هایی که در پائیز ۱۹۳۷ به فروید یا آنا فروید نشان داده بود». مشخص نیست فروید کدام نامه‌ها را دیده است. ماری بناپارت می‌نویسد: «فروید تنها نامه‌هایی را دیده که به صورت علامت‌گذاری‌شده می‌باشند و آنا نامه‌هایی را دیده که علامت آبی دارند. کلمه ناخوانا احتمالاً «قرمز» است. زیرا برخی از نامه‌ها با خط قرمز علامت‌گذاری شده‌اند و برخی با یک به‌علاوه آبی رنگ.

۲. در یک برگه جداگانه یافت‌شده روی میز فروید، بناپارت فهرستی از نامه‌های خالی را به صورت زیر ارائه کرده است (براساس تاریخ پست تاریخ‌گذاری شده‌اند): ۲ آگوست ۱۸۹۶ (از اوسی)، ۱۲ فوریه ۱۸۹۸ (یک پاکت بزرگ)، ۱۷ جولای ۱۸۹۹ (از وین)، ۲۴ دسامبر ۱۸۹۹ (از وین)

3. Ernest Jones

«خوشبختانه، او (ماری بناپارت) این شجاعت را داشت که با تحلیل‌گر و معلم خود مخالفت کند و این نامه‌ها را در زمستان ۱۹۳۸-۱۹۳۷ با هدف مطالعه بیشتر روی آن‌ها در بازگشتش در تابستان بعدی، در بانک راتشیلدِ[1] وین به امانت بگذارد.

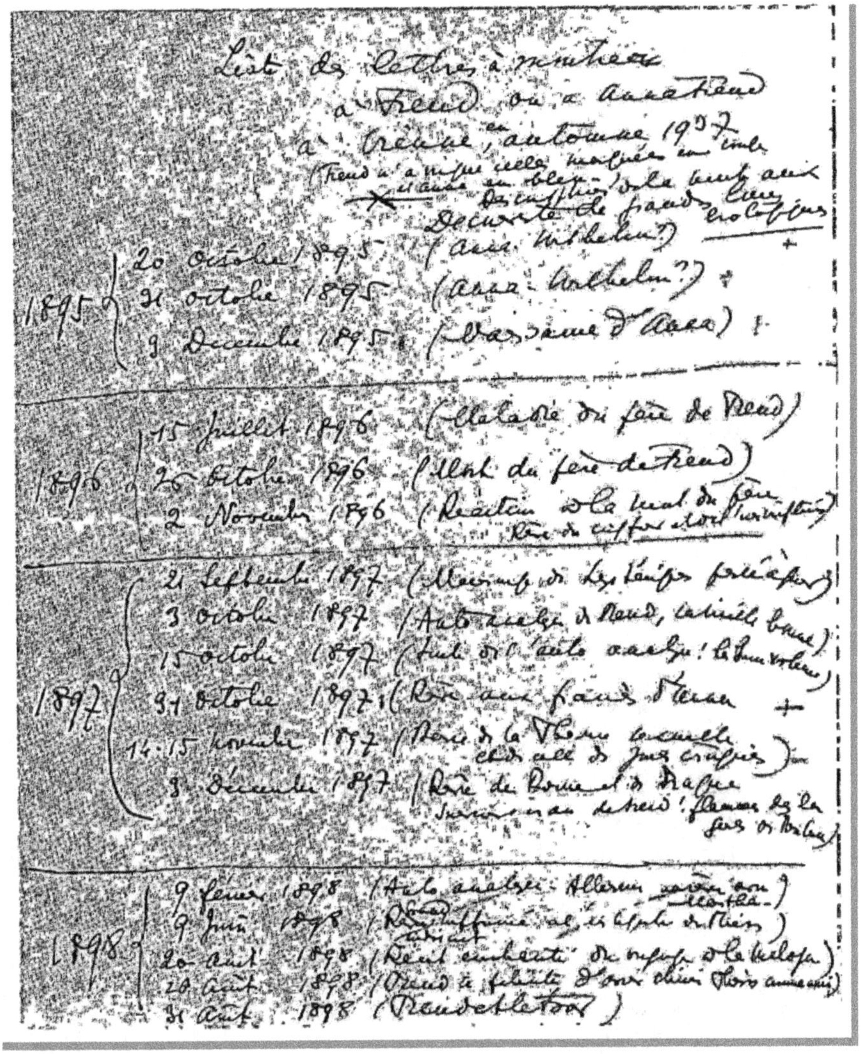
Liste des lettres à montrer
à Freud ou à Anna Freud
à Vienne, automne 1937

1895
20 octobre 1895
21 octobre 1895
9 Décembre 1895

1896
15 juillet 1896 (Maladie du père de Freud)
26 octobre 1896 (Mort du père de Freud)
2 Novembre 1896

1897
21 septembre 1897
3 octobre 1897
15 octobre 1897
31 octobre 1897
14-15 novembre 1897
3 décembre 1897

1898
9 février 1898
9 juin 1898
20 août 1898
20 août 1898
31 août 1898

(۱) فهرست نامه‌های ماری بناپارت که می‌خواست به فروید یا آنا فروید نشان دهد. او سپس این فهرست را حاشیه‌نویسی کرد تا نشان دهد آن‌ها درواقع کدام نامه‌ها را دیده‌اند.

1. Rothschild

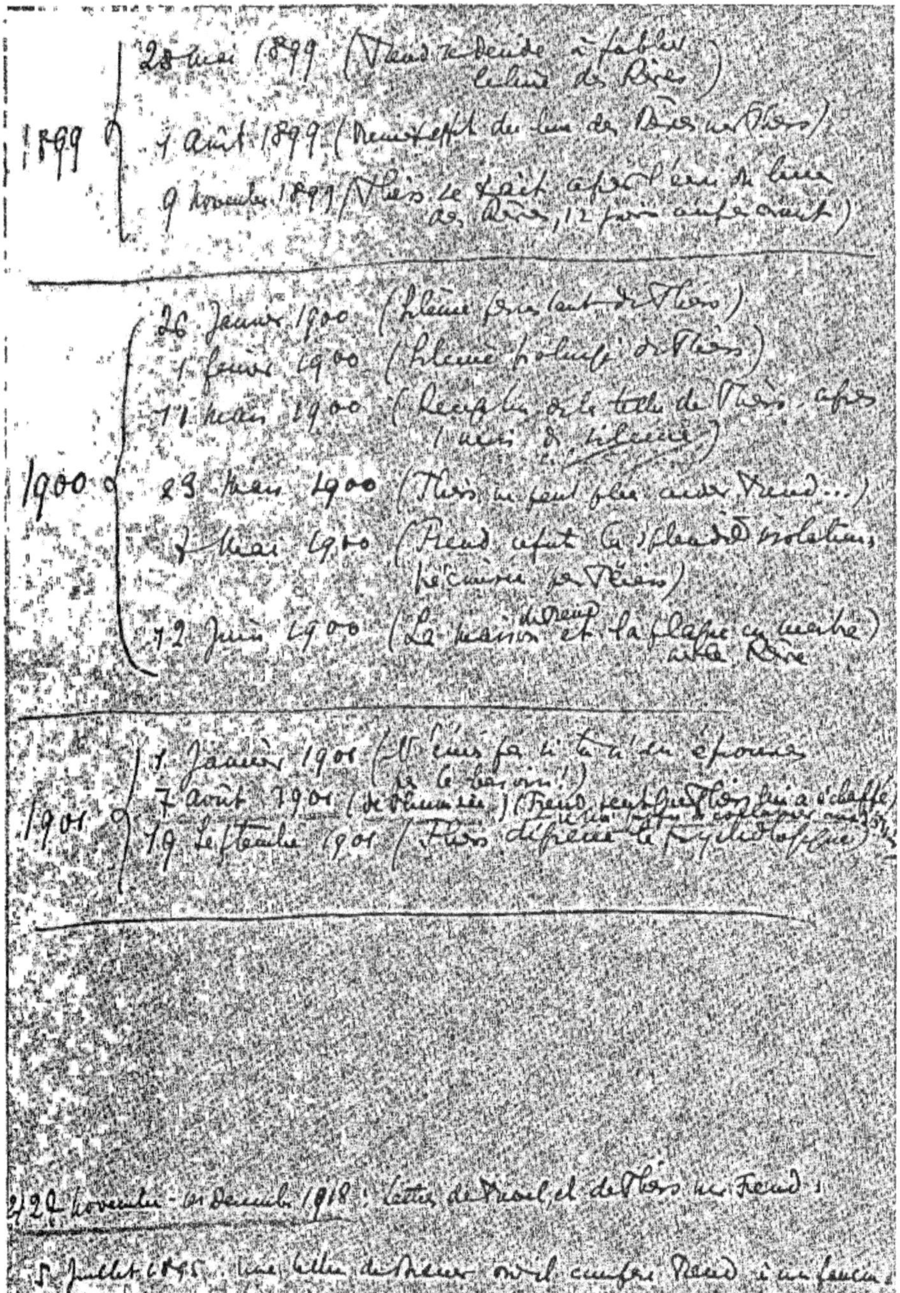

وقتی هیتلر در ماه مارس به اتریش حمله کرد، این خطر وجود داشت که یک بانک یهودی مورد دستبرد قرار گیرد. ماری بناپارت یک بار به وین رفت و در آن‌جا به عنوان

شاهزاده یونان و دانمارک به او اجازه دادند که محتوای جعبه اماناتش را در حضور گشتاپو بردارد. مطمئناً اگر آن‌ها این مکاتبات را به‌دست می‌آوردند، نابودشان می‌کردند. او وقتی که مجبور شد در فوریه ۱۹۴۱ پاریس را به مقصد یونان ترک کند، نزدیک بود در محاصره دشمن قرار بگیرد. بنابراین، این اسناد ارزشمند را در سفارت دانمارک در پاریس به امانت گذاشت. آن‌جا امن‌ترین مکان نبود، اما... در سفارت دانمارک در پاریس، جلب توجه نمی‌کردند. بعد از نجات یافتن از تمام آن خطرات، آن‌ها پنجمین و آخرین مرحله در این مسیر، یعنی کانال انگلیس را پشت سرگذاشتند و بنابراین، به‌طور ایمن به لندن رسیدند؛ نامه‌ها در یک پاکت ضد آب و ماده شناور پیچیده شدند تا در صورت بروز فاجعه برای کشتی شانس بقا داشته باشند.[۱]

در اواخر ۱۹۴۰ ماری بناپارت، نامه‌های اصلی را به آنا فروید داد و او آن‌ها را رونویسی کرد و در زمانی که ارنست جونز مشغول نوشتن بیوگرافی جامع خود در مورد فروید بود، نامه‌ها را در اختیار او قرار داد. در سال ۱۹۸۰ آنا فروید نامه‌ها را به کتابخانه کنگره اهدا کرد. (که در آن‌جا هم در معرض عموم قرار داده نمی‌شوند) وقتی نسخه آلمانی نامه‌های فروید به فلیس در سال ۱۹۵۰ با عنوان «*زیگموند فروید در ابتدای روان‌کاوی: نامه‌هایش به ویلهلم فلیس، مقالات و یادداشت‌ها از سال ۱۹۰۲-۱۸۸۲*»[۲] منتشر شد، مردم از دوستی بین این دو نفر آگاه شدند. ویراستاران این نسخه، ماری بناپارت (پاریس)، آنا فروید (لندن) و ارنست کریس[۳] (نیویورک) بودند. این کتاب یک مقدمه عالی و طولانی دارد که کریس، تحلیل‌گر و دوست صمیمی آنا فروید، که از طریق ازدواج با خانواده فلیس و رای[۴] مرتبط شده،[۵] آن را نوشته است.

---

۱. زندگی جونز، ۱:۳۱۶

۲. درواقع، در کاغذی با عنوان«اهمیت کشف‌های ابتدایی فروید» که ارنست کریس در آگوست ۱۹۴۹ آن را در شانزدهمین کنگره بین‌المللی روان‌کاوی زوریخ خواند، به این دوستی اشاره شده است. این برگه در سال بعد در ژورنال بین‌المللی روان‌کاوی منتشر شد.

3. Ernest Kris

4.Rie

۵. اسکار رای، که مکرراً در این نامه‌ها از او نام برده شده، متخصص اطفال فرزندان فروید بوده است. همسر او خواهر آیدا فلیس بود و دخترش ماریان با ارنست کریس ازدواج کرده است.

ترجمه انگلیسی کتاب در سال ۱۹۵۴ با عنوان «*منشأ روان‌کاوی: نامه‌هایی برای ویلهلم فلیس، پیش‌نویس‌ها و یادداشت‌های زیگموند فروید از سال ۱۹۰۲– ۱۸۸۷*» منتشر شد. در هر دو نسخه آلمانی و انگلیسی، فقط ۱۶۸ نامه از ۲۸۴ نامه‌ای که در دسترس ویراستاران بود، منتشر شد. به‌علاوه، در برخی نامه‌ها متن‌هایی حذف شدند و غالباً هیچ اشاره‌ای به این حذفیات نشده است. ویراستاران در آغاز «سخن ویراستار» در مورد انتخاب‌هایشان توضیح داده‌اند: «انتخاب براساس اصل عمومی کردن هر چیزی که مرتبط با کارهای علمی نویسنده و علائق علمی او و هر چیز مرتبط با شرایط اجتماعی و سیاسی مربوط به زمانی که روان‌کاوی شکل گرفته، انجام شده و حذف یا کوتاه کردن در هر چیزی که با اعتماد شخصی یا حرفه‌ای ناسازگار می‌باشد، صورت گرفته است».

در این ویرایش جدید تمام نامه‌ها از جمله نامه‌هایی که در کتابخانه ملی و دانشگاه یهودی در اورشلیم، در مارسفیلد گاردنز و در مجموعه شخصی رابرت فلیس قرار دارند ارائه شده است. ۱۳۳ نامه برای اولین بار منتشر شده‌اند و هیچ حذفیاتی از هیچ‌یک از نامه‌ها وجود ندارد.[1] فقط نام کسانی که قبلاً شناسایی نشده‌اند با حرف اول آورده شده است (تحت سیستمی که خود فروید ابداع کرده بود) و «پروژه روان‌شناسی علمی» سال ۱۸۹۵ ساخت نظریه در ذهن فروید، حذف شده است. چراکه بهبود ترجمه جیمز استرچی[2] که در نسخه استاندارد خود در *کارهای روان‌شناسی کامل زیگموند فروید* منتشر شده و هنوز در دسترس است، دشوار بود.

این نسخه از نامه‌های فروید-فلیس را می‌توان به‌طور سودبخشی با چند اثر برجسته دیگر مطالعه کرد. مهم‌ترین اثر، اولین نسخه از این نامه‌هاست که در این‌جا *مأخذ* نامیده می‌شوند. مقدمه ارنست کریس در آن جلد، رویداد برجسته‌ای در تاریخ روان‌کاوی است و امروزه هنوز هم بی‌نظیر می‌باشد. جیمز استرچی، گزیده‌هایی از برگه‌های فلیس را در جلد اول .S.E آورده و ترجمه‌ای جدید و بهتر و نکاتی عالی را فراهم کرده است. استرچی به‌خصوص با اشاره به موارد موازی بعدی در نوشته‌های منتشرشده فروید، بسیار مفید عمل کرده است و از خواننده دعوت نموده که جلدهایی از کتاب را جستجو کند.

---

۱. ضمیمه این جلد نشان می‌دهد که کدام‌یک از نامه‌های فروید به فلیس در مأخذ و در نسخه آلمانی به صورت کامل و کدام‌یک به صورت حذف‌شده و کدام‌یک برای اولین بار در این نسخه آمده است.

2. James Strachey

مکس شور[1] پزشک شخصی فروید که بعدها به یک روان‌کاو معروف تبدیل شد، تعدادی از نامه‌های منتشرنشده به فلیس را هم در مقاله *باقی‌مانده‌های اضافی روز* و در کتاب *فروید: زندگی و مرگ* ترجمه کرده است. تفسیر او از رابطه فروید با فلیس به نظر من متعادل‌ترین تفسیر در میان تفاسیر موجود است. ارنست جونز در دوره زندگی بسیار مهم فروید، پیش‌زمینه‌ای برای بسیاری از حوادث ذکرشده در نامه‌ها ارائه می‌کند.

با وجود این واقعیت که زندگی فروید به‌طور قابل‌توجهی عاری از نمایش‌های خارجی است، اما در زمان ما در مورد او بیش از هر متفکر دیگری مطلب نوشته شده است. احتمالاً به این خاطر که او کارهای زیادی برای تغییر دادن حد فاصل‌ها در عصر عقلانی-هیجانی که ما در آن زندگی می‌کنیم، انجام داده است. بیشتر این مباحثات روی زندگی درونی فروید تمرکز کرده‌اند. هرچند درواقع، چیزهایی که ما در مورد آن زندگی می‌دانیم به‌وسیله خود فروید در نوشته‌های منتشرشده‌اش برای ما آشکار شده است. با انتشار نسخه ناکامل نامه‌های فروید به فلیس، تحقیقات روی او به‌طور قابل توجهی افزایش یافت. زیرا در هیچ‌جای دیگری فروید با چنین صداقت، رک‌گویی و از اعماق افکار درونی‌اش ننوشته بود. حالا، در نهایت -نزدیک به صد سال پس از این‌که این نامه ها نوشته شده‌اند- ما نسخه معتبر و کاملی از کل نامه‌ها داریم که به عنوان یکی از نقاط اوج پیشرفت تفکر و بینش زمان ما باقی می‌ماند.

1. Max Schur

(۲) زیگموند فروید و نامزدش مارتا برنایز

عکس در زمان دیدار با مارتا در سال ۱۸۸۵ وقتی که فروید در راه پاریس بود، گرفته شده است. این دو ۱۶ فوریه سال بعد ازدواج کردند.

(۳) ماتیلده، اولین فرزند فروید، متولد۱۸۸۷، در سن پنج ماهگی

شروع یک دوستی

وین، ۲۴ نوامبر ۱۸۸۷
آی. ماریا تریشانتراسه ۸

دوست و همکار محترم!
نامه امروز من مسلماً کاری است، اما باید این نامه را با اعتراف به این‌که امیدوارم رابطه‌ام با شما ادامه پیدا کند و این‌که تأثیر عمیقی روی من گذاشته‌اید که سبب می‌شود به شما بگویم چه جایگاهی نزد من دارید، شروع کنم.
از زمان عزیمت‌تان، خانم اِی. با من مشاوره کردند و سبب شدند با خودم کلنجار بروم تا تصمیمی بگیرم. سرانجام به این نتیجه رسیدم که مورد ایشان یک اختلال روانی نیست؛ نه به خاطر تشنج‌های عضلانی پا + - (که در حال حاضر قابل توجه نیستند) بلکه به این خاطر که چیزی را که فکر می‌کردم از مهم‌ترین ویژگی‌های نورآستنی است (دیگر اختلالات روان نمی‌توانند درگیر باشند) در ایشان نیافتم. معمولاً تشخیص بین یک فرایند ارگانیک اولیه و عوارض نورآستنیک، دشوار است، اما یک ویژگی خاص مرا هدایت کرد: در نورآستنی، تغییرات خودبیمارانگاری و روان‌پریشی اضطرابی همیشگی است و چه رد و یا پذیرفته شود، با مجموعه‌ای از احساسات نوظهور یعنی با پارستزی خودش را آشکار می‌کند. مورد ما تقریباً عاری از چنین علائمی است. او به ناگاه نمی‌تواند راه برود، اما به جز سنگینی در پاهایش از حس دیگری شکایت نمی‌کند. هیچ‌یک از علائم کشش و فشار در ماهیچه‌ها، دردهای چند شاخه، حس‌های مشابه در دیگر اعضای بدن و چیزهای این‌چنینی وجود ندارد. می‌دانی منظورم چیست. این به اصطلاح گیجی که سال‌ها پیش آغاز شده، به نوعی غش کردن و نه سرگیجه[1] کامل، تبدیل شده است که آن را هم نمی‌توانم به عوارض نورآستنی در زمانی که راه می‌رود مرتبط بدانم.
از سوی دیگر، تا زمانی که دیگر بخش‌های تشخیص مد نظر است -یعنی بخش‌های مربوط به بیماری ارگانیک- مورد زیر به ذهنم خطور کرد. هفده سال پیش، این خانم دچار فلج پس از دیفتری در پاهایش شده بود. با وجود این‌که به نظر می‌رسید کاملاً معالجه شده است، اما عفونت نخاعی، نقطه‌ضعفی در سیستم اعصاب مرکزی‌اش باقی گذاشت؛ سرآغاز یک بیماری سیستمیکِ پیش‌رونده که به آرامی گسترش می‌یابد. من

در ذهنم چیزی شبیه به رابطه بین لاغری زیاد و سفلیس در نظر داشتم. البته، می‌دانی که ماری[2] در پاریس، تصلب چندگانه را به عفونت‌های حاد پیشین نسبت می‌دهد. خانم اِی. از تمام جنبه‌ها شبیه به افراد دچار سوءتغذیه می‌باشد که بیشتر زنان شهر ما پس از چندین حاملگی به آن دچار می‌شوند. در چنین شرایطی، *نقطه حداقل مقاومت* در نخاع، شروع به طغیان می‌کند.

درواقع، ایشان رو به بهبود هستند. بهتر از هر زمان دیگری از شروع بیماری‌اش. البته نتیجه رژیم غذایی شماست که کارِ کمی برای من باقی گذاشته است. فوراً درمان گالوانیک پشت ایشان را شروع کرده‌ام.

حال به مسائل دیگر می‌پردازم. فرزند کوچکم رو به رشد است و همسرم نیز به آرامی رو به بهبودی است. سرم بسیار شلوغ است به دلیل نوشتن سه مقاله هم‌زمان که یکی از آن‌ها مربوط به آناتومی مغز[3] است. ناشر می‌خواهد در پائیز آینده آن‌ها را چاپ کند.

با صمیمانه‌ترین درودها!

با احترام!

دکتر زیگموند فروید

۱. فروید از اصلاح فرانسوی استفاده می‌کند.

۲. ارنست کریس Ernst Kris (*منشأ*، صفحه ۵۲) می‌گوید فروید با دیدگاه‌های پی‌یر ماری Pierre Marie در مورد آسیب‌شناسی عفونت تصلب پخش‌شده آشنایی داشت.

۳. دست‌نوشته‌ای که فروید به آن اشاره می‌کند به‌تازگی پیدا شده است. مرحوم النور فلیس، همسر ویلهلم فلیس، آن را در میان نامه‌های همسرش پیدا کرد و با مهربانی برایم فرستاد. نام این مقاله را «معرفی آسیب‌شناسی عصبی» گذاشت. این یک مقاله کامل عصب‌شناسی است، بدون این‌که خبر از علائق روان‌شناسی فروید بدهد.

وین، ۲۸ دسامبر ۱۸۸۷

دوست و همکار محترم!

نامه صمیمی و هدیه باارزش تو بهترین خاطرات را برایم زنده کرد و درک احساسی که پشت هر دو کادوی کریسمس بود، توقع یک ارتباط سرشار از سرزندگی و لذت را در من ایجاد کرد. من هنوز نمی‌دانم که چگونه دوستی مانند تو را یافتم. بخش انتقادی در آناتومی مغز نمی‌تواند برای مدت طولانی به قضاوت سخت‌گیرانه تو بنشیند، اما من از

این مسئله بسیار خشنودم. همیشه این شانس را داشتم که دوستانم را از بین بهترین انسان‌ها پیدا کنم و همیشه به این خوش‌شانسی افتخار کرده‌ام. بنابراین، از تو متشکرم و خواهش می‌کنم از این‌که در حال حاضر چیزی ندارم که به عنوان هدیه برایت بفرستم شگفت‌زده نشوی.

هر از گاهی در مورد تو می‌شنوم. البته، بیشتر چیزهای فوق‌العاده. یکی از منابع من خانم اِی. است که تصادفاً مشخص شد دچار نورآستنی معمولی مغزی است. در طول چند هفته گذشته، خودم را وقف هیپنوتیزم کرده‌ام و به موفقیت‌های کوچک اما ارزشمندی رسیده‌ام. همچنین می‌خواهم کتاب بِرنهایم در مورد تلقین[1] را ترجمه کنم. توصیه نکن که انجامش ندهم، قبلاً قرارداد بسته‌ام.[2] برای سرگرمی، هم‌زمان روی دو مقاله کار می کنم؛ «آناتومی مغز» و «ویژگی‌های کلی علائم هیستریک»،[3] تا حدی که تغییرات خلقی و کار اجازه می‌دهد.

فرزند کوچکم رشد چشمگیری دارد و تمام شب را می‌خوابد که باعث افتخار هر پدری است.

با بهترین آرزوها، خودت را غرق کار نکن و هر وقت زمانی برای استراحت و دلیلی برای آن داشتی، به من فکر کن.

قربانت

دکتر زیگموند فروید

همسرم از احوال‌پرسی‌ات خوشحال شد.

۱. فروید، دو کتاب هایپولایت بِرنهایم Hippolyte Bernheim را از زبان فرانسه ترجمه کرده. اولین کتاب که در این‌جا نام برده شده عبارت است از: *"Dela saggestion et de ses appication a la therapeatique"* ترجمه فروید در سال ۱۸۸۸ با عنوان *تلقین و اثر شفابخش آن* به زبان آلمانی منتشر شد. دومین کتاب برنهایم که فروید ترجمه کرده عبارت است از: *"Psychothrapie: Etudes nouvelles Hypnotisme, suggestion"* با پیشگفتاری از بِرنهایم که در ۲۰ آگوست ۱۸۹۰ در نانس بود. کتاب به زبان آلمانی و با عنوان *مطالعات جدید روی هیپنوتیزم، تلقین و روان‌شناسی* منتشر شد و حاوی هیچ مقدمه یا یادداشتی توسط فروید نبود.

جیمز استرچی James Strachey با اشاره به کتاب اول (S.E.۱:۷۴) ادعا می‌کند که تنها پاورقی‌ای که «ارزش توجه دارد در صفحات ۸۵-۸۴ ذکر شده است»، اما این‌چنین نیست.

یک پاورقی مهم وجود دارد که توسط فروید (در صفحه ۱۲۱ ترجمه‌اش) امضا شده است. با نظر دادن در مورد این عبارت برنهایم که «به‌طور خلاصه، مغز نوزاد از نظر آناتومی و همچنین از نظر روان‌شناسی ناقص است». فروید می‌نویسد: «این بخش حاوی گفته‌هایی است که در حد علم امروزه نیستند. هرچند، اصلاح آن‌ها تداخلی با استدلال نویسنده ندارد. چندین آزمایش که تازه‌ترین آن‌ها به‌وسیله اکسنر Exner و پنت Paneth انجام شده‌اند، ثابت می‌کنند که قشر مخ به محرک واکنش نشان می‌دهد. حتی در حیوانات تازه متولدشده. هر کسی که فکر می‌کند «مغز نوزاد فقط حاوی مجراهای عصبی ابتدایی است»، ساختار این اندام را تا حد شگفت‌انگیزی دست‌کم گرفته است».

۲. فراتر از چیزی که فروید در *طرح شرح حال‌نویسی* خود (S.E. ۲۰:۱۸) به ما می‌گوید و ارنست جونز Ernest Jones گزارش می‌دهد (زندگی I:۲۶۰) چیز بیشتری در مورد تحقیقات در نانس نمی‌دانیم. برخی از اطلاعات جدید در نامه‌های منتشرنشده‌ای که فروید در طول اقامتش در آن‌جا به خواهرزنش، مینا برنایز نوشته بود، موجود است. اقتباس زیر از نامه‌ای به تاریخ ۲۸ جولای ۱۸۸۹ مربوط به آن است: «من اعتراف می‌کنم که فکر این‌جا ماندن تا یکشنبه دیگر سبب می‌شود حالم بد شود. در واقعیت، من صبح‌ها را خیلی لذت‌بخش می‌گذرانم، زیرا وقتی که صبح نمی‌خوابم به خودم اجازه می‌دهم که تحت تأثیر معجزه تلقین قرار بگیرم، اما بعدازظهرها خسته‌کننده‌اند». سپس فروید در نامه‌اش از تنهایی خود در نانس شکایت می‌کند و نامه‌اش را با گفتن این مسئله به پایان می‌رساند: «سفر کردن خیلی خوب است، اما انسان نباید تنها باشد. باید یازده یا دوازده نفر را با خودش همراه کند. البته، اگر هزینه‌اش زیاد نشود».

۳. بر این اساس که مقاله دوم بخشی با عنوان «ویژگی‌های کلی» دارد، اصطلاحی که فروید در این‌جا از آن استفاده می‌کند، ووگل Vogel (صفحه ۴۸۴) حس می‌کند که مرجعی برای مقاله‌ای در مورد هیستری با عنوان «هیستری» است که فروید برای آلبرت ویلارت Albert Villaret نوشته است. از سوی دیگر، کریس ادعا می‌کند که این مقاله چاپ نشده است. همچنین یادداشت ۲ نامه ۱۸ می ۱۸۸۸ را ببینید.

وین، ۴ فوریه ۱۸۸۸

دوست و همکار گرامی!

می‌توانی لطف کنی و تاریخ رسید این نامه را پیش از این بدانی. باید مدت‌ها پیش آن را می‌نوشتم، اما به خاطر کار و خستگی و بازی کردن با دخترم به سراغ آن نرفتم. ابتدا، باید خبرهایی در مورد خانم اِی. به تو بدهم که خواهرش در حال حاضر پیش توست.

مشخص شد که او یک مورد بسیار ساده بود و دچار نورآستنی معمولی مغزی است که حکیمان آن را هیپرمی مزمن جمجمه‌ای می‌نامند. این موضوع، هر لحظه واضح‌تر می‌شد و با درمان گالوانیزه و دُمی‌با (آب‌درمانی) روندِ بهبود ثابتی داشت. تصور می‌کردم با تمرینات عضلانی او را کاملاً معالجه می‌کنم، اما ناگهان چیز عجیبی رخ داد؛ او عادت ماهیانه نشد و کمی بعد از آن وضعیت بدتر شد و در زمان عادت ماهیانه بعدی‌اش (نتوانست به جلسه درمان بیاید) و درمان را از دست داد. شرایط او در حال حاضر خیلی خوب نیست، اما جای امیدواری دارد. به سهم خودم دوست داشتم که درمان را ادامه بدهم، اما در مورد موفقیت در تداوم درمان آن‌قدر مطمئن نیستم که بخواهم در مقابل اضطراب آن زن و کل خانواده‌اش و در برابر عقیده کروبک[1] بایستم. بنابراین، خودم را با این پیشگویی همراه می‌کنم که همه‌چیز خودبه‌خود تا چهار ماه آینده درست می‌شود و من شک‌های عمیق خود را در مورد این مسئله، مثل راز نگه می‌دارم. آیا هیچ تجربه‌ای در مورد تأثیر حاملگی روی نورآستنی داشته‌ای؟

شاید به این دلیل است که من تا حدی مسئول این شهروند جدید هستم. یک بار خیلی جدی و سهواً در مورد ضرر رابطه جنسی طولانی، در حضور بیمار صحبت کردم. شاید موضوع را بد رسانده باشم.

در مورد دیگر چیزها، دوست گرامی، چیز زیادی وجود ندارد. ماتیلده کوچک من در حال رشد است و باعث لذت و خوشی ما می‌شود. حرفه من همان‌طور که می‌دانی، خیلی قابل ملاحظه نیست و به‌تازگی، تا حدی به خاطر مزیت نام شارکو[2] رونق یافته است. کرایه گران است و ملاقات و صحبت کردن با افراد در مورد مسائل مختلف -چیزی که شغل من شامل آن است- بهترین زمان‌هایم را برای کار کردن می‌گیرد. آناتومی مغز جائیست که بود، اما هیستری در حال پیشرفت است و اولین پیش‌نویس آن به پایان رسیده است. جامعه محترم مسیحیت بسیار گستاخ است.[3] دیروز یک رسوایی بزرگ در جامعه پزشکی رخ داد. آن‌ها می‌خواستند مجبورمان کنند در یک ژورنال هفتگی ثبت‌نام کنیم که هدفش ارائه دیدگاه‌های خالص، دقیق و مسیحی چند خدمتگزار شهری عالی‌رتبه است که خیلی وقت پیش فراموش کرده‌اند کار چیست. البته، آن‌ها دارند موفق می‌شوند و من حس می‌کنم دارم تسلیم می‌شوم.

باید عجله کنم و یک جلسه مشاوره غیرضروری با مِینرت[۴] برگزار کنم. مراقب خودت باش و یک روز یکشنبه چیزهایی در مورد خودت برایم بنویس.

مخلص وفادار تو (قربانت)

دکتر زیگموند فروید

1. Rudolf Chrobak

رودولف کروبک (۱۹۱۰-۱۸۴۳) متخصص بیماری‌های زنان در دانشگاه وین. فروید در مقاله سال ۱۹۱۴ خود در «تاریخچه جنبش روان‌کاوی» (S.E.۱۴:۱۴-۱۵) می‌گوید کروبک زن بیماری نزد او فرستاده است، چراکه «به خاطر قرار ملاقات به عنوان مدرس دانشگاه نمی‌توانست وقت کافی به او اختصاص بدهد. آن زن، پس از هجده سال ازدواج هنوز هم باکره بود. همسرش دچار ناتوانی جنسی بود و فروید به خاطر می‌آورد که کروبک آن مرد را کنار کشیده و به او گفته بود: «تنها تشخیص این بیماری برای ما به اندازه کافی آشنا است، اما ما نمی‌توانیم آن را تجویز کنیم». او ادامه داد: «تکرار اندازه طبیعی RX آلت تناسلی».

طبق گفته‌های جونز (زندگی ۲۴۹ :۱) در نامه می ۱۸۸۶ به مارتا به این رخداد اشاره شده بود، اما نامه ۱۳ می ۱۸۸۶ منتشرشده در کتاب *نامه‌ها* در مورد این بیمار نیست بلکه در مورد همسر یک پزشک آمریکایی است که فروید او را نزد کروبک فرستاده است. در مقاله منتشرنشده دو روز بعد، فروید به مارتا می‌گوید زنی که قبلاً او را «زیبا و جذاب» معرفی کرده بود، به‌وسیله کروبک تحت عمل جراحی قرار گرفت. «مرد آمریکایی درمانش را شروع کرده و همسرش هم به‌وسیله کروبک جراحی شده است» و در نامه منتشرنشده دیگری مربوط به ۲۳ می، فروید برای مارتا می‌نویسد: «زن بیمار دیگر هم در همان بیمارستان است. او هم دیروز جراحی شد».

چیزی که ما نمی‌دانیم این است که آیا کروبک این زن را به خاطر هیستری احتمالی عمل کرده است یا نه و نمی‌توانیم مطمئن شویم که آیا فردی که فروید در مقاله ۱۹۱۴ به او اشاره می‌کند همان کسی است که در نامه به مارتا، به او اشاره می‌کند یا نه. بنابراین، هنوز هم تاریخ این وقایع مشخص نیست. کروبک در سال ۱۸۷۰ آموزگار مجاز دانشگاه شد و در سال ۱۸۷۹ استاد فوق‌العاده شد. بنابراین، این وقایع احتمالاً مربوط به دهه ۱۸۸۰ می‌باشند.

2. Jean Martin Charcot

ژان مارتین شارکو اعصاب‌شناس معروف فرانسوی بود. کریس (*منشأ*، صفحات nI ۵۵) این گفته را به عنوان مرجعی برای ترجمه کتاب شارکو به‌وسیله فروید که در سال ۱۸۸۶ چاپ شد، در نظر می‌گیرد. مرد فرانسوی در سال بعد پیدا شد. نامه ۱۲ دسامبر ۱۸۸۵ فروید به مارتا و گفته‌هایش در «*طرح شرح حال‌نویسی*» را ببینید. (S.E.۲۰:۱۲) فروید یک کپی از کتابش را برای بروئر فرستاد و با این گفته آن را تقدیمش کرد: «برای دوستم ژوزف بروئر

Josef Breuer که احترامی فراتر از همه افراد برای او قائلم، استاد سری هیستری و دیگر مشکلات پیچیده، با تقدیم کامل از طرف مترجم».

در خانه فروید در مارسفیلد گاردنز لندن، چند نامه منتشرنشده از طرف شارکو برای فروید وجود داشت که بین سال‌های ۱۸۸۸ و ۱۸۹۲ نوشته شده بود. در ۲۳ ژانویه ۱۸۸۸، شارکو می‌نویسد: «نگران نباش، هیستری راهش را پیدا می‌کند و یک روز به‌طور باشکوه و در روز روشن، جایگاه‌های مهم را به خود اختصاص می‌دهد». در ۱۷ فوریه ۱۸۸۹: «من هنوز ترجمه کتاب برنهایم را که برایم گفتی، دریافت نکرده‌ام. هر کس می‌تواند ببیند که اغراق‌های زیادی در گفته‌های این پروفسور وجود دارد. در پاریس، فردی می‌گفت خطرات هیپنوتیزم بیشتر از مزایای آن است. با این وجود، از میان این‌ها یک چیز باقی می‌ماند». در ۳۰ جون ۱۸۹۲: «به هر حال، از دیدن یادداشت‌ها و انتقادهایی که در پایان صفحات درس خودم پیدا کردم، خوشحالم. عالی است: زنده باد آزادی، همان‌طور که در فرانسه می‌گوئیم». مشخصاً، فروید مطالب مربوط به ساسیلی ام، یکی از بیماران ذکرشده در *تحقیقات هیستری* (S.E.۲) را برای شارکو فرستاد و در ۲۶ (؟) اکتبر ۱۸۸۸، شارکو برای فروید می‌نویسد: «تحلیل دقیق و کاملی که در مورد پدیده‌های سایکوفیزیولوژی انجام داده‌ای که بسیار متنوع و پیچیده‌اند، به اندازه کافی نشان می‌دهد که خودت را وقف این فرد جالب کرده‌ای. درست همان‌طور که ما در زمان اقامتش در پاریس جذب او شده بودیم، اما گفته‌ام را تکرار می‌کنم: بیشتر کاری که باید کرد، روانی است. همان‌طور که به خوبی درک کرده‌ای و این گونه است که می‌توان در این مورد مفید بود. به‌علاوه، باید به تو بگویم که خانم X امروزه احترام بسیار بیشتری نسبت به گذشته برای خودش قائل است. او در واقعیت بیشتر قدردان خودش است و تا حد زیادی آماده دست‌وپنجه نرم کردن با زندگی است که قبلاً این‌طور نبود». ممکن است این، منشأ اظهار نظر معروف فروید (هیچ منبعی برای آن پیدا نشد) که هدف از روان‌کاوی، قادر به توانایی انجام کار بودن و عشق ورزیدن است، نباشد. چیزی که این نامه‌ها نشان می‌دهند و چیزی که قبلاً نمی‌دانستیم، گستره پذیرش شارکو نسبت به ایده‌های جدید فروید است. شارکو در سال ۱۸۹۳ فوت کرد. بنابراین، غیرممکن است بفهمیم او چطور به *تحقیقات* در مورد هیستری سال ۱۸۹۵ واکنش نشان می‌داده است. آیا آن را به رسمیت می‌شناخت و آن را به عنوان یک جانشین بزرگ، وارد کارش می‌کرد؟ تا جایی که من می‌دانم، نامه‌های فروید به شارکو باقی نمانده‌اند. به خاطر این نامه‌ها این موضوع وجود دارد که فروید در *آسیب‌شناسی روانی زندگی روزمره* (S.E.۱۶:۱۶۱)، در مورد ترجمه شارکو می‌نویسد: «حتی زبان‌های قبلی را که از فرانسه ترجمه می‌کردم و در آن‌ها حق مالکیتی را که به ناشران اعطا می‌شد نقض کرده بودم، روشن‌تر کرد. من به متن‌هایی که ترجمه می کردم، بدون این‌که از

نویسنده اجازه بگیرم، یادداشت‌هایی اضافه کرده بودم و سال‌ها بعد به اندازه کافی دلیل داشتم که حس کنم نویسنده از این کار خودسرانه من خوشش نیامده است».

۳. رویدادی که فروید در این‌جا به آن اشاره می‌کند در ژورنال سابلیک (۱۹۶۸) ارائه شده است. ژورنال مورد نظر یک *هفته‌نامه بالینی در وین* بود. سابلیک به هرحال، با نگرش مسیحی این ژورنال پزشکی آن‌گونه که ابراز می‌شد، همراه نبود. اولین مقاله در ۵ آوریل ۱۸۸۸ منتشر شد و درواقع، هیچ‌چیز مسیحی‌ای در مورد آن وجود نداشت. هینریچ فان بامبرگر Heinrich von Bamberger، سردبیر مجله، یهودی بود. درست مثل چندین عضو دیگر هیئت ویراستاری از جمله دوست فروید، ارنست فلیشل فان مارکو Ernst Fleischl von Marxow (یادداشت ۲ نامه ۶ می ۱۸۹۴ را ببینید) صحبت‌های ویراستاری اولیه، به طرز عجیبی در مورد «وطن» و به افتخار دانشکده وین بود. رأی مجله ۹۳ به ۲۹ نفر موافق بود و فروید هم به وضوح در میان افرادی بود که این پیشنهاد را رد کرده بودند. فروید در سال ۱۹۳۱ به عنوان عضو افتخاری این انجمن انتخاب شد و ظاهراً هرگز استعفا نداد.

۴. فروید به رویداد مینرت در «طرح شرح حال‌نگاری» خود اشاره می‌کند. «ارائه موردی از هیستری مردان به جامعه پزشکان وِینی در ۱۵ اکتبر ۱۸۸۶ به روابط ضعیفش با تئودور مینرت Theodor Meynert [متخصص وِینی] منجر شد و توسط برنفلد Bernfeld (۱۹۵۲) با جزئیات کامل مطرح شد. همچنین دورا مینرت Dora Meynert (۱۹۳۰)، برنفلد (۱۹۵۱)، لبزلترن Lebzeltern (۱۹۷۳) و برای نقطه‌نظر متفاوت، النبرگر (۱۹۷۰) را ببینید. در مقاله کمتر معروفی (که هرگز چاپ نشد، اما در *روندشاو -بررسی- بالینی بین‌المللی* و ۸۱۴-۸۱۸ و (۱۸۹۲) و ۸۵۴-۸۵۶ گزارش شد) درباره سخنرانی‌ها، در مورد هیپنوتیزم و تلقین، (در ۲۷ آوریل و ۴ می در کلوپ پزشکی وِینی) فروید می‌نویسد: «این ایراد که درمان هیپنوتیزمی-تلقینی یک درمان کاملاً علامتی است، به‌طور کل اصلاح شد، اما این را می‌توان در دامنه گسترده‌ای از روش‌های درمانی به‌کار برد. ما تعداد درمان‌های سببی بسیار کمی داریم و در کل خودمان را با روش‌های درمانی علامتی، کاملاً راضی می‌کنیم (یعنی، درمانی که به دنبال کاهش علائم بیماری است) و بیمار هم چیزی به جز این را از ما نمی‌خواهد. (صفحه ۸۵۵) فروید نزدیک به خلق اولین درمان سببی در تاریخ بود. هرچند، احتمالاً تا سال ۱۸۹۲ این را نمی‌دانست. اگرچه، احتمالاً در این سال بود که برای اولین بار از روش تداعی آزاد استفاده کرد. متأسفانه، هیچ گزارش دیگری در مورد مقاله فروید به دست ما نرسیده است. بنابراین، یک جمله امیدوارکننده در پایان بیشتر نمی‌توان گفت. فروید گفته است: «در هیستری، موردی وجود دارد که هیپنوتیزم ما را قادر می‌سازد یک درمان واقعاً سببی انجام بدهیم، اما گوینده نمی‌خواهد در آن زمان در موردش بیشتر صحبت کند». آیا این می‌تواند ارجاعی به بیماری باشد که فروید نزد شارکو فرستاده؟

وین، ۲۸ می ۱۸۸۸
آی. ماریا تریشانتراسه ۸

دوست و همکار گرامی!
دلیل کوچکی برای نوشتن این نامه دارم؛ کاری که پیش‌تر بدون هیچ دلیلی می‌توانستم انجام بدهم. اول از همه، خانم اِی. از وقتی که مشخص شد به نورآستنی مزمن مبتلاست (اگر تو هم بخواهی بیماری‌اش را این‌چنین بنامی) و از زمان سقط جنینش با حداقل درمان و استراحت، بهبودی عالی‌ای پیدا کرده است و اکنون خیلی خوب است. تابستان نزدیک است و ترجیحات قدیمی، او را به سمت فرانتزنسباد جذب می‌کنند. من آب درمانی در کوهستان را توصیه کردم. بنابراین، او از من خواست که موضوع را به تو اطلاع بدهم که بتواند تصمیم بگیرد. در این نامه با همه دلتنگی‌ام برایت دارم این کار را می‌کنم. من به دریاچه لوسرین، آکسنستاین و چند جای دیگر فکر می‌کردم. اگر موافق باشی، در جواب این نامه کارتی بفرست که نام یک محل را نشان دهد و مطمئن باش که خانم اِی. در همین مکان تابستانش را خواهد گذراند، اما لطفاً مرا از تصمیم‌گیری معذور بدار. چون این به هیچ‌وجه او را راضی نمی‌کند، زیرا قدرتی را که تو در تصمیم‌گیری داری، نمی‌توان انتقال داد.[۱] لطفاً سریع جواب بده، زیرا قولم برای نوشتن این نامه به تو، مربوط به ده روز پیش است.
در این لحظه خانمی برای هیپنوتیزم روبه‌رویم دراز کشیده است. بنابراین، می‌توانم با آرامش بنویسم. ما از زندگی فروتنانه خود با رشدی یکنواخت، راضی هستیم. وقتی که ماتیلده کوچکمان می‌خندد، حس می‌کنیم شنیدن خنده‌اش زیباترین چیزی است که می‌توانست برای ما اتفاق بیفتد و از بقیه جهات جاه‌طلب و کوشا نیستیم. کارم در زمستان و بهار کمی افزایش یافته بود و حالا دوباره کم شده است و فقط ما را زنده نگه می‌دارد. برای گذراندن زمان و سرگرم شدن در کار چند مقاله به ویلارت[۲] فرستاده‌ام، بخش‌هایی از ترجمه کتاب *تلقینِ* برنهایم و چیزهای مشابه که ارزش نام بردن ندارند. صبر کن! اولین پیش‌نویس «فلج هیستریک»[۳] نیز به پایان رسیده است و نمی‌دانم دومین پیش‌نویس چه وقت تمام می‌شود. به‌طور خلاصه، مدیریت می‌کنم و می‌دانم که زندگی در کل بسیار سخت و پیچیده است. همان‌طور که ما در وین می‌گوئیم؛ راه‌های زیادی برای رسیدن به قبرستان مرکزی وجود دارد.

من به کارهایت نگاه می‌کنم که بسیار قهرمانانه‌اند، بدون حسادت و فقط با رضایت قلبی کامل. همین‌طور ادامه بده و قدم بعدی را در سازماندهی حرفه‌ات بردار، یعنی دستیارانی را استخدام کن. زمانه هیپنوتیزم به پایان رسیده است.

با صمیمانه‌ترین درودها

دکتر فروید

۱. احتمالاً ارجاعی به شاگرد جادوگری گوته (یا احتمالاً فاوست) است که در آن فقط استاد جادوگری، قدرت به خدمت گرفتن ارواح را داشت.

۲. مقالات در فرهنگ لغت کامل داروهای ویلارت Villaret، بی‌علامت هستند. بنابراین، نمی‌توان متوجه شد کدام مقاله را فروید نوشته است. ووگل (۱۹۵۳) به‌طور متقاعدکننده‌ای مطرح می‌کند که مقاله مربوط به هیستری قطعاً توسط فروید نوشته شده است. کریس (*منشأ*، صفحه ۵۶۸۲) می‌نویسد: «می‌توان مدعی شد مقالات مربوط به هیستری و فلج اطفال و شاید مقالات مربوط به فلج شدن متعلق به او هستند و به خاطر سبک و محتوای آن مقالات می‌توان این ادعا را داشت». سپس، ووگل عقیده دارد که مقاله‌ای با عنوان «صرع هیستریایی» ترجمه‌شده در (S.E.۱:۵۸-۵۹) توسط فروید نوشته شده است. او عقیده ندارد که مقاله مربوط به بیماری فلج اطفال، متعلق به فروید باشد، زیرا در زمان انتشار مطالب عصب‌شناسی در این دوره درگیر فلج مغزی بوده است. در حالی که مقاله ویلارت مربوط به فلج نخاعی است. این ادعا خیلی متقاعدکننده نیست. مخصوصاً اگر سخنرانی فروید با عنوان «فلج اطفال» را که در ۲۴ می ۱۸۹۳ ایراد شد و در *عصب‌شناسی مغزی* ۱۲ (۱۸۹۳) گزارش شد، در نظر بگیریم (در آن فروید درباره این تفاوت صحبت می‌کند). از سوی دیگر، ووگل عقیده دارد مقاله «فلج» را فروید نوشته است و به خاطر شباهت آن به مقاله فرانسوی فروید با عنوان «برخی ملاحظات» این ادعا را کرده است. (یادداشت بعدی را ببینید)

۳. مقاله فروید با نام «برخی ملاحظات» به‌وسیله شارکو در آرشیو عصب‌شناسی‌اش در سال ۱۸۹۳ منتشر شد، در حالی که بخشی از آن در اوایل ۱۸۸۶ نوشته شده بود. در .G.W مجدداً چاپ شد و در .S.E با عنوان «برخی نکات برای مطالعه مقایسه‌ای فلج حرکتی عصبی و ارگانیک» ترجمه شد. جونز (زندگی۲۵۷-۱:۲۵۵) داستان این مقاله را بیان می‌کند. وقتی نسخه جونز چاپ شد، دابلیو.اچ. آودن W. H. Auden در ۴ نوامبر ۱۹۵۳ نامه‌ای برای او نوشت (که از آرشیو جونز در کتابخانه مؤسسه روان‌کاوی در لندن به‌دست آمده است): «وقتی گفتید چطور به شارکو اشاره کرد مناطقی که تحت تأثیر هیستری قرار می‌گیرند، چگونه با ایده‌های رایج آناتومی مطابقت دارند و نه با آناتومی، مثالی بی‌نظیر از بینش «تاریخی» او زدید و این‌که چقدر متداول بود در آن زمان شارکو علاقه‌ای به این مسئله نداشته باشد». مقاله فروید در سال ۱۸۹۶ به‌وسیله ال. کاموست L. Camuset در اجلاس

سالانه پزشکی روان‌شناسی مورد بررسی قرار گرفت. او می‌نویسد: «در فلج هیستریایی، هیچ آناتومی‌ای وجود ندارد»، اما در عمل، فروید در مقاله اصلی‌اش بیان می‌کند: «در فلج و دیگر عوارض بیماری‌اش، کارهای هیستریایی مانند آناتومی وجود ندارد یا گویی هیستری هیچ آگاهی‌ای از آناتومی ندارد». این شاید اولین بینش روان‌شناسی هوشمندانه نسبت به هیستری بوده باشد. آیا شارکو این مقاله را دیده بود؟ او در ۱۶ آگوست ۱۸۹۳ درگذشت. این مقاله در جولای چاپ شد. در یک نامه بدون تاریخ از طرف شارکو به فروید (در مارسفیلد گاردنز) نوشته شده است: «من به‌تازگی تحقیق مقایسه‌ای شما در مورد فلج ارگانیک و هیستریایی را دریافت کرده‌ام. نگاهی به آن انداختم و می‌توانم ببینم که باید خیلی جالب باشد. این مقاله در آرشیو عصب‌شناسی چاپ خواهد شد و به محض این‌که برگردم به آن رسیدگی خواهم کرد. من از کتابخانه شارکو در پاریس بازدید کردم و کپی او از مقاله مربوط به آرشیوها را پیدا کردم. در آن‌جا در کنار خطوطی که از فروید نقل کردم، علامت‌هایی گذاشته شده بود. دو علامت بزرگ در حاشیه. بنابراین، شارکو مقاله را دیده بود. این آخرین نگاه او به مقاله بود. «روان شناسی آینده» که او به آماده کردن آن کمک کرد، اما آن‌قدر زنده نماند که توسعه آن را ببیند. یک نامه چاپ‌نشده به همسر فروید، مارتا (۲۵ فوریه ۱۸۸۶) از پاریس این گفته را تضمین می‌کند: «سه‌شنبه، این فرصت را پیدا کردم که نامه (حاوی پیشنهاد نوشتن مقاله) را به شارکو بدهم، همان‌طور که قبلاً برایت نوشته بودم. اما روز چهارشنبه حس خوبی نداشتم و به بیمارستان نرفتم. امروز او به من گفت که مقاله خیلی هم بد نبوده است. هرچند، او نمی‌تواند (این عقیده) را بپذیرد، اما نمی‌خواهد با من مخالفت کند. به هر حال، مهم است که این موضوعات بیان شوند. من باید آن را نزد خود نگهدارم تا وقتی که بیست صفحه بشود، سپس آن‌ها را برای او بفرستم. او می‌خواهد آن را در آرشیو عصب‌شناسی چاپ کند. طبعاً بسیار خشنودم. یک بار دیگر او را دیدم و یک بار دیگر بی‌اختیار این موضوع را پیش کشید که حتماً او را خوشحال کرده بود. روی‌هم‌رفته، او بسیار جذاب است و آخرین دستورالعمل‌ها برای ترجمه را به من گفته است. من عکس او را که خریده بودم به خودش دادم تا امضا کند. او آن را امضا کرد و عکس دیگری را به عنوان هدیه به من داد. باید هر دویشان را برایت بیاورم. سرانجام از من پرسید آیا به توصیه‌نامه‌هایی برای برلین نیاز دارم یا نه و دو کارت به من داد که احتمالاً کمک زیادی به من خواهند کرد. من از پیامد صحبت‌هایمان بسیار خوشحالم و فکر می‌کنم تأثیر بدی روی آن نگذاشته‌ام.

وین، ۲۹ آگوست ۱۸۸۸

دوست گرامی!

برای مدت زیادی ساکت بوده‌ام، اما سرانجام پاسخم بسیار تأثیرگذار از کار درآمد؛ یک کتاب، یک مقاله و یک عکس. نمی‌توانی انتظار داشته باشی که چیزی بیش از این‌ها همراه یک نامه باشد. نامه خودت حاوی چیزهایی بود که افکار مرا برای مدت زیادی درگیر کرد و دلم می‌خواست این را با تو مطرح کنم. بی‌پروا می‌گویم که حق با توست، اما نمی‌توانم به درخواست تو عمل کنم. انجام پزشکی عمومی به جای تخصص، کار کردن با تمام ابزارهای تحقیقی موجود و مسئولیت کامل بیمار را برعهده گرفتن. مطمئناً این تنها روشی است که رضایت شخصی و موفقیت را نوید می‌دهد، اما برای من، این کار خیلی دیر است. من آن‌قدر آموزش ندیده‌ام که یک پزشک حرفه‌ای باشم و در توسعه پزشکی‌ام نقص‌هایی وجود دارد که بعدها با زحمت اصلاح شد. توانستم به اندازه کافی یاد بگیرم که یک عصب‌شناس باشم و اکنون نقص‌هایی دارم، دیگر جوان نیستم. این واقعیت دارد، اما زمان و استقلال آن را جبران خواهند کرد. زمستان گذشته کاملاً مشغول بودم و فقط فرصت این را داشتم که وقتم را با خانواده بزرگم بگذرانم و فرصت یادگیری چیزی را نداشتم. تابستان نسبتاً بد بود. برایم زمان کافی به همراه داشت، اما نگرانی‌هایی هم با خود داشت که حال خوب را از من گرفت. علاوه بر عادت تحقیق که خیلی چیزها را به خاطر آن فدا کرده‌ام، نارضایتی من از چیزی است که یکی از دانش آموزانم ارائه کرد. نیاز به وارد شدن جزئیات و انجام قضاوت‌های نقادانه، با تحقیقاتم تداخل پیدا کرد. فضای کلی وین طوری است که کاری برای محکم کردن اراده شخصی یا تقویت اعتماد به موفقیت که ویژگی شما برلینی‌هاست و بدون آن یک انسان بالغ نمی‌تواند به تغییر مبنای وجودش فکر کند، انجام نمی‌دهد. بنابراین، به نظر می‌رسد باید همان‌طور که هستم بمانم اما من هیچ تصوری از ناکافی بودن این موقعیت ندارم.

عکس ضمیمه‌شده با خواسته‌های تو، که در وین مطرح کردی و من در آن زمان نتوانستم به آن‌ها عمل کنم، موجه شده است، به خاطر کتاب *تلقین* داستانش را می‌دانی. من با بی‌میلی آن کار را قبول کردم و فقط می‌خواهم دست‌اندرکار موضوعی باشم که عمیقاً بر روش متخصصان اعصاب در سال‌های بعد اثر خواهد گذاشت. دیدگاه‌های برنهایم را که به نظرم یک‌طرفه می‌آیند، به اشتراک نمی‌گذارم و سعی کردم

در پیشگفتار از نقطه‌نظر شارکو[1] دفاع کنم. نمی‌دانم چقدر با مهارت این کار را انجام داده‌ام، اما می‌دانم که مطمئناً ناموفق نبوده‌ام. نظریه پیشنهادی (نظریه استدلالی برنهایم) مانند یک افسون متداول[2] برای پزشکان آلمانی عمل می‌کند که هیچ کاری برای رها شدن از نظریه شبیه‌سازی‌ای که حالا برای نظریه تلقین پذیرفته‌اند، انجام نمی دهد. در نقد مینرت[3] که با لحن همیشگیِ گستاخانه-بدخواهانه خود به صورت آمرانه‌ای درباره موضوعی که هیچ‌چیز در مورد آن نمی‌داند صحبت کرد، مجبور بودم خودم را کنترل کنم. چراکه برخورد تمام دوستانم این خواسته را نشان می‌داد. با این وجود، چیزی که نوشته‌ام به نظرشان جسورانه است. من گربه را زنگوله بستم. (به تنهایی ریسک آن را می‌پذیرم)

سرانجام دارم به پایان «فلج اندامی و هیستریک» نزدیک می‌شوم که این موضوع خوشحالم می‌کند. نقش من در ویلارت کمتر از آن چیزی است که انتظار می‌رفت. مقاله آناتومی مغز به شدت کم شده است. چند مقاله بد دیگر در مورد عصب‌شناسی مال من نیست! ارزش علمی کل [این شماره مجله] خیلی زیاد نیست.

«آناتومی مغز» همچنان در حال توسعه و تکمیل است، درست مانند زمانی که ایده‌های جدید می‌دادی. این گستره فعالیت‌های علمی من است. به جز آن، بقیه چیزها خوب پیش می‌روند. از آغاز جولای، همسر و فرزندم در ماریا شوتز در سمرینگ هستند که من هم برنامه دارم یک هفته را در آن‌جا بگذرانم. فرزند کوچکم رشد چشمگیری دارد.

خوشحال شدم از این‌که یک دستیار استخدام کردی. احتمالاً این نامه در برلین به دست تو نخواهد رسید. خیلی سخت کار نکن -دوست دارم تو را همان‌طور که هر روز بودی به یاد بیاورم. مراقب خودت باش و به دوستی‌مان فکر کن.

با احترام!

دکتر زیگموند فروید

۱. این نامه پیش از آن نوشته شد که فروید با یک بیمار به نانس رفت تا برنهایم را در تابستان ۱۸۸۹ ببیند. متأسفانه، اطلاعات بسیار کمی در مورد این ملاقات مهم داریم. احتمالاً راه تغییر دیدگاه برنهایم را از آنچه در این‌جا گزارش شده است، صاف کرد. فروید ایده‌هایی که در پیشگفتارش نوشته را به کتاب *تلقینِ* برنهایم (S.E. ۱:۷۳) نسبت داده است و واقعیت دارد که در مقایسه دانشگاه پاریس (شارکو)، با نانس (برنهایم و آمبروز لیبولت) او پاریس را ترجیح می‌دهد. فروید، بازدیدش از نانس را با جزئیات بیشتری در «طرح شرح حال‌نگاری»

خود (S.E. ۲۰:۱۷) و به‌طور خلاصه‌تر در *سخنرانی‌های مقدماتی* (S.E. ۱۵:۱۰۳) و «برخی درس‌های ابتدایی در مورد روان‌کاوی» (S.E. ۲۳:۲۵۸) ذکر می‌کند. مقدمه استرچی (۶۹-S.E. ۱: ۶۳) برای مقالات در مورد هیپنوتیزم و تلقین هم مفید هستند. یک منبع را که قبلاً متوجه‌اش نبودم، در مطبوعات نوفریه (۱۹۰۴) پیدا کرده‌ام. نوشته تی اچ. توماس Th. Thomasکه در مورد «مردم مغناطیسی» مفاهیم زیر را بیان می‌کند: «پروفسور فروید می‌گوید: انسان‌ها همیشه به باز کردن تمام رازها با یک کلید علاقه داشته‌اند. این کلمه «کلید» همیشه مغناطیس بوده است. کلمه‌ای بوده و هست که معنی تلقینی دارد و همچنین قابل درک است که قدرت جادویی آهن‌ربا که تأثیرات بافاصله‌ای دارد، می تواند روی خیال‌پردازی‌های ما هم تأثیر بگذارد. تأثیر حقیقی آهن‌ربا روی انسان‌ها یا تأثیر انسان‌ها روی آهن‌ربا نیز جای سؤال ندارد». چون چنین دیدگاه‌هایی در نوشته‌های منتشرشده فروید دیده نمی‌شوند. من تصور می‌کنم توماس با فروید مصاحبه کرده بود. اظهارات فروید درباره این بازدید از نانس (S.E. ۲۰:۱۷) قابل توجه است: «با ایده‌های کامل کردن شیوه هیپنوتیزم در تابستان سال ۱۸۸۹ به نانس سفر کردم و چند هفته را در آن‌جا گذراندم. من شاهد حرکت عینک لیبولت پیر بودم که داشت در میان خانم‌ها و بچه‌های فقیر طبقه کارگر کار می‌کرد. من تماشاگر تجربیات خارق‌العاده برنهایم روی بیماران بیمارستانش بودم و عمیق‌ترین تأثیر را احتمالاً از آن‌جا حس کردم که احتمالاً فرایندهای ذهنی قوی‌ای وجود دارند که از ذهن هوشیار این افراد پنهان مانده‌اند». گرگوری زیلبورگGregory Zilboorg (صفحه ۳۶۳ و ۱۹۹۷) در نوشته‌هایش از برنهایم نقل می‌کند: «در واقعیت، ما به طور بالقوه یا درواقع در دوره بزرگی از زندگی‌مان انسان‌های متوهمی بوده‌ایم». در واقعیت، برنهایم به دنبال این مسئله است که نشان دهد هیستری و هیپنوتیزم به طرز تجزیه‌ناپذیری به هم متصل نیستند و این‌که پدیده‌هایی که هیپنوتیزم در مورد ذهن مشخص می‌کند ارزششان فراتر از هیستری است، چیزی که فروید بعدها اعتراف کرد، واقعیت دارد و برای آن یک درک نظری فراهم کرد که در کار برنهایم وجود نداشته است. شارکو این را باور نداشت، اما عقیده داشت که برخی هسته‌های درک‌شده واقعیت جنسی، در پس پدیده هیستری وجود دارند. او در کتابش مشخص کرده است که برخی تسلط‌های شیطانی، همان طور که در هنر منعکس می‌شوند، در افراد هیستریایی، متداول‌اند. این دیدگاه در مورد تمایلات جنسی بود که هرگز توسط شارکو یا دانشکده‌اش کامل درک نشد و به نظر می‌رسید تأثیر عمیق‌تری روی فروید گذاشت. به‌علاوه، ما از یک گفته دیگر فروید متوجه می‌شویم که هرگز کاملاً مجذوب چیزی که در نانس دیده بود، نشده است. چون فروید در *روان‌شناسی گروهی* و در *تحلیل ایگو* (۸۹ :۱۸ S.E.) می‌نویسد: «این هم عقیده برنهایم بود که من در سال ۱۸۸۹ شاهد هنرهای حیرت‌انگیزش بودم، اما به خاطر می‌آورم که از آن به بعد دشمنی آرامی با این استبداد تلقین

پیدا کردم. وقتی بر سر بیماری که رام‌نشدنی به نظر می‌رسید فریاد زد: «چه کار می‌کنی؟ تو علیه تلقین هستی»، من با خودم گفتم این یک ناعدالتی مشهود و عمل خشونت‌آمیز است. زیرا اگر افراد سعی کنند با تلقین فردی را مطیع و رام کنند، او حق دارد با تلقین مخالفت کند». مشخص نیست فروید کدام بیمار را با خودش به نانس برده است. هرچند، گفته شده که بانو اِمی فان اِن. Emrny von N. بوده است. در واقعیت، او ممکن است فرد ذکرشده در نامه شارکو باشد که فروید در تحقیق در مورد هیستری از او به عنوان ساسیلی اِم. نام برده است.

۲. در اصل به زبان انگلیسی است

۳. در دوم جون سال ۱۸۸۸، مینرت مقاله‌ای با عنوان «درباره پدیده‌های هیپنوتیزم» در انجمن پزشکان وین ارائه کرد. این مقاله در دانشنامه پزشکی اهل وین (۱۸۸۸): ۴۷۳-۴۵۳-۴۵۱-۴۸۹-۴۹۶-۴۷۶ گزارش شد و تا آخرین بخش در ۱۳ سپتامبر ۱۸۸۸ (شماره ۲۴) ادامه یافت. در تشریح مطالب، ویلهلم وینترنیتز Wilhelm Winternitz نظرات زیر را بیان کرد: «هوفرات مینرت ثابت کرد که تلقین بسیار قدرتمند است. او پا را فراتر گذاشت و دلیل روان‌شناسی و آناتومیکی برای آن ارائه کرد. او حتی فراتر رفت و نشان داد که تلقین اثر زیادی بر حالت هیپنوتیزمی دارد. بنابراین، برای من مشخص نیست که او چرا باید به این نتیجه برسد که نمی‌تواند انجام این آزمایش را روی افراد بیمار توجیه کند در حالی که، همان‌طور که به ما نشان داد، قابلیت تلقین در هیپنوتیزم بسیار قدرتمند است. من تصادفاً از کتابخانه دانشکده نانس بازدید کردم و در آن‌جا دیدم که از تلقین برای درمان استفاده می‌شده است و دیدم که برخی واقعاً موفق بوده‌اند. مثلاً، در مورد دو پسری که دچار بی اختیاری بودند، من دیدم که این ضعف در نتیجه تلقین از بین رفت و غیره. من در نانس دیدم که تنها افراد هیستریک نبودند که در معرض تأثیر تلقین قرار گرفته‌اند.

وین، ۲۱ جولای ۱۸۹۰[۱]

دوست عزیز!

پاسخ من مانند نامه تو کوتاه خواهد بود. من دیگر نه علاقه‌ای به همایش دارم و نه می‌خواهم در آن شرکت کنم، اما دعوت تو دوست‌داشتنی‌ترین و پرافتخارترین چیزی است که در مدتی طولانی برای من رخ داده است. بی‌صبرانه منتظر دیدار مجدد تو هستم و دوست دارم بشنوم که در حال انجام چه کاری هستی تا انرژی تقریباً ازدست رفته مرا بازگردانی و دوست دارم از علائق علمی تو بشنوم و براساس آن خواهم نوشت که بدانی چه زمانی خواهم آمد. احساسات و احترام مرا نسبت به خودت می‌دانی. اجازه

بده چند روز با هم گپ بزنیم هرچند، اگر فقط می‌خواهی از من پذیرایی کنی و خودت سر کار بروی، به من بگو که نیایم.
از صمیم قلب برای تو!
زیگموند فروید

۱. در کتاب *منشأ* به اشتباه ۱۸۹۱ تاریخ‌گذاری شده است.

ریچنو، ۱ آگوست ۱۸۹۰

دوست گرامی!
امروز با بی‌میلی فراوان برایت می‌نویسم که نمی‌توانم به برلین بیایم. شهر یا همایش اصلاً برایم اهمیتی ندارند، ولی این برایم مهم است که نمی‌توانم تو را در برلین ببینم. این تنها دلیلی نیست که تصمیم مرا عوض کرد بلکه چندین دلیل کوچک وجود دارد که به خاطر پزشک بودن و پدر خانواده بودن ایجاد شده‌اند و به هر حال عملی نیست. نه از نظر پزشکی، وقتی که مهم‌ترین بیمارم نوعی بحران عصبی را می‌گذراند و ممکن است در نبودنم بهتر شود و نه در مورد خانواده، جایی که با وجود بچه‌ها بسیاری از اتفاقات رخ می‌دهد (من اکنون یک دختر و یک پسر دارم) و نه همسرم که هیچ‌وقت نمی‌خواهد سفرهای کوتاه را تحمل کند، واقعاً این نوع سفر را دوست ندارد و به همین ترتیب و غیره. من در نظر داشتم که این سفر در حکم یک هدیه منحصر به فرد به خودم باشد، اما ناچار شدم از آن چشم‌پوشی کنم.
با بی‌میلی فراوان، به دلیل این‌که انتظارات زیادی از ارتباطمان داشتم، وگرنه کاملاً راضی و خوشحالم اگر تو بخواهی. من هنوز هم کاملاً احساس تنهایی می‌کنم و از نظر علمی بیهوده، تنبل و بی‌تفاوت هستم. از زمانی که با تو صحبت کردم و دیدم که تو هم در مورد من خوب فکر می‌کنی، عادت کردم به چیزی در مورد خودم و به تصویری از انرژی کاملاً قانع‌کننده‌ای که به من ارائه دادی (که بر من بی‌اثر هم نبوده) فکر کنم. علاوه بر این، از نظر پزشکی، بی‌شک از حضور تو و همچنین شاید از جوّ برلین سود خواهم برد، چون حالا سال‌هاست که معلمی نداشته‌ام و کم‌وبیش انحصاراً درگیر درمان روان‌رنجوری هستم.

می‌توانم در وقت دیگری غیر از زمان همایش تو را در برلین ببینم؟ بعد از آن نمی‌خواهی به مسافرت بروی؟ یا در پائیز به این‌جا برنمی‌گردی؟ بابت این‌که پاسخ نامه‌ات را ندادم و حالا دارم دعوت تو را که صمیمانه‌تر از آن نمی‌شد رد می‌کنم، از من عصبانی نشو. اجازه بده دلخوش باشم که تو را چند روز خواهم دید تا به عنوان یک دوست از دستت ندهم.

با تبریکات صمیمانه!

فدای تو

دکتر زیگموند فروید

وین، ۱۱ آگوست ۱۸۹۰

عزیزترین دوست!

عالی است! و جایی دوست‌داشتنی‌تر از سالزبورگ را برای این هدف می‌شناسی؟ ما آن‌جا همدیگر را می‌بینیم و برای چند روز در هرجایی که تو بخواهی گردش می‌کنیم. روزش برای من فرقی نمی‌کند لطفاً تو تصمیم بگیر. فکر می‌کنم احتمالاً اواخر آگوست بشود. با نظر به موانعی که برایت ذکر کردم این ملاقات نمی‌تواند بیش از سه یا چهار روز زیبا باشد، اما باید این چند روز را به خودمان اختصاص بدهیم و من هر کاری می‌کنم که دوباره مانع این دیدار نشوم. اگر با سالزبورگ موافقی، احتمالاً از مونیخ به آن‌جا میروی و نه از وین.

با انتظاری واقعاً لذت‌بخش!

زیگموند فروید

وین، ۲ می ۱۸۹۱

دوست عزیز!

من واقعاً به آن بازبینی و نتیجه کار افتخار می‌کنم. فکر می‌کنم اعتماد به بازبینی، سهم بزرگی در موفقیتش خواهد داشت.[1] در چند هفته آینده، این افتخار را نصیب خودم خواهم کرد که کتابی در مورد زبان‌پریشی[2] برایت بنویسم که خودم احساسات گرمی نسبت به آن دارم. من نسبت به آن بسیار مُصِر هستم و با دوست تو ورنیکه[3] و با لیختایم و گِرَشی بحث و جدل دارم و حتی خراشیدن بت بزرگ و قدرتمند مینرت. خیلی

کنجکاوم که نظر تو را در مورد این جدل بدانم. به خاطر رابطه ویژه تو با نویسنده، برخی از این مطالب برایت آشنا خواهند بود. به هر حال، این مقاله بیشتر یک مقاله پیشنهادی است تا یک مقاله قطعی.

به جز خواندن کار من، چه کار دیگری می‌کنی؟ در مورد من «دیگر» یعنی دومین پسرم، اولیور که اکنون سه ماهه است. آیا می‌توانیم امسال همدیگر را ببینیم؟

با تبریکات صمیمانه

دکتر فروید تو

۱. این مشخصاً، ارجاعی به بازبینی بعضی از کارهای فروید توسط فلیس است، اما هیچ بازبینی‌ای از طرف فلیس از کارهای فروید مشخص نشده است. این احتمال وجود دارد که بازبینی نوشته شده باشد، اما هرگز منتشر نشده باشد یا این‌که در یک ژورنال نامشخص چاپ شده باشد که تاکنون پیدا نشده است. *آرشیو اطفال* حاوی بازبینی مقاله فروید توسط هر هولتزک Herr Holtzke از برلین است که ذکر می‌کند دو موردی که فروید گزارش کرده است، پربازدیدترین مقالات در ادبیات هستند، اما در مورد جمله پایانِ نامه، بعید به نظر می رسد که فروید به کسی جز فلیس اشاره کند.

۲. منبع آن، کتاب *در مفهوم زبان‌پریشی فروید* است.

3. Carl Wernicke

ورنیکه (۱۹۰۵-۱۸۴۸) یک روان‌پزشک و اعصاب‌شناس برجسته بود که اغلب توسط فروید و در ارتباط با زبان‌پریشی نام برده شده است. همچنین، او ویراستار مشترک (با تئودور زیهن Theodor Ziehen که فروید در نامه ۲۵ ژانویه ۱۹۰۱ از او هم نام می‌برد) *ماهنامه روان شناسی و عصب‌شناسی* است که در آن، مورد دورا «بخشی از تحلیل یک مورد هیستری» سرانجام منتشر شد. شاید فلیس او را معرفی کرده باشد، چون (طبق دانشنامه آلمانی سال ۱۹۵۷ با نام *دِر گروسه بروکهاوس* Del grosse Brockhaus) او پیش از این‌که به برسلو نقل مکان کند، از سال ۱۸۸۵ تا ۱۸۹۰ در برلین یک پروفسور بوده است. فروید اصطلاح ارزشمند (بسیار گران‌قیمت) را -که در تحلیل دورا از آن استفاده کرده بود- از ورنیکه، گرفته بود. احتمالاً به خاطر احترام به ویراستارش، فروید همچنین مقاله‌اش در مورد حافظه پنهان را هم در این ماهنامه چاپ کرد.

وین، ۱۷ آگوست ۱۸۹۱

دوست عزیزی که واقعاً با تأخیر نامه می‌نویسد!

سرانجام می‌ترسیدم که به خاطر زبان‌پریشی همه‌چیز را با تو خراب کرده باشم، حالا به همان اندازه که به دنبال ایراد گرفتن‌هایت هستم، منتظر تحسین‌هایت هم هستم.

در حال حاضر، زندگی‌ام به این صورت است؛ من کل هفته را در ریچنو سمرینگ هستم؛ دوشنبه در وین خواهم بود. فردا یک تور یک هفته‌ای را به گشاوس و داچستین آغاز می‌کنم که نمی‌توانم تو را دعوت کنم چون تنها نخواهیم بود.[۱] مجدداً دوشنبه بعد در وین، سپس ریچنو و تا اولین هفته سپتامبر، این‌چنین خواهد بود. از هشت سپتامبر به بعد ما بی‌شک مجبوریم در وین بمانیم تا کارهایمان را برای نقل مکان به یک آپارتمان جدید (۹، برگاس ۱۹) انجام دهیم.

هرچند، به هیچ‌وجه دست از سر تو برنمی‌دارم. باور دارم که امسال ممکن است طوری برنامه‌ریزی کنیم که تو در جایی و زمانی بین دوستانت و برنامه‌های مسافرتت جدا شوی و به من اجازه دهی که بدانم آیا به وین یا ریچنو می‌آیی یا نه. تنها زمانی که کمی وقت دارم، آخرین هفته ماه آگوست است و بعد از آن نمی‌توانم به خاطر برنامه محدودم، احتمالات را تضمین کنم. با این وجود بنویس، پیشنهاد بده و تا جایی که بشود، محلی را در نظر بگیر که من فوراً آن را به عنوان تنها چیزی که مهم است، قرار بدهم. امسال باید همدیگر را ببینیم و حرف بزنیم.

با صمیمانه‌ترین درودها!

زیگموند فروید

از یکشنبه بیست و دو آگوست به بعد، نشانی: ریچنو، نیدروستریچ یا وین (مکان قبلی)

۱. گشاوس Gesäuse دامنه کوهی در اتریش است و داچستین Dachstein بلندترین قله آن

وین، ۱۱ سپتامبر ۱۸۹۱

دوست عزیز!

نتوانستم زودتر به تو خبر بدهم چون خودم هم نمی‌دانستم. حالا می‌توانم به تو بگویم که در پانزده سپتامبر، بی‌صبرانه و با خوشحالی در نشانی؛ ۹ برگاس ۱۹ منتظرت هستم. (و اگر خبر بدهی احتمالاً در ایستگاه قطار)

دوستدار تو!
دکتر فروید

وین، ۲۵ می ۱۸۹۲[۱]

عزیزترین دوست!
فکر می‌کنم هیچ نیازی نیست که به همه جوک‌های احمقانه من پاسخ بدهی. اکنون می‌خواهم واقعاً مطمئن شوم که می‌توانم بدون این‌که انتظار پاسخی داشته باشم، برای تو بنویسم. تمام چیزی که امروز می‌خواهم به تو بگویم این است که همسرم در اول ماه جون به ریچنو خواهد رفت و من در ویتسان به او ملحق خواهم شد. در حالی که کاملاً مشتاقم از مسیر تو در زمانی که آن‌جا هستی دور باشم، اما طبیعتاً آماده‌ام که این فداکاری را بکنم و در روز شنبه یا سه‌شنبه، خوشبخت و صمیمی برای لحظه‌ای ببینمت و به تو شادباش بگویم. البته، اگر در آن روزها آن‌جا باشی.
اما به هر حال، چون هیچ‌چیز هوشمندانه‌تری برای من رخ نخواهد داد، بگذار به تو بگویم که آخرین کارت تو دابلیو. اچ. (ویلهلم کریستین) را وحشت‌زده، خواندم و سپس متوجه شدم که تو نامت را با معنی دو پهلو نوشته‌ای.[۲]
با احترام!
دکتر فروید تو
فوراً در مورد این‌که برای کادوی ازدواج چه می‌خواهی به من خبر بده! باید هرچه زودتر بدانم.

۱. اصل این نامه و نه نامه دیگر از طرف فروید برای خانواده فلیس در اورشلیم، در دپارتمان دست‌نوشته‌ها و آرشیو کتابخانه ملی و دانشگاه یهودی است. پائولین ژاکوبسن Pauline Jacobsohn، دختر فلیس، که حالا در اسرائیل زندگی می‌کند وقتی که از آلمان مهاجرت کرد، آن‌ها را به همراه خود برد. اولین بار پیتر سوالز Peter Swales توجه مرا به نامه‌ها جلب کرد و مسئول دانشگاه به‌قدر کافی مهربان بود که برای این نسخه از کتاب، آن‌ها را در اختیارم بگذارد.

۲. مایکل شروتر بیان کرده است که می‌شد نام فلیس، ویلهلم، را که معمولاً «ویله» نوشته می‌شد با w.ch اشتباه کرد.

(۴) آیدا بوندی در سال ۱۸۹۲، سالی که در آن با ویلهلم فلیس ازدواج کرد. در پشت عکس، پشت‌نویسی از طرف النور فلیس وجود دارد که مادر شوهرش یک نوازنده آماتور پیانو و یک میزبان برجسته بود که گاهی اوقات دوستان پسرش او را «دوشس» خطاب می‌کردند.

(۵) ژاکوب فلیس، پدر ویلهلم

(۶) پسر فلیس، رابرت ویلهلم، در سن شش سالگی

وین، ۲۸ جون ۱۸۹۲

عزیزترین دوست!

هیچ چاره‌ای جز این ندارم که تو را در خاطراتم و در آن عصر زیبا به یاد بیاورم که دیدمت[1] که در کنار عروس خود ایستاده بودی. می‌دانی که در آن لحظه احترام من نسبت به تشخیص دقیق تو فزونی یافت و زمانی که در «انقلاب خاطرات»[2] تصادفاً به تو رسیدم، آرامش خیال یافتم؛ حالا از او مراقبت می‌شود و جایش امن است. این اطمینان لحن مکاتباتم را با تو روشن کرد. برایت سوءتفاهم نشود.

به این دلیل برایت می‌نویسم که بروئر تمایل خود را برای انتشار مشترک نظریه تفصیلی ما در مورد تخلیه هیجانی و دیگر لطیفه‌های مشترکمان[3] در مورد هیستری اعلام کرده است. بخشی از آنچه که من می‌خواستم به تنهایی بنویسم، به پایان رسیده است و تحت شرایط مختلف، حتماً آن را به اطلاع تو خواهم رساند.

بخش شارکو که امروز آن را برایت می‌فرستم هم خوب درآمده است، اما من دلخورم که چند اشتباه گرامری و لهجه‌ای در چند کلمه فرانسوی وجود دارد. درهم و برهمی محض! می‌شنوم که منتظر سفر مجدد هستی. امیدوارم این لطف را به من بکنی و بگویی به عنوان یادگاری از طرف خودم و همسرم و با بهترین آرزوها چه چیزی برای خانه جدیدت بفرستم.

با صمیمانه‌ترین احترام‌ها برای تو، آیدا و پدر و مادرت که با آن مهربانی از من پذیرایی کردند.

با احترام!

از طرف زیگموند فروید

خانم گومپرز مرا با این سؤال به ستوه آورده است که چطور می‌تواند به خاطر تلاش‌هایت برای «رودی»[4] دستمزدت را پرداخت کند.

۱. این اولین نامه‌ای است که در آن فروید از کلمه زوج برای فلیس استفاده می‌کند.

۲. (گردش حافظه) Umwalzen der Erinnerung منبع آن نامشخص است.

۳. در ضمیمه متن چاپی، پیام خوانده شده، اما در دست‌نوشته‌ها «شوخی-لطیفه» نوشته شده است.

۴. شروتر این منبع را رودولف گومپرز Rudolf Gomperz (۱۸۷۸) معرفی کرده است

وین، ۱۲ جولای ۱۸۹۲[۱]

عزیزترین دوست!

دیروز بعدازظهر که هنوز هم از کوه‌پیمایی یکشنبه‌ام خسته بودم، وقتی شکایت می‌کردم که چطور بدون حرکت کردن (حداقل از نظر فعالیت) بعدازظهر خود را بگذرانم. پدرت با مهربانی از من درخواست کرد که با او به بروهل[۲] بروم. نیازی نیست بگویم که مشتاقانه درخواستش را قبول کردم. همه در آن‌جا خیلی صمیمی بودند. باید بگویم بعد از دیدن انتخابی که کردی خیلی تحت تأثیر قرار گرفتم. او مانند یک «قهرمان بانشاط» است، اما این‌ها عبارت‌های فاخری هستند که تو نیاز نداری از من بشنوی.

حالا فرصت بیشتری دارم که به خانه شاد، سر بزنم. چون اولین بیمار من دونا[۳] به‌تازگی به بروهل رفته است. مطمئنم که هر بار باید به آن‌جا سر بزنم. این کار سبب می‌شود یک نفر حس خوبی پیدا کند.

مکالمه دیروزمان و نامه امروز تو در یک زمینه مشابه است. در ماه آگوست من باید در ریچنو باشم که تنها یک ساعت و نیم با خط قطار تو فاصله دارد. دیروز با موفقیت درخواست کردم که شما دو نفر حداقل یک روز را در ریچنو بگذرانید. به خاطر همسرم که نتوانست با آیدا آشنا شود و هر بار در مورد او صحبت می‌کند.

البته، من بیش‌ازحد منتظر آگهی چاپ کتاب تو هستم. این پیشنهاد را زمانی دادم که فکر می‌کردم شدیداً نیاز به تغییر مسیر داری، اما حالا خیلی خوشحال نیستم که کمک کردم در این دوران آشفته، یک مسئولیت جدید بر دوش تو بیفتد. هرچند، این قبلاً رخ داده است.

کتاب هیستری من در دستان بروئر تغییر کرده و کلی‌تر و محدودتر شده و در این فرایند، کمی بر باد رفته است. ما داریم با هم آن را می‌نویسیم و هرکدام روی چند بخش کار می‌کنیم که او آن را امضا خواهد کرد، اما با موافقت کامل. هیچ‌کس تاکنون نمی‌تواند بگوید که چطور خواهد شد. در عین حال، دارم از یک دوره راکد ذهنی برای خواندن مطالب روان‌شناسی استفاده می‌کنم.

هفته پیش، لذت انسانی نادری برایم پیش آمد؛ فرصت انتخاب چیزی که برایم مناسب بود از کتابخانه مینرت –چیزی مانند این‌که یک وحشی در جمجمه دشمنش شراب بنوشد.[۴]

نمی‌خواهم از پرسیدن سؤال در مورد هدیه عروسی خودداری کنم، چون سبب شد آن کلمات گرم و صمیمی را از تو بشنوم، اما موضوع این نیست، همان‌طور که خواهی فهمید. اگر بر این کار اصرار داشته باشی این لذت را از ما خواهی گرفت.

حالا خداحافظ و امیدوارم که جولای به سرعت به پایان برسد.

با صمیمانه‌ترین درودها!

با احترام

زیگموند فروید

۱. اصل این نامه در اورشلیم است. یادداشت ۱ نامه ۲۵ می ۱۸۹۲ را ببینید.

۲. بوندی‌ها، خانواده همسر فلیس، در بروهل Bruhl در جنوب وین زندگی می‌کنند.

۳. این بیمار که هویتش در نامه بعدی برای فلیس مشخص می‌شود همان بیماری است که فروید نزد شارکو (و احتمالاً نزد برنهایم) فرستاد و او را در *تحقیق روی هیستری* به‌اصطلاح، ساسیلی ام. نامیده بود.(S.E.۲:۶۹n۱)

۴. مینرت در سی و یک می ۱۸۹۲ فوت کرد. فروید احتمالاً برای عرض تسلیت به خانه او رفته بود و به او این شانس را داده بودند که برخی از کتاب‌های مینرت را به عنوان یادگاری بردارد. فروید در *تفسیر رویاها* (S.E. ۵ : ۴۳۸) می‌نویسد: «همچنین این سبب شد که یاد حادثه‌ای (در مورد مینرت) بیفتم که کمی پیش از مرگش رخ داده بود. مجادله تلخی با او داشتم بر سر نوشتن موضوع هیستری مردانه که او وجود آن را انکار می‌کرد. وقتی که هنگام بیماری مهلکش به عیادت او رفتم و حالش را جویا شدم، به صورت طولانی در مورد وضعیتش صحبت کرد و با این کلمات صحبتش را به پایان رساند: «می‌دانی! من همیشه یکی از واضح‌ترین موارد هیستری مردانه بودم»».

اطلاعات جالب در مورد رابطه فروید و مینرت را می‌توان در مقالات برنفلد در کتابخانه کنگره پیدا کرد. لسکی (صفحه ۳۷۳، ۱۹۷۸) را هم ببینید.

۴ اکتبر ۱۸۹۲

۹، برگاس ۱۹

عزیزترین دوست!

در این‌جا اولین اثبات نظریه روان‌رنجوری بازتابی تو آمده است.[1] به این دلیل که در تِشِن چاپ شده است، شاید برایت بهتر باشد که خودت به سراغ چاپگر بروی. من در این‌جا و

آن‌جا به آن نگاه انداخته‌ام و تا حدی امیدوارم تو مقدمه را که برایم جالب‌ترین قسمت است، بفرستی.

می‌خواهم از به هم زدن آرامش لذت‌بخش تو (بعد از رفتن بیمارت) عذرخواهی کنم. از خودت لذت ببر. فقط می‌خواهم بدانم که تو و آیدا سالم هستید.

بچه‌هایم هشت روز گذشته را در وین گذرانده‌اند و به شدت در حال رشد هستند. من دارم بخش دوم فلج اطفال را می‌نویسم و همچنین بخش دوم «Si Parva licet»[۲] و غیره را نیز می‌نویسم.

با صمیمانه‌ترین درودها!

زیگموند فروید تو[۳]

۱. فلیس، *کمک‌های جدید به کلینیک و درمان رفلکس‌های عصبی بینی*. این کار در هفته‌نامه پزشکی مونیخ در سال ۱۸۹۴ مورد بررسی قرار گرفت.

۲. منظور فروید این است که مقایسه‌کردن بخش ۲ کارش با بخش ۲ فاوست گوته، گستاخی است. عبارت لاتین (اگر کسی جرئت دارد چیزهای کوچک را با چیزهای بزرگ مقایسه کند) در نامه ۱۴ اکتبر ۱۹۰۰ دیده می‌شود. نقل قولی از ویرجیل، جورجیا ۱۷۶ :۴ است.

۳. این اولین استفاده فروید از Dein اسم خود در امضاء نامه بوده است.

وین، ۲۱ اکتبر ۱۸۹۲

عزیزترین دوست!

همان‌طور که توافق کردم، فقط یک تکه کاغذ چرک‌نویس. مقدمه‌ها همیشه علت کنار گذاشته شدن نوشتن هستند. بنابراین، فکر نکن بی‌وفا هستم. موارد زیر: حدود سه هفته پیش آقای اِف. مرا دعوت کرد و در آن‌جا هیتلر، دکتر خانوادگی‌مان و آقای اف. را که روی نیمکت دراز کشیده بود، دیدم. باز هم درد در هنگام راه رفتن. تشخیص تو را مطرح کردم. به نظر می‌رسید بیمار می‌خواهد از برلین منصرف شود. هیتلر، با مسخره کردن تشخیص کف پای صاف، آن را التهاب عصبی تشخیص داد. ما به او اجازه دادیم پایش را نشان دهد. واقعاً من نتوانستم چیزی را که نشان‌دهنده کف پای صاف باشد، ببینم و باید این را به هیتلر که به نظر می‌رسید از تجربه شخصی‌اش آن را می‌دانست، اعتراف می‌کردم. از سوی دیگر، این آمادگی را ندارم که در مورد حوزه‌ای که با آن آشنایی ندارم اما مطمئناً تو با آن آشنا هستی، با تو مخالفت کنم. بنابراین، با شجاعت شیر برایت

مبارزه می‌کنم و حداقل این توافق را به‌دست می‌آورم که پایش را به پروفسور لورنزو نشان بدهد و این آخرین ویزیت می‌تواند آشکار کند که کف پایش صاف است یا نه. پیش از این‌که به این توافق برسیم از او خواستم به برلین بیاید تا تو را ببیند، همان‌طور که خودش در آغاز درخواست کرده بود. از آن زمان به بعد هیچ‌چیزی در مورد این‌که برای این مرد، دکتر و یا پایش در وین چه اتفاقی افتاد، نشنیدم.

اکنون اجازه بده نظر شخصی‌ام را به تو بگویم. همان‌طور که می‌دانی، یک تفاوت سه سانتی‌متری در ماهیچه ساق پا و تغییر در همسانی ماهیچه‌های این مرد وجود دارد. نمی‌دانم آیا کف پای صاف به این تفاوت ربطی دارد یا نه. شاید این‌چنین باشد. تا آن‌جا که من می‌دانم در کف پای صاف، درد در استخوان قوزک پا روی می‌دهد، به‌تدریج افزایش می‌یابد و به سرعت کم نمی‌شود. در مورد او مسائل متفاوت است؛ فقط ساق پای او درد می‌کند که حدوداً بعد از پنج دقیقه پایش سفت می‌شود. سپس، نمی‌تواند به راه رفتن ادامه دهد. می‌ایستد، پایش را می‌کشد و چند بار آن را به شدت تکان می‌دهد و بعد فوراً می‌تواند برای چند دقیقه به خوبی راه برود. این به نظر نقص کم‌خونی موضعی یا التهاب ماهیچه‌ای می‌رسد، مانند لنگی دوره‌ای که در افراد دیابتی رخ می‌دهد. بنابراین، عقیده دارم که فقط استراحت طولانی‌مدت و کمی راه رفتن می‌تواند به این مرد کمک کند که البته، به این معنی است که فایده‌ای ندارد.

عدم وجود درد خودبه‌خودی، برخلاف تشخیص التهاب عصبی (دکتر هیتلر) است. امیدوارم که این مرد نزد تو بیاید و تو بتوانی این مسئله جالب را حل کنی.

به جز این، امروز کارم کم است. شنبه بعدازظهر، سمینار[1] «ژور نوروپاتولوژیک» دارم که با کمال تأسف، بروئر هم در آن شرکت می‌کند. اگر باز هم مانند آغاز سال ۱۸۹۲ می‌خواهی سرزده به وین بیایی، لطفاً شنبه بعدازظهر این کار را بکن. با بهترین احترام‌ها من مجبورم این‌جا بمانم و برای اتاق مهمان و کرم‌هایم[3] کمی پول برای دربیاورم. انکار نمی‌کنم که دوست دارم خانه و خانواده‌ام را ببینم. زوج عزیز من، کتاب‌های *نوری که خاموش شد* و *محمل فانتوم* را بخوان. به شدت توصیه می‌کنم.

با صمیمانه‌ترین احترام‌ها!

با احترام

زیگموند فروید

۱. اولین کلمه به آلمانی مبهم است و هم به این معنی است که فروید در این سمینار ژور نوروپاتولوژیک Jour Neuropathologique شرکت می‌کند و هم این‌که هفته‌ای یک بار سمینار برگزار می‌کند. در سال ۱۸۹۲، فروید یک سمینار هفتگی با نام «درس هیستری» برگزار می‌کرد (گیکلهورن و گیکلهورن Gicklhorn، ۱۹۶۰، صفحه ۱۵۱) که در آن او چهار دانشجو داشت! اما نه ژوزف بروئر و نه رابرت بروئر در آن شرکت نمی‌کردند. بنابراین، احتمالاً فروید به سخنرانی‌ای اشاره می‌کند که او هم در آن شرکت داشته است.

۳. منظور او فرزندانش است.

۲۴ اکتبر ۱۸۹۲

۹، برگاس ۱۹

عزیزترین دوست!

واقعاً لذت‌بخش است که می‌توان از این فاصله دور بحث کرد. فقط سه نظر؛ (۱) او را در حالت ایستاده بررسی کردید، بله، دست گذاشتن زیر قوس کف پا ما را تحت تأثیر قرار نداد. احتمالاً حق با توست. ما روی چند مسئله متداول کف پای صاف متمرکز شده بودیم. (۲) من حساسیت به فشار در تاندون و ماهیچه بزرگ ساق پا را گزارش نکردم - در واقعیت شدید بود- که این فقط یک اشتباه سهوی از طرف من بود. (۳) لنگی، ربطی به سکته ندارد، اما طبق توصیف شارکو، پاراستزی، گرفتگی عضله و اجبار به توقف راه رفتن وجود دارد.

کاش می‌دانستم چه کار باید بکنم تا این مرد را به برلین بیاورم. از آن زمان چیزی در مورد او نشنیده‌ام. شاید دارد چیزهای دیگر را امتحان می‌کند. او آماده بود که خودش به تنهایی برگردد چون هیچ‌کس در وین نمی‌توانست به او کمک کند.

خب، باز هم به‌زودی این‌جا خواهی بود؟ شگفت‌انگیز است که یک بعدازظهر برای خودمان چهار نفر داریم.

با صمیمانه‌ترین درودها!

با احترام

فروید

۳۱ اکتبر ۱۸۹۲
۹ برگاس ۱۹
کل شب داشتم به یک زوج فقیر که از نزدیکان[۱] هستند کمک می‌کردم به آمریکا مهاجرت کنند. هرچه که می‌توانستم دادم و از دوستانم هم خواستم در این کار سهیم باشند. از تو هم می‌خواهم که مشارکت کنی. امیدوارم مرا ببخشی که جزئیات را به تو می‌گویم. او برادزن من است که من دو دختر او را در این‌جا نگه می‌دارم.
با صمیمانه‌ترین درودها برای تو و تو[۲]
با احترام!
دکتر زیگموند فروید
چیزی در مورد کف پای صاف نشنیده‌ام.
فردا، بخش دو شارکو

۱. خواهر فروید، آنا با برادر مارتا، الی برنایز ازدواج کرد. طبق گفته جونز (زندگی۱:۱۳۲): «در سال ۱۸۹۲، الی به آمریکا رفت تا از آینده‌شان در آن‌جا مطمئن شود. سال بعد آمد و همسرش را برد تا در نیویورک زندگی کنند. در آن زمان بیزاری فروید شدت پیشین خودش را از دست داده بود. او نه تنها در مشکلات مالی مهاجرت به برادرزنش کمک کرد بلکه یکی از دو فرزند آن‌ها، لوسیا، را تا یک سال نزد خانواده‌اش نگهداشت تا مسائل آن‌ها در کشور جدید حل شود و بتوانند به آن‌جا بروند». دو کودکی که در این‌جا به آن‌ها اشاره نشده است: جودیت برنایز، متولد ۱۴ فوریه ۱۸۸۵ و لوسیا برنایز متولد ۲۵ آگوست ۱۸۸۶ در وین هستند. آنا فروید-برنایز یک کتاب کوچک معروف به نام *باتجربه‌ها* نوشت (که به‌طور خصوصی توسط ناشر کمیسیون کتاب‌فروشی در وین منتشر شد). هیچ تاریخی برای آن اعلام نشده است، اما براساس محتوا به نظر می‌رسد در دهه سوم زندگی‌اش نوشته شده باشد. او در ۱۱ مارس ۱۹۵۵ در نیویورک فوت کرد. دختر او جودیت، مسائل مربوط به خاطراتش از فروید را برجای گذاشت که اکنون در آرشیو زیگموند فروید است.
۲. توی دوم به معنی آیدا است و شکل مؤدبانه *آن‌ها* می‌باشد.

وین، ۳ نوامبر ۱۸۹۲

عزیزترین دوست!
با تشکر فراوان دریافت شد[۱] و امیدوارم تا پایان هفته به مقصدش برسد. چیز بیشتری نیست که بتوان در مورد آن گفت.

با احترام!

فروید

۱. احتمالاً اشاره‌ای است به کمک فلیس به خانواده برنایز، نامه قبل را ببینید.

۱۸ دسامبر ۱۸۹۲

۹ برگاس ۲۰۱۹

عزیزترین دوست!

خوشحالم که می‌توانم به تو بگویم نظریه هیستری (یادآوری، تخلیه هیجانی و این‌ها) در اول ژانویه ۱۸۹۳ در *سنترال بلات عصب‌شناسی*[1] در قالب یک تعامل اولیه دقیق، چاپ خواهد شد و ارزش جنگیدن با شریک گرامی‌ام[2] را داشت.

شما دو نفر در خوشبختی‌تان غرق شده‌اید، چه کار می‌کنید! کریسمس شما را در این‌جا خواهیم دید یا شایعه است؟

با صمیمانه‌ترین احترام‌ها

با احترام!

زیگموند فروید

۱. بین بخش اول و دوم «ارتباط مقدماتی» ۱۸۹۳، فروید در یازده ژانویه آن سال در انجمن پزشکان وین سخنرانی کرد که در بیست و دوم و بیست و نهم ژانویه در انتشارات انجمن پزشکی وین منتشر شد و گزارشی کوتاه از سخنرانی انجام‌شده توسط فروید بود. استرچی (S.E. ۳ : ۲۷) آن را به عنوان «مکانیزم جسمی پدیده هیستری» ترجمه کرد. اما گزارشی وجود دارد که استرچی به آن اشاره نکرده است و در *بازبینی بالینی بین‌المللی* ۱۱۰-۱۰۷: (۱۸۹۳) ۷ منتشر شد، که تفاوت کمی با نسخه انجمن پزشکی دارد. در پایان مورد ارائه‌شده در S.E. ۳ :۳۴ *بازبینی* چیزی را اضافه می‌کند که مشخصاً عبارت معتبری از فروید است: «و بنابراین، گاهی اوقات درد روانی به درد جسمی تبدیل می‌شود». مطالب *بازبینی* همچنین حاوی عباراتی است که با نظریه معروف فروید در *تحقیقات روی هیستری* کمی تفاوت دارند. «هیستری عمدتاً از یادآوری، رنج می‌برد» که در گزارش اصلی *بازبینی* به صورت ایتالیک نوشته شده است و به نظر می‌رسد مستقیماً از قول فروید نوشته شده باشد. بنابراین، افراد مبتلا به هیستری از خاطرات آسیب‌های روانی ناشی از تجربیاتی رنج می‌برند که نمی‌توان با تلقین آن‌ها را کاملاً تغییر داد. هم به این خاطر که افراد هیستریایی به‌وسیله ابزارهای تخلیه

هیجانی خودشان را انکار می‌کنند و هم به این خاطر که این تجربه در حالتی رخ می‌دهد که برای تخلیه هیجانی مناسب نیست.

۲. کلمه آلمانی شریک گرامی‌ام تا حدی اهانت‌آمیز و فکاهی است. ارتباط فروید با بروئر ارتباط پیچیده‌ای بوده است. تحقیق کامل هرشمولر Hirschmuller (۱۹۷۸) را ببینید.

پیش‌نویس A[۱]

[یادداشت ویراستار: این اولین مقاله از مجموعه مقالاتی است که فروید به‌طور جداگانه یا با نامه برای فلیس فرستاده است. (و در این‌جا پیش‌نویس نامیده می‌شوند) بسیاری از ایده‌های موجود در آن‌ها در مقالات بعدی فروید آمده‌اند.]

چالش‌ها

۱) آیا اضطراب در روان‌رنجوریِ اضطرابی، ناشی از بازداری بروز عملکرد جنسی است یا به سبب‌شناسی آن مربوط می‌شود؟

۲) واکنش یک انسان سالم به آسیب‌های جنسی بعدی، تا چه اندازه با کسی که مستعد خودارضائی است تفاوت دارد؟ آیا فقط از نظر کمّی تفاوت دارد؟ یا از نظر کیفی هم متفاوت است؟[۲]

۳) آیا در رابطه جنسی طولانی، (کاندوم) ضرری دارد؟

۴) آیا نورآستنی مادرزادی در ناتوانی جنسی مادرزادی وجود دارد یا در جوانی حالت اکتسابی دارد؟ (به‌وسیله پرستاران، خودارضائی‌ای که به‌وسیله دیگری انجام شود)

۵) آیا نقش وراثت بیشتر از تقویت‌کننده است؟

۶) چه چیزی در بخشی از سبب‌شناسی افسردگی دوره‌ای، نقش دارد؟

۷) آیا نورآستنی جنسی در زنان چیزی به جز پیامد ناتوانی جنسی است؟ آیا خود آن می‌تواند سبب روان‌رنجوری شود؟[۳]

فرض‌ها

۱) هیچ نوع نورآستنی یا چیزی شبیه به آن بدون اختلال عملکرد جنسی وجود ندارد.

۲) هر دوی این‌ها تأثیر علّی فوری دارند یا به عنوان زمینه‌ای برای دیگر عوامل عمل می‌کنند، اما همیشه به صورتی عمل می‌کنند که عوامل دیگر بدون آن‌ها نمی‌توانند سبب ایجاد نورآستنی شوند.
۳) نورآستنی در مردان، به دلیل ماهیت سبب‌شناسی‌اش، همراه با ناتوانی جنسی نسبی است.
۴) نورآستنی زنان بر اثر کاهش توانایی جنسی مردان که به دلیل نورآستنی آنان است، روی می‌دهد. اگرچه عامل این ناتوانی در پتانسیل درونی‌شان است.
۵) افسردگی دوره‌ای نوعی روان‌رنجوری اضطرابی است که خودش را به شکل حمله‌های اضطرابی و فوبی‌ها نشان می‌دهد.
۶) روان‌رنجوری اضطرابی بخشی از پیامد بازداری عملکرد جنسی است.
۷) زیاده‌روی و بیش‌ازحد کار کردن، از عوامل ایجاد این بیماری نیست.
۸) هیستری سرکوب تأثیرات همراه در روان‌رنجوری نورآستنی است.

گروه‌ها (برای مشاهده)

۱) مردان و زنانی که سالم باقی مانده‌اند.
۲) زنان نازا که آسیب‌های ناشی از رابطه جنسی طولانی در ازدواج آن‌ها وجود ندارد.
۳) زنانی که به سوزاک مبتلا شده‌اند.
۴) مردان بی‌بندوباری که مبتلا به سوزاک هستند و کسانی که در این زمینه خود را از هر لحاظ حفظ کرده‌اند و از هایپواسپرمیای خود آگاهند.
۵) کسانی که در خانواده‌های بسیار آلوده سالم مانده‌اند.
۶) مشاهدات از مناطقی که در آن‌ها ناهنجاری‌های جنسی خاص همه‌گیرند.

عناصر سبب‌شناسی

۱) خستگی به علت (انواع) رضایت غیرعادی. مثلاً: خودارضائی
۲) بازداری از فعالیت جنسی. مثلاً: رابطه جنسی منقطع.
۳) اثرات مربوط به این شیوه‌ها.

۴) آسیب‌های جنسی پیش از رسیدن به سن درک شروع می‌شوند.

۱. ویراستاران مرجع ذکر می‌کنند که این پیش‌نویس، تاریخی ندارد و آن را مربوط به پایان سال ۱۸۹۲ می‌دانند. نسخه اصلی آلمانی که آن‌ها استفاده کرده‌اند بعد از نامه ۸ دسامبر ۱۸۹۵ فروید قرار گرفته است. شخصی به آلمانی در همین دست‌نویس، نوشته است: «براساس دست‌خط، احتمالاً مربوط به تابستان ۱۸۹۴». ارنست کریس با مداد نوشته است «به سختی می‌توان آن را به تاریخ (۱۸۹۵) مربوط دانست! مربوط به پیش از آن نیست»؟ از قرار معلوم ویراستاران نظر خود را تغییر داده‌اند. به خاطر بیان آسیب جنسی در دست‌نوشته، ممکن است این متن مربوط به سال ۱۸۹۵ باشد.

۲. فروید می‌نویسد و سپس آن را خط می‌زند: از آگاهی ناکارآمدی جنسی (ترجمه آلمانی)، (از آگاهی ناتوانی جنسی).

۳. شخصی در این‌جا می‌نویسد: (توهم کوچکی و ناتوانی جنسی) احتمالاً اشاره‌ای است به اضطراب به خاطر اندازه آلت تناسلی مردانه.

۵ ژانویه ۱۸۹۳

۹، برگاس ۱۹

عزیزترین دوست!

می‌خواهم سبب‌شناسی روان‌رنجوری[1] را با جزئیات بیشتری برایت بازنویسی کنم که مبنایی برای کارهای آینده‌مان باشد. این کار کمی طول می‌کشد. آقای اف. به من اطلاع داد که بعد از دریافت محافظ‌های قوس کف پا، کمی بهتر راه می‌رود. مطمئناً، مشکل به‌طور کامل رفع نشده است، اما باز هم حق با تو بود.

با صمیمانه‌ترین درودها برای تو و آیدا!

با احترام!

زیگموند فروید

۱. به وضوح، این اشاره‌ای است به پیش‌نویس B، سبب‌شناسی روان‌رنجوری.

۸ فوریه ۱۸۹۳

(تاریخ‌گذاری‌شده توسط تمبر پست)

پیش‌نویس B. سبب‌شناسی روان‌رنجوری

دوست عزیز به خاطر کار مشترک‌مان برای دومین بار، همه‌چیز را برایت می‌نویسم. مطمئناً این دست‌نوشته را از همسرت مخفی خواهی کرد.

۱) ممکن است این‌که نورآستنی پیامد تکرارشونده زندگی جنسی ناهنجار است، واقعیتی مشخص‌شده باشد. هرچند، امیدوارم این ادعا را با مشاهداتم آزمایش کنم که واقعاً نورآستنی تنها یک روان‌رنجوری جنسی باشد.

من (با همراهی بروئر) حامی یک نقطه‌نظر مشابه در ارتباط با هیستری هستیم که معروف به هیستری آسیب‌زا بود. ما به این نتیجه رسیدیم که هر نوع هیستری‌ای که وراثتی نیست، آسیب‌زا است. همین مسئله در نورآستنی هم صدق می‌کند؛ همه نورآستنی‌ها جنسی هستند.

برای لحظه‌ای خود را در معرض این سؤال قرار دادیم که آیا طبیعت و وراثت و نتیجتاً تأثیرات مخرب آن می‌تواند به راستی نورآستنی ایجاد کند؟ یا آیا چیزی که خود را به عنوان نورآستنی موروثی نشان می‌دهد نیز به فرسودگی جنسی زودهنگام برمی‌گردد؟ اگر چیزی به نام نورآستنی ارثی وجود داشته باشد، این سؤالات پیش می‌آید که آیا وضعیت عصبی در موارد موروثی را نباید از نورآستنی متمایز کرد؟ و این تا چه حد به سیمپتوم‌های دوران کودکی مرتبط است؟ و مانند آن.

بنابراین، در اولین نمونه، مباحثه من به نورآستنی اکتسابی محدود خواهد شد. سپس چیزی را که در بالا ادعا کردم می‌تواند به این صورت مطرح شود. در سبب‌شناسی روان رنجوری عاطفی، باید این موارد را از هم متمایز کنیم؛ (۱) پیش‌شرط لازمی که بدون آن این حالت اصلاً به وجود نمی‌آید. (۲) عوامل تسریع‌کننده. بنابراین، ارتباط بین این دو را می‌توان مجسم کرد. اگر پیش‌شرط لازم به اندازه کافی خوب عمل کرده باشد، عواطف به عنوان پیامد لازم وارد عمل می‌شوند. اگر به خوبی عمل نکرده باشد، نتیجه عملکرد آن در مرحله اول، گرایش به احساسی است که به محض افزایش ناگهانی میزان یکی از عوامل درجه دوم، نهفته می‌شود. بنابراین، چیزی را که برای تأثیر کامل در سبب‌شناسی

اول، کم است می‌توان با سبب‌شناسی درجه دو جایگزین کرد. اگرچه از سبب‌شناسی درجه دوم می‌توان چشم‌پوشی کرد، با این حال سبب‌شناسی درجه اول غیرقابل چشم‌پوشی است.

این فرمول سبب‌شناسی که در مورد حاضر به‌کار برده‌ایم به این معنی است که خستگی جنسی می‌تواند به تنهایی بر نورآستنی دامن بزند. اگر به تنهایی نتواند این کار را انجام دهد بنابراین، سیستم عصبی را مستعد بیماری جسمی و اثرات غم‌افزا و کار بیش‌ازحد (تأثیرات ناشی از عامل آسیب‌زا) می‌کند که دیگر بدون ابتلا به نورآستنی قابل تحمل نخواهد بود. هرچند، بدون خستگی جنسی، تمام این عوامل قادر به ایجاد نورآستنی نیستند که شامل خستگی عادی، ناراحتی عادی و ضعف جسمانی عادی است، اما روند ادامه دارد تا زمانی که نشان دهد «یک انسان عادی تا چه اندازه می‌تواند این اثرات مخرب را تحمل کند».

ما باید نورآستنی را در مردان و زنان به صورت جداگانه بررسی کنیم.

نورآستنی در مردان. در سن بلوغ روی می‌دهد و وقتی که مرد به سن بیست سالگی می‌رسد، بروز پیدا می‌کند. منشأ آن خودارضائی است و فراوانی آن ارتباط مستقیمی با نورآستنی مردان دارد. هر کس در دایره آشنایانش می‌تواند ببیند (حداقل در جمعیت شهری) افرادی که در سن کم توسط یک زن اغوا شده‌اند، از ابتلا به نورآستنی به دور بوده‌اند. زمانی که این عامل آسیب‌زا برای مدتی طولانی و فراوان انجام شود، فرد به یک نورآستنیک جنسی تبدیل می‌شود که امیال جنسی وی دچار اختلال شده و شدت علائم به حدی است که به عنوان یک اختلال دائمی و همیشگی تلقی می‌شود. مستندات دیگری از ارتباط علّی، حاکی از این واقعیت است که یک نورآستنیک جنسی همیشه یک نورآستنی در مفهوم معمول آن است.

اگر این عامل آسیب‌زا شدید نباشد، (طبق فرمول ارائه‌شده در بالا) زمینه‌ای مهیاکننده برای عوامل تحریک‌کننده آتی خواهد شد. بنابراین، اگر آن عوامل رخ دهند نورآستنی ایجاد خواهد شد، اما آن عوامل به تنهایی قادر به ایجاد نورآستنی نیستند. می‌توان کار ذهنی-نورآستنی ؛ فعالیت جنسی نرمال-نورآستنی نخاعی و غیره را نام برد.

در این میان، مواردی از نورآستنی در جوانان را شاهد هستیم که معمولاً با سوءهاضمه و چیزهایی مانند آن همراه است که با ازدواج پایان می‌یابد.

دومین عامل آسیب‌زا که در سنین بالاتر بر مردان مؤثر است، اثر خود را روی سیستم عصبی می‌گذارد که یا سالم است یا از طریق خودارضائی، مستعد نورآستنی شده است. سؤال این است که آیا حتی در مورد اول می‌تواند به نتایج زیان‌بخش منجر شود؟ احتمالاً می‌تواند. تأثیر آن در مورد دوم بروز پیدا می‌کند که در آن نورآستنی تازه احیا می‌شود و علائم جدیدی ایجاد می‌کند. این دومین عامل آسیب‌زا، خودارضائی ازدواجی نامیده می شود. رابطه جنسی منقطع برای جلوگیری از حاملگی. به نظر می‌رسد در مورد مردان تمام روش‌های رسیدن به این مسئله در یک راستا قرار می‌گیرند. آن‌ها طبق آمادگی قبلی، با شدت‌های متفاوت عمل می‌کنند، اما درواقع، از نظر کیفی تفاوتی با هم ندارند. کسانی که استعداد شدید یا نورآستنی ماندگار دارند، حتی نمی‌توانند رابطه جنسی نرمال را تحمل کنند که حالاتی نظیر عدم تحمل کاندوم، رابطه جنسی خارج از واژن و رابطه جنسی منقطع رخ می‌دهند.

یک مرد سالم می‌تواند همه این‌ها را برای مدت طولانی تحمل کند، اما این هم ابدی نیست و او هم مانند یک فرد مستعد عمل خواهد کرد. تنها مزیت او بر کسی که خودارضائی می‌کند، مزیت تأخیر طولانی‌تر یا این واقعیت است که او گهگاهی به علل برانگیزاننده نیاز دارد. در این‌جا رابطه جنسی منقطع، عامل آسیب‌زای اصلی باقی می‌ماند که اثرات مشخصه خود را حتی در فردی که مستعد نیست، ایجاد می‌کند.

نورآستنی در زنان. دختران معمولاً سالم‌اند و نورآستنیک نیستند و این در مورد زن‌های جوانی که ازدواج کرده‌اند هم صدق می‌کند، با وجود آسیب‌های جنسی که در این دوره (از زندگی‌شان) می‌بینند. در موارد نادرتر، نورآستنی در زن‌های متأهل و زن‌های مجرد پابه‌سن‌گذاشته، به شکلی خالص ظاهر می‌شود. در آن‌جا طوری به آن توجه می‌شود که گویی خودبه‌خود و به صورت مشابه ایجاد شده است! اغلب اوقات، نورآستنی در زنان متأهل از نورآستنی در مرد نشأت می‌گیرد و یا هم‌زمان رخ می‌دهد. در آن صورت تقریباً همیشه ترکیبی از هیستری وجود دارد و در زنان، روان‌رنجوری ترکیبی متداول را داریم. روان‌رنجوری ترکیبی زنان از نورآستنی در مردان ایجاد می‌شود و همه این‌ها موارد غیرنادری‌اند که در آن‌ها مرد یک نورآستنی جنسی است و از ناتوانی جنسی رنج می‌برد.

ترکیب هیستری، مستقیماً ناشی از جلوگیری از هیجانات فعالیت جنسی است. هرچه مرد ناتوان‌تر باشد، هیستری زن غالب‌تر می‌شود. بنابراین، در اصل یک مرد نورآستنی جنسی آن‌قدر که زن خود را هیستریایی می‌کند، نورآستنی نمی‌کند.

این [هیستری] همراه با نورآستنی در مردان در دومین ضربه عامل آسیب‌زای جنسی است که برای زن از اهمیت بیشتری برخوردار است. با این حال، به نظر می‌رسد که او (زن) سالم است. بنابراین، ما مردان روان‌رنجور بیشتری را در دهه اول جوانی و زنان روان‌رنجور بیشتری را دهه دوم داریم. مورد آخر، نتیجه آزارهای ایجادشده به خاطر جلوگیری از حاملگی است. ترتیب‌بندی کردن آن‌ها آسان نیست و در کل، هیچ‌یک از آن‌ها را نباید برای زن‌ها کاملاً بی‌خطر تلقی کرد. بنابراین، زن‌ها حتی در مطلوب‌ترین مورد (کاندوم) که به شریک مراقب‌تر تبدیل می‌شوند، به سختی از نورآستنی خفیف رها می‌شوند. این، مشخصاً تا حد زیادی، به دو زمینه نیاز دارد؛ (۱) این‌که آیا خود او پیش از ازدواج یک نورآستنیک بوده است یا نه؟ (۲) در زمان آمیزش آزاد[1] [بدون پیشگیرها] هیستریک و نورآستنیک شده است.

۲) روان‌رنجوری اضطرابی. هر مورد نورآستنی بی‌شک با کم شدن اعتماد به نفس، با انتظارات بدبینانه و میل به ایده‌های ضدونقیض غم‌افزا، همراه است، اما سؤال این‌جاست که آیا ظهور این عامل [اضطراب] بدون این‌که دیگر علائم به‌طور خاص ایجاد شده باشند، نباید به عنوان «روان‌رنجوری اضطرابی» مستقل در نظر گرفته شود؟ خصوصاً به این دلیل که مشخص شده است این، در هیستری، فراوانی کمتری نسبت به نورآستنی ندارد.

روان‌رنجوری اضطرابی به دو شکل بروز می‌کند؛ به صورت مزمن و به صورت *حمله اضطرابی*. این دو به آسانی با هم ترکیب می‌شوند. حمله اضطرابی هرگز بدون علائم مزمن روی نمی‌دهد. حملات اضطرابی، بسیار متداول و مرتبط با هیستری هستند. بنابراین، در زن‌ها بیشتر رخ می‌دهند. علائم مزمن در مردها به صورت نورآستنی متداول‌تر است.

علائم مزمن عبارتند از؛

۱) اضطراب مربوط به بدن –خودبیمارانگاری.

۲) اضطراب مربوط به عملکرد بدن -هراس از مکان‌های باز، هراس از مکان‌های بسته، سرگیجه در ارتفاعات.

۳) اضطراب مربوط به تصمیمات و حافظه (خیال‌پردازی‌های فرد، عملکرد روانی) نسبت به جنون شک، تهدید وسواسی و غیره.

بنابراین، هیچ دلیلی پیدا نکرده‌ام که این علائم را با هم مساوی ندانم. باز هم این سوال مطرح می‌شود؛ (۱) تا چه حد این شرایط در بستر موروثی و بدون عامل آسیب‌زای جنسی، روی می‌دهد؟ (۲) آیا عامل آسیب‌زای جنسی اصلاً در موارد ارثی، رخ می‌دهد یا نه؟ (۳) آیا به عنوان تشدیدکننده در نورآستنی معمول، روی می‌دهد یا نه؟ هیچ سؤالی به جز چیزی که به‌دست‌آمده، وجود ندارد. یعنی به‌وسیله مردان و زنان متأهل در دوره دوم عامل آسیب‌زاهای جنسی، از طریق رابطه جنسی منقطع. من اعتقاد ندارم که مستعد بودن در نورآستنی‌های پیشین، لازم باشد بررسی شود، اما هر جایی که مستعد بودن وجود ندارد، تأخیر طولانی‌تر می‌شود. فرمول علّی آن هم مانند نورآستنی است.

موارد نادرتر روان‌رنجوری اضطرابی خارج از ازدواج، خصوصاً در مردان، رخ می‌دهد. آن‌ها به مواردی از افراد با رابطه منقطع تبدیل می‌شوند که در آن مرد به شدت از نظر جسمی درگیر زنی می‌شود که رفاهش برای آن مرد اهمیت دارد. در چنین شرایطی، این فرایند یک آزارنده بزرگ‌تر برای مردی است که در ازدواج دچار رابطه جنسی منقطع می‌باشد. چون معمولاً در رابطه جنسی نرمال خارج از ازدواج، اصلاح می‌شود. همان‌طور که قبلاً هم درست بوده است.

من باید *افسردگی خفیف دوره‌ای*، حمله اضطرابی‌ای که برای چند هفته یا چند ماه طول می‌کشد را نوع سوم در روان‌رنجوری اضطرابی در نظر بگیرم. این برخلاف مالیخولیا، همیشه به وضوح ارتباط منطقی با آسیب روانی دارد. هرچند، ضربه روانی فقط یک عامل برانگیزاننده است. به‌علاوه، این افسردگی خفیف دوره‌ای بدون بی‌حسی روانی (آناستازیا) رخ می‌دهد که مشخصه مالیخولیا است.

من توانسته‌ام چند تا از این موارد را تا رابطه جنسی منقطع پیگیری کنم؛ شروع آن‌ها دیرهنگام است. در ازدواج، پس از تولد آخرین فرزند. در مورد خودبیمارانگاری زجرآور که در جوانی شروع می‌شود، من توانستم آن را به عنوان حمله‌ای که در هشتمین سال زندگی روی می‌دهد، ثابت کنم. مورد دیگری از کودکی نیز مشخص شد که واکنش

هیسترِیایی به حمله خودارضائی است. بنابراین، نمی‌دانم آیا بدون عمل جنسی، واقعاً انواع ارثی را داریم یا نه و از سوی دیگر نمی‌دانم آیا رابطه جنسی منقطع را باید به تنهایی مقصر دانست یا استعداد ارثی نیز همیشه با آن همراه است.
من باید *روان‌رنجوری شغلی* را حذف کنم. چون همان‌طور که به تو گفته‌ام، تغییر در اجزای مردانه در آن‌ها مشخص شده است.

نتیجه‌گیری

از چیزهایی که گفته‌ام این‌طور استنباط می‌شود که روان‌رنجوری به همان میزان که قابل پیش‌گیری است درمان‌ناپذیر هم می‌باشد. سمت و سوی کار پزشک کاملاً به پیشگیری تغییر پیدا می‌کند.
اولین بخش از این کار، پیشگیری از عامل آسیب‌زاهای جنسی دوره اول، هم‌زمان است با پیشگیری از سفلیس و سوزاک. چون آن‌ها آزارنده‌هایی هستند که هر کس خودارضائی را ترک کند، تهدید می‌کنند. تنها چاره، آمیزش جنسی آزاد بین مردان و زنان جوان دست‌نخورده[۲] است، اما تنها زمانی که روش‌های بی‌ضرر پیشگیری از بارداری وجود داشته باشد، می‌توان این را پذیرفت. در غیر این صورت، جایگزین‌های آن عبارتند از: خودارضائی، نورآستنی در مردان، نورآستنی هیستریایی در زنان، سفلیس در مردان، سفلیس در نسل بعد، سوزاک در مردان، سوزاک و نازایی در زنان.
همین کار -ابزارهای بی‌ضرر کنترل بارداری- به‌وسیله آسیب جنسی دوره دوم آغاز می‌شود، چون کاندوم نه یک راه حل مطمئن و نه راه حل قابل قبول برای کسی است که از قبل مبتلا به نورآستنی است.
در غیاب چنین راه حلی، به نظر می‌رسد سرنوشت جامعه این است که قربانی روان‌رنجوری درمان‌ناپذیر شود که لذت از زندگی را به حداقل می‌رساند. روابط زناشویی را از بین می‌برد و ویرانی جنسی را برای کل نسل آینده به همراه دارد. لایه‌های کمتری از جامعه که چیزی از نظریه جمعیت مالتوس نمی‌دانند و در دوره‌های طبیعی حوادث پیش‌آمده هستند و آن‌ها را پیگیری می‌کنند، قربانی همین سرنوشت می‌شوند. بنابراین، پزشک با مشکلی مواجه می‌شود که حل آن ارزش تمام تلاش‌هایش را دارد.

من آماده‌سازی مجموعه‌ای را آغاز کرده‌ام؛ صد مورد روان‌رنجوری اضطرابی و همچنین می‌خواهم همین تعداد زن و مرد مبتلا به نورآستنی و افسردگی خفیف دوره‌ای نادرتر را جمع‌آوری کنم. همتای لازم برای این کار، سری دوم صد مورد غیرروان‌رنجور[۳] است.
اگر مشخص شود که اختلالات عملکردهای سیستم عصبی که در نتیجه سوءاستفاده جنسی ایجاد شده‌اند در مبنای کاملاً ارثی نیز روی می‌دهند، سبب ایجاد مهم‌ترین گمانه‌زنی‌هایی خواهد شد که امروزه دارند در من جوانه می‌زنند.

با صمیمانه‌ترین درودها

با احترام!

زیگموند فروید

۱. فروید در ابتدا نوشته است «نرمال» و سپس آن را به «آزاد» تغییر داده است.

۲. در متن آلمانی mädchen freien standes نوشته شده است که استرچی آن را به صورت «دختران قابل احترام» ترجمه کرده است. این عبارت را می‌توان هر طور تصور کرد. فروید احتمالاً به زن‌های جوان مجرد اشاره می‌کند که می‌خواهند فعالیت جنسی داشته باشند.

۳. در دست‌نوشته اصلی نوشته شده است: غیرعصبی. در شروع کلمه غیر، اشتباهاً حذف شده است.

پیش‌نویس C. گزارش انگیزه‌ها[۱]

عزیزترین دوست!

نیاز دارم لذت عظیمی را بیان کنم که از توانایی ادامه دادن به بحث قبلی در من ایجاد می‌شود. در کل، من به اندازه کافی غیرمتعصب نیستم که منتقد واقعی کار تو باشم. بنابراین، فقط یک چیز؛ من آن را خیلی دوست دارم و عقیده ندارم که همایش چیزی به اهمیت آن بیفزاید، اما ممکن است بقیه تمام چیزهای خوبی را که این سخنرانی مستحق آن است، به تو بگویند. من حالا نظرها و پیشنهادهایی برای تغییر می‌دهم، مطابق با آنچه خودت می‌خواهی.
این باید در روزی نوشته شده باشد که کاملاً بدون درگیری نبوده است. چون فاقد دقت و ایجازی است که تو توانایی آن را داری. بعضی از موارد تعمداً بسیار طولانی هستند.

مثلاً؛ *آشکال* خشن. چیزی که باید اصلاح شود را با مداد آبی علامت‌گذاری کرده‌ام. سعی کرده‌ام برخی از نکات اساسی را با صراحت بیشتری بیرون بکشم.

من مقایسه با بیماری مِنیِر را به تو توصیه می‌کنم و امیدوارم روان‌رنجوری بازتابی مربوط به بینی، به زودی به بیماری فلیس شناخته شود.

اکنون در مورد سؤال جنسی. من عقیده دارم در این خصوص می‌توان بیشتر شبیه به یک تاجر ادبی عمل کرد. با روشی که به‌وسیله آن سبب‌شناسی جنسی را ارائه می‌کنی، دانشی را به مخاطب عرضه می‌نمایی که در نهایت، تنها به شکل نهفته در او وجود دارد. او این را می‌داند و باز هم طوری رفتار می‌کند که گویی چیزی نمی‌داند. پریِر[۲] که من کاملاً سهم او را می‌دانم، واقعاً هیچ ادعایی ندارد که چنین مطلب مهمی را در منبع فانی این‌چنینی به او داده‌اند. بنابراین، تا آن‌جا که من کارهای او را می‌شناسم -چون واقعاً مانند تو با ادبیات برخورد می‌کنم- او دو نکته اصلی را مد نظر قرار نداده است؛ (۱) او نورآستنی را به درد انتقالی رفلکسی مجرای معده، روده، مثانه و غیره نسبت می‌دهد. یعنی این‌که او فرمول سبب‌شناسی ما را نمی‌داند و نمی‌داند که آسیب‌زاهای جنسی، علاوه بر تأثیر مستقیم‌شان، اثر مستعدکننده‌ای نیز دارند که نورآستنی نهفته را ایجاد می‌کنند. (۲) او روان‌رنجوری بازتابی را از تغییرات آناتومیکی جزئی آلت تناسلی می‌داند، نه از تغییرات در سیستم عصبی. با این وجود، مجرای پیشاب هنوز هم می‌تواند یک اندام بازتابی مانند بینی باشد. هرچند، او خودش را از هر ارتباطی با نقطه‌نظر گسترده جدا می‌کند.

فکر می‌کنم تو نمی‌توانی از سبب‌شناسی جنسی روان‌رنجوری اجتناب کنی، بدون این‌که زیباترین برگ را از حلقه گل جدا کنی. بنابراین، فوراً آن را به نحوی با شرایط متناسب کن. تحقیقات بعدی را اطلاع بده. نتایج پیش‌بینی‌شده را آن‌طور که واقعاً هست، توصیف کن. کلیدی را به مردم نشان بده که همه‌چیز را می‌گشاید، یعنی فرمول سبب‌شناسی و اگر در این فرایند، با ثبت کردن نام من به عنوان «همکار و دوست» در منابع، جایگاهی به من بدهی به جای این‌که عصبانی شوم، بسیار خوشحال خواهم شد. من متنی را در مورد تمایلات جنسی برای تو گذاشته‌ام، فقط به عنوان یک پیشنهاد.[۳]

تا وقتی که درمان روان‌رنجوری نورآستنی مربوط به بینی اهمیت دارد، من نباید اظهار عقیده رسمی بدبینانه‌ای داشته باشم. این‌جا هم ممکن است جلوه‌های باقی‌مانده‌ای

وجود داشته باشد که فوراً ناپدید شوند. اگر موارد خالصی از روان‌رنجوری بازتابی محرک رگ‌ها وجود داشته باشد، موارد کاملاً ارگانیک، احتمالاً بسیار نادر هستند و موارد ترکیبی، احتمالاً متداول می‌شوند. من این‌طور به آن نگاه می‌کنم.

اجبار تو را برای ارائه راهنمایی‌هایی در سنجش و ارزیابی بینی درک کرده‌ام -در مورد مسئله دوم، چون می‌توان انتظار داشت که این اندام نقشی مشابه با شبکیه چشم، هرچند بسیار خفیف‌تر، داشته باشد، در این‌جا هم مانند آن‌جا می‌توان چندین تغییر ارگانیک را مشاهده کرد، اما علاوه بر آن، می‌توان نگاهی هم به شرایط گردش خون در سر، انداخت!

من در مورد دانشجوی نیروی دریایی روشن نشده‌ام. او خودارضائی در صبح را پذیرفته است. آیا مطمئن هستی که حمله مستقیماً به خاطر خودارضائی بیش‌ازحد ایجاد شده است؟ خیال‌پردازی‌های معیّن در مورد احتمال سرکوب انگیزه خودارضائی به‌وسیله بینی، برای توضیح دادن چنین انگیزه‌هایی و برای بی‌اثر کردن بیهوشی و چنین چیزهایی باید فقط در حد خیال‌پردازی بمانند؟[۴]

اکنون، «به جایی برو که شکوه در آن‌جا منتظر توست».[۵]

با صمیمانه‌ترین درودها برای تو و آیدا!

با احترام!

زیگموند فروید

سوءتفاهم نشود. از هیچ‌کس نام نبر! مطمئناً نمی‌توانی مرا این‌قدر بی‌اندازه جاه‌طلب بدانی.

۱. براساس گفته‌های کریس، همایش ذکرشده در جون ۱۸۹۳ برگزار شده بود و بحثی که فروید ادامه می‌دهد در عید پاک (۲-۳ آوریل) رخ داده است. بنابراین، کریس مطرح می‌کند که این نامه در زمانی بین این دو تاریخ نوشته شده است. هرچند، روی پاکت نامه ۲/۸ [فوریه] (۱۸۹۳) نوشته شده است که کریس می‌گوید باید ۵/۸ باشد. (۸ می) در پانزدهم می، فروید ذکر می‌کند که در برلین بوده است. بنابراین، تاریخ این نامه باید مربوط به پیش از این بازدید باشد. مایکل شروتر به من اطلاع داد که درواقع، این همایش در ۱۵-۱۲ آوریل برگزار شده بود و بنابر نظر او من این پیش‌نویس را در این‌جا قرار دادم.

۲. منبع، صفحه ۷۴ ni، اشتباهاً به خواننده کار اِی. پریِر A. Preyer اشاره می‌کند، اما کریس به الکساندر پیِر Alexander Peyer (و نه پریر) از زوریخ فکر می‌کند. فروید به وضوح

نوشته است «پریر» و بدون شک در ذهنش ویلهلم تیِری پریر Wilhelm Thierry Preyer بوده که مالک هر سه اثر ادبی او بوده است. کتابی که فروید در ذهن داشته، *روح کودک* (لایپزیگ، تی. گریبن، دومین ویرایش، ۱۸۸۴) است که نه تنها مالک آن محسوب می‌شد بلکه راجع به این واقعیت بود که او تمایلات جنسی در کودکی را به رسمیت نمی‌شناخت. (سه مقاله در مورد نظریه تمایلات جنسی را ببینید. ۴۸ ۱۷ : ۷ .S.E)

۳. در این مقاله، «روان‌رنجوری رفلکس بینی» که در دوازدهمین همایش طب داخلی در ویسبادن Wiesbaden خوانده شد، فلیس می‌نویسد: «به این خاطر این انتظار را می‌پذیرم که [ما] باید در مشخص کردن این مسئله موفق شویم»: «علت درست نورآستنی را تا وقتی که بتوان آن را از دیگر حالت‌های عصبی متمایز کرد، باید در سوءاستفاده از فعالیت جنسی پیدا کرد. من به همراه دوست و همکارم جبر مشترکی به منظور اثبات این مسئله به‌وسیله مجموعه‌ای از مشاهدات به شدت تحلیل‌شده برای بیماران داریم. می‌دانید که سوءاستفاده جنسی همیشه در میان علل نورآستنی ذکر شده است. از نظر ما، این عامل، علت *خاص* روان‌رنجوری است، چه به این صورت که این علت به‌خودی‌خود برای تبدیل یک سیستم عصبی سالم به یک سیستم عصبی نورآستنی کافی است و چه به این صورت که زمینه لازم برای ایجاد نورآستنی را به‌وسیله آزارهای دیگری ارائه می‌کند که خودشان قادر به داشتن این تأثیر نیستند». (صفحه ۳۹۱) این احتمالاً متنی است که فروید برای فلیس نوشته است. در آرشیو حنجره‌شناسی (که به آرشیو بین‌المللی اتولوژی و راینولوژی نیز معروف است) مقاله‌ای با عنوان *رفلکس منشأ بینی* از ویلهلم فلیس وجود دارد و به عنوان یک شرح حال از خود است -یعنی، گزارش توسط خود نویسنده آماده شده است. فلیس می‌نویسد: «اولین گروه شامل علائم مغزی است: سردرد، گیجی، بی‌اشتهایی، حافظه ضعیف، کابوس و عدم تحمل الکل». (صفحه ۲۶۶) او دو صفحه بعد می‌نویسد: «اگر، همان‌طور که اغلب اتفاق می‌افتد، نورآستنی مسئول (بیماری‌های ذکرشده در بالا باشد)، باید توجه فرد را به آن جلب کرد و در این خصوص نویسنده با یک همکار خارجی موافقت می‌کند که سوءاستفاده‌های جنسی، علت خاص آن هستند.

۴. کاربرد این متن مهم که در نسخه قبلی نامه حذف شده بود، نامشخص است. سؤال فروید از فلیس کاملاً مشخص نیست، چون متن آلمانی کمی مبهم است. چیزی که فروید می‌نویسد این است: Die masturbation hatte or schon vormittages eingestanden و ترجمه آن می‌شود «او قبلاً خودارضائی در صبح را پذیرفته بود» در حالی که احتمالاً منظور فروید این است: «او پذیرفته است که صبح خودارضائی انجام داده». متأسفانه در مکاتبات بعدی چیزی در مورد این بیمار نمی‌فهمیم.

۵. در اصل به زبان انگلیسی، از توماس مور Thomas Moore «ملودی‌های ایرلندی». دو خط بعدی این‌چنین است: اما، در حالی که شهرت تو را سربلند می‌کند
اوه ! هنوز هم مرا به خاطر بیاور!

وین، ۱۴ می ۱۸۹۳

دوست عزیز!

حامل این نامه، آقای اِف. از بودویس است که از سردردهای عصبی در سمت چپ سر رنج می‌برد. نمی‌تواند الکل را تحمل کند و در جناغ سینه‌اش درد دارد. کمی گیجی دارد و در هنگام استراحت نمی‌تواند از طریق بینی نفس بکشد. در موقع بیدار شدن از خواب دهانش خشک است. خواب آرامی ندارد و مشکل بینی‌اش مشکوک است -خلاصه، هیچ شکی ندارم برای تو کاری ندارد که او را از این مشکلات رها کنی.[۱]

از سوی دیگر او تا حد زیادی از آلودگی‌ها[۲] (بدون خودارضائی) رنج می‌برد و تا چند وقت پیش توانایی جنسی خوبی داشته است. در چهار سال گذشته، به خاطر لجاجت همسرش، رابطه جنسی منقطع داشته است و تاکنون از هیچ بیماری مربوط به آن رنج نبرده است (دقیقاً به این خاطر که خودارضائی نمی‌کرده است، اما بسیار تحریک‌پذیر است و بعد از رابطه جنسی احساس خوبی ندارد و به‌راحتی دچار انسداد هیستریایی می‌شود. به این دلیل که در ده سال اخیر از فشار روی منطقه مثانه شکایت می‌کرده و شب‌ها باید چند بار به دستشویی می‌رفته. هنوز هم آلودگی هفتگی دارد و سال پیش به سوزاک (پروستات) مبتلا شده بود.

با صمیمانه‌ترین درودها

با احترام!

دکتر فروید

۱. به نظر می‌رسد فروید به‌طور منظم بیمارانش را نزد فلیس می‌فرستاد و او هم بارها بینی آن‌ها را عمل کرده است. از این نامه مشخص است که فروید دیدگاه فلیس در مورد اهمیت بینی و ارتباط آن با زندگی جنسی مختل‌شده بیمار را به اشتراک گذاشته است. صرف نظر از نامه بعدی، بیمار توصیف‌شده در این‌جا، در نامه‌های بعدی ذکر نشده است. بینی «مشکوک» به وضوح اشاره می‌کند به تورمی که فلیس اعتقاد دارد در نتیجه خودارضائی ایجاد می‌شود.
۲. دفع مایعات شبانه

وین، ۱۵ می ۱۸۹۳

عزیزترین دوست!

من از زمانی که از برلین برگشتم، خوب نبودم تا وقتی که سرانجام دچار آنفولانزا شدم که ورم چرکی لوزه‌ای را به من هدیه داد و سپس از بین رفت و باعث شد احساس بهتر و تازه‌تری داشته باشم. تنها چیزی که از آن باقی مانده بی‌میلی غیرقابل درک برای نوشتن (نوشتارپریشی) است و افسوس می‌خورم که تو را نیز شامل این بی‌میلی کرده‌ام. امروز هم اوضاع بهتر نیست. فقط فکر می‌کنم اگر مدت‌ها قبل تصمیم نگرفته بودی، نباید این کار را با یازده هزار دکتر آلمانی[1] انجام می‌دادی، اما خوشحال باش که مردم به تو این فرصت را داده‌اند که بدون مزاحم کار کنی تا وقتی که همه‌چیز تمام شود.

دیروز مردی را از بودویس نزد تو فرستادم که برادرزن دوستم دکتر ای. است. امیدوارم تشخیص من درست بوده باشد.

روان‌رنجوری تقریباً ثابت مانده است و بیشتر روی هیستری کار می‌کنم. ورنیکه مشخصاً (به وین) نخواهد آمد.

فرزند کوچکم دارد پیشرفت می‌کند.

با صمیمانه‌ترین احترام‌ها برای تو و همسرت آیدا!

دکتر فروید تو

به محض این‌که به این اختلال غلبه کنم، صحیح خواهم نوشت.

۱. مایکل شروتر عقیده دارد این اشاره‌ای است به تعداد پزشکانی که آن زمان عضو انجمن پزشکی آلمان بودند.

درمان هیستری

وین، ۳۰ می ۱۸۹۳

عزیزترین دوست!

همچنان حالم خوب است و افتخاری دیگر است که برایت بنویسم. من جایی به عنوان دپارتمان بهداشت ساکنین در وین نمی‌شناسم.

این واقعیت که تو از بیماران اشباع شده‌ای، مشخص می‌کند که در مجموع، مردم می‌دانند دارند چه کار می‌کنند. کنجکاوم بدانم که آیا تشخیص مرا در مورد افرادی که نزد تو می‌فرستم تأیید می‌کنی یا نه. جدیداً، تشخیصی که دائم به نظرم می‌رسد و در راستای موافقت با توست این است که رفلکس بینی یکی از فراوان‌ترین اختلال‌هاست. متأسفانه، نمی‌دانم بعد از تشخیص چه کار باید بکنم و حتی ارتباط آن با تمایلات جنسی نیز بیشتر می‌شود. حیف که هر دو نمی‌توانیم روی یک مورد کار کنیم.

به‌تازگی، من هم با چیزی مانند رفلکس‌های متناظر مواجه شده‌ام. به‌علاوه، کمی قبل‌تر، سردرد میگرنی شدید خود را (برای یک ساعت) با کوکائین رفع کردم. اثر آن زمانی کامل شد که من با سمت دیگر بینی‌ام هم کوکائین مصرف کردم. واقعاً بدون معطلی سردردم آرام شد. احتمالاتی می‌بینم که می‌توانم خلأیی دیگر در سبب‌شناسی جنسی در روان‌رنجوری را برطرف کنم. باور دارم روان‌رنجوری‌های اضطرابی در جوانانی را که تصور می‌شود باکره هستند و در معرض سوءاستفاده نبوده‌اند، درک می‌کنم. دو مورد از این دست را تحلیل کرده‌ام. آن تجربه ترس از تمایلات جنسی بود و در پس آن چیزهایی که دیده یا شنیده بودند و یا بد فهمیده بودند. بنابراین، علت فقط احساسی است، اما با این وجود، ماهیت جنسی دارد.

کتاب *فلج هیستریایی*[1] که امروز برایت می‌فرستم خیلی جالب نیست، نسخه جالب و موجز آن در اوایل ماه جون آماده می‌شود.

خانواده‌ام فردا به ریچنو خواهند رفت. من قبلاً اولین شاگردم از وین را برای پلی‌کلینیک درمانی ثبت‌نام کرده‌ام. آیا همه‌چیز با زن جوان بلوند از دنزیگ حل شده است؟

صمیمانه‌ترین احترام‌ها برای تو و آیدا از طرف کل خانواده‌ام

با احترام!

زیگموند فروید

این نامه ادامه دارد چراکه به‌تازگی، در مورد مسائلی از قبیل آنچه در زیر می‌آید، راحت‌تر برایت می‌نویسم:
بی‌شک مواردی از نورآستنی در نوجوانانی که خودارضائی نمی‌کنند وجود دارد که بدون مقدمات معمول آلودگی‌های بسیار فراوان نیست -یعنی دقیقاً گویی خودارضائی کرده‌اند.
من فقط حدس‌های اثبات‌نشده زیر را برای درک این موارد می‌زنم:
۱) ضعف ذاتی سیستم‌های عصبی و تناسلی
۲) مورد سوءاستفاده قرار گرفتن در دوران پیش از بلوغ
۳) آیا نمی‌تواند تغییرات ارگانیک بینی باشد که سبب ایجاد آلودگی و بنابراین، نورآستنی می‌شود؟! بنابراین در این‌جا نورآستنی بر اثر آزار رفلکس بینی ایجاد می‌شود.
تو چه فکر می‌کنی، آیا چیزی در مورد آن می‌دانی؟

۱. «آشنایی با فلج دوسویه مغزی در کودکان»، فروید. همچنین ارجاع به همان کار در نامه ۲۱ می ۱۸۹۴ را ببینید.

وین، ۱۰ جولای ۱۸۹۳

عزیزترین دوست!
ما در مورد آزادی کامل تبادل با هم، صحبت کردیم، اما باید امروز از صمیم قلب از تو معذرت‌خواهی کنم. ولی تو قبلاً در مورد غفلت من صحبت نکرده‌ای که علت آن خستگی بیش از حد از نوشتن، بعد از آن کمپین نامه‌نگاری سنگین بوده است.
در مورد سؤالت که امسال چه وقت و کجا ملاقات کنیم، باید بگویم که تقریباً روزهای مرا حدس زده‌ای. درواقع، تعطیلاتی که برای خودم ترتیب دادم در همان روزها، در میانه آگوست و یا کمی زودتر شروع می‌شود. بنابراین، برای ملاقات‌هایمان مشکلی پیش نمی‌آید. محل آن به انتخاب تو بستگی خواهد داشت. اگر جایی که هستی، خیلی دور یا خیلی قابل دسترس نباشد، می‌توانم چند روز پیش تو بیایم. تایرول، بِرِنِر، سولدنتال، توبلاخ و مانند آن‌ها به نظرم پیشنهادهای خوبی برای اقامت است که مناظری زیبا و مرتفع دارد. با این حال، سه روز در ریچنو حتی بهتر هم هست چرا که برای مارتا هم دستاوردی دارد، چون خیلی به آیدا علاقه‌مند است و این برای شخص محافظه‌کاری

مثل او خیلی کم اتفاق می‌افتد. به هر حال، باید زمانی از تعطیلات را در ریچنو با بچه‌هایم بگذرانم که بزرگترین خوشی را برای من به همراه دارد.
فلج هیستریایی باید مدت‌ها پیش چاپ می‌شد. احتمالاً در شماره آگوست این کار را خواهند کرد. یک مقاله واقعاً کوتاه است که تا حدی فقط روی یک ایده تمرکز می‌کند. ممکن است به یاد بیاوری که قبلاً وقتی شاگردم بودی این را داشتم و در دوره‌های تحصیلی‌ام در آن زمان درباره‌اش سخنرانی کرده بودم. نمی‌خواهم با روان‌رنجوری باری بر دوش تو بگذارم. حالا، افراد نورآستنیک زیادی را می‌بینم که شاید بتوانم به خوبی این کار را با اصول خودم در دو تا سه سال آینده محدود کنم، اما به این خاطر شراکتمان را از بین نمی‌برم. در جایگاه نخست، امیدوارم که مکانیزم فیزیولوژیکی یافته‌های بالینی من را با روش خودت توضیح بدهی؛ دوم، می‌خواهم این حق را برای خود محفوظ بدارم که با تمام نظریه‌ها و یافته‌هایم در مورد روان‌رنجوری به سراغ تو بیایم؛ سوم، من هنوز هم تو را مسیحایی می‌دانم که با پیشرفت تکنیک، مشکلی که به آن اشاره کردم را حل خواهد کرد.
کار تو روی رفلکس بینی به هیچ‌وجه هدر نرفته است. تو خودت از آن آگاهی، اما مردم برای همه‌چیز به زمان نیاز دارند. برگه کوچکی برایت می‌فرستم که از طریق آن می‌توانی ببینی نسل جوان‌تر به تو اشاره می‌کند.[۱] شاید بتوانی هدف خود را از ارائه کارهایت در وین از طریق هاجک،[۲] داماد و قائم‌مقام شنیتزلر درک کنی. می‌توانی این کار را از طریق شنیتزلر هم انجام بدهی، اگر دستیارش، کولر، یکی از خوش‌نیت‌ترین افراد وین و دوست خوب من، نخواهد به سفر برود. احتمالاً نمی‌خواهی کاری با افراد سرشناس و بزرگ داشته باشی. مطمئناً می‌توانی چیاری[۳] را ملاقات کنی. در مورد آن بیشتر صحبت خواهیم کرد. کار ما در مورد هیستری سرانجام تأییدی که مستحق آن بود را در بخش جنت[۴] در پاریس به‌دست آورده است. از آن زمان، کار زیادی با بروئر نداشته‌ام. وقت او با عروسی، مسافرت و کارهای خودش پر شده است. می‌بینم که به‌ندرت به خوانا نوشتن ادامه می‌دهم. بنابراین، با عجله و با این تضمین که همه ما خوبیم، این نامه را به پایان می‌رسانم. با وجود کمبود اطلاعاتم امیدوارم تو و آیدا هم خوب باشید و بسیار منتظر این هستم که هر چه زودتر برنامه امسال‌مان را بدانم.
با صمیمانه‌ترین درودها!

با احترام!

زیگموند فروید

۱. احتمالاً به بازبینی کتاب *کمک‌های جدید به کلینیک و درمان روان‌رنجوری رفلکس بینی*، فلیس توسط اُو. چیاری O. Chiari اشاره می‌کند. این بازبینی، درهفته‌نامه پزشکی وین، به صورت خلاصه است و دربرگیرنده تحسین و تمجید نیست.

2. Marcus Hajek

مارکوس هاجک، (۱۸۶۱-۱۹۴۱) دستیار جاناتان شنیتزلر Johann Schnitzler (۱۸۳۵-۱۸۹۳)، پدر پزشک و نویسنده آرتور شنیتزلر Arthur Schnitzler (۱۸۶۲-۱۹۳۱) و جولیوس شنیتزلر Julius Schnitzler (۱۸۶۵-۱۹۳۹) بود. بازبینی مثبت‌تر کتاب *کمک‌های جدید* در روندشاو پزشکی بین‌المللی در سال ۱۸۹۳ چاپ شد.

۳. لئوپولد شروتر ریتر فان کریستلی Leopold Schrotter Ritter von Kristelli (۱۸۳۷-۱۹۰۸) رئیس مشهور کلینیک حنجره‌شناسی دانشگاه بود. اوتوکار فان چیاری Ottokar von Chiari (۱۸۵۳-۱۹۱۸) و همین‌طور کارل کولر Karl Koller (۱۸۵۷-۱۹۴۴) دوست صمیمی فروید و مردی که ویژگی‌های هوش‌بری کوکائین را کشف کرد، شاگرد او بودند (برنفلد ۱۹۵۳؛ بکر ۱۹۶۳ را ببینید). برای اطلاعات بیشتر در مورد این مردان و کتاب‌ها و فعالیت‌های پزشکی‌شان، لسکی (۱۹۷۸) را ببینید.

۴. مقاله‌ای که فروید در این نامه به آن اشاره می‌کند در آرشیو عصب‌شناسی، ۲۹(۱۸۹۳)۲۶. وجود دارد. در همان صفحه، پایان مقاله pierre janet است که نتیجه‌گیری می‌کند که باید کلمه «هیستری» را حفظ کرد. این اسم تاریخچه بلند و زیبایی دارد. اگر ریشه‌شناسی آن هم جالب بود بهتر می‌شد، همان‌طور که شارکو لطف کرد و اصلاح کلمه «زهدان» به جای کلمه «هیستری» مطرح کرد. این اتفاق شگفت‌انگیز است. برای اطلاعات بیشتر در مورد رابطه بین فروید و جنت، پریواست (صفحه ۳ ، ۱۹۷۳) را ببینید.

وین، ۲۴ جولای ۱۸۹۳

عزیزترین دوست!

می‌خواستم به این خاطر که کارپاتیان را به آلپ ترجیح دادی با تو دعوا کنم، خصوصاً برای این‌که داری به کوهستان می‌روی، اما من به‌تازگی پدرزن تو را در ایستگاه جنوبی دیدم -خدا به تمام فرزندان اسرائیل سن زیادی مانند سن او بدهد- و از او شنیدم که فقط هشت ساعت طول می‌کشد تا به کسوربا برسم، به جای این‌که شانزده تا بیست ساعت را در ایستگاه استراحت مرتفع آلپ، بگذرانم. آن‌جا خیلی زیباست و مطمئناً تو

فکرهایت را کرده‌ای. بنابراین، من هم تسلیم می‌شوم. دیروز در مانت راکس یک جانور دست راستم را نیش زد. خیلی کم می‌توانم بنویسم چون دستم ورم کرده است. فقط این را گفتم که تو را از خطای تشخیصی محافظت کنم.

من الان واقعاً از وین خسته شده‌ام و بسیار منتظر دیدارمان هستم. در ریچنو همه خوب‌اند و همه شیطان‌ها در حال رشد هستند، همسرم هم خوب است.

سرانجام فلج هیستریایی چاپ شد، اما من هنوز مقاله نقل‌شده در روزنامه را ندارم. در آخرین مجله *پیشرفت پزشکی*[۴] چیزی در مورد بینی دیدم. اگر نمی‌توانی آن را به‌دست بیاوری، در نامه برگشت آن را برایت می‌فرستم. من امسال اصلاً به بروهل نرفتم. امسال تابستان به طرز عجیبی ساکت است، پس از یک نیمه سال که پر از حوادث پزشکی بود.

با صمیمانه‌ترین درودها برای تو و همسر عزیزت!

وفادار تو!

زیگموند فروید

1. progrès mediasl

ژورنال پزشکی، جراحی و داروشناسی، ۴۰ - ۳۹: (۱۸۹۳) ۱۸، حاوی خلاصه مقاله دکتر لابورد Laborde با نام «رفلکس بینی در سنکوب کلروفرم» است. این مقاله در ملاقات او در ۱۱ جولای ۱۸۹۳ به آکادمی پزشکی تحویل داده شد. فروید به خاطر ارتباط آن با کار فلیس روی بینی به آن اشاره می‌کند، اما درواقع، این مقاله هیچ ربطی به نظریه‌های فلیس ندارد.

ریچنو، ۱۳ آگوست ۱۸۹۳

عزیزترین دوست!

من درواقع، برنامه‌ریزی کرده بودم وقتی که این نامه به دستت می‌رسد کنار تو و همچنین همسرم باشم. سپس، یک فاجعه خانگی پیش آمد. یک جابه‌جایی. آشپز و پرستار ناگهان باید می‌رفتند. بنابراین، همسرم نمی‌توانست همراه من بیاید، اما خود من هم باید می‌ماندم تا وقتی که آرامش بازگردد و بنابراین، مجبورم تا نیمه دوم تعطیلات، سفرم را برای آمدن نزد تو به تعویق بیندازم. پس مهربان باش که بدانم چقدر می‌خواهید بمانید و توقف بعدی‌تان در کجاست. اگر خیلی دیر است که من به کسوربا بیایم، می‌توانم تو را در جایی دیگر ببینم. چون سالی که در آن فرصت نداشته باشم از مطرح کردن چیزهایی که برایم مهم‌اند با تو لذت ببرم، سال بسیار ناقصی است.

پدرت را در ریدوف دیدم و باز هم از دیدن انرژی‌اش، لذت بردم. این‌طور به یاد می‌آورم که او هم‌اکنون با شماست و یا با شما بوده است.

با صمیمانه‌ترین درودها از طرف اهالی این خانه به آن خانه و با گرم‌ترین تشکرها از همسر عزیزت برای پیشنهاد دوست داشتنی‌اش.

وفادار تو!

با احترام!

زیگموند فروید

با درود فراوان از طرف هر دوی ما برای مادرت.

ریچنو، ۲۰ آگوست ۱۸۹۳[۱]

دوست عزیزم!

پیش از همه، واقعاً خجالت می‌کشیدم با هر کس دیگری قراری را که قبول کرده بودم، لغو کنم. دوم، دلایل دیگری می‌آورم به جز آن‌ها که باید با همه صداقتم، به تو بگویم. بنابراین، قسمت‌های زیر بخشی از روان‌شناسی خانه هستند. من هجدهم و نوزدهم ماه را صرف یک تور پیچیده کردم در اطراف مانت راکس با دوستم رای[۲] و دیروز با شادمانی در یک کلبه جدید در کوهستان بودم که ناگهان کسی وارد اتاق شد. از گرمای روز کاملاً سرخ شده بود. ابتدا او را شبح تصور کردم و سپس متوجه شدم که همسرم است. مارتا هیچ‌وقت نمی‌آمد، چون کوهنوردی برای او غیرممکن بود و از ماندن در کوه لذت نمی‌برد، اما این بار به دنبال من آمده بود. فشار را به خوبی تحمل کرده بود و مجذوب منظره و آن محل شده بود. او گفت که می‌خواهد چند روز را با من در این‌جا بگذراند. در این‌جا اثاثیه عالی است و من مجبور شدم که این فرصت را به او بدهم بدون این‌که احساس کنیم از خانه خیلی دوریم. چون از این بالا می‌توان با تلفن به ریچنو دسترسی داشت و به‌راحتی در عرض دو ساعت و نیم به آن‌جا رسید. او بسیار منتظر سفرمان به کسوربا است. حوادث خانه به او نشان داده است که برنامه‌ریزی برای گذاشتن بچه‌ها در خانه چقدر سخت است و از شش سال گذشته، به این دلیل که بچه‌ها پشت سر هم به دنیا آمدند، زمان کمی برای تغییر و استراحت در زندگی او وجود داشته است. من باور ندارم که می‌توانم با این خواسته او مخالفت کنم. می‌توانی تصور کنی در پس آن

چیست؛ شکرگزاری، احساس برگشتن زنی به زندگی که حالا تا یک سال منتظر فرزندی نیست، چون در حال حاضر، در پرهیز از رابطه جنسی هستیم و تو هم دلایل آن را به خوبی می‌دانی. اکنون، این برنامه اصلاً با هدف من برای ملاقات با تو در کسوربا تطابق ندارد. فقط یازده روز از این ماه باقی مانده است که شش روز آن را باید به وین و پنج روز را به سفر اختصاص دهم. هرچند، او هیچ‌وقت مداخله‌ای در لذت‌های من نمی‌کند، اما این حداقل با رسیدن به تو تداخل پیدا خواهد کرد. او با این وجود، به این نکته اشاره کرد که من نباید به کسوربا بیایم و نه این‌که پیش تو نیایم، چون ده روز بعد می‌توانم تو را در محلی نزدیک‌تر در بروهل ببینم و آن دو سفر ده ساعته در گرما برای من هم استراحت حساب نمی‌شود. به‌علاوه، دو عامل دیگر هم وجود دارد که او چیزی در مورد آن‌ها نمی‌داند. لزوم پول خرج نکردن زیاد در این ماه‌ها که هیچ درآمدی ندارم و درک این مسئله که ذهن من هنوز از وسواس دنبال کردن ایده‌های پزشکی خلاص نشده است و ادامه سبک زندگی حاضر خیلی برای آن خوب خواهد بود.

بنابراین، نباید به کسوربا بیایم. بعد از بحث‌های پیشین که احتمالاً به عنوان یک نابغه به تو ضربه زده است، برای من بهانه خواهی آورد، اما حالا نکته دوم؛ البته که می‌خواهم تو را ببینم و کل روز با تو حرف بزنم و کار کنم و برای این منظور می‌خواهم یک روز در ماه سپتامبر را که برای تو مناسب است، به من اختصاص بدهی و به ریچنو، بروهل یا وین بیایی. امسال من یک بار برای دیدن تو سفر کرده‌ام -مطمئناً فداکاری نبوده بلکه درمان بوده است-[۳] بنابراین، این بار می‌خواهم خودم را راحت کنم و روی لطف تو حساب کنم که بیایی و این واقعاً لازم است. اگر برایت راحت نیست که برای بازدید به ریچنو بیایی، من و همسرم می‌توانیم به بروهل (هاجک) بیاییم. بنابراین، خوب باش و این را برایمان امکان‌پذیر کن. متنفرم که این کار را بدون تو انجام بدهم.

اما درباره باقی مطالب، سبب‌شناسی روان‌رنجوری مرا همه‌جا دنبال می‌کند، همان‌طور که آهنگ مارلبرو، پیرو آهنگ مرد انگلیسی مسافر[۴] می‌آید. به‌تازگی، دختر صاحب مسافرخانه در راکس با من مشاوره کرد. یک مورد خوب برایم بود.[۵] -بهترین برنامه این خواهد بود که تو و آیدا یک یا دو روز را با من در راکس بگذرانید. آن‌جا مرتفع‌تر از کسوربا است، هزار و هفتصد متر (تورلهاوس) و غذا و اثاثیه‌اش عالی‌اند.

با صمیمانه‌ترین احترام‌ها و آرزوها برای تندرستی تو

با احترام!

زیگموند فروید

۱. من باور دارم که ارنست کریس این نامه را که من در میز کار فروید پیدا کرده‌ام، ندیده است.

2. Oscar Rie

(۱۹۳۱–۱۸۶۳)، پزشک متخصص اطفال و دوست صمیمی خانواده فروید. او در مؤسسه کاسوویتز، دستیار فروید بوده است و در سال ۱۸۹۱، با هم یک کار را منتشر کردند: «تحقیق بالینی در مورد مغز استخوان کودکان». همسر رای، ملانی و همسر فلیس، آیدا با هم خواهر بودند.

۳. در اصل به انگلیسی گفته شده است.

۴. آهنگ‌های «جنگ‌های بسیار» با تنظیم کورت آدلر Kurt Adler (هاول ساسکین Howell Soskin ۱۹۴۳) صفحه ۳۶ به ما می‌گوید که «یک مرد فرانسوی غیرمعروف این آهنگ را بعد از پیروزی مارلبرو Marlborough در مالپلاکت Malpaguet در سال ۱۷۰۹ نوشت. وقتی گفته شد که ژنرال انگلیسی در جنگ کشته شده است این واقعیت که مارلبرو خیلی شاد بود سبب نشد این شعر به شدت معروف نشود. ملودی در اصل یک آهنگ شکار مربوط به قرن هفدهم بود. از آن زمان به بعد تقریباً همه ملت‌های جهان یک یا چند بار از این آهنگ استفاده کرده‌اند». شروتر ذکر می‌کند که فروید در این‌جا به *مرثیه‌های رومی* گوته (ff ۹: ۲) اشاره می‌کند.

۵. این کاتارینا Katharina است در تحقیقات هیستری.

۱۴ سپتامبر ۱۸۹۳

۹ برگاس ، ۱۹

عزیزترین دوست!

روزنبرگ[1] توجه‌ام را به این واقعیت جلب کرد که در *هفته‌نامه پزشکی برلین*، شماره ۱۴ سال ۱۸۸۹، مجموعه مقالاتی در مورد روان‌رنجوری رفلکسی بینی وجود دارد که توسط شینمن[2] نوشته شده‌اند که احتمالاً دربرگیرنده تعداد زیادی از یافته‌های توست. مثلاً آزمایش کوکائین، ارتباط با زندگی تناسلی، مشکلات معده و روده و بسیاری از این دست و سرانجام پیشرَوی اصلی. من این جلد را ندارم.

در درمان‌هایت خوش‌اقبال باشی. من مطمئناً از تو انتظار دارم تا مرا از هر چیزی که روی می‌دهد، مطلع کنی.

با صمیمانه‌ترین درودها برای تو و آیدا!

با احترام!

زیگموند فروید

۱. احتمالاً به لوودویگ روزنبرگ Ludwig Rosenberg اشاره می‌کند که به‌طور آشکار مانند لئوپولد Leopold در رویای فروید در مورد تزریق ایرما Irma نقش داشت. او پدر آنی کاتان Anny Karan، روان‌کاوی بود که (در نامه ۹ سپتامبر ۱۹۸۰) به من اطلاع داد که روزنبرگ عضو دائم هیئت تاروک شنبه بوده است که شامل اسکار رای، آلفرد رای و گاهی اوقات جولیوس شنیتزلر جراح بود. روزنبرگ در سال ۱۹۲۷ فوت کرد.

۲. مقاله‌ای که فروید به آن اشاره می‌کند توسط جی. شینمن J. Scheinmann به‌عنوان مقاله‌ای در انجمن حنجره‌شناسی در برلین، در ژانویه ۱۸۸۹ ارائه شد و در *هفته‌نامه پزشکی برلین*، شماره ۱۴-۲۹۵: (۱۸۸۹) با عنوان «تشخیص و درمان روان‌رنجوری‌های رفلکس بینی» منتشر شد که بازبینی پزشکی بسیار دقیقی از تمام کارهای انجام‌شده در این حوزه است. البته، نویسنده نمی‌توانسته به فلیس اشاره کند، چون در سال ۱۸۸۹ هیچ‌چیزی از فلیس منتشر نشده بوده است. در پایان مقاله، شینمن می‌نویسد: «من دیگر هیچ شکی ندارم که در مواردی از حساسیت شدید بینی، چندین تغییر در ترکیب خون بینی روی می‌دهد که با پوست و دستگاه تناسلی ارتباط دارند».

وین، ۲۹ سپتامبر ۱۸۹۳

عزیزترین دوست!

من کمی وقت برای خودم باقی گذاشتم. بنابراین، می‌توانم در مورد موفقیت عمل جراحی و این‌که یک بار دیگر به برمن برمی‌گردی یا نه از تو بپرسم. من می‌دانستم که تشخیص تو درست است. چون تو در مجموع، توان ذهنی حیاتی مرا نابود می‌کنی و من در همه‌چیز به تو باور دارم. باید خیلی خوشحال باشم که می‌شنوم از سردردهایت خلاص شده‌ای. بنابراین، دیگر می‌توانی بیشتر از زندگی‌ات لذت ببری. فکر می‌کنم این خوبی شینمن را می‌رساند که موضوعات زیادی را به‌طور خلاصه مطرح می‌کند و باز هم چیزهای زیادی را برای تو باقی می‌گذارد. یک پیشرَوی واقعی که نیازی نیست از دست

او عصبانی بشویم. اگر حالت بهتر شود و بتوانی خودت را به کارهایت و به پلی‌کلینیک اختصاص بدهی، بالاترین توقعات را از تو دارم.

امروز آگهی درگذشت شارکو را برایت می‌فرستم که در ابتدای سپتامبر چاپ شده بود.[۱] اگر قبلاً هم آن را برایت فرستاده‌ام، ده هزار بار معذرت می‌خواهم. همسرم دارد آماده می‌شود که به خانه برگردد. همه بچه‌ها خوب‌اند و دارند پیشرفت می‌کنند. کمی بعد از عفونت گلوی همه‌گیرمان، چند مورد خفیف از تب اسکارلت در ریچنو مشاهده شد.

هنوز هم به اندازه کافی مشغول نیستم و هم‌زمان بداخلاق هم شده‌ام. بروئر به مانعی بر سر راه پیشرفت من در وین تبدیل شده است. او بر محفل‌هایی که روی آن‌ها حساب کرده بودم، تسلط دارد. دوستی او برای من که بی‌تردید آن را ثابت کرده است، بسیار کمتر از آن چیزی است که «در هموار کردن راه» فعالیتم انتظار داشتم.

مطالب جدید بسیار کمتری در مورد تمایلات جنسی دارم و به زودی باید هیستری را به پایان برسانم.

رفتن دختر خواهرم به آمریکا به تأخیر افتاده است. روزهای ریچنو برای ما خیلی خوب بودند، چون به ما نشان دادند که جذابیت خاصی برای هر دوی شما داریم، حتی می‌توانید پدر و مادر و بچه‌هایتان را با خود همراه کنید. بنابراین، امیدوارم بتوانیم پیش از این‌که امسال به پایان برسد، یک دورهمی داشته باشیم و هر دو طرف در سلامت کامل باشند.

با صمیمانه‌ترین درودها برای تو و همسر عزیزت!

زیگموند فروید

۱. در نهم سپتامبر، فروید آگهی درگذشت شارکو را در *هفته‌نامه* پزشکی *وین* منتشر کرد.

وین، ۶ اکتبر ۱۸۹۳

عزیزترین دوست!

داشتم نبود هیچ خبری از تو را تفسیر می‌کردم که نامه شیرینت، این نیت را بی‌اثر کرد. من هنوز هم در این نامه، اطمینان مثبت و پر از احساسات تو را از این‌که بهتر شده‌ای، نمی‌بینم، اما شاید برای این موضوع خیلی زود باشد و خدا می‌داند آن عمل سخت چطور بوده است. وقتی که باز بهتر شدی، باید تصویر شافر را به پلی‌کلینیک درمانی اهدا کنیم.

چون من به اندازه کافی از این‌که علاقه‌ام به بهبودی تو را تا حدی گسترش دهم بی‌طرف هستم که آن را با خلق یک پلی‌کلینیک جدید بشناسم.
نظر تو در مورد آگهی درگذشت شارکو که من نوشتم و این خبر که آن را برای آیدا خواندی، مرا بسیار شاد کرد. من چیزی در مورد دزدی ادبی شرافتمندانه الگمین ال[1] زیتونگ نمی‌دانم. این از مهربانی توست که به مرثیه‌خوانی‌های من در مورد کسب‌وکار در وین گوش می‌کنی، اما واقعاً حس می‌کنم مایه سرافکندگی است که بخواهم در مورد آن با تو صحبت کنم. این فقط نشان‌دهنده میزانی است که گاهی اوقات خود را رها می کنم. خصوصاً در مورد خواهرزن کوچکترت، من بیشتر از این‌که از دست بروئر عصبانی باشم از او متشکرم که مرا از این مسئله خارج کرد. چون واقعاً از قاطی کردن کار و دوستی خوشم نمی‌آید. همان‌طور که می‌دانی در مورد درمان من، اصلاً فکر نکن و با خوشحالی از مقایسه آن با فعالیت‌های پزشکی خود اجتناب کن. در عین حال، همه‌چیز دوست‌داشتنی‌تر شده است. کار جنسی کسانی را جذب می‌کند که همگی حیرت‌زده‌اند ولی سپس، بعد از گفتن این جملات می‌روند: «هیچ‌کس تا به حال چنین سؤالاتی را از من نپرسیده بود»! وقتی نوبت به تأیید می‌رسد، حتی پیچیده‌تر نیز می‌شود. مثلاً دیروز، چهار مورد جدید را دیدم که سبب‌شناسی‌شان، طبق وقایع‌نگاری، می‌تواند تنها رابطه جنسی منقطع باشد. شاید از کوتاه نوشتن علت آن‌ها لذت ببری، اما واقعاً مثل هم نبودند.
۱) زن، ۴۱ ساله؛ فرزندان ۱۶ و ۱۴ و ۱۱ و ۷ ساله. در دوازده سال گذشته عصبی بوده است. در زمان بارداری خوب بوده و بعد از بارداری دوباره علائم ظاهر می‌شدند. با آخرین بارداری بدتر نشده است. حملات گیجی با احساس ضعف همراه بود. از مکان‌های باز هراس داشت. انتظار مسائل اضطراب‌آور را می‌کشید. هیچ نشانه‌ای از نورآستنی وجود نداشت. کمی هیستری داشت. سبب‌شناسی، (روان‌رنجوری اضطرابی) خالص را تأیید می‌کرد.
۲) زن، ۲۴ ساله؛ فرزندان ۴ و ۲ ساله. از بهار سال ۹۳ حمله‌های درد شبانه (از کمر به جناغ سینه) همراه با بی‌خوابی دارد. چیز دیگری جز این نبوده است. روزها خوب است. همسرش یک فروشنده دوره‌گرد است که در بهار و هم‌اکنون در خانه بوده. در تابستان،

وقتی که همسرش در خانه نبود او کاملاً خوب شده بود. رابطه جنسی منقطع دارد و واقعاً می‌ترسد باز بچه‌دار شود. بنابراین، دچار هیستری شده است.

۳) مرد، ۴۲ ساله؛ فرزندان ۱۷ و ۱۶ و ۱۳ ساله. تا سال پیش خوب بود. پس از مرگ پدرش، دچار حمله اضطرابی ناگهانی و سکته قلبی می‌شود. ترس مالیخولیایی از سرطان زبان دارد، چند ماه بعد دچار حمله دوم شد که با سیانوز، تپش قلب متناوب، ترس از مرگ و غیره همراه بوده است. از آن زمان به بعد، احساس ضعف و گیجی و ترس از مکان‌های باز و سوءهاضمه دارد. این یک مورد روان‌رنجوری اضطرابی خالص با علائم قلبی بعد از یک نگرانی عاطفی است. در حالی که رابطه جنسی منقطع به‌راحتی برای ده سال تحمل شده است.[۲]

۴) مرد، ۳۴ ساله که در سه سال گذشته اشتها نداشته. از سال گذشته دچار سوءهاضمه شده و بیست کیلو وزن کم کرده و دچار یبوست است. وقتی که این متوقف شد، در زمان گردباد، دچار فشار درون‌جمجمه‌ای وحشتناک می‌شد. حمله‌های ضعف با احساس مربوط به اسپاسم‌های ارتجاعی هیستری‌مانند دارد. بنابراین، در این مورد، نورآستنی غالب است. یک فرزند ۵ ساله دارد. از آن زمان به بعد به خاطر بیماری همسرش، رابطه جنسی منقطع دارد. درست از زمان درمان سوءهاضمه‌اش، آمیزش طبیعی را از سر گرفته است.

با توجه به چنین واکنش‌هایی به آزارنده مشابه، (عامل آسیب‌زای یکسان) اصرار کردن بر اختصاصی بودن تأثیر آن‌ها، آن‌طور که من تعریف می‌کنم شجاعت می‌خواهد، اما باید این‌چنین باشد و نکات معیّنی وجود دارد که باید ادامه داد. حتی در این چهار مورد (روان‌رنجوری اضطرابی خالص، هیستری خالص، روان‌رنجوری اضطرابی با حمله‌های قلبی، نورآستنی با هیستری).

مورد ۱) یک زن بسیار باهوش است، که هیچ ترسی از بچه‌دار شدن ندارد. او دچار روان رنجوری اضطرابی خالص است.

مورد ۲) یک زن کوچک خوب و نادان است و این اضطراب بعد از مدت کوتاهی که دچار هیستری شده بود، شدت یافت.[۳]

مورد ۳) با روان‌رنجوری اضطرابی و علائم قلبی، یک مرد با توانایی جنسی بسیار بالاست که به شدت سیگار می‌کشد.

مورد ۴) برعکس (بدون این‌که خودارضائی کرده باشد) توانایی جنسی متوسط دارد و سردمزاج است.
اکنون تصور کن چه اتفاقی می‌افتد اگر یکی از آن‌ها پزشکی مانند تو بود که می‌توانست اندام‌های تناسلی و بینی را به صورت هم‌زمان معاینه کند. این شکاف باید خیلی زود حل شود.
اما من دیگر خیلی پیر و تنبلم و وظایف زیادی بر دوش من است و هنوز خودم در حال یادگیری هستم.
با صمیمانه‌ترین درودها از اهالی این خانه به آن خانه
با احترام!
زیگموند فروید
پریروز همسر و فرزندانم کاملاً سالم بودند.

1. Allgemeine L Zeituny
حرف وسط ناخوانا است، احتمالاً C می‌باشد
۲. کریس (کتاب *منشأ* صفحه ۷۸nl) ذکر می‌کند که «این مورد، با جزئیات بیشتری در مقالات اول و دوم فروید در مورد روان‌رنجوری اضطرابی (۱۸۹۵) شرح داده می‌شود».
۳. معنی عبارت آلمانی آن مشخص نیست. احتمالاً به این معنی است که دچار اولین حمله هیستریایی شده است.

وین، ۱۸ اکتبر ۱۸۹۳

عزیزترین دوست!
امیدوارم که اطمینان من از بهبودی سریع حال همسر عزیزت زمانی به دستت برسد که همسرت بهبود یافته است.
این خواسته او نبوده که بیمار باشد. بنابراین، اصلاً نباید در مورد آن صحبت کنم. مدت زیادی را منتظر خبری از سلامتی‌ات بودم و کم‌کم می‌خواستم برایت از نگرانی خود بنویسم. در کل، عادت ندارم با اجبار به نوشتن شکنجه‌ات کنم، اما من آن‌قدر نادانم که هیچ ایده‌ای در مورد دامنه چنین عملی ندارم.
امروز از نوشتن خسته شده‌ام. یک بحث مضطرب‌کننده با بروئر داشتم که سبب شد کلمات زیادی را [در متنم] بنویسم.[1] او با رفتار مؤدبانه‌ای بحث را به پایان برد که همه

چیز آرام شد. من تازه آخرین نامه‌ام به او را تمام کرده‌ام و نامه‌ام به تو را واقعاً دیگر نمی‌توانم به تأخیر بیندازم.
می‌توانم مطالب زیادی در مورد بینی و تمایلات جنسی (دو موضوع) بنویسم. این‌که تو مطالب کمی در مورد این‌ها می‌بینی، درواقع، مدرکی است از انتخاب مقدماتی آن. در حال حاضر، مردم زیاد برای مشاوره پیش من نمی‌آیند، اما باز هم موارد خوبی را می‌بینم و حتی پیشرفت کرده‌ام. دفعه بعد باید برایت در مورد مشاهده میگرن با نقطه‌های کور در خودارضائی‌کنندگان بگویم که متأسفانه بینی دخالتی در آن ندارد. من در این‌جا با دکتر ویل[۲] تماس گرفتم که بسیار برجسته‌تر از لافر[۳] است و زیر نظر شروتر[۴] تحصیل کرده و یهودی است. این‌طور استنباط می‌شود -که به‌طور خلاصه کاملاً مناسب می‌شد اگر آن‌قدر بداخلاق نبود. من بیماران را به او ارجاع می‌دهم و او را مجبور می‌کنم که نوشته‌های تو را بخواند و چیزهایی مانند این. او به‌تازگی، اظهار نظری کرده که قول داده‌ام آن را به تو منتقل کنم. او با یک مطلب جزئی مخالفت کرده است. مورد؛ زنی که در یک سال، شش سقط جنین دو ماهه داشته است. او عقیده دارد که این باید حذف شود چون زمان کافی برای بارداری وجود نداشته است، مگر این‌که مورد پرده غشایی اختلال قاعدگی باشد. یک اشتباه (در تشخیص) پزشکی که احتمال کمی وجود دارد تو مرتکب آن شده باشی.
من علائق خود را فراموش نکرده‌ام. همسر دکتر آر. با من ملاقات کرد و نتوانست بفهمد چرا در مورد او چیزی برایم ننوشته‌ای. من قول دادم که به تو یادآوری کنم. او از من خواست درمانی را که تو توصیه کرده‌ای، به او ارائه کنم.
به هیچ‌وجه قصد ندارم از شرایط قلبی‌ام غفلت کنم.[5] در حال حاضر بسیار بهترم -و این به خاطر هیچ‌یک از مزایای من نیست و به خاطر تمام مشکلاتی که جدیداً به وجود آمده‌اند، به شدت سیگار می‌کشم.
عقیده دارم که به زودی و به صورت جسمی دوباره شعله‌ور می‌شوند. تا وقتی که سیگار کشیدن اهمیت دارد، احتمالاً باید از تجویزهای تو پیروی کنم. قبلاً یک بار وقتی که تو نظرت را در خصوص آن گفتی، انجامش دادم، (در ایستگاه راه آهن -در زمان انتظار) اما به شدت دلم برای سیگار کشیدن تنگ شد. یک سرماخوردگی حاد، شرایط را بدتر نکرد. من این علامت پیچیده را در چند بیماری که [?Gast[r]iker [Cestiker[۶] بودند، مشاهده

کردم و هنوز در مورد ماهیت ارتباط آن با بینی متقاعد نشده‌ام. امروز را تا حد زیادی به تو مدیونم.

با صمیمانه‌ترین درودها برای تو و همسر عزیزت آیدا!

وفادار تو!

زیگموند فروید

۱. من این نامه‌ها را در مارسفیلد گاردنز پیدا کردم. موضوع آن، بدهی مالی است که فروید به بروئر داشته، فروید رویِ برگرداندن آن اصرار داشته و بروئر با سخاوتمندی به فروید گفته بود که اصلاً اهمیتی برایش ندارد. واضح است که این مسئله حساسی برای فروید بوده است. او همچنین از ژوزف پنث Josef Paneth و فلیشل Fleischl هم پول قرض گرفته بود. در نامه منتشرنشده‌ای به مارتا در ۱۱ جولای ۱۸۸۳، فروید این گفته جالب را مطرح می‌کند و به مارتا توضیح می‌دهد که چرا نمی‌تواند به برلین بیاید و او را ببیند: «هیچ کشفی به من این حق را نمی‌دهد که به خاطر داشتن آینده عالی احتمالی، زیر بار قرض بروم». این نگرش فروید نسبت به سخاوت بروئر در ابتدا یکی از تقدیر و تشکرهایی است که به وضوح در نامه منتشرنشده به مارتا نشان داده شده است. یک مثال (۱۸ جولای ۱۸۸۳) کافی است: «بروئر وادارم کرد که برای زمانی که این‌جا نخواهد بود، پول زیادی را از او پیش خودم داشته باشم. اگر هر کس دیگری جز او بود خجالت‌زده می‌شدم، اما او ثابت کرده که آن‌قدر دوست قابل اعتمادی است که پولش نقش ثانویه‌ای را ایفا می‌کند».

2. Weil

نامه ۲۰ آوریل ۱۸۹۵ و سولووی (۱۹۷۹، صفحه ۱۳ n ۱۵۲) و همچنین، کتاب *درد و رنج بینی* فلیس، صفحه ۴۲ را ببینید که در آن فلیس یک دوره از روش ویل را پیشنهاد می‌کند.

3. Laufer

شناسایی نشده است.

4. Leopold Schrotter Ritter von Kristelli

لئوپولد شروتر ریتر فان کریستلی (۱۹۰۸-۱۸۳۷) لسکی (۱۹۷۸ و صفحات ff ۳۳۰، ۴۱۳ را ببینید).

۵. در متن آلمانی آمده است: Mit meinem herzbefinden denke ich dir keineswegs durchzugehen شروتر (۱۹۷۲، صفحه ۴۱) این متن را این‌طور ترجمه کرده است: «من هیچ نیتی ندارم که با این وضعیت قلبم به رابطه‌ام با تو پایان بدهم» و آن را اشاره‌ای به مردن دانسته است. متن آلمانی می‌تواند هر دو معنی را داشته باشد و کاملاً مشخص نیست که منظور فروید کدام بوده است.

۶. بیماری معده

وین، ۲۷[۱] نوامبر ۱۸۹۳

دوست عزیز![۲]

آخرین نامه‌ای که توانستم برایت بنویسم بعداً گم شد.[۳] همان‌طور که در وین گفتیم و پس از آن دوره‌ای رسید که در آن حس می‌کردم دوست ندارم بنویسم. بینی‌ام مانع می‌شد و من نمی‌توانستم خودم را وادار کنم که آن کار را انجام بدهم. باز هم به خودم اجازه دادم که بسوزم و باز هم از کار لذت ببرم، اما به هر حال، از موفقیت در درمان محلی کمی راضی‌ام. من از دستور تو برای سیگار نکشیدن پیروی نمی‌کنم.؛ واقعاً باور داری که سال‌ها زندگی کردن در یک بدبختی بزرگ، یک موهبت است؟ اما من خیلی نگران احساسات مشابه آن هستم.

اکنون مشخص شده است که من اخبار خود را در مورد بیمار ارزشمندم، در پیش‌زمینه قرار داده‌ام. گویی هیچ‌چیز مهم‌تری نبوده است که در مورد آن بنویسم یا بپرسم. نامه گمشده حاوی مسائل علمی زیادی بود؛ بینی، تمایلات جنسی، میگرن با نقاط کور. همه این‌ها اکنون گم شده‌اند، اما چیزی برای گله و شکایت وجود ندارد. در هیچ رویدادی نمی‌توانی داستان‌های بینی را استفاده کنی -حدس‌هایی[۴] بدون یافته‌های رفلکس بینی. تجارت جنسی به شدت در حال ادغام شدن است. تناقض‌ها دارند از بین می‌روند، اما مطالب جدید بسیار ناچیزند. چون کمبود غیرمعمول بیمار در ساعت‌هایی که در دفتر هستم وجود دارد. وقتی که یک مورد برای اصلاح کامل پیدا می‌کنم، همه‌چیز تأیید می‌شود و گاهی اوقات جوینده[۵] چیزی بیشتر از آنچه می‌خواهد به‌دست می‌آورد، خصوصاً نورآستنی جنسی معانی بسیار زیاد و کاملاً متفاوتی دارد. نوع اضطرابی آن‌طور که در پیتش[۶] دیده می‌شود، کاملاً مشخص شده است. من یک مجرد مسن بسیار شاد را دیده‌ام که هیچ‌چیزی را در مورد خودش انکار نمی‌کند و بعد از این که به خودش اجازه داد توسط معشوقه سی ساله‌اش اغوا شود تا سه بار نزدیکی پشت سر هم داشته باشند، دچار حمله اضطرابی کلاسیک شد. روی‌هم‌رفته، موفق شده‌ام که اضطراب را با روان مرتبط ندانم بلکه آن را پیامد جسمی سوءاستفاده جنسی بدانم. یک مورد بسیار خالص روان‌رنجوری اضطرابی بعد از رابطه جنسی منقطع، در یک خانم بسیار متین و بسیار سردمزاج سبب شد به این نتیجه برسم. به هر حال، هیچ معنایی ندارد.

از هر لحاظ دیگر، دوره سکوتم خیلی جالب نیست. همه در خانه خوب‌اند. آنفولانزا که باز هم دارد همه‌گیر می‌شود، پیش روی ماست. اضافه‌کاری‌های معمولم کم شده‌اند چون از وقتی که خانم فان کی.[7] را از دست داده‌ام، رابطه خوبی با بروئر دارم، اما چیزهای کمی از او می‌بینم. او برای سخنرانی من در روز یکشنبه ثبت‌نام کرده است! پدرخانم تو هنوز دارد به دنبال آپارتمان بهتری برای من می‌گردد، به‌تازگی، آپارتمانی با سه هزار و چهارصد فلورین[8] به من پیشنهاد کرده است. این مهربانی او را می‌رساند، اما می‌خواهم مدتی را در این‌جا بمانم.

این صحبت‌های بیهوده نشان می‌دهد که تو و همسر عزیزت هر دو خوب هستید و سردردت برای همیشه و بعد از جراحی دوم از بین رفته است. در غیر این صورت، مطمئناً این را از تو می‌شنیدم.

ضمیمه A (بی‌اختیاری ادرار)[9] چیز پست و بی‌ارزشی است. ضمیمه B[10] که به تو ارائه می‌کنم، شاید چیز جالبی را در آن پیدا کنی. من کِی. را می‌شناسم و دارم برخی از اعضای خانواده‌اش را درمان می‌کنم.

با صمیمانه‌ترین احترام‌ها برای کل خانواده‌ات!

با احترام!

زیگموند فروید

۱. تاریخ این نامه قبلاً به‌طور اشتباه هفده نوامبر خوانده شده بود.

۲. فروید از کلمه آلمانی Teurer استفاده می‌کند -که از نظر لغوی به معنای شخص باارزش یا گرامی است- در آن زمان سلام اول نامه، متداول بود و توسط دوستان صمیمی استفاده می‌شد. در زبان آلمانی امروز می‌گویند. Lieber

۳. فروید از عبارت Vennese colloyuialism verschloffen استفاده می‌کند.

۴. در اصل انگلیسی است.

۵. در کتاب *فرهنگ لغت* اثر فرانتس اف فان لیپرهید Franz F. von Lipperheide (کتابی که فروید در کتابخانه‌اش داشت)، ویرایش دوم، ۱۹۰۹، صفحه ۱۸۴، معنی کلمه آلمانی «جوینده» را ببینید. این به روشنی ترجمه آلمانی شعری از کورنیل Corneille به نام دروغگو است، (نمایش‌نامه ۴، سکانس ۱) که در آن، دورانته Dorante می‌گوید: «ما اغلب بیشتر از آنچه فکر می‌کنیم می‌توانیم پیدا کنیم».

۶. کتاب *تدریس دوره: مقالات جمع‌آوری‌شده* اثر فلیس، صفحه ۵۹ را ببینید: «نمی‌توانم در این‌جا تجربه‌ای که در قلبم نوشته شده است را متوقف کنم. سال‌ها پیش نویسنده لودویگ

پیتش Ludwig Pietsch را در مغازه گل‌فروشی دیدم. او با همان حالت ضربه‌ای خودش، بازوهایش را دور من حلقه کرد و گفت: «نسبت به آنچه استحقاقش را دارم، حس بهتری دارم. حس شادتر و سرزنده‌تری دارم نسبت به آنچه سال‌ها داشتم و دوست عزیز، اگر نظریه‌هایت درست باشند، تنها می‌تواند به این معنی باشد که به زودی خواهم مرد، چون خیلی احساس خوبی دارم. استدلال‌های من هیچ کمکی نکردند. بله بله، تو فقط نمی‌خواهی آن را قبول کنی». این نظریه واقعاً درست بود، چون در ۲۷ نوامبر ۱۹۱۱، واقعیت نظریه من با آخرین نفس لودویک پیتش تأیید شد». همچنین، کتاب *دوره زندگی* اثر فلیس، صفحه ۳۳۹ را ببینید که تاریخ ملاقات در آن (پایان اکتبر ۱۹۱۱) نوشته شده است.

۷. ساسیلی ام، از *تحقیقات روی هیستری*.

۸. فلورین: پول انگلیسی، برابر با دو شلینگ.

۹. هیچ شکی وجود ندارد که اشاره‌ای است به مقاله فروید «درباره یک علامت که اغلب با شب‌ادراری در کودکان همراه است» که در *سنترال‌بلات عصب‌شناسی* منتشر شده است. همه این مقاله در مورد روان‌شناسی نیست و فروید پا را فراتر می‌نهد و می‌گوید: این توضیح که این پدیده (شدت کمتر فزونی تونوس عضلانی) ممکن است به ترس یا خجالت مربوط باشد، امکان‌پذیر نیست. شاید فروید به این دلیل این مقاله را دوست نداشت.

۱۰. هیچ نشانه‌ای وجود ندارد که این می‌تواند چه چیزی باشد.

وین، ۱۱ دسامبر ۱۸۹۳

عزیزترین دوست!

پاسخ فوری من به نامه تو به این معنی است که یکشنبه ساعت‌های آزاد کمتری دارم و به معنی درخواست عمل متقابل از طرف تو نیست. هر زمان که فرصت و مطلب داشتی برایم نامه بنویس.

متأسفانه، من در یکی از سه روزی که در برنو بودم، آیدای عزیزت را خیلی کم دیدم و او همه این سه روز را کنار مادرش گذراند. دیدم که او خیلی خوب به نظر می‌رسد و به من افتخار[1] این اعتراف را داد که امروز، به عنوان اولین روز حوصله‌اش سر رفته است! او برای مدت طولانی در وین نخواهد ماند. به نظر می‌رسد پیوند موفقیت‌آمیز بوده است. من از او شنیدم که می‌خواهی در مورد فلج هیستریایی من سخنرانی کنی و آن‌قدر احساس غرور کردم که فکر کردم شاید اشتباه شنیده‌ام.

علاوه بر این، در مورد فیزیک کاربردی تو و خشم خودش نسبت به آن گفت و من به صورت بی‌قیدوشرط با او موافقم. یعنی، با این شرط که این عقیده را حفظ نخواهم کرد، مگر این‌که خودت مرا متقاعد کنی که لازم بوده است این رشته جدید را بخوانی. برخلاف این بلاتکلیفی فروتنانه، اگر قرار بود در بهبود رابطه جنسی مقررشده توسط خداوند متعال موفق بشوی، هر چیز دیگری در مقایسه با آن بی‌ارزش می‌نمود و من با خوشحالی به برلین می‌آمدم و به تو کمک می‌کردم محلی را در تیرگارتن[۲] برای مجسمه خودت انتخاب کنی.

همایش در رم برگزار می‌شود. چیز زیاد دیگری برای وین باقی نمانده است. من فکر می کنم، مطمئناً تو باید برای آن‌جا و هر جای دیگر صحبت کنی و بنویسی. ضمناً، دوباره چیزهایی از شینمن شنیده می‌شود. ایده‌های او هم، جهت‌های بسیار مشابهی دارند. او را نمی‌شناسی؟ در سپتامبر همایش دانشمندان در این‌جا برگزار خواهد شد و من به عنوان اولین دبیر بخش عصب‌شناسی تعیین شده‌ام.

بینی من که تحت تأثیر زکام قرار گرفته بود، عاقبت خوب شد و اکنون پاک شده است و حال خوبی دارم. «امروز» شروع کرده‌ام به کم کردن سیگارم. یعنی کاهش کشیدن دائمی سیگار به تعداد قابل شمارش و ناپیوسته. واقعاً این عقیده را دارم که کل این کار، ارگانیک و قلبی است. انجام کار روان‌رنجورتر، سخت‌تر است. کاری که تنها نسبت به مشکلات ارگانیک بی‌تفاوت باشد. به‌علاوه، پرهیز از سیگار کشیدن با تشخیص‌های مربوط به بینی تطابق ندارد. می‌دانم که داری وظیفه پزشکی خود را انجام می‌دهی. نباید چیز بیشتری در مورد آن بگویم و باید تا حدی از آن پیروی کنم (اما نه به صورت عاقلانه) دو سیگار در روز. بنابراین، یعنی اصلاً سیگاری نیستم!

من به معنی واقعی با خبرهایی در مورد روان‌رنجوری و روان‌شناسی عصب‌شناختی پر شده‌ام، اما همه این‌ها هنوز آشفته است. اکنون دارم کاری را در مورد هیستری می نویسم که بد نخواهد شد. بروئر آن‌قدر مشغول است که نمی‌تواند در این کار به من ملحق شود. ما آنفولانزای همه‌گیر سختی داشتیم. پدرم تولد هفتاد و هشت سالگی‌اش را با یک حمله شدید، جشن گرفت و حالا به سایه‌ای از خودش تبدیل شده است. در خانه ما هنوز همه خوب‌اند. کونیگشتین[۳] برای مقام استادی پیشنهاد شده است. از صمیم قلب

امیدوارم این جایگاه را به‌دست بیاورد. او واقعاً انسان درستکاری است، هیچ‌کس نمی‌تواند بهتر از استانداردهای او باشد.
با صمیمانه‌ترین احترام‌ها برای تو و همسر عزیزت!
با احترام!
زیگموند فروید

1. glorious

در اصل به زبان انگلیسی آمده است

2. Tiergarten

پارکی در برلین

۳. لئوپولد کونیگشتین Leopold Konigstein (۱۸۵۰-۱۹۲۴)، چشم‌پزشک و دوست فروید. به‌خاطر نقش داشتن در کشف ویژگی هوش‌بری کوکائین، برنفلد (۱۹۵۳) را ببینید. مقاله سال ۱۸۸۶ فروید، «معاینه مورد شدیدی از بیهوشی نیم‌کره‌ای در مردان هیستریایی» بر اساس موردی بود که او در ۲۶ نوامبر ۱۸۸۶ به‌طور مشترک با کونیگشیتن به انجمن پزشکان ارائه کرد. در واقعیت، کونیگشیتن در سال ۱۹۹۰ استادیار شد. لسکی (۱۹۷۸، صفحه ۴۸۹) را ببینید.

۴ ژانویه ۱۸۹۴
۹، برگاس ۱۹

در آخرین نشریه روو نورولوژیک بخش‌هایی از «رفلکس منشأ بینی» را خواندم که و. فلیس متخصص گوش و حلق و بینی -سپتامبر و اکتبر ۱۸۹۳[1] را در پرانتز نوشته بود. آیا ممکن است که این تو باشی و این مقاله را برای من نفرستاده باشی؟
دفعه بعد بخشی از نظریه روان‌رنجوری (فوبی‌ها، وسواس‌ها)[2] را (به صورت دست‌نوشته) دریافت خواهی کرد.
با صمیمانه‌ترین درودها!
زیگموند فروید

۱. این مقاله در *آرشیو حنجره‌شناسی* ۲۶۹-۲۶۶ (۱۸۹۳) وجود داشت. فقط خلاصه فرانسوی آن توسط خود فلیس نوشته شده و مقاله کامل‌شده آن به زبان آلمانی «رفلکس بینی» نوشته شده است.

۲. یادداشت ۱ نامه ۳۰ ژانویه ۱۸۹۴ را ببینید. فروید، سخنرانی‌ای با عنوان «روان‌شناسی عصب‌شناختی دفاعی» در ۱۵ ژانویه ۱۸۹۵ داشت. گزارشی از آن در *هفته‌نامه پزشکی وین* چاپ شد. این گزارش یک صفحه‌ای (بعدها ؟) به «وسواس‌ها و فوبی‌ها» بسط داده شد و در سی ژانویه منتشر شد.

۱۶ ژانویه ۱۸۹۴[۱]

۹، برگاس ۲۰۱۹

دوست عزیزم!

لطفاً عصبانی نباش که من نامه بانو آیدا را زودتر پاسخ ندادم. بسیار دلخور و درواقع عصبانی‌ام که حال شما دو نفر اصلاً بهتر نشده است. پاپا که چهارشنبه او را دیدم، از خبرهای خوب صحبت کرد، اما من می‌دانم که او و تو چقدر در سخن گفتن محتاط هستید. در کل، فکر نمی‌کنم برای شما دو نفر خوب باشد که در برلین زندگی کنید، وقتی که هر روز کسانی مثل ما را از دست می‌دهید. پاسخ تو این خواهد بود که من تنها فرد یا نزدیک‌ترین فردی نیستم که این حس را دارد، اما به هر حال، من این حس را دارم.

اگر تنها دلیل ننوشتن *او* برای من این است که الان کار زیادی دارد پس یعنی حالش خوب است و من باید خشنود باشم. اگر با یک خط تشویق می‌شود، من باید دست‌نوشته کاملی از کشف‌های بسیار زیبا و کاملاً جدید را برایش بفرستم.[۲]

اف. تو

۱. اصل این نامه متعلق به پسر فلیس، رابرت، است و من آن را از مرحوم النور فلیس، بیوه رابرت، گرفتم.

۲. یادداشت ۱ نامه ۳۰ ژانویه ۱۸۹۴ را ببینید.

۳۰ ژانویه ۱۸۹۴

۹، برگاس ۱۹

عزیزترین دوست!

خوشحال شدم که باز نامه‌ای از تو به دستم رسید و از پیشرفت کشف‌هایت خیلی خوشحالم.

همراه این نامه آخرین [نسخه خطی][1] را می‌فرستم. آن‌قدر خوب باش که بعد از این که از آن لذت بردی، آن را با نامه ضمیمه‌اش به مندل[2] بفرستی. دوره بسیار پرتب‌وتابی است. همه خوب‌اند.

با صمیمانه‌ترین درودها برای تو و همسر عزیزت!

با احترام!

زیگموند فروید

۱. احتمالاً دست‌نوشته‌ای که فروید برای فلیس فرستاده است، «روان‌شناسی عصبی دفاعی» بوده که بعدها در سال ۱۸۹۴ در سنترال‌بلات عصب‌شناسی منتشر شد.

۲. احتمالاً امانوئل مندل Emanuel Mendel، ویراستار سنترال بلات عصب‌شناسی در برلین.

وین، ۷ فوریه ۱۸۹۴

عزیزترین دوست!

در حال حاضر، آن‌قدر خسته‌ام که دارم فوراً پاسخ نامه‌ات را می‌دهم تا مدت زیادی بدون پاسخ نماند. تقدیر تو از نظریه افکار وسواسی سبب شد حالم بهتر شود. چون کل زمانی که درگیر این کار هستم، دلم برایت تنگ می‌شود. اگر در بهار به وین بیایی، باید چند ساعت خودت را از خانواده جدا کنی و آن‌ها را فدای تبادل ایده‌هایت با من کنی. من هنوز هم چیزهایی خصوصی [ذخیره‌ای] دارم که دارند در من طلوع می‌کنند. دیدی که آخرین مقاله در مورد *تغییر* اثر و *جابه‌جایی* [اثر] بود. به‌علاوه، *جایگزینی* نیز وجود دارد. من نباید حجاب را بیش از این بردارم.

حق با توست! ارتباط بین روان‌رنجوری وسواسی و تمایلات جنسی همیشه کاملاً واضح نیست. می‌توانم به تو تضمین دهم که در مورد ۲ من (فوریت ادراری) نیز، پیدا کردن ارتباط خیلی ساده نیست. اگر کسی آن‌طور که من به صورت بااراده در پی آن بودم، به دنبالش نباشد، آن را نخواهد دید. در این مورد که در تکمیل یک درمان در طول چند ماه، کاملاً آن را متوجه خواهم شد [عامل] جنسی بر همه نمایش غلبه خواهد کرد. موردِ آن زن مطلقه و بیزار که بیمار تو بود، کاملاً برای به‌دست آوردن نتایج مشابه در تحلیل دقیق‌تر مناسب است.

در حال حاضر، درگیر تحلیل چندین مورد هستم که به نظر پارانویا می‌رسند و براساس نظریه من بسط داده شده‌اند. کتاب هیستری که با بروئر روی آن کار می‌کنیم به نیمه رسیده است، فقط چند تاریخچه موردی از کل موارد و دو فصل کلی، هنوز کامل نشده‌اند.

خوشبختانه در خانه، همه خوب‌اند. فرزند کوچکم دارد بسیار ملیح می‌شود. نرمی استخوانش بسیار شدیدتر از حد معمول است. بروئر در سوم فوریه مادربزرگ (بله) شد، نوه‌اش به طرز خارق‌العاده‌ای شبیه به اوست.

خیالم از سردردهایت راحت‌تر شده است، چون در نامه‌ای از شفر در برمن شنیدم که نوید بهبودی کامل را می‌داد. آن‌قدر گستاخ بودم که مستقیماً با او تماس بگیرم. نمی دانم آیا قبلاً برایت نوشته‌ام که قرار است اولین دبیر بخش عصب‌شناسی جلسه علمی در سپتامبر باشم؟ امیدوارم تو را همان‌جا و گاهی اوقات هم در خانه‌مان ببینم.

مرگ بیلروث،[1] خبر روز این‌جاست. وقتی که بیشتر از کسی عمر نکرده‌ای چقدر حسادت‌برانگیز است.

با صمیمانه‌ترین درودها از طرف همه ما برای تو و همسر خوب و عزیزت!

با احترام!

زیگموند فروید

۱. درباره مرگ تئودور بیلروث Theodor Billroth (۱۸۹۴-۱۸۲۲) و بیماری‌اش، *هفته‌نامه پزشکی وین*، ۱۲۳ ff: (۱۸۹۴) ۷ را ببینید. دستاوردهای او در جراحی در لسکی (۱۹۷۴، صفحات ۴۳۳ ff) مطرح شده‌اند. فروید در دوره‌های جراحی بالینی بیلروث در سال‌های ۱۸۷۷ و ۱۸۷۸ شرکت کرده است. (برنفلد ۱۹۵۱)

وین، ۱۹ آوریل ۱۸۹۴

عزیزترین دوست!

نامه محبت‌آمیزت به تمایل و احتیاطم برای کم حرف زدن پایان داد. حس می‌کنم که حق دارم در مورد سلامتی‌ام برایت بنویسم. اخبار علمی و شخصی نیز در پایان نامه گفته خواهند شد.

به این دلیل که همه به تأثیر تحریک‌آمیز فرد دیگری نیاز دارند تا از انتقادهای خودشان برای مدتی رها شوند، در واقعیت از آن زمان تا امروز سه هفته می‌شود که هیچ‌چیز گرمی (سیگار) بین لب‌هایم قرار نگرفته است. امروز دیگران را دیدم که در حال سیگار کشیدن بودند، بدون این‌که به آن‌ها حسادت کنم و یا در کار و زندگی‌ام کمبود این حامی را تصور کنم. زمان زیادی نیست که به این نقطه رسیده‌ام. به‌علاوه، بدبختی پرهیز بسیار بیش از آن بود که من تصور می‌کردم. البته مشخص است.

شاید چیزی که کمتر مشخص است، حالت سلامتی من در بقیه زمینه‌هاست. فوراً بعد از ترک، روزها قابل تحمل شدند و شروع کردم به نوشتن مشکل روان‌رنجوری برای تو. سپس، ناگهان مصیبت قلبی شدیدی پیش آمد. بسیار شدیدتر از آنچه در زمان سیگار کشیدن داشتم. سخت‌ترین آریتمی، تنش دائم، فشار، سوزش در ناحیه قلب، منتقل شدن درد به بازوی چپم، تنگی نفس و همه این‌ها دائماً در دوسوم از روز گسترش یافتند. تعداد ضربان قلب آن‌قدر کم بود که می‌شد به یک مسئله ارگانیک مشکوک شد و یک حس افسردگی با آن همراه شده بود که شکل تصور مرگ و جدا شدن از فعالیت و دیوانگی معمول را به خود گرفته بود. ناراحتی‌های ارگانیک در دو ساعت بعدی کاهش یافتند. حالت لیپامانیایی[1] باقی ماند. هرچند، این ادب و نزاکت را داشت که فوراً فروکش کند. (همان کاری که دیشب و امروز ظهر کرد) و انسانی را باقی گذاشت که باز هم با اطمینان به دنبال یک زندگی طولانی و لذت کم‌نشده در ادامه این نبرد است.

برای یک پزشک که هر ساعت از روز خود را با به‌دست آوردن درک جدیدی از روان رنجوری می‌گذراند، خیلی دردناک است که نداند آیا از افسردگی خفیف منطقی یا مالیخولیایی رنج می‌برد یا نه. باید در این مسئله به او کمک کرد. بنابراین، دیشب پیش بروئر رفتم و به او گفتم که از نظر من مشکل قلبی‌ام با مسمومیت نیکوتینی تطابق ندارد بلکه تصور می‌کنم التهاب مزمن ماهیچه قلب دارم که نمی‌تواند سیگار کشیدن را تحمل کند. همچنین، به خوبی به یاد می‌آورم که این آریتمی به‌طور ناگهانی در سال ۱۸۸۹ و پس از ابتلا به آنفولانزا ایجاد شد. وقتی که او به من گفت می‌تواند *این یا چیز دیگر* باشد و باید فوراً معاینه شوم، خشنود شدم. من قول دادم، اما می‌دانم که بیشتر این معاینات چیزی را تغییر نمی‌دهند. نمی‌دانم تا چه حدی می‌توان بین این دو تمایز قائل شد، اما فکر می‌کنم می‌توان این کار را براساس علائم غیرعینی و رویدادهایی انجام داد که شما

می‌دانید چه چیزی را از آن‌ها بیرون بکشید. این بار واقعاً به تو مشکوکم. چون این مسئله قلبی من تنها چیزی است که شنیدم در موردش اظهارات ضدونقیض داشته‌ای. دفعه پیش هنوز هم آن را مربوط به بینی می‌دانستی و گفتی که علائم تصادفی قلب نیکوتینی از بین رفته‌اند. این بار واقعاً نگران من هستی و سیگار کشیدن را برای من ممنوع می‌کنی. فقط در صورتی می‌توانم این را درک کنم که تو می‌خواهی حالت واقعی بیماری‌ام را از من مخفی کنی و به تو التماس می‌کنم که این کار را نکنی. اگر می‌توانی چیزی قطعی بگویی، فقط به من بگو. من هیچ نظر اغراق‌شده‌ای روی مسئولیت‌هایم یا روی ضروریاتم ندارم و باید با فروتنی زیاد، عدم اطمینان و زندگی کوتاه مرتبط با التهاب عضله قلبم را تحمل کنم. برعکس، ممکن است حتی از آن سود ببرم و بقیه زندگی‌ام را ساماندهی کنم و از چیزی که برایم باقی مانده است کاملاً لذت ببرم.

فهمیدن این مسئله دردناک بود که در هنگام بیماری مزمن، نمی‌توانستم روی کار علمی حساب کنم. چون واقعاً نمی‌توانستم کار کنم. من به تاریخچه‌های زیبای بیمارانت نگاه نکرده‌ام. «حالت کنونی نظریه روان‌رنجوری» در وسط کار قطع شد. همه‌چیز مانند قلعه زیبای خفته است که ناگهان تصلب و سفت شدن عضلات، از آن پیشی می‌گیرد. به این دلیل که چند روز آخر بدون شک آسودگی خاطر به همراه دارد، امیدوارم به زودی جبران کنم و بعد به تو گزارش می‌دهم.

باید تذکرت در دفتر خاطرات را به خاطر بسپارم. حق با توست! من هم خانم اِر. را واقعاً دوست نداشتم. شاید وقتی که او را به عنوان بشقاب گوشت «غاز ابله» و به عنوان بشقاب سبزیجات «ریشه مضر»[2] طبقه‌بندی می‌کنم، دارم در حق او بی‌عدالتی می‌کنم. من می‌توانم به خوبی باور کنم که روان‌کاوی برای او ناخوشایند بود و او فقط ایده «دفاع» را در آن تأیید کرد. او همچنین در جلسه سوم از من فرار کرد. در غیر این صورت، می‌توانستم گواهی رفتار خوب را به او بدهم. او علاوه بر بیهوشی، مورد آرزوی برآورده‌نشده نیز دارد. مالیخولیا، هیچ سؤالی در مورد اضطراب پرسیده نشد. بنابراین، هیچ رابطه جنسی‌ای هم وجود نداشت. اگر اطلاعات دقیقی به من داده باشد. طبیعاً، به او گفتم که قبلاً هم در مورد هوفرات[3] می‌دانستم. او فکر می‌کند که هیچ‌کس به هیچ چیز مشکوک نمی‌شود و به خاطر این‌که ممکن است من مرجع احتمالی خیانت باشم، از من متنفر است.

به جز این، هیچ‌چیز جدیدی در مورد نظریه روان‌رنجوری نیست، اما به جمع‌آوری مطالب ادامه می‌دهم و امیدوارم که چیز خوبی از آب دربیاید.
چیزهای جدید زیادی که به من گفتی ممکن است به این معنا باشند که حداقل تو بدون وقفه باید خوب باشی. من به علت سردرد دوم تو فکر کردم. واقعاً به آن اعتقاد ندارم. بهتر نیست از سلول‌های داخلی پیروی کنی؟ راسکالز و همسرش خوب‌اند. همسر او رازدار چرندیات مرگ من نیست و در هر رویدادی کاملاً زیاده‌ازحد رفتار می‌کند.
به محض این‌که بتوانم دوباره کار کنم، باید مجموعه‌ای از پیشینه‌های جالب بیماران را برایت بفرستم.
با احترام بسیار صمیمانه برای همسر عزیزت و برای تو و با تشکر فراوان از نامه‌ات!
با احترام!
زیگموند فروید

۱. حالت افسردگی مرضی که در کتاب شروع اشتباهاً جنون خفیف ترجمه شده بود.
۲. اصطلاح عامیانه‌ای در زبان جنوب آلمان و اتریش که نشان‌دهنده فرد احمق است.
3. Hofrat
مرجع آن نامشخص است.

وین، ۲۵ آوریل ۱۸۹۴

دوست عزیزم!
آن‌قدر مهربانانه نامه نوشتی که نمی‌توانم اجازه دهم تا وقتی که چیزی برای گفتن پیدا کنم منتظر بمانی بلکه باید اتفاقات روزمره را گزارش کنم.
من مطمئناً تو را شایسته‌تر از هر کس دیگری می‌دانم که در مورد این موضوعات حساس، تشخیص افتراقی داشته باشی و یک بار دیگر خودم را در معرض این معما قرار بدهم که در این شرایط چه خواهم کرد. مثلاً، بروئر بی‌سروصدا احتمال مشکل قلبی بی‌خطر را پذیرفت. ظاهراً مبتلا به التهاب قلب نیستم. صدای غیرمعمول قلب، آریتمی و چیزهایی از این دست، با وجود پرهیز ادامه دارند. اشتیاقم[1] خیلی وقت است که از بین رفته. یک گرم از دیژیتالیس (گل انگشتانه) در دو روز، ناراحتی‌های غیرعینی را به طرز قابل توجهی از بین برد و به وضوح بر آریتمی تأثیر گذاشت. با این‌حال، هر وقت

احساس تپش قلب می‌کنم آن را حس می‌کنم. افسردگی خفیف، خستگی، ناتوانی در کار کردن و تنگی نفس خفیفم، نسبتاً بدتر شده‌اند.

همان وضعیت ادامه دارد و از زمانی که بیمار شده‌ام، در ذهنم تثبیت شده که من این جهان زیبا را بدون فراخواندن تو برای آخرین خداحافظی نباید ترک کنم. هرچند، فکر نمی‌کنم در جایگاهی باشم که در آینده نزدیک در مورد پیشنهادت بحث کنم و رنج بی‌فایدگی در شرایط حاضر، مرا بیشتر از احتمال یک مرض ناخوشایند عذاب می‌دهد.

تا چند روز دیگر باید صفحاتی از مطالب خام را برایت بفرستم. طرح سریعی از یک تحلیل که در آن می‌توان ریشه‌های روان‌رنجوری را دید. هنوز خودم را جمع‌وجور نکردم که خلاصه‌ای برایت بنویسم و این به شدت آزارم می‌دهد. این دفعه بسیار متفاوت از دفعات دیگر است. آرامش و سکون اجتماعی و علمی سبب ایجاد همه نوع نگرانی در من می‌شود. وقتی که در میان کارهای روزانه‌ام هستم، بهترین حس را دارم. امیدوارم که تو حداقل خوب باشی. باور دارم که برای یک ساعت کامل در این روزهای بیماری‌ام خوشحال بودم که احتمالاً به خاطر دریافت نامه توست.

من و خانواده‌ام صمیمانه به تو و آیدا سلام می‌رسانیم.

با احترام!

زیگموند فروید

۱. از متن این‌طور به نظر می‌آید که فروید دارد به تمایلش به سیگار کشیدن اشاره می‌کند و نه تمایل جنسی.

وین، ۶ می ۱۸۹۴

دوست عزیزم!

بدین وسیله «درد معده»![1] را برمی‌گردانم. چیز کمی می‌توان در مورد آن گفت به جز این‌که بسیار برجسته و زیباست. در چنین مواردی، دوست مرحوم ما ای. فلیچل[2] عادت داشت بگوید؛ حتی اگر در نظر بگیری که این موضوع صحت دارد، نمی‌توانی تشخیص مرا نادیده بگیری. شاید باید چند نکته را متذکر شوم:

(۱) سؤال این است که محل درد در سمت راست است یا چپ که به باور من، به اندازه کافی به آن تأکید و توجه نشده است.

(۲) بخش نظری این موضوع نیز به نظرم خیلی کوتاه آمد. درست مانند تشخیص افتراقی. به‌طور خلاصه باید به آن وسعت بیشتری بدهی. چطور اتفاق می‌افتد که تمام احساسات آن محل خاص به درد معده منجر می‌شوند؟ حدس می‌زنم که در این‌جا ارتباطی با «تغییرات عصب‌شناسی» وجود دارد.

همراه این نامه یک تاریخچه موردی را می‌فرستم. نوعی تاریخچه که باید به خاطر وضعیت سلامتی‌ام آن را رها کنم که به هر حال، امیدوارم توجه تو را جلب کند.

تاکنون نتوانسته‌ام «مقدمه‌ای بر روان‌رنجوری» را به پایان برسانم. حس می‌کنم بهتر شده‌ام. حتی بعضی اوقات بسیار بهترم، اما هنوز بیشتر روز را درگیر علائم بیماری هستم. حوصله و توانایی‌ام برای کار واقعاً کم است. هنوز هم فکر می‌کنم این به خاطر نیکوتین نیست. من به صورت تصادفی همین *مقدار چیز مشابه* را در کار هفته پیش خود دیده‌ام و عقیده دارم التهاب روماتیسمی ماهیچه قلب است. چیزی که هرگز نمی‌توان از آن خلاص شد. در سال‌های اخیر، مکرراً گره‌های عضلانی روماتیسمی در دیگر اعضاء بدن داشته‌ام. در تابستان می‌خواهم برای مدتی به آناتومی برگردم که بعد از همه این مسائل، تنها چیز خشنودکننده است. من مهمان دارم. بنابراین، نامه را با صمیمانه‌ترین درودها به تو و همسرت آیدا به پایان می‌رسانم.

با احترام!

زیگموند فروید

۱. هیچ شکی وجود ندارد که اشاره‌ای به «درد مغزی و دیسمنوره و در یک زمینه جدید» است که بخش اول آن در روندشاو پزشکی وین در ۶ ژانویه ۱۸۹۵ منتشر شد. در آن‌جا فلیس این سؤال را مطرح می‌کند: «اما آیا در بینی هم مانند قشر مخ، موضع‌یابی خاص برای علائم بافاصله در دیگر اندام‌ها وجود دارد»؟ سپس، فلیس به این سؤال پاسخ می‌دهد: «بله». من عقیده دارم، این حرف خود فلیس است. به‌طور مشابه، در جلد ۸، صفحه ۱۵۵، فلیس در مورد «دردهای ناشناخته اختلال قاعدگی» صحبت می‌کند و در صفحه ۱۳۸ می‌گوید که سقط جنین می‌تواند از طریق بینی تحریک شود. در جلد ۵، صفحه ۶۷، او می‌گوید وقتی خون‌ریزی دستگاه تناسلی رخ داد، خون‌ریزی بینی متوقف شد. او بیماری از وین را ذکر می‌کند، ام. ب-وای، بیست و دو ساله، که مطمئناً خواهر همسرش (ملانی بوندی) است.

۲. ارنست فلیشل فان مارکسو Ernst Fleischl von Marxow، (۱۸۹۱– ۱۸۴۶) نقش مهمی را در آغاز زندگی فروید ایفا کرد. این داستان با فراست چشمگیری توسط جونز (زندگی ۹۸- ۴۹ : ۱) و برنفلد (۱۹۵۳) گفته شده، اما به تحقیقات بیشتری نیاز است. یک

نامه منتشرنشده مهم از طرف فروید به مارتا در ۲۸ اکتبر ۱۸۸۳، جزئیات بیشتری را ارائه می‌کند (بخش دوم نامه توسط جونز، زندگی ۹۹: ۱ نقل شده است): «مارتا، تا حدی در مورد فلیشل حق با تو بود. رابطه ما دقیقاً رابطه دوستی نیست، چون آن‌طور که بروئر دوست من بود، او دوست من نبوده است. همیشه شکافی بین ما وجود داشت. هاله‌ای از عدم نزدیکی در اطراف او وجود دارد. وقتی که کنار هم بودیم، آن‌قدر درگیر خودش بود که به من نزدیک نمی‌شد، اما من با قوه درکم او را تحسین می‌کنم و دوستش دارم، اگر اجازه می‌دهی که این عبارت را بیان کنم. سقوط او مرا طوری تغییر می‌دهد که تخریب معبد مقدس و مشهور، یونانیان باستان را متأثر کرد. من او را مثل یک مرد نه، بلکه مثل موفقیت ارزشمند خلقت دوست دارم و واقعاً نیازی نیست به او حسادت کنی». در کتابخانه کنگره من سه نامه از فلیشل به فروید را پیدا کردم (دو تا از آن‌ها به تاریخ ۲۰ فوریه و ۱۶ سپتامبر ۱۸۸۴ هستند و در سومی تدریس فروید را به او تبریک می‌گوید که تاریخ آن مشخص نیست، اما احتمالاً مربوط به سال ۱۸۸۵ است). آن‌ها یادداشت‌های مؤدبانه‌ای هستند که از فروید برای تغییرات پیشنهادی و مقالاتش در دست‌نوشته آناتومی، تشکر می‌کند که فروید به سنترال‌بلات برلین ارائه کرده است. برادر ارنست، اتو فلیشل فان مارکسو Otto Fleischl von Marxow، مقالات جمع‌آوری شده او را ویراستاری کرد. جان آمبروسیوس بارث (۱۸۹۳) که حاوی خلاصه بیوگرافیکی ارنست است و توسط زیگموند اکسنر نوشته شده. اکسنر با پاراگراف زیر به پایان می‌رساند (ترجمه من): «درک این نکته آسان است که مردی با چنین موهبت‌های درخشانی روی زنان نیز تأثیر عمیقی می‌گذارد. او افتخار زیادی را در همراهی مکرر زنان باهوش از تمام سنین داشته، چون قوه درک ذهن زنان برای علائق چندجانبه او تأثیر مفیدی داشت. اگر او نمی‌خواست پیوندی برای زندگی‌اش (با یک زن) شکل دهد، این مطمئناً به خاطر بیماری نابهنگامش بود. وقتی که در ۲۲ اکتبر ۱۸۹۱ به نزد ارنست فان فلیشل فراخوانده شدم و یک جسد را در مقابلم دیدم، اولین فکرم این بود: «حداقل، آرامش پیدا کرد». سال گذشته چندین بار من با سایه این تراژدی اتاقش را ترک کردم که دارد خودش را در آن‌جا خسته می‌کند. سرانجام آرامش به آن‌جا رسیده بود. ما که دوست ارنست بودیم، او را خیلی قبل از دست داده بودیم. نه یکباره، بلکه هر سال به‌تدریج رابطه دوستی دوطرفه زنده، به دلسوزی عمیق یک‌طرفه تبدیل شده بود». ما دیدیم که یک ویژگی درخشان بعد از ویژگی دیگر از بین می‌رود و در باتلاق وحشتناک رنج جسمی، خاموش می‌شود، اما هنوز هم دوست ما زندگی بی‌فایده‌ای نداشت، زیرا مقالات زیر شاهد این واقعیت‌اند که در تاریخ علم از بین نخواهند رفت. ولی همچنین به ما اجازه می‌دهند که بفهمیم چه موفقیت‌های بیشتری می‌توانست به‌دست بیاورد. با وجود موهبت‌هایش، کاش بدنش به اندازه ذهنش سالم می‌ماند.

تشدید دوستی

وین، ۲۱ می ۱۸۹۴

عزیزترین دوست!

به‌راستی عزیزترین! احساساتی می‌شوم وقتی که سرت خیلی شلوغ است یا حالت خوب نیست و یا هر دو، ولی باز هم به وضعیت من رسیدگی می‌کنی. فاصله‌ای در نامه‌هایت وجود داشت که به نظرم غیرطبیعی است و مرا تحریک کرد که برای گرفتن اطلاعات، به یک خانم جوان در برلین که یکی از آشنایان من[1] است و امیدوارم او هم با من احساس دوستانه و صمیمی‌ای داشته باشد، نامه‌ای بنویسم. سپس نامه تو با تکذیب دقیق خیال پردازی‌های من رسید که خیال‌پردازی‌های متداول یک انترن و دوست هستند، اما حتی یک کلمه در مورد سلامتی‌ات صحبت نکردی. مدتی است متوجه شده‌ام که تاب تحمل درد در تو بیشتر از من است و با متانت بیشتری نسبت به من که دائماً خلق‌وخویم در حال تغییر است، رفتار می‌کنی.

قول می‌دهم دفعه بعد گزارش کاملی از بیماری‌ام برایت بنویسم. من بهترم، اما هنوز هم فاصله زیادی با حال خوب دارم. حداقل دوباره دارم کار می‌کنم. امروز باید وقت مناسبی را به خودم اختصاص بدهم و فقط در مورد علم با تو صحبت کنم. یقیناً هیچ لطف خاصی از طرف سرنوشت وجود ندارد که حدوداً فقط پنج ساعت از سال می‌توانم ایده هایم را با تو در میان بگذارم، وقتی که به‌ندرت می‌توانم این کار را با دیگران انجام بدهم و تو تنها فرد، یا «رفیق» هستی.

فردا مرغ و پنج جوجه (همسر و فرزندانم) را به ریچنو می‌فرستم و در مدت تنهایی ناراحت‌کننده‌ای که از پس آن می‌آید، خواهرزنم، مینا، که در هر صورت نزدیک‌ترین محرم راز من است دو هفته بعد می‌رود. من اغلب اوقات اراده‌ام را جمع خواهم کرد تا حداقل برای تو بنویسم.

بخشی از داستان روان‌رنجوری را درست زمانی که در بدترین شرایط جسمی بودم در مقاله‌ای برایت نوشتم، اما حالا گیر افتاده‌ام. کارهای زیادی دارم که باید انجام بدهم. بخش بعدیِ «درس‌های سه‌شنبه»ام، آخرین تاریخچه موردی بروئر، ادامه مجموعه روان رنجوری. بنابراین، هیچ پیشرفتی در کارم ندارم.

آیا ماریان دولرم جواهر نبود؟[۲] او در مجموعه با بروئر همراه نخواهد بود، زیرا سطح دوم،[۳] که در مورد عامل جنسی است، قرار نیست در آن‌جا افشا شود. تاریخچه موردی که الان می‌نویسم -یک درمان- یکی از سخت‌ترین کارهای من است. اگر فوراً آن را به من بازگردانی، می‌توانم پیش از این‌که آن را به بروئر بدهم، برای تو بفرستم. یکی از افکار غم‌انگیزم که در چند ماه گذشته در جایگاه دوم پس از فکر همسر و فرزندانم داشتم، این بود که دیگر نمی‌توانم تز جنسی را ثابت کنم. سرانجام، هیچ‌کس نمی‌خواهد بمیرد، چه فوراً و چه به‌طور کامل.

من این‌جا در روشن‌سازی روان‌رنجوری کاملاً تنها هستم. آن‌ها مرا در این موضوع دیوانه می‌دانند، در حالی که من این حس متفاوت را دارم که به یکی از بزرگترین رازهای طبیعت رسیده‌ام. چیز عجیبی در مورد ناهمخوانی بین تخمین خود فرد و تخمین دیگران در مورد کار فکری آن فرد، وجود دارد. به این کتاب در مورد فلج دوسویه که با حداقل علاقه و تلاش و با حالت سبک‌سرانه نوشته‌ام، نگاه کن. به شدت موفق بوده است. بازبین‌ها، بهترین چیزها را در موردش می‌گویند، خصوصاً فرانسوی‌ها آن را تا عرش تحسین می‌کنند. فقط امروز کتابی دیدم از ریموند، یکی از شاگردان شارکو که این کار را با بخش‌های مناسب کپی کرده بود و البته، با تقدیر و تشکر محترمانه و از میان ایده های واقعاً خوب، مانند *زبان‌پریشی*، «افکار وسواسی» و اکنون این تهدید وجود دارد که چاپ شود. از «سبب‌شناسی و نظریه روان‌رنجوری» که در شرف آماده شدن است، چیزی به جز شکست محترمانه را انتظار ندارم. یکی را پریشان می‌کند و باعث می‌شود آن یکی تا حدی تلخ شود. هنوز هم صدها شکاف کوچک و بزرگ در موضوع روان‌رنجوری وجود دارد، اما دارم به طرح کلی و برخی جنبه‌های کلی، نزدیک‌تر می‌شوم. من سه مکانیزم را می‌دانم.

مکانیزم تغییر اثر (هیستری تبدیلی)، مکانیزم جابه‌جایی اثر (افکار وسواسی) و مکانیزم تبادل‌نظر اثر (روان‌رنجوری اضطرابی و مالیخولیا). در هر مورد، باید تحریک جنسی وجود داشته باشد که دست‌خوش این جابه‌جایی‌ها شده است، اما نیروی محرکه آن‌ها در همه موارد، جنسی نیست. یعنی در همه موارد، روان‌رنجوری به عنوان نتیجه اختلال‌های جنسی ایجاد شده است، اما افرادی وجود دارند که یا وراثت سبب ایجاد اختلالاتی در پیامدهای جنسی‌شان می‌شود و یا انواع متناظر روان‌رنجوری ارثی دارند. کلی‌ترین نقطه

نظراتی که می‌توانم روان‌رنجوری را براساس آن‌ها طبقه‌بندی کنم، چهار طبقه‌بندی زیر هستند:

۱) تباهی

۲) فرتوتی

۳) تعارض

۴) مدهوشی

این‌ها به چه معنی هستند؟[۴]

تباهی به معنی رفتار غیرعادی ذاتی اثرات جنسی است. بنابراین تغییر، جابه‌جایی و تبادل در اضطراب تا حدی رخ می‌دهد که اثرات جنسی در دوره زندگی نقش ایفا می‌کنند.

فرتوتی مشخص است، همان‌طور که گفته شد، تباهی ارثی ایجادشده به صورت عادی و با افزایش سن است.

تعارض با نقطه‌نظر من در مورد دفاع، مطابق است و شامل مواردی از روان‌رنجوری ایجادشده در افرادی است که از نظر وراثتی غیرعادی نیستند. چیزی که در برابر آن دفاع شده، همیشه تمایلات جنسی است.

مدهوشی، یک نقطه‌نظر جدید است به معنای شرایطی که می‌توان آن را تباهی حاد نامید. (مثلاً در مسمومیت شدید، در تب‌ها، در مراحل ابتدایی فلج). فجایعی که در آن‌ها اختلال‌هایی از اثرات جنسی بدون دلایل ناگهانی جنسی، ایجاد می‌شوند. روان‌رنجوری پس از حادثه می‌تواند از این نقطه‌نظر، ناشی شود.

البته هسته و مبنای اصلی کل داستان، این واقعیت است که در نتیجه عوامل آسیب‌زای جنسی خاص، حتی افراد سالم می‌توانند دچار انواع مختلفی از روان‌رنجوری شوند و به مفهوم عمیق‌تر براساس این واقعیت ایجاد می‌شود که وقتی روان‌رنجوری بدون عامل آسیب‌زای جنسی ایجاد می‌شود، اختلال اثرات جنسی مشابهی را می‌توان نشان داد که از ابتدا وجود داشته است. البته، اثر جنسی در مفهوم کلی‌تر خود استفاده شده است، به عنوان تحریکی که یک کمیت قطعی دارد.

ممکن است در دفاع از این تز، آخرین نمونه‌ام را برایت بیاورم. یک مرد ۴۲ ساله، قوی و خوش‌تیپ، ناگهان در سن سی سالگی دچار سوءهاضمه نورآستنیک شد و بیست و پنج

کیلو از وزن خود را از دست داد و از آن زمان به بعد با حالت نورآستنی و سستی زندگی کرده است. در زمانی که این اتفاق رخ داد، او مطمئناً می‌خواست ازدواج کند و از نظر احساسی به خاطر بیماری نامزدش دچار اختلال شده بود. هرچند، به جز این هیچ عامل آسیب‌زای جنسی دیگری وجود نداشت. او احتمالاً به مدت یک سال از شانزده تا هفده سالگی خودارضائی می‌کرده و در هفده سالگی، آمیزش عادی داشته است. به‌ندرت رابطه جنسی منقطع داشته و فعالیت جنسی بیش‌ازحد و پرهیز از فعالیت جنسی نیز نداشته است. او خودش علت این مشکل را فشاری که تا سی سالگی روی بنیه‌اش وارد می‌کرده، می‌داند. او به شدت کار می‌کرده، مشروب می‌نوشیده و سیگار می‌کشیده است و زندگی غیرمنظمی داشته، اما این مرد قوی که در معرض عامل آسیب‌زای عادی بوده، هرگز (از هفده تا سی سالگی) واقعاً توانایی جنسی زیادی نداشته است. هرگز نتوانسته بیش از یک بار آمیزش داشته باشد و به‌علاوه، آمیزش او خیلی سریع به پایان می‌رسیده است. او هرگز از شانس خود با زن‌ها استفاده نکرده است و هرگز نتوانسته به‌راحتی راه واژن را پیدا کند. این انقطاع از کجا آمده است؟ من نمی‌دانم، اما مشخص است که این مسئله در او وجود دارد. به‌طور اتفاقی، من دو تا از خواهران او را که دچار روان‌رنجوری بودند، درمان کرده‌ام. یکی از آن‌ها از زیباترین موارد درمان سوءهاضمه نورآستنی است.

با صمیمانه‌ترین درودها برای تو و آیدا، از طرف وفادار تو!

زیگموند فروید

۱. منظور او آیدا فلیس است.

۲. مشخص است که فروید به یک بیمار اشاره می‌کند و احتمالاً او را با ماریان دلورم Marion Delorme قهرمانی در نمایشنامه‌ای با همین نام از ویکتور هوگو که در سال ۱۸۲۹ نوشت، مقایسه می‌کند. ژان لوئیس کرنوز Jean Louis Cornuz، مجموعه کامل ویکتور هوگو (۱۹۶۷) را ببینید. این نمایشنامه در مورد یک فاحشه باکلاس است که عاشق یک مرد جوان بیست ساله معمولی، شجاع و بسیار افسرده به نام دیدیه می‌شود. او، همراه با عشاق قهرمان داستان، به خاطر انجام دوئل اعدام می‌شود. این احتمال وجود دارد که اشاره فروید به یک پاورقی باشد که توسط هوگو به پرده ۵، سکانس ۶، در ویرایش ۱۸۳۶ متن، اضافه شده است و بیان می‌کند: «برای علتی که در یادداشت بعدی ذکر می‌شود (که در آن هوگو توضیح می‌دهد مجبور بوده کلمه «بکارت» را حذف کند، چون برای مردم فرانسه بسیار «ناپاک» بوده است) و در هنگام اجرای نمایش به جای:

سینه‌های برهنه خود را به اولین نفر تقدیم می‌کنم

تا با من بیاید و بتواند یک ساعت استراحت کند.
می‌گوید:
به اولین نفر می‌فروشم تا با من بیاید.
من عاشق میل، ساده‌لوحی، با محبت بودن و بی‌هنری او هستم».
از نظر ما هیچ‌چیز مبتذلی به جز وجود پالودگی در مردم بیزار از افراط در خوشی، وجود ندارد که ترس از واقعیت را بیان نمی‌کند بلکه ترس از کلمه توصیف‌کننده آن را نشان می‌دهد و می‌تواند سبب شود کل نمایشنامه «مولیر» به روی صحنه تئاتر نرود. (صفحه ۳۵۹)
اگر این اشاره به فروید نباشد، حداقل تطابقی است که خود فروید هم باید در نامه اعتراض کند که این بیمار هم باید به خاطر مبنای جنسی تاریخچه موردی، حذف شده باشد.
۳. استاکورک Stockwerk، مربوط به ساختمان.
۴. در نسخه قبلی منتشرشده نامه‌ها تصور شده بود این عبارت تنها برای فرتوتی به‌کار می رود، اما از نوع نوشتن عبارت توسط فروید در دست‌نوشته اصلی مشخص است که می‌خواسته هر چهار مورد را به‌کار ببرد.

پیش‌نویس D. در مورد سبب‌شناسی و نظریه روان‌رنجوری ماژور

(به‌روزشده، احتمالاً خلاصه‌ای از کار ذکرشده در آغاز نامه بعدی)

۱) طبقه‌بندی

مقدمه. تاریخی. تمایز تدریجی روان‌رنجوری‌ها. توسعه دیدگاه‌های من

A. ریخت‌شناسی روان‌رنجوری

۱) نورآستنی و نورآستنی کاذب
۲) روان‌رنجوری اضطرابی
۳) روان‌رنجوری وسواسی
۴) هیستری
۵) مالیخولیا، مانیا
۶) روان‌رنجوری آمیخته
۷) سطوح روان‌رنجوری و گذر به مرحله عادی

B. سبب‌شناسی روان‌رنجوری
(که قبلاً به روان‌رنجوری اکتسابی محدود شده بود)

۱) سبب‌شناسی نورآستنی-نوع نورآستنی مادرزادی
۲) سبب‌شناسی روان‌رنجوری اضطرابی
۳) سبب‌شناسی روان‌رنجوری وسواسی و هیستری
۴) سبب‌شناسی مالیخولیا
۵) سبب‌شناسی روان‌رنجوری آمیخته
۶) فرمول سبک‌شناسی پایه، تز اختصاصی بودن [سبب‌شناسی]، تحلیل آمیختگی روان‌رنجوری
۷) عوامل جنسی طبق اهمیت سبب‌شناسی‌شان
۸) معاینه [بیماران]
۹) ایرادها و اثبات‌ها
۱۰) رفتار افراد فاقد خاصیت جنسی

C. سبب‌شناسی و وراثت

انواع وراثتی، رابطه سبب‌شناسی با تباهی ارثی برای بیماری روانی و مستعد ابتلا به بیماری

۲) نظریه

D. ارتباط با نظریه پایداری

افزایش درونی و بیرونی محرک‌ها؛ تحریک دائم و کوتاه‌مدت، جمع‌بندی ویژگی تحریک درونی، واکنش خاص، فرمول‌بندی و شرح نظریه پایداری، تداخل ایگو با حفظ تحریک پذیری.

E. فرایند جنسی در پرتو نظریه پایداری

سیر طی‌شده توسط تحریک در فرایند جنسی مردان و زنان، راه رفته توسط تحریک در حضور عوامل آسیب‌زای جنسی که از نظر سبب‌شناسی عملی هستند، نظریه ماده جنسی، نمودار شماتیک جنسی.

F. مکانیزم‌های روان‌رنجوری

روان‌رنجوری به عنوان اختلال در تعادل به علت بازداری از برون‌ریزی -تلاش برای سازگاری، محدودیت در کارائی، مکانیسم انواع روان‌رنجوری در ارتباط با سبب‌شناسی جنسی -عاطفه و روان‌رنجوری

G. همگامی بین روان‌رنجوری‌های میل جنسی و تمایل زیاد

H. خلاصه نظریه پایداری و نظریه میل جنسی و روان‌رنجوری

جایگاه روان‌رنجوری در پاتولوژی؛ عواملی که در معرض آن قرار می‌گیرند، قوانین حاکم بر ترکیب آن‌ها، ناکارآمدی روانی، رشد و تباهی و چیزهایی از این موارد.

پیش‌نویس E. چگونگی شکل‌گیری اضطراب

[بدون تاریخ، پاکت ۶ جون ۱۸۹۴ می‌تواند متعلق به آن باشد]

با یک دست و ناعادلانه زمانی این سؤال را مطرح کرده‌ای که در نقطه ضعف قرار دارم. تنها چیزی که در مورد آن می‌دانم این است؛ فوراً برایم آشکار شد که اضطراب بیماران روان‌رنجورم تا حد زیادی مربوط به میل جنسی است. به ویژه زمانی برایم مسجّل شد که رابطه جنسی منقطع در یک زن به روان‌رنجوری اضطرابی منجر شد. اکنون، در آغاز ردپاهای کاذب مختلف را دنبال کردم. من فکر می‌کردم اضطرابی را که بیماران از آن رنج می‌برند باید ادامه اضطرابی در نظر گرفت که در هنگام فعالیت جنسی حس می‌شود و باید گفت، علامت *هیستریایی* بود. درواقع، ارتباط بین روان‌رنجوری اضطرابی و هیستری به اندازه کافی واضح است. ممکن است دو مسئله در احساس اضطراب در رابطه جنسی منقطع رخ دهد. در زنان؛ ترس از بارداری، در مردان؛ نگرانی از این‌که این روش

[پیشگیرانه] ممکن است عمل نکند. سپس خودم را از موارد مختلف متقاعد کردم که روان‌رنجوری اضطرابی حتی در زمانی که هیچ دغدغه‌ای در این خصوص وجود ندارد هم رخ می‌دهد. چراکه برای این افراد هیچ اهمیتی نداشت که فرزندی داشته باشند. بنابراین، اضطراب در روان‌رنجوری اضطرابی، یک مورد دائمی همراه با یادآوری خاطرات و هیستریایی نبود.

دومین نکته مهم در مشاهده زیر برایم تثبیت شد؛ روان‌رنجوری اضطرابی بر زنانی که در رابطه جنسی بدون حس هستند، درست به همان اندازه زنان حساس، تأثیرگذار است. این بسیار عجیب و غریب است، اما می‌تواند تنها به این معنی باشد که منبع اضطراب را نباید در حوزه روانی جستجو کرد و می‌تواند در حوزه جسمی نیز قرار داشته باشد. یک عامل جسمی در زندگی جنسی وجود دارد که سبب ایجاد اضطراب می‌شود، اما چه عاملی؟

برای این هدف، مواردی را گردآوری کرده‌ام که ناشی از علل جنسی است. نخست به نظر می‌رسید بسیار نامتجانس هستند:

۱) اضطراب در افراد باکره (اطلاعات و مشاهدات جنسی، گزارش‌های زندگی جنسی) از طریق چندین مثال در هر دو جنسیت، به‌خصوص زنان تأیید شد. البته، نه همیشه اما گاهی نشانه‌ای از یک نشانه بینابینی وجود دارد –مانند- احساسی مثل تحریک در اندام های تناسلی.

۲) اضطراب در افرادی که به صورت *عامدانه* پرهیز می‌کنند. نمایش‌گران (نوعی نوروپات)، مردان و زنانی که مشخصه آن‌ها فضل‌فروشی و اشتیاق به پاکی است. کسانی که هر چیز جنسی را وحشتناک می‌دانند. همین افراد تمایل دارند تا اضطراب‌هایشان را به فوبیا، وسواس عملی و جنون شک تبدیل کنند.

۳) اضطراب افرادی که لزوماً باید پرهیز کنند. زنانی که توسط همسرانشان نادیده گرفته می‌شوند یا به خاطر کمبود توانایی جنسی همسرانشان، ارضاء نمی‌شوند. این نوع روان رنجوری اضطرابی، اکتسابی است و به خاطر شرایط فرعی ایجاد می‌شود و معمولاً همراه با نورآستنی است.

۴) اضطراب در زنانی که با رابطه جنسی منقطع، زندگی می‌کنند یا چیزی شبیه به این یا زنانی که همسرانشان از انزال زودرس رنج می‌برند. درواقع، کسانی که توسط تحریک جسمی ارضاء نمی‌شوند.

۵) اضطراب در مردانی که رابطه جنسی منقطع انجام می‌دهند، حتی بیش از مردانی است که به روش‌های مختلف خود را تحریک می‌کنند و تحریک خود را برای رابطه جنسی به‌کار نمی‌گیرند.

۶) اضطراب در مردانی که از میل یا قدرت خود فراتر می‌روند. افراد مسن‌تری که توانایی‌شان در حال زوال است، اما با این وجود، به زور می‌خواهند رابطه جنسی داشته باشند.

۷) اضطراب در مردانی که گاهی اوقات پرهیز می‌کنند. مردان جوانی که با زنان مسن‌تر ازدواج کرده‌اند و درواقع، از آن‌ها نفرت دارند یا نورآستنیک‌هایی که از خودارضائی به مشغله فکری روی آورده‌اند، بدون این‌که آن را با رابطه جنسی جبران کنند یا مردانی که توانایی‌شان در حال کم شدن است و به خاطر احساسات پس از عمل جنسی، از ازدواج پرهیز می‌کنند.

در موارد باقی‌مانده، ارتباط بین اضطراب و زندگی جنسی مشخص نبود (می‌توان از نظر تئوری آن را تأیید کرد).

چطور می‌شود همه این موارد مجزا را گردآوری کرد؟ چیزی که در همگی آنان اغلب روی می‌دهد، پرهیز است. با آگاهی از این واقعیت که حتی زنان بی‌حس‌شونده نیز بعد از رابطه جنسی منقطع در معرض اضطراب قرار می‌گیرند، می‌توان ادعا کرد که این مسئله انباشت تحریک جسمی است یعنی *انباشت تنش جنسی در جسم*. انباشت، پیامد ممانعت از انزال است. بنابراین، روان‌رنجوری اضطرابی، روان‌رنجوری مانع شدن است. مانند هیستری و این شباهت آن‌هاست و به این دلیل که هیچ اضطرابی در چیزی که انباشته شده است وجود ندارد، این واقعیت را نیز می‌توان با [گفتن] این نکته شرح داد که *اضطراب* به خاطر *تبدیل* تنش جنسی انباشت‌شده، به وجود آمده است.

ضمناً در این‌جا می‌توان با استفاده از دانش ایجادشده در مورد مکانیزم، مالیخولیا را تفسیر کرد. اغلب اوقات افراد مالیخولیایی، بی‌حس بوده‌اند. آن‌ها هیچ تمایلی برای رابطه جنسی ندارند، (و در هنگام رابطه جنسی هیچ‌چیزی حس نمی‌کنند) اما تمایل زیادی

برای عشق به شکل روانی آن دارند -شاید بتوان گفت: وقتی تنش جنسی-روانی، انباشته می‌شود و ارضاءنشده باقی می‌ماند، مالیخولیا ایجاد می‌شود. سپس این، همتای روان رنجوری اضطرابی می‌شود.

وقتی تنش جنسی در جسم انباشته می‌شود، روان‌رنجوری اضطرابی رخ می‌دهد.

وقتی تنش جنسی روانی انباشته می‌شود، مالیخولیا رخ می‌دهد.

اما چرا وقتی که انباشتی وجود دارد، این تبدیل به اضطراب روی می‌دهد؟ شاید پاسخ مکانیزم نرمال برای حل‌وفصل کردن انباشت تنش باشد. موردی که در این‌جا توجه ما را به خود جلب کرده است (مورد دوم) مورد تحریک درون‌زاد است. در مورد تحریک برون زاد، همه‌چیز ساده‌تر است. منبع تحریک، بیرونی است و جریانی از هیجانات را به روان گسیل می‌دارد که جسم براساس حجم هیجانات با آن‌ها تعامل می‌کند. بدین منظور هر واکنشی در همان حد، برای کاهش تحریک هیجان روانی کافیست.

اما در غیر این صورت منبع تنش درون‌زاد، درون خود فرد است. (اشتیاق، عطش، محرک جنسی) در این مورد، فقط واکنش‌هایی خاص مورد استفاده قرار می‌گیرند، واکنش‌هایی که از وقوع بیشتر تحریک در اندام‌های پایانی مد نظر، جلوگیری می‌کنند. چه بتوان با صرف [انرژی] کم و زیاد به این واکنش‌ها دسترسی پیدا کرد و چه نتوان این کار را کرد. در این‌جا می‌توانیم واکنش‌های درون‌زاد را تصور کنیم که به‌طور مداوم یا منقطع افزایش می‌یابند، اما در هر صورت تنها زمانی متوجه آن‌ها می‌شویم که به *آستانه* مشخصی رسیده باشند. تنها بعد از این آستانه است که *از نظر روانی* گسترش می‌یابد و وارد رابطه با گروه‌های معیّنی از ایده‌ها می‌شود و سپس دست به ایجاد درمان‌های خاص می‌زند. بنابراین، میزان بالایی از تنش جنسی در جسم، لیبیدوِ روانی را برمی‌انگیزد و سپس منجر به رابطه جنسی و غیره می‌شود. در صورت محقق نشدن واکنش مناسب، تنش جسمی-روانی (*تأثیر جنسی*) بسیار بی‌اندازه افزایش می‌یابد که می‌تواند مختل کننده شود، اما هنوز هیچ زمینه‌ای برای تبدیل آن وجود ندارد. هرچند، در روان‌رنجوری اضطرابی، چنین تبدیلی رخ می‌دهد و چنین ایده‌ای پیشنهاددهنده این است که رخدادهای غلطی به شرح زیر شکل خواهند گرفت: تنش جسمی افزایش پیدا می‌کند و به حد آستانه می‌رسد که می‌تواند در آن‌جا تأثیر روانی ایجاد کند، اما به دلایل مختلف، ارتباط روانی مرتبط به آن ناکافی باقی می‌ماند. *تأثیر جنسی* نمی‌تواند شکل بگیرد، چون

چیزی در عامل‌های تعیین‌کننده روانی کم است. بر این اساس تنش جسمی که از نظر روانی پیوندی ندارند، به اضطراب تبدیل می‌شوند.
اگر فردی نظریه را تا این‌جا قبول داشته باشد، باید اصرار کند که در روان‌رنجوری اضطرابی می‌تواند نقصی وجود داشته باشد که در تأثیر جنسی بیان شد. یعنی در لیبیدوِ روانی و این به‌وسیله معاینه تأیید شده است. اگر این ارتباط پیش روی بیماران خانم قرار بگیرد، آن‌ها همیشه اوقات‌تلخ می‌مانند و اظهار می‌کنند که از سوی دیگر، هیچ اشتیاقی ندارند و چیزهایی از این قبیل. مردان معمولاً این عقیده را تأیید می‌کنند که از زمانی که دچار اضطراب شده‌اند، هیچ تحریک جنسی‌ای را حس نمی‌کنند.
اکنون آزمایش می‌کنیم که آیا این مکانیزم با موارد متفاوت فهرست‌شده در بالا متناسب است یا نه.
۱) اضطراب باکرگی. در این‌جا هنوز مجموعه‌ای از ایده‌ها که باید تنش جسمی را فراگیرند، ناکافی‌اند یا اصلاً وجود ندارند. به‌علاوه، امتناع روانی که نتیجه تعالیم سکولار است روی می‌دهد. این تفسیر خوبی است.
۲) اضطراب نمایشی. در این‌جا دفاع ما از این قرار است –که امتناع روانی کامل، هر کاری در مورد تنش جنسی را غیرممکن می‌کند. این‌جا هم چندین مورد وسواس‌گونه داریم. این تفسیر خوبی است.
۳) اضطراب به خاطر پرهیز اجباری نیز ضرورتاً همین‌گونه است. برای زنانی از این قبیل معمولاً امتناع روانی ایجاد می‌کند. بنابراین، از وسوسه اجتناب می‌کنند. در این‌جا امتناع، از نوع مشروط است، اما در مورد (۲) موضوع اساسی است.
۴) اضطراب در زنان به خاطر رابطه جنسی منقطع. در این‌جا مکانیزم بسیار ساده‌تر است. مسئله تحریک درون‌زاد است که (خودبه‌خود) ایجاد نمی‌شود، اما تحریک شده است و نه به مقداری که برای برانگیختن اثر روانی کافی باشد. امتناع و بیزاری عملی مصنوعی است که مابین عمل جنسی و عمل روانی جنسی رخ می‌دهد. اگر تنش درون‌زاد به‌خودی‌خود بیشتر افزایش پیدا کند، نمی‌توان روی آن کار کرد و اضطراب ایجاد می‌کند. در این‌جا لیبیدو می‌تواند وجود داشته باشد، اما نه هم‌زمان با اضطراب. بنابراین، بیزاری روانی بعد از امتناع روانی ایجاد شده است و تنش درون‌زاد بعد از تنش تحریک شده ایجاد می‌شود.

۵) اضطراب در مردان به خاطر رابطه جنسی منقطع با رابطه جنسی طولانی. موردِ رابطه جنسی طولانی کاملاً واضح است. رابطه جنسی منقطع را می‌توان تا حدی در زیر آن رده‌بندی کرد. باز هم مسئله انحراف روانی پیش می‌آید. زیرا توجه روی هدف دیگری متمرکز شده است و از کار کردن روی تنش جسمی دور نگه داشته می‌شود.

هرچند، توضیح رابطه جنسی منقطع، احتمالاً نیاز به پیشرفت دارد.

۶) اضطراب از بین رفتن توانایی جنسی یا لیبیدوِ ناکافی. تا این‌جا که تبدیل تنش جسمی مرتبط با سالخوردگی نیست، همراه با این واقعیت تفسیرپذیر است که یک تمایل روانی ناکافی می‌تواند بعد از به خاطر آوردن عملی خاص، روی بدهد.

۷) اضطراب در مردان به علت تنفر یا مردان نورآستنیک که در پرهیز هستند. اضطراب در مردان به علت تنفر به هیچ توضیحی نیاز ندارد و مردان نورآستنی که در پرهیز هستند، احتمالاً نوع ضعیف‌شده روان‌رنجوری اضطرابی در آنان است و به عنوان یک قاعده فقط در افرادی که توانایی جنسی دارند،[۲] رخ می‌دهد. ممکن است این‌گونه باشد که سیستم عصبی نورآستنیک‌ها نمی‌تواند انباشت تنش جسمی را تحمل کند، زیرا خودارضائی، دربرگیرنده عادت به غیاب کامل و مطلق تنش است.

در کل، این توافق خیلی بد نیست. در جایی که تنش جنسی در جسم بسیار زیاد است، اما با کار روانی روی آن، نمی‌تواند تبدیل به اثر جنسی شود -به دلیل رشد ناکافی تمایل جنسی روانی یا به دلیل تلاش برای سرکوب دومی، (دفاع) یا از بین رفتن آن یا به دلیل بیگانگی مرسوم مابین تمایل جنسیِ جسمی و روانی- تنش جنسی به اضطراب تبدیل می‌شود. بنابراین، بخشی از اضطراب در نتیجه انباشت تنش جسمی و جلوگیری از انزال، در جهت روان، راه خود را یافته است.

اما چرا دقیقاً تبدیل به اضطراب رخ می‌دهد؟ اضطراب، احساسی تجمعی از محرک درونی دیگری است. مثلاً محرک نفس کشیدن، محرکی است که از نظر جسمی نمی تواند جدا از اضطراب بررسی شود. بنابراین، اضطراب به‌طور کلی در خدمت تنش تجمعی جسمی است. به‌علاوه، اگر علائم روان‌رنجوری اضطرابی با دقت بیشتر بررسی شوند، در روان‌رنجوری می‌توان بخش‌های مجزای حمله اضطرابی ماژور را دید. یعنی سوءهاضمه، تپش محض، احساس اضطراب محض و ترکیبی از این موارد اگر به دقت به این‌ها نگاه شود، روش‌های ناباروری هستند که تنش جنسی جسمی معمولاً آن‌ها را قطع می‌کند.

حتی اگر از نظر روانی روی آن کار شود. تنگی نفس و تپش قلب به رابطه جنسی مربوط هستند و در حالی که معمولاً فقط به عنوان مسیرهای فرعی انزال هستند، در این‌جا به عنوان تنها روزنه تحریک استفاده می‌شوند. این هم نوعی *تبدیل* در روان‌رنجوری اضطرابی است. درست همان‌طور که در هیستری رخ می‌دهد (مثال دیگری از شباهت آن‌ها). اما در هیستری، تحریک *روانی* است که راه اشتباهی را منحصراً در حوزه بدنی در پیش می‌گیرد، در حالی که در این‌جا تنش جسمی است که نمی‌تواند وارد حوزه روانی شود و بنابراین، در گذرگاه جسمی باقی می‌ماند. این دو اغلب اوقات با هم ترکیب می‌شوند.

تا امروز این‌ها را فهمیده‌ام. این شکاف‌ها واقعاً باید پر شوند. فکر می‌کنم ناکامل است. چیزی کم است، اما باور دارم که اساس آن صحیح است. البته، این به اندازه کافی پیشرفت نکرده است که بتوان آن را منتشر کرد. پیشنهادات، تقویت‌ها و تکذیب با استدلال با سپاسگزاری پذیرفته خواهند شد.

با صمیمانه‌ترین درودها!

دکتر زیگموند فروید

۱. در دست‌نوشته، نوشته شده دنیوی و نه (ثانویه) که در کتاب *شروع* نوشته شده است.

۲. عبارت آلمانی آن کاملاً مشخص نیست، چون کلمه ausfallen هم می‌تواند به معنای «موفق شدن» باشد و هم «نقص داشتن». /*این* هم احتمالاً به عصبانیت اضطرابی اشاره دارد. سپس این سؤال پیش می‌آید که آیا مردی که از نظر جنسی توانا است، به روان‌رنجوری اضطرابی مبتلا خواهد شد یا نه. فروید در مقاله سال ۱۸۹۵ خود درباره (تحریک کامل‌نشده) می‌گوید که مردها زمانی که احساس آمیزش کامل ندارند، حس می‌کنند. در این‌جا به روشنی، مرد از نظر جنسی توانا است. در کل، مردی که توانایی جنسی ندارد، ممکن است از احساس اجبار به رابطه جنسی بترسد و دچار روان‌رنجوری شود. فروید احتمالاً مورد دوم را روان‌رنجوری (هیستری) می‌داند و نه نوعی روان‌رنجوری اضطرابی.

وین، ۲۲ جون ۱۸۹۴

عزیزترین دوست!

نامه تو که همین حالا آن را خواندم، مرا به یاد قرضی انداخت که به هر حال می‌خواستم خیلی زود ادا کنم. امروز از مختصر کاری که داشتم صرف نظر کردم تا پیش‌نویس

چیزی را بنویسم، اما در عوض باید نامه نسبتاً بلندی برای تو در مورد «نظریه و زندگی» بنویسم.
از این عقیده‌ات خشنود شدم که داستان اضطراب، هنوز کاملاً درست نیست. چون این بازتاب عقیده خودم است. مثلاً، کس دیگری این مقاله را ندیده است. من آن را رها خواهم کرد تا همه‌چیز واضح‌تر شود. هرچند، هنوز هیچ پیشرفتی نداشته‌ام و باید منتظر بمانم تا آن زمان که نور از جایی در من بتابد. باید دوست داشته باشم که ارتباطات مقدماتی در مورد توجیه تمایز روان‌رنجوری اضطرابی از نورآستنی را آغاز کنم، اما برای آن باید وارد نظریه و سبب‌شناسی شوم و بنابراین، ترجیح می‌دهم این کار را نکنم. من روی نظریه تبدیل بیشتر کار کرده‌ام و رابطه آن را با تلقین به خود مشخص کرده‌ام، اما این هم کامل نیست. اجازه می‌دهم موقتاً همین‌طور بماند. کتابی که با بروئر روی آن کار می‌کنم حاوی پنج تاریخچه موردی است؛ یک مقاله از او، در مورد نظریه‌های هیستری (خلاصه و نقد) که من کاملاً خودم را از آن جدا کردم و مقاله‌ای از من در مورد درمان که هنوز آن را شروع نکرده‌ام.
امروز، آخرین تاریخچه موردی را برایت می‌فرستم. از سبک آن متوجه می‌شوی که من بیمار بودم. اعتراف علائم بیماری که به مدت زیادی مخفی بوده‌اند بین صفحات چهار و پنج آمده است. خود مطلب واقعاً آموزنده است و برای من قطعی بود.
باید به تابستان خوشامد بگویم اگر چیزی را با خود به همراه بیاورد که چندین سال مشتاق آن بودم -چند روز را با تو بگذرانم، بدون این‌که کسی بی‌مورد مزاحم شود. برنامه‌هایم به این صورت هستند، ببین چه کاری می‌توانی با آن‌ها بکنی. در اول آگوست باید به ریچنو بروم، در سپتامبر باید برای هشت تا ده روز به همراه همسرم به آبازیا (اوپاتیجا)[1] بروم، جایی که او به شدت می‌خواهد برود و واقعاً لیاقتش را دارد. بیشتر اوقات زندگی برای من نامشخص است. بنابراین، تمایل ندارم آرزوهایی را که از مدت‌ها پیش داریم، عقب بیندازم. بقیه مسافرت‌ها را به خاطر این سفر کنار خواهیم گذاشت، زیرا امسال از چند لحاظ سال بدی بوده است. علاوه بر بیماری، ضررهای مالی نیز به همراه داشت. البته، می‌توانم چند روز را به هر رویدادی بیایم. هرچند، کوهنوردی «با قلب سنگین» را کنار گذاشته‌ام -استفاده از زبان چقدر معنادار است! اگر کارها را طوری ترتیب بدهی که من مجبور نباشم مسافرت طولانی‌ای داشته باشم و واقعاً با تو تنها باشم

(در این مسئله همیشه همسرت را نیز شامل کنم -مارتا نمی‌خواهد ریچنو را در آگوست ترک کند) سپس، می‌توانیم امسال به لطف بی‌میلی من برای تأخیرهای بیشتر، همدیگر را ببینیم.

اکنون به دنبال تاریخچه موردی، یک واقعیت بی‌نظیر، با تمام جزئیاتی که بیمار بیچاره آن‌ها را مهم می‌داند و احتمالاً مستحق آن‌ها نیست.

هفت هفته سیگار نکشیده بودم، از روزی که برایم ممنوع کرده بودی. در ابتدا، همان‌طور که انتظار می‌رفت حس می‌کردم به‌طور ظالمانه‌ای بد است. علائم قلبی با افسردگی خفیف همراه بودند و همچنین با بدبختی وحشتناک پرهیز. دومین مورد تقریباً پس از سه هفته به پایان رسید. ولی مورد اول بعد از پنج هفته کاهش یافت، اما سبب شد که اصلاً توانایی کار کردن نداشته باشم و یک مرد شکست‌خورده بشوم. بعد از هفت هفته، با وجود قولم به تو، باز هم سیگار کشیدن را شروع کردم که تحت تأثیر عوامل زیر بود:

۱) در طول این مدت، بیمارانی با همین سن با شرایط مشابهی دیدم که تا به حال اصلاً سیگار نکشیده بودند (دو زن) و یا این‌که سیگار کشیدن را ترک کرده بودند. بروئر، که همیشه به او می‌گفتم حس نمی‌کنم این درد، مسمویت نیکوتینی باشد، سرانجام با من موافقت کرد و به آن خانم‌ها اشاره کرد. بنابراین، از انگیزه‌ای که در یکی از نامه‌های قبلی‌ات به درستی مشخص کرده بودی، محروم شدم. هر فرد می‌تواند سیگار کشیدن را تنها زمانی کنار بگذارد که واقعاً قانع شده باشد که سیگار، علت بیماری‌اش است.

۲) بعد از اولین سیگار، توانستم کار کنم و بر حالت‌های روانی‌ام تسلط داشتم. پیش از آن، زندگی غیرقابل تحمل بود و بعد از یک سیگار متوجه نشدم که علائم بیماری‌ام تشدید شده باشد.

اکنون گاهی اوقات سیگار می‌کشم، به آرامی آن را به سه سیگار در روز افزایش داده‌ام، احساس خیلی بهتری نسبت به قبل دارم. درواقع، به‌طور پیش‌رونده‌ای دارم بهتر می‌شوم. البته، نه کاملاً خوب. باید شرایط را توضیح بدهم:

به نظر می‌رسد آریتمی همیشه وجود دارد، اما شدید شدن آن با قلب آشفته و فشار تنها در زمان حملات رخ می‌دهد که اکنون کمتر از یک ساعت طول می‌کشد و معمولاً بعد از ناهار شروع می‌شود. تنگی نفس خفیف هنگام بالارفتن از پله ها از بین رفته است. هفته هاست که دیگر دردی در بازوی چپم ندارم. هنوز هم دیواره قفسه سینه‌ام حساس است.

دردهایی مانند این‌که به قلب چاقو می‌زنند، احساس فشار و حس سوزش حتی برای یک روز هم متوقف نشده‌اند. مطمئناً نمی‌توان مدارک عینی پیدا کرد، اما واقعاً نمی‌دانم چه کنم. خواب و تمام دیگر کارکردها مختل نشده و کاملاً روال عادی دارند. کنترل خوبی روی حالات روانی‌ام دارم. از سوی دیگر، بدون انرژی هستم و احساس پیری می‌کنم و دیگر سالم نیستم. دیژیتالیس (گل انگشتانه) به شدت کمکم کرده است. (یک گرم برای دومین بار در سه روز گذشته)

آنچه مرا شکنجه می‌دهد، عدم اطمینان از چیزی است که باید در مورد داستان بسازم. خجالت می‌کشم که پیشنهاد تست هیپوکندریا (خودبیمارانگاری) بدهم. هیچ معیاری که براساس آن تصمیم بگیرم، ندارم. از دریافت معالجه و درمانم در این‌جا اصلاً راضی نیستم. بروئر پر از تعارض‌های آشکار است. وقتی می‌گویم احساس می‌کنم که بهتر شده‌ام، پاسخ او این است: نمی‌دانی چقدر خوشحالم که این را می‌شنوم. این سبب شد نتیجه بگیرم که شرایطم جدی است. وقتی بار دیگر پرسیدم که بیماری‌ام واقعاً چیست، این پاسخ را شنیدم: هیچ‌چیز، به هر حال، چیزی بوده که اکنون به پایان رسیده است. به علاوه، او اصلاً نگران من نیست و دو هفته است که مرا ندیده. نمی‌دانم آیا این سیاست اوست؟ بی‌تفاوتی هوشمندانه یا کاملاً توجیه‌پذیر است. در کل، متوجه شدم که با من مانند یک بیمار تحت معالجه، با تساهل و طفره، رفتار می‌شود، به جای این‌که با گفتن همه‌چیز در مورد بیماری‌ام ذهنم را آرام کنند، چیزی را که معلوم است، می‌گویند.

برای من تسکین بزرگی است که توانسته‌ام نظرات تو را به اشتراک بگذارم یا هنوز می‌گذارم، حالا حتی شروع یک دوره افتراق برایم سخت نخواهد بود، اما این برای من *قتل عقل* است. برای اولین بار عقیده من با عقیده تو متفاوت است. با بروئر، کار ساده‌تر است، او هیچ عقیده‌ای را بیان نمی‌کند.

مثال کوندت[۲] مرا خیلی نترساند. او کسی است که تا سیزده سال دیگر تا سن پنجاه و یک سالگی را برای من گارانتی می‌کند و لذت سیگار کشیدن مرا خراب نمی‌کند. مداراگونه فکر می‌کنم، با این‌که هیچ مبنای علمی برایش ندارم، که باید به رنج کشیدن از دردهای مختلف تا چهار الی پنج، تا هشت سال دیگر ادامه بدهم، همراه با دوره‌های خوشی و ناخوشی و سپس، بین چهل یا پنجاه سالگی به شکل بسیار ناگهانی و بر اثر سکته قلبی از دنیا بروم. اگر خیلی به چهل سالگی نزدیک نباشد، خیلی هم بد نیست.

من به شدت مرهون لطف تو هستم. هرچند، ای کاش یک توضیح قطعی به من می‌دادی. فقط به خاطر اثر تسلی‌بخش و آموزش آن، چون من به طرز رازآلودی عقیده دارم که تو دقیقاً می‌دانی مشکل چیست و در منع سیگار واقعاً سخت‌گیر و مستبد بوده‌ای -که توضیح در مورد آن اضافی است.

خب، این دیگر بس است، خیلی ناراحت‌کننده است که این‌قدر با خودم مشغول باشم، در حالی که چیزهای بسیار جالب دیگری برای نوشتن وجود دارند.

در نامه‌ات خواندم که از سردردت خیلی ناخرسندی و از غفلتمان خیلی عصبانی هستم. هیچ‌چیزی در مورد کار خود نمی‌نویسی. واضح است که فکر می‌کنی من هیچ علاقه‌ای به آن ندارم. از تو می‌خواهم فرض کنی که من فقط هیچ عقیده‌ای در مورد این مطالب که درواقع، براساس واقعیت‌اند، ندارم.

اکنون اغلب اوقات پاپای تو را در ریدهوف می‌بینم. او مانند همیشه سرزنده است و می درخشد. من هم در میان کسانی هستم که وقتی خواهرزنت دچار حمله شد نتوانستم کمک پزشکی به او بکنم. به‌علاوه، من در ساعات کاری‌ام در دفتر خسته و خواب‌آلود شده بودم؛ آن‌قدر درگیر نام خانوادگی سینگر بودم که نام بوندی هیچ‌چیزی را در من بیدار نکرد و تنها دو روز بعد بود که فهمیدم سینگر نام پسرخاله توست. بنابراین، او خواهرزن تو بوده است.

بچه‌هایم حالا عالی هستند، فقط ماتیلده کمی مرا نگران می‌کند. همسرم خوب و خوشحال است، اما من از سر و وضع او راضی نیستم. مشکل این است که ما داریم پیر می‌شویم، چیزی که برای بچه‌های کوچکمان بی‌موقع است.

در اصل، من در کل روز فقط به روان‌رنجوری فکر می‌کنم، اما از وقتی که تماس علمی‌ام با بروئر قطع شده است باید فقط روی خودم حساب کنم و به همین خاطر پیشرفتم این‌قدر آهسته است.

با صمیمانه‌ترین درودها برای تو و همسر عزیزت!

وفادار صمیمی تو!

زیگموند فروید

1. Opatija, Abbazia

شهری در کرواسی

۲. آگوست کوندت August Kundt (۱۸۹۱۴-۱۸۳۱) یکی از شاگردان هرمن هرمهولتز Hermann Helmholtz در کرسی فیزیک تجربی در دانشگاه برلین.

[بدون تاریخ، احتمالاً مربوط به بعد از
۲۲ جون ۱۸۹۴ است]
۹، برگاس ، ۱۹

ویلهلم عزیز!
من چیز بسیار کمی در مورد آن می‌دانم که بخواهم با اطمینان تکذیب آن را ارزیابی کنم، اما قضاوتم به من می‌گوید که دلایل کافی روان‌شناسی برای موافقت‌کردن با دستورات تو را دارم و بنابراین، امروز می‌خواهم دوره دوم پرهیزم را شروع کنم -که امیدوارم، تا وقتی که دوباره در ماه آگوست همدیگر را می‌بینیم، طول بکشد.
با صمیمانه‌ترین درودها!
با احترام!
زیگموند فروید

۱۴ جولای ۱۸۹۴

عزیزترین دوست!
تعریف و تمجید تو برایم مثل شهد و شراب بهشتی است، چون به خوبی می‌دانم که گفتن آن چقدر برایت سخت است -نه، دقیق‌تر بگویم: وقتی که آن را می‌گویی، چقدر جدی هستی. از آن زمان که به خاطر پرهیز پریشان شده‌ام، مطالب کمی نوشته‌ام. توصیف دیگری از روان‌رنجوری اضطرابی که آن را به بروئر داده‌ام. خانم الیزابت فان آر. نیز در عین حال نامزد کرده است.
شرایط من -اکنون بنابر احساس وظیفه نمی‌خواهم رفتار مشکوکی داشته باشم به این معنی که چیزی را پنهان می‌کنم- از این قرار است؛ از تاریخ نامه تو، پنجشنبه دو هفته پیش، پرهیزی که هشت روز طول کشید؛ در پنج‌شنبه بعد در یک لحظه غم‌افزای غیرقابل توصیف، یک سیگار؛ سپس هشت روز پرهیز؛ پنجشنبه بعدی یک سیگار دیگر و از آن زمان صلح برقرار شده است. به‌طور خلاصه، این خودش تبدیل به یک الگو شده

است -یک سیگار در هفته تا نامه تو را جشن بگیرم که باز هم لذتم از تنباکو را از من گرفت. در عمل، این نباید تفاوت زیادی با پرهیز داشته باشد.
از آن زمان به بعد، با اوسر[1] صحبت کردم، که او هم ادعا می‌کند همین گلودرد نیکوتینی را پشت سر گذاشته است و با اشتیاق زیادی در مورد مدت طولانی این وضعیتش صحبت می‌کند. خب، او دومین یهودی است که آن را یک مارماهی اظهار می‌کند. خب، پس این واقعاً یک مارماهی[2] است؟
شرایط هیچ تغییری نکرده است. در پایان هفته پیش مجبور شدم دوباره به دیژیتالیس (گل انگشتانه) متوسل شوم. باز هم ضربان قلبم نامنظم شده بود و فشار خونم به شدت بالا رفته بود. با دیژیتالیس (گل انگشتانه) بهترم، اما واقعاً راحت نیستم. آیا باید آن را دائماً مصرف کنم یا به‌ندرت؟ قول می‌دهم که از تجویزت پیروی کنم.
این‌که باید هر دوی شما را در ماه آگوست ببینم، برای من یک امر مسلم است، صرف نظر از تمام موانع. فقط منتظر این هستم که بگویی «کجا».
پریروز یک پیرمرد متشخص[3] در رستوران از من پرسید، آیا می‌دانی دامادم در سپتامبر به جلسه علمی در وین خواهد آمد یا نه؟ من هیچ‌چیزی در مورد آن نمی‌دانستم. برنامه های من این است که پیش از جلسه با همسرم به آبازیا یا دالماتیا بروم.
سردردهای تو سبب آزار و درماندگی‌ام شده‌اند. تا اواسط آگوست بدون دانستن این‌که این مرد هنوز هم در مونیخ خواهد ماند یا نه، منتظر نخواهم شد. مطمئناً این را معلوم کرده‌ای، اما به تو التماس می‌کنم تا پیش از تعطیلات، همه درمان‌های لازم را انجام بده. تو درواقع فوراً به تعطیلات نیاز داری.
با صمیمانه‌ترین درودها برای تو به همسر عزیزت، از طرف وفادار تو!
زیگموند فروید

۱. شروتر، لئوپولد اوسر Leopold Oser (۱۹۱۰-۱۸۳۹) را پیشنهاد می‌کند که از سال ۱۸۸۵ پروفسور طب داخلی در وین بوده است.
۲. طبق گفته‌های آنا فروید، این یک حدیث یهودی برای این مسئله است که «بنابراین، باید واقعیت داشته باشد».
۳. پدر آیدا

وین، ۲۵ جولای ۱۸۹۴

عزیزترین دوست!

پیش از هر چیز، لطفاً این بار زمانی را به خودت اختصاص بده و تا وقتی که سرت بهتر - امیدوارم کاملاً خوب شود- نشده است، مونیخ را ترک نکن. درست همان‌طور که جی آر.[۱] می‌تواند این کار را بکند. این برای من مهم‌ترین چیز است و مطمئنم که بانو آیدا هم با آن موافقت خواهد کرد.

اگر مدت اقامت تو در مونیخ باید افزایش یابد، من می‌توانم به آن‌جا بیایم و تو را ببینم. من مونیخ را نمی‌شناسم، اما قول می‌دهم که تو را هیچ‌جایی نبرم و در مورد هیچ‌چیز جدی با تو صحبت نکنم یا می‌توانیم جای خوبی در آن نزدیکی پیدا کنیم. بنابراین، می توانی در عرض یک ساعت به مونیخ برگردی. هر جور که تو بخواهی. به هر حال، من در موقعیتی نیستم که پیشنهادی بدهم، اما اتفاقات را آن‌طور که پیش می‌آیند می‌پذیرم. مدت زیادی است که حادثه‌ای[۲] برایم رخ نداده است. حس می‌کنم خیلی خوبم. از زمان مصرف آخرین گرم از دیژیتالیس (گل انگشتانه) تمام علائم از بین رفته‌اند و به من این حس را می‌دهند که نباید واقعاً برگردند. هرچند، من بسیار خوب بوده‌ام. وقتی که سیگار هفتگی‌ام را دود می‌کنم، (مثلاً امروز) دیگر اصلاً از آن لذت نمی‌برم و ناراحتی خاصی را در من بر جای می‌گذارد. کاری که باید قبلاً شروع می‌کردم، یعنی باور کردن تو.

کسب‌وکار خوب نیست. برای علم زیادی گرم است. تنها چیزی که آگوست را خوب می‌- کند، طبیعت و دوستی است.

با صمیمانه‌ترین درودها، با امید به گزارش‌های خوب و سریع و تمام افکاری که هنوز در اختیار من هستند.

وفادار تو!

زیگموند فروید

۱. احتمالاً لودویگ گرونوالد Ludwig Grunwald متخصص گوش و حلق و بینی از مونیخ که فلیس آشکارا از او تعریف و تمجید کرده است. (این شناسایی به لطف مایکل شروتر انجام شده است)

۲. اشاره‌ای به حوادث (وجود) و وقایع ارسطو. به عبارت دیگر، فروید می‌خواهد با فلیس باشد.

وین، ۷ آگوست ۱۸۹۴

عزیزترین دوست!

من فردا صبح زود وین را به مقصد سالزبورگ ترک می‌کنم. در آن‌جا باید همسر و خواهرزنم را ببینم که برنامه‌ریزی کرده‌اند مادرشان را در ریچنهال ملاقات کنند و جمعه، شنبه یا یکشنبه را امیدوارم با تو باشم. نمی‌توانم دقیق‌تر بگویم، چون هنوز معلوم نیست که باید همسرم را با خودم به مونیخ بیاورم یا نه.

واقعاً منتظر روزی هستم که دوباره تو را ببینم. اگر پیش از آن خبری برای من داری، لطفاً از این نشانی استفاده کن؛ سالزبورگ، تحویل عمومی.

امسال سال بدی برای هر دوی ما بود. هرچند، غیرممکن نیست که در این مدت هر دوی ما از رنج‌هایی که سال‌ها طول کشیده است، بهبود پیدا کنیم. من حالا دیگر مثل مدتی پیش که برایت نامه نوشتم، حس نمی‌کنم حالم خوب است. می‌توانم ببینم تو هم حالت خوب نیست، چون این بار خیلی صبر از خودت نشان می‌دهی. وقتی به هفته‌های زیادی فکر می‌کنم که در مورد زندگی‌ام نامطمئن بودم، نیازم به با تو بودن باز هم افزایش می‌یابد.

با صمیمانه‌ترین درودها برای تو و پرستار و همسر عزیزت!

با احترام!

زیگموند فروید

ریچنو، ۱۸ آگوست ۱۸۹۴

عزیزترین دوست!

برگشتن به خانه، بعد از پذیرایی شگفت‌انگیز با شاخه رستاخیز پررونق و با روزهای زیبا و لذت‌بخش بعد از آن در مونیخ -باز هم لحظه‌ای وجود دارد که می‌توان از زندگی لذت برد. یک نامه افسون‌کننده از طرف همسرت که مثل همیشه فواید گذشته را مشخص می‌کند -مارتا تا فردا با جزئیات به آن پاسخ خواهد داد- به ساده کردن جابه‌جایی‌مان افزود و زنجیری از نشانه‌ها و عشق را پیش روی ما گذاشت که زمان با هم بودنمان در مونیخ را جبران کرد.

از حالا به بعد، من فقط باید چیزهای خوب را پیش‌بینی کنم و همان‌قدر که در مورد پیش‌بینی‌های بدِ گذشته خود حق داشتم در مورد آن‌ها نیز حق خواهم داشت. من پیش‌بینی می‌کنم که سرانجام باید بیشتر برای هم نامه بنویسیم. این مستلزم این است که حال تو خوب باشد. بعد از این‌که چند ساعت پس از بازگشتم، یک مورد کوچک از روان‌رنجوری اضطرابی که نمی‌شد آن را تغییر داد وارد خانه شد، فوراً آن را برایت یادداشت کردم، اما حالا آن را نخوان بلکه صبر کن تا زمانی که وقت آزاد داشته باشی و آن را با دیگر مواردی که در مجموعه‌ام دارم، بخوان.

با صمیمانه‌ترین احترام‌ها برای تو و بانو آیدا! با این احساس که جدایی ما هنوز هم فاصله زیادی با کمال دارد.

با احترام!

زیگموند فروید

۱۸ آگوست ۱۸۹۴

پیش‌نویس F. مجموعه ۳

[یادداشت ویراستار: سرفصل‌های این پیش‌نویس در دست‌نوشته اصلی فروید وجود دارند، اما بیشتر توضیح داده نشده‌اند].

شماره ۱

روان‌رنجوری اضطرابی

وراثتی: disp

آقای کی. ۲۴ ساله

پدرش تحت درمان مالیخولیای پیری قرار داشت. خواهرش، اُو. مورد خوبی از روان رنجوری اضطرابی پیچیده بود که کاملاً مورد تحلیل قرار گرفت. تمام روان‌رنجوری کی. به او بخشیده شده است.[۱] پسر عموی دکتر کی. در بردو -که تا پیش از این از سلامت خوبی برخوردار بود؛ در نه ماه گذشته خواب خوبی نداشته است. در فوریه و مارس چندین بار به خاطر ترس‌های شبانه و تپش قلب از خواب بیدار می‌شد؛ پس از افزایش تحریک‌پذیری تدریجی؛ به خاطر کنار گذاشتن مانورهای نظامی تحریک‌پذیری عمومی‌اش

کاهش یافت، که برای او بسیار خوب بود. سه هفته پیش، یک روز بعدازظهر، یک حمله اضطرابی ناگهانی بدون هیچ علت خاصی روی داد و از سینه تا سرش احساس احتقان داشت. [خودش این‌طور تفسیر کرد] که قرار است چیز وحشتناکی رخ دهد. هیچ فشاری با آن همراه نبود و فقط کمی تپش قلب داشت. پس از آن، در میان روز و در وعده ناهارش هم حملات مشابهی داشت. دو هفته پیش به یک پزشک مراجعه کرد؛ وضعیتش بهبود یافت، (اما شرایط) همچنان ادامه دارد و اما خوب می‌خوابد. به‌علاوه، در طول دو هفته پیش حملات کوتاهی از افسردگی عمیق داشت، که شبیه به بی‌احساسی کامل بود و فقط چند دقیقه طول کشید و در این‌جا، در [ریچنو]، بهتر شد. در کنار این‌ها فشارها در پشت سر نیز احساس می‌شدند.

او خودش با اطلاعات جنسی شروع کرد. یک سال پیش عاشق یک دختر سبک‌سر شده بود. وقتی که می‌شنود او با فرد دیگری نامزد کرده است، دچار شوک بزرگی می‌شود. اکنون دیگر عاشق نیست -اهمیت کمی برای او قائل است- او ادامه داد: بین سیزده و شانزده یا هفده بار (اغواشدگی در مدرسه) به میزان متوسطی خودارضائی کرده است. آمیزش جنسی محدودی داشته؛ به خاطر ترس از عفونت، در دو سال و نیم گذشته از کاندوم استفاده کرده است و معمولاً پس از آن احساس خستگی می‌کند. این نوع آمیزش را اجباری توصیف می‌کند. متوجه شده که میل جنسی‌اش حدود یک سال است به شدت از بین رفته است. در روابطش با آن دختر از نظر جنسی بسیار تحریک می‌شد (بدون این‌که او را لمس کند، یا چیزهایی از این دست). اولین حمله شبانه او در (فوریه) دو روز پس از رابطه جنسی بود؛ اولین حمله اضطرابی‌اش پس از رابطه جنسی در همان بعدازظهر بود؛ از آن به بعد (سه هفته) پرهیز کرده بود -از هر لحاظ دیگر یک مرد آرام، مهربان و سالم است.

۱. واژه آلمانی آن gemutlich begabt است که معنی‌اش مشخص نیست.

ریچنو، ۲۳ آگوست ۱۸۹۴

عزیزترین دوست!

تو سردردهای شدیدی داری و روی یک جراحی دیگر حساب می‌کنی. اگر این امیدواری را با تو در میان نگذارم که آغازگر مسیری هستی که تو را از سردردهایت می‌رهاند، برایم

ناراحت‌کننده و رنج‌آور است. اکنون فقط یک قول به من بده؛ عاملی که مستقیماً بر مانع «سردرد» اثر می‌گذارد و ماهیت عصبی خالص دارد را فراموش نکنی و به صورت متفاوت و مطمئن و همچنین واضح بیان کنی که این بار به من قول می‌دهی چندین ماه بگذرد و زخم‌هایت خوب بشوند، سپس کار خود را در برلین از سر بگیری. باید در مورد این بیشتر بنویسیم یا صحبت کنیم.

امید به گذراندن چند روز بیشتر با شما دو نفر در پائیز امسال آن‌قدر زیباست که نمی خواهم به سرعت رهایش کنم. به این دلیل که سفر ما به آبازیا دیگر مشخص نیست. فکر نمی‌کنم بتوانم مارتا را هیچ‌جای دیگری ببرم، اما اگر همه‌چیز حل شود، می‌توانم چند روز به خودم مرخصی بدهم. مثلاً، در شرایط خاص، اگر بانو آیدا بتواند نامه‌ای بنویسد که من در این رابطه می‌توانم مفید باشم، فوراً آن کار را انجام خواهم داد. (طبیعتاً، نه به عنوان مهمان تو)!!

امروز دو ضمیمه برایت می‌فرستم، زیرا دفعه پیش فراموش کردم خلاصه بالینی را بیان کنم که [بحث انتقادی] در ادامه می‌آید، چون این گزارش تنها چیزی است که می‌تواند نوعی جایگزین برای گزارش کلامی باشد. به‌علاوه، پرونده دیگری نیز که روز دوشنبه در شهر با آن انتخاب کردم، هست.

هم‌زمان با نوشتن آن حس می‌کنم دارم با تو صحبت می‌کنم. از زمان خود برای *تلافی* استفاده کن تا وقتی که حالت خیلی خوب شود.

همه ما خوبیم. از زمان بازگشت‌مان متوجه شدیم که کودکمان تبدیل به یک انسان کوچک و یک بچه ملیح شده است. به‌علاوه، دیروز اولین روز دوست‌داشتنی در این‌جا نیز بود. امیدوارم شما دو نفر اکنون گارمیش را بیشتر دوست داشته باشید. تذکری که پاپای تو داد، این‌که شما دو نفر در آن‌جا احساس راحتی نمی‌کنید و احتمالاً در آن‌جا نخواهید ماند، مرا به صورت غیرقابل توجیهی تحریک کرد (هرچند، بیشتر به دلایل روان‌شناسی) تا فرستادن کتاب را به تأخیر بیندازم. این نامه را برای این نوشتم که بدانی دارم آن‌ها را می‌فرستم.

من تا زمانی که حالم خوب نیست، اصلاً نمی‌توانم نگران فرد دیگری باشم که دارد از سلامتی خوبش لذت می‌برد. واقعاً می‌توانم به تو اجازه دهم تا از بخشی از تندرستی‌ام لذت ببری. این امکان وجود دارد که بعد از این سه هفته باز هم مجبور باشم کمی

دیژیتالیس (گل انگشتانه) مصرف کنم، اما در حال حاضر، هنوز هم به صورت عالی مانع مصرف آن می‌شوم. در روز پنجشنبه بعد از این‌که از هم جدا شدیم، شرایط مرا مجبور کرد که پیاده‌رَوی چهار ساعته از ویسنباخ به ایشل داشته باشم -شب، تنهایی، بارش باران، عجله- و خیلی خوب آن را تحمل کردم.

با صمیمانه‌ترین احترام‌ها و آرزوها برای تو و بانو آیدا، از طرف همه ما!

با احترام!

زیگموند فروید

بحث شماره ۱

اگر فردی بخواهد مورد کی. را تفسیر کند، یک چیز به‌طور خاص، مشهود است. این مرد آمادگی ارثی دارد. پدرش از مالیخولیا رنج می‌برد، شاید از مالیخولیای اضطرابی؛ خواهرش، روان‌رنجوری اضطرابی تیپیکال دارد که از نزدیک با آن آشنا هستم، در غیر این صورت، آن را *اکتسابی* توصیف می‌کردم. این سبب ایجاد زمینه‌ای برای فکر کردن به وراثت می‌شود. احتمالاً تنها یک «آمادگی» در خانواده کی. وجود دارد و نه «تباهی»، تمایل به بیمار شدن با اطمینان بیشتر و جدی‌تر در پاسخ به سبب‌شناسی تیپیکال. بنابراین، شاید بتوان انتظار داشت که در پرونده کِی. روان‌رنجوری اضطرابی جزئی از سبب‌شناسی جزئی ایجاد شده باشد. چگونه می‌توان بدون پیش‌داوری به دنبال آن علت ها گشت؟

در نگاه اول، به نظر من رسید که این مسئله از ضعف تمایلات جنسی سرچشمه می گیرد. میل جنسی این مرد برای مدتی از بین رفته بوده است. آماده‌سازی برای استفاده از کاندوم کافی بوده که او فکر کند همه فعالیت‌های جنسی‌اش چیزی تحمیلی است و او خودش را ترغیب می‌کند که از آن لذت ببرد. این بدون شک بخش اصلی است. اکنون، او گاهی اوقات بعد از رابطه جنسی احساس ضعف می‌کند. آن‌طور که می‌گوید، متوجه این شده است و دو روز بعد از رابطه جنسی، یا آن‌طور که به نظر می‌رسد، در بعدازظهر روز بعد از آن، او دچار اولین حمله اضطرابی‌اش شده است.

همبودی میل جنسی، کاهش یافته و روان‌رنجوری اضطرابی به آسانی با نظریه من تناسب دارد. چیزی که در برمی‌گیرد، ضعف تسلط روانی تحریک جسمی جنسی است.

این ضعف برای مدتی وجود داشته است و اگر افزایش اتفاقی در تحریک جسمی روی بدهد، می‌تواند سبب ایجاد اضطراب شود.
چطور ناتوانی *روانی* ایجاد می‌شود؟ نمی‌توان از خودارضائی، چیز زیادی در جوانی این فرد یافت. مطمئناً خودارضائی چنین نتیجه‌ای دربرنداشته است و به نظر نمی‌رسد که بیش‌ازحد معمول این کار را انجام داده باشد. روابط او با آن دختر که از نظر احساسی او را بسیار تحریک می‌کرد، به نظر می‌رسد دلیل بهتری برای ایجاد اختلال در جهت مورد نیاز است. در واقعیت، این پرونده نزدیک به شرایطی است که روان‌رنجوریِ مرسوم در مردان در دوران نامزدی‌های (طولانی‌مدت) روی می‌دهد، اما فراتر از همه، نمی‌توان انکار کرد که ترس از عفونت و تصمیم برای استفاده از کاندوم، زمینه را برای چیزی که من عامل *بیگانگی* بین تحریک جسمی و روانی توصیف کردم، مهیا می‌کرده است. این درست مانند پرونده رابطه جنسی منقطع است. به‌طورخلاصه، آقای کِی. متحمل ناتوانی جنسی با منشأ روانی شده است. به این دلیل که رابطه جنسی را بر خود حرام کرده و سلامت جسمی و تولید محرک جنسی، مختل شده و این موقعیت سبب ایجاد اضطراب شده است. ممکن است فردی اضافه کند که آمادگی او برای پیشگیری‌ها، به جای پیدا کردن رضایت کافی در یک رابطه ایمن، به تمایل جنسی‌ای اشاره می‌کند که از آغاز هم *قدرت* زیادی نداشته است. در کل، این مرد آمادگی ارثی دارد. سبب‌شناسی که می‌توان در پرونده او پیدا کرد، هرچند از نظر کیفی اهمیت دارد ولی برای مردان سالم، پرانرژی و قوی بی‌خطر است.
یک ویژگی جالب در مورد این پرونده، ظهور یک خُلق مرسوم مالیخولیایی در حمله‌های کوتاه‌مدت است. این موضوع باید از نظر تئوریک برای روان‌رنجوری اضطرابی ناشی از بیگانگی اهمیت داشته باشد. در این لحظه، فقط می‌توانم یادداشتی در مورد آن بنویسم.

شماره ۲

آقای فان اف. از بوداپست، ۴۴ ساله
مردی که از نظر جسمی سالم است. «شکایت دارد که سرزندگی و شور و اشتیاقش را از دست داده که برای مردی در سن و سال او طبیعی نیست». دچار این حالت است که وی نسبت به همه‌چیز بی‌تفاوت شده و کارش را باری بر دوش خود می‌داند و احساس

افسردگی و ضعف می‌کند؛ که با فشار زیادی در بالاتنه و پشتِ سرش همراه است. به علاوه، معمولاً با سوءهاضمه مشخص می‌شود، یعنی بی‌میلی به غذا و آروغ زدن و مدفوع کم. همچنین به نظر می‌رسد، بد می‌خوابد.
اما واضح است که این حالت متناوب است. هر بار چهار الی پنج روز طول می‌کشد و سپس، به آرامی از بین می‌رود. او از آروغ‌هایش متوجه می‌شود که ضعف عصبی در وی شروع شده است. وقفه‌های دوازده تا چهارده روزه وجود دارد و ممکن است برای چند هفته حالش خوب باشد. حتی دوره‌های بهتری در فاصله‌های ماهانه نیز داشته است. او اصرار دارد که در بیست و پنج سال گذشته اوضاع همین‌طور بوده است. مانند اغلب اوقات، باید با ایجاد تصویر بالینی شروع کرد، چون او دائماً به گله و شکایت ادامه می‌دهد و ادعا می‌کند که هیچ توجهی به دیگر حوادث نداشته است. بنابراین، فُرم غیرقابل پیش بینی و نامنظم حمله‌ها، بخشی از تصویر را تشکیل می‌دهند. طبیعتاً، سیستم گوارشِ خود را مقصر می‌داند. تشخیص بندیکت این‌گونه بود: «سردرد با هضم آهسته».[1]
اساساً نوسانات خلق‌وخو یا نگرانی‌های جدی وجود ندارد. در خصوص تمایل جنسی؛ بین سنین دوازده تا شانزده سالگی خودارضائی می‌کرده است. سپس، روابط خیلی عادی با زنان داشته که خیلی جذب نشده بود. چهارده سال است که ازدواج کرده و تنها دو فرزند دارد. در ده سال گذشته، وقفه ارتباط جنسی داشته و بعد از آن از هیچ تکنیک دیگری غیر از کاندوم استفاده نمی‌کرده است. توانایی‌اش به‌طور قطعی در چند سال اخیر از بین رفته است. هر دوازده تا چهارده روز یک بار رابطه جنسی دارد که آن هم با وقفه‌های طولانی همراه است. اعتراف می‌کند که بعد از رابطه جنسی با کاندوم احساس ضعف و بدبختی می‌کند، اما نه فوراً بعد از آن بلکه دو روز بعد -وقتی که این را می‌گفت متوجه شد دو روز بعد از رابطه جنسی، دچار مشکلات گوارشی می‌شود- چرا از کاندوم استفاده می‌کند؟ چون نباید فرزندان زیادی داشته باشد. (او دو فرزند دارد)

بحث شماره ۲

تصویر کامل یک مورد خفیف، اما بسیار مشخص از *افسردگی دوره‌ای*، مالیخولیا. علائم: بی‌احساسی، بازداری، فشار درون‌جمجمه‌ای، سوءهاضمه، بی‌خوابی است.

شباهت بی‌تردیدی با نورآستنی دارد و سبب‌شناسی یکی است. من موردهای کاملاً مشابهی دارم؛ آن‌ها خودارضائی می‌کنند (آقای اِی.) و عادات ارثی دارند. آقای فان اف. از بوداپست به داشتن بیماری روانی[2] معروف است. بنابراین، این مورد یکی از موارد نورآستنیِ مالیخولیایی است. در این‌جا باید ارتباطی با نظریه نورآستنی وجود داشته باشد.

احتمال دارد که نقطه شروع مالیخولیای مینور مانند این، همیشه عمل رابطه جنسی باشد. اغراق در اهمیت عامل فیزیولوژیکی منجر به گفتن این مسئله می‌شود: «هر حیوانی بعد از رابطه جنسی غمگین است».[3] وقفه‌های زمانی به خوبی تناسب دارند. این مرد با هر دوره درمانی، هر غیبتی از خانه -یعنی در هر دوره استراحت از رابطه جنسی، بهبود می‌یابد. البته، همان‌طور که می‌گوید: به همسرش وفادار است. استفاده از کاندوم، شاهدی از توانایی جنسی ضعیف است و چیزی مشابه با خودارضائی شده است و استمرار این موارد دلیلی بر مالیخولیای اوست.

۱. سردردهای مزمن با هضم آهسته

۲. فروید بدون شک از کلمه «بیماری روانی» در بیشتر مواردی که مبتلا به روان‌رنجوری هستند، استفاده می‌کند. حتی هفته‌نامه پزشکی شیرمبل Pschyrembel سال ۱۹۶۴ (هرچند آخرین ویرایش نبوده است)، بیماران روانی را به عنوان کسانی معرفی می‌کند که «مبتلا به حالت غیرعادی مادرزادی مزمن زندگی روانی هستند و خودشان هم از این غیرعادی بودن رنج می‌کشند یا در نتیجه آن سبب می‌شوند که دیگران هم رنج بکشند».

۳. این تفسیری است که مکرراً از ارسطو نقل شده است: *حیوانات* (b ۷۲۵) ۱۸. همچنین، کتاب لورنس استرن Laurence Sterne، *زندگی و عقاید تریسترام شاندی نجیب‌زاده*، ویراستار: جیمز آکن (نیویورک: انتشارات اودیسه، ۱۸۴۰) جلد ۵، فصل ۳۶ و *نقاشی‌های هوگارت* Hogarth، چاپ ۱۰۱، ویراستار: شون شسگرین (نیویورک: ۲ دوور، ۲۹۷۳)، شماره ۳۷ را ببینید.

ریچنو، ۲۹ آگوست ۱۸۹۴

عزیزترین دوست!

این دیگر زیادی است؛ آیا می‌خواهی واقعاً ما را از بین ببری؟ شیطان باز هم جراحی خواهد کرد. فقط یک بار و برای همیشه این کار را انجام بده. خب، پس آن پیرزن[1] که

سال‌ها پیش سردردهای تو را دوست نداشت و آن نامه عجیب و غریب را برای من نوشت، کاملاً حق داشت! اما من باید چه کاری برای آن بکنم؟ کاش من هم یک «دکتر» بودم، همان‌طور که مردم می‌گویند: یک پزشک و یک شفادهنده. بنابراین، می‌توانستم چنین مطالبی را بفهمم و در این شرایط مجبور نبودم تو را به دستان فردی غریبه بسپارم. متأسفانه، همان‌طور که می‌دانی من یک دکتر نیستم. باید در این مورد هم مانند موارد دیگر روی تو حساب کنم. باید امیدوار باشم که تو هم می‌دانی چطور خودت را درمان کنی و در مورد خودت، مانند دیگر موارد (از جمله من) موفق خواهی بود.

همچنین، خوب هم نیست که در نتیجه این مسئله، ملاقات ما لغو شود. یک امید موقتی، مرا با ادعایی محقق‌نشده رها می‌کند.

من اصلاً مشتاق نیستم که به لووارنو بروم، اما مارتا که درخواست‌های خیلی کمی دارد، این بار اصرار دارد که برای سفر به این‌جا برویم. همچنین، این مسئله که لووارنو و ملاقات ما از هم جدا شدند، دلخوشی او را خراب کرد. به‌علاوه، فکر می‌کنم اگر بتوانم به تو کمکی بکنم، باید مرا امتحان کنی و ببینی آیا می‌توانم راهم را از لووارنو به مونیخ پیدا کنم یا نه. در حالی که برای لذت برنامه‌ریزی می‌کنم، وجدان من به دنبال ارائه چنین پیشنهادی است که خودش را آرام کند.

بنابراین، ما باید بعدازظهر روز شنبه، یکم سپتامبر عازم سفر بشویم و امیدوارم یکشنبه صبح در لووارنو، پانسیون پانکاوس[۲] باشیم. هرچند، حالا باید باز فرض کنم که تو کاملاً مجهزی و خودم را از انباشت مطالب علمی رها کنم.

این دوشنبه، فقط چند پرونده را جمع‌آوری کرده‌ام:

شماره ۳

دکتر زی. پزشک ۳۴ ساله

سال‌ها از حساسیت عضوی چشم‌ها رنج می‌برد؛ حلقه‌های روشنایی که پس از فشردن چشم ایجاد می‌شوند (نور)، کوری موقت، نقطه‌های کور و بقیه. این مشکلات به طرز چشمگیری افزایش یافته‌اند، تا حدی که در چهار ماه گذشته مانع کارکردن او شده‌اند. (یعنی از زمان ازدواجش)

پیش‌زمینه: از سن چهارده سالگی خودارضائی می‌کرده و به وضوح تا سال‌های اخیر ادامه پیدا کرده است. هنوز همسرش باکره است. توانایی جنسی‌اش به شدت کاهش یافته و ضمناً پروسه طلاق شروع شده است.

مورد واضحی از *خودبیمارانگاری جسمی*، در یک خودارضائی در دوره‌های تحریک جنسی است و جالب است که تحصیلات پزشکی به این عمق کم رسیده است.

شماره ۴

آقای دی. نوه خانم اِی. که به عنوان یک فرد هیستریایی فوت کرد. خانواده‌ای بسیار روان‌رنجور. ۲۸ ساله. چند هفته است که از بی‌میلی، از فشار درون‌جمجمه‌ای، زانوهای لرزان، توانایی کاهش‌یافته، انزال زودرس رنج می‌برد. شروع انحراف؛ دختران بسیار جوان او را بیش از دختران بالغ تحریک می‌کنند.

ادعا می‌کند که همیشه بوالهوس بوده است. به خودارضائی اعتراف می‌کند، اما می‌گوید که طولانی‌مدت نبوده است. حالا دوره‌ای از پرهیز را پشت سر می‌گذارد. پیش از آن، بعدازظهرها اضطراب داشته. آیا اعتراف کاملی کرده است؟

یک رساله، *کمک عصب‌شناختی* از موبیوس چاپ شده است؛ مجموعه‌ای از مقالات قدیمی‌تر و کوتاه، بسیار خوب که برای هیستری بسیار مهم است.[۳] او بهترین ذهن را در میان عصب‌شناسان دارد و خوشبختانه به دنبال پیگیری تمایلات جنسی نیست.

درواقع، می‌بینم که چیزی برای گفتن ندارم! وقتی که به وین برگردم، مطمئناً ویراستارم مرا به خاطر مقالات تحت فشار قرار می‌دهد. آیا باید آن زمان، مقاله موبیوس در مورد «میگرن» را نقد کنم؟[۴] تو می‌بایست برخی از مشاهدات خود را به من بگویی. مطمئناً به محض این که بهتر بشوی، کار خون‌ریزی معده[۵] را رها خواهی کرد؟ این حرفه منتظر این چیزهاست.

با صمیمانه‌ترین درودها و لطفاً اجازه بده در این مدت در مورد تو بشنوم –حداقل هر سه روز یک بار یک کارت پستال.

همسرم برای تو و همسر عزیزت که عقیده دارم کمی به او حسادت می‌کند (مدیر و خانه‌دار، دکتر و دستیارانش) بهترین آرزوها را دارد و امیدوار است هرچه سریع‌تر این هفته‌ها را پشت سر بگذارید.

وفادار تو هم همین آرزو را دارد.

زیگموند

۱. منبع نامشخص

2. Lovrano, Pension Pankaus

ممکن است درست خوانده نشده باشد.

۳. فروید دارد به پل موبیوس Paul J. Mobius (۱۹۰۷–۱۸۵۳) و کمک عصب‌شناختش اشاره می‌کند. در یک فصل نوشته‌شده در (۱۸۹۳ تا ۱۸۹۴) جنت، مورد تمجید و تحسین قرار گرفته است و یک پاورقی طولانی در صفحه ۲۹ وجود دارد که مقاله ۱۸۹۳ فروید و بروئر را خلاصه کرده است. موبیوس عمداً هیچ اشاره‌ای به تمایل جنسی نکرده است. او شارکو را بسیار ستوده است: «همه ما پیش از آن نابینا بودیم و با کمک کارهای شارکو، یاد گرفتیم که ببینیم». (صفحه ۴۹) عبارت Nos moutons pour reveir a که فروید در این نامه به فلیس، به آن اشاره می‌کند، نیز (در صفحه ۵۱) آمده است. موبیوس در این کتاب، نقطه‌نظر روان‌شناسی‌اش را در مورد نقطه‌نظر مینرت و دانشکده‌اش بیان می‌کند. او به شدت از واقعیت و آسیب‌های تحمل‌شده توسط افرادی که به چیزی که بعد از آن روان‌رنجوری آسیب‌زا نامیده شد مبتلا بودند، دفاع کرد. این متن مهم به روشنی فروید را تحت تأثیر قرار داد. «باید پذیرش تحریک را با احتیاط انجام داد. نه تنها احساس شرافت خدشه‌دارشده می‌تواند سبب شود حالت‌های افسردگی در آن فرد ایجاد شود بلکه می‌تواند سبب ایجاد بیماری روان نیز بشود. نباید فراموش کرد که بسیاری از زنان جادوگر، آزادانه به ارتباطشان با شیطان اعتراف کردند. همین سبب شد، اعدام شوند». (صفحه ۴۲) موبیوس همچنین در سالنامه اشمیت، مقاله سال ۱۸۹۳ بروئر و فروید: «مکانیزم روانی پدیده هیستری» و «*تفسیر خواب*» فروید را مختصراً بازبینی کرد.

۴. درواقع، فروید این کار را کرد. این مقاله انتقادی که پیش از این کسی متوجه آن نشده بود، در روندشاو پزشکی وین در سال ۱۸۹۵ منتشر شد.

۵. بی‌شک، اشاره‌ای است به مقاله «درد معده و دیسمنوره در یک زمینه جدید» فلیس که او در آن می‌نویسد: «درد معده که در زنان و دختران بسیار شایع است، در نتیجه خودارضائی می‌باشد. در این‌جا هم، همان‌طور که در موردی که متأسفانه نمی‌توانم فاش کنم دیدم، راه از معده به بینی می‌رسد». (صفحه ۲۲) این مرتبط با این دیدگاه فلیس است که نقاط خاصی در بینی وجود دارند که با دیگر اندام‌های بدن ارتباط دارند –نقطه شکمی، نقطه تناسلی و غیره.

لووارنو، ۱۳ سپتامبر ۱۸۹۴

دوست عزیز!

مدت زیادی است منتظر خبری از تو بودم، اما نمی‌خواهم هیچ نتیجه‌گیری‌ای در مورد این‌که این سکوت واقعاً به چه معناست داشته باشم. خیلی از تو ناراحتم، بهترین دوست من! اما سپس به خودم می‌گویم که حتماً داری تمام تلاشت را می‌کنی. نمی‌توانم توصیه دیگری بکنم و این حق را ندارم که صبوری کمتری نسبت به تو داشته باشم. سرانجام باید برایت بنویسم که تو بدانی من در کجای این دنیا هستم.

ما باید پانزدهم، بعدازظهر روز شنبه این‌جا را ترک کنیم و صبح شنبه به پایرباخ برسیم. صبح روز دوشنبه، هفدهم، باید در وین باشم. هنوز هم یک هفته به جلسه علمی باقی مانده است. اگر می‌خواهی من برای یک روز به مونیخ بیایم، زودتر به من خبر بده. این‌جا همه‌چیز خوب است و همه بهتر و شادتر باز خواهند گشت.[۱] آب‌وهوا نسبتاً عالی است.

با صمیمانه‌ترین درودها برای تو و همسر عزیزت. اجازه بده هرچه زودتر چیزی از تو بشنوم.

با احترام!

زیگموند فروید

۱. فروید در حاشیه، نزدیک این جمله، کلمه «پرهیز» را نوشته است.

۱۷ دسامبر ۱۸۹۴

۹، برگاس ۱۹

ویلهلم عزیز!

خیلی برایت نمی‌نویسم، چون امیدوارم به زودی تو را این‌جا ببینم. دست‌نوشته تو دست پاشکیس[۱] است. من جرئت ندارم کار[۲] در مورد درد زایمان را کنار بگذارم. تو در این‌جا هم می‌توانی این کار را انجام بدهی.

امیدوارم این‌جا روزهای خوبی داشته باشی و ما چند ساعت را به زیبایی با هم بگذرانیم.

با صمیمانه‌ترین درودها برای هر دوی شما!

۱. هینریش پاشکیس Heinrich Paschkis (۱۸۴۹-۱۹۲۳) ویراستار روندشاو پزشکی وین بود.

۲. یا «تاریخچه موردی».

پیش‌نویس G. مالیخولیا

۱

به نظر می‌رسد، حقایق موجود به شرح زیر باشند:

A . ارتباط برجسته‌ای بین مالیخولیا و آناستازیا (بی‌حسی جنسی) وجود دارد و این (۱) با این یافته که در بسیاری از افراد مالیخولیایی، تاریخچه‌ای طولانی از بی‌حسی (آناستازیا) وجود داشته است و (۲) با این مشاهده که هر چیزی که بی‌حسی (آناستازیا) را تقویت می‌کند، پیشرفت مالیخولیا را تحریک می‌کند و (۳) با وجود یک نوع زن که از نظر روانی بسیار نیازمند است و دلتنگی در او به‌راحتی تبدیل به مالیخولیا و منجر به بی‌حسی (آناستازیا) می‌شود، ثابت شده است.

B . مالیخولیا در نتیجه خودارضائی و با تشدید نورآستنی به وجود می‌آید.

C . مالیخولیا معمولاً همراه با اضطراب شدید رخ می‌دهد.

D . به نظر می‌رسد انواع مالیخولیایی تیپیکال و افراطی، فرم ارثی چرخه‌ای یا دوره‌ای دارند.

۲

به منظور تهیه هر بخشی از این سند، به سرآغازی ایمن برای شروع نیاز داریم که با ملاحظات زیر فراهم شده است:

a . اثر متناظر با مالیخولیا سوگواری است -یعنی، دلتنگی برای چیزی که از دست رفته است. بنابراین، در مالیخولیا باید مسئله فقدان وجود داشته باشد. -یعنی، فقدان در *زندگی غریزی*.

b . روان‌رنجوری مربوط به خوردن، به موازات مالیخولیا، بی‌اشتهایی است. به نظر من، (با مشاهده دقیق) بی‌اشتهایی عصبی معروف دختران جوان، مالیخولیا است که در آن تمایل جنسی توسعه نیافته است. بیمار بیان می‌کند، چیزی نخورده فقط به این خاطر که هیچ *اشتهایی* نداشته و نه به هیچ دلیل دیگری. از دست دادن اشتها در اصطلاح جنسی، یعنی از دست دادن لیبیدو.

بنابراین، خیلی بد نیست که از این ایده شروع کنیم: مالیخولیا عبارت است از سوگواری برای فقدان لیبیدو.
باید دید که آیا این فرمول، وقوع و خصوصیات مالیخولیا را توضیح می‌دهد یا نه. و براساس نمودار شماتیک میل جنسی (سکشوالیته) شرح داده خواهد شد.

۳

اکنون باید براساس نمودار شماتیک تمایل جنسی که اغلب استفاده کرده‌ام، شرایطی را شرح بدهم که تحت آن، گروه‌های جنسی روانی (ps. S.) از کمبود میزانی از تحریک رنج می‌برند. دو مورد احتمال دارد؛ (۱) اگر تولید تحریک جنسی جسمی (s. S.) کاهش پیدا کند یا متوقف شود و (۲) اگر تولید تنش از ps. S. ناشی شود. مورد اول که در آن، تولید s. S. متوقف می‌شود، احتمالاً مشخصه مالیخولیای شدید واقعی[۲] است که به‌طور دوره‌ای تکرار می‌شود و یا مشخصه مالیخولیای چرخه‌ای است که دوره‌های افزایش و توقف تولید به صورت متناوب‌اند و می‌توان آن را خودارضائی بیش‌ازحد تصور کرد -که براساس این نظریه منجر به تخلیه بیش‌ازحد از E (اندام انتهایی)[۳] و بنابراین، میزان پائین محرک در E می‌شود- خودارضائی بیش‌ازحد تا افزایش تولید s. S. گسترش می‌یابد و باعث کاهش دائمی s. S. می‌شود. بنابراین، p .S را ضعیف می‌کند.[۴] این مالیخولیای نورآستنیک است. مورد [دوم] که در آن تنش جنسی از p. S. ناشی شده است، در حالی که تولید s. S. کاهش نیافته، اما مستعد این است که s.S در جایی دیگر به‌کار گرفته شود -در مرز [بین روانی و جسمی]. هرچند، این پیش‌نیاز اضطراب و بر این اساس منطبق با مورد مالیخولیای اضطرابی است، فرم آمیخته‌ای که روان‌رنجوری اضطرابی و مالیخولیا را با هم ترکیب می‌کند.
بنابراین، در این بحث، سه نوع مالیخولیا که در اصل باید بین آن‌ها تمایز قائل شد، شرح داده شده‌اند.

۴

چطور مشخص می‌شود که بی‌حسی (آناستازیا) این نقش را در مالیخولیا ایفا می‌کند؟
براساس نمودار شماتیک [تصویر ۱]، انواع بی‌حسی‌های زیر وجود دارد.

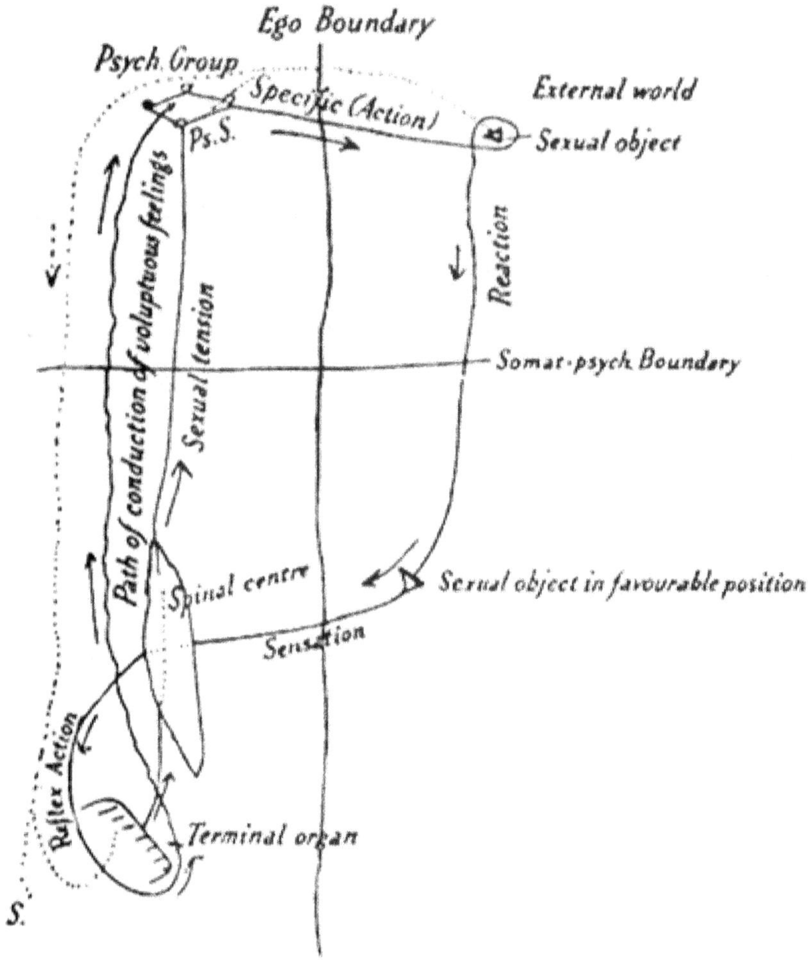

تصویر ۱ نمودار شماتیک سکشوالیته (در اصل، تمام فلش‌ها به رنگ قرمز کشیده شده‌اند، به جز فلش نقطه‌چین در انتهای سمت چپ)

مالیخولیا همیشه دربرگیرنده حذف V [احساس لذت] است که باید بعد از این که فعالیت بازتابی، اندام انتهایی را تخلیه می‌کند، به ps. S. هدایت شود. احساس لذت توسط مقدار تخلیه اندازه‌گیری می‌شود.

a . E به اندازه کافی پر نشده است. بنابراین، تخلیه در رابطه جنسی بسیار کم است و V بسیار کم می‌باشد: مورد سردمزاجی.

b . مسیر احساس به فعالیت بازتابی، آسیب دیده است. بنابراین، فعالیت به اندازه کافی قوی نیست. پس، تخلیه و V نیز ناچیزند: مورد بی‌حسی (آناستازیا) خودارضائی، بی-حسی (آناستازیا) رابطه جنسی منقطع و غیره.

c . همه‌چیز در زیر به ترتیب هستند؛ فقط V به ps. S. راه پیدا نکرده است، چون به عوامل دیگری مربوط است (با دفاع انزجاری)؛ این بی‌حسی (آناستازیا) هیستریایی است که کاملاً مشابه با بی‌اشتهایی عصبی (انزجار) است.

پس تا چه حدی، بی‌حسی (آناستازیا)، مالیخولیا را تسهیل می‌کند؟

در مورد a سردمزاجی، بی‌حسی (آناستازیا) عامل مالیخولیا نیست، اما علامت مستعد بودن به آن است. این با واقعیت A (۱) که در ابتدا گفته شد، مطابق است. در بقیه موارد، بی‌حسی (آناستازیا) علامت مالیخولیاست، چون ps. S. با رسیدن V تقویت شده و با حذف آن ضعیف شده است. (براساس نظریه‌های کلی الزام تحریک در حافظه). بنابراین، واقعیت A (۲) در نظر گرفته می‌شود.

بر همین اساس، ممکن است بدون وجود مالیخولیا، بی‌حسی (آناستازیا) ایجاد شود. چون مالیخولیا مرتبط با حذف s. S. است.

بی‌حسی (آناستازیا) مربوط به حذف V است، اما بی‌حسی (آناستازیا) علامتی از آمادگی برای مالیخولیاست. چون ps. S. به همان اندازه که با حذف V ضعیف شده با حذف s. S. نیز ضعیف شده است.

۵

باید در نظر بگیریم که چرا بی‌حسی (آناستازیا) ویژگی برجسته زنان شده است. این ناشی از نقش منفعلی است که زنان ایفا می‌کنند. یک مرد با بی‌حسی (آناستازیا) خیلی

زود از انجام رابطه جنسی خودداری می‌کند، اما از زن‌ها سؤال نمی‌شود. آن‌ها خیلی راحت‌تر دچار بی‌حسی می‌شوند. زیرا:

۱) کل کار تربیتی آن‌ها در جهت بیدار نکردن .s. S و تغییر تمام تحریک‌هایی است که می‌توانند بر محرک‌های روانی این تأثیر را بگذارند. -یعنی کاملاً دنبال کردن نقطه‌چین‌ها در نمودار شماتیک، (تصویر۱) از موضوع جنسی به .ps. S-این لازم است چون اگر .s. S شدید باشد، .ps. S خیلی زود به نوبت این قدرت را به‌دست می‌آورد و مانند مردان، موضوع جنسی را به‌وسیله واکنش خاص به جایگاه مطلوب می‌رساند، اما در مورد زن‌ها، لازم است که قوس واکنش خاص رخ ندهد. در عوض، به کنش‌های خاص دائمی آن‌ها نیاز است که مرد را برای کنش خاص اغوا کند. بنابراین، تنش جنسی در پائین‌ترین حد نگه داشته می‌شود و دسترسی آن به .ps. S قطع می‌شود و قدرت لازم .ps. S به صورت دیگری بروز پیدا می‌کند. اکنون، اگر به حالت دلتنگی برسد، سپس، از نظر میزان کم (تنش) در E، این حالت به‌راحتی تبدیل به مالیخولیا می‌شود. .ps. S به تنهایی قادر به مقاومت کمی است. این، نوع تحریک جنسی ناپخته و نارس است و زن دچار بی حسی (آناستازیا) و نیازمندی که در بالا ذکر شد [واقعیت (A) (۳)] فقط این را ادامه می‌دهد.

۲) زن‌ها [خیلی راحت‌تر از مردها دچار بی‌حسی (آناستازیا) می‌شوند] به این دلیل که معمولاً بدون عشق به فعالیت جنسی نزدیک می‌شوند (ازدواج می کنند) -یعنی، با .s. S کمتر و تنش E. در این صورت، آن‌ها شکننده هستند و همین‌طور باقی می‌مانند.

به نظر می‌رسد میزان کم تنش در E دربرگیرنده تمایل عمده برای مالیخولیاست. در افراد این‌چنینی، به هر روان‌رنجوری‌ای به‌راحتی مهر مالیخولیا زده می‌شود. بنابراین، در حالی که افراد دارای توانایی جنسی بالا به‌راحتی دچار روان‌رنجوری اضطرابی می‌شوند، افراد ناتوان مستعد مالیخولیا می‌شوند.

۶

پس چطور می‌توان اثرات مالیخولیا را توضیح داد؟ بهترین توصیف: *بازداری روانی با ناتوانی غریزی و درد مربوط به آن*

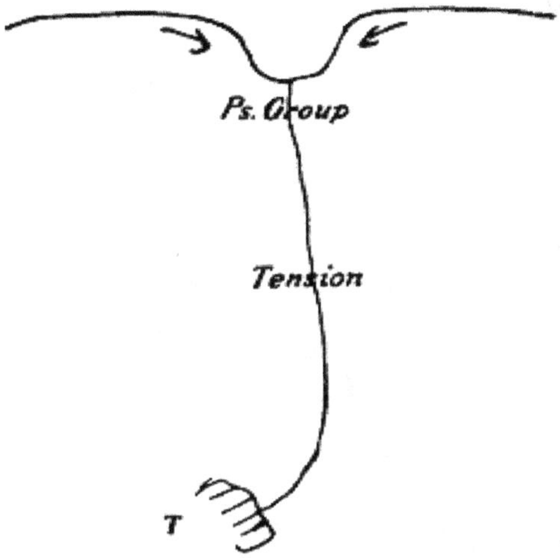

تصویر ۲

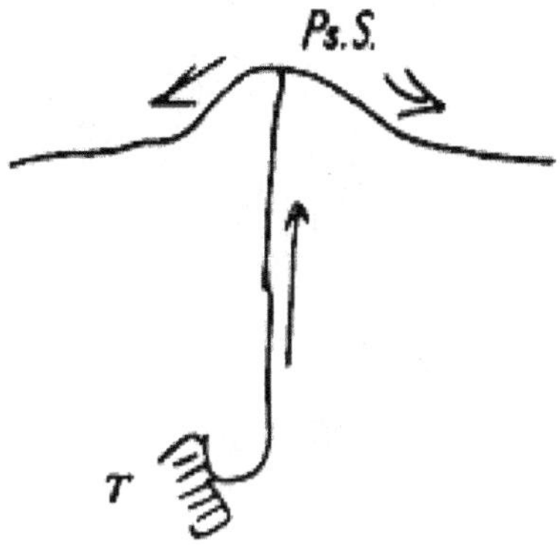

تصویر ۳

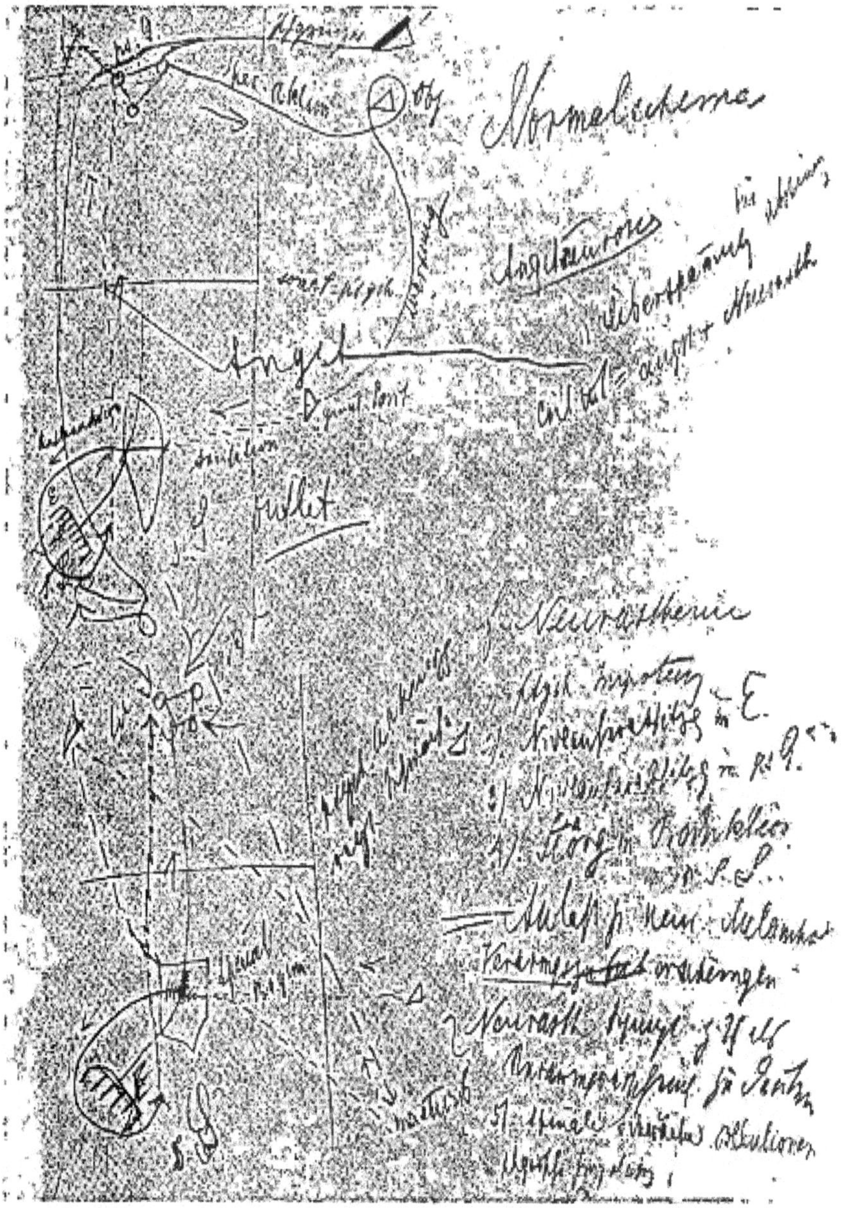

تصویر ۴

می‌توان تصور کرد که اگر ps. S. با افت بسیار شدیدی در میزان تحریکش مواجه شود، می‌تواند طراحی درونی را به حوزه روانی برساند که روی میزان تحریک مجاور آن، اثر

مکش دارد. نورون‌های مربوطه باید تحریکشان را رها کنند که سبب ایجاد درد می‌شود. (تصویر ۲) رها کردن پیوند همیشه دردناک است. در آن‌جا، اگرچه از طریق خون‌ریزی داخلی، ناتوانی در تحریک (در مخزن آزاد آن) شروع می‌شود و ادامه پیدا می‌کند که خودش را در دیگر محرک‌ها و کارکردهای غریزی نشان می‌دهد. مانند بازداری، این طراحی داخلی مانند یک زخم عمل می‌کند. به صورت مشابهی با درد (نظریه درد جسمی را ببینید). نقطه مقابل این موضوع، مانیا خواهد بود که در آن تحریک بیش‌ازحد با تمام نورون های مربوطه ارتباط برقرار می‌کند. (تصویر ۳) سپس در این‌جا، تشابهی با نورآستنی وجود دارد. در نورآستنی، ناتوانی کاملاً مشابهی رخ می‌دهد که به خاطر از بین رفتن تحریک از طریق یک نارسایی است، اما در آن مورد، چیزی که پمپاژ نمی‌شود .S .S است. در مالیخولیا، نارسایی در حوزه روانی است. هرچند، ناتوانی نورآستنیک می‌تواند تا طبقه جنسی روانی گسترش یابد. جلوه‌های آن در واقعیت، بسیار شبیه به موارد بسیاری هستند که باید با دقت بسیار آن‌ها را طبقه‌بندی کرد.

[یادداشت ویراستار: در پاکت نامه حاوی پیش‌نویس G، طراحی دیگری از فروید وجود داشت که آن را «الگوی نرمال» نامیده بود، اما در ویرایش‌های اصلی آلمانی یا انگلیسی نیامده است. احتمالاً به این خاطر که درک آن بسیار سخت است. در این‌جا در (تصویر ۴) همراه با پشت‌نویس آن (تصویر ۵) که مطمئناً توضیح این طراحی است، آمده است].

۱. بدون تاریخ، طبق گفته ویراستاران کتاب *شروع* به پاکت ۷ ژانویه ۱۸۹۵ تعلق دارد.

۲. در دست‌نوشته، نوشته شده است genuinen، نه آن‌طور که در کتاب *شروع* gemeinen (متداول) نوشته شده است.

۳. اندام انتهایی (E) مثل اندام پایانی (T) است، در تصاویر ۱، ۲ و ۳ نشان داده شده است.

۴. فروید هم از «ps. S.» و هم از «p. S.» برای بیان «گروه جنسی روانی» استفاده می‌کند.

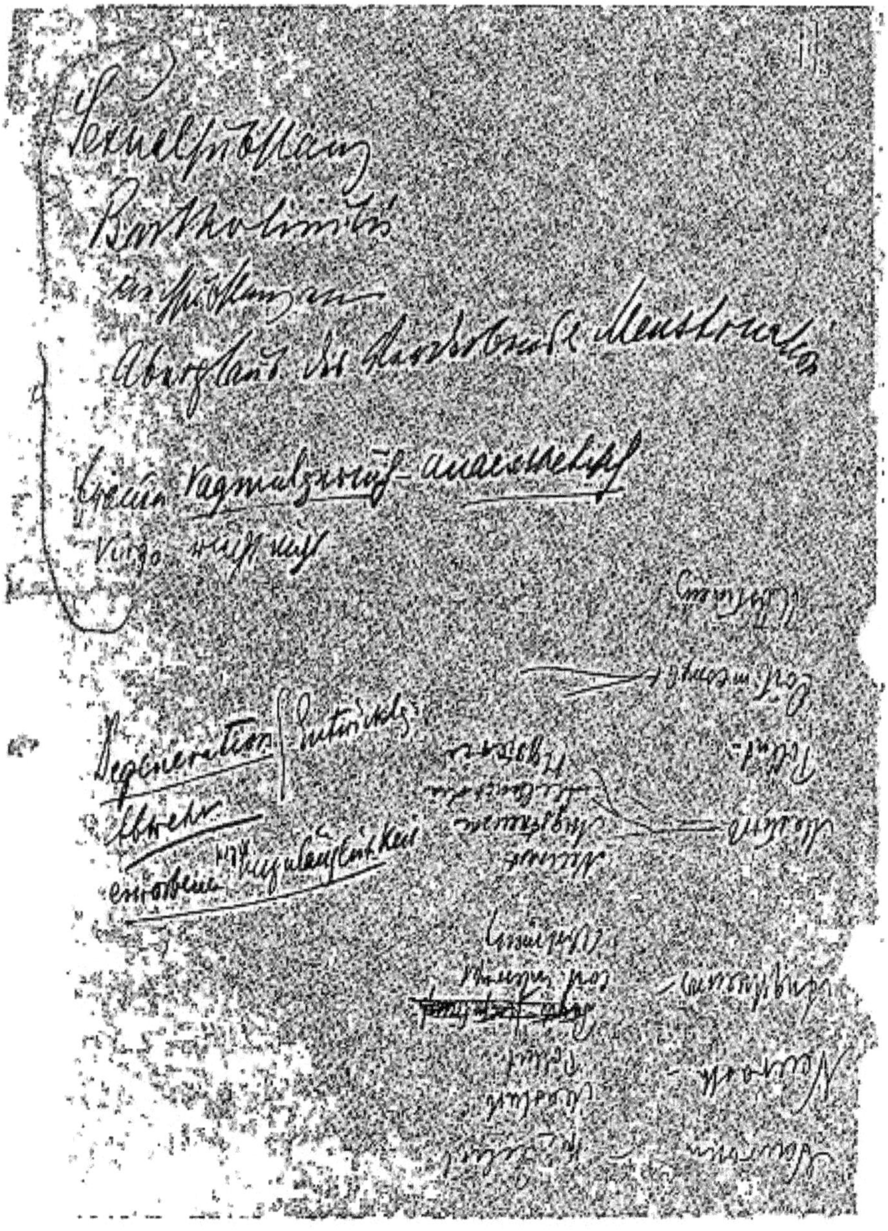

تصویر ۵

داستان اِما اِکستاین

۲۴ ژانویه ۱۸۹۵

ویلهلم عزیزم!

من باید با عجله در مورد چیزی برایت بنویسم که مرا متحیر می‌کند. در غیر این صورت، بسیار ناسپاس خواهم بود. در چند روز گذشته، به‌طور غیرقابل باوری حس می‌کردم حالم خوب است. گویی همه چیز پاک شده باشد -احساسی که با وجود برخی اوقاتِ بهتر، برای ده ماه آن را نداشتم. آخرین باری که برایت نوشتم، بعد از تجربه یک دوره مطلوب با واکنش سریع لذت‌بخش، چند روز بسیار ناخوشایند داشتم که در خلال آن کوکائین زدن با سوراخ چپ بینی تا حد شگفت‌انگیزی کمکم کرد. اکنون دارم گزارشم را ادامه می‌دهم. روز بعد، بینی‌ام را زیر کوکائین قرار دادم، که هیچ کس واقعاً نباید این کار را بکند. مکرراً آن را انجام دادم تا از وقوع مجدد تورم جلوگیری کنم. در این زمان چیزی که از سر تجربه می‌دانم، مقدار زیادی چرک است که تخلیه شد و از آن زمان به بعد احساس شگفت‌انگیزی دارم. انگار اصلاً هیچ‌چیز بدی وجود نداشته است. هنوز هم آرتیمی وجود دارد، اما به ندرت و نه خیلی بد. حساسیت به فشار خارجی، ناچیز است. احساسات بین -۰- (صفر) و -۰- هستند. دارم تجربه کامل سپاسگزاری و بحث در مورد سهمی که این عقیده بر این بهبودی پیش‌بینی‌نشده دارد را عقب می‌اندازم تا ببینم بعدها چه پیش می‌آید.

در هر رویدادی، بینش جدیدی را به تو تقدیم خواهم کرد که آرامش مرا بیش از پیش به هم می‌زند و هنوز نسبت به آن بی‌تفاوت نشده‌ام. این تعریف پارانویا است. تمام اختراعات من ماهیت غیرکاربردی این‌چنینی دارند. عقیده‌ات را در مورد آن به من بگو تا آن زمان احتمالاً آرام خواهم ماند.

چه می‌شد اگر اولین تجربه‌ات برای آماده‌سازی، مشترکاً با گرسونی[1] بود؟ براساس گفته‌های بروئر و رای، او پس از این‌که توانست بر تردید اولیه‌اش غلبه کند به شدت روی این مسئله کار کرده است.

اکنون، فقط یک هفته دیگر ما را از عمل[2] و یا دست‌کم از آماده شدن برای آن، جدا می‌کند. زمان به سرعت سپری شده است و با خوشحالی خودم را از خودآزمایی این مسئله که مطمئن شوم چه چیزهایی را باید از آن انتظار داشته باشم، بازداشته‌ام. باز هم

کمبود دانش پزشکی من روی دوشم سنگینی می‌کند، اما دائماً به خودم می‌گویم: تاکنون بینش‌هایی به این موضوع پیدا کرده‌ام. درمان از این راه باید امکان‌پذیر باشد. من جرئت نداشتم که این طرح درمانی را روی خودم پیاده کنم، اما با اطمینان به تو ملحق می‌شوم تا این کار را انجام دهیم.

از خانم اِم. استقبال خواهد شد اگر با خودش پول و صبر بیاورد. باید تحلیل خوبی انجام بدهیم. اگر در هنگام فرایند، فواید درمانی برای او داشته باشد، او هم خشنود خواهد شد. باید روی پاشکیس کمی فشار بیاورم. فکر می‌کنم او بدرفتاری می‌کند، اما قبلاً هم تجربیات مشابهی در وین داشتم.

اکنون منتظر چند خط نامه هستم که رسیدن تو را اعلام می‌کند.

با صمیمانه‌ترین درودها برای همسر عزیزت از طرف من و مارتا!

دوستدار تو!

زیگموند

1. Robert Gersuny

رابرت گرسونی (۱۸۴۴-۱۹۲۴) دستیار پیشین کریستین بیلروثChristian Billroth و اولین مدیر بیمارستانی به نام رودلفینرهاوس Rudolfinerhaus بود. او همچنین یک جراح پلاستیک معروف بود (لسکی۱۹۶۰ را ببینید). از متنی در نامه هشتم مارس ۱۸۹۵ فروید، به نظر می‌رسد که فلیس توسط گرسونی تحت عمل جراحی قرار گرفته و او بعدها نقشی اساسی در مورد اما اکستاین ایفا کرده است.

۲. در اواخر ژانویه یا اوایل فوریه، فلیس در وین بوده و با فروید روی اما اکستاین، عمل جراحی انجام داده است (یادداشت ۳ نامه ۴ مارس ۱۸۹۵ را ببینید) . احتمالاً، این در این‌جا به جراحی زودهنگام اکستاین اشاره می‌کند.

پیش‌نویس H، پارانویا

(ضمیمه‌شده با نامه)

در روان‌پزشکی، هذیان‌ها در کنار افکار وسواسی و به عنوان اختلالات ذهنی خالص قرار می‌گیرند و پارانویا در کنار جنون وسواسی و به عنوان روان‌پریشی ذهنی قرار می‌گیرد. قبلاً وسواس‌ها تا اختلال عاطفی ردگیری شده‌اند و ثابت شده که قدرتشان را مدیون

یک تعارض هستند، پس باید همین درگاه را در توهم‌ها به‌کار برد و آن‌ها هم باید پیامد اختلالات عاطفی بوده و قدرتشان را مدیون فرایند روان‌شناسی باشند.

خلاف این مسئله در روان‌پزشکی پذیرفته شده است و افراد غیرحرفه‌ای می‌خواهند جنون هذیانی را به حوادث عاطفی شوکه‌کننده ربط بدهند. «مردی که خرد (عقل) خود را برای یک چیز معیّن از دست نداده است هیچ دلیلی برای باخت ندارد».[1]

اکنون، درواقع، این مورد وجود دارد که پارانویای مزمن به شکل کلاسیک خود، *حالت پاتولوژیکی دفاع* است، مانند هیستری، روان‌رنجوری اضطرابی و گیجی توهمی. مردم به خاطر چیزهایی که نمی‌توانند تحمل کنند، پارانویایی می‌شوند، به شرط این‌که آمادگی روانی ویژه‌ای برای آن داشته باشند.

این آمادگی چه چیزی را دربرمی‌گیرد؟ در گرایش به چیزی که ویژگی روانی پارانویا را نشان می‌دهد، این را در یک مثال در نظر خواهیم گرفت.

یک پیردختر (حدودا سی‌ساله) در یک خانه مشترک با برادر و خواهر (بزرگترش) زندگی می‌کرد. او متعلق به طبقه مرفه کارگر بود. برادرش به روش خودش کار می‌کرد تا صاحب یک کارخانه کوچک شود. در عین حال، خانه‌ای را به یکی از کارگرانشان اجاره داده بودند که بیشتر سفر می‌کرد و نسبتاً مرموز و فرد باهوش و ماهری بود و برای یک سال پیش آن‌ها زندگی می‌کرد و معاشرتی ترین و خوش‌مشرب‌ترین رابطه ممکن را با آن‌ها داشت. سپس، آن مرد رفت تا بعد از شش ماه برگردد. این بار زمان نسبتاً کوتاهی را ماند و بعد برای همیشه ناپدید شد. خواهرها معمولاً از نبودن او افسوس می‌خوردند و هیچ‌چیز به جز خوبی‌های او نمی‌گفتند. با این وجود، خواهر کوچکتر به خواهر بزرگتر در مورد زمانی که آن مرد سعی کرده بود او را به دردسر بیندازد، صحبت کرده بود. وقتی که آن مرد هنوز در رختخواب بود، اتاق را تمیز می‌کرده که مرد او را به کنار خود فرامی‌خواند و او بدون این‌که به چیزی شک کند نزدیک مرد می‌رود، مرد آلتش را در دستان دختر قرار می‌دهد. این صحنه هیچ دنباله‌ای نداشته است و کمی بعد، آن غریبه خانه را ترک کرده است.

چند سال بعد، خواهری که این تجربه را داشت احساس بیماری می‌کند. سپس شروع می‌کند به گله و شکایت کردن و سرانجام توهم‌های محرز و سوءتفاهمی از مشاهده و آزارهایی با محتوای زیر در او ایجاد می‌شود؛ زنان همسایه برایش دلسوزی می‌کنند که

معشوقه‌اش او را ترک کرده و او هنوز منتظر است که آن مرد برگردد. آن‌ها همیشه چنین حرف‌هایی را به او می‌زدند و دائماً در مورد همه‌چیز آن مرد با او صحبت می‌کردند و غیره. او می‌گفت: البته، هیچ‌کدام از آن‌ها درست نبودند. از آن زمان به بعد، این بیمار هر بار فقط چند روز از هفته را دچار این حالت شده و هر بار منطقی‌تر می‌شود و شرح می‌دهد که همه این‌ها نتیجه تحریک جنسی است. هرچند، حتی در وقفه‌ها هم از روان‌رنجوری رنج می‌بَرد که بدون هیچ مشکلی می‌توان آن را به عنوان روان‌رنجوری جنسی تفسیر کرد. او خیلی زود به حمله پارانویا مبتلا شد.

خواهر بزرگتر متوجه این نکته شد که به محض این‌که صحبت به مسئله وسوسه می‌رسد، بیمار آن را تکذیب می‌کند. بروئر این مورد را شنید و بیمار را نزد من فرستاد و من تلاش کردم تا گرایش او به پارانویا را با سعی در دوباره ایجادکردن حافظه آن صحنه در محل مشروع خود، درمان کنم. در این کار شکست خوردم. دو بار با او صحبت کردم، هیپنوتیزمِ تمرکز گرفت تا همه‌چیز را در مورد آن مستأجر به من بگوید. در پاسخ به سؤالات پشت سر هم من در مورد این‌که آیا چیز «خجالت‌آوری» روی داده بود یا نه، مصمم‌ترین نفی را به عنوان پاسخ دریافت کردم و دیگر او را ندیدم. او پیامی برایم فرستاد که بگوید این کار او را بسیار ناراحت می‌کند. دفاع! کاملاً آشکار بود. او می‌خواست چیزی از آن را به خاطر نیاورد و در نتیجه عمداً آن را سرکوب می‌کرد.

هیچ شکی وجود ندارد که همه‌چیز به دفاع مربوط بود، اما او می‌توانست دچار علائم هیستریایی یا افکار وسواسی شود. چه چیزی در مورد دفاع پارانوئیدی عجیب بود؟

او خودش را از چیزی، محافظت می‌کرد؛ چیزی سرکوب می‌شد. می‌توانیم حدس بزنیم آن، چه بوده است. احتمالاً با چیزی که دیده بود و با یاد آن واقعاً تحریک شده بود. بنابراین، آن چیزی که در خودش حس می‌کرد این سرزنش بود که «زن بدی» است. سپس، همین سرزنش‌ها را از بیرون می‌شنید. بنابراین، *محتوای واقعی، مختل‌نشده باقی مانده بود*. هرچند، آنچه که تغییر یافته بود به جای همه چیز قرار می‌گرفت. پیش‌ترها، این سرزنش خود بود. اکنون، تهمتی است که از بیرون وارد می‌شود. قضاوت در مورد او به سمت بیرون برگردانده شده است. مردم چیزی را می‌گفتند که او به شکل دیگری به خودش می‌گفت؛ این یک فایده داشت. او مجبور بود قضاوت بیان‌شده از درون را بپذیرد

و می‌توانست قضاوت‌های بیان‌شده از بیرون را انکار کند. در صورت این‌گونه قضاوت، سرزنش از ایگو دور نگه داشته می‌شد.

بنابراین، هدف از پارانویا دفع طرز فکری است که با فرافکنی ذات آن به جهان بیرون، با ایگوی خود ناسازگار است.

در این‌جا دو سؤال پیش می‌آید؛ (۱) انتقال‌های این‌چنینی چطور ایجاد می‌شوند؟ (۲) آیا در دیگر موارد پارانویا نیز به‌کار می‌رود؟

۱) بسیار ساده است. این سؤال در مورد سوءاستفاده از مکانیزم روانی‌ای است که به‌طور متداول در زندگی روزمره به‌کار می‌رود؛ جابه‌جایی یا فرافکنی. هر وقت تغییر درونی رخ بدهد، ما این انتخاب را داریم که تصور کنیم، آن یک علت درونی یا بیرونی دارد. اگر چیزی ما را از انحراف درونی باز دارد، به‌طور طبیعی علت بیرونی را در نظر می‌گیریم. دوم، ما عادت کرده‌ایم که حالت‌های درونی‌مان (با بیان هیجانی) به واسطه دیگران فریب‌مان دهد. این شامل هذیان‌های طبیعی مشاهده و فرافکنی می‌باشد. به این دلیل مادامی‌که در این فرایند در مورد تغییرات درونی‌مان آگاه بمانیم، عادی هستند. اگر آن را فراموش کنیم و فقط با قیاس صوری که به بیرون می‌رسد رها شویم، آن زمان به پارانویا مبتلا می‌شویم، با ارزش‌گذاری بیش از حد به چیزی که مردم در مورد ما می‌دانند و کاری که با ما کرده‌اند. (آن زمان به پارانویا مبتلا می‌شویم) مردم چه چیزی در مورد ما می‌دانند که ما چیزی درباره آن نمی‌دانیم و نمی‌توانیم آن را بپذیریم؟

آن سوءکاربرد مکانیزم فرافکنی برای اهداف دفاعی است.

درواقع، چیز کاملاً مشابهی با این، افکار وسواسی روی می‌دهد. مکانیزم جانشین سازی، یک مکانیزم طبیعی است. وقتی یک دوشیزه پیر، یک سگ نگه می‌دارد یا یک مرد مجرد پیر، مجموعه‌ای از انفیه‌دان‌ها را جمع می‌کند، اولی جایگزینی برای نیازش به همنشین در ازدواج پیدا می‌کند و دومی، جایگزینی برای انبوه پیروزی‌هایش. هر کلکسیونری جایگزینی برای دون خوآن تنوریو است و بنابراین، او هم کوهنورد، ورزشکار و چنین فردی است. این‌ها معادل‌های شهوانی‌اند. زن‌ها هم آن‌ها را می‌شناسند. درمان بیماری زنان در این طبقه‌بندی قرار می‌گیرد. دو بیمار زن وجود دارد: یک نوع که همان‌قدر که به همسرانشان وفادارند به دکترشان نیز وفادارند و نوع دیگر که هرچند

دفعه که معشوقه عوض می‌کنند، دکترشان را هم تغییر می‌دهند. این مکانیزم عملیاتی نرمال جایگزینی، در افکار وسواسی مورد سوءکاربرد قرار می‌گیرد؛ باز هم به علت دفاع.

۲) اکنون، آیا این دیدگاه در دیگر موارد پارانویا نیز به‌کار می‌رود؟ باید برای همه آن‌ها، فکر کرده باشم. [اما] باید مثال‌هایی بزنم.

فرد پارانویایی پرخاشگر نمی‌تواند این طرز فکر را علنی کند که کار اشتباهی انجام داده و یا باید از دارایی‌هایش جدا شود. بنابراین، تصور می‌کند که قضاوت از نظر قانونی ارزش ندارد و او اشتباه نمی‌کند و غیره. این مورد بسیار واضح است و شاید کاملاً غیرمبهم نباشد. شاید بتوان به سادگی آن را حل کرد.

افراد نجیب‌زاده نمی‌توانند با این طرز فکر مواجه شوند که ممکن است در جنگ شکست بخورند. بنابراین، شکست نمی‌خورند و روی پیروزی حساب نمی‌کنند. این مثالی برای پارانویای جمعی است و توهم خیانت را ایجاد می‌کند.[۲]

یک فرد الکلی هیچ‌وقت به خودش اعتراف نمی‌کند که به خاطر نوشیدن، ناتوان شده است. هرچند، حتی اگر الکل بیشتری را بتواند تحمل کند، نمی‌تواند این بینش را تحمل کند. بنابراین، همسرش را سرزنش می‌کند. توهم حسادت و غیره.

فرد خودبیمارانگار برای مدتی طولانی با خودش کشمکش پیدا می‌کند تا وقتی که کلید احساسش را در شدت بیمار بودن پیدا می‌کند. او به خودش اعتراف نخواهد کرد که این از زندگی جنسی‌اش ناشی می‌شود، بلکه اگر بیماری‌اش، همان‌طور که موبیوس می‌گوید، درون‌زاد نباشد و بیرون‌زاد باشد باعث خشنودی بسیار او می‌شود. بنابراین، مسموم شده است.

افسری که از ترفیع او غفلت شده است، به این نیاز دارد که فکر کند توطئه‌ای علیه او وجود دارد و در اتاقش کسی جاسوسی او را می‌کند. در غیر این صورت، مجبور است به کشتی شکستگی‌اش اعتراف کند.

چیزی که به این صورت ایجاد می‌شود نیاز نیست همیشه هذیان گزند و آسیب باشد. خودبزرگ‌بینی می‌تواند در دور نگه داشتن افکار استرس‌زا از ایگو، حتی موثرتر باشد. برای نمونه، آشپز پژمرده را در نظر بگیر که باید خود را به این فکر عادت بدهد که برای همیشه از شادی در زندگی خودش را جدا کرده است. این لحظه درستی برای (ظهور)

یک نجیب‌زاده از خانه روبه‌رویی است که قصد دارد با او ازدواج کند و سبب می‌شود به صورت فروتنانه‌ای او را درک کند. با این وجود و به روش غیرقابل اشتباهی.

در هر نمونه، طرز فکر هذیانی با همان انرژی حفظ می‌شود که طرز فکر دیگری، که به صورت غیرقابل تحملی پریشان‌کننده است و از ایگو رانده می‌شود. بنابراین، همان‌قدر که خودشان را دوست دارند، توهمشان را هم دوست دارند. راز این است و اکنون، چطور این نوع دفاع با دفاع‌هایی که قبلاً می‌شناختیم مقایسه می‌شود:

۱) هیستری

۲) افکار وسواسی

۳) گم‌گشتگی توهمی

۴) پارانویا

مواردی که باید در نظر داشت؛ تأثیر، محتوای فکر و هذیان‌ها. (خلاصه را ببین)

۱) هیستری: ارتباط تفکر ناسازگار با ایگو را نمی‌پذیرد. محتوا در یک فضای مجزا حفظ می‌شود و در خودآگاه وجود ندارد. تأثیر آن با تبدیل شدن در زمینه جسمانی قابل بررسی است. روان‌رنجوری، تنها نتیجه آن است.

۲) افکار وسواسی: بار دیگر، ارتباط تفکر ناسازگار با ایگو پذیرفته نمی‌شود. تأثیر آن حفظ می‌شود و محتوا با یک رونوشت جایگزین می‌شود.

۳) گم‌گشتگی هذیانی: تمام تفکر ناسازگار (تأثیر و محتوا) دور از ایگو نگه داشته می‌شود و این فقط به قیمت جدایی جزئی از دنیای بیرونی امکان‌پذیر است. کسی به توهم متوسل می‌شود که با ایگو دوست است و از دفاع حمایت می‌کند.

۴) پارانویا: تأثیر و محتوای تفکر ناسازگار حفظ می‌شوند، در تعارض مستقیم با مورد ۳؛ اما به دنیای بیرونی فرافکنی می‌شوند. توهم که به بعضی از صورت‌های (بیماری) ایجاد می‌شود، با ایگو دشمنی دارد اما از دفاع حمایت می‌کند. در مقابل، روان‌پریشی هیستریایی، دقیقاً تفکری است که از به‌دست آوردن منفعت دوری گزیده است. انواع آن، حمله و حالت ثانویه است. توهم‌ها با ایگو دشمنی دارند. *طرز فکر هذیانی* یا یک کپی از این طرز فکر دفع‌شده یا خلاف آن (خود بزرگ‌بینی) است. پارانویا و گم‌گشتگی توهمی دو روان‌پریشی لجبازی یا ناسازگاری هستند.[۳] «به خود نسبت دادن» در پارانویا شبیه توهم در حالت گم‌گشتگی است، زیرا این دو به دنبال اثبات خلاف واقعیت هستند که

دفع شده است. بنابراین، به خود نسبت دادن همیشه به دنبال اثبات درستی فرافکنی است.

	تأثیر	محتوای تفکر	توهم	پیامد
هیستری	با تبدیل سر و کار دارد	درخودآگاه وجود ندارد	-----	دفاع ناپایدار با فایده رضایت‌بخش
تفکر وسواسی	حفظ شد	در ناخودآگاه وجود ندارد، جایگزین پیدا شد	-------	دفاع پایدار بی‌فایده
گم‌گشتگی توهمی	وجود ندارد	وجود ندارد	دوستانه با ایگو، دوستانه با دفاع	دفاع پایدار با فایده عالی
پارانویا	حفظ شد	حفظ شد، فرافکنی شد	دشمن با ایگو، دوستانه با دفاع	دفاع پایدار بی‌فایده
روان‌پریشی هیستریایی	تسلط بر خودآگاه	تسلط بر خودآگاه	دشمن با ایگو، دشمن با دفاع	شکست دفاع

1. Gotthold Lessing , Emilia Galotti

پرده ۴، صحنه ۷

۲. اشاره به پیامدهای جنگ فرانکو-پروسیان در سال ۱۸۷۰

3. Troz- Oder Justamentpsychosen

اینها اصلاحات وینی هستند که به لجبازی و دقیقاً برعکس انجام دادن کاری که از آن‌ها انتظار می‌رود، اشاره می‌کنند.

۲۵ فوریه ۱۸۹۵

ویلهلم عزیز!

باید فوراً نامه‌ای برایت بفرستم. آن گزارش در مورد دردهای زایمان که در وینیر آلگمین زیتونگ[1] چاپ شده بود، حقیقی و منطقی است و فقط مستحق اصلاح این نکته است که گویی به نظر می‌آید او[2] مستقیماً با تو تماس گرفته است. لطفاً خیلی سخت‌گیر نباش! مردم واقعاً می‌خواهند چیزهای جدیدی از این دست بشنوند و تو به عبای فضیلت نیازی نداری.

با احترام!

ز

۱. این مقاله در (!) بیست و ششم فوریه ۱۸۹۵ در صفحه ۴ چاپ شد. یک گزارش نیم‌ستونی به نام "Eine neue Medizinische Entdeckung"، «در کلینیک زنان پروفسور کروبک، پزشک برلینی، دکتر ویلهلم فلیس آزمایشاتی انجام می‌دهد تا درد زایمان را با استفاده از کوکائین یا استخوان مخروطی پائینی و اصطلاحاً برجستگی بینی، حذف کند یا حداقل آن را کاهش دهد» عبارتی که فروید، به آن اشاره می‌کند و می‌گوید: «همان‌طور که خود دکتر فلیس به ما گفت هنوز نتوانسته است در مورد اهمیت کشفی که انجام داده، عقیده‌ای قطعی را شکل دهد». به طرز عجیب، این مقاله را این‌طور ادامه می‌دهد: «ضمناً، دکتر فلیس امروز به برلین بازمی‌گردد» و هرچند، شاید این اشاره به زمانی است که مقاله نوشته شده و نه زمانی که چاپ شده است.

۲. یعنی گزارشگر

اِما اکستاین در ۱۸۹۵ پیش از عمل جراحی

زیگموند فروید (۱۹۳۶ تا ۱۸۵۶) و ویلهلم فلیس (۱۹۲۸-۱۸۵۸) در دهه ۱۸۹۰

۴ مارس ۱۸۹۵

عزیزترین ویلهلم!

ناعادلانه است که برای مدتی طولانی، پاسخ نامه تو را نداده‌ام. اکنون، مطالب زیادی روی هم جمع شده است. نخست، از تصویر شروع می‌کنم. این تنها عکسی است که می‌توان آن را مد نظر قرار داد. من آن را تقدیم می‌کنم. ما (دیگر) زیبا نیستیم، اما کاملاً نشان می‌دهد که بعد از جراحی، از بودن تو در کنار خودم چقدر خوشحالم.

خب، سپس اصلاحیه تو. من چندین بعدازظهر پس از دریافت نامه‌ات به دنبال آن گشتم، اما چیزی پیدا نکردم. بروئر فکر می‌کند هیچ کاری نمی‌توان در مورد آن انجام داد، چون از تو فقط برای اثبات مطلبی نام برده شده که به نتیجه‌گیری نرسیده است و تو نمی‌توانی مشاجره کنی.[۱] من عقیده دارم باید آن را رها کرد، ارزش تلاش کردن ندارد. تا وقتی که تو کروبک را مجاب کرده باشی که بی تقصیری، از همه آسیب‌های احتمالی پیشگیری می‌شود. درباره باقی مطالب، دیگر موضوع مهمی نیست. طبیعتاً، اکنون، دارند در مورد تجربیات تو صحبت می‌کنند و این حرف را می‌زنند که موفق نشده‌اند. شاوتا[۲] احتمالاً آن‌ها را تأیید نمی‌کند. به خودت تردید نکن.

سوم، می‌دانم که هر دوی شما به آنفولانزا مبتلا شده‌اید و امیدوارم خیلی زود آنفولانزایتان بهبود یابد. من تلگرامی به تو نفرستادم که جویای سلامتی‌ات شوم، چون فرض من بر این است که زمان بیشتری برای تماس با مادر داشته باشی. من شنیده‌ام که آنفولانزای او مجدد عود کرده است. همه ما هنوز خوبیم، به جز این، پرونده‌های زیادی داریم که از لحاظ کاری سبک هستند.

چهارم، شرایط اکستاین هنوز هم رضایت‌بخش نیست:[۳] ورم دائمی، بالا و پایین رفتن «مثل یک بهمن»،[۴] دردی که به مورفین جواب نمی‌دهد و شب‌های بد. از دیروز، ترشح چرکی کاهش یافته است. پریروز (شنبه) خون‌ریزی شدیدی داشت. احتمالاً در نتیجه خارج کردن تکه استخوانی به اندازه یک هِلِر[۵] و دو کاسه پر، چرک بیرون آمد. امروز، شستشوی زخم جواب نداد و به این دلیل که درد و ورم به طرز قابل مشاهده‌ای افزایش یافته، خودم را ترغیب کردم که با گرسونی تماس بگیرم. (به هر حال، او به شدت جزیره *مردگان* [نوشته بوکلین] را تمجید کرده است). او توضیح داد که دسترسی به‌طور قابل توجهی سخت شده و برای تخلیه کافی نیست. لوله تخلیه را وارد کرده و اگر این لوله در

بدن نماند، می‌بایست زخم [استخوان؟] را باز کند. براساس حس شهود، همه این‌ها احتمالاً درست هستند. لطفاً توصیه موثق خود را برایم بفرست. من به دنبال انجام جراحی جدید روی این دختر نیستم.

پنجم، بعد از همه این‌ها، یک چیز خوشایند. در این مقاله در مورد نظریه‌های هیستری (برای کتابمان)، بروئر سردردهای مربوط به بینی و حذف دردهای آمیزشی [از مسیر] بینی را به عنوان تصویری از اثرات عمل از راه دور [از اندام تحت تأثیر واقع‌شده] ذکر می‌کند. به تو تبریک می‌گویم. قرار بود در کلاس شنبه‌ام سخنرانی کند، اما سه بار تأخیر داشت و هر بار با معذرت‌خواهی انصراف داد و من مجبور بودم جای او را بگیرم. بسیار نگران بودم، اما فقط خستگی بود. عصر یکشنبه، او را دیدم و یک بار دیگر -احتمالاً برای مدتی کوتاه– با صحبت کردن در مورد اکستاین که تو هم واقعاً با آن آشنا نیستی، بر او پیروز شدم. وقتی تو نیستی و من از سیستم خودم عصبانی می‌شوم، باز هم مطالب زیادی را در برآورد من افزایش می‌دهد. به هر حال، در این مقاله، او تمام ایده‌های مرا می‌پذیرد و دائماً در مورد تبدیل و دفاع صحبت می‌کند. احتمالاً به این خاطر که به روش دیگری کار نخواهد کرد.

ششم، از نظر علمی چیز جدید کمی وجود دارد. من دارم با عجله مقاله‌ای در مورد درمان هیستری می‌نویسم. بنابراین، تأخیرم [در نوشتن نامه برای تو] به همین دلیل است. مورد ما درباره ضعف (بینی) توسط پروفسور لانگ[۶] به رسمیت شناخته شده است و اکنون، شاهکار تیزهوشی تشخیصی در نظر گرفته می‌شود.

به غیر از این‌ها، جز بیماری مزمن‌ام چیز دیگری نیست که بخواهم برایت ضمیمه کنم. حداکثر چیزی که دارم یک آنالوژی کوچک در مورد روان‌پریشی رویایی اِما[۷] که شاهد بودیم. رودی کافمن، نوه بسیار باهوش بروئر که پزشک هم هست، یک دیرخیز است و میلی به اطاعت کردن از خدمتکاری که از خواب بیدارش می‌کند، ندارد. یک روز صبح باز هم خدمتکار او را بیدار می‌کند و چون او نمی‌خواست به حرف‌های خدمتکار گوش کند، خدمتکار او را به اسم صدا میزند: «آقای رودی». بعد از آن، فرد خوابیده یک چارت بیمارستانی را در رویا می‌بیند (با رودولفنیر هاوس مقایسه کن) که نام رودولف کافمن روی آن نوشته شده است و به خودش می‌گوید: خب، ر. ک. اکنون در بیمارستان است و نیازی نیست من به آن‌جا بروم و به خوابیدن ادامه می‌دهد.

هفتم، هنوز نتوانسته‌ام با پاشکیس صحبت کنم. من هم باید از او به خاطر نفرستادن اثبات‌ها گلایه کنم. بنابراین، همه‌چیز از اشتباهات املائی تا خطاهای چاپگر که معنی را دچار مشکل می‌کنند، باقی می‌مانند. ممکن است با مقاله کوتاهی در مورد میگرن برخورد کنی. این مقاله تنها شامل دو ایده مهم است.

فردا باید در خانه بوندی‌ها بشنوم که حال همه شما چطور است. در این فاصله، با صمیمانه‌ترین احترام‌ها، سه‌شنبه بعد از رفتن تو، شهر با وجود جمعیتی که برای احترام گذاشتن به آلبرچت[۸] بیرون آمده بودند، خالی بود.

من و همه ما آرزوی بهبودی سریع تو را داریم.

با احترام!

زیگموند

۱. اشاره‌ای به مقاله ذکرشده در نامه قبلی

2. Friedrich Shauta

(۱۹۱۰–۱۸۴۹)، مدیر فرانکلینک در آلگمین کرانکن هاوس در وین. برای اطلاعات بیشتر در مورد او، لسکی (۱۹۷۸ صفحه ff ۴۷۶) را ببینید.

۳. این اولین اشاره به جراحی انجام‌شده توسط فلیس روی اِما اکستاین است. مکس شور (۱۹۶۶-۱۹۷۲) که به نامه‌های منتشرنشده فروید به فلیس دسترسی داشت، اولین کسی بود که براساس مدارک در مورد این داستان مهم در شغل فروید، نوشت. براساس اطلاعات بیشتر در نامه‌های فروید به اکستاین و مطالب منتشرشده از اکستاین، سعی کرده‌ام اهمیت این بیمار را برای تفکر نظری فروید در آن زمان نشان دهم. مبحث پرجزئیاتی از این موضوع پیچیده در ماسون (۱۹۸۴) ارائه شده است.

۴. این یک عبارت فکاهی متداول در آلمان است که معمولاً برای گفتن این حرف استفاده می‌شود: «زندگی مانند یک بهمن است، بالا و پایین دارد». (البته که بهمن فقط در یک جهت حرکت می‌کند)

۵. هِلِر یک سکه کوچک است.

6. Eduard Lang

(تولد۱۸۴۱) پروفسور پوست‌شناسی در وین و متخصص در سفلیس بود. مورد ذکرشده در تحلیل دورا «تکه‌ای از تحلیل یک مورد مبتلا به هیستری» (S.E.۷ :۱۶ n). احتمالاً موردی است که دارد به آن اشاره می‌شود. در آن‌جا فروید می‌نویسد: «یک پزشک دیگر، خواهرش را برای درمان روانی نزد من فرستاد و گفت سال‌هاست که تحت درمان ناموفق برای هیستری (دردها و شیوه‌های ناقص) قرار دارد. توضیح کوتاهی که او به من داد به نظر کاملاً منطبق با

تشخیص بود. در اولین ساعت کار با بیمار، او را قانع کردم که خودش داستانش را به من بگوید. وقتی داستان با وجود رویدادهایی که با آن سر و کار داشت، کاملاً روشن و مرتبط گفته شد، من به خودم گفتم که این مورد نمی‌تواند هیستری باشد و فوراً یک معاینه جسمی دقیق انجام دادم که منجر به تشخیص مرحله نه چندان پیشرفته ضعف شد که سپس با تزریق Hg (خاکستری .Ol) توسط پروفسور لانگ درمان شد و نتایج بسیار مفیدی داشت.

۷. من دقیقاً نمی‌دانم منظور فروید از «روان‌پریشی رویا» چیست. او با گفتن «ما» احتمالاً به این واقعیت اشاره می‌کند که اِما اکستاین را در کنار فلیس دیده یا معاینه کرده است. مشخص نیست فروید اولین بار، چه زمانی در مورد اکستاین با فلیس صحبت کرده است. چون این اولین نامه‌ای است که در آن از اِما نام می‌برند، احتمالاً در یکی از ملاقات‌های فروید با فلیس در مورد او صحبت شده بوده است.

8. Field marshal Archduke Albrecht

(۱۸۹۵-۱۸۱۷) فرمانده کل ارتش اتریش-مجارستان، عضو خانه هاپسبورگ، در هجدهم فوریه ۱۸۹۵ در آرکو ایتالیا فوت کرد. فروید به وضوح به جمعیتی اشاره می‌کند که به مراسم خاک‌سپاری او که در وین برگزار شد، می‌رفتند.

تاریخچه پرونده (۴ مارس ۱۸۹۵)
[ضمیمه‌شده با نامه]

آخرین روزی که این‌جا بودی، ناگهان چندین پوسته زخم از سمت راست بینی‌ای خارج شد که روی آن جراحی انجام نشده بود. در اولین ساعات روز بعد، نخست از سمت راست چرکی قطور و قدیمی با لخته‌های خون خارج شد و طولی نکشید که در سمت چپ نیز همین اتفاق افتاد. از آن زمان به بعد، آب‌ریزش بینی ادامه داشته است. فقط امروز، ترشح چرکی تا حدودی کمتر شده است. علائم کم اما منظمی وجود دارد؛ صبح، بینی پر است، سردرد وجود دارد و تا وقتی که مواد زیادی تخلیه نشود، بهتر نمی‌شود، در وقفه‌ها گاهی اوقات دچار میگرن می‌شود. هرچند، هیچ‌چیز شدید نیست. در روزهای اول، من با غرور متوجه شدم می‌توانم بدون تنگی نفس از پله‌ها بالا بروم. در سه روز گذشته، درد در ناحیه قلب و ضربان نامنظم و ناتوانی شکیلی داشتم. مثلاً، امروز وقتی به جایی رسیدم و دیدم کالسکه مشاور (دیگری) جلوی در منتظر است، از پله‌ها بالا دویدم و در بالای پله‌ها تا پنج دقیقه نمی‌توانستم صحبت کنم و مجبور شدم بپذیرم که بیمارم

و غیره. سه روز پیش، بعد از گرفتن ماساژ همه‌چیز دوباره مثل روزهای قدیم تکرار شد. امروز باز هم می‌خواستم (تقریباً) جوان بمیرم.
هرچند، این اطلاعات، طراحی نشده‌اند که سبب شوند کسی احساس راحتی کند، اما کمی خشنودی ایجاد می‌کنند. چون باز هم تأکید می‌کنند که شرایط قلب به شرایط بینی بستگی دارد. نمی‌توانم دومی را عفونت جدیدی بدانم. تصور می‌کنم واقعاً همان‌طور که تو حدس زده بودی، انباشت کانونی چرک (استخوان اسفنوید راست) مسئول تولید چرک است، مانند اِتنای خصوصی.
اما هیچ دلیلی ندارد که بیایی. من باید در عوض برایت با وفاداری گزارش بدهم.

۸ مارس ۱۸۹۵

عزیزترین ویلهلم!
همین حالا نامه‌ات را دریافت کردم و می‌توانم فوراً به آن پاسخ بدهم. خوشبختانه، سرانجام، راهم را روشن می‌بینم و درباره خانم اکستاین اطمینان خاطر دارم و می‌توانم گزارشی را به تو ارائه کنم که احتمالاً همان‌قدر که مرا نگران کرد تو را هم نگران می‌کند، اما امیدوارم هرچه سریع‌تر آن را رفع کنی.
من برایت نوشتم که تورم و خون‌ریزی قطع نمی‌شود و ناگهان بوی تعفن بلند می‌شود و این‌که مانعی برای آب‌ریزش وجود دارد (آیا این [برای تو] جدید است؟) من ترتیبی دادم که گرسونی به این‌جا بیاید. او لوله تخلیه را وارد کرد و امیدوار بود وقتی که تخلیه دوباره از سر گرفته شود همه‌چیز درست شود، اما در نهایت نسبتاً احتیاط می‌کرد. دو روز بعد، صبح که از خواب بیدار شدم -باز هم خون‌ریزی فراوان و درد و غیره شروع شده بود. گرسونی پشت تلفن جواب داد که تا بعدازظهر در دسترس نیست. بنابراین، از روزانِس[1] خواستم که مرا ببیند. او ظهر این کار را کرد. هنوز هم خون‌ریزی متوسطی از بینی و دهان وجود داشت. بوی تعفن بسیار بد بود. روزانس اطراف محیط باز را پاک کرد، چند لخته خون چسبیده را برداشت و ناگهان چیزی مانند یک ریسمان را کشید و به کشیدن ادامه داد. پیش از این‌که هر یک از ما وقتی برای فکر کردن داشته باشیم، دست کم، نیم متر گاز پانسمان از حفره بیرون کشیده بود. لحظه‌ای بعد سیلی از خون جاری شد. رنگ بیمار سفید شد، چشمانش بالا رفت و هیچ ضربانی نداشت. هرچند، پس از آن، دوباره

حفره را سریع با گاز یدوفوم تازه پر کرد و خون‌ریزی بند آمد. این کار حدود نیم دقیقه طول کشید، اما همین هم کافی بود که سبب شود مخلوق بیچاره‌ای که آن موقع او را روی زمین خوابانده بودیم، غیرقابل شناسایی شود.

در همین فاصله -یعنی بعد از آن- چند چیز دیگر رخ داد. در لحظه‌ای که جسم خارجی بیرون آمد و همه‌چیز برایم آشکار شد -و من فوراً بعد از آن با چشم بیمار مواجه شدم- احساس تهوع کردم. بعد از این‌که پانسمان انجام شد، من به اتاق بغلی دویدم و یک بطری آب خوردم، احساس بدبختی می‌کردم. بانوی دکتر[2] شجاع، یک لیوان کوچک کنیاک برایم آورد و من دوباره خودم شدم.

روزانس پیش بیمار ماند تا من ترتیبی بدهم که هر دوی آن‌ها از طریق استریتنفلز به آسایشگاه لیو[3] بروند. بعدازظهر آن روز، چیز دیگری روی نداد. روز بعد، یعنی دیروز، پنجشنبه، جراحی با کمک گرسونی دوباره تکرار شد. استخوان کاملاً شکسته شده بود. پانسمان را برداشتیم و زخم را تراشیدیم. بعد از آن، خون‌ریزی بسیار کمی ایجاد شد. از آن زمان به بعد او دیگر در خطر نیست. طبیعتاً، رنگ‌پریده است و با تورم و درد تازه اذیت می‌شود. در آن خون‌ریزی شدید،[4] بیهوش نشد، وقتی من لرزان به اتاق برگشتم، با تذکری مهربانانه به من گفت: «پس جنس قوی (مردها) این است».

من باور ندارم که خون سبب دستپاچگی‌ام شده باشد. در آن لحظه، احساسات عمیق در من فوران کردند. ما در حق او بی‌عدالتی کرده بودیم. او اصلاً غیرعادی نبود بلکه وقتی تو گاز یدوفرم را برمی‌داشتی، تکه‌ای از آن که چهارده روز در سرش باقی مانده بود و مانع خوب شدنش می‌شد در نهایت، پاره شد و خون‌ریزی را تحریک کرد. اگر این اتفاق ناگوار برای تو رخ می‌داد؛ وقتی آن را می‌شنیدی، چه واکنشی نسبت به آن نشان می‌دادی؟ بقیه در مورد آن، چه می‌گفتند؟ چقدر اشتباه کردم که تو را مجبور کردم در شهر دیگری که نمی‌توانی بیمار را باز هم ببینی جراحی کنی. چطور نیتم از انجام همه تلاشم[5] برای این دختر بیچاره به شکل خائنانه‌ای بی‌نتیجه ماند و زندگی او را به خطر انداخت. همه این‌ها هم‌زمان به من هجوم آوردند. اکنون، روی آن کار کرده‌ام. در آن زمان، کاملاً آگاه نبودم که به سرزنش‌های روزانس فکر کنم. فقط ده دقیقه طول کشید که او بفهمد چیزی در داخل وجود دارد. اگر من بودم آن را بیرون نمی‌کشیدم، چراکه حتماً خون‌ریزی رخ می‌داد بلکه چیزهای دیگری را نیز فرو کرده و او را به لیو می‌بردم و

در آن‌جا آن را هم‌زمان تمیز و باز می‌کردم. اما او هم درست به اندازه من متعجب شده بود.

اکنون، که کاملاً به آن فکر کرده‌ام، چیزی به جز دلسوزی صمیمانه برای غم‌هایم وجود نداشت. واقعاً نباید این‌جا تو را آزار می‌دادم، اما من برای اعتماد کردن به تو در این موضوع و موضوعات دیگر همه دلایل را دارم. تو این کار را به همان خوبی که هرکس می‌تواند انجام دهد، انجام دادی. پاره کردن گاز یدوفرم، به عنوان یکی از حوادثی باقی می‌ماند که برای بسیاری از جراحان خوش‌شانس و محتاط روی می‌دهد. همان‌طور که از غده شکسته و بیهوشی خواهرزنت می‌دانی. گرسونی گفت که او هم تجربه مشابهی داشته است و بنابراین، به جای گاز از فیتیله یدوفرم استفاده می‌کند. (تو هم مورد خودت را به خاطر خواهی سپرد) البته، هیچ‌کس تو را سرزنش نمی‌کند و من حتی نمی‌خواهم بدانم چرا باید این کار را بکنند. فقط امیدوارم، همان‌قدر سریع که من با احساس دلسوزی بقیه را مجاب کردم که لازم نیست دوباره اعتمادم به تو را بیان کنم، تو هم به این‌جا برسی. برای یک روز فکر کردم که نمی‌خواهم این موضوع را با تو مطرح کنم، اما بعد احساس خجالت کردم و این نامه را نوشتم.

علاوه بر این، بقیه خبرها واقعاً مهم نیستند. تا جایی که شرایط من اهمیت دارد، کاملاً حق با توست. به طرز عجیبی برای من ساده‌تر است که هنگام داشتن مشکلات خفیف این‌چنینی پربازده باشم. بنابراین، حالا دارم پشت سر هم صفحات «درمان هیستری» را می‌نویسم.

یک ایده عجیب از یک نوع دیگر، که فقط وقتی که اکستاین را از ذهنمان بیرون کردیم، باید آن را به تو بدهم. این‌جا آنفولانزا کاملاً گسترش یافته، اما خیلی شدید نیست. مادر تو هم هنوز کاملاً خوب نشده است.

به زودی باز هم باید برایت نامه بنویسم و با جزئیات کامل، وضعیت اِما را گزارش کنم. از نظر علمی، کاملاً ویران شده است. آنفولانزا کار متخصصان را زیاد کرده است. می‌دانم که واقعاً سبب رنج و آسیب تو شده، فقط اجازه بده بعد از آن کمی استراحت کنی. اگر من هم مبتلا به آنفولانزا شوم تصمیم دارم همین کار را بکنم.

با صمیمانه‌ترین درودها!

زیگموند تو

1. Ignaz Rosanes

نتوانستم چیزی از ایگناز روزانس، متخصص گوش و حلق و بینی در وین بفهمم، به جز این‌که دوست دوران بچگی فروید است (به‌دست‌آمده از نامه‌های منتشرنشده فروید به ادوارد سیلبرستین) و فروید همسر او را درمان کرده است (قسمت ذیل را ببینید) و این‌که او در سال ۱۸۹۴ مدیر بیمارستان کرونپزسین استفانی بوده است.

۲. مشخص نیست فروید در این‌جا به چه کسی اشاره می‌کند. احتمالاً اما اکستاین با یکی از برادر یا خواهرهایش زندگی می‌کرده است. بانو دکتر می‌تواند همسر دکتر باشد یا عنوان استفاده‌شده توسط یکی از خواهران اکستاین.

3. Sanatorium Loew

منبع آن نامشخص است

۴. از نظر لغوی: صحنه خون‌ریزی تا حد مرگ

۵. شور (صفحه ۵۷، ۱۹۶۶) می‌نویسد: استفاده فروید از واژه "anzutun" یا "antun" کاملاً مبهم است. ترجمه صحیح آن «زجر» است که عموماً در صحنه درد و خشونت زجرآور و غیره استفاده می‌شود. هرچند، براساس اولین ویرایش دیکشنری مورت-ساندرس (اواخر قرن نوزدهم) و همچنین، دیکشنری شش جلدی موجود دودن، اولین معنی **antun**، مثبت است. مثالی که هر دو دیکشنری بیان کرده‌اند، این است: «کار خوبی انجام دادن برای کسی». معنی دوم، همان است که شور می‌گوید. بنابراین، این جمله نباید مدرکی از دوسوگرایی فروید باشد بلکه می‌تواند چیزهای دیگری در نامه باشد.

۶. واژه آلمانی آن Bedauern است که می‌تواند به معنی پشیمانی و افسوس باشد.

۱۳ مارس ۱۸۹۵

عزیزترین ویلهلم!

خجالت‌آور است که هر دوی ما وقتی این همه‌چیز پیش رویمان داریم از این همه بیماری، رنج می‌بریم. خوشحال شدم که باز هم چیزی را از تو دیدم. تقریباً عادت کرده‌ام که کمبودها و شکاف‌های گزارش تو را بد تعبیر کنم.

امیدوارم دفعه بعدی برایم بیشتر بنویسی و مطالب بهتری هم در نامه‌ات باشد. سرانجام، اوضاع در مورد اکستاین دارد بهتر می‌شود. همان‌طور که در طول سه هفته گذشته روبه‌راه بودند.

این نشانه خوبی است که او نظرش را نسبت به هیچ‌یک از ما تغییر نداده و فراتر از حادثه ناخواسته به یاد تو احترام می‌گذارد.[1]

تقریباً از هر لحاظ یک دوره وحشتناک برای من بود، محدودیت بیش از حد فعالیت‌های حرفه‌ایم به خاطر آنفولانزای همه‌گیر نیز برای من بد بود. تنها چیزی که از هفته گذشته به خاطر می‌آورم این است که پنجاه و دو صفحه چاپ‌شده در مورد روان‌درمانی هیستری نوشتم. باید نمونه صفحه‌بندی‌نشده آن را به تو بدهم تا بخوانی. به جز این، نسبتاً احساس ازکارافتادگی و کرختی و تقریباً مالیخولیایی دارم، همه علائقم معنای خودشان را از دست داده‌اند. ناامیدی به دنبال احساس تنهایی فزاینده، پس از آن مدت طولانی که با هم بودیم، احتمالاً در این حالت‌ها سهمی دارد.

پانزده مارس. امروز سرانجام، نامه‌ات رسید و نشان داد که باز هم حالم خوب است. اما گوش کن! دو نامه از کروبک دقیقاً همان چیزی هستند که ما آن‌ها را در این‌جا به عنوان متمم *خوش‌خلقی* کروبکی می‌شناسیم؛ کم‌فکر و بی‌اعتبار. این گزارش‌هایی را که در حال انجام است، تأیید می‌کند. گرسونی می‌گوید کروبک همیشه عقایدش را با اطرافیانش سازگار می‌کند. درواقع، متقاعد شدم که گزارش تو قابل احترام است و در طول چند هفته آینده اثرش مشخص می‌شود. کدام نوع از موشکافی و باریک‌بینی به او این حق را می‌دهد که بگوید درد زایمان با آزمایش تو از بین نرفته است؟

بروئر مانند پادشاه دیوید است. وقتی که کسی می‌میرد او خوشحال می‌شود. قبلاً بسیار تحت تأثیر قرار می‌گرفت. به‌تازگی، پس از یادداشت مؤدبانه‌ای از طرف من، بیان کرده است که نمی‌خواهد این‌قدر مؤدبانه با او رفتار کنم. او در پاسخ خود گفته است:[۲] پس از این‌که تو به وین آمدی، این کار همیشه برایم ساده‌تر شد. چون از آن زمان به بعد، به اندازه کافی خودم را خالی کرده‌ام و تو پشتم بوده‌ای.

دیروز باز هم خانم کِی. نامه‌ای برای من فرستاد، چون در قفسه سینه‌اش درد گرفتگی عضله داشت. به‌طور کلی، این درد به علت سردردهایش بوده است. در مورد او، یک روش درمانی عجیب را از خودم اختراع کرده‌ام. من به دنبال مناطق حساس می‌گردم، آن‌ها را فشار می‌دهم و بنابراین، حمله‌های لرزشی‌ای را تحریک می‌کنم که او را رها می‌کند. قبلاً این مناطق سوپراوربیتال و استخوان غربالی بودند. اکنون، (گرفتگی عضله سینه) دو ناحیه در دیواره سمت چپ قفسه سینه، کاملاً شبیه به دردهای من هستند. وقتی نقطه‌ای در زیربغلش را فشار می‌دهم، او می‌گوید آن را در کل دست تا انگشتانش حس

می‌کند. او مانند من خودبه‌خود همه این دردها را ندارد. تصادفاً، بروئر هم آمد و به او گفت که با این وجود باید به برلین بیاید.
از نظر جراحی، اکستاین خیلی زود خوب خواهد شد، (اما) اکنون، اثرات عصبی آن حادثه دارند شروع می‌شوند؛ حمله‌های هیستریایی در شب (حمله‌های شبانه هیستریایی) و علائم مشابهی که من باید کار کردن روی آن را شروع کنم. اکنون زمان آن رسیده است که تو این اشتباه کوچک ناخواسته‌ات را که بروئر آن را این‌گونه می‌نامد،[3] ببخشی.
من چطور بوده‌ام؟ در یک کلمه، مثل سگ، بدبخت. از دیروز بعدازظهر این احساس کمتر شده است و باز هم یک انسان با عواطف انسانی شده‌ام. ایده‌هایی جدید و پیشنهادهایی دارم برای چند سال بیشتر زندگی کردن. تاکنون، به این اندازه بد نبوده است. حالا، ترشح چرکی کاملاً ناچیز است، همه‌چیز با یک پوسته زخم شروع شد که تو هم در آن مدت این‌جا بودی.
من با پیش‌بینی خواسته‌های تو به سرعت دو جین از عکس‌هایمان را سفارش دادم و بنابراین، بدون این‌که مجبور باشم با عکاس تماس بگیرم، حالا می‌توانم سه عکس دیگر هم برایت بفرستم. سرانجام، تعداد کسانی که تو می‌خواهی این عکس مشترک را به آن‌ها بدهی زیاد نخواهد بود.
از نظر علمی، من اکنون دارم مانند لیتروی سوم[4] در دبیرستان عمل می‌کنم؛ ثابت مانده‌ام. بسیاری از یافته‌های روان‌رنجوری را به شکل خصوصی، به مؤسسه روان‌پزشکی گزارش کردم و سرانجام از درک پائین دیگران به ستوه آمدم و باز هم دارم عقب‌نشینی می‌کنم. اجازه می‌دهم آن‌ها کسانی باشند که بهتر می‌دانند. بحث افکار وسواسی، هنوز شکل نگرفته،[5] کرافت ناخوش است و در انظار عمومی آشکار نمی‌شود.
بیست مارس. وقایعی که در خلال این مدت رخ داد، نوشتن این نامه را به تأخیر انداخت. امروز می‌توانم آن را ادامه بدهم و نتیجه‌گیری کنم. اعتراف می‌کنم که بدحالی‌ام در پست کردن این نامه دخیل است. حالا می‌توانم برایت بگویم که از پریروز به بعد، باز هم ناگهان احساس خیلی خوبی پیدا کرده‌ام -تقریباً مثل وقتی هستم که تو این‌جا بودی. ترشح چرکی چند روز پیش متوقف شد.

اکستاین بیچاره خیلی خوب نیست. این دلیل دیگری است برای به تعویق افتادن نامه‌ام. او ده روز پس از جراحی دوم در پی یک دوره طبیعی، ناگهان باز هم از یک منطقه نامعلوم دچار درد و تورم شد. روز بعد، خون‌ریزی رخ داد و او به سرعت پانسمان شد. ظهر، وقتی که پانسمان را برداشتند تا معاینه‌اش کنند دوباره خون‌ریزی شروع شد. بنابراین، او تقریباً فوت شد. از آن زمان به بعد، باز هم روی تختخواب خوابیده، محکم پانسمان شده و حالش خیلی بد است. گوسن‌بائر و گرسونی عقیده دارند که او از یک رگ بزرگ خون‌ریزی دارد -اما کدام رگ؟- و روز جمعه در حالی که شریان سبات را فشار می‌دادند، یک شکاف در قسمت بیرونی ایجاد کردند تا ببینند آیا می‌توانند منشأ خون‌ریزی را پیدا کنند یا نه. از نظر من، دیگر امیدی به این دختر بیچاره نیست و برایم تسلی‌ناپذیر است که تو را هم درگیر کردم و چنین کار پریشان‌کننده‌ای را برایت ایجاد کردم. همچنین، برای او هم خیلی متأسفم. واقعاً شیفته او شده بودم.

با صمیمانه‌ترین احترام‌ها برای تو و آیدا!

با احترام!

زیگموند

۱. شور (۱۹۷۲، صفحه ۶۷) می‌نویسد: «فلیس هدیه‌ای برای تحت تأثیر قرار دادن دوستان و بیمارانش داشت که ارزش دانش بیولوژیکی‌اش را نشان دهد، تخیل دور از دسترس و ایمان خستگی‌ناپذیرش به توانایی‌های درمانی‌اش را می‌توان از وفاداری شدید بیمارانش که از مکاتبات فروید با او مشهود است نتیجه‌گیری کرد». همان‌طور که می‌بینیم، حتی بیماری که از پیامدهای خطرناک اشتباه انجام‌شده توسط فلیس رنج برده، برای بقیه عمرش به او وفادار می‌ماند. در یک پاورقی برای این متن، شور می‌نویسد: «ارتباط شخصی». هرچند، من نمی‌توانم منبع آن را معیّن کنم.

۲. بدون شک منظور فروید این بوده است: «من در پاسخ گفتم: ...».

۳. مکس شور در یک مقاله منتشرنشده به نام «گناه بازمانده» (که کپی آن را در آرشیو ایساکوور، کتابخانه کنگره است) می‌نویسد: «مکاتبات قبلاً منتشرنشده این ماه‌ها نشان‌دهنده تلاش‌های ناامیدانه فروید برای تکذیب این واقعیت بود که فلیس در هر دادگاهی به خاطر کوتاهی در جراحی و خطای مرگبارش، محکوم می‌شده است.

۴. منبع نامشخص است.

۵. در هفته‌نامه پزشکی وین، ۴۹۶: (۱۸۹۵)۲۷ گزارش از یک سخنرانی توسط فروید وجود دارد. در پایان مقاله، این عبارت آمده است: «بحث به تعویق افتاده است».

6. Karl Gussenbauer
کارل گوسن بائر (۱۹۰۳-۱۸۴۲) از شاگردان بیلروث. لسکی (۱۹۷۸، صفحات ff ۴۴۷) را ببینید.

۲۳ مارس ۱۸۹۵
۹، برگاس ۱۹

عزیزترین ویلهلم!
نتوانستم ذهنم را جمع وجور کنم تا پیش از این‌که بتوانم خبری قطعی در مورد خانم اکستاین به تو بدهم، نامه‌ای برایت بنویسم. عمل جراحی تا شنبه به تعویق انداخته شده بود و همین حالا به پایان رسید. هیچ‌چیزی نبود و هیچ کاری انجام نشد. گوسن‌بائر حفره را با دست معاینه کرد و اعلام کرد که همه‌چیز طبیعی است. او تصور می‌کند که خون‌ریزی فقط به دلیل نسج التیامی بوده است. او هیچ بدشکلی‌ای ندارد. آن‌ها به پانسمان کردن[بینی] او ادامه می‌دهند. من باید سعی کنم او را از مورفین دور نگه دارم. خوشحالم که هیچ‌یک از انتظارات بد، واقعیت پیدا نکردند. اکنون، امیدوارم که خیلی زود خبری از تو بشنوم.
با صمیمانه‌ترین درودها!
با احترام!
زیگموند

وین، ۲۸ مارس ۱۸۹۵

ویلهلم عزیز!
می‌دانم می‌خواهی اول چه چیزی را بشنوی: او به طرز قابل قبولی خوب است. دردش کاملاً کم شده است، هیچ تب و خون‌ریزی‌ای ندارد. پانسمانی که شش روز پیش در بینی‌اش فرو شده بود، هنوز هم آن‌جاست. امیدوارم از غافلگیری‌های جدید در امان باشیم. البته، شروع دوباره حمله‌های هیستریایی که مسبّب آن‌ها در این دوره بیماری وجود داشت، با تشخیص من درمان شدند.
همچنین، باید بپذیرم که تو هم هنوز خوب نشده‌ای. امیدوارم این مسئله مدت زیادی طول نکشد. فکر می‌کنم خیلی زود راه خود را پیدا می‌کنی و سپس، اول از عهده مسئله

درد زایمان برمی‌آیی. به‌تازگی، تصادفاً، با کروبک در مورد آن‌ها صحبت کرده‌ام. نظرم مساعد نیست. علاقه‌مندم ببینم که خودت از همه موارد او صرف نظر کنی. هرچند، به آن نیازی هم نداری. مردم عادی [مقاله‌ات] در مورد «درد زایمان» را به اشتباه «تولد بدون درد» فهمیده‌اند، که ادعای بزرگی است. این‌ها باید از هم متمایز شوند و غیره. مطمئن شو که حالت دارد بهتر می‌شود، چهل مورد را منتشر کن و یک کادوی چهارگانه به او بده. نمی‌دانم آیا باید به تو بگویم یا نه. من هم خیلی دلخورم.

شرایط خودم خیلی بد نیست، اما سبب می‌شود سرحال نباشم. به نظر می‌رسد ضربان نامنظم قلبم مانع تندرستی‌ام می‌شود. باز هم چند روز است که ضعف حرکتی‌ام غیرقابل تحمل شده است. من می‌خواهم پیشنهادت را بپذیرم، اما مطمئناً زمان حاضر، زمان مطلوبی برای آن نیست. به‌علاوه، تجربه کاری من بسیار کم است و من هم تا جایی که حالت روانی‌ام مد نظر است، غالباً مفید نیستم.

دو آوریل. در چند روز گذشته، واقعاً حس می‌کنم بیش از حد بی‌تفاوت شده‌ام؛ نوشتن برایم مشکل شده است –زمان‌هایی که در آن‌ها غیرقابل تحمل می‌شوم؛ دقایقی که حالت روانی بی‌ثبات من تغییر می‌کند.

اکنون، باز هم خود قدیمی‌ام شده‌ام. همچنین قلبم قوی شده، اما وحشی است و آرزو می‌کنم از بهار لذت ببرم. احتمالاً خیلی مهم نیست که من چطور بودم و چطور هستم. به جز این‌ها، مطلب جدی زیادی وجود ندارد که بخواهم برایت گزارش کنم. دفعه بعد باید بسته‌ای برایت بفرستم از تحلیلی که دارم روی آن کار می‌کنم. چون خیلی دیوانه‌کننده است، اما نمی‌دانم می‌توان بدون نظرات من از آن لذت برد. آیا نباید آن را برای یک ساعتی که با هم هستیم، کنار بگذارم؟

روان‌شناسی مرا به شدت به ستوه آورده است. لاونفلد، اولین حمله روان‌رنجوری اضطرابی را در هفته‌نامه پزشکی مونیخ چاپ کرد.[1] از او یک نسخه چاپی خواستم، تا بتوانم به آن (پاشکیس) پاسخ دهم.[2] طبیعاً، واضح‌ترین ایرادها بیان شده‌اند. روی‌هم‌رفته، خیلی دلم برایت تنگ شده است. آیا من همان فردی هستم که تا وقتی که تو نزدیکم بودی، پر از ایده و پروژه بودم؟ وقتی بعدازظهرها پشت میز می‌نشینم، معمولاً نمی‌دانم باید روی چه چیزی کار کنم.

او، اکستاین، حالش خوب است. او دختر بسیار نجیب و خوبی است که نسبت به هیچ‌یک از ما نظر بدی ندارد و با احترام زیادی در مورد تو صحبت می‌کند.
به تو التماس می‌کنم خوب بمان. فقط برای یک بار، بدون بحث‌کردن با من اخبار کاملی را از خودت به من بگو. یک بار دیگر باید تعداد زیادی نامه و ضمیمه برایت بفرستم. تو خونسردی، من نیستم.
با صمیمانه‌ترین درودها!
زیگموند
نامه‌ات را با غرور و تشکر دریافت کردم.

۱. در پایان مقاله که بازبینی مقاله فروید بود، لئوپولد لاونفلد، این نظر جالب را بیان کرده است: «نظریه فروید را می‌توان کم‌وبیش در تعداد زیادی از موارد حالت‌های اضطرابی توجیه کرد. مشاهدات خود من هم این واقعیت را بیان می‌کند که ناهنجاری در زندگی جنسی، اهمیت زیادی در پیدایش وسواس و فوبی دارد. چیزی که باید با آن مخالفت کنم، ادعای فروید در مورد اختصاصی بودن و یکسان بودن علت جنسی در موارد حالت‌های اضطرابی اکتسابی است». (صفحه ۲۸۵)
پاسخ فروید، «در نقد روان‌رنجوری اضطرابی» در روندشاو پزشکی وین منتشر شد.
۲. یعنی ژورنال او

وین، ۱۱ آوریل ۱۸۹۵

عزیزترین ویلهلم!
به شکلی ناباورانه، دوران غم‌انگیزی را پشت سر می‌گذارم. سرانجام، این کار اکستاین، به سرعت دارد به سمت پایان بد پیش می‌رود. آخرین بار به تو گزارش دادم که گوسن‌بائر، حفره زیر منطقه بی‌حسی را لمس و بررسی نموده و اعلام کرد که رضایت‌بخش است. ما امید بسیار زیادی داشتیم و بیمار به تدریج در حال بهبودی بود. هشت روز بعد[1] در حالی که پانسمان سر جایش بود، او شروع کرد به خون‌ریزی؛ چیزی که پیش از این اتفاق نیفتاده بود. بلافاصله دوباره پانسمان شد و خون‌ریزی به کمترین مقدار خود رسید. دو روز بعد، باز هم خون‌ریزی شروع شد و باز هم پانسمان سر جای خودش بود. خون-ریزی بسیار شدید بود. پانسمان جدید، ناراحتی جدید. دیروز، روزانس باز هم می‌خواست حفره را معاینه کند. تصادفاً، فرضیه جدیدی در مورد منبع خون‌ریزی در اولین جراحی

(جراحی تو) به‌وسیله ویل مطرح شد. به محض این‌که بخشی از پانسمان برداشته شد خون‌ریزی جدید و خطرناکی جریان پیدا کرد که من شاهد آن بودم. خون نمی‌پاشید و به صورت ممتد می‌آمد. چیزی مثل سطح [مایع] که به صورت شگفت‌انگیزی بالا می‌آید و سپس همه‌چیز را سیل می‌برد. باید یک رگ بزرگ باشد، اما کدام رگ و از کجا؟ البته، نمی‌توان چیزی دید و همین که پانسمان باز سر جای خودش برگشت هم تسکین‌بخش بود. اگر درد، مورفین، تضعیف روحیه ایجادشده به خاطر بی‌نظمی آشکار پزشکی و سایه خطر را نیز به آن اضافه کنی، می‌توانی تصور کنی که این دختر بیچاره چه حالی دارد. ما نمی‌دانیم چه کار کنیم. روزانس با انسداد شریانی که توصیه شده بود مخالف است. این خطر که دچار تب شود نیز هنوز رفع نشده است. وقتی فکر می‌کنم در جراحی‌ای که اظهار می‌شد بی‌ضرر است چنین اشتباهی می‌تواند روی بدهد، واقعاً می‌ترسم.

نمی‌دانم آیا باید کار و کاسبی کساد را مسئول این واقعیت که شرایط قلبم امسال این‌قدر بد است بدانم یا نه؟ پس از یک وقفه چند ماهه، دوباره شروع به خوردن استروفانتوس[۲] کرده‌ام تا ضربان قلبم کمتر نامطلوب باشد. چیزی که تاکنون تحقق نیافته است. حوصله و توانم بسیار کم است. من برنامه‌ریزی می‌کنم که عید پاک را با رای در سمرینگ بگذارنم. در آن‌جا احتمالاً باید دوباره تکه‌ها را سوار کنم.

کار علمی‌ام کم‌وبیش در حال پیشرفت است. یعنی هیچ‌چیز جدید، هیچ ایده و مشاهده جدیدی وجود ندارد. تا جایی که تحقیق روان‌شناسی‌ام اهمیت دارد، تا آخرین توانم کار کرده‌ام و حالا باید به خودم استراحت بدهم. تنها، کتابی که دارم با بروئر می‌نویسم در حال پیشرفت است. حدود سه هفته دیگر آماده می‌شود. تنها چیز جدید، تحلیل آقای اِف. است که در صحنه تئاتر عرق می‌ریزد. اگر آن را برایت شرح ندهم، کاملاً غیرقابل درک است. امیدوارم هنوز هم این شانس را داشته باشم که خودم آن را برایت بخوانم.

هیچ‌وقت در مورد تو چیزی گفته نشده است. پس نتیجه می‌گیرم که حالت دارد بهتر می‌شود. فقط برای مدتی طولانی این را ادامه بده! سرانجام، سرت خوب شده است، حالا واقعاً باید این را باور کنم؟

با صمیمانه‌ترین احترام‌ها برای تو و همسر عزیزت!

با احترام!

فروید

۱. معنی آن نامشخص است، همچنین می‌تواند به معنی «هشت روز پیش» هم باشد. به‌طور مشابه، در دو جمله زیر آن هم می‌تواند «دو روز پیش» باشد.
۲. دارویی شبیه به گل انگشتانه.

وین، ۲۰ آوریل ۱۸۹۵

عزیزترین ویلهلم!
یک روز گردش عید پاک در آبازیا، پاسخ من به نامه‌ات را به تعویق انداخت. امروز، دومین بخش از کتابمان را که هنوز صفحه‌بندی نشده است، برایت می‌فرستم. نگذار اشتباهات تایپی حواست را پرت کند. خوشحال می‌شوم یک بار بتوانم در مورد چیزی به جز وضعیت بد سلامتی ما دو نفر چیزی بنویسم. در واقع، سلامتی تو دیگر در دستور جلسه نیست. ما خیلی ناشکریم که نسبت به جراحی و همه خطرات مربوط به آن این‌قدر ترسو بودیم. حالا، به سختی می‌توان در مورد این واقعیت حرفی زد که جراحی موفقیت‌آمیز بوده است و تو باز هم قادر به کار کردن خواهی بود. اجازه بده خوشحالی‌ام را از این موضوع بلند اعلام کنم و منتظر گزارشی از یافته‌های علمی‌ات باشم.
البته، فوراً روزانس را از توصیه‌های تو در مورد اکستاین مطلع کردم. از دامنه نزدیک، خیلی چیزها متفاوت به نظر می‌رسد. مثلاً، خون‌ریزی. می‌توانم تأیید کنم در مورد آن‌ها هیچ شکی برای درخواست زمان وجود ندارد. خون‌ریزی طوری بود که گویا از شاهرگ بود، در عرض نیم دقیقه، او باز هم آن‌قدر خون ریزی می‌کرد که تا پای مرگ می‌رفت. هرچند، حالا بهتر است. پانسمان به آرامی و به‌تدریج برداشته شد و هیچ اشتباه پزشکی وجود نداشت. اکنون هیچ پانسمانی ندارد.
نویسنده این نامه هنوز خیلی بیچاره و همچنین دلخور است از این‌که تو تصور می‌کردی گرفتن گواهینامه از گرسونی برای توان‌بخشی‌ات ضروری است. برای من، تو هنوز هم پزشک هستی؛ مردی که مطمئناً، دست‌هایش زندگی یک فرد و خانواده‌اش را به او می‌بخشد، حتی اگر گرسونی مانند ویل[1] به مهارت‌های تو باور نداشته باشد. می‌خواستم داستان پریشانی‌ام را در اول نامه بیاورم و شاید نظرت را در مورد اکستاین بدانم نه این‌که تو را با چیزی سرزنش کنم. این با تمام احساسات من در تقابلی احمقانه، ناعادلانه و توجیه‌ناپذیر است.

در خصوص بیماری خودم، می‌خواهم به خوب بودن ادامه بدهم که شاید بینی، سهمی بزرگ و قلب، سهمی کوچک در آن دارد. تنها، قضاوت سخت‌گیرانه از ضربان و ناکارآمدی قلب وجود دارد. من معمولاً خلاف آن را باور دارم. حالا نمی توانم پروپوزال تو را برای آمدن به برلین قبول کنم. شرایط من طوری است که نمی‌توانم به خودم اجازه بدهم که هزار تا هزار و پانصد فلورین و یا حتی نصف این مبلغ را برای سلامتی‌ام خرج کنم و روحیه‌ام آن‌قدر خراب نشده است که پیشنهادت را در مورد جبران ضررم بپذیرم. به‌علاوه، مجبور نیستم این کار را انجام بدهم. اگر جمع شدن چرک در پرده جنب سینوس علت آن باشد، پس جنبه خطرناک حذف شده است و تداوم علائم برای چند ماه مرا نخواهد کشت، اما اگر مشکل قلبی مسئله اصلی باشد، پس همه کاری که می‌توانی بکنی کم کردن علائم بیماری من است و پس از آن، باید بدون هشدار با خطر مواجه شوم که اصلاً این کار را دوست ندارم.

امروز، می‌توانم بنویسم چون امید بیشتری دارم. خودم را از حمله خطرناک ایجادشده بر اثر مصرف کوکائین بیرون کشیدم. نمی‌توانم تضمین کنم که یک یا دو روز برای سوزاندن زخم یا روئینه کردن زخم بیایم، اما در حال حاضر، هیچ‌یک از این دو امکان‌پذیر نیستند. چیزی که بیش از همه از تو می‌خواهم که با آن موافقت کنی این است که دیگر نخواهی چیزی در مورد موضوع قلب بدانی!

خوشحالم که مستحق شده‌ام یک بار دیگر چیزی از تو و در مورد خیلی چیزها بشنوم و صمیمانه برای تو و همسر عزیزت احترام قائلم.

زیگموند تو!

1. Moriz Weil

نامه ۱۸ اکتبر ۱۸۹۳ را ببینید. موریز ویل (که در مرکز سرپایی ماریا هیلفر Mariahilfer در وین بود) مقاله‌ای در هفته‌نامه پزشکی وین ۹۶۸- ۹۶۵ و ۹۱۳- ۹۰۹ و ۸۱۹-۸۱۴ و ۷۶۵-۷۶۱ و ۷۶۰-۴۷ (۱۸۹۷): با عنوان «*پاتولوژی و درمان انسداد سینوس‌های پارانازال*» نوشت. او در این مقاله ذکر می‌کند بیماری داشته که فروید برایش فرستاده است. این مقاله این‌طور تمام می‌شود: «در نتیجه‌گیری، اجازه بدهید به نظری که در سال ۱۸۹۲ توسط جراح بزرگ لانگن‌بک Langenbeck بیان شد، اشاره کنم که من هم آن نظر را به عنوان شعار این مقاله انتخاب کرده‌ام؛ ما به بینشی رسیده‌ایم که در آن کشف جراحی‌های جدید و روش‌های جدید

جراحی، اهمیت کمتری نسبت به جستجوی روش‌ها و راه‌هایی برای اجتناب از جراحی دارند». (ترجمه من، در اصل به صورت ایتالیک نوشته شده است)

۲۶ آوریل ۱۸۹۵
۹، برگاس ۱۹

عزیزترین شعبده‌باز!
به نظر می‌رسد وقتی به شدت خودت را در سکوت پنهان می‌کنی، عصبانی هستی. اگر از این بابت از من عصبانی هستی که نسخه چاپ‌نشده کتاب را برای تو نفرستادم، حق داری و برایم پریشانی غیرقابل درکی است. اگر این‌طور نیست، شاید به این خاطر است که من نپذیرفتم به برلین بیایم. پس درواقع، باید هرچه سریع‌تر[1] در ماه آگوست، به عنوان آخرین بیمارت به آن‌جا بیایم. چیز عجیب اما نه آن‌چنان ناخوشایندی برایم اتفاق افتاده است و من آخرین حمله وحشتناک با کوکائین را به پایان رسانده‌ام. از آن زمان به بعد همه‌چیز خوب بوده و مقدار زیادی چرک بیرون آمده است. ظاهراً، هنوز هم در استخوان اسفنوئیدال سمت چپم چرک دارم که طبیعتاً سبب می‌شود بسیار شاد باشم. او [اِما ا.]، زجردهنده من و تو، هم به نظر می‌رسد خوب است.
با صمیمانه‌ترین احترام‌هایم!
زیگموند تو!

۱. در اصل به زبان انگلیسی آمده است.

وین، ۲۷ آوریل ۱۸۹۵

عزیزترین ویلهلم!
امروز نامه‌ای که از تو انتظارش را داشتم، به دستم رسید و بسیار خوشحالم کرد. در آن دوباره سلامتی، کار و پیشرفت را می‌توان دید و البته که من کنجکاو شنیدن همه اخبار هستم. امیدوارم اولویت را فقط به خاطر نسل بشر و نه هیچ دلیل دیگری، به نارسایی رحمی[1] بدهی. برای نظرات‌ات در مورد اضطراب[2] از تو بسیار ممنونم. داستان کتاب مقدس بسیار قابل توجه است. باید نگاهی به آن بیندازم و از یک پژوهشگر زبان عبری در مورد معنی آن واژه پرس‌وجو کنم. یا تو هم از دوران جوانی‌ات یکی از آن‌ها بوده‌ای؟

درباره سایر موضوعات، باید بگویم که فاصله و نوشتن نامه یک بدبختی بزرگ است که اصلاً کمک‌کننده نیستند. خصوصاً، اگر شخصی به اندازه من بنویسد و گهگاهی با ترسم از نوشتن[3] آشنا باشد. شرایطم این را بارها به من گوشزد کرده است. از زمان آخرین مصرف کوکائین، سه وضعیت زیر به ترتیب رخ داد: (۱) احساس بهتری دارم؛ (۲) بیش از اندازه چرک تخلیه می‌کنم؛ (۳) حالم خیلی خوب است. بدین ترتیب، به جز گره‌گشایی از طریق نیکوتین کار بیشتری روی وضعیت قلبم نمی‌کنم. در واقعیت، این وضعیت را تا حد قابل توجهی پشت سر گذاشته‌ام. با این وجود، وضعیت به همان صورت است. بنابراین، تشخیص پرخطر بودن نسبت به بی‌خطر بودن از درجه اهمیت کمتری برخوردار است، اما باید بیایم پیش تو و اجازه بدهم کمکم کنی.

از نظر علمی، من در مسیر بدی هستم. مثلاً، در «*روان‌شناسی برای عصب شناسان*» گیر کرده‌ام. مرتباً تمام انرژی مرا می‌گیرد. -در واقعیت، یک نوع اضافه کاری است- تا زمانی که از آن دست بردارم. من پیش از این، هرگز، چنین حد بالایی از اشتغال به چیزی را تجربه نکرده بودم و آیا چیزی از آن به دست خواهد آمد یا نه؟ امیدوارم، اما سخت است و آهسته پیش می‌رود.

فعلاً پرونده‌های روان‌رنجوری بسیار اندک‌اند. کارم نیاز به تمرکز بیشتری دارد، اما از میزان آن کاسته شده است. چیزهایی جورواجور و مختلف. باید چند صفحه‌ای که برنهارت در مورد اختلال پردازش حسی نوشته را برای تو و مندل بفرستم، موضوعی که خود من را آزار داده است.[4] البته، چیزهای بی‌ارزشی است برای سرگرم نگهداشتن مردم. لاونفلد در یکی از نشریات ماه مارس در هفته‌نامه پزشکی مونیخ[5] به من حمله کرد. من باید در چند صفحه در پاشکیس به آن پاسخ بدهم و غیره.

همچنین باید *فلج اطفال* را برای ناتنگل شروع کنم، اما علاقه من به چیز دیگری است. قلبم با سزار در یک تابوت است.[6]

به یاد دارم که یک بار خانم اِی. را دیدم. البته، خانواده‌اش را به خوبی می‌شناسم. از نقطه‌نظر تشخیص افتراقی، بسیار جالب است.

جی. آر. مبتلا به سردردهای خیلی بدی است -چه حیف که تو این‌جا نیستی. اکستاین باز هم درد دارد. آیا باز هم خون‌ریزی خواهد داشت؟ از زمان معاینات اِی. حالش خیلی

بهتر است که نمی‌توانم از او انتظار داشته باشم به سفر بیاید؛ چرک به‌راحتی از بینی‌اش خارج می‌شود.

این *وضعیت کنونی* در موضوعات شخصی و علمی است.

با صمیمانه‌ترین درودها و بخش خوب خبرها را به همسر عزیزت انتقال بده!

زیگموند تو!

۱. احتمالاً اشاره‌ای است به «درد معده و دیسمنوره فلیس» و معنی آن نامشخص است.

۲. مایکل شروتر اشاره کرده که فلیس در مقاله‌اش، خجالت و بینی را براساس متن کتاب مقدس با هم مرتبط دانسته است.

۳. قلم، وسیله نوشتن است. بنابراین، یعنی ترس از نوشتن.

۴. که در آن تاریخچه موردی در اصل، زندگی‌نامه‌ای است. فروید همچنین به بیماری اشاره می‌کند که «رنج کشیدن از تغییر شدید احساسات خودش را نتیجه بیماری پسرش می‌داند». یک معاینه جالب که بیمار عصب‌شناسی می‌تواند انجام دهد.

۵. یادداشت ۱ نامه ۲۸ مارس ۱۸۹۵ را ببینید.

۶. در اصل به زبان انگلیسی آمده است. از کتاب جولیوس سزار شکسپیر، پرده ۳، صحنه۲.

وین، ۲۵ می ۱۸۹۵

ویلهلم عزیز!

نامه‌ات خیلی خوشحالم کرد و سبب شد دوباره حسرت چیزی را بخورم که حس می‌کنم بزرگترین شکاف زندگی من است -این‌که نمی‌توانم به هیچ روش دیگری به تو دسترسی داشته باشم. اول از همه، این توضیح را به تو بدهکارم که چرا از ملاقاتمان به بعد، با آیدای گرامی‌ات مکاتبه نکرده‌ام. اصلاً آن را حدس نزده‌اید. می‌توانستی به درستی حدس بزنی که اگر اشتباهی از من سر زده بود آن را اعلام می‌کردم. حالم خیلی خوب بود -تا حدی Ia و تا حدی من- و چند فکر احمقانه در مورد ارتباطات در سرم بود که باید (بعداً در این نامه) اضافه کنم. من کارهای بی‌رحمانه زیادی برای انجام دادن داشتم و پس از یک دوره ده-یازده ساعته کار روی روان‌رنجوری دیگر حتی نمی‌توانستم خودکارم را بردارم و کمی برایت بنویسم. در حالی که، درواقعیت چیزهای زیادی داشتم که باید به تو می‌گفتم. هرچند، دلیل اصلی این بود که مردی مانند من نمی‌تواند بدون سرگرمی، بدون اشتیاق و -به قول شیلر- بدون حاکم زندگی کند. من یک نفر را پیدا کرده‌ام که

در انجام خدماتش حدی ندارد. آن، روان‌شناسی است که همیشه هدف دور و جذابی برای من بوده و اکنون از زمانی که به سراغ مشکل روان‌رنجوری رفته‌ام، بسیار نزدیک‌تر شده است. من از دو هدف زجر می‌کشم: اول) تئوری عملکرد ذهنی چه شکلی به خود می‌گیرد، اگر ملاحظات کمی روی آن اعمال شود. تنظیم اقتصاد نیروهای عصبی و دوم) تفکیک آسیب‌شناسی روانی از روان‌شناسی عادی با استفاده از شناخت لایه‌ای از آسیب‌شناسی روانی. درواقع، اگر نتوان پیوندی مابین اختلالات عصبی-روان‌پریشی و فرضیه‌های روشن فرایندهای طبیعی ذهنی بیابیم، درک جامع و قابل قبول از آن امکان‌پذیر نیست. در چند هفته گذشته، من همه وقت خود را به این کار اختصاص دادم؛ از ساعت یازده تا دو شب را به این خیال‌پردازی، تفسیر و حدس زدن گذراندم و همواره تنها زمانی متوقف شدم که به پوچی رسیدم یا وقتی که درواقع و جداً اضافه‌کاری کردم. بنابراین، دیگر علاقه‌ای ندارم که به فعالیت‌های پزشکی روزمره‌ام بپردازم. هنوز قبل از این‌که در خصوص نتایج از من بپرسی، راه درازی در پیش است. من مطالعه‌ام را هم در همین مسیر مدیریت می‌کنم. کتابی از و. اورشلیم، (عملکرد قضاوت) به شدت سبب پیشرفتم شده و در آن دو ایده اصلی‌ام را پیدا کرده‌ام: این‌که قضاوت شامل انتقال به کره حرکتی می‌شود و این‌که نمی‌توان درک درونی را «مدرک» دانست.

کار کردن روی روان‌رنجوری، در برنامه کاری‌ام سبب خشنودی زیاد من می‌شود. تقریباً همه‌چیز به‌طور روزمره تأیید می‌شود. چیزهای جدیدی اضافه می‌شوند و اطمینان از این‌که من هسته مطلب را در دستم دارم، برایم خوب است. مجموعه کاملی دارم از چیزهای عجیب و غریبی که می‌توانم برایت بگویم اما، نمی‌توان همه را در نامه گفت و در این روزهای پرمشغله، یادداشت‌های من آن‌قدر پراکنده‌اند که هیچ معنایی برای تو نخواهند داشت. امیدوارم به اندازه کافی مدرک به برلین بیاورم که بتوانم در آن‌جا تو را سرگرم کنم و در مدت زمانی که بیمارت هستم تو را علاقه‌مند نگه دارم.

وقتی خبری از تو دریافت می‌کنم، می‌خواهم از خوشحالی فریاد بزنم. مشکل درک را حل کرده‌ای، فوراً تصمیمات را بگیر که کدام موضوع به احتمال زیاد موافقت تو را جلب می‌کند. از نظر من تو چند ماه دیر کرده‌ای، اما شاید سال دیگر بتوان از آن استفاده کرد. در هر صورت، دارم از کنجکاوی می‌میرم که خبری از آن دریافت کنم. به نظر می‌رسد

نیاز فوری دارم که در مورد داستان درد زایمان صحبت کنم. آیا قبلاً بیست و هفت مورد داشته‌ای؟ بگذار کروبک کمی یا زیاد عصبانی شود، اگر این‌طور ترجیح می‌دهد.
در عوض، بروئر خیلی قابل تشخیص نیست؛ کسی که نمی‌تواند کمک کند، اما باز هم بدون هیچ قیدوشرطی او را دوست دارم. او کل نظریه بینی تو را پذیرفته و در وین شهرت زیادی برایت ایجاد کرده است؛ درست همان‌طور که نظریه تمایل جنسی مرا کاملاً معکوس کرده است. درواقع، او نسبت به آنچه قبلاً می‌شناختیم آدم کاملاً متفاوتی شده است.
اکنون، درباره طرز فکر من در مورد بینی. مقدار زیادی چرک غلیظ از بینی‌ام بیرون می‌آید و در همان زمان احساسی عالی پیدا می‌کنم. حالا، تقریباً ترشح خشک شده و من هنوز حالم خیلی خوب است. موارد زیر را برایت پیشنهاد می کنم: این نه تراکم و نه جریان چرک است که سیمپتوم‌های پیشین را مشخص کند. جریان چرک کاری نمی‌کند؛ تراکم چرک، ترشح عفونی و غیره، علائم موضعی و سردرد ایجاد می‌کنند، اما نشان‌دهنده سیمپتوم‌های پیشین نیستند. سردردها لزوماً سیمپتوم‌هایی موضعی‌اند که به‌طور متقارنی جابه‌جا شده‌اند.[1] احتمالاً طبق قوانین منطقی خاص (و طبق قانون پرتاب گریز از مرکز). برای سیمپتوم‌های پیشین، می‌خواهم فقط مسئولیت حالتی خاص از تحریک را در پایانه‌های عصبی (مثلاً، درست همان‌طور که ممکن است در زخم‌ها تصور کنیم) بپذیرم که در نهایت برابر است با تغییرات مزمن بافت‌ها یا انقباض آن‌ها که ممکن است به وضعیت -پوست خشک‌شده و چیزهایی مانند این هم مربوط باشد. این وضعیت بافت که بعد از جریان یافتن چرک، آب‌ریزش عفونی و غیره ایجاد می‌شود، به باور من علت اثرات فاصله است و از طریق تطبیق بخشی از اندام مورد نظر با این اثرات فاصله، در اندام‌های مختلف ایجاد می‌شود. از سوی دیگر، کشش و فشار سنگین از تماس دو بخش از غشای مخاطی، سبب ایجاد درد و درد عصبی می‌شود. بر این اساس، وضعیت متفاوت بافت بینی هم باید مسئول سه گروه از سیمپتوم‌ها باشد: فشار، کشش؛ درد، درد عصبی، اختلالات گردش خون؛ سردرد، تحریک عصبی مزمن (انقباض بافت) و اثرات فاصله. در این‌جا، لازم نیست از هیچ‌چیزی دفاع کنم چون تو بهتر از من می‌توانی در مورد همه نقاط ضعف و همچنین فواید احتمالی این مفهوم، قضاوت کنی. من فقط می‌خواهم این

را کنار موضعی کردن تمایلات قرار بدهم. بحث در مورد این ادعا احتمالاً می‌تواند منجر به طبقه‌بندی شود.

بهبودی‌ای که برای تو حاصل شده، اکنون بر همه‌چیز ارجح است. دوشنبه باید به هیمل برویم.[۲]

سرانجام، اما اکستاین خیلی خوب شده و من بیشتر در کاهش ضعف راه رفتنش، موفق بودم که دوباره شروع شده است.

با صمیمانه‌ترین احترام‌ها برای تو و همسر عزیزت و با درخواستی برای تلقی نکردن سه هفته گذشته مثل قبل!

زیگموند تو!

۱. مثلاً، مانند نابهنجاری بساوشی.

2. Himmel

(از نظر لغوی یعنی بهشت)، خیابانی در حومه وین بوده که بلوو Bellevue، ویلایی که در ۱۷ جون ۱۸۹۵ در نامه فروید ذکر شده بود و بعدها در سال ۱۸۹۵ از آن‌جا به فلیس نامه می‌نوشته است. (بلوو همچنین آسایشگاهی در سوئد است که در برخی از نامه‌های بعدی به آن‌جا اشاره شده است)

وین، ۱۲ جون ۱۸۹۵

ویلهلم عزیزم!

یکی از دلایلی که به خاطر آن دوستت دارم مهربانی توست. نخست، به نظرم می‌رسید به خاطر نظراتم در مورد مکانیزم سیمپتوم‌های بافاصله از بینی، رابطه‌ات را با من قطع کرده‌ای و فکر می‌کردم این غیرممکن است. حالا با این بحث که آن خیال‌پردازی‌ها را جدی گرفته‌ای، متعجبم می‌کنی!

به عنوان پاداش، می‌خواهم توجه تو را به چیز ملموس‌تری جلب کنم. در این‌جا خانم آر. را دیدم و درمان کردم که به اسپاسم یک‌طرفه صورت مبتلاست. در مورد او، با کمک دکتر هاجک[۱] نسبتاً ساده‌لوح، توانستم تقریباً مشخص کنم که تیک عصبی را می‌توان تنها از یک نقطه از غشای مخاطی بینی، یعنی ورودی حفره هایمور بیرون کشید و از بین برد. مطمئناً، تو می‌توانستی این زن را درمان کنی و می‌بایست او را نزد تو می‌فرستادم. همسرش از طریق پیانیست روزنتال،[۲] تو را می‌شناسد. احتمالاً یاد این

گمان خود می‌افتی که نقاط ورود به سینوس جانبی بینی، جایگاه ویژه‌ای دارند. این زن سردردهای بسیار شدیدی داشت که *فروکش کرده بودند* و همیشه از شدیدترین دردهای قاعدگی رنج می‌کشیده است. این مادر یک تیک پراکنده در صورتش دارد که می‌توانم آن را به تحریک ناشی از رشد غده نسبت بدهم.

به جز این، در تلاش خود برای این‌که بیماران را پیش تو در برلین بفرستم، ناموفق بوده‌ام. خانم اِی. که مطمئناً وادارش می‌کنم این کار را انجام دهد، حالا دیگر سردرد ندارد. بنابراین، انگیزه‌ای وجود ندارد. تصادفاً، به من اعتراف کرد که سردردهایش از نوع سردردهای نورآستنیک است. من واقعاً نوعی میداس هستم، البته نه میداس طلا.

حق داشتی گمان کنی که من پر از ایده‌های جدید و نظری هستم. نظریه‌هایم در مورد دفاع، پیشرفت مهمی داشته‌اند که دفعه بعد باید خلاصه‌ای از آن را برایت بفرستم. حتی ساختار روان‌شناسی طوری رفتار می‌کند که گویی این‌ها به هم نزدیک خواهند شد و این سبب خوشحالی زیاد من می‌شود. طبیعتاً، نمی‌توانم این را به‌طور قطع بگویم. اعلام کردن آن در این زمان مانند فرستادن یک جنین شش ماهه دختر، به سمت توپ است.

نباید از کمبود مطلب برای حرف زدن رنج ببریم. در *دون کارلوس* می‌گوید: «نبردهایت» و «خدایت»[۳] و غیره. اکنون، موضوعات عملی: اول) چه زمانی باید بیایم؟ پیش از همه، باید مدت اقامتم را کوتاه کنی؛ دوم) تا جایی که سلامت آناتومیکی اهمیت دارد، مرا معاف کن و تنها سعی کن تا سلامت روانیِ کاربردی تا جایی تثبیت شود که بتوانی آن‌ها را از هم جدا کنی؛ سوم) نمی‌خواهم تعطیلات تابستانی‌ات را تصاحب کنم. شاید باید پس از آن و در سپتامبر بیایم. فوراً در مورد آن برایم بنویس. چون ملاحظات دیگری هم هست.I am feeling I To IIa (با توجه به مطالعات من و در فایلی که ضمیمه می‌شود- شماره ۸۳، این اصطلاح به معنای اوج اشتیاق فروید به فلیس- دوره فلیسیسَن است). کوکائین زیادی نیاز دارم. همچنین، باز هم سیگار کشیدن را به‌طور متوسط، در دو تا سه هفته گذشته شروع کرده‌ام. چون برایم مسلم شده که بینی‌ام مسئول دردهایم است.[۴] هیچ اشکالی را پس از آن مشاهده نکرده‌ام. اگر باز هم مرا از سیگار کشیدن منع می‌کنی، دوباره باید ترکش کنم، اما این را هم در نظر بگیر که فقط باید به خاطر عدم تحمل آن را ممنوع کنی و نه به عنوان علت اصلی بیماری. من باز هم آن را شروع کرده‌ام[۵] چون (پس از چهارده ماه ترک) دائماً دلم برایش تنگ می‌شد و چون باید با این

همشهری روانی[۶] خوب رفتار کنم وگرنه برای من کار نخواهد کرد. نیاز زیادی به او دارم. بیشتر اوقات، این شکنجه، آبرانسانی است.

با صمیمانه‌ترین درودها از طرف همه ما، که حال همگی خیلی خوب است، برای تو و همسرعزیزت.

زیگموند تو!

1. Marcus Hajek

اولین پروفسور پزشکی یهودی در دانشگاه وین بود. همچنین یادداشت ۲ نامه ۱۰ جولای ۱۸۹۳ را ببینید.

2. Moriz Rosenthal

آلن کیلر Allan Keiler به من خبر داد که این فرد موریز روزنتال است، آخرین شاگرد زنده فرانس لیزت Franz Liszt که در آن زمان در وین اقامت داشت.

۳ . فردریش شیلر Friedrich Schiller دون کارلوس، پرده ۲، صحنه ۱۳

۴. منظور فروید این است که او قانع شده که منشأ همه علائم قلبی‌اش مربوط به بینی است.

۵. به وضوح به سیگار کشیدن اشاره می‌کند.

۶. فروید از عبارت Psychischen Kerl استفاده کرده است.

۱۷ جون ۱۸۹۵

۹، برگاس ۱۹

عزیزم!

باز هم غُرغُرکنان، محروم خواهم شد، اما کار دیگری جز اطاعت از حرف تو از دستم برنمی‌آید و امیدوارم که پس از تجدید نظر دقیق باز به من اجازه بدهی که آن کار را بکنم. در خصوص تعیین یک تاریخ، خواسته مرا هم در نظر بگیر. بنابراین، می‌خواهم تو تعطیلات‌ات را به تعویق نیندازی و من پس از آن بیایم. حالم آن‌قدر خوب است که هیچ نیازی به شتابزدگی وجود ندارد. قلب من کاملاً با روان‌شناسی است. اگر در آن موفق شوم با هر چیز دیگری خشنود خواهم شد. برایم سخت است که مجبورم این را برای خودم نگه دارم. خانواده‌ام در بلوو اوقات خوبی را پشت سر می‌گذراند و حالشان خوب است.

با صمیمانه‌ترین احترام‌ها برای تو و همسر عزیزت!

زیگموند تو!

۲۲ جون ۱۸۹۵

سلام، ویلهلم گرامی!

امیدوارم همسر عزیز، مهربان و قوی تو که همیشه سرشار از امید و رضایت بوده، به عنوان مادر هم عزیز و محترم شود. مارتا آن‌قدر خوشحال است که من به‌ندرت او را این‌طور دیده‌ام. با فروتنی می‌خواهم که نام من به عنوان عموی کوچک وارد شود.

بنابراین، باید اوایل سپتامبر به آن‌جا بیایم. پس از آن، چطور باید بدون تو اوضاع را مدیریت کنم، نمی‌دانم. به اندازه کافی با سیگار کشیدن مشکل دارم. البته، هنوز هم انتظار دارم پیش از آن زمان، چیزهای زیادی را از تو بشنوم. مطمئناً کنجکاوی زنانه هنوز ارضاء نشده است. ما برای دسامبر/ ژانویه آماده شده‌ایم. بنابراین، می‌توانم درست به کشف‌هایت توجه کنم. تو یکی از قوی‌ترین انسان‌ها خواهی بود که افسار جنسیت را در دست دارد و بر همه انسان‌ها حکومت می‌کند: تو می‌توانی هیچ کاری نکنی و از همه‌چیز جلوگیری کنی. بنابراین، من به جزرومد دوم اعتقاد ندارم، اما درباره اولین مورد به آن باور دارم، مطمئناً ساده‌تر است.

با صمیمانه‌ترین درودها و آرزوی موفقیت!

زیگموند تو!

۱۳ جولای ۱۸۹۵

عزیزم!

نمی‌فهمم چرا باید خودت را با کارهای آر. اذیت کنی. این پسر در دیگر جنبه‌ها طبیعی است. یک مربی بسیار فهمیده دارد؛ باید تا حد ممکن نزدیک او باشد و تا جایی که می‌تواند کنار خانواده‌اش نباشد.

در غیر این صورت، خجالت‌آور است که از نظر شخصِ من، تو مجبور باشی به ارتباطات پرنده‌شناسی بروئر وابسته باشی.[1] به‌طور عینی، در سرم احساس خیلی خوبی دارم، اما بینی و قلبم به‌طور متوسط خوب‌اند. مطمئناً در آگوست/ سپتامبر، باید به محض این‌که تو خبر بدهی، بیایم. از تمام چیزهای جدید اجتناب کن. خود من هم باید با مقدمات و جنین‌های در حال جوانه زدن، بیایم. همسر و بچه‌هایم کاملاً خوب‌اند.

خبرت [بارداری آیدا] برای ما بیانگر آینده جذاب پیش رو است. در سپتامبر در خصوص سردردهای تو کاری از دستم برنمی‌آید. باید خواسته‌های بیشتری از تو داشته باشم.
وای بر تو اگر خیلی زود نامه ننویسی!
با تبریکات صمیمانه برای تو و کل خانواده کوچک‌ات!
زیگموند تو!

۱. این اشاره‌ای است به نامه بروئر به فلیس. متن مورد نظر (کریس، کتاب *منشأ*، صفحه I ۱۳۸) می‌گوید: «هوش فروید، بلندپرواز است. من در پشت او مانند یک مرغ در پشت یک شاهین دست‌وپا می‌زنم». جونز (زندگی ۲۴۲ : ۱) را هم ببینید.

۲۴ جولای ۱۸۹۵
۹، برگاس ۱۹
[بدجنس] چرا چیزی نمی‌نویسی؟ حالت چطور است؟ دیگر اهمیتی برای کاری که من می‌کنم قائل نیستی؟ چه اتفاقی برای بینی، قاعدگی، دردهای زایمان، روان‌رنجوری، همسر عزیزت و کوچولویی که در حال جوانه زدن است افتاد؟ واقعاً امسال من مریض هستم و باید بیایم پیش تو. چه اتفاقی می‌افتد اگر تصادفاً هر دوی ما برای کل سال، سالم باشیم؟ آیا فقط در بدبختی‌ها دوست هم هستیم؟ یا می‌خواهیم لحظات آرامش‌بخشمان را هم با یکدیگر به اشتراک بگذاریم؟
ماه آگوست را در کجا خواهی گذراند؟ ما با رضایت در هیمل زندگی خواهیم کرد.[1]
با صمیمانه‌ترین احترام‌ها!
زیگموند تو!

۱. یادداشت ۲ نامه ۲۵ می ۱۸۹۵ را ببینید. نامه‌های بعدی باز هم نشانی برگاس را نشان می‌دهند. احتمالاً به این خاطر که فروید نوشت‌افزارهای خانگی‌اش را به اقامتگاه تابستانی آورده است.

۹۶ آگوست ۱۸۹۵
، برگاس ۱۹

عزیزترین!
می‌خواهم بدانی که پس از کار ذهنی طولانی، باور دارم که در درک دفاع پاتولوژیکی و بنابراین، در بسیاری از فرایندهای مهم روان‌شناسی نفوذ کرده‌ام. از نظر بالینی، همه این‌ها مدت‌ها پیش با هم متناسب شده بودند، اما نظریه‌های روان‌شناسی‌ای که من به آن‌ها نیاز داشتم، با رنج بسیار به‌دست آمده‌اند. امیدوارم «رویای طلایی» نباشد. تاکنون آماده نشده است، اما حداقل می‌توانم در مورد آن صحبت کنم و از خیلی لحاظ خودم را سودمندتر از تحصیلات علمی بالاتر تو بدانم. این گستاخانه اما زیباست، همان‌طور که خواهی دید. خیلی به دنبال این هستم که در مورد آن با تو صحبت کنم. البته، اگر درمان‌هایت قدرت کافی انجام این کار را برایم باقی بگذارند. بانو آیدا می‌بیند وقتی که حجم زیادی به تو درس دادم دست خواهم برداشت.
با صمیمانه‌ترین احترام‌ها برای خانواده کوچک!
زیگموند تو!

بلوو، ۱۶ آگوست ۱۸۹۵

عزیزترین ویلهلم!
من برای چندین روز در ریچنو بودم که چند روز آن تصمیم‌گیری‌شده نبود، اما امروز می‌توانم گزارش دقیقی به تو بدهم.
بین بیست و دوم و بیست و چهارم، باید با برادر کوچکم به ونیز بروم. بنابراین خیلی متأسفم که نمی‌توانم هم‌زمان در اوبرهوف باشم، چون با وجود گفته بروئر من پرنده[1] نیستم. انگیزه من برای رسیدن به این تصمیم، چون مجبور بودم تصمیم‌گیری کنم، نگرانی‌ام برای مرد جوانی بود که او هم مانند من مسئولیت دو شخص پیر و زن و بچه‌های زیادی را بر دوش خود دارد. او نورآستنیک است؛ بسیار عذاب کشیده و از تأثیر من به شدت فرار می‌کند. من با او توافق کرده‌ام که به جای دستمزد رفتنم به ونیز، او در برلین همراهی‌ام کند. برایم مهم‌تر است که به جای من به او رسیدگی کنی. به‌علاوه، من می‌توانم در مدت زمانی که تو داری سعی می‌کنی راه خود را به سوی کار فراوان‌ات

پیدا کنی، از مزیت تنها نبودن در برلین بهره ببرم. می‌توانیم اقامتگاه مشترکی داشته باشیم، با هم زندگی کنیم و پیاده‌رَوی کنیم. البته، تا جایی که بینی‌هایمان اجازه این کار را بدهند. خیلی مشتاقم وقتی فعالانه به دنبال پیدا کردن همسری برای تنها خواهرمان هستیم که هنوز آمادگی آن را ندارد (رزا که تو او را می‌شناسی، نه) او هم در کنارم باشد. بنابراین، باید روزهای اول سپتامبر را در کنار تو باشم و به خاطر بسپارم که با وجود همه کارهایت، تمام و کمال در همایش خصوصی شرکت خواهی کرد.
تجربه عجیبی با φψω داشته‌ام. کمی پس از تماسم این هشدار را به صدا درآوردم که مستحق تبریک شد و پس از این‌که یکی از نقاط اوج را مقیاس‌بندی کردم، با مشکلات جدیدی مواجه شدم؛ بدون این‌که نفس کافی برای کار جدید برایم باقی مانده باشد. بنابراین، خیلی زود آرام شدم، همه‌چیز را کنار گذاشتم و دارم خودم را ترغیب می‌کنم که کمترین علاقه‌ای به آن ندارم. وقتی که فکر می‌کنم قرار است درباره آن به تو بگویم، احساس خوبی پیدا نمی‌کنم. اگر هر ماه تو را می‌دیدم، مطمئناً در سپتامبر این کار را نمی‌کردم. خب، بگذار این‌طور باشد. چون آن را درخواست خواهی کرد، اما دلایل بیشتری به من می‌دهی که در مورد همه چیز با تو صحبت کنم. هرچند، در نظر ندارم که در مورد مطالب جدید روان رنجوری‌ام محتاط باشم.
حال دارودسته‌ام در این‌جا خوب است و شرایط مفیدی دارند. البته، همسرم تقریباً بی‌حرکت، اما در عین حال خوشحال است. به‌تازگی، پسرم اولیور به طرز ماهرانه‌ای راه تمرکزش را روی چیزی که در سر دارد، پیدا کرده است. خاله مشتاقش از او پرسید: «اولی، می‌خواهی چه بشوی؟» او پاسخ داد: «در فوریه پنج ساله بشوم». از چندین جنبه دیگر نیز، بچه‌ها با روش‌های مختلفشان، بسیار سرگرم‌کننده‌اند.
روان‌شناسی واقعاً کار رنج‌آوری است که باید انجام شود. جمع‌آوری قارچ یا بازی بولینگ، در هر رویدادی، سرگرمی بسیار سالم‌تریست. همه کاری که من سعی می‌کردم انجام بدهم، شرح دادن دفاع بود، اما فقط سعی می‌کردم آن را از هسته ذاتی‌اش شرح بدهم! من مجبور بودم روی مشکلات کیفی، خواب، حافظه و خلاصه همه روان‌شناسی کار کنم. حالا دیگر نمی‌خواهم چیزی در مورد آن بشنوم.
سوپ روی میز است وگرنه، به مرثیه‌خوانی‌هایم ادامه می‌دادم.

امیدوارم حال همه شما در تورینجیا خوب باشد که اکنون نمی‌توانم آن‌جا را ببینم. سرانجام، یک بار هر دوی شما باید اجازه داشته باشید با هم تنها باشید، بدون کار یا بیماری. در هر صورت، این معمولاً پیش نمی‌آید. من عاقبت این را این‌طور به خودم توضیح دادم که ترک کردن اوبرهوف، اثبات دیگری بر دوستی من با شما دو نفر است.

صمیمانه‌ترین احترام‌ها برای تو، همسر و فرزندت و تمام امیدهای تو!

۱. یادداشت ۱ نامه ۱۳ جولای ۱۸۹۵ را ببینید.

پنجشنبه، ۲۸[۱] آگوست ۱۸۹۵

کاسا کیرش، ریوا دلگی شیوونی

کاریسیمو گوگلیلمو

جادوی مضحک این شهر، مرا از نامه نوشتن برایت باز داشته است. نمی‌توان چیزی در مورد آن گفت. امروز هوا به شدت گرم است، اما نور تقریباً آن را جبران می‌کند. الکساندر بعدازظهرها می‌خوابد. بنابراین، من می‌توانم بنویسم. در نظر داریم اول سپتامبر این‌جا را ترک کنیم و بعدازظهر روز سوم سپتامبر، نیز از ونیز برویم. برای برلین که به شدت منتظر آن هستم، یک درخواست دارم. ببخش که برای آمدن به اقامتگاه، هر دو نفرمان را به عنوان مهمانان تو ذکر کردم. من این کار را فقط به خاطر او انجام می‌دهم. او خجالتی و حساس است و اگر واقعاً مجبور نباشد، نمی‌خواهد هیچ‌چیزی را از تو قبول کند، چون با تو بیگانه است. در غیر این صورت، نمی‌توانم او را با خودم بیاورم. برایم عزیز است و من نگرانش هستم. هرچند، نمی‌خواهم نه از دوست و نه از برادرم محروم شوم. تو می‌توانی کار کنی و من منتظر می‌مانم تا هر ساعتی که بیکار شدی، کنارت باشم. او حالا به خاطر آیدای عزیز، به شدت با این‌که مهمان تو باشد، مخالف است و نمی‌توانم اشکالی در این کار پیدا کنم. بالاخره، او در محیط‌های گوناگونی از انسان‌ها و طرز فکرها گشته است. هرچند، به زودی متوجه می‌شوی که چقدر توانا و شریف است.

بنابراین، اولین محدودیت را در زمان ایده‌آل ما ایجاد می‌کند. چیزی که امیدوار بودم به «موهبتی مخفیانه»[۲] تبدیل شود. امیدوارم حال تو هم مانند من خوب باشد. امیدوارم که اغلب اوقات در کنارت باشم تا احساس جدایی نکنم. چقدر خوشحالم که نگرانی شدیدی که بر آخرین بازدیدم از برلین حاکم بود را به‌یاد می‌آورم.

فردا یک شیء کوچک ساخته‌شده از شیشه ونیزی برای میزبان‌های عزیزمان فرستاده خواهد شد. من از بابت آن عذرخواهی می‌کنم و نباید هیچ تشکری را برای آن بشنوم. چیزی در مورد آن وجود دارد که با وجود سلیقه ناپخته و ناتوانی‌ام در ایستادگی در برابر تمام زیبایی‌های ونیز، سبب شد آن را بخرم و سپس، خواستم با فرستادنش به نشانی‌ای که حالا به آن ارسال می‌شود، لذتش را دوچندان کنم.

با احترام!

زیگموند تو!

۱. تاریخ قبلاً به اشتباه ۲۹ آگوست نوشته شده بود.

۲. در اصل به زبان انگلیسی نوشته.

بلوو، ۱۵ سپتامبر ۱۸۹۵[۱]

دوستان و میزبانان عزیز!

اگر بلافاصله پس از با هم بودن با شرایطی متفاوت مواجه شویم که کاری برای انجام دادن داشته باشیم، جدایی را آسان می‌کند. بنابراین، احساس خوشبختی می‌کنم که باید راهم را تا کورس پیدا می‌کردم؛ باید در برابر پلاسجیان‌ها و فوکائیان‌ها[۲] گارد می‌گرفتم و سعی می‌کردم ویژگی‌های منحصر به فرد قهرمانیِ نجیب‌زاده کورسی را در چندین شکل ظاهری‌اش به‌یاد بیاورم. در واقعیت، موانع زیادی در این فعالیت ذهنی وجود داشت. تداعی‌های فرعی دائماً حواس مرا پرت می‌کرد. مثلاً، مانند فوکائیان‌ها مغلوب میل‌های برطرف‌نشدنی‌ای شدم که آن‌ها را «فوک»[۳] بدانم این نشانه را در نظر داشته باش که هنوز به اندازه کافی شرح داده نشده است. احتمالاً یک سیمپتوم مربوط به بینی است. در این میان، محیط اطرافم حقشان را طلب می‌کردند. مانند شکارچی سبز، همه ما پیش‌بینی بدون نقصی انجام دادیم. او تا اوبرهولابرون به هم‌سلولی‌اش وفادار ماند و همه‌چیز را در مورد «پیرمرد»، دوک گونتر فان شکسویگ – هولسیتن که برای شکار تا اتریش او را همراهی کرده بود، فاش کرد. پس از آن، من آن «پیرمرد» را جوان نامطبوع، بسیار قدبلند و خمیده‌ای دیدم که ریش تمیز زرد داشت. هرچند، جالب‌ترین فرد این گروه، سومین مسافر بود. او حتی می‌توانست نظر ناتناگل را در مورد اخلاق‌های بد یهودیان تغییر بدهد. مخصوصاً، مدرکی از حالت بدوی، فرهنگ و سطح تحصیلات خود

را زمانی نشان داد که دفترچه‌ای در آن‌جا بود و او می‌خواست به خاطر آن پنجره‌ها را ببیند. اعتراض من سبب شد یک‌سوم بالای پنجره سمت من باز بماند. با این وجود، او انگار صندلی مرا دوست داشت چون ناگهان روی صندلی من نشست. وقتی که من فرصت مناسبی پیدا کردم، بدون این‌که حتی یک کلمه توضیح بدهم باز روی آن نشستم. سپس، وقتی به یکی از بسته‌هایم دسترسی پیدا کردم و غذایم را در معرض دید قرار دادم که مطمئناً برای برانگیختن حسادت کافی بود، او بدون این‌که به هم معرفی شده باشیم با اندوه گفت: «مطمئناً، وقتی که از خانه می‌آیی، همه‌چیز ساده است! و می‌توانی هر چیزی را که می‌خواهی با خودت بیاوری». من فقط با تکبر به او نگاه کردم، اما اشتباه او سبب شد میزبانانم را ستایش کنم. در واقعیت، غذاها برای دو وعده شام و صبحانه کافی بودند و به‌علاوه، کمی از باقی‌مانده غذا را هم در ایستگاه راه‌آهن رها کردم. کمی پیش از تشن[۴] چمدانم را باز کردم تا به دنبال کاغذ بگردم، چون آن‌قدر هوا تاریک بود که نمی‌شد چیزی را خواند و آن‌قدر زود بود که نمی‌شد خوابید. بنابراین، خواستم تا جای ممکن، اولین پیش‌نویس روان‌شناسی را بنویسم. در حالی که داشتم در چمدانم به دنبال کاغذ می‌گشتم -که توجه آقای همسایه‌ام را به خود جلب کرده بود- یک چیز ناآشنا و سخت یعنی یک کتاب را برداشتم که نمی‌دانستم آن را در چمدانم دارم و وقتی که بیشتر جستجو کردم، حدس زدم چیزهای بیشتری کشف کنم. اگر این را می‌دانستم، نمی‌توانستم با وجدان راحت به افسر گمرک بگویم «که همه‌چیز متعلق به من است» و یک لحظه طول کشید تا بتوانم با تصور قاچاق، این یافته‌ها را توضیح دهم. در عین حال، باید عبارت بی‌فایده‌ای گفته باشم، چون ناگهان همسایه‌ام گفت: «فقط کتاب را در دست نگهدار تا او فکر کند داری آن را می‌خوانی». این برای من خیلی زیاد بود. من ترمز اضطراری را نکشیدم تا قطار را متوقف کنم و از طریق یک رسانا تشکر خودم را منتقل کنم؛ مانند کاری که خانم میکس در رمان جالبی که هوسی[5] نوشته، انجام داد، اما مستقیماً از او تشکر کردم و او را مطمئن کردم که کوچکترین بخش این مخمصه هستم. از آن زمان به بعد، آرامشم را پیدا کردم.

او باید توجه خود را به «پیرمرد» وقتی که در ایستگاه نمایان می‌شد، جلب می‌کرد. «او رفت و یک لیوان آبجو به قیمت شش کروزر[۶] برای خودش خرید». او اعلام کرد -یک

دوک و یک لیوان آبجو به قیمت شش کروزر. به وضوح، از این تناقض رنج می‌کشید. پس از آن، هیچ‌چیزی که نتیجه در پی داشته باشد در این سفر رخ نداد.
مینا که در شهر سعی می‌کرد چمدان‌های مرا نامرتب کند، سبب شد نتوانم خودم آن‌ها را ببندم. یادم می‌آید که حق با او بود. بعد از ناهار، بعد از این‌که دوش گرفتم و فعالیت‌های پزشکی‌ام را تجدید کردم، به بلوو رفتم و دیدم زن و بچه‌هایم سنگین وزن‌تر و تروتازه‌تر به نظر می‌رسند. از آن زمان به بعد داشتم از باقی‌مانده دوره تعطیلات زیبایم لذت می‌بردم. خوشحالی بیهوده من با ترشح چرک فراوان، ناتمام ماند. سپس، بعدازظهر در تأیید داستان‌هایم از برلین یک تلگرام خوشامدگویی به دستم رسید.
با صمیمانه‌ترین احترام‌ها و تشکرها از هر دوی شما. دفعه بعد نامه معقول‌تری می‌نویسم.
زیگموند!

۱. اصل نامه در اورشلیم است. یادداشت ۱ نامه ۲۵ می ۱۸۹۲ را ببینید.

2. Pelasgians and Phocaeans

مردمان باستانی آسیای صغیر.

۳. کلمه آلمانی آن Seehund (سگ دریایی) است که در هر دو زبان می‌تواند به معنی دریانورد باشد. گیومه احتمالاً منظور فروید را می‌رساند. فوک‌ها از خانواده آب بازها هستند، در حالی که افراد دریانورد به شوخی آن را با فوکائیان‌ها اشتباه می‌گیرند.

4. Teschen

شهری در مرز بین اتریش و ساکسونی.

5. Ludwig Heversi

(۱۹۱۰-۱۸۴۳) نام مستعار «عمو تُم» نویسنده معمولی اما مشهور اتریشی/مجاری در داستان‌های سفر است.

6. Kreuzer

نام سکه مس و نقره که پیشتر در آلمان و اتریش رواج داشت.

بلوو، ۲۳ سپتامبر ۱۸۹۵

عزیزترین ویلهلم!

خیلی کوتاه برایت نامه می‌نویسم چون نامه‌های زیادی برایت می‌نویسم. یعنی چیزی که در قطار شروع کردم، مختصری است از φψω که می‌توانی آن را مبنای نقد خود قرار بدهی و اکنون دارم آن را در اوقات فراغتم و وقفه‌های بین کارهای پزشکی که به‌تدریج در حال افزایش است، ادامه می‌دهم. تاکنون به مقدار قابل ملاحظه‌ای رسیده است -البته

ناخوانا و امیدوارم مبنایی برای ضمیمه تو باشد که خیلی به آن امیدوارم. سرِ به خوبی استراحت‌کرده‌ام حالا برای مشکلاتی که قبلاً با آن مواجه شده بود، بچه بازی درمی‌آورد. مثلاً تناقض در جایی که نورون‌ها معمولاً به عنوان تسهیل‌کننده هستند، رسانا‌ها مقاومت خود را بازمی‌گردانند. اگر کوچکترین محرک‌های درون‌زاد یک فرد را در نظر بگیریم، به سادگی متناسب می‌شود و خیلی خرسندم که نکات دیگر نیز در جای خود قرار می‌گیرند. در آینده خواهیم دید که چقدر از این پیشرفت، با بررسی دقیق‌تر در فضای کاریِ ما حل خواهد شد، اما تو نیروی محرکه‌ای به من دادی که این موضوع را جدی بگیریم.
جدا از نیاز برای سازگار شدن نظریه با قوانین عمومی حرکت، آنچه که از تو انتظار دارم، من ناگزیرم تا آن را در برابر حقایق فردی روان‌شناسی تجربی جدید، آزمایش کنم. ظرفیت جذب‌کنندگی موضوع هم مثل همیشه برای من مهم است، تا به همه علائق پزشکی‌ام و «*فلج اطفال*» که قرار بود تا سال جدید به پایان برسند، پشت پا بزنم. دیگر نمی‌دانم چه بگویم. فکر می‌کنم احتمالاً باید آن را در دو بخش برایت بفرستم. امیدوارم وقت‌ات این اجازه را به تو بدهد که در این دوره تجدید نظر، این تکلیف و بار سبک را برایم انجام بدهی. من با همدردی، از تلاش‌هایت برای خوددرمانی استقبال می‌کنم. شرایط من، همان‌طور که تو انتظار داشتی، بی‌رحمانه است. از آخرین جراحی استخوان غربالی به بعد، ناراحتی‌ام افزایش یافته است. اگر اشتباه نکرده باشم، امروز شروعی برای بهبود است. احتمالاً آیدا بلند برایت خوانده است که نتایج انتخابات، در بخش سوم ۴۶ به -۰- و در بخش دوم ۳۲ به ۱۴ علیه لیبرال‌ها (آزادی‌خواهان) شد. به هر حال، من رأی دادم. بخش ما لیبرال باقی مانده است.
پریروز، خوابی دیدم که بامزه‌ترین تأیید این مفهوم بود. خواب‌ها از برآورده شدن آرزوها انگیزه می‌گیرند. لاونفلد برایم نوشت که دارد مقاله‌ای در مورد فوبیا و تفکر وسواسی براساس صد پرونده آماده می‌کند و اطلاعات مختلفی را از من درخواست کرده است.[1] در پاسخ از او خواستم که واقعاً از روی بی‌علاقگی از ایده‌های من رد نشود.
یک چیز خجالت‌آور -اما چیزی که می‌توانم توضیح بدهم- این است که هنوز نمی‌توانم مقاله‌ات را در مورد دردهای زایمان، به تو برگردانم. هنوز منتظر مشاهدات‌ات در مورد میگرن هستم. خوشحالم که می‌توانم بگویم همسرم و همه بچه‌ها خیلی خوب‌اند.

صمیمانه‌ترین آرزوهایم برای تو، همسر عزیزت که حتی الکس هم آن را می‌ستاید و حتی فرزند کوچکی که منتظرش هستیم.

زیگموند تو!

۱. به وضوح، تنها مقاله لاونفلد در این حوزه «*مشارکت بیشتر در تئوری اجبارهای روانی*» آرشیو روان‌پزشکی ۷۱۹-۶۷۹ (۱۸۹۸) ۳۰ لاونفلد کتابی در مورد این موضوع در سال ۱۹۰۴ منتشر کرد که حاوی برخی نامه‌های نامعلوم پیشین فروید است، برای دیدن آن‌ها ماسون (۱۹۸۴) را ببینید.

وین، ۸ اکتبر ۱۸۹۵

عزیزترین ویلهلم!

در حال حاضر، شنیدن خبری از تو برای من به یک ضرورت تبدیل شده است. چون قبلاً به این نتیجه رسیده‌ام و در آن به‌ندرت دچار اشتباه می‌شوم که سکوت تو نشانه سردردهایت است. باز هم احساس راحتی بیشتری می‌کنم وقتی -بعد از یک مدت طولانی- یک بار دیگر بخشی از مطالب علمی تو را در دست دارم. تا حالا فقط به آن نگاهی انداخته‌ام و می‌ترسم ارزش‌گذاری بر این مطالب دقیق و صادقانه، سبب شود خیال‌پردازی‌های نظری من، شرم‌آور به نظر برسند.

امروز دارم همه‌چیز را برایت جور می‌کنم -چند بدهی که به من یادآوری کرد باید از تو تشکر کنم؛ پرونده‌ات در مورد دردهای زایمان و دو دفترچه یادداشتم. یادداشت‌هایت اولین گمانم را برانگیخت که آن‌ها را در یک جزوه کامل به نام «بینی و جنسیت زنان» بنویسی. طبیعتاً، ناامید شدم که ملاحظات نهایی با توضیحات بسیار ساده‌شان، وجود ندارد.

حالا، دو دفترچه یادداشت. من از وقتی که برگشتم، خیلی سریع آن‌ها را نوشتم. مختصر چیز جدیدی برایت دارند. دارم روی سومین دفترچه تمرکز می‌کنم که به آسیب‌شناسی روانی سرکوبی مربوط است، زیرا فقط موضوع خود را تا یک نقطه خاص دنبال می‌کند. از آن‌جا به بعد، مجبور بودم یک بار دیگر با پیش‌نویس‌های جدید کار کنم و در این فرایند احساس غرور، سرخوشی، شرم و بدبختی کنم، حالا پس از شکنجه‌های ذهنی فراوان، بی‌تفاوت با خودم می‌گویم: تا به حال، به هم متصل نبوده‌اند و شاید هرگز نشوند. آنچه

که تا حالا به هم متصل نشده، مکانیزم نیست -می‌توانم در برابر آن صبور باشم- اما توضیح سرکوبی و دانش بالینی آن، از دیگر جنبه‌ها به شدت پیشرفت کرده است.
فقط فکر کن! از میان دیگر چیزهایی که آن را پیش‌نیاز جدی هیستری نمی‌دانم، یعنی تجربه جنسی اولیه (پیش از بلوغ) که همراه با ترس و تنفر شدید است، ممکن است اتفاق افتاده باشد؛ برای روان‌رنجوری وسواسی که ممکن است همراه با لذت رخ داده باشد.
اما در توضیح مکانیکی آن موفق نبوده‌ام بلکه به صدای آرامی گوش می‌کنم که به من می‌گوید توضیحاتم کافی نیستند.
این بار آرزوهایم برای تو و همراهت کمی دیرتر بیان شدند، اما بسیار زیادند. من با سری که چیزهای زیادی در آن جوانه می‌زند، تنهایم و در حال حاضر، بی‌قرار به این طرف و آن طرف کشانده می‌شود. جالب‌ترین چیزها را دارم تجربه می‌کنم که در حال حاضر نمی‌توانم در موردشان صحبت کنم و به خاطر کمبود اوقات فراغت، نمی‌توانم آن‌ها را روی کاغذ بنویسم. (دارم یک بخش را برایت ضمیمه نامه می‌کنم) نمی‌خواهم چیزی بخوانم، چون سبب می‌شود در افکار زیادی غرق شوم و مرا از کامروایی در کشف بازمی‌دارد. خلاصه، به یک زاهد گوشه‌نشین بیچاره بدل شده‌ام. به‌علاوه، آن‌قدر خسته‌ام که فقط باید برای مدتی چیزهای بی‌ارزش را کنار بگذارم. در عوض، باید «میگرن» تو را هم مطالعه کنم. به‌علاوه، درگیر مجادله از طریق نامه با لاونفلد هستم. بعد از این‌که به نامه پاسخ دادم، باید آن را دریافت کنی.[1]
از نظر قلبی[2] چطور بودم؟ خیلی خوب نیستم، اما مثل چهارده روز اول هم بد نیستم. این بار اصلاً به آن توجهی ندارم. الکساندر یک شیطان پردردسر است و می‌خواهد برایت نامه بنویسد. تا جایی که سرش می‌شود، عالی عمل می‌کند. او مرد متفاوتی است. هنوز هم، تا جایی که آنتی‌پوپودیش[3] اهمیت دارد، گله و شکایت می‌کند.
صمیمانه‌ترین احترام‌هایم برای بانو آیدا و پائول(اینشن).[4] این‌جا همه خوب‌اند. مارتا باز هم در وین احساس راحتی می‌کند.
زیگموند تو!

۱. مکاتبات باقی نمانده است. برای رابطه فروید با لاونفلد، ماسون (۱۹۸۴) را ببینید.
2. Herzwarts

به صورت تحت‌اللفظی یعنی در جهت قلب.
۳. معنی آن نامشخص است. احتمالاً یک شوخی براساس کلمه بچه‌گانه پوپو (ته) است.
۴. منظور فروید این است که فرزندی که دارد به‌دنیا می‌آید می‌تواند یک پسر (پائول) یا یک دختر (پائولینشن، پائولای کوچک) باشد.

پیش‌نویس I. میگرن: نقاط محرز

[یادداشت ویراستار: براساس گفته مایکل شروتر، بخش اشاره‌شده در نامه قبل، پیش-نویس I است که حاوی ایده‌های بسیاری شبیه به ایده‌های مطرح‌شده در «*رابطه بین بینی و جنسیت زنانه*» می‌باشد. بنابراین، پیشنهاد کرده که پیش‌نویس در این محل قرار داده شود].

۱) جمع‌بندی. وقفه چندساعته یا چندروزه بین تحریک و بروز سیمپتوم‌ها وجود دارد. فرد این‌طور احساس می‌کند که بر مانعی غلبه کرده است و سپس فرایند پیش می‌رود.
۲) جمع‌بندی. حتی بدون تحریک هم فرد این تصور را دارد که باید محرک انباشته وجود داشته باشد که در آغاز وقفه در کمترین حد خود است و هرچه به انتها نزدیک می‌شود، به بیشترین حد خود می‌رسد.
۳) جمع‌بندی که در آن حساسیت به فاکتورهای سبب‌شناسی، به شدتِ محرکی که وجود دارد، بستگی دارد.
۴) موضوعی با علت پیچیده. احتمالاً در الگویی از علت‌های زنجیره‌ای که در آن، علت محتمل می‌تواند توسط تعدادی از عامل‌ها به صورت مستقیم یا غیرمستقیم، یا براساس الگوی علت جانشین،[1] ایجاد شود که در آن در کنار یک علت خاص علت‌های متداول می‌توانند به عنوان جانشین‌های کمی عمل کنند.
۵) موضوع مدل میگرن قاعدگی و تعلق به گروه جنسی. مستندات:

(a) در مردان سالم، نادر است.

(b) به دوره جنسی زندگی محدود شده است؛ دوران کودکی و کهنسالی تقریباً مستثنی شده‌اند.

(c) اگر با جمع‌بندی ایجاد شده، محرک جنسی هم با جمع‌بندی ایجاد شده است.

(d) مقایسه دوره‌ای بودن

(e) فراوانی در افرادی که در تخلیه جنسی اختلال دارند. (نورآستنی، رابطه جنسی منقطع)

۶) این اطمینان که میگرن می‌تواند توسط محرک‌های شیمیایی ایجاد شود. ترشحات سمی انسانی، بادسام، خستگی، بو. حالا، محرک جنسی نیز به یک محرک شیمیایی تبدیل می‌شود.

۷) قطع میگرن در دوران بارداری، وقتی که تولید احتمالاً در جای دیگری هدایت شده است. ممکن است این نشان دهد که میگرن نشان‌دهنده اثر سمی تولیدشده توسط ماده محرک جنسی در زمانی است که نمی‌تواند به اندازه کافی تخلیه شود و شاید بتوان اضافه کرد که راه خاصی وجود دارد (البته مکانش را باید تعیین کرد) که مخصوصاً مستعد است. سؤال در مورد این، سؤال در مورد محل اصلی میگرن است.

۸) در خصوص این مسیر، سه نشانه داریم: بیماری‌های ارگانیک کاسه سر، تومورها و ترشح چرک (بدون پیوندهای متوسط سمی ؟؟) میگرن یا چیزی بسیار شبیه به آن را تولید می‌کنند. به‌علاوه، این میگرن یک‌طرفه است، به بینی مربوط است و با پدیده فلج موضعی مرتبط است. شروع این علامت‌ها غیرمبهم نیست. یک‌طرفه بودن، قرار داشتن محل آن در بالای چشم‌ها و درآمیختگی با فلج موضعی، بسیار مهم‌اند.

۹) دردناک بودن میگرن می‌تواند تنها نشان‌دهنده پرده‌های مغزی باشد، زیرا اثرات ماده مغزی قطعاً بدون دردند.

۱۰) بنابراین، به نظر می‌رسد که میگرن به بیماری عصبی نزدیک است. خلاصه و جمع‌بندی آن‌که حساسیت و نوسانات آن و تولید درد عصبی در نتیجه محرک های سمی است. بنابراین، درد عصبی سمی، وابسته به سایر اعضاء و اولین نمونه فیزیولوژیکی خواهد بود. از آن‌جا که تغییر عصبی[۲] می‌بایست یک تغییر مرکزی باشد، با این وجود، باید فرض کنیم که مرکزی منطقی برای میگرن وجود دارد که بافت عصب سه قلوی آن، پرده خارجی پوشاننده مغز را تغذیه می‌کند.

به این دلیل که محل درد در میگرن، مشابه محل درد در درد عصبی سوپرااوربیتال است، این هسته دوَران باید در مجاورت هسته بخش اول باشد. به این دلیل که هسته‌ها و شاخه‌های مختلف عصب سه قلو روی همدیگر اثر می‌گذارند، بقیه اثرهای عصب‌های سه قلو می‌توانند در سبب‌شناسی [میگرن] به عنوان عوامل وابسته و متقارن (نه یک عامل عادی) سهیم باشند.

نشانه‌شناسی و وضعیت بیولوژیکی میگرن

درد عصبی معمولاً به صورت تنش شدید (یا حتی به صورت تکرّر اسپاسم‌ها) تخلیه می‌شود. بنابراین، غیرممکن است که میگرن شامل تحریک عصبی اسپاسمی ماهیچه‌های رگ‌های خونی در کره بازتابی منطقه دورال باشد. می‌توانیم این [تحریک عصبی] را اختلال عمومی (و درواقع موضعی) کارکرد دانست که از نظر نشانه‌شناسی تفاوتی با اختلال مشابه ایجادشده به خاطر تنگ شدن رگ (تشابه میگرن با حمله‌های ترومبوز) ندارد. بخشی از این بازداری به خاطر خود درد است. احتمالاً منطقه رگی شبکه عصبی کوریود است که در ابتدا تحت تأثیر اسپاسم تخلیه قرار گرفته است. رابطه چشم و بینی با تحریک عصبی مشترک آن‌ها توسط بخش اول [عصب سه قلو] شرح داده می‌شود.

۱. در دست‌نوشته، Surrogatätiolgie نوشته شده است. کتاب شروع، صفحه ۱۲۶ و استرچی (کتاب *منشأ* صفحه ۱۱۶) هر دو آن را Summierungsätiologic خوانده بودند.
۲. در دست‌نوشته، مانند کتاب شروع، تنها نوشته نشده است.

۱۵ اکتبر ۱۸۹۵
۹، برگاس ۱۹

عزیزترین ویلهلم!
مکاتبات من دیوانه‌کننده‌اند، این‌طور نیست! من به مدت دو هفته تب نوشتن داشتم و باور داشتم که راز را پیدا کرده‌ام. الان می‌دانم که هنوز آن را ندارم و باز کل کار را کنار گذاشته‌ام. با این وجود، همه‌چیز روشن شد و یا حداقل راه حل آن پیدا شد. هنوز دلسرد نشده‌ام. قبلاً چه به صورت شفاهی و چه در نوشته‌هایم، این راز بالینی بزرگ را برایت فاش نکرده بودم؟

هیستری، پیامد شوک جنسی پیش از دوران بلوغ است.
روان‌رنجوری وسواسی، پیامد لذت جنسی پیش از دوران بلوغ است که بعدها به سرزنش [خود] تبدیل می‌شود. «پیش از دوران بلوغ» یعنی درواقع، پیش از بلوغ، پیش از آزاد شدن ماده جنسی، رویدادهای مربوطه فقط به عنوان *خاطرات*، اثربخش می‌شوند.

با احترام!

بدون امضا!

کمی حالم بد است

وین، ۱۶ اکتبر ۱۸۹۵

عزیزترین ویلهلم!

خوشبختانه، پیش از این‌که نامه ملامت‌آمیزت را دریافت کنم، بسته و نامه را برایت پست کرده بودم. با این وجود، حق با توست اما همه‌چیز را برای راضی‌شدن‌ات توضیح می‌دهم. کار تب‌دار این چند هفته گذشته، امیدهای اغواکننده و ناامیدی‌ها، چند یافته حقیقی - همه آنچه بر ضد زمینه حس بدبختی از لحاظ جسمی و مشکلات و دلخوری‌های روزمره است. اگر در بالای چیزهایی که برایت فرستادم چند صفحه جمع‌بندی فلسفی وجود داشته باشد (که فکر نمی‌کنم، موفق باشند) امیدوارم تو را باز در حالت آشتی قرار دهد.
هنوز هم گیج شده‌ام. تقریباً مطمئنم که معماهای هیستری و روان‌رنجوری وسواسی را با فرمول‌های شوک جنسی دوره کودکی و لذت جنسی حل کرده‌ام و همین‌قدر مطمئنم که هر دو روان‌رنجوری، *در کل*، قابل درمان‌اند -نه فقط علائم فردی آن بلکه خود تمایل عصبی. این کمی سبب خوشحالی من می‌شود -چون چهل سال را کاملاً هدر نداده‌ام- و هنوز کاملاً راضی نیستم، چون شکاف روان‌شناسی در دانش جدید کل علاقه‌ام را مطالبه می‌کند.
طبیعتاً، هنوز زمانی برای میگرن پیدا نکرده‌ام، اما برای آن زمان خواهم گذاشت. باز هم سیگار کشیدن را به‌طور کامل ترک کرده‌ام. بنابراین، مجبور نیستم خودم را به خاطر ضربان بد قلبم سرزنش کنم و از کشمکش برای کشیدن چهارمین و پنجمین [سیگار] خلاص شده‌ام؛ ترجیح می‌دهم با وسوسه کشیدن اولین سیگار دست‌وپنجه نرم کنم. احتمالاً پرهیز برای رضایت روانی نیز خیلی مؤثر نیست.

دیگر حرف زدن در مورد خودم بس است. احتمالاً نتیجه رضایت‌بخشی دارد - که من حس می‌کنم بر دو روان‌رنجوری غلبه کرده‌ام و به دنبال کشمکش با ساختار روان‌شناسی هستم.

کتاب ژاکوبسن (ان. ال)[1] مرا نسبت به همه کتاب‌هایی که در این نه سال گذشته خوانده بودم، عمیق‌تر تکان داد. من آخرین فصل‌ها را کلاسیک در نظر می‌گیرم.

خوشحالم که از چند تذکر تو می‌توانم این‌گونه تصور کنم که حالت واقعاً بهتر شده است -فوراً، کمی غیبت کنیم. رابرت بروئر،[2] تنها دنبال‌کننده‌ام در وین، برای چند هفته به برلین خواهد رفت- من در آن زمان مهمانی بچه‌ها را دارم؛ بیست نفر برای تولد ماتیلده. دوشنبه پیش و دو روز بعد از آن، سخنرانی خسته‌کننده‌ای در مورد هیستری در کالج پزشکان دارم.

با صمیمانه‌ترین درودها برای تو و همسر عزیزت!

زیگموند تو!

1. Jens Peter Jacobsen

جنز پیتر ژاکوبسن (۱۸۸۵-۱۸۴۷) نویسنده دانمارکی، کتاب *نیلز لین* Nils Lyhne را در سال ۱۸۸۰ نوشت. (هانا استروپ لارسن Hanna Astrup Larsen آن را از زبان دانمارکی ترجمه کرده است؛ نیویورک: بنیاد آمریکایی-اسکاندیناوی، ۱۹۴۷). به وضوح، اتوبیوگرافی است. این کتاب، زندگی نسبتاً غمگین و محزون این مرد را که از نظر پاتولوژیکی خجالتی و گوشه‌گیر است، به تصویر می‌کشد. بخش دوم کتاب عمدتاً به فقدان‌های او در زندگی -مادر، پدر، همسر و فرزندان- اختصاص یافته است. او با قبول این‌که هیچ‌چیزی به مذهبش بدهکار نیست، سرنوشت خود را می‌پذیرد و سرانجام، با همین فلسفه رواقی با مرگ خود مواجه می‌شود. فصل دوازده با این کلمات شروع می‌شود: «در بهترین روزهای دو سال زندگی، نیلز لین تقریباً کل قاره را گشته بود. او بسیار تنها بود، بدون هیچ همشهری یا هیچ خویشاوند یا هیچ دوست صمیمی». فروید احتمالاً دارد به این ویژگی اشاره می‌کند، اما او هم ممکن است تحت تأثیر گوشه‌گیری غیرعادی لین، قرار گرفته باشد. چون می‌دانیم که فروید هم در این نقطه از زندگی‌اش کاملاً احساس تنهایی می‌کند.

2. Leopold Robert Breuer

لئوپولد رابرت بروئر (۱۹۳۶-۱۸۶۹) پسر ژوزف بروئر و همچنین پزشک است. در سال ۱۸۹۳ و ۱۸۹۴ پدر و پسر در دوره‌های «سرفصل‌های انتخابی نوروپاتولوژی» فروید شرکت کردند. برای اطلاعات بیشتر در مورد زندگی بروئر، هرشمولر (۱۹۷۸، صفحات ۴۸-۴۷ را ببینید).

وین، ۲۰ اکتبر ۱۸۹۵

عزیزترین ویلهلم!

همه‌چیز خوب است، به جز سردرد سه‌روزه. این نامه صرف نظر از افسوس به علم اختصاص دارد.

البته، بسیار از طرز فکرت در مورد راه حل هیستری-روان‌رنجوری وسواسی خوشحال شدم. حالا، به این گوش کن. دیشب در یک شب پرکار، وقتی داشتم از شدت درد چنان رنج می‌کشیدم که سبب شد شرایط بهینه‌ای برای فعالیت‌های ذهنی‌ام ایجاد شود، ناگهان حصارها بالا رفتند؛ پرده‌ها افتادند و همه‌چیز آشکار شد -از جزئیات روان‌رنجوری تا تعیین‌کننده‌های خودآگاهی. به نظر می‌رسید همه‌چیز سر جای خودش قرار گرفته است. دندانه‌ها در هم گیر افتادند و من این برداشت را داشتم که حالا این چیز، ماشینی است که به تنهایی در مدتی کوتاه کار می کند. سه سیستم نورون‌ها؛ حالت‌های محدود و آزاد Qn (کمیت)؛ فرایندهای اولیه و ثانویه؛ تمایل اصلی و تمایل سازش سیستم عصبی؛ دو قانون بیولوژیکی توجه و دفاع؛ ویژگی‌های کیفیت، واقعیت و تفکر؛ وضعیت گروه روانی-جنسی؛ تعیین‌کننده جنسی سرکوبی و سرانجام، عوامل تعیین‌کننده خودآگاهی به عنوان تابعی از کارکرد ادراک —همه این‌ها درست بودند و هنوز هم هستند! طبیعتاً، به سختی می‌توانم شوق خود را مدیریت کنم.

اگر پیش از گزارش دادن به تو دو هفته بیشتر صبر می‌کردم، همه‌چیز روشن‌تر می‌شد. فقط در تلاش برای گزارش دادن به تو بود که همه‌چیز برایم مشخص شد. بنابراین، نمی‌توانست به هیچ صورت دیگری انجام شود. حالا، نباید زمان بیشتری برای ارائه سیستماتیک پیداکنم. درمان‌ها کم‌کم شروع می‌شوند و فلج مغزی که اصلاً توجه مرا به خود جلب نکرد، باید فوراً انجام شود، اما چند چیز که به هر حال باید برایت توضیح بدهم؛ قیاس منطقی کمّی که باید از طریق آن بتوانی ویژگی‌های حرکت نورون‌ها و همچنین توصیف نورآستنی و روان‌رنجوری اضطرابی را براساس قضایای این نظریه حدس بزنی. خدا به خاطر من، سرت را از میگرن دور نگهدارد.

اگر نتوانم برای چهل و هشت ساعت در مورد چیز دیگری با تو صحبت کنم، احتمالاً این موضوع تمام خواهد شد. اما این امکان‌ناپذیر است.

Was man nicht erfliegen kann,
muss man erhinken . . .
Die Schrift sagt, es ist keine Schande zu hinken.[1]

دیگر تأییدها در مورد روان‌رنجوری، دارد در ذهن من تراوش می‌کند. این مسئله واقعاً حقیقی و واقعی است.

امروز[2] سخنرانی دوم در مورد هیستری را آغاز کردم و سرکوب تحت عنوان نکته اصلی بود. مردم آن را دوست داشتند، اما من نباید آن را منتشر می‌کردم.

اگر من نام پسر بعدی‌ام را ویلهلم بگذارم تو هیچ اعتراضی نخواهی داشت! اگر دختر شود، نام او آنا خواهد شد.

با صمیمانه‌ترین احترام‌ها!

زیگموند تو!

۱. کریس (در کتاب *منشأ*، صفحه ۱۳۰ nI) ذکر می‌کند که این نقل قولی است از روکرتس ماکامن دس هریری (Rückert's Makamen des Hariri):

چیزی که با پرواز نمی‌توانیم به آن برسیم
باید با لنگیدن به آن برسیم.
این کتاب به ما می‌گوید که لنگیدن اصلاً گناه نیست.

فروید باز هم این بیت‌ها را در انتهای *فراتر از اصل لذت* ذکر می‌کند.

۲. یعنی، بیست اکتبر. گزارش سخنرانی می‌گوید که سخنرانی در بیست و یک اکتبر انجام شده است. (که اگر دوشنبه باشد صحیح است: ۲۱ = ۷ + ۱۴) به این دلیل که نامه (طبق پاکت نامه) در بیست و دو اکتبر فرستاده شده، شروتر بیان می‌کند که ممکن است فروید این بخش از نامه را در روز بیست و یکم نوشته باشد. سخنرانی دوم درواقع، به صورت ارائه انجام شده بود.

وین، ۳۱ اکتبر ۱۸۹۵

عزیزترین ویلهلم!

هرچند، بسیار خسته‌ام، اما حس می‌کنم پیش از این‌که این ماه به پایان برسد باید برایت نامه بنویسم. نخست، در مورد آخرین گزارش‌های علمی‌ات که من هم به عنوان مقیاسی از سردرد تو از آن استقبال می‌کنم.

اولین برداشت: جالب است که کسی وجود دارد که حتی از من هم خیال‌پردازتر است و او کسی نیست به جز دوست من ویلهلم. نتیجه‌گیری: من می‌خواهم برگه‌ها را برای این‌که گم نشوند، به تو برگردانم. در عین حال، به نظر من این موضوع کاملاً باور نکردنی بود و به خودم گفتم تنها یک متخصص در همه زمینه‌ها، مانند تو می‌تواند به این‌جا برسد. من استثنائاً تحت تأثیر نگاه تیزبین[1] با چشم‌اندازی وسیع بر تمام موضوعات قرار گرفتم. من فکر می‌کنم به‌دنیا آمده‌ام که تشویق‌کننده تو باشم.

همان بهتر که تاکنون هیچ‌چیزی را در مقابل میلیون[2] خودم نگرفتم. من واقعاً باور دارم که این‌ها به هم متصل می‌شوند، اما هنوز به بخش‌های جداگانه‌اش اعتماد ندارم. من دائماً آن‌ها را عوض می‌کنم و هنوز هم جرئت ندارم ساختار آن را به یک فرد خردمند نشان بدهم. تا حدی از ارزش چیزی که در دست داری هم کم شده و بیشتر شبیه یک نمونه است، اما امیدوارم موفق شود. اکنون، کاملاً خالی شده‌ام[3] و در هر صورت باید دو ماه این موضوع را کنار بگذارم، چون قبل از سال ۱۸۹۶ باید در مورد فلج اطفال برای ناتناگل بنویسم -تاکنون حتی یک کلمه از آن را روی کاغذ نیاورده‌ام.

به توضیح لذت-درد در هیستری و روان‌رنجوری وسواسی که با اشتیاق زیادی آن را اعلام کرده بودم، مشکوک شده‌ام. عناصر تشکیل‌دهنده آن بی‌شک صحیح‌اند، اما هنوز تکه‌های پازل را در جای درست خود قرار نداده‌ام.

خوشبختانه، همه این نظریه‌ها باید در مدخل بالینیِ سرکوبی جریان پیدا کنند که من برای اصلاح شدن یا روشن شدن فرصت‌های روزمره‌ای در آن دارم. مورد «کم‌رویی» من باید تا پایان سال ۹۶ به پایان برسد. او در جوانی‌اش دچار هیستری و سپس دچار توهم شده است. داستان تقریباً شفافش باید چند نکته مورد اختلاف نظر را برایم روشن کند. مرد دیگری (که جرئت نمی‌کند به خاطر تمایلات آدم‌کشی به خیابان بیاید) باید به من کمک کند که پازل دیگری را حل کنم.

به‌تازگی، مشغول توصیف فعالیت‌های جنسی بودم و در این فرایند، تلمبه لذت[4] (نه تلمبه هوا) و چند *کنجکاوی* دیگر را کشف کرده‌ام، اما در حال حاضر نباید در مورد آن‌ها صحبت کنم. مسئله بعدی به عنوان یک واحد مجزا، میگرن خواهد بود که به خاطر آن گشتی در مکانیزم فعالیت‌های جنسی زده‌ام.

در چند هفته گذشته، لذتم از زندگی خیلی کمتر از قبل شده است. من حتی کاری کرده‌ام که میگرن قابل قبولی داشته باشم، زمانی که قلبم نتوانست ضربانش را پیدا کند. «ویلهلم» یا «آنا» بسیار سرکش است و احتمالاً می‌خواهد در ماه نوامبر، روشنایی را ببیند. امیدوارم همه‌چیز با فرزند کریسمسی تو خوب پیش برود.
به‌تازگی، سه سخنرانی در مورد هیستری[5] انجام داده‌ام که در آن بسیار جسور بودم. حالا، تمایل پیدا کرده‌ام مغرور باشم، مخصوصاً اگر تو به این‌قدر سرخوش بودن ادامه بدهی.
با صمیمانه‌ترین درودها برای تو، آیدا و پائولینشن. (؟).
زیگموند تو!
آب سیاه؟[6]
من واقعاً باید بروم و خانواده‌ات را در خیابان یو[هانس] ببینم.

۱. فروید به داستانی در مورد kück معجزه‌آسا (چهره غیرصمیمی) یک خاخام در *شوخی‌ها و رابطه آن‌ها با ناخودآگاه* اشاره می‌کند (S.E. ۸: ۶۳): «در معبد شهر کراکو، خاخام بزرگ اِن. با مریدانش نشسته بودند و دعا می‌کردند. ناگهان او شروع کرد به گریه کردن با صدای بلند و در جواب سؤالات مریدانش بیان کرد: «در این لحظه، خاخام اِل. در کمبرگ فوت شد». همه افراد جمع برای شخص مرده عزاداری کردند. در چند روز بعد، از مردمی که از لمبرگ می‌آمدند می‌پرسیدند که چرا خاخام فوت شد و مشکلش چه بود؟ اما مردم چیزی در مورد آن نمی‌دانستند و او را در سلامت کامل ترک کرده بودند. حداقل با اطمینان گفته می‌شد که خاخام اِل. در لمبرگ در لحظه‌ای که خاخام اِن. مرگ او را با تله‌پاتی دیده فوت نشده بود، چون هنوز زنده است. یک غریبه از این فرصت برای مسخره کردن یکی از مریدان خاخام کراکو به خاطر این موضوع، استفاده کرد: «خاخام شما، در آن لحظه که خاخام اِل. را دیده که در لمبرگ فوت شده است؛ از خودش یک احمق ساخته است. آن مرد هنوز هم زنده است». مرید پاسخ داد: «هیچ فرقی نمی‌کند. هرچه هم که بگویی، **Kück** کراکو به لمبرگ از نوع باشکوه آن است». همچنین نامه ۱۰ مارس ۱۸۹۸ را هم ببینید.
۲. طبق گفته‌های بروکنر Bruckner (۱۹۶۲، صفحه ۷۳۲) این اشاره‌ای است به مولتاتولی Multatuli که فروید از او به عنوان یکی از نویسنده‌های مورد علاقه‌اش نام می‌برد (S.E. ۹:۲۴۷) بروکنر کارهای این نویسنده هلندی (ادوارد داوز دکر Eduard Dawes Dekker ۱۸۲۰-۱۸۸۷) و علاقه فروید به آن‌ها را مطرح می‌کند.
3. Ausgepumpt
از نظر لغوی: تلمبه زدن

۴. این بازی کلمات است. کلمه آلمانی «لذت»: "Lust" است و «هوا»: "Luft"
۵. سولووی (۵۰۹ -۵۰۷ صفحات، ۱۹۷۹) را ببینید.
۶. به نظر می‌رسد این کلمه دست‌خط فروید نیست.

۲ نوامبر ۱۸۹۵
۹، برگاس ۱۹

خوشحالم که پیش از پست کردن نامه منتظر ماندم. امروز می‌توانم اضافه کنم که یکی از پرونده‌ها آنچه را که انتظار داشتم، برآورده کرد (شوک جنسی -یعنی مورد سوءاستفاده قرار گرفتن در کودکی در هیستری مردانه) و این‌که در عین حال، کار کردن روی موضوع مورد بحث اعتقادم را در ارزشمند بودن ساختار روان‌شناسی من راسخ‌تر کرد. حالا واقعاً دارم از لحظه رضایت، لذت می‌برم.

از سوی دیگر، هنوز زمان لذت بردن از لحظه برتر و سپس غرق شدن نیست.[1] هنوز هم کارهای زیادی مانده است که باید برای موفقیت در نمایش‌های تراژدی انجام داد.

از طرف زیگموند تو!

که درودهای صمیمانه هم می‌فرستد.

۱. با اشاره به آخرین کلمات فروید؛ فاوست گوته، بخش ۲ را ببینید.

وین، ۸ نوامبر ۱۸۹۵

عزیزترین ویلهلم!

نامه‌های طولانی‌ات به من ثابت کرد که حالت بهتر است. ممکن است -علائم و دلیل آن- بدون انقطاع ادامه پیدا کنند. من (نه باید آن را فراموش کنم و نه باز در مورد آن صحبت کنم) در دو هفته گذشته، به‌طور غیرقابل مقایسه‌ای بهتر بودم. نتوانستم سیگارم را کاملاً ترک کنم. زیر بار نگرانی‌های عملی و نظری و افزایش حساسیت شدید روانی من، غیرقابل تحمل شده است. وگرنه دارم از تجویز پیروی می‌کنم و فقط در روز عدم تأیید لوگر [به عنوان شهردار وین] افراط کردم.

از آن زمان به بعد، نامه‌های من بیشتر محتوای خود را از دست داده‌اند. دست‌نوشته‌های روان‌شناسی را جمع کردم و آن‌ها را توی کشو انداختم که باید تا سال ۱۸۹۶ در آن‌جا چرت بزنند و به این صورت به انجام می‌رسد. ابتدا، روان‌شناسی را کنار گذاشتم تا

فضایی برای فلج اطفال که باید پیش از سال ۱۸۹۶ به پایان برسد، باز کنم. سپس، شروع کردم به نوشتن در مورد میگرن. اولین نکاتی که مطرح کردم مرا به بینشی رساند که یادآور موضوعی بود که کنار گذاشته بودم و به بازبینی‌های زیادی نیاز داشت. در آن لحظه، بر ضد احکام سفت و سخت خودم شورش کردم. حس کردم بیش از حد کار کرده‌ام و در رام کردن آن عصبانی، گیج و ناتوان شده‌ام. بنابراین، همه‌چیز را کنار گذاشتم. حالا، متأسفم که براساس این صفحه‌ها تو باید سعی کنی طرز فکری را شکل بدهی تا لذتم را از پیروزی خودم توجیه کند که باید درواقع برای تو مشکل باشد. دیگر با آن دست‌وپنجه نرم نکن. امیدوارم در یک دوره دو ماهه بتوانم همه‌چیز را روشن کنم. هرچند، راه حل بالینی هیستری هنوز پابرجاست؛ جذاب و ساده است. شاید باید به زودی با تو همکاری کنم و آن را برایت یادداشت کنم.

ده نوامبر. همراه با این نامه پرونده‌های پزشکی در خصوص بینی و جنسیت را برایت می‌فرستم. نیازی نیست که به تو بگویم کاملاً با هدفت موافقم. این بار متوجه خواهی شد که چیزهایی مختصری –چند علامت قرمز– اضافه کرده‌ام. امیدوارم وقتی که بخش نظری را می‌خوانم چیزهای بیشتری وجود داشته باشد. فرضیه جنسی-شیمیایی‌ات واقعاً مرا مجذوب خود کرد. امیدوارم موفق بشوی.

تا گردن در فلج اطفال غرق شده‌ام که اصلاً توجه مرا به خودش جلب نمی‌کند. از زمانی که φψω را کنار گذاشته‌ام، احساس می‌کنم شکست خورده‌ام و تاریخ مصرفم گذشته است. عقیده دارم که اصلاً مستحق تبریک‌های تو نیستم.

اکنون احساس پوچی می‌کنم.

به‌تازگی در کالج پزشکان، بروئر به افتخار من سخنرانی بزرگی کرد و خودش را هوادار نوکیش سبب‌شناسی جنسی[1] معرفی کرد. وقتی که به‌طور خصوصی از او برای این مسئله تشکر کردم، با گفتن این جمله خوشی مرا از بین برد: «اما با این وجود، آن را باور ندارم». این را درک می‌کنی؟ من که درک نمی‌کنم.

در حال حاضر، مارتا کاملاً ناراحت است. امیدوارم این وضعیت هرچه زودتر به پایان برسد.

تا جایی که روان‌رنجوری اهمیت دارد، چیزهای جالب زیادی وجود دارد، اما هیچ چیز جدیدی نیست بلکه فقط تأییدات قبلی است. کاش می‌توانستیم در مورد آن با هم صحبت کنیم.

با صمیمانه‌ترین احترام‌ها برای تو، مادر و (فرزند)

زیگموند تو!

۱. نظرات بروئر در چندین نشریه گزارش شده‌اند که یکی از آن‌ها بلاتر پزشکی وین، (۱۸۹۵) ۱۷۷،۱۸-۷۱۶ است که (جلسه کالج پزشکی وین در ۴ نوامبر ۱۸۹۵ را شرح می‌دهد). لاتی نیومن Lottie Newman این نظرات را ترجمه کرده است:

«بروئر درست در شروع ارائه‌اش بیان می‌کند اگر فردی انتظار دارد که او در این‌جا به عنوان نویسنده مشترک سخنرانی کند، اشتباه می‌کند. چون کل نظریه سرکوبی درواقع در مالکیت فروید است و با تشویق حضار مواجه می‌شود. او صمیمانه با بخش بزرگی از موارد که اساس نظریه‌های فروید را تشکیل می‌دهد، آشنا می‌شود؛ او از ابتدا شاهد تولد این نظریه بوده، هرچند با برخی مخالفت‌ها همراه بوده است، اما اکنون در نتیجه توضیحات روشنگر فروید، پیش از همایش به عنوان یک نوکیش آن را پذیرفته است». «اگر کسی فرض کند که نظریه‌های فروید ساختار علت و معلولی دارند، در اشتباه است. کار زیاد و معاینات زیادی در سخنرانی‌های فروید وجود دارد. همچنین شاید کسی تصور کند بیماران تحت تأثیر فشار پزشکان کوشش می‌کنند که پزشک هر چیزی را که بیمار می‌خواهد بشنود، بیان می‌کنند. این‌طور نیست. سخنران متوجه شده که وادار کردن (چنین) بیمارانی به چیزی بسیار دشوار است. نکته‌ای که در آن سخنران با فروید موافق نیست، بیش از حد ارزش قائل شدن برای جنسیت است. احتمالاً نمی‌خواهد بگوید که هر علامت هیستریایی یک زمینه جنسی دارد بلکه می‌خواهد بگوید که ریشه اصلی هیستری جنسی است. تاکنون، به روشنی متوجه این نشده‌ام و این برای آینده می‌ماند. باید انبوهی از معاینات، این مسئله را کاملاً روشن کنند. در هر رویدادی، باید از فروید به خاطر تذکرات نظری‌ای که به ما ارائه داده، ممنون باشیم». «خصوصاً در مورد زنان، شکایت از دست‌کم گرفتن عامل جنسیتی توجیه شده است. مثلاً، درست نیست برای دخترانی که از بی‌خوابی مزمن و غیره رنج می‌برند، به خاطر کم‌خونی، قرص آهن تجویز شود، بدون این‌که حتی به خودارضائی فکر کنیم، در حالی که در مورد مردان جوان، ما فوراً به دنبال ناپاکی‌ها می‌گردیم. در این زمینه، ما در حالت هیستری هستیم؛ ما این احساس را که برایمان ناخوشایند است، سرکوب می‌کنیم. درواقع، ما هیچ‌چیز در مورد تمایلات جنسی زن‌ها و دخترها نمی‌دانیم. هیچ پزشکی نمی‌داند که تحریک جنسی چه نوع علائمی را در زن‌ها ایجاد می‌کند، چون زن‌های جوان نمی‌خواهند در این مورد صحبت کنند و مسن‌ها نیز قبلاً فراموش شده‌اند». «شاید این استدلال ایجاد شده باشد که

فقدان به‌هم‌پیوستگی در رساله فروید احساس می‌شود. حالا، این‌چنین است اما نباید فراموش کرد که ما نتیجه‌گیری‌های موقتی را پیش رویمان داریم و هر نظریه ساختار موقتی دارد».

وین، ۲۹ نوامبر ۱۸۹۵

ویلهلم عزیز!

نمی‌توانم به تو اجازه بدهم تا وقتی که بچه تصمیمش را نگرفته، منتظر بمانی. به وضوح، قصد دارد تا روز آخر منتظر بماند. مثل کسی که می‌خواهد تسویه‌حساب کند تا بتواند ادعایی داشته باشد. در حال حاضر، حال مارتا بسیار خوب است. امیدوارم چیز مشابهی را از تو بشنوم، یعنی در مورد همسرت و پائولینشن که نام مستعار فرزندت است.

من واقعاً به طرز شگفت‌انگیزی حس می‌کنم بهتر شده‌ام، به‌طوری که از اول کار هرگز این‌گونه نبوده‌ام. به‌علاوه، دیگر هیچ ترشح چرکی‌ای ندارم؛ فقط کلی ترشح مخاطی دارم. به هر حال، هرگز به موفقیت مداخله‌های ثانویه جراحی تو شک نداشتم و در تندرستی کامل به سر می‌برم؛ بسیار پرکارم. نُه تا یازده ساعت کار دشوار می‌کنم، شش تا هشت مورد روان‌کاوی در روز -بهترین چیزها. البته، همه نوع مطالب جدید. در حال حاضر، کاملاً در علم گم شده‌ام. وقتی که ساعت ۱۱ شب پشت میز کارم می‌نشینم، باید مطالب فلج اطفال را جفت‌وجور کنم. امیدوارم دو ماهه آن‌ها را تمام کنم و سپس بتوانم از برداشت‌های به‌دست‌آمده در دوره‌های درمان استفاده کنم.

دیگر آن حالت ذهنی‌ام را که روان‌شناسی را در آن ایجاد کردم، درک نمی‌کنم. نمی‌توانم بفهمم چطور آن را به تو تحمیل کردم. می‌دانم که هنوز هم خیلی مؤدب هستی. به نظر می‌رسد برای من یک نوع دیوانگی بوده است. احتمالاً راه حل بالینی دو روان‌رنجوری، بعد از برخی اصلاحات، دوباره جان خواهد گرفت.

همه بچه‌ها از سرماخوردگی افتاده‌اند -و در خانه ما همه‌گیر شده است. چند روز پیش، مینا آمد تا چند ماه پیش ما بماند. من چیزی از دنیا نمی‌بینم و فقط چیز کمی از آن می‌شنوم. متأسفانه، دقیقاً در همین زمان‌هاست که وقتی نوشتن برایم خیلی سخت می‌شود، به شدت از فاصله بین وین و برلین آگاه می‌شوم.

با توجه به آخرین نامه‌هایت، به خوب شدن سردردهایت باور دارم و از تو می‌خواهم این را تأیید کنی. شاگردان ورنیکه، ساکس و سی. اس. فروند، چرندیاتی در مورد هیستری

(فلج روانی) تهیه کرده‌اند که به هرحال، تقریباً یک دزدی ادبی از «*ملاحظات*، و غیره» من در آرشیو عصب‌شناسی است. فرضیه ساکس در پایداری انرژی روانی، حتی دردناک‌تر است.[1]

امیدوارم خیلی زود چیزهای زیادی از تو، همسرت، فرزندت و جنسیت از طریق بینی بشنوم.

با صمیمانه‌ترین احترام‌ها!

زیگموند تو!

وقتی قلب بهبود می‌یابد، چه بسا میگرن شروع می‌شود.

۱. کتاب *منشأ* صفحه ۸۲، ۱۳۵ را ببینید.

وین، ۳ دسامبر ۱۸۹۵

۹، برگاس ۱۹

عزیزترین ویلهلم!

اگر فرزندم پسر می‌شد، برایت از طریق تلگرام پیام می‌فرستادم چون نام تو را حمل می‌کرد، اما چون یک دختر کوچک به نام آنا شد، کمی دیرتر از موقع به تو خبر دادم. امروز در ساعت ۳:۱۵ او در جلسه مشاوره به‌دنیا آمد و به نظر می‌رسد دختر کوچولوی کاملی است که به لطف مراقبت فلیشمن،[1] هیچ آسیبی به مادرش نرسانده است. حال هر دوی آن‌ها نسبتاً خوب است. امیدوارم خیلی بعد از رسیدن این نامه طول نکشد که آنا و پائولینشن همدیگر را ببینند. آن‌ها باید یاد بگیرند که چطور خیلی خوب با هم کنار بیایند.

زیگموند تو!

1. Carl Fleischmann

کارل فلیشمن (تولد ۱۸۵۹)، متخصص زنان و زایمان.

دوباره تعریف کردن روان‌رنجوری

یکشنبه، ۸ دسامبر ۱۸۹۵

ویلهلم عزیز!

با تشکر فراوان برای نامه و تمام احساسی که همراه آن بود. وقتی که باز هم دست‌خط تو را می‌بینم، لحظه بسیار لذت‌بخشی است که به من اجازه می‌دهد، تنهایی و نبودنت را فراموش کنم. به‌علاوه، از حقایق و همچنین از محتوای نامه می‌توانم استنباط کنم که حال تو هم خوب است این وضعیتی است که در آن هر آنچه در این زندگانی پیچیده در انتظار من است را سرخوشانه بپذیرم.

با مراقبت عالی، زایمان بانشاط و بدون مزاحمتی را طی کردیم.

دختر کوچولو، کل شیر گارتنر را سر می‌کشد -من خیلی کم او را دیده‌ام- و گفته می‌شود که به تمام خواسته‌هایش با رضایت موافقت می‌شود.

ما دوست داریم این‌طور فکر کنیم که این بچه سبب افزایش کسب‌وکار من شده و آن را به دو برابر حد معمول رسانده است. من در حفظ این وضعیت دچار مشکل شده‌ام و می‌توانم چیزی را که زیان‌آور به نظر می‌رسد، نپذیرم و شروع کرده‌ام به دیکته کردن نرخ دستمزدم. دارم در تشخیص و درمان دو روان رنجوری، به خودم مطمئن می‌شوم و باور دارم می‌توانم ببینم که شهر چطور به تدریج می‌فهمد که من کارهایی انجام می‌دهم.

تا به حال، برایت نوشته‌ام که طرز فکرهای وسواسی همواره *سرزنش* هستند، در حالی که در ریشه هیستری، همیشه *تعارض* است. (لذت جنسی با نارضایتی احتمالی همراه آن)؟[1] این راه جدید بیان کردن راه حل بالینی است. حالا، موارد آمیخته خوبی از دو روان-رنجوری دارم و امیدوارم که اطلاعات بیشتری در مورد مکانیزم ضروری موجود در آن به‌دست بیاورم.

همیشه به عقیده تو احترام می‌گذارم، حتی وقتی که به کار روان‌شناسی من مربوط است و مرا در وضعیتی قرار می‌دهد که باز هم چند ماه این موضوع را در دست بگیرم، اما این بار با جزئیات، نقادانه و با صبوری بررسی می‌کنم. بهترین چیزی که در مورد آن می‌توانی بگویی این است که شایسته قدردانی است Voluisse in magnis rebus[2]

و آیا باید در اولین برخورد و ارتباط به این تمجیدها توجه کنم؟ فکر می‌کنم باید آن را برای خودمان نگه داریم و ببینیم آیا چیزی از آن بیرون می‌آید یا نه. شاید باید یاد بگیرم خودم را با توضیح بالینی روان‌رنجوری قانع کنم.

در خصوص الهامات تو در فیزیولوژی جنسی، تمام کاری که می‌توانم بکنم این است که توجه و تحسین بالینی‌ام را آماده نگه دارم. دانش من آن‌قدر محدود است که نمی‌توانم به آن ملحق شوم، اما زیباترین و مهم‌ترین چیزها را احساس می‌کنم و امیدوارم وقتی که زمانش برسد خودت را از ارائه عمومیِ نظریات‌ات برای همه محروم نکنی، حتی اگر فقط حدس و گمان باشند. ما نمی‌توانیم بدون مردم که شجاعت فکر کردن به یک چیز جدید را پیش از مشخص کردن آن دارند، کار کنیم.

اگر از نظر جغرافیایی از هم دور نبودیم، درواقع، همه‌چیز متفاوت می‌شد.

احساس خیلی خوبی دارم، حتی ترشح چرک هم بسیار کم شده است.

من به اولویت «پایداری روانی» وابسته نیستم. حق با توست، می‌توان آن را از راه‌های مختلف درک کرد.

مراجعه‌کننده‌ها -باید نامه را تمام کنم.

با صمیمانه‌ترین احترام‌ها برای همسر و دخترت از طرف همه ما!

زیگموند تو!

۱. منظور فروید به وضوح این است که تعارض در هیستری، بین لذت و عدم لذت است. او هیستری را با افکار وسواسی مقایسه می‌کند.

۲. در کارهای بزرگ، کافیست که اراده داشته باشید. پروپرتیوس، مرثیه، ۶ : ۱۰.

پیش‌نویس J. خانم پی. جی. (۲۷ ساله)

[بدون تاریخ، به نظر می‌رسد متعلق به پایان سال ۱۸۹۵ است]

۱

سه ماه بود که ازدواج کرده بود. همسرش که یک فروشنده دوره‌گرد است، مجبور بود بعد از ازدواجشان، برای چند هفته او را ترک کند و چند هفته به‌طور مداوم در خانه نبود. خیلی دلتنگ همسرش می‌شد و مشتاق دیدنش بود. او یک خواننده بود یا به هر قیمتی آموزش خوانندگی دیده بود و برای وقت‌گذرانی داشت پیانو می‌نواخت و آواز

می‌خواند که ناگهان در شکم و معده‌اش احساس آشوب کرد، سرش گیج رفت، احساس فشار و اضطراب و پارستزی‌های قلبی[1] پیدا کرد و فکر کرد دارد دیوانه می‌شود. چند لحظه بعد، به خاطر آورد که آن روز تخم مرغ و قارچ خورده است. بنابراین، فکر کرد مسموم شده است. این وضعیت به سرعت برطرف شد. روز بعد، خدمتکار به او گفت زنی که قبلاً در این خانه زندگی می‌کرد، دیوانه شده است. از آن زمان به بعد، هیچ‌وقت از این وسواس و اضطراب که او هم قرار است دیوانه بشود، رها نشده بود.

مباحثه این‌طور ادامه پیدا می‌کند؛ من با این فرض شروع می‌کنم که شرایط او در آن زمان، حمله اضطرابی بوده است -آزاد شدن احساس جنسی که به اضطراب تبدیل شده بود. می‌ترسم که حمله‌ای از این نوع، بدون هیچ فرایند روانی‌ای روی بدهد. با این وجود، نمی‌خواهم جالب‌ترین احتمالی را که می‌توان در چنین فرایندی یافت، رد کنم و از سوی دیگر آن را به عنوان نقطه شروع کارم می‌پذیرم. چیزی که من انتظار داشتم این بود. او دلتنگ همسرش شده بود. یعنی، دلتنگ رابطه جنسی با او. بنابراین، این فکر به ذهن می‌رسد که اثر جنسی تحریک شده و سپس با دفاع همراه شده است. او ترسیده و ارتباط یا جایگزین کاذبی ارائه کرده است.

من با پرسیدن سؤال در مورد شرایط آن رویداد شروع کردم. یک چیز باید او را یاد همسرش انداخته باشد. او آواز کارمِن Près des remparts sèville[2] را می‌خوانده است. از او خواستم که آن را دوباره برای من بخواند. او حتی کلمات را هم به درستی نمی‌دانست. فکر می‌کنی حمله از چه نقطه‌ای آغاز شده بود؟ او نمی‌دانست. وقتی که به [پیشانی‌اش] فشار وارد کردم، گفت: بعد از این‌که آواز را تمام کرده بود. این واقعاً محتمل به نظر می‌رسید. قطاری از افکار توسط متن آواز تقویت شده بودند، سپس ادعا کردم که پیش از حمله، افکاری در ذهنش بوده که ممکن است آن‌ها را به خاطر نیاورد. او [گفت] واقعاً چیزی به خاطر نمی‌آورد، اما فشار [روی پیشانی‌اش] پاسخ‌های همسر و *دلتنگی* را ایجاد کرد. به خاطر اصرار من، مشخص شد پاسخ دوم، دلتنگی برای نوازش جنسی است. «من کاملاً آماده‌ام که آن را باور کنم، سرانجام حمله تو، فقط حالت بیرون‌ریزی عشق بوده است. آهنگ صفحه را می‌دانی؟

Voi che sapete che cosa e amor,
Donne vedete s'io l'ho nel cor[3]

مطمئناً چیزی علاوه بر این بود. احساسی در بخش پائینی بدن، یک انقباض ماهیچه‌ای و نیاز فوری به رفتن به دستشویی». او حالا این را تأیید می‌کرد. عدم صمیمیت زنان از حذف کردن ویژگی علائم جنسی در توصیف وضعیتشان آغاز می‌شود. بنابراین، این درواقع یک ارگاسم بوده است.

«خب، مطمئناً می‌توانی تشخیص بدهی که چنین دلتنگی‌ای در یک زن جوان که همسرش او را ترک کرده، چیزی نیست که بخواهد از آن خجالت بکشد». از سوی دیگر، او گفت همه‌چیز باید همین‌طور باشد. «درست است، اما در این صورت هیچ دلیلی برای ترس نمی‌بینم. تو مطمئناً از همسرت و دلتنگی برایش نترسیده بودی. بنابراین، هنوز هم برخی افکار گمشده وجود دارند که با ترس، متناسب‌ترند»، اما او فقط افزود که از مدت‌ها پیش از دردی که بر اثر نزدیکی به وجود آمده می‌ترسید، اما اشتیاقش از ترس او از درد قوی‌تر است. جلسه ما در این نقطه به پایان رسید.

۲

مطمئناً باید مشکوک می‌شدم که در صحنه (۱) (در کنار پیانو)، همراه با افکار دلتنگی برای همسرش (که به یاد می‌آورد) وارد سلسله عمیق دیگری از فکر شده بود که آن را به خاطر نمی‌آورد و همان منجر به صحنه (۱) شده بود، اما من هنوز نمی‌دانستم این نقطه شروع است. امروز او گریه‌کنان و با ناامیدی آمد. یقیناً هیچ امیدی به پیشرفت درمان نداشت. بنابراین، مقاومتش تحریک شده بود و پیشرفت، سخت‌تر. سپس آنچه من می‌خواستم بدانم این بود که فکری که سبب ترس او شده بود، هنوز هم وجود دارد یا نه. او همه‌چیزهایی را که هیچ ربطی به هم نداشتند، بیان کرد؛ این‌که برای مدت طولانی باکره مانده است، (که پروفسور کروبک[۴] آن را تأیید کرد) این‌که حالت‌های عصبی‌اش را به آن نسبت می‌داد و به همین دلیل آرزو داشت این حالت‌ها به پایان برسد. البته، این فکری بود از زمان‌های بعدی: تا صحنه (۱) او در سلامت کامل بوده است. حداقل این اطلاعات را به‌دست آوردم که او حالا هم حمله‌های مشابه اما بسیار ضعیف‌تر و زودگذرتر و با همان احساس دارد. (از این نکته متوجه می‌شوم که از تصور خود ارگاسم است که مسیری که منجر به لایه‌های عمیق‌تر می‌گردد، شروع می‌شود) ما صحنه دیگر را هم بررسی کردیم. در آن زمان -چهار سال پیش- او با راتیسبون نامزد بوده است. صبح یک روز، او تمرین آواز می‌کرد و بسیار موفق بود؛ بعدازظهر همان روز، در خانه «رویا»یی

دیده است -که گویی یک چیزی (یک ردیف) را با خواننده دارای صدای بم و یک مرد دیگر «برنامه‌ریزی» می‌کند و بعد از آن دچار حمله می‌شود؛ با این ترس که دارد دیوانه می‌شود.

سپس، این‌جا صحنه (۲) است که از تداعی صحنه (۱) متأثر شده بود، اما باید بپذیریم که در این‌جا هم شکاف‌هایی در حافظه‌اش وجود دارد. باید فکرهای دیگری هم بوده باشد که مسئول آزاد شدن احساس جنسی و ترس باشند. من در مورد این پیوندهای میانی صحبت کردم، اما در عوض انگیزه‌هایش را برایم تعریف کرد. او از کل زندگی روی صحنه متنفر بود -«چرا»؟ -تندی مدیر و رابطه بازیگران با همدیگر -از او در مورد جزئیات این مسئله پرسیدم. -یک هنرپیشه زن کهنسال بذله‌گو بود که مردان جوان به شوخی از او می‌پرسیدند که می‌توانند شب را با او بگذرانند -«چیزی بیشتر، در مورد خواننده‌ای که صدای بم دارد». -آن مرد او را هم اذیت کرده بود. در تمرین، دست‌هایش را روی سینه او گذاشته بود -«از روی لباس یا بدن برهنه»؟ -در ابتدا او گفته بود برهنه، اما سپس حرفش را پس گرفت. او با لباس بیرون بود. -«خوب، دیگر چه چیزی»؟ -«همه چیز در مورد این رابطه؛ همه در آغوش گرفتن‌ها و بوسیدن‌ها در میان بازیگران، برای او منزجرکننده بود» -«چه چیز دیگری»؟ -یک بار دیگر، تندیِ مدیر و فقط چند روز آن‌جا مانده بود. -«آیا توهین آن مردی که صدای بم دارد در همان روزی اتفاق افتاد که حمله رخ داده بود»؟ -نه، او نمی‌دانست آیا پیش از آن بوده است یا بعد از آن. — پرس‌وجوهای من با کمک فشار، نشان داد که توهین در چهارمین روز اقامتش و حمله در ششمین روز بوده است.

جلسات با سفر هوایی بیمار قطع شد.

۱. فروید از جمع استفاده می‌کند.

۲. سکوئیدیلا از نمایش ۱ اپرای بریزت.

۳. کانزونتای چروبینو از نمایش ۲ ازدواج فیگاروی موتزارت:

تو که می‌دانی عشق چیست،
به من بگو آیا این چیزی است که دارد قلبم را می‌سوزاند؟

۴. یادداشت ۱ نامه ۴ فوریه ۱۸۸۸ را ببینید.

۱ ژانویه ۱۸۹۶

ویلهلم عزیز!

اولین اوقات فراغتم در سال جدید به تو تعلق دارد. -برای گرفتن دستت با کیلومترها فاصله و این‌که بگویم چقدر خوشحالم که تحقیقات و مطالب جدیدت در مورد خانواده را در دست دارم. این‌که تو پسری داری -و ممکن است در آینده هم فرزندان دیگری داشته باشی. تا وقتی که این امید هنوز دور از انتظار است، نمی‌خواهم خودم یا تو بپذیریم که چه چیزی را از دست داده‌ای. مهربانی تو نباید از دست برود. دوست عزیزم! بقیه ما خیلی به افرادی مثل تو نیاز داریم. چقدر به تو مدیونم. مایه تسلی، درک و برانگیزش در زمان تنهایی‌ام، معنای زندگی که در خلال ارتباط با تو یافتم و سرانجام، حتی سلامتی‌ای که هیچ‌کس دیگری نمی‌توانست آن را به من برگرداند. در آغاز، الگوی تو بود که سبب شد قدرت اعتماد به قضاوتم را پیدا کردم. حتی زمانی که احساس تنهایی می‌کردم. البته، نه با تو -و مانند تو بسیار فروتنانه با همه مشکلاتی که در آینده انتظارمان را می کشند، مواجه شوم. برای تمام این‌ها، در نهایت فروتنی تشکرم را بپذیرا! می‌دانم که به اندازه‌ای که من به تو نیاز دارم تو به من نیاز نداری، اما این را هم می‌دانم که جایگاه امنی در احساسات تو دارم.

حتی اگر صریحاً این را نگفته باشی من متوجه شده‌ام که اطمینانت به درمان سرانجام، در مورد خودت نیز بروز کرده است. نامه‌هایت، مثلاً نامه آخرت، پر از شهودها و بینش‌های علمی است که متأسفانه نمی‌توانم چیزی در مورد آن‌ها بگویم به جز این‌که مرا محکم می‌گیرند و پرقدرتم می‌کنند. این فکر که هر دوی ما مشغول یک کار هستیم، لذت‌بخش‌ترین چیزی است که در حال حاضر می‌توانم به آن فکر کنم. می‌بینم که چطور از طریق انحراف کار پزشکی، داری به اولین ایده‌آل خودت یعنی درک انسان‌ها به عنوان یک فیزیولوژیست می‌رسی. درست همان‌طور که من در خفا این امید را دارم که از طریق این راه‌ها، به هدف اولیه فلسفه‌ام برسم. چون این چیزی است که در اصل می‌خواستم، وقتی که اصلاً برایم مشخص نبود من در کجای جهان ایستاده‌ام. در چند هفته گذشته، بارها سعی کردم با فرستادن خلاصه کوتاهی از جدیدترین بینش‌هایم در مورد روان رنجوری دفاع، در برابر تعاملات‌ات چیزی به تو بدهم، اما ظرفیتم برای فکر کردن در بهار آن‌قدر تهی شده است که در حال حاضر نمی‌توانم هیچ کاری انجام بدهم.

با این وجود، به خودم مسلط شدم که این قطعه را برایت بفرستم. یک صدای آرام به من توصیه کرد که هیستری را به تعویق بیندازم، چون ابهام‌های زیادی در آن وجود دارد. احتمالاً از (روان‌رنجوری) وسواسی، خرسند خواهی شد. چند نکته در مورد پارانویا از تحلیلی که به‌تازگی آغاز شده است، ناشی می‌شود که قبلاً بی‌هیچ شکی تأیید شده بود. *پارانویا درواقع روان‌رنجوری دفاع است*. باید دید که آیا این توضیح، ارزش درمانی دارد یا نه؟

تذکرهای تو در مورد میگرن، مرا به ایده‌ای رساند که در نتیجه آن، همه نظریه‌های φψω من باید کاملاً اصلاح شوند -چیزی که حالا جسارت انجام آن را ندارم. هرچند، باید سعی کنم در مورد آن، ایده‌هایی به تو بدهم.

با دو نوع پایانه عصبی شروع می‌کنم؛ پایانه‌های آزاد فقط کمیت را دریافت می کنند و با افزایش، آن را به ψ می‌رسانند. هرچند، هیچ قدرتی برای فراخواندن احساس -یعنی قدرت تأثیر گذاشتن بر ω را ندارند. در این ارتباط، حرکت نورونی ویژگی‌های کیفی واقعی و یکنواخت خود را حفظ می‌کند.

این‌ها مسیرهایی هستند برای تمام کمیت‌هایی که ψ را پر می‌کنند و همچنین، مسیرهایی برای انرژی جنسی. مسیرهای عصبی‌ای که از اندام‌های انتهایی آغاز می‌شوند و نه تنها ویژگی‌های کمّی بلکه ویژگی‌های کیفی مخصوص خود را نیز منتقل می‌کنند. آن‌ها کاری با مقدار نورون‌های ψ ندارند بلکه فقط این نورون‌ها را به حالت تحریک می‌برند. نورون‌های ω نورون‌های ψ هستند که فقط می‌توانند نیروی روانی بسیار کمی داشته باشند. انطباق بین این کمیت‌های حداقل و همچنین کیفیتی که از اندام انتهایی با وفاداری به آن‌ها منتقل شده است، شرط لازم برای ایجاد هوشیاری است. من حالا [در طرح جدید] این نورون‌های ω را بین نورون‌های φ و نورون‌های ψ قرار می‌دهم. بنابراین، φ صفتش را به ω انتقال می‌دهد و ω نه صفت و نه کمیت را به ψ منتقل نمی‌کند بلکه فقط ψ را تحریک می‌کند -یعنی، مسیرهایی را که باید توسط انرژی آزاد ψ انتخاب شوند، نشان می‌دهد. (نمی‌دانم آیا می‌توانی این عبارات نامفهوم را درک کنی یا نه. اصطلاحاً، سه روش وجود دارد که نورون‌ها از آن طریق بر هم اثر می‌گذارند: (۱) کمیت را به همدیگر انتقال می‌دهند. (۲) صفت را به هم انتقال می‌دهند. (۳) براساس قوانین معیّن، اثر تحریک‌کنندگی بر هم دارند).

براساس این دیدگاه، فرایندهای ادراکی [براساس ذاتشان] از آغاز شامل آگاهی‌اند و تنها بعد از آگاه شدن می‌توانند اثرات روانی خود را ایجاد کنند. خود فرایندهای ψناخودآگاه‌اند و فقط از طریق متصل شدن به فرایندهای تخلیه و ادراک (تداعی گفتار) می‌توانند آگاهی ثانویه و مصنوعی را به دست بیاورند. هر تخلیه ω که به گزارش دیگری از من نیاز دارد، حالا غیرضروری می‌شود. توهم، که توضیح آن همیشه دشوار بوده، دیگر حرکت عقب‌مانده تحریک φ نیست بلکه فقط به ω مربوط است. امروز، درک قانون دفاع، بسیار ساده‌تر است که در ادراک به‌کار نمی‌رود و فقط در فرایندهای ψ استفاده می‌شود. این واقعیت که هوشیاری ثانوی عقب می‌ماند، ارائه توضیح ساده‌ای از فرایندهای نورون‌ها را امکان‌پذیر می‌کند. همچنین از این سؤال مشکل‌آفرین خلاص شده‌ام که چقدر از قدرت تحریک ψ (محرک‌های حسی) به نورون‌های ψ منتقل می‌شود؟ پاسخ این است -مستقیماً، هیچ‌یک. Q در ψ فقط به این بستگی دارد که توجه آزاد در ψ تا کجا توسط نورون‌ها هدایت می‌شود؟

فرضیه جدید تطابق بیشتری با این واقعیت دارد که محرک‌های حسی قابل مشاهده آن‌قدر کم هستند که استنتاج نیروی اراده از آن منبع در تطابق با اصل پایداری، سخت است. هرچند، احساس [در فرضیه جدید] اصلاً هیچ Q را به ψ نمی‌برد. منبع انرژی ψ مسیرهای ارگانیک [درون‌زاد] انتقال هستند.

من هم این‌طور می‌بینم که توضیح آزاد شدن ناخوشایندی که برای سرکوبی روان‌رنجوری جنسی به آن نیاز دارم، در تعارض بین انتقال عضوی کاملاً کمّی و فرایندهای تحریک‌شده در ψ به‌وسیله احساس آگاهانه است.

در خصوص سؤال تو، این احتمال وجود دارد که حالت‌های تحریک ممکن است در اندام‌هایی رخ دهند که هیچ احساس خودانگیخته‌ای در آن‌ها وجود ندارد. (هرچند، بی‌شک در برابر فشار باید از خود آسیب‌پذیری نشان دهند) اما می‌تواند از طریق عمل بازتابی (یعنی از طریق تأثیر تعادل) اختلالات ایجادشده از دیگر مراکز عصبی را تحریک کند. با این استدلال که در آن‌جا پیوند دوسویه نورون‌ها یا مراکز عصبی نیز نشان می‌دهد که علائم حرکتی تخلیه، انواع مختلفی دارند. کارهای اختیاری احتمالاً توسط انتقال Q تعیین می‌شوند، چون تنش روانی تخلیه می‌کنند. علاوه بر این، تخلیه لذت، اسپاسم و غیره هم وجود دارد که من آن را توضیح می‌دهم. البته، نه با Q منتقل‌شده به

مرکز حرکتی بلکه با آزاد شدن آن در آن‌جا. چون Q متصل در مرکز حسی جفت شده یا آن‌که ممکن است از بین رفته باشد. این می‌تواند بینشی عمیق برای فاصله بین حرکات «ارادی» و «اسپاسمی» به ما بدهد و در عین حال ابزاری برای توضیح دادن گروهی از اثرات جسمی ثانویه باشد. مثلاً -در هیستری.

در خصوص فرایندهای کاملاً کمّی انتقال به ψ احتمال این‌که آن‌ها آگاهی را در خود جذب کنند، وجود دارد. -یعنی اگر چنین وضعیتی از Q شرایط لازم برای تولید درد را فراهم کند. از میان تمام این شرایط، وضعیت ضروری احتمالاً تعلیق افزایش و ریزش مداوم Q به ψ برای یک مدت است. سپس نورون‌های معین ω *نیروگذاری روانی شدید* می‌شوند و احساس ناخوشایندی ایجاد می‌کنند و همچنین سبب می‌شوند توجه در آن نقطه ثابت شود. بنابراین، «تغییرات درد عصبی» را نیز باید به ریزش Q از یک اندام دانست که فراتر از حد معیّن و تا جایی که افزایش معلق شود، تقویت شده است. دو نورون ω فوق شهوانی شده‌اند و انرژی آزاد ψ با آن‌ها متصل شده است. همان‌طور که می‌بینی، سر راه به میگرن رسیدیم. پیش شرط لازم برای آن وجود مناطق مربوط به بینی در آن حالت تحریک است که با چشم غیرمسلح هم می‌توانی آن‌ها را ببینی. مازاد Q پیش از رسیدن به ψ در مسیرهای زیرقشری پخش می‌شود. وقتی که این اتفاق می‌افتد، نیروی مداوم Q در مسیرش به ψ است. در تطابق با قانون توجه، انرژی آزاد ψبه سمت محل فوران جریان می‌یابد.

حالا، سؤال منبع حالت‌های تحریک در اندام‌های بینی مطرح می‌شود. خود ایده نشان می‌دهد که اندام کیفی برای محرک‌های بویایی می‌تواند غشای اشنایدر و اندام کمّی (با فاصله از این) هم می‌تواند کورپوس کاورنوزم[1] باشد. مواد بویشی، درواقع، همان‌طور که خودت باور داری و ما از گل‌ها می‌دانیم- محصولات جدا شده از متابولیسم جنسی‌اند و می‌توانند به عنوان محرک در هر دوی این اندام‌ها عمل کنند. در طول خودارضائی و دیگر فرایندهای جنسی، بدن مقدار بیشتر Q از این ماده و بنابراین، مقدار بیشتری از این محرک را تولید می‌کند. باید تصمیم گرفت که آیا این‌ها در اندام‌های بینی از طریق هوای تنفسی عمل می‌کنند یا از طریق رگ‌های خونی؟ احتمالاً دومی، چون بعضی‌ها پیش از میگرن، احساس غیرعینی بو را نداشته‌اند. بنابراین، بینی باید مانند همیشه، اطلاعات در مورد محرک بویشی درونی را به‌وسیله کورپوس کاورنوزم دریافت کند.

درست همان کاری که توسط غشای اشنایدر در مورد محرک بیرونی انجام می‌دهد: کسی ممکن است از بدن خود اظهار اندوه کند. بنابراین، دو راه گرفتن میگرن -یعنی خودبه‌خود و از طریق بو، یا مواد سمی انسانی خارج‌شده- با هم معادل خواهند بود و تأثیر آن‌ها در هر زمانی توسط افزایش صورت می‌گیرد.

بنابراین، تورم تعدادی از اندام‌های بویایی نوعی سازگاری اندام حسی خواهد بود که نتیجه افزایش محرک داخلی است. مانند اندام‌های حسی واقعی (کیفی) برای بازکردن چشم و تمرکز آن‌ها، خستگی گوش و غیره.

شاید انتقال این مفهوم به دیگر منابع میگرن و شرایط مشابه سخت نباشد. هرچند، نمی‌توانم ببینم که چطور انجام می‌شود. در هر صورت، آزمایش کردن این ایده نسبت به موضوع اصلی مهم‌تر است.

در این روش، کل طرز فکرهای پزشکی باستانی و مبهم، ارزش و رمق به‌دست می‌آورند.

برای حالا کافی است! بهترین آرزوها برای سال ۱۸۹۶ و بگذار خیلی زود بفهمم که حال مادر و فرزند چطور است.

می‌توانی تصور کنی که مارتا به همه‌چیز علاقه‌مند است.

زیگموند تو!

1. corpora cavernosa

جسم غاری

پیش‌نویس K. روان‌رنجوری دفاع

(داستان باورنکردنی کریسمس)

[ضمیمه‌شده با نامه]

چهار نوع از این‌ها در اشکال مختلف وجود دارد. من تنها می‌توانم میان هیستری، روان-رنجوری وسواسی و یک نوع پارانویا مقایسه انجام بدهم. چیزهای مشترک زیادی دارند. آن‌ها انحراف‌های پاتولوژیکی حالت‌های عاطفی طبیعی روانی هستند. *تعارض* (هیستری)، *سرزنش خود* (روان‌رنجوری وسواسی)، *رنج* (پارانویا)، یا *سوگواری* (زوال عقل توهمی حاد). تفاوت آن‌ها با این احساسات این است که به ایجاد هیچ‌چیز به جز آسیب

دائمی به ایگو منجر نمی‌شوند. آن‌ها در معرض همان علل ایجادکننده نمونه‌های اولیه عاطفی قرار می‌گیرند، به شرطی که علت به دو پیش‌زمینه لازم دیگر نیز واقعیت ببخشد. -یعنی علت جنسی که در دوره پیش از بلوغ جنسی روی می‌دهد (پیش‌شرط‌های تمایل جنسی و کندی رشد روانی جسمی). در مورد پیش‌شرط‌های اعمال‌شده در فرد مورد نظر، هیچ دانش تازه‌ای ندارم. در کل، باید بگویم که وراثت، پیش‌شرط ثانوی است و اثر پاتولوژیکی[1] را تسهیل می‌کند و افزایش می‌دهد. -یعنی پیش‌شرطی که در اصل درجه‌بندی بین موارد نرمال و افراطی را امکان‌پذیر می‌کند. من باور ندارم که وراثت انتخاب روان‌رنجوری دفاعی خاص را تعیین می‌کند.

دفاع روندی عادی است –که در آن بیزاری از هدایت انرژی روانی به سمتی که ناخرسندی روی می‌دهد، وجود دارد. این روند با اساسی‌ترین شرایط مکانیزم روانی (قانون پایداری) مرتبط است. نمی‌توان آن را علیه ادراک استفاده کرد، چرا که قادر به جلب توجه‌اند (همان‌طور که هوشیاری‌شان اثبات شده است) و فقط در برابر خاطرات و تفکرات، زیر سؤال می‌روند. دفاع در جایی که افکار، با ناخرسندیِ رخ‌داده در گذشته گره خورده، بی‌ضرر می‌نماید. همچنین، در ذخیره کردن هر گونه افکار ناگوارِ روز، ناتوان است (به جز آنچه که به یاد آورده شده است) و در چنین مواردی نیز با توجه به تمایل روانی از حافظه پاک می‌شوند.

تمایل به دفاع، زیان‌آور می‌شود. هرچند، اگر علیه طرز فکرهایی جهت‌دهی شود که به صورت خاطره، قادر به آزاد کردن عدم رضایت تازه هستند -مانند موردِ با افکار جنسی. در این‌جا، این احتمال وجود دارد که حافظه قدرت آزادکنندگی بیشتری نسبت به تجربه مرتبط با آن دارد. فقط یک چیز برای این کار لازم است؛ این‌که بلوغ باید بین تجربه و تکرار آن در حافظه -رویدادی که به شدت اثر احیاء را افزایش می‌دهد– درونی شود. به نظر می‌رسد مکانیزم روانی برای این استثناء آماده نیست و به همین دلیل، پیش‌شرط لازم برای رهایی از روان رنجوری، دفاع است که هیچ ناراحتی جنسی قابل توجهی نباید پیش از بلوغ اتفاق بیفتد. هرچند، درست است که اثر چنین تجربه‌ای باید با آمادگی ارثی افزایش یابد تا به سطحی برسد که قادر به ایجاد بیماری باشد.

(در این‌جا یک مشکل ثانویه ایجاد می‌شود؛ در شرایط مشابه چطور به جای روان‌رنجوری، انحراف یا بداخلاقی ساده ایجاد می‌شود)؟

باید برای بررسی منشأ ناخرسندی که به نظر می‌رسد در نتیجه تحریک جنسی زودرس پیش از بلوغ است، بر چنین معماهای روان‌شناسی عمیق‌تر شویم. چرا که بدون آن‌ها امکان توضیح سرکوبی وجود ندارد. محتمل‌ترین پاسخ مربوط به این واقعیت است که شرم و اخلاق، نیروهای سرکوب‌کننده‌اند و اندام‌های جنسی به‌طور طبیعی در مجاورت آن‌ها قرار گرفته‌اند و باید در هنگام تجربیات جنسی به طرز غیرقابل اجتنابی سبب ایجاد تنفر شوند. در جایی که هیچ شرمی وجود ندارد (مثلاً در مردها) یا هیچ اخلاقی ایجاد نمی‌شود (برای مثال در طبقات پائین‌تر جامعه) یا وقتی که تنفر با شرایط زندگی ضعیف می‌شود (مثلاً در حومه شهر)، در این صورت هم هیچ سرکوبی‌ای وجود ندارد و بنابراین، هیچ روان رنجوری‌ای از تحریک جنسی در کودکی ایجاد نمی‌شود. با این وجود، من می‌ترسم که این توضیح، بررسی‌های عمیق را تحمل نکند. من فکر نمی‌کنم که آزاد شدن نارضایتی در طول تجربه‌های جنسی، پیامد اتفاقی ترکیبی از عوامل مشخص غیرلذت‌بخش باشد. تجربه روزمره به ما می‌آموزد که اگر لیبیدو به سطح معیّنی برسد، تنفر حس نمی‌شود و اخلاق از بین می‌رود و من عقیده دارم که شرمگین شدن با پیوندهای عمیق‌تری به تجربه جنسی مرتبط می‌شود. از نظر من، باید منبع مستقلی برای آزاد شدن نارضایتی در زندگی جنسی وجود داشته باشد. وقتی که این منبع حضور دارد، می‌تواند احساس تنفر را فعال کند و معطوف به اخلاق شود و غیره. تمرکزم را بر روی مدل روان‌رنجوری بزرگسالان می‌گذارم، جایی که استخراج تعدادی زندگی جنسی مشابه وجود دارد که به اختلال در فضای روان منجر می‌شود. هرچند، معمولاً کاربرد دیگری در فرایند جنسی خواهد داشت تا وقتی که هیچ نظریه درستی در مورد فرایند جنسی وجود نداشته باشد، سؤال منشأ عدم لذت که سبب سرکوبی می‌شود بدون پاسخ باقی می‌ماند.

روش اتخاذشده توسط بیماری در روان‌رنجوری سرکوب، در کل همیشه به یک صورت است: (۱) تجربه جنسی (یا مجموعه‌ای از تجربیات) که آسیب‌زا و زودرس هستند و سرکوب شدند. (۲) بعدها سرکوب کردن آن، که سبب ایجاد خاطره‌ای از آن می‌شود -و هم‌زمان سبب تشکیل علامت اولیه نیز می‌شود. (۳) مرحله‌ای از دفاع موفق که معادل با سلامتی است به جز این‌که علامت اولیه وجود دارد. (۴) مرحله‌ای که در آن فکرهای سرکوب‌شده باز می‌گردند و در کشمکش بین آن‌ها و ایگو، علائم جدیدی شکل می‌گیرند

که علائم مربوط به بیماری هستند. (۵) مرحله تطبیق، درهم شکستن، یا بهبودی با یک ناهنجاری.

تفاوت‌های اصلی بین روان‌رنجوری‌های مختلف به صورتی نشان داده شده است که در آن، افکار سرکوب‌شده بازمی‌گردند و بقیه به صورتی دیده می‌شوند که در آن‌ها علائم شکل گرفته‌اند و بیماری ایجاد شده است، اما ویژگی منحصر به فرد روان‌رنجوری خاص به نوع روش سرکوبی همراه آن بستگی دارد.

رویدادهای رخ‌داده در روان‌رنجوری وسواسی برای من از همه روشن‌تر است، چون آن را به بهترین نحو می‌دانم.

روان‌رنجوری وسواسی

در این‌جا، تجربه اولیه با لذت همراه بوده است. چه لذت فعال (در پسرها) و لذت غیرفعال (در دخترها)، بدون درد یا تنفر بوده و در دخترها، در مقایسه با پسرها در سنین بالاتر (حدود هشت سال) است.

وقتی که بعدها این تجربه به خاطر آورده می‌شود، سبب ایجاد ناخوشایندی می‌شود و به‌خصوص اولین چیز، سرزنش خود است که آگاهانه می‌باشد. درواقع، به نظر می‌رسد کل گره روانی -خاطره و سرزنش خود- آگاهانه است و باید از آن‌جا شروع کرد. سپس، هر دوی آن‌ها بدون هیچ‌چیز غیرمترقبه تازه‌ای سرکوب می‌شوند و به جایشان *علامت ضدونقیض*، بخشی از ظرایف وظیفه‌شناسی در خودآگاهی شکل می‌گیرد.

سرکوبی ممکن است در حافظه و با لذت همراه باشد که وقتی پس از سال‌ها به یاد آورده می‌شود، ناخوشایندی ایجاد شود. این باید با نظریه تمایل جنسی قابل توضیح باشد، اما چیزهای متفاوتی هم ممکن است روی بدهند. در تمام نمونه‌های روان‌رنجوری وسواسیِ من، در مرحله اولیه، سال‌ها پیش از تجربه لذت، تجربه *کاملاً غیرفعالی* وجود داشته است و این نمی‌تواند تصادفی باشد. در این صورت، می‌توانیم تصور کنیم که هم-گرایی بعدی این تجربه غیرفعال با تجربه لذت همراه است که عدم لذت را به خاطره لذت‌بخش اضافه می‌کند و سرکوب را امکان‌پذیر می‌کند. سپس، پیش‌شرط بالینی لازم برای روان‌رنجوری وسواسی این است که تجربه غیرفعال به اندازه کافی زود روی بدهد تا

نتواند از وقوع خودبه خودی تجربه لذت جلوگیری کند. بنابراین، فرمول آن به این صورت خواهد شد:

ناخوشایندی - لذت - سرکوبی

عامل تعیین‌کننده، روابط زمانبندیِ دو تجربه با همدیگر و با تاریخ بلوغ جنسی است.

در مرحله بازگشت لذت سرکوب‌شده، مشخص می‌شود که *سرزنش خود* بدون هشدار بازمی‌گردد، اما به‌ندرت مورد توجه خود قرار می‌گیرد. بنابراین، برای مدتی به عنوان حس گناه بدون هیچ مفهومی ایجاد می‌شود و معمولاً با مفهومی مرتبط است که به دو صورت مختل شده است -از نظر زمانی و محتوا: اولی، تا جایی که به رفتار کنونی یا آتی مربوط است و دومی، تا جایی که دلالت بر رویداد اصلی ندارد بلکه جانشین انتخاب‌شده از طبقه‌بندی چیزهای مشابه با آن است، یک جایگزین است. بر این اساس افکار وسواسی حاصل سازش، اصلاح احساسات و طبقه‌بندی است و به‌طور کاذب در نتیجه جابه‌جایی زمان‌بندی و جایگزین شدن توسط یک چیز مشابه می‌باشد.

احساس سرزنش خود می‌تواند به‌وسیله فرایندهای روانی مختلف به دیگر احساسات تغییر پیدا کند که سپس واضح‌تر از خود احساس، وارد آگاهی می‌شود. مثلاً؛ در *اضطراب* (ترس از پیامدهای کاری که سرزنش خود به خاطر آن ایجاد می‌شود)، *خودبیمارانگاری* (ترس از اثرات جسمی آن)، *توهم آزار* (ترس از اثرات اجتماعی)، *شرم* (ترس از آگاه شدن دیگران از رفتار ناشایست) و غیره.

ایگوی خودآگاه، وسواس را چیزی ناهمخوان با خودش می‌بیند و به نظر می‌رسد براساس افکار تعارضی، وظیفه‌شناسیِ شکل‌گرفته در گذشته آن را نمی‌پذیرد، اما در این مرحله ممکن است گاهی اوقات این اتفاق بیفتد که ایگو در این وسواس غرق شود. –مثلاً؛ اگر ایگو تحت تأثیر مالیخولیای دوره‌ای (اپیزودیک) قرار گرفته باشد. جدا از این، مرحله بیماری توسط کشمکش دفاعی ایگو علیه وسواس مشغول می‌شود و خود این می‌تواند علائم جدید ایجاد کند -علائم *دفاع ثانویه*. افکار وسواسی، مانند هر طرز فکر دیگری، مورد حمله منطق قرار می‌گیرد. هرچند، نیروی اجباری آن راسخ باقی می‌ماند. علائم ثانویه، تشدید وظیفه‌شناسی و وسواس عملی برای بررسی چیزها و احتکار کردن آن‌هاست. دیگر علائم ثانویه در صورتی ایجاد می‌شوند که وسواس عملی تبدیل به

تکانه‌های حرکتی بر ضد وسواس شود -مثلاً؛ بر ضد تهدید کردن، نوشیدن (جنون الکلی)، تشریفات حفاظتی، جنون دوسویه و غیره.
سپس، به شکل‌گیری سه نوع علامت می‌رسیم:

(a) علامت اولیه دفاع -وظیفه‌شناسی.

(b) علائم سازشی بیماری -تفکر وسواسی یا عواطف وسواسی.

(c) علائم ثانویه دفاع -تهدید وسواسی، احتکار وسواسی، جنون الکلی، تشریفات وسواسی.

مواردی که در آن‌ها محتوای حافظه از طریق جایگزینی برای هوشیاری پذیرفتنی نیست، اما اثر سرزنش خود از طریق تبدیل برای آن پذیرفتنی شده است، به فرد این تصور را می‌دهد که جایگزینی در زنجیره‌ای از استنباط‌ها رخ داده است. من خودم را به خاطر یک اتفاق سرزنش می‌کنم و می‌ترسم بقیه مردم از آن مطلع شوند -بنابراین، از دیگران خجالت می‌کشم. به محض این‌که اولین پیوند در این زنجیره سرکوب شود، وسواس به پیوند دوم یا سوم می‌پرد و به دو نوع هذیان انتساب، به خود نسبت دادن، منجر می‌شود که به هر حال در واقعیت بخشی از روان‌رنجوری وسواسی است. کشمکش دفاعی به شکل جنون شک یا ایجاد زندگی غیرعادی با تعداد بی‌شماری از علائم دفاعی ثانویه، به پایان می‌رسد، البته، اگر چنین پایانی اصلاً ایجاد شود.
باز هم این سؤال باقی می‌ماند که آیا افکار سرکوب‌شده به خواست خود و بدون کمک هیچ نیروی روانی‌ای هم‌زمان برمی‌گردند یا نه؟ و یا آیا در هر موج تازه بازگشت‌شان، به این نوع کمک نیاز دارند یا نه؟ تجربیات من گزینه دوم را نشان می‌دهد و به نظر می‌رسد حالت‌هایی از لیبیدوی ارضاءنشده هم‌زمان است که نیروی ناخوشایندی را به‌کار می‌گیرد تا سبب فعال شدن سرزنش خودِ سرکوب‌شده شود. وقتی که این انگیختگی روی داد و علائم از طریق تأثیر فشار آن‌ها روی ایگو ایجاد شدند، نیروی خیالی سرکوب‌شده به عمل کردن بر این اساس ادامه می‌دهد، اما در نوسانات قدرت کمّی خود همیشه به سهمیه انرژی لیبیدویی موجود در آن لحظه خود وابسته است. تنش جنسی که چون ارضاء شده است هیچ زمانی برای تبدیل شدن و عدم رضایت ندارد، بی‌ضرر باقی می‌ماند. روان‌رنجورهای وسواسی، افرادِ در معرض خطری هستند، چون سرانجام کل تنش جنسی

ایجادشده روزانه در آن‌ها ممکن است به سرزنش خود و یا علائم ناشی از آن تبدیل شود. هرچند، در حال حاضر، نمی‌توانند سرزنش خود اولیه را تشخیص دهند.
روان‌رنجوری وسواسی قابل درمان است اگر تمام جایگزین‌ها و تبدیل‌های عاطفی را که روی داده‌اند، به وضعیت قبل برگردانیم تا سرزنش خود اولیه و تجربه متعلق به آن را بتوان آشکار کرد و پیش از این‌که ایگو آگاهانه دست به قضاوت مجدد بزند، جایگزین نمود. برای انجام این کار باید روی تعداد بی‌شماری از افکار سازشی یا مداخله‌کننده که به‌طور موقتی تبدیل به طرز فکرهای وسواسی می‌شوند، کار کنیم. به قوی‌ترین باور رسیده‌ایم که ایگو غیرممکن است بتواند بخشی از انرژی روانی نیروی سرکوب‌شده را که تفکر هوشیار به آن متصل است، هدایت کند.
بنابراین، باید باور کنیم که افکار سرکوب‌شده وجود دارند و بدون بازداری وارد منطقی‌ترین رشته‌های افکار می‌شوند و خاطره آن‌ها هم با راکدترین اشاره‌ها برانگیخته می‌شوند. این تردید که «اخلاق» تنها به عنوان یک بهانه در نیروی سرکوب‌شده مطرح می‌شود، توسط این تجربه تأیید می‌شود که مقاومت در طول کار درمانی از هر انگیزه احتمالی دفاع بهره می‌برد.

پارانویا

عوامل تعیین‌کننده بالینی و روابط زمانی در تجربه اولیه لذت و ناخوشایندی هنوز هم برای من نامشخص است. چیزی که من مشخص کرده‌ام واقعیت سرکوب، سیمپتوم اولیه و مرحله بیماری است که توسط بازگشت افکار سرکوب شده تعیین شده است.
به نظر می‌رسد تجربه اولیه، ماهیت مشابهی با تجربه روان‌رنجوری وسواسی دارد؛ سرکوبی بعد از آن روی می‌دهد که خاطره سبب ایجاد ناخوشایندی شده است، مشخص نیست چطور. هرچند، هیچ سرزنش خودی شکل نگرفته است که بخواهد سرکوب شود، اما ناخوشایندی ایجادشده طبق فرمول روانی فرافکنی به همنوعان بیمار نسبت داده می‌شود. سیمپتوم اولیه ایجادشده *عدم اعتماد* (حساسیت به دیگران) است. این سبب اجتناب از سرزنش خود می‌شود.
ما می‌توانیم وجود انواع مختلف را، براساس این‌که آیا اثر توسط فرافکنی سرکوب شده، یا محتوای تجربه همراه با آن هم سرکوب شده است یا نه، پیش‌بینی کنیم. بنابراین، باز

هم چیزی که برمی‌گردد می‌تواند فقط احساسات پریشان‌کننده باشد و یا می‌تواند خاطره آن هم باشد. در پرونده دوم که بیشتر با آن آشنا هستم، محتوای تجربه به عنوان تفکری که در بیمار به وجود می‌آید یا به عنوان توهم‌های حسی یا دیداری برمی‌گردد. به نظر می‌رسد احساسات سرکوب‌شده به‌طور ثابت به صورت توهم شنیدن صداهایی باز می‌گردند.

بخش‌های بازگشته خاطره با جایگزین شدن توسط تصاویر مشابه از حال حاضر مختل شده‌اند -یعنی فقط به‌وسیله جابه‌جایی ترتیب زمانی مختل شده‌اند و نه با تشکیل جانشین. صداها هم سرزنش خود را به صورت علامت سازش برمی‌گردانند و این کار را ابتدا با ایجاد اختلال در بیان آن تا نقطه نامعین انجام می‌دهند و سپس آن را به تهدید تغییر می‌دهند و دوم، به تجربه اولیه مرتبط نیست بلکه دقیقاً به بی‌اعتمادی مرتبط است؛ یعنی به سیمپتوم اولیه.

از آن‌جایی که باور به سرزنش خود اولیه بازداری شده، تحت فرمان نامحدود نشانه‌های سازشی است. ایگو آن‌ها را بیگانه از خود نمی‌داند بلکه توسط آن‌ها تحریک می‌شود تا تلاش کند که آن‌ها را توضیح دهد که می‌توان به عنوان هذیان‌های مشابه توصیف‌اش کرد.

دفاع در بازگشت احساس سرکوب‌شده به شکل تحریف‌شده یک دفعه شکست می‌خورد؛ و هذیان‌های مشابه را می‌توان تنها به عنوان شروع تغییر ایگو، به عنوان حالت دفاعی تفسیر کرد، نه به عنوان علامت دفاع ثانویه. این فرایند یا به مالیخولیا (احساس خودکم‌بینی) ختم می‌شود که در وضعیت ثانویه باوری را که در ملامت اولیه تکذیب شده، تحریف می‌کند و یا به هذیان‌های حفاظتی (خودبزرگ‌بینی) ختم می‌شود که با فراوانی بیشتر و جدی‌تر رخ می‌دهد تا زمانی که ایگو به‌طور کامل تغییر پیدا کند.

عنصر تعیین‌کننده پارانویا، مکانیزم فرافکنی درگیر در رد کردن یا باورکردن سرزنش خود است. بنابراین، ویژگی‌های شخصیتی متداول روان‌رنجوری عبارتند از: اهمیت گفتار به عنوان وسیله‌ای که دیگران توسط آن بر ما اثر می‌گذارند و همچنین اهمیت ایما و اشاره که زندگی احساسی دیگر افراد را برای ما آشکار می‌کند و اهمیت لحن تذکر و کنایه در آن. زیرا اشاره مستقیم از محتوای تذکرها به خاطره سرکوب‌شده، برای خودآگاه پذیرفتنی نیست.

در پارانویا، سرکوب بعد از یک فرایند آگاهانه پیچیده تفکر (نپذیرفتن باور) روی می‌دهد. این شاید بتواند نشان دهد که اولین بار در سنین بالاتری نسبت به روان‌رنجوری وسواسی و هیستری شروع می‌شود. پیش‌نیازهای سرکوب بدون تردید مثل هم هستند و باز هم این سؤال کاملاً حل‌نشده باقی می‌ماند که آیا مکانیزم فرافکنی، کاملاً مسئله تمایل فردی است یا این‌که توسط عوامل تصادفی و موقتی خاص انتخاب می‌شود.
چهار نوع علامت:

(a) سیمپتوم‌های اولیه دفاع

(b) سیمپتوم‌های سازشی بازگشت

(c) سیمپتوم‌های ثانویه دفاع

(d) سیمپتوم‌های درهم شکستن ایگو

هیستری

هیستری لزوماً دربرگیرنده تجربه اولیه ناخوشایندی است که ماهیت غیرفعال دارد. انفعال جنسی طبیعی زنان، بیشتر مستعد بودن آن‌ها را برای هیستری توضیح می‌دهد. وقتی که متوجه هیستری در مردان شدم، توانستم وجود انفعال جنسی فراوان را در یادآوری خاطره‌شان ثابت کنم. شرط دیگر هیستری این است که تجربه اولیه ناخوشایندی در همان ابتدا که رهاسازی ناخوشایندی هنوز بسیار ناچیز است و البته، رویدادهای لذت‌بخش ممکن است هنوز به‌طور مستقل پیش بیایند، روی نمی‌دهد. در غیر این صورت، چیزی که پیش می‌آید تنها ایجاد وسواس است. به همین دلیل، ما معمولاً در مردها ترکیبی از دو روان‌رنجوری یا عوض شدن هیستری اولیه با روان‌رنجوری وسواسی را می‌بینیم. هیستری با درهم‌شکستن ایگو که پارانویا منجر به آن می‌شود، آغاز می‌گردد. افزایش تنش در تجربه اولیه ناخوشایندی آن‌قدر زیاد است که ایگو در برابر آن مقاومت نمی‌کند و هیچ علامت روانی‌ای را شکل نمی‌دهد بلکه مجبور است بروز تخلیه را -که معمولاً القاء بیش از حد تحریک است، بپذیرد. اولین مرحله هیستری را می‌توان «هیستری وحشت» نامید و علامت اولیه آن بروز وحشت همراه با

یک شکاف در روان است. این‌که در هم شکستن هیستریایی ایگو تا چه حدی رخ می‌دهد، نامعلوم است.
سرکوب و ایجاد علائم دفاعی، فقط متعاقباً و در رابطه با خاطره روی می‌دهد و بعد از آن *دفاع* و *در هم شکستن* (یعنی شکل‌گیری علائم و بروز حملات) می‌توانند تا هر حدی با هیستری ترکیب شوند.
سرکوب به‌وسیله ایجاد تفکر متضاد بسیار قوی، رخ نمی‌دهد بلکه با شدید شدن تفکر مرزی روی می‌دهد که سپس، خاطره سرکوب‌شده در گذر فکر را نشان می دهد و می‌توان آن را *تفکر مرزی* نامید. زیرا از یک سو، متعلق به ایگو است و از سوی دیگر، بخش تحریف‌نشده خاطره آسیب‌زا را شکل می‌دهد. بنابراین، باز هم نتیجه سازش است؛ هرچند، این در جانشین‌سازی براساس برخی طبقه‌بندی‌های کنترل‌شده به‌وسیله منطق بروز پیدا نمی‌کند، اما با جانشین‌سازی توجه در مجموعه‌ای از افکار مرتبط با هم‌زمانی موقتی بروز می‌کند. اگر رویداد آسیب‌زا باید در جلوه حرکتی، خروجی‌ای برای خود پیدا کند، این به تفکر مرزی و اولین نماد موضوع سرکوب‌شده تبدیل می‌شود. بنابراین، هیچ نیازی نیست که تصور کنیم بعضی افکار در هر بار تکرار حمله اولیه سرکوب می‌شود؛ این سؤالی است در اولین نمونه *شکاف در روان*.

۱. متن چاپ‌شده در کتاب *شروع*، Affekt نوشته شده، اما در دست‌نوشته اصلی به وضوح Effekt نوشته شده است.

وین، ۶ فوریه ۱۸۹۶

عزیزترین ویلهلم!
وقفه بی‌سابقه‌ای در مکاتبات ما ایجاد شده است. می‌دانم که سر تو با رابرت ویلهلمشن گرم شده است و بینی و جنسیت را به خاطر او از یاد برده‌ای. امیدوارم که او با پیشرفت کردن پاداش تو را بدهد. در هر حال، من مشغول کار بودم. یکی از حمله‌های نوشتنِ هر سه ماه یک بار خود را پشت سر گذاشتم و از آن برای انجام سه مکاتبه کوتاه با مندل[1] و یک ارائه جامع برای رِویو نورولوژیک[2] داشتم.

دیروز همه‌چیز را فرستادم و چون هیچ‌کس دیگری این کار را انجام نمی‌دهد من دارم از خودم تعریف و تمجید می‌کنم و تصمیم گرفته‌ام که استراحت کنم و دیگر کاری انجام ندهم و فوراً شروع کردم به نوشتن برای تو.
من دست‌نوشته مقاله آلمانی را از تو دریغ کردم، چون مشابه با بخشی از چیزی است که به عنوان داستان باورنکردنی کریسمس برایت فرستادم. واقعاً متأسفم که این افکار جدید (علت اصلی هیستری -ماهیت روان‌رنجوری وسواسی -درک پارانویا) با روشی که آن را به تو ارائه دادم، برایت فاش شدند. همه‌چیز را در همایش خصوصی‌مان در تابستان برایت مطرح خواهم کرد. می‌خواهم از چهارم تا هفتم آگوست[3] برای همایش روان-شناسی به مونیخ بیایم. آیا در آن روزها هدیه‌ای برایم داری؟ من مطمئناً رسماً شرکت نخواهم کرد.
آنرل، عالی است. مارتا به زمان زیادی برای بهبودی نیاز داشت. ماتیلده در هفته گذشته به خاطر تب خفیف قرنطینه شده بود. تاکنون کس دیگری نگرفته است.
من دیگر نمی‌توانم با بروئر کنار بیایم. کاری که باید در راه درمان بد و ضعف قضاوت درک کنم، در چند ماه گذشته سرانجام مرا به بن‌بست کشانید و از درون تا حد مرگ بی‌رمق کرد، اما لطفاً حتی کلمه‌ای در مورد آن صحبت نکن که ممکن است باز راهش به این‌جا باز شود.
کتاب ما در مجله علوم اعصاب هلند به صورت نادرست به‌وسیله استرامپل مورد انتقاد قرار گرفته است. از سوی دیگر، موضوع مقاله بسیار اندیشمندانه فرایهر فون برگر در اولدپرس در ۲ فوریه ۱۸۹۶ چاپ شد.[4]
اکنون که همه‌چیز باید مسیر خود را بیابد، از تو چند کلمه در مورد این‌که همسر عزیزت و دوست کوچکم چطورند، می‌پرسم.
با صمیمانه‌ترین احترام‌ها برای هر سه شما!
زیگموند تو!

۱. «تذکرهای بیشتر در مورد روان‌پریشی عصبی دفاع» شامل سه بخش است: «علت خاص هیستری»، «ماهیت و مکانیزم روان‌رنجوری وسواسی» و «تحلیل مورد پارانویای مزمن».
امانوئل مندل Emanuel Mendel، ویراستار نشریه سنترال بلات عصب‌شناسی بود که مقالات در آن به چاپ رسیده بود. این مقاله، همراه با «سبب‌شناسی هیستری» نقاط اوج باور فروید به واقعیت اغواگری را نشان می‌دهد.

2. Revue neurologique

«وراثت و علت روان‌رنجوری» در سی مارس منتشر شد. این مقاله حاوی اولین استفاده‌ها از کلمه‌های «روان‌کاوی» و «پسیکونِوروز» (روان‌رنجوری) است. هرچند کلمه دوم در سال ۱۸۹۵ در «پروژه‌ای برای روان‌شناسی علمی» استفاده شد. (مقدمه را ببینید) خلاصه دقیقی از این مقاله در آرشیو عصب‌شناسی ۵۰–۴۸ و ۲ سری و (۱۸۹۴) ۲ وجود دارد.

۳. این سومین همایش بین‌المللی روان‌شناسی بود. در دعوت‌نامه نوشته شده بود: «شرکت‌کننده‌های خانم همایش حق و حقوق یکسانی با شرکت‌کننده‌های مرد دارند».

۴. اشاره‌ای است به نقد مقاله «مطالعات روی هیستری» که به‌وسیله آدولف فون استرامپل Adolf von Strumpell انجام شده است. النبرگر Ellenberger (صفحه ۷۷۲ و ۹۷۰) اولین نفری بود که ادعا می‌کند این نقد، با برخی انتقادهای توجیه‌پذیر، در اصل مثبت بوده است. دِکِر Decker (۱۹۷۷، صفحه ۱۵۹) می‌نویسد: «نقد استرامپل درباره مطالعات روی هیستری مبنای مهمی برای پذیرش آتی روان کاوی در آلمان بود، چون اولین نقد طولانی و جدی کارهای فروید به‌وسیله یک چهره پزشکی محترم بود. تذکرات او معمولاً توسط دیگر دکترها نقل می‌شد و بحث هایش مکرراً به صورت اتفاقی پدیدار می‌شد. توصیف استرامپل از روش پالایشی، اظهار نظر منصفانه‌ای بود. «سولووی» (۱۹۷۹، صفحه ۸۲) حرف‌های النبرگر را تکرار می‌کند و تمجیدهای خودش را می‌افزاید: «هر دو مشکل اصلی ایجادشده به‌وسیله استرامپل و کلارک -مشکل به‌کار بردن روش پالایشی و متمایز کردن تخیلات هیستریایی از واقعیت- به زحمت، مطالب غیرمنطقی در نقد آگاهانه «مطالعات روی هیستری» بودند. خواننده خودش می‌تواند تصمیم بگیرد که این تصورات چقدر دقیق‌اند. در این‌جا سه نقد آخر را آورده‌ام (خودم ترجمه کرده‌ام): «[درمان]، همان‌طور که خود نویسنده‌ها بر آن تأکید دارند، مستلزم نفوذ سؤالات در کوچک‌ترین جزئیات شرایط خصوصی و تجربیات بیمار است. نمی‌دانم آیا این حریم‌گذاری به خصوصی‌ترین مسائل بیمار حتی توسط باتجربه‌ترین پزشک می‌تواند در هر شرایطی مجاز تصور شود. من متوجه شدم وقتی که این حریم‌گذاری در مورد روابط جنسی است، سؤال‌برانگیزتر هم می‌شود و نویسنده‌ها مکرراً بیان می‌کنند که این مسئله بارها و بیش از همه آن‌ها را نگران می‌کند. دوم این‌که من نمی‌توانم تردیدهایم را در مورد این مسائل رفع کنم که آیا این چیزی که با سؤال پرسیدن از بیماران هیپنوتیزم‌شده به‌دست می‌آید همیشه مطابق با واقعیت است یا نه. من می‌ترسم که در این شرایط، ممکن است برخی افراد مبتلا به هیستری؛ آزادی زیادی به تخیلاتشان بدهند و از خودشان داستان بسازند. بنابراین، خیلی راحت است که پزشک بلغزد. بنابراین و به‌طور خلاصه، حتی اگر من از آن تقدیر و تشکر کنم، همان‌طور که گفتم موفقیت این روش در دستان توانای آقای بروئر و آقای فروید است و نمی‌توانم دنبال کردن بدون قیدوشرط روششان را توصیه کنم. مخصوصاً کوچکترین شکی ندارم که می‌توانیم با درمان روانی مستقیم و همدردی، دقیقاً به همین چیز

برسیم، بدون هیچ هیپنوتیزمی و بدون بررسی همه جزئیات «احساسات خفه‌کننده». آلفرد فریهر فان برگر Alfred Freiherr von Berger (۱۹۱۲-۱۸۵۳)، پروفسور تاریخ ادبیات در دانشگاه وین و «مدیر بِرگ‌تئاتر»، در ۲ فوریه ۱۸۹۶ در *مورگن پرس*، به صورت یک «پاورقی» نقدی با عنوان «جراحی روح» نوشت. من نتوانسته‌ام مقاله اصلی را ببینم بلکه فقط چاپ مجدد مقدمه و مقاله نتیجه‌گیری را دیدم. برگر می‌نویسد تابستان پیش کاملاً اتفاقی کتاب را دیده است، «به‌ندرت روزی می‌گذرد بدون این‌که چند فصل و یا حداقل چند صفحه از کتاب را بارها و بارها بخوانم». چرا؟ چون کتاب براساس پذیرندگی هنرمندانه‌اش نوشته شده است. از نظر برگر، این بدون شک هدف نویسنده‌ها نبوده است: مطمئناً «آن‌ها می‌خواستند به برخی حقایق اشاره کنند و استفاده درمانی برای همکاران پزشکی‌شان داشته باشند، نه این‌که یک «کتاب زیبا» بنویسند». برگر که مطمئناً کل نیروی کتاب را حس کرده، تنها منتقدی بود که این کار را انجام می‌داد. او با سبک زیبای خود و با تمجید کامل از موفقیت‌های ادبی، هنری و علمی نویسنده‌ها می‌نویسد.

وین، ۱۳ فوریه ۱۸۹۶

عزیزترین ویلهلم!

من هم خیلی تنها هستم و بنابراین، از نامه‌ات خیلی خوشحال شدم و دارم از سکوت بعد از ساعت‌های مشاوره امروز خود استفاده می‌کنم تا پاسخ نامه‌ات را بدهم.

پیش از همه و برای این‌که چیزی را از تو مخفی نکرده باشم، جدیدترین مطلب منتشرشده خلاصه‌ای است از به اصطلاح داستان باورنکردنی کریسمس که برایت گفتم - چیزی بسیار عینی‌تر و کمتر تهاجمی.

البته، خیلی منتظر بینی-جنسیت تو هستم. در کلینیک‌های این‌جا دارند مقاله‌هایی را برای مقابله‌به‌مثل با تو آماده می‌کنند. نتوانستم چیزی زیادتر از این بفهمم. انتقادها بیشتر از آنچه انتقاد استرامپل بر من اثر گذاشت، بر تو اثر نخواهند گذاشت. در واقعیت، من در آن مورد نیازی به دلداری ندارم. کاملاً مطمئن‌ام که هر دوی ما می‌توانیم تکه زیبایی از واقعیت عینی را پیدا کنیم و بدون شناخته شدن به‌وسیله غریبه‌ها (غریبه با مطالب ما) برای مدتی طولانی کار کنیم. امیدوارم بتوانیم چیزهای بیشتری پیدا کنیم و پیش از این‌که کسی بتواند به جایگاه ما برسد بتوانیم خودمان را اصلاح کنیم. اگر مونیخ را دوست نداری، اجازه بده جای دیگری همدیگر را برای سه روز علمی ببینیم. مطمئناً آن را از دست نخواهم داد.

درواقع، می‌خواهم نامه بروئر را داشته باشم. با وجود همه‌چیز، متوجه شدم خیلی دردناک است که او کاملاً خودش را از زندگی من بیرون کشیده. به هر حال، او معمولاً بداخلاق است و خیلی هم خوب نیست.
مقاله بروئر بیرون خواهد آمد.
برادر من آدم عجیبی است، اما به وضوح حالش خیلی خوب است.
بیچاره مارتا، زندگی پر از رنجی را تحمل می‌کند. در واقعیت، آنرل خیلی زیبا رفتار می‌کند و رنج ماتیلده از بیماری‌اش خیلی کم شده که امروز او را با خواهرم دولفی در [دره] سولز می‌فرستیم، اما برای جبران آن مارتین امروز مریض شده است و احتمالاً او این دور را کامل می‌کند. اجازه بده امیدوار باشیم که بیماری او خفیف خواهد بود.
شرایط زندگی ما به‌روشنی خیلی مناسب انزوا نیست.
وضعیت سلامتی من مستحق این نیست که مورد بررسی باشد. هفته گذشته ترشح چرک در سمت چپ عود کرد. تقریباً بارها دچار میگرن شدم؛ پرهیز ضروری خیلی برایم خوب نیست. فوراً رنگم پرید.
مدام مشغول روان‌شناسی هستم. واقعاً، *فراروانشناسی*؛ کتاب تِین به نام «*هوش*»[1] به‌طور خارق‌العاده‌ای برایم مناسب است. امیدوارم چیزی از آن بیرون بیاید. قدیمی‌ترین افکار، حالا از همه مفیدترند و من دارم دیر آن‌ها را می‌فهمم. امیدوارم تا پایان زندگی‌ام کاملاً پر از علائق علمی باشم. هرچند، جدا از این دیگر به سختی یک انسان به‌حساب می‌آیم. در ساعت ۱۰:۳۰ شب بعد از کارم واقعاً در حد مرگ خسته‌ام.
البته، باید بینی و جنسیت را بدون تأخیر بخوانم و آن را به تو برگردانم. امیدوارم که در این کتاب تو هم برخی از دیدگاه‌های پایه در مورد جنسیت را که با هم در میان گذاشتیم، مطرح کنی.
اصلاً چیزی در مورد آزمایشات اشعه ایکس تو نمی‌دانم. می‌توانی روزنامه [گزارشات] مربوط به آن‌ها را به من قرض بدهی؟
با صمیمانه‌ترین درودها برای همسر عزیزت و رابرت!
زیگموند تو

1. Taine's book L'intelligence

۲۳ فوریه ۱۸۹۶
۹، برگاس ۱۹

ویلهلم عزیز!
دست‌نوشته‌ات رسید. امروز با بیشترین اشتیاق آن را خواهم خواند و تا آخر هفته به دستت خواهم رساند. دوتیکه خارج از شهر است. وقتی که باز می‌گردد باید با او صحبت کنم و ببینم برایت نامه می‌نویسد. حال ماتیلده در سولز خوب است و مارتین و ارنست فقط گلودرد [التهاب لوزه] داشتند و بیماری دیگری از آن ناشی نشد. اکنون، معبد ژانوس تعطیل شده است.[1] آنرل کل روز می‌خندد. من تا حدی حالم بد است. احتمالاً آنفولانزا گرفته‌ام. نمی‌توانم حدس بزنم که بروئر تعمداً چه چیزی را با توجه به سبب-شناسی نورآستنی تدبیر کرده است. باید باز هم خیلی زود نامه بنویسم. امروز، فقط برای هر سه نفرتان صمیمانه سلام می‌فرستم.
با احترام!
زیگموند!

۱. بسته شدن دروازه‌های معبد الهه رومی ژانوس که نشان‌دهنده صلح است.

وین، ۱ مارس ۱۸۹۶

ویلهلم عزیز!
کل دست‌نوشته‌ات را یک دفعه خواندم. به‌طور استثنائی از تضمین ساده، شفاف و ارتباطات بدیهی بین هر موضوع، آشکار کردن بی‌تکلف ثروت‌هایش و آخرین و پراهمیت‌ترین چیز،[1] وفور معماهای جدید و توضیحات جدید آن خشنود شدم. نخست، آن را طوری می‌خواندم که انگار منظورش من بودم. به استثناء یک مورد، هیچ نکته حاشیه‌ای را به رنگ قرمز ننوشتم؛ هیچ نیازی به این کار نبود. باز هم من را به خاطر نفرستادن پرونده‌های پزشکی خواهی بخشید.
برای این‌که یک منتقد باشم باید اول به خودم سخت بگیرم. بنابراین، فکر می‌کنم باید آخرین فصل کلی را هم برایم بفرستی. آن نمی‌تواند فقط یک ضمیمه باشد بلکه شدیداً و فوراً به چیزی که تو برایم می‌فرستی، نیاز دارم. خیلی کنجکاوم که آن را ببینم. به‌علاوه، فکر می‌کنم مردم از روشی که براساس آن داستان جذاب دوره‌های بارداری آی. اف. با

فرضیه‌های مرتبط با دو نیمه اندام و انتقال کارکردها و تداخل‌های آن‌ها، درون‌یابی می‌شود دلسرد خواهند شد. مانند منظره‌ای در دور دست و در میان جاده‌ای وسیع و راحت برای سفر. همچنین، یادآور روشی است که جی. کِلِر در «هانیریش سبز»، داستان زندگی‌اش را قطع می‌کند تا سرنوشت شاهزاده کوچولوی فقیر و دیوانه را توضیح بدهد. فکر می‌کنم برای طبقه عوام که این کتاب برای آن‌ها نوشته شده، بهتر است که این تلاش برای توضیح دادن را که با جدول‌هایی همراه است، در بخش توضیحی به صورت کلی انجام بدهی. در زمینه ارائه حقایق، نکته‌برداری از این تأثیر کافیست که از یافته‌های مربوط به بینی به نظر می‌آید وقفه‌های قاعدگی از ماه جولای با نوسان بین ۲۳ و ۳۳ روز هستند. بنابراین، می‌توان ارتباط‌های معناداری ایجاد کرد. مدرک زیر برای دوره‌های ۲۳ روزه نیز می‌تواند در سطح متفاوتی قرار بگیرد. برای اطمینان، چیزهای زیادی وجود دارد که برای هر دوی ما به مراتب جالب‌ترند، اما نباید به *نشریات* فرصت داد تا قضاوت‌های انتقادی بسیار محدودی را برای آن آماده کنند که معمولاً به ضرر آن بوده و بخشی است که کاملاً به حقایق اختصاص دارد. بنابراین، ارائه چیزهای جدید و فرضی در بخش دوم می‌تواند بسیار گسترده‌تر باشد. در عین حال، می‌ترسم که *نشریات* فوراً نتیجه‌گیری کنند که این تنها توضیح ممکن برای مجموعه‌ها در مورد آی. اف. نیست. خصوصاً به این دلیل که تولد دقیقاً مطابق با این زنجیره نیست بلکه در نتیجه اختلال انجام می‌شود، اما تنها زمانی که بخش دوم را کنار آن بیاوری، می‌توان به این مسئله دست یافت.

برای خلاصی از وظیفه کسل‌کننده دیدن کار تو از منظر *نشریات* که اصلاً برای من مناسب نیست، می‌خواهم برخی از تذکرات تصادفی‌ات را اضافه کنم که واقعاً مرا تحت تأثیر قرار داد. بنابراین، من متوجه می‌شوم که حد سرکوبی در نظریه روان‌رنجوری من - یعنی زمانی که پس از آن، تجربیات جنسی، دیگر اثر پس از مرگ را ندارند بلکه اثرشان حقیقی است- هم‌زمان با دندان‌درآوری دوم است. تنها حالاست که جرئت می‌کنم روان‌رنجوری اضطرابی‌ام را درک کنم: دوره قاعدگی به صورت مدل فیزیولوژیکی‌اش؛ روان‌رنجوری اضطرابی به عنوان مسمومیت که یک فرایند ارگانیک باید پایه فیزیولوژیکی را فراهم کند. اندام نامعلوم (تیروئید یا هر چیزی که هست) امیدوارم که مدت زیادی برایت نامعلوم باقی نماند. من واقعاً از یائسگی مردان[۲] هم لذت بردم. در «روان‌رنجوری اضطرابی» خودم با گستاخی آن را به عنوان آخرین وضعیت در (مردان که سبب روان-

رنجوری اضطرابی می‌شود) پیش‌بینی کردم.[۳] همچنین، به نظر می‌رسد به جای من هم، توضیحی برای دوره‌ای بودن حملات اضطرابی که لاونفلد از من خواسته بود، پیدا کرده‌ای. بنابراین، وقتی دست‌نوشته‌ات را خواندم، باز هم از خودم خشنود شدم. چون به خودم یادآوری کردم که تو را در فهرست، به عنوان معلم پزشکان نوشته‌ام. این واقعیت من، به این زودی فراموش نخواهد شد.

کمتر از آنچه انتظار داشتم از نامه بروئر عصبانی هستم. توانستم خودم را با این فکر دلداری بدهم که کوررنگی خیلی زود به قضاوت کردن رنگ‌ها تبدیل می‌شود و دست‌کم توانستم بفهمم که او چرا در مورد علت روان‌رنجوری، کوته‌فکر است؛ به خاطر گفته من که آزارنده‌های جزئی ممکن است در افرادی روان‌رنجوری ایجاد کند که هیچگاه خودارضائی نکرده‌اند، اما با این وجود از همان ابتدا تمایلات جنسی‌ای را از خود نشان داده‌اند که به نظر می‌رسد از طریق خودارضائی دچار آن شده‌اند. از نگاه من، هیچ‌وقت مطمئن نبوده‌ام که چنین مواردی به صورت ارثی و یا با تجربیات کودکی ایجاد می‌شوند. در هر صورت، این یک نقطه تاریک در نظریه است و مخالفان به شکل صحیح آن را به نقطه‌ضعف تبدیل می‌کنند. تنها واقعیت این مخالفت در محلی که نمی‌توان یکباره هیچ درمانی انجام داد، نشان می‌دهد تغییر کیش بروئر و درکش از این مطالب چقدر سطحی است. او خوشحال است که می‌تواند به شکافی اشاره کند که اصلاً مشابه تناقض نیست و حتی شباهتی به تکذیب هم ندارد. بقیه چیزهایی که می‌گوید را می‌توان این‌طور خلاصه کرد: خودارضائی مردان به عنوان عامل سببی کمتر از خودارضائی زنان مورد غفلت قرار گرفته است. رابطه شخصی ما که به‌طور سطحی اصلاح شده است، سایه عمیقی بر وجود من در این‌جا انداخته است. من حالا نمی‌توانم کاری برایش بکنم و دست از تلاش کشیده‌ام. طبق گفته‌های او باید هر روز از خودم بپرسم آیا مبتلا به جنون اخلاقی[۴] یا پارانویای علمی هستم یا نه، اما در حال حاضر خودم را از نظر روانی بسیار طبیعی می‌دانم. من اعتقاد دارم که او هرگز نمی‌بخشد که من به زور او را در «*مطالعات روی هیستری*» همراه خودم کشیدم و در چیزی درگیر کردم که به صورت پایدار سه داوطلب را برای جایگاه یک واقعیت می‌شناسد و از همه تعمیم‌ها بیزار است و آن‌ها را گستاخانه می‌داند. این‌که باید بهای هر چیز را که در زندگی دوست داریم بپردازیم، قطعاً مقدمات تحسین‌برانگیزی نیستند. آیا ما دو نفر یک چیز را با همدیگر تجربه می‌کنیم؟

جدا از این، شاید برایت جالب باشد که مارتا اولین حرکات آنرل را در دهم جولای حس کرد. تولد در سوم دسامبر اتفاق افتاد. سپس، قاعدگی دوباره در بیست و نهم فوریه شروع شد. قاعدگی مارتا از همان زمان بلوغ همیشه منظم بوده است. وقفه بین قاعدگی‌ها تقریباً ۲۹ روز است. بگذار بگویم: $۲۹\frac{1}{2}$. اکنون، از سوم دسامبر تا بیست و نهم فوریه ۸۸ [روز] طول کشیده است = $۲۹\frac{1}{3}$ × ۳:

۲۸

۳۱

۲۹

–

۸۸ ÷ ۳ = $۲۹\frac{1}{3}$ روزها

-۲۸

از دهم جولای تا سوم دسامبر، $۲۹\frac{1}{5}$ × ۵ وجود دارد.

۲۱

۳۱

۳۰

۳۱

۳۰

۳

———

۱۴۶ ÷ ۵ = $۲۹\frac{1}{5}$

_۴۶

_۱

بنابراین، در دوره‌ای کمی بیش از ۲۹ روز، تولد دقیقاً در زمان درست اتفاق افتاد و اولین حرکات در زمان پنجمین قاعدگی حس شدند.

صمیمانه‌ترین درودها برای تو آیدا و وی. آر.[۶]

با احترام!

زیگموند!

۱. در اصل به زبان انگلیسی است.

۲. احتمالاً فلیس اولین نفری بوده که از این اصطلاح استفاده کرده است.

۳. ارجاعی به عبارت: مردانی وجود دارند که یائسگی را مانند زنان تجربه می‌کنند. در زمینه بررسی سندروم خاص از نورآستنی در توصیف «روان‌رنجوری اضطرابی» (۱۰۲-۱۰۱ : ۳ S.E.).

۴. در اصل به زبان انگلیسی است.

۵. کل این متن کلمه به کلمه به‌وسیله فلیس و در سال ۱۸۹۷ در کتاب او به نام «روابط بین ناحیه تناسلی و بینی» ذکر شده که توسط «همکار صمیمی‌اش» انجام شده است. سی. اف. سولووی (۱۹۷۹، صفحه ۱۸۱).

۶. فروید از آر. وی. و وی. آر. برای نامیدن پسر ویلهم، رابرت ویلهلم استفاده می‌کند.

۷ مارس ۱۸۹۶

مطمئناً!

با استدلال‌ها و حذفیات موافق‌ام. زندگی خیلی سخت و پیچیده است و باید در بهار دورهمی داشته باشیم. در مورد تاریخ: من عید پاک را پیشنهاد می‌کنم. چون: (۱) می‌توانیم روزهای بیشتری داشته باشیم؛ (۲) هنوز هم چهار هفته داریم که باید انتظارش را بکشیم؛ (۳) نباید با به اصطلاح وجدانمان به عنوان فراری و عیاش روبه‌رو شویم. در مورد محل ملاقات: پراگ، درسدن، نورمبرگ یا هر شهر دیگری. مزیت پراگ این است که تصور می‌کنم هیچ‌یک از ما آن‌جا را نمی‌شناسیم، اما همین دلیل عیب پراگ نیز هست. همین موضوع را می‌توان در مورد نورمبرگ یا هر شهر دیگر آلمان گفت -یعنی می‌تواند علائقی جدا از دورهمی را برانگیزد که از دو نقطه مبدأ برای دورهمی با سهولت کمتری به آن برسیم. تا جایی که می‌دانم، هیچ نکته منفی‌ای درباره درسدن نیست. نظرت را در مورد این تاریخ‌ها بیان می‌کنی؟ (با قسمت سوم که نامشخص است)

من باید این‌ها را به دورهمی بیاورم:

۱) وسایل پیرایشی

۲) چند دستمال

۳) درودهای صمیمانه از طرف کل خانواده فروید
۴) پیش‌بینی چشمگیر دیدار مجدد تو
۵) تحلیل رویا
۶) علت روان‌رنجوری دفاع
۷) گمان‌های روان‌شناسی
بنابراین،[۱] درواقع، هفت چیز. دست‌کم دو چیز را از تو انتظار دارم:
۱) مدرکی برای دوره ۲۳ روزه فرایندهای جنسی
۲) مدرکی برای لزوم دوره‌ای که در مورد دوستی، بیش از سه ماه طول نکشد.
و علاوه بر این‌ها، چیز سومی هم هست:
۳) روش قابل درکی که در خصوص عصب‌ها و عضوها[۲] با نازاسازی آمیزش جنسی (یعنی، جلوگیری از بارداری) جامعه را اصلاح کند.
با این انتظار که پروژه ما یک واقعیت زیباست، خیلی خوشحال شدم و حتی همدردی با وی. آر. کوچک را به تعویق انداختم. مرد بیچاره که مجبور است همه مشکلات را پشت سر بگذارد، اما از زمانی که برای اولین بار عاشق شود همه‌چیز خوب خواهد شد و به شغلش آسیبی نمی‌زند. در خانواده ما ارنست هم سال‌ها این تجربیات را داشته است. هر اتفاقی که بیفتد همیشه باز به سمت آن پسر می‌رود. از این لحاظ امیدوارم که وی. آر. از او تقلید نکند. در حال حاضر، مارتین در تخت خوابیده است و در چهار هفته گذشته، سومین عفونت گلو را تجربه می‌کند! به جز این، همه خوب‌اند؛ آنرل عالی است. مارتا هنوز هم کمی لنگ می‌زند؛ مینا در فرانکفورت است و در آن‌جا منصبی را پذیرفته است.
دیروز دعوت‌نامه‌ای دریافت کردم که از میان این همه جا، به فرانکفورت دعوت شدم تا در مورد بیماری کودکان در جلسات علمی ماه سپتامبر گزارشاتی ارائه کنم.[۳] چیزی که واقعاً نمی‌توان از آن صرف نظر کرد، اما به هیچ‌وجه برایم مناسب نیست و احتمالاً خواهرزنم را پیش از آن خواهم دید.
به جز این، همه‌چیز کاملاً یکنواخت و اغلب اوقات نامطلوب است، ولی مستلزم قطع دورهمی خصوصی نیست.
با صمیمانه‌ترین درودها اول برای وی. آر. و سپس آی. اف. و تو
زیگموند تو!

مارتا، همان‌طور که می‌دانی از وقفه نوشتن رنج می‌برد.

1. Sieben Sachen
یک لغت آلمانی است به معنی هر چیزی که برای یک هدف خاص به آن نیاز است.

۲. فروید اصطلاح آلمانی (ترمیم سر و عضو) را که به معنی ترمیم کامل است، به (ترمیم عصب و عضو) تغییر می‌دهد. او اشاره می‌کند که اگر فلیس یک روش ضدبارداری را کشف کند، بیماری عصبی کمتر وجود خواهد داشت.

۳. این به شصت و هشتمین جلسه «جامعه طبیعت‌گرایان و پزشکان آلمانی» در فرانکفورت، ۲۱-۲۶ سپتامبر ۱۸۹۶ اشاره می‌کند.

وین، ۱۶ مارس ۱۸۹۶

ویلهلم عزیز!

هنوز هم واقعاً بر افسردگی ناشی از جدول زمانی سردردهایت غلبه نکرده‌ام. شاید از این واقعیت خوشحال شوم که عید پاک با تاریخی که تو زیر آن به عنوان بحرانی‌ترین تاریخ خط کشیدی، فاصله زیادی دارد. به جز این، می‌بینم که متأسفانه تو هر سه روز یک بار سردرد داری، اما درست مانند امپراتورها که تأثیر بی‌چون‌وچرایی روی آب‌وهوا دارند من هم توانستم با حضورم و بنابراین با امید به آب‌وهوای خوب برای با هم بودنمان تأثیر مطلوبی روی سردردهایت داشته باشم. فکر نکن فقط به این خاطر که به نظر می‌آید معاینات انجام‌شده توسط تو و همسرت عاری از تأثیرات مختل‌کننده نبوده است، دارم به دوره‌های تو شک می‌کنم. فقط می‌خواهم تو را از دادن چیزی به آقای دشمن، نشریه *پابلیکوس* که او را به فکر وادارد –همان‌طور که من متأسفانه مدام فکر می‌کنم- بازدارم. چون او معمولاً انتقامش را از چنین کارهایی می‌گیرد.

آر. وی. چطور است؟ امیدوارم باز هم خیلی خوب باشد. آنرل ما جذاب است؛ بقیه هم خوب‌اند.

علم دارد با گام‌های آهسته پیش می‌رود. امروز، همان‌طور که یک شاعر جوان به این کار علاقه دارد، این عنوان را روی یک ورق کاغذ نوشتم:

سخنرانی‌ها در مورد بیماری‌های روانی مهم

(نورآستنی، روان‌رنجوری اضطرابی، هیستری، روان‌رنجوری وسواسی)

به این دلیل که می‌دانم در حال حاضر در مورد بیماری‌های روانی متداول، فراتر از درک خود نخواهم رفت و همچنین مجبور نیستم از چیزی عقب‌نشینی کنم بنابراین، باید کار کنم و همه‌چیز را با هم مرتبط کنم. پشت آن کار دوم و زیباتر پدیدار می‌شود:

روان‌شناسی و روان‌درمانیِ روان‌رنجوری دفاع

که به خاطر آن به خودم اجازه می‌دهم سال‌ها برای آن آماده شوم و کل روح و جانم را وقف آن کنم.

باید یک چیز دیگر هم برایت بگویم: موردِ جنون الکلی که براساس طرح من مشکل خود را به صورت خیلی واضح رفع کرد. من به برگشتن به روان‌شناسی ادامه می‌دهم. نمی‌توانم از ندای وادارکننده‌اش فرار کنم. چیزی که من دارم احتمالاً نه یک میلیون و نه یک کروزر است بلکه یک تکه سنگ معدن حاوی مقدار نامشخصی از یک فلز ارزشمند است. در کل از پیشرفت خود راضی هستم، اما دارم با خصومت مقابله می‌کنم و در چنان انزوایی زندگی می‌کنم که ممکن است بقیه فکر کنند من بزرگترین حقایق را کشف کرده‌ام.

امیدوارم که ملاقات ما یک رفع خستگی و آرامش‌بخش واقعی باشد.

با صمیمانه‌ترین درودها برای تو، همسر عزیزت و مادر آر. وی.

زیگموند تو!

پالم ساندی [۲۹ مارس ۱۸۹۶ ؟]

۹، برگاس ۱۹

ویلهلم عزیز!

فقط هشت روز دیگر تا همایش ما باقی مانده است و من بیش از همه انتظار دارم که روزهای بدون سردردی برای تو باشد. من برنامه‌ریزی می‌کنم که شنبه شب ایستگاه نورث‌وست را ترک کنم و به درسدن یا شانداو بیایم؛ هر کدام که تو ترجیح می‌دهی. بگذار آب‌وهوا تصمیم بگیرد باید کجا بمانیم. اگر هنوز هم برای سه‌شنبه کاری نداری، پس من هم نباید کاری داشته باشم.

گمان می‌کنم تو پایان‌نامه فرانسوی در مورد رابطه صمیمی بین *روان‌رنجوری* (تحریک‌پذیری عصبی) و *ورم مفاصل* را کشف کرده‌ای. به جز این‌که می‌توانی دومی را تا متابولیسم جنسی، ردیابی کنی؛ من هم خیلی در این مورد کنجکاوم.
امروز پس از سیزده ساعت کار و فقط نیم ساعت استراحت از دیروز، در حد مرگ خسته‌ام. به شدت منتظر دیدار عید پاک خودمان هستم.
با صمیمانه‌ترین درودها برای همسر عزیزت و آر. وی. که امیدوارم حالش خوب باشد.
زیگموند تو!
[۲۶ مارس، روزنبرگ]

وین، ۲ آوریل ۱۸۹۶

ویلهلم عزیز!
فردا دست‌نوشته‌ات به سوی دوتیکه روانه می‌شود. همین حالا کل آن را خواندم و خیلی از آن خوشم آمد. باید خیلی زود بتوانیم در مورد آن صحبت کنیم. خوشحال می‌شوم که می‌بینم به خاطر مسائل مقدماتی من قادر به جابه‌جا کردن واقعیت‌ها هستی. شاید بتوان تفاوت بین نورآستنی و روان‌رنجوری اضطرابی را برحسب فرایندهای ارگانیک نیز توجیه کرد. من این کار را براساس یک نوع غریزه بالینی انجام دادم. همیشه فرایندهای روان-رنجوری اضطرابی را، مانند روان رنجوری به‌طورکلی، مسمومیت می‌دانستم و معمولاً به تشابه علائم در روان رنجوری اضطرابی و بیماری بِیسداو[1] فکر کرده‌ام که شاید تو هم هنوز بتوانی آن را ذکر کنی. باید شخصاً با تو در مورد ابهامات عملی معیّنی که در پرونده پزشکی بیمارت آی. اف. دارم، صحبت کنم. (که تو باید آن را جوری پنهان کنی که برای آیدا قابل شناسایی نباشد)
در کل، پیشرفت خوبی در روان‌شناسی روان‌رنجوری داشتم و دلایل زیادی دارم که به خاطرشان خشنود باشم. امیدوارم به چند سؤال فراروانشناسی من هم گوش کنی.
چشم‌انداز عید پاک، کل زمان را برای من روشن کرده است. اکنون امیدوارم همدیگر را همان‌طور که تو پیشنهاد کردی، بدون هیچ مانعی ببینیم. من باید همه‌چیز را براساس تلگرام تو سازماندهی کنم. در هر صورت، من باید شنبه بعدازظهر راه بیفتم. پیش از تو به شانداو یا درسدن می‌رسم؟ اگر هر دوی ما هنوز هم چند سال را برای کار کردن در

آرامش وقت داشته باشیم، باید مطمئناً چیزی را باقی بگذاریم که وجودمان را توجیه کند. با دانستن این مسئله، من در مواجهه با تمام نگرانی‌ها و دلواپسی‌های روزمره احساس قدرت می‌کنم. به عنوان یک مرد جوان، آرزوی دیگری جز دانش فلسفی نداشتم و اکنون در حالی که دارم از پزشکی به سمت روان‌شناسی تغییر جهت می‌دهم، این آرزویم را برآورده می‌کنم. برخلاف میل خود یک درمانگر شدم؛ من قانع شده‌ام که با وجود شرایط خاص در خصوص فرد و پرونده‌اش، مطمئناً می‌توانم هیستری و روان رنجوری وسواسی را درمان کنم.

پس تا وقتی که همدیگر را ببینیم، واقعاً چند روز خوب را به‌دست آورده‌ایم.

وقتی که در روز عید پاک از همسر و پسرت خداحافظی می‌کنی، از طرف من هم سلام برسان.

زیگموند!

وین، ۱۶ آوریل ۱۸۹۶

عزیزترین ویلهلم!

من هم تجربه مشابهی داشتم. سرم از تاریخ‌ها و ایده‌ها در مورد جمع‌بندی‌ها پر بود و افتخار می‌کردم که تأییدهایی دریافت کرده‌ام و با احساس رضایت از استقلال خود، به حس عالی تندرستی برگشتم و از آن زمان خیلی تنبل شده‌ام، چون مقدار بدبختی لازم برای کار شدید برنخواهد گشت. فقط می‌توانم چند ایده به‌وجودآمده از کار روزمره‌ام در مورد قلمروِ بینابینی را به عنوان انگیزه کلی از این برداشت ثبت کنم که همه‌چیز همان‌طور است که من گمان می‌کنم باید باشد و بنابراین، همه‌چیز روشن خواهد شد. از این میان، توضیح کاملاً شگفت انگیز خون‌ریزی‌های اکستاین سبب خشنودی بیشتر تو خواهد شد. من تقریباً متوجه داستان شده بودم، اما برای انتقال آن باید صبر می‌کردم تا وقتی که خود بیمار بتواند به آن برسد.

طبق درخواست تو، من شروع کردم به منزوی کردن خود در همه زمینه‌ها و دیدم تحمل آن آسان است. هرچند، من یک تعهد از قبل دارم -یک سخنرانی که باید سه‌-شنبه در انجمن روان‌پزشکی انجام بدهم. من نه بروئر را دیده‌ام و نه در مطبم به او

برخورد کرده‌ام. من از مواجهه غیرضروری با او در خانه بیماری که گاهی اوقات هر دوی ما را می‌بیند هم اجتناب کردم.
یک نشریه فرانسوی را ضمیمه این نامه می‌کنم که در کل خیلی دوستش دارم. هرچند، آن‌ها سوءتفاهم‌هایی را برجا گذاشتند که معنی پیش‌نویس مرا مختل کرد. هیچ نمونه صفحه‌بندی‌شده‌ای را جهت تأیید، از آن دریافت نکردم. همین روزها منتظر [ترجمه] آلمانی‌اش هستم.
آنرل من با شنیدن خبر اضافه شدن دویست گرم به وزن آر. وی، فوراً دویست و ده گرم به وزنش اضافه کرد. دیگر شیطان‌ها در حال حاضر خوب‌اند. من اتاقی در اوبرترسن در نزدیکی آسی اجاره کرده‌ام. روزانه وضعیت سلامتی‌ام را یادداشت می‌کنم. بنابراین، می‌توان از آن‌ها برای بررسی تاریخ‌های خاص[1] استفاده کرد. از مارتا [داستان] دوره *پاراقاعدگی* خوبی به‌دست آورده‌ام. در مورد من؛ میگرن، ترشح از بینی و مثل امروز حملات ترس از مردن را یادداشت می‌کنم. هرچند، مرگ قلبی تیلگنر احتمالاً بیشتر از تاریخ، مسئول این ترس است.[2] تو در کم کردن تنباکو به من کمک زیادی کرده‌ای و از زمان ملاقاتمان حس می‌کنم مصمم‌تر شده‌ام و وضعیتم بهتر شده است. این برای من خیلی خوب و خیلی لازم بود. احتمالاً باید با تکه‌های کوتاهی از روان‌شناسی تو را شگفت‌زده کنم. اکنون برای نوشتن، بسیار تنبل شده‌ام. به هر حال، هر قطره الکل سبب می‌شود کاملاً خنک شوم.
تاریخ‌های خاص تو خوب‌اند. همه‌چیزی که می‌توانی به مراجعِ خانم پی. بگویی این است که او باید با ایده‌پردازی‌هایش کنار بیاید. در خصوص انگیزه‌ات، مطمئناً حق با توست.
Je n'en vois pas la nècessitè[3]
متأسفانه نمی‌توانم خودم را وادار کنم فلج اطفال را انجام بدهم. آیا این کار باید انجام شود؟ مرا سرزنش کن!
من با به خاطر نگهداشتن روزهای زیبا، صمیمانه‌ترین درودها را برای آی. اف. و آر. وی. می‌فرستم.
زیگموند تو!

1. Termin

به معنی واقعی یک نقطه زمانی است و معمولاً اشاره می‌کند که چیزی در لحظه خاص اتفاق خواهد افتاد. در این‌جا احتمالاً به یک تاریخ مهم یا خاص اشاره می‌کند.

۲. منظور فروید، مرگ مجسمه‌ساز، ویکتور تیلگنر Victor Tilgner در سال ۱۸۹۶ بوده که توسط شور مستند شده است. (۱۹۷۲، صفحه ۱۰۴-۱۰۰)

۳. ارجاع‌ها در این متن، نامفهوم هستند.

انزوا از جامعه علمی

وین، ۲۶ آوریل ۱۸۹۶

ویلهلم عزیز!

مدت زیادی است نامه‌ای ننوشته‌ای، که یعنی یا حال تو هم خیلی خوب است و می‌توانی کارهای زیادی انجام بدهی، یا این‌که حالت خیلی بد است و این عدم اطمینان از تفسیر، واقعاً حالم را بد می‌کند. از زمان ملاقاتمان به بعد فکر می‌کنم از نظر علمی باری از دوشم برداشته شده است. این واقعیت دارد، اما از نقطه‌نظر شخصی چیز دیگری برایم به یک ضرورت فوری تبدیل شده است.

–من یک دوره زمانی و ملال‌آور را پشت سر گذاشته‌ام–

بیست و هشت آوریل که در آن اتفاقاتی افتاد و این‌ها هم به سکوت من مربوط هستند. آن‌ها برای مدتی طولانی ادامه پیدا می‌کنند و من نمی‌خواهم به تو اجازه بدهم که تا پایان یافتن آن‌ها منتظر بمانی. اول از همه، اکستاین. باید بتوانم به تو ثابت کنم که حق با تو بود. دوره‌های خون‌ریزی‌اش، هیستریایی بودند و با *دلتنگی* برانگیخته می‌شدند و احتمالاً در زمان‌های مربوطه جنسی روی می‌دادند. (این زن، بدون مقاومت، تاکنون تاریخ‌ها را به من نگفته است)

به‌علاوه، در مورد مسئله حرکت عصبی، وسواسی شده‌ام. من که با نظریه‌های شیمیایی تو و بعد از باورنکردنی‌ترین آزمایشات، تحریک شده بودم به ادراک شیمیایی‌ای رسیدم که اعتماد را به من القاء کرد. به محض این‌که داستان سر هم شود، آن را به تو خواهم داد. البته نمی‌دانم، این کار چه زمانی انجام خواهد شد.

من تاکنون نتوانسته‌ام چیزی را در مورد دوره‌ها و تاریخ‌ها بنویسم. احتمالاً تو هم چیز زیادی انتظار نداشتی. از میان تمام نصیحت‌هایی که کردی، من آن نصیحت را که در مورد انزوایم بود، به‌طور کامل دنبال کردم. (این مرا به یاد حکایتی می اندازد که در آن یک دکتر به دوستش می‌گوید: «دوست عزیزم، از حالا به بعد دیگر نباید هیچ شراب، زن و آوازی در زندگی‌ات باشد» و مرد پاسخ می‌دهد: «خیلی خوب، من دست از آواز خواندن برمی‌دارم»). من هنوز بروئر را ندیده‌ام و از گله و شکایت دست کشیده‌ام. یک سخنرانی در مورد علت هیستری در جامعه روان‌پزشکی،[1] با پذیرش سرد نادان‌ها و ارزیابی عجیب کرافت–ابینگ[2] روبرو شد که بیان کرد: «مثل یک داستان خیالی علمی

است» و این، بعد از این‌که راه حل یک مشکل هزار ساله را پیدا کرد، (سرچشمه رود نیل)![2] می‌تواند به جهنم برود، با حسن تعبیر بیان شد.

امروز اولین دندان آنرل بدون هیچ مشکلی درآمد؛ حال ماتیلده از وقتی که دیگر به مدرسه نمی‌رود بسیار بهتر شده است. اولیور، در گزارش بهاره اخیر خیلی جدی پرسید که چرا فاخته (کوکو) همیشه نام خودش را صدا می‌کند.

امیدوارم زمان زیادی طول نکشد که آر. وی. راز نامش را پیدا کند.

تصور می‌کنم مقاله فرانسوی‌ام به دستت رسیده است. امیدوارم، ترجمه آلمانی آن بالاخره در اولین روزهای ماه مِی آماده شود.

با صمیمانه‌ترین درودها و بگذار خیلی زود باخبر شوم که تو سردرد نداری. این که من خیلی کم در مورد این موضوع صحبت کردم به خاطر حس مفید نبودنم است. همسر عزیزت هم نباید ما را کاملاً فراموش کند.

با احترام!

زیگموند!

۱. منتشرشده در روندشاو پزشکی وین و سپس در .S.E با عنوان «سبب‌شناسی هیستری». نامه ۳۰ مِی ۱۸۹۶ را ببینید. ارزیابی فروید توسط اطلاعات زیر تقویت شده است: کار «انجمن روان‌پزشکی و مغز و اعصاب» بوده است که دو جلسه را (با خلاصه‌های کوتاه) و تشریح مطالب گزارش کند. به نظر می‌رسد تنها استثنا در مورد مقاله فروید بوده که مطمئناً به‌طور ناکافی دریافت شده بوده است. هفته‌نامه پزشکی وین ۴۲۱-۴۲۰ : (۱۸۹۶) و ۹ صورت جلسه رسمی را ارائه می‌کند. همه آنچه در این هفته‌نامه گفته شده به این صورت است: «مدرس زیگموند فروید: سبب‌شناسی هیستری». هیچ گزارش و تذکری در مورد این‌که چه وقت و کجا ممکن است چاپ شود و هیچ نظری در مورد هیچ بحثی چاپ نشده، به وضوح، هیچ‌یک از این جلسات برگزار نشده است. تا جایی که من توانسته‌ام مطمئن شوم: جلسه تنها در یک ژورنال دیگر سنترال‌بلات عصب‌شناسی ۷۱۰ -۷۰۹ : (۱۸۹۶) ۱۵ گزارش شده بود، اما هیچ نامی از مقاله فروید در آن برده نشده است. سال‌ها بعد فروید با تلخی آن جلسه را به یاد می‌آورد. او در *تاریخ جنبش‌های روان‌کاوی* (S.E.۱۴ :۲۱) می‌نویسد: «من با بی‌گناهی، جلسه انجمن روان‌پزشکی و عصب‌شناسی وین را با کرسی کرافت-ابینگ مطرح کردم و امیدوار بودم که بتوانم ضررهای مالی را (که از روی میل آن‌ها را تحمل کرده بودم) با شناخت و علاقه همکارانم جبران کنم. من با کشف‌های مهم مانند کمک‌های عادی به علم رفتار کردم و امیدوار بودم که آن‌ها هم با همین روحیه پذیرفته شوند، اما سکوت که با آن

ارتباط برقرار می‌کنم، خلائی برایم ایجاد کرد. تذکرهایی که به من داده شد، به‌تدریج سبب شد بفهمم که نمی‌توان با ادعای نقشی که تمایل جنسی در سبب‌شناسی روان‌رنجوری ایفا می‌کند، روی درمان یکسان مانند روابط دیگر تکیه کرد. من فهمیدم که از آن زمان به بعد من یکی از افرادی بودم که «خواب جهان را آشفته کرده‌اند»، همان‌طور که هِبِل می‌گوید». در ماسون (۱۹۸۴) من با جزئیات، به اثر این ملاقات روی دیدگاه‌های آینده فروید فکر کرده‌ام. آنا فروید (در ارتباط خصوصی) به من گفت که او باور داشت، پدرش هرگز در دیگر جلسات این جامعه شرکت نکرده است. هرچند، براساس فهرست عضویت ۱۸۹۹، فروید هنوز هم عضو این جامعه بود. *سالنامه روان‌پزشکی و عصبی* ۳۹۴- ۳۹۰ : (۱۸۹۹) ۱۸ را ببینید.

۲. فروید از این قیاس در سبب‌شناسی مقاله هیستری استفاده می‌کند (S.E. ۳-۲۰۳): «من عقیده دارم که این (اهمیت تجربیات جنسی زودهنگام) یک یافته مهم است، کشف سرچشمه *رود نیل* در نوروپاتولوژی».

وین، ۴ می ۱۸۹۶

ویلهلم عزیز!

من نمی‌دانستم تو چرا نامه نمی‌نویسی. به‌علاوه، دوره خاص تو بود، اما به من اجازه بده که بگویم واقعاً بی‌رحمانه بود و این‌که با وجود این همه توضیح جدید که تو پیدا کردی، من نتوانستم هیچ‌چیزی را به اعتبار دوره‌های زمانی نسبت بدهم و فقط یک بار دیگر نشان می‌دهد که دیدن این برای همه به جز پیشگوها چقدر سخت است.

تا جایی که دندان آنرل اهمیت دارد، به صورت قابل توجهی خوب است، اما مارتا در بیست و هشت مارس و بیست و شش آوریل، دوره‌های قاعدگی داشته است؛ در این بین، در سیزده آوریل، مشکل پاراقاعدگی واضحی ایجاد شد. دندان آنرل در بیست و هشت آوریل درآمد؛ مارتا با سرسختی از وقفه‌های قاعدگی بیست و هشت روزه‌اش دفاع می‌کرد. بارداری منجر به سیکل ۲۹> روزه[۱] شد و فکر می‌کنم به خاطر می‌آورم که مجبور بودم بارها او را دلداری بدهم. چون او فکر می‌کرد قاعدگی‌اش عقب افتاده است. بنابراین، برخی جزئیات وجود دارد که من هنوز باید به این مسئله بیفزایم و امیدوارم با معاینات بیشتر تعیین شوند.

من دارم به تنهایی و به شدت روی روان‌شناسی کار می‌کنم. هنوز هم نمی‌توانم چیزی را که نصفه‌نیمه است، برایت بفرستم. صرف نظر از این‌که چقدر استانداردهایم در مورد

چیزی که به پایان رسیده را پایین آورده‌ام. من بیشتر و بیشتر به نظریه نورون شیمیایی اعتقاد پیدا کرده‌ام؛ با فرضیاتی شروع کردم مشابه با آنچه تو توصیف کردی، اما بعد از این‌که دیروز فکرم را به آن مشغول کردم، اکنون گیر افتاده‌ام.

احساس می‌کنم در مورد هوشیاری مطمئن‌تر شده‌ام و حالا باید تلاش کنم تا با چیزهای دشوارتر در سخنرانی‌هایم در مورد هیستری[2] کنار بیایم. شنبه، در مورد تفسیر خواب برای محفل مطالعات آکادمیک جوانان یهودی سخنرانی کردم و روزی از محتوای آن مطلع می‌شوی. در حال حاضر، اصلا حوصله ارائه ندارم.[3]

همان‌قدر که می‌خواستی منزوی شده‌ام. برای تشکیل خلائی در اطراف من حرف‌هایی گفته شده تا تسلیم شوم. تاکنون با متانت آن را تحمل کرده‌ام. امسال برایم رنج‌آور است که برای اولین بار اتاق مشاوره‌ام خالی است و هفته‌هاست که بیمار جدیدی ندیده‌ام و نمی‌توانم درمان‌های جدیدی را آغاز کنم و این‌که هیچ‌کدام از درمان‌های قبلی کامل نشده‌اند. همه‌چیز بسیار دشوار است و در کل، تلاشی را می‌طلبد که نیازمند بنیانی قوی برای مقابله با آن‌هاست.

در مورد اکستاین -دارم در مورد تاریخچه او یادداشت‌هایی برمی‌دارم که بتوانم آن را برایت بفرستم- تاکنون تنها می‌دانم که او به خاطر دلتنگی و هوس، خون‌ریزی کرده است. او همیشه خون‌ریزی داشت و دستش را می‌برید یا وقتی که بچه بود در شرایط این‌چنینی از خون‌ریزی بینی رنج می‌برد و در سال‌هایی که هنوز قاعده نمی‌شد، سردردهایی داشت که تمارض تلقی می‌شدند و در واقعیت با تلقین شروع شده بودند، به همین دلیل، با خوشحالی از خون‌ریزی قاعدگی‌اش به عنوان دلیلی برای این‌که بیماری‌اش واقعی است استفاده کرد، مدرکی که توسط دیگران هم تصدیق شد. او صحنه‌ای از پانزده سالگی‌اش را توضیح داد که وقتی می‌خواست توسط دکتر جوانی که حضور داشته (و همچنین در خواب او را دیده بود) درمان شود ناگهان شروع می‌کند به خون‌ریزی از بینی. وقتی دید زمانی که در دستان روزانِس بود و اولین خون‌ریزی‌اش شروع شد، من چقدر تحت تأثیر قرار گرفتم. او این را به عنوان یک خواسته دیرین تجربه کرد. در تصدیق این‌که در هنگام بیماری او را دوست دارند و با وجود خطر در ساعت‌های آینده، او آن‌قدر احساس خوشحالی می‌کرد که تاکنون این‌طور نبوده است. سپس شب، در بیمارستان بی‌قرار شده بود، چون به‌طور ناخودآگاه[4] می‌خواست مرا

ترغیب کند که به آن‌جا بروم. به این دلیل که من شب به آن‌جا نرفتم، او خون‌ریزی را به عنوان ابزاری پایدار برای برانگیختن مجدد احساسات من، تکرار کرده بود. او به طور خودبه‌خود سه بار خون‌ریزی داشته و هر خون‌ریزی چهار روز طول کشیده است که باید معنایی داشته باشد.

او هنوز هم جزئیات و تاریخ‌های خاص را به من بدهکار است.

با صمیمانه‌ترین درودها و فراموش نکن که هر وقت سردردت اجازه داد، برایم نامه بنویسی.

زیگموند تو!

۱. علامت ریاضیاتی نشان‌دهنده «کمتر از»، اما تقریباً ناخواناست؛ ممکن است منظور فروید > «بزرگتر از» باشد.

۲. طبق گفته‌های شروتر، این می‌تواند اشاره به دوره‌ای بکند که فروید برای هیستری برگزار کرد (گیکلهورن و گیکلهورن، ۱۹۶۰، صفحه ۱۵۲ را ببینید).

۳. در دست‌نوشته آمده است darstellungsunlustig، نه آن‌طور که در کتاب *شروع* نوشته شده است: darstellungslustig

۴. یک اصطلاح غیرمتداول آلمانی که معنی تحت‌اللفظی آن می‌شود: «نیت ناخودآگاه دلتنگی و هوس».

وین، ۱۷ می ۱۸۹۶

ویلهلم عزیز!

عروسی هیجان‌انگیز[1] به پایان رسید. زوج تازه‌ازدواج‌کرده این‌جا را ترک کردند و دوباره همه خاطرات شش سپتامبر را زنده کردند. همه خوشحال بودند؛ او مردی عالی است و هیچ انگیزه‌ای به جز احساسات پایدار ندارد، اما همه ما خیلی خسته هستیم. با تشکر فراوان برای تبریک‌های گرم تو از طرف عروس و داماد و خودم. برای من مانند اشعه نور خورشید در زمستان بود.

به هر حال، دوست‌داشتنی‌ترین بخش عروسی، سوفرل ما بود -با موهای فرشده و انبوهی از حرف‌های منفیِ مرا فراموش کن، در سرش.

امیدوارم به خاطر تذکرات علیه لاونفلد، خیلی خودت را به دردسر نیندازی. نوشته مناسب این است: «او را متوجه دوره‌ای بودن خودش کن».[2] به‌طور طبیعی، نمی‌توانم اکنون آن کاغذ را پیدا کنم.

با صمیمانه‌ترین تبریک‌ها برای تو و آیدا.

زیگموند تو!

در دوازدهم، شجاعت رودررو شدن با زندگی برگشت. تاریخ‌های حیاتی در آوریل: ششم و دوازدهم.

۱. خواهر فروید، رزا (متولد ۱۸۶۱) با هینریش گراف (متولد ۱۸۵۲) ازدواج کرد. وکیلی که در سال ۱۹۰۸ فوت کرد. رزا در ۱۹۴۲ در آشوتیز فوت کرد

۲. این عبارت دقیق در پاسخ فروید به لاونفلد (هرچند، همین تفکر وجود دارد؛ جی. دبلیو. ۳۶۹: ۱ را ببینید) یا در مقاله لاونفلد، مشاهده نشد. فلیس در کتاب سال ۱۸۹۷ خود از فروید در برابر لاونفلد دفاع کرد. (صفحه n ۱۹۷)

وین، ۳۰ می ۱۸۹۶

ویلهلم عزیز!

به عنوان ثمره برخی افکار زجرآور، راه حل زیر را برای سبب‌شناسی روان‌رنجوری برایت می‌فرستم، که هنوز هم منتظر تأیید از طریق تحلیل‌های فردی است.

چهار دوره زندگی باید متمایز شوند:

سن‌ها

Ia	Ib	A	II	B	III
بالاتر از ۴ سال نیمه‌هوشیار	بالاتر از ۸ سال کودکی		بالاتر از ۱۴ سال پیش از بلوغ		بالاتر از x بلوغ

A و B (از حدود هشت تا ده سال و سیزده تا هفده سال) دوره‌های تغییرند که طی آن‌ها سرکوبی برای بیشتر بخش‌ها روی می‌دهد.

انگیختگی در تاریخ‌های بعدیِ خاطره جنسی از یک خاطره پیشین سبب ایجاد مازاد تمایل جنسی در روان می‌شود که به عنوان بازدارنده تفکر عمل می‌کند و ماهیتی وسواسی به آن خاطره و پیامدهایش می‌دهد -غیرقابل مهار.

دوره Ia ویژگی *غیرقابل تغییر* دارد. بنابراین، انگیختگی صحنه جنسی در Ia به پیامدهای روانی منجر نمی‌شود بلکه به درک تبدیل می‌شود، یعنی تبدیل مازاد تمایل جنسی مانع از ترجمه کردن می‌شود.

مازاد تمایل جنسی به تنهایی منجر به سرکوبی نمی‌شود و کافی نیست؛ همکاری دفاع لازم است، اما بدون وجود مازاد تمایل جنسی، دفاع، روان‌رنجوری ایجاد نمی‌کند.

روان‌رنجورها به شرایط ترتیب زمانی برای صحنه‌های جنسی نیاز دارند.

شرایط ترتیب زمانی

	Ia	Ib	A	II	B	III
	تا ۴ سال	تا ۸ سال		تا ۱۴ سال		بالای x تا x سال
هیستری	صحنه		ســ	ـرکوبی	ســ	ـرکوبی
روان‌رنجوری وسواسی		صحنه	ســ	ـرکوبی	ســ	ـرکوبی
پارانویا				صحنه	ســ	ـرکوبی

یعنی صحنه برای هیستری در اولین مرحله کودکی قرار می‌گیرد (تا چهار سال) که در آن، باقی‌مانده خاطرات به تصاویر کلامی انتقال نمی‌یابد. این موضوع بی‌تفاوتی است که آیا این صحنه‌های Ia در دوره بعد از دندان‌درآوری (هشت تا ده سال) یا در مرحله بلوغ انگیخته می‌شوند یا نه. هیستری همیشه به صورت تبدیل ایجاد می‌شود، چون عملیات ترکیبی دفاع و مازاد تمایل جنسی مانع از تغییر می‌شوند.

صحنه‌های روان‌رنجوری وسواسی متعلق به دوره Ib هستند. تفسیر این صحنه‌ها با ترجمه به کلمات فراهم شده است و زمانی که آن‌ها در سطوح II و III انگیخته می‌شوند، سیمپتوم‌های روانی وسواس ایجاد می‌شوند.

صحنه‌های پارانویا در دوره بعد از دندان‌درآوری دوم، در دوره II قرار می‌گیرند و در دوره III (بلوغ) انگیخته می‌شوند. در آن صورت، دفاع به عنوان عدم باور بروز پیدا می‌کند. بنابراین، دوره‌هایی که سرکوبی در آن‌ها روی می‌دهد، هیچ اهمیتی در انتخاب روان-

رنجوری ندارد؛ دوره‌هایی که حادثه در آن رخ داده است قطعی‌اند. ماهیت صحنه از آن‌جا که قادر به ایجاد دفاع است، از اهمیت برخوردار است.

چه اتفاقی می‌افتد اگر صحنه‌ها در چند دوره سنی گسترش یابند؟ بنابراین، اولین دوره زمانی، مهمترین است -یا نوع‌های ترکیبی ظاهر می‌شوند که باید بتوان آن را مشخص کرد. چنین ترکیبی بین پارانویا و روان‌رنجوری وسواسی در بیشتر موارد غیرممکن است، زیرا سرکوبی صحنه Ib که در سطح II تحت تأثیر قرار گرفته است، ایجاد صحنه‌های جنسی جدید را غیرممکن می‌کند.

هیستری، تنها روان‌رنجوری‌ای است که در آن ظهور سیمپتوم‌ها احتمالاً بدون دفاع، ممکن است و حتی به همین دلیل، ویژگی تبدیل باقی خواهد ماند. (هیستری جسمانی محض)

می‌توان دید که پارانویا حداقل وابستگی را به تعیین‌کننده‌های دوران کودکی دارد. روان‌رنجوری دفاع دارای مزیت و مستقل از اخلاق و بیزاری نسبت به تمایل جنسی است (که در A و B انگیزه‌هایی برای دفاع در روان‌رنجوری وسواسی و هیستری فراهم می‌کنند) و در نتیجه، برای طبقات پائین‌تر در دسترس است. این خاصیت بلوغ است. اگر هیچ صحنه‌ای در Ia، Ib و II وجود نداشته باشد، دفاع نمی‌تواند هیچ پیامد پاتولوژیکی (سرکوبی نرمالی) داشته باشد. مازاد تمایل جنسی، پیش‌نیازهای *حملات اضطرابی* در طول بلوغ را فراهم می‌کند. ردیابی حافظه برای اندازه گرفتن مقدار آزادشده جنسی که می‌بایست به میل جنسی تبدیل شود، کافی نیست.

اهمیت *وقفه‌های* بین تجربیات جنسی واضح است. ادامه یافتن صحنه‌ها آن سوی مرزِ بین دوره‌ها ممکن است که از احتمال سرکوبی جلوگیری کند. چون در آن صورت، هیچ مازاد تمایل جنسی‌ای بین یک صحنه و خاطره عمیق‌تر آن ایجاد نمی‌شود.

در مورد خودآگاهی، (یعنی خودآگاه بودن) یا نسبتاً خودآگاه شدن، باید سه چیز را در نظر بگیریم:

۱) در خصوص خاطرات، اکثراً در خودآگاهی *کلامی* است که در آن‌ها نفوذ می‌کند - یعنی دسترسی به ارائه‌های گفتاری مربوطه.

۲) این‌که به صورت انحصاری و غیرقابل تفکیک به اصطلاحاً ناخودآگاه یا ناحیه خودآگاه نچسبیده. بنابراین، به نظر می‌رسد این نام‌ها مستلزم عدم پذیرش‌اند.

۳) به‌وسیله *سازش* بین نیروهای روانی مختلف تعیین می‌شود که هنگامی که سرکوبی رخ می‌دهد با هم دچار تعارض می‌شوند.
این نیروها را باید به درستی بررسی کرد و از نتایج آن‌ها استنباط کرد. آن‌ها عبارتند از (۱) قدرت کمّی ذاتی یک ارائه و (۲) توجهی که به آسانی قابل تغییر است و براساس قوانین خاص جلب می‌شود و طبق قانون دفاع دفع می‌شود. سیمپتوم‌ها، همگی تقریباً شکلی از *سازش*‌اند. تفاوت اصلی بین فرایندهای روانی *منع‌شده توسط تفکر* و *منع‌نشده* است. در تعارض بین این دو است که سیمپتوم‌ها به عنوان سازش‌هایی ایجاد می‌شوند که مسیر هوشیاری از طریق آن‌ها باز می‌شود. در روان‌رنجورها هر یک از این دو فرایند به‌خودی‌خود عقلانی‌اند[1] (فرایند منع‌نشده، یک سویه است)؛ سازش ایجادشده غیرعقلانی است، مشابه با خطا در تفکر.
در هر صورت، شرایط کمّی باید برآورده شوند، چون در غیر این صورت دفاع ایجادشده به‌وسیله فرایند منع‌شده توسط تفکر، از تشکیل سیمپتوم جلوگیری می‌کند.
اگر نیروی فرایندهای منع‌نشده افزایش پیدا کند، یک نوع اختلال روانی ایجاد می‌شود؛ و اگر نیروی منع تفکر کم شود، اختلال روانی دیگری ایجاد می‌شود. (مالیخولیا، خستگی بیش‌ازحد —خواب‌ها به عنوان نمونه نخستین)
افزایش فرایندهای منع‌نشده تا نقطه‌ای که به تنهایی در تصرف خودآگاه کلامی قرار می‌گیرد، روان‌پریشی ایجاد می‌کند.
هیچ شکی در مورد جدایی بین این دو فرایند وجود ندارد و فقط انگیزه‌های ناخوشایند است که مانع گذرهای تداعی‌کننده احتمالی مختلف بین آن‌ها می‌شود.
با این، احتمالاً باید عصای جادویی این فصل را دفن کنم. من چیزی ننوشتم چون بداخلاق بودم و می‌دانستم که تو هم دوره بدی را می‌گذرانی. اکنون بیشتر تاریخ‌های مهم را دارم.

آوریل ۶ و ۷

آوریل ۱۲

می ۶ و ۷

می ۱۲

می ۲۰

۲۹ می

من باز هم به یک القاء قدرت حیات‌بخش نیاز دارم، مانند آن‌که در درسدن به دست آوردم. امسال، قدرت اخلاقی مرا خسته کرده است.

با وجود میل همکارم، من همه سخنرانی‌ام در مورد علت هیستری را برای پاشکیس نوشتم. اولین بخش امروز چاپ می‌شود.

بزرگترین برادرم[۲] ساکن منچستر، این هفته در این‌جا می‌ماند. پنجشنبه بعدی خانواده‌ام به آسی می‌روند.

خیلی مشتاقم که خبری از تو و از چیزی که می‌خواهی در این مدت کشف کنی، بشنوم. چه زمانی می‌توانیم باز همدیگر را ببینیم؟ آر. وی. چطور است؟ و همسر عزیزت، با وجود همه تلاش‌هایم برای اثر گذاشتن بر او، هنوز هم از من جدا نشده است؟[۳] زندگی درواقع خیلی سخت است، تو این‌طور فکر نمی‌کنی؟

نیازی نیست نظرت را در مورد موضوعی که من در ابتدا مطرح کردم بگویی؛ من قبول کردم که گمانه‌زنی‌های بیشتری نسبت به حد معمول وجود دارد؛ اما این سبب نمی‌شود که من در آرامش بمانم.

با صمیمانه‌ترین درودها

با احترام!

زیگموند!

۱. فروید از کلمات صحیح korrekt و ناصحیح inkorrekt استفاده می‌کند، احتمالاً در صحنه واقعیت کافی و واقعیت ناکافی.

۲. امانوئل فروید (۱۹۱۵-۱۸۳۲) در سال ۱۸۵۹ به همراه همسرش ماری (که در سال ۱۹۲۳ فوت کرد)، پسرهایش جان و سم و دخترهایش پائولین و برتا به منچستر انگلیس مهاجرت کرد. جان و پائولین بارها در خاطرات و خواب‌های فروید مجسم شده‌اند. سم دلال پارچه بود و در سال ۱۹۴۵ در منچستر فوت کرد.

۳. یادداشت ۱ نامه ۱۲ آگوست ۱۸۹۶ را ببینید.

۴ جون ۱۸۹۶

ویلهلم عزیز!

خب، ما قرار است این ماه در برلین همدیگر را ببینیم، درست است؟ چه وسوسه‌ای. با این وجود، باید روی آن اصرار کنم. در ماه جون هنوز هم دارم بیمار از دست می‌دهم که چهارتای آن‌ها دیگر نمی‌توانند در ماه جولای به این‌جا بیایند. سرپرست خانواده، که شانزده-هفده هزار تایی را که به زحمت درمی‌آورد کاملاً خرج می‌کند، نمی‌تواند به خودش اجازه بدهد این کار را بکند. به‌علاوه، علیه برلین: فراموش کردی که ملاقات‌های ما نه باید در برلین برگزار شوند و نه در وین، چون در هر دوی این شهرها ما کارگرانی هستیم که نمی‌توانیم سر کار نرویم؟ چیزی را که با مستثنی کردن برلین از دست می‌دهم، باید دفعه بعد با آمدن به خانه‌ات، بوسیدن دست آیدا و پیشانی آر. وی. برای خودم جبران کنم و سپس سفر کردن با تو به شهری با فاصله دو تا چهار ساعته احتمالاً مکانی در بالتیک. در حال حاضر، متأسفانه برای مارتا امکان‌پذیر نیست که با من بیاید و همسر تو را راحت و راضی کند. مارتا فردا با بچه‌ها به آسی می‌رود و دست تنهاست.

من از وقفه بین نامه‌هایت نتیجه‌گیری می‌کنم که باید دوره بدی را پشت سر گذاشته باشی، اما چه چیزهایی را پیدا کرده‌ای و حدس زده‌ای! من کاملاً به دنبال آن‌ها هستم. از من ناامید خواهی شد. این زمان‌ها، از نظر عقلانی و اخلاقی به نقطه از دست دادن قدرت خود رسیده‌ام و اکنون مجبورم روان‌رنجوری و ϕψω را کنار بگذارم تا در مورد فلج اطفال بنویسم که باید تا ماه آگوست تمام شود. از زمان آخرین نامه‌ام، من فقط در مورد آخرین توضیح خود قانع شده‌ام -هیستری تا چهار سالگی؛ نبود ارائه‌های گفتاری ترجمه‌شده نیز فقط برای این دوره زندگی معتبر است. کار لاونفلد به این صورت است: باید مقاله‌اش را خوانده باشی. تذکرم در مورد «دوره‌ای بودن رابطه جنسی»، بخشی از پاسخ من است. (صفحات ۱۰-۹) خیلی خودت را به خاطر این به دردسر نینداز.

بنابراین، فکر می‌کنم باید در ماه جولای این‌جا را با بی‌میلی ترک کنم. اگر با ساحل دریا موافق نیستی، پس به یک شهر دیگر می‌رویم: ماگدبورگ، دانزیگ. من واقعاً، به آن نیاز دارم، معمولاً، خودم را هم نمی‌شناسم -که نشان می‌دهد تجربیات با همکاران و بیماران آسیب‌زا است- و بعد از این همه، واقعاً مسخره است. من اعتقاد دارم که قلبم بیشتر از این‌ها، از تنباکو رنج می‌کشد و به هر حال بسیار نجیبانه‌تر رفتار می‌کند.

باز هم بروئر را ندیدم، به جز در عروسی؛ دیگر هیچ نیازی به انجام این کار ندارم.

متأسفانه، نمی‌توانم تاریخ‌های مهم اکستاین را به‌دست بیاورم، چون در بیمارستان ثبت نشده‌اند. داستان او حتی دارد روشن‌تر می‌شود؛ هیچ شکی وجود ندارد که خون‌ریزی‌های او به دلخواهش انجام می‌شد. او چندین رویداد مشابه داشته که یکی از آن‌ها شبیه‌سازی واقعی[1] در کودکی‌اش بوده است. بینی تو باز هم درست بو کشیده بود.[2] ضمناً، حالش واقعاً خوب است.

خیلی مرا منتظر نامه‌ای که قول دادی در آرامش و سکوت بنویسی نگذار.

با درودهای صمیمانه برای همه شما.

زیگموند تو!

۱. در این‌جا کلمه آلمان direkte نوشته شده است.

۲. ترجمه تحت‌اللفظی عبارت آلمانی به معنی درست حدس زدن. البته، در این‌جا اشاره‌ای است به نظریه‌های فلیس در مورد بینی.

وین، ۹ جون ۱۸۹۶

ویلهلم عزیز!

اکنون می‌توانم بگویم که ملاقات بعدی‌مان واقعاً غیرضروری است. چون چیزی ندارم که به تو بگویم و چیزی که می‌خواهی در نامه‌ات بگویی را می‌دانم. پیش از این‌که از سرگشتگی خودت بهبود پیدا کنی، می‌خواهم شوخی را تمام کنم و جدی شوم: واقعاً چیزی ندارم که به تو بگویم (شاید، به جز حل داستان اکستاین و خون‌ریزی‌هایش) و از میان کشف‌هایت تنها می‌دانستم که می‌خواهی آن‌ها را به انجام برسانی؛ تو مرا شگفت‌زده نکردی؛ از چنگالی که در درسدن به من نشان دادی توانستم تصویر صحیح ساختار حیوانات آینده را ببینم. در واقعیت هیچ‌چیز جلودار من نیست که به دنبال جزئیات یافته‌های تو و همچنین دوباره دیدن تو نباشم. فقط چند هفته بیشتر؛ در عین حال، دارم روی «فلج اطفال» کار می‌کنم و زندگی‌ام را (به دور از آنچه که برایم خیلی عزیز است) کسل‌کننده می‌یابم.

در تاریخ‌های خاص خود هیچ مشکلی نداشتم، اما در عوض دوره بسیار راکدی را پشت سر می‌گذارم. بنابراین، به سؤالات پاسخ درست نمی‌دهم: تیک و سرکوبی؟ زیرا تفاوت بین وسواس عملی و اثر دفاع، دارد در من طلوع می‌کند: اهمیت این واقعیت که اضطراب

زمانی ایجاد می‌شود که فرد سعی می‌کند تیک و قیاس بین تیک و سیمپتوم‌های هیستریاییِ کودکی از هشت سال تا بلوغ را سرکوب کند؛ یعنی، شکل دوگانه‌ای از دفاع، یک دفاع اتوماتیک و یک دفاع روانی که به‌وسیله ایگو آغاز شده‌اند، اما هنوز کاملاً مشخص نیست.

اصلاً این حیرت تو را به اشتراک نمی‌گذارم[1] که تاکنون هیچ‌کس متوجه این چیزها نشده است. عقیده من در مورد ظرفیت روانی نوع انسان قبلاً بیان شده است، اما درواقع، با عقیده تو تفاوت زیادی ندارد، دارد؟

اجازه بده در مورد آر. وی. روشنفکرتر شوی و خیلی زود بگذار بدانم که تو هم روزهای بهتری داری. این سایه تاریک باقی می‌ماند.

با صمیمانه‌ترین درودها برای تو، آی. اف و آر. وی.

زیگموند تو!

۱. فروید نوشته است einteilen؛ که احتمالاً منظور او teilen یعنی به اشتراک گذاشتن بوده است.

وین، ۳۰ جون ۱۸۹۶

ویلهلم عزیز!

تو به من آموختی که هسته واقعیت، پشت هر باور نامعقول عمومی کمین می‌کند و من می‌توانم نمونه‌ای از این را برایت ارائه بدهم. چیزهای معیّنی را نباید حتی به صورت شوخی مطرح کرد، وگرنه به واقعیت تبدیل می‌شوند. بنابراین، به‌تازگی برایت نوشتم که هیچ نیاز واقعی‌ای به ملاقات ندارم و امروز مجبورم در مورد مانعی جدی که سر راه ملاقات بعدی و یا دست‌کم سر راه تعیین تاریخ آن قرار گرفته است، بنویسم. پدر پیر من (هشتاد و یک ساله است) در بادِن[1] در ضعیف‌ترین حالت ممکن قرار دارد، مشکل قلبی و فلج مثانه و غیره دارد. در دو هفته گذشته این‌که مشتاقانه منتظر خبری از او باشم و برای دیدنش سفر کنم، تنها چیزهای مورد علاقه‌ام بوده‌اند. بنابراین، اکنون جرئت نمی‌کنم هیچ برنامه‌ریزی‌ای داشته باشم که سبب شود یک روز از وین دور شوم. برای اطمینان، او انسان عظیم‌الجثه‌ای است[2] و هنوز هم باید تندرست باشد. همان‌طور که امیدوارم این چنین شود، باید از این برای ملاقاتمان استفاده کنم. امروز نمی‌توانم

ملاقاتم را اعلام کنم، اما اگر تلگرامی برایت بفرستم و در آن اعلام کنم که می‌خواهم بیست و چهار ساعت وین را ترک کنم تا تو را ببینم، می‌توانی سر کار نروی. بنابراین، هنوز زمان کافی داری که تلگراف بزنی و سفر را لغو کنی! البته، از تاریخ‌های بحرانی‌ات صرف نظر کن.

احساس می‌کنم پارچه تشییع جنازه رویَم انداخته‌اند و همه‌چیزی که می‌توانم بگویم این است که به دنبال ملاقاتمان هستم تا گرسنگی و تشنگی‌ام رفع شود. من چیزی به جز دو گوش شنوا و یک لوب گیجگاهی که برای پذیرش روغن کاری شده است، با خودم نمی‌آورم. من چیزهای مهمی را پیش‌بینی می‌کنم -تا حدی خودکامه هستم. برای اهدافم هم این‌چنین می‌کنم. در خصوص نظریه سرکوبی، من به تردیدهایی رسیده‌ام که می‌توانند به‌وسیله چند کلمه، اضطراب؛ عوامل شیمیایی و غیره، از طرف تو رفع شوند. به‌خصوص در مورد قاعدگی مردانه و زنانه در یک فرد. شاید با کمک تو بتوانم پایه قابل اطمینانی پیدا کنم که براساس آن ارائه توضیحات روان‌شناسی را متوقف کنم و شروع کنم به یافتن مبنای فیزیولوژیکی.

من هم کاملاً غیرفعال بوده‌ام. کار کاملاً غیرجذاب روی فلج اطفال، تمرکز اصلی مرا به‌کار گرفته بود. هنوز نمی‌توانم یک چیزهایی را حدس بزنم یا یاد بگیرم، مانند جزئیات مختلف بسیار ارزشمندی در مورد خواب‌گردی. آرزو می‌کنم کاش با تو بودم و این چیزها را با تو در میان می‌گذاشتم.

خانواده‌ام در بهشتی بالای آسی (اوبرترسن) هستند و اوقات خوشی را می‌گذرانند. من امروز از آن‌جا برگشتم. همان‌طور که می‌دانی، باید در سال ۱۸۹۶ با آر. وی. آشنا شوم. تا آن زمان، صمیمانه‌ترین درودها برای مادرش و تو و باز هم خیلی زود نامه بنویس.

زیگموند تو!

کتاب در مورد بینی چه شد؟

۱. چشمه‌ای معدنی در نزدیکی وین

۲. کلمه آلمانی آن Reisenkerl است.

۱۵ جولای ۱۸۹۶

ویلهلم عزیزم!

به‌تازگی نامه‌ات به دستم رسید و از تمام چیزهایی که باید از تو می‌شنیدم، خوشحال شدم. آن پیرمرد دچار بی‌اختیاری ادرار و مدفوع شده است و از نظر تغذیه‌ای خوب عمل نمی‌کند. در عین حال، از نظر روانی هم گوش به زنگ و شنگول است. من واقعاً باور دارم که آخرین روزهای عمرش را می‌گذراند، اما نمی‌دانم که چند روز به پایان عمرش مانده و جرئت نمی‌کنم او را ترک کنم. دست‌کم برای دو روز و برای لذت بردن، دوست دارم کاملاً افراط کنم؛ تو را در برلین ببینم. چند ساعت شنیدن در مورد جادوی جدید تو و سپس برگشتن ناگهانی در روز یا شب به خاطر خبری که ممکن است هشدار اشتباهی باشد. این چیزی است که من واقعاً می‌خواهم از آن اجتناب کنم و به خاطر این ترس باز هم اشتیاق فراوان برای کامل زندگی کردن به‌طور هم‌زمان با عقل و قلب را، قربانی می‌کنم تا یک جانور اجتماعی باشم و به‌علاوه، تو را هم ببینم.
اگر شرایط پیرمرد هیچ مانعی نشان ندهد، وضعیت‌های موقتی به این صورت‌اند: از امروز تا بیست و شش جولای تو در دوره بدی هستی و من به صورت دیوانه‌وار سعی می‌کنم چند نفر و آخرین سوسوی کارم را «به پایان برسانم». بنابراین، ترجیح می‌دهم تو را در ماه آگوست بعد از بیست و ششم ببینم، وقتی که تعطیلاتم را شروع می‌کنم. (همیشه فرض می‌کنم، می‌توانم این کار را انجام دهم) تصور می‌کنم، هفته‌ای که برای تو بهتر است در آن دوره زمانی قرار می‌گیرد، آیا آخرین بار، برایم زیر پنج خط سیاه نکشیده بودی؟ سپس، در آگوست می‌توانم زمان‌بندی و همچنین جای تو را انتخاب کنم؛ می‌خواهم به خاطر سردردهایت این کار را انجام بدهم. در سپتامبر تا اواسط آن، می‌توانم همین کار را انجام بدهم. می‌توانی ببینی که می‌خواهم از زندگی لذت ببرم.

مادر فروید، آمالی ناتانسون فروید

پدر فروید، ژاکوب فروید، در آخرین سال عمرش. او در اکتبر ۱۸۹۶ در سن هشتاد ویک سالگی فوت کرد.

باید هنوز هم وضعیتم را برایم روشن کنی: خوب و نادان. کارِ[1] ناتنگل منزجرکننده است و خواهد بود و تا مدتی تمام نخواهد شد. به جز این، هیچ‌چیز جدیدی وجود ندارد، جز نیاز فوری برای معرفی یک جریان تحریک‌کننده از یک جای دیگر، اما من درواقع، دارم بیش‌ازحد کار می‌کنم؛ یعنی هیچ‌چیزی را با عقلم نمی‌فهمم. در واقع، خوشحالم که نمی‌توانم تو را در جولای ببینم.

ضمناً شرایط پیرمرد، افسرده‌ام نمی‌کند. من آن استراحت خوبی را که آرزو دارد و مستحق آن است، از او دریغ نمی‌کنم. او موجود جالبی بود و از خودش خیلی راضی بود؛ اکنون خیلی کم رنج می‌کشد و دارد با متانت و بزرگی پژمرده می‌شود. من نمی‌خواهم او مدت طولانی در بستر باشد و این را برای خواهر مجردم[2] که از او پرستاری می‌کند و در این پروسه رنج می‌کشد هم نمی‌خواهم. شنبه-یکشنبه گذشته در آسی بودم و حس کردم واقعاً تجدید نیرو کرده‌ام. مارتا خوب و خوش است؛ شیطان‌ها عالی‌اند؛ حتی آنرل که برای مدتی ثابت و بدون رشد شده بود، اکنون با حرکت جمعی[3] (پنج دندان) در حال شکوفا شدن است. اُولی عالی است؛ او با گوش کردن یاد گرفته است بنویسد و بخواند و تمام روزش را با مسائل درست‌نویسی می‌گذراند. یک چمنزار کوه آلپ در نزدیکی ماست که نامش «بارنموس» است. او این را در اولین علامت جاده می‌خواند. در دومین علامت نوشته شده است «برنموس» که او متوجه آن می‌شود. در مکان دیگری، علامت به «بیرنموس» اشاره می‌کند. همه این‌ها در او ذخیره می‌شود تا به این منجر شود که بلند اعلام کند: «[ب] راه هر طور که بخواهید، می‌توانید تلفظ کنید، با اصلاح آ، ای. و دو تا ای؛ هیچ فرقی نمی‌کند».

با صمیمانه‌ترین درودها برای آی. اف و آر. وی.

زیگموند تو!

۱. اشاره‌ای است به «فلج مغزی کودکان» منتشرشده در «درمان و پاتولوژی خاص» هرمن ناتنگل.

۲. آدولفاین فروید Adolfine Freud (۱۹۴۲-۱۸۶۲).

۳. برای این اصطلاح که از فلیس گرفته شده است، سولووی (۱۸۰-۱۷۹ صفحات ۱۹۷۹) را ببینید.

اوبرترسن، ۱۲ آگوست ۱۸۹۶

ویلهلم عزیز!

خیلی مبهم نیست. من به‌تازگی، از دومین سفر کوتاه به لیختن‌اشتاین‌کلم برگشته‌ام. اولین سفرم به مقصد شافبرگ و سالزبورگ بود. به سرعت در حال بهبودم. همه روان‌آشفتگی‌ها ویژگی پیروزی دارند؛ من باز هم خودم را در تلاش های خلاقانه می‌بینم. اکنون، باید فوراً ببینم تو چطوری و بشنوم که چه چیزی را می‌توانم از تو یاد بگیرم. تو می‌خواهی آخرین هفته آگوست را در بروهل بمانی، که کمکی به من نمی‌کند. چون من نباید در وین باشم. من لجوجانه روی نکته چهار شرایط ملاقاتمان تأکید می‌کنم: ملاقات‌ها نباید در وین یا برلین برگزار شوند. این هیچ معنایی ندارد. مانند همان کاری که در جوانی هم انجام دادم (هرشبوهل، سالزبورگ، آن را به یاد می‌آوری؟) می‌خواهم باز هم به عنوان نوعی تجدید حیات که در درسدن هم ادامه پیدا کرد با تو قدم بزنم و غذا بخورم. (آیدای عزیزت نباید این متن را ببیند. شاید بذرهای بروئر در او شروع به جوانه زدن کنند).[1] من فقط تا آخرین روز این ماه وقت دارم، تا وقتی که می‌خواهم تور ایتالیای خودم را شروع کنم که تو هم با آن موافقت کردی. هیچ‌چیز مشخص نیست؛ هرچند، نمی‌توانم تمام جزئیات پیچیدگی‌های فراوان در برنامه‌های این خانواده گسترده را به تو بگویم. احتمالاً برای تو راحت‌تر است که تصمیم بگیری. بگذار خیلی زود مطلع شوم که چه زمانی در دسترس خواهی بود، با ملاحظه تاریخ‌های خاص تو و دیگر برنامه‌هایت. از حالا تا انتهای این ماه و این‌که آیا مکان، تابعی از زمان این ماه خواهد بود یا نه. من می‌خواهم این یک ملاقات درست و عالی باشد، درست مانند ملاقات قبلی با کمترین گله و شکایت و بیشترین پذیرندگی از طرف من.

اندکی سبب خوشحالی‌ام می‌شود که تو داری در مورد سرت محافظه‌کار می شوی؛ برای شروع خوب است. برای بقیه‌اش، بگذار آن را با هم تجربه کنیم.
اولین دندان پسرت و فرمانبرداری‌اش از کودکی را تبریک می‌گویم. در مورد ما، همه به‌طور غیرمعمولی خوبیم، به جز آن خواهرم که به‌تازگی ازدواج کرده بود و کم‌کم دارد از سقط جنین بهبود می‌یابد. آنرل سیری‌ناپذیر است و به لطف مادر غیردانشمندش، شش دندان نادیده دارد. سوفرل که سه سال و نیمه است، اکنون در مرحله زیبایی است. پسرها شیطان و بامزه‌اند. ماتیلده خوب است، به جز یک تیک که در حال حاضر، در عصب صورت‌اش قرار دارد. پیرمرد به طرز عجیبی دارد بهتر می‌شود.
دوست ندارم مطالب صفحه‌بندی‌نشده را از دست بدهم؛ باید این را بپذیری که به خاطر اعمال پنهانی‌ام آن را فوراً به من بدهی. تو خوشبختانه، هیچ عمل پنهانی نداری. بنابراین، من *نباید* هیچ‌یک از انتظارات ملاقاتم را رها کنم، می‌شنوی؟ باز هم حال من خوب است و به شدت به دنبال آن هستم.
با درود مختصر تا آن زمان!
زیگموند تو!
مارتا گرم‌ترین سلام‌ها را به شما سه نفر می‌رساند.

۱. در دفترچه ماری بناپارت در ۲۴ نوامبر ۱۹۷۳، او می‌نویسد: به‌علاوه، آیدا فلیس «زن بد» به خاطر حسادت، هر کاری که می‌توانست انجام داد تا بین دو دوست اختلاف ایجاد کند. در حالی که مارتا فروید خیلی خوب درک کرد چیزی که فلیس می‌تواند به همسرش بدهد، فراتر از آن چیزی است که او می‌تواند.
احتمالاً فروید مستقیماً از فلیس شنیده که بروئر در مورد خطرات دوستی صمیمی این دو مرد به آیدا هشدار داده است. سند حیاتی، نامه فروید به فلیس در ۷ آگوست ۱۹۰۱ را ببینید.

اوبرترسن ، ۱۷ آگوست ۱۸۹۶

عزیزترین ویلهلم!

عالی! زمانش از هر لحاظ برایم مناسب است. بنابراین، فقط مکان آن باقی می‌ماند. به‌علاوه، برای بیشتر لذت بردن از زندگی بین این‌جا و بروهل یا وین نمی‌توانم به جای دیگری به جز سالزبورگ عزیزمان فکر کنم. جایی که هنوز خاطراتی به یاد آوردنی از آن‌جا داریم. فکر نکن که رفتن به آن‌جا، مزیت زیادی برای من دارد. من باید چهار ساعت با قطار سفر کنم. هرچند، برای تو که از وین راه می‌افتی، شش ساعت طول می‌کشد که به نظر می‌رسد من برعکس آن می‌گویم. دوست داشتم مسافرت تو را در نظر نگیرم. عالی می‌شد اگر می‌توانستی به آسی بیایی، اما باید یک سفر هشت تا نه ساعته داشته باشی. لینز، گراتس و ولز اصلاً شهرهای جالبی نیستند.

نتیجه: در بیست و پنج آگوست، تلگرامی برایم بفرست که در بیست و ششم با این زمان در این مکان (یا هر جایی که دوست داری) موافقی و باید آن‌جا به دنبال تو بیایم. حتی می‌توانم به گستاین بیایم، به‌طور اتفاقی از بیست و سوم تا بیست و پنجم آگوست در دره کاپرونر باشم که به ایستگاه راه‌آهن در زل ام سی می‌رسد. خلاصه، تو باید یک مکان زیبا که آن‌جا را دوست داری یا یک شهر خوب را انتخاب کنی و در مورد آن تصمیم بگیری.

خیلی به دنبال آن هستم. بنابراین، امروز چیز دیگری ندارم که بگویم.

زیگموند تو!

(کارت پستال)

۲۹ آگوست ۱۸۹۶

اگر به درمان قدیمی باور داشتم، می‌گفتم که آن روزها برایم مزه‌ای شبیه به آهن داشت. با تشکر صمیمانه از تو و درود به همسر عزیزت. کتاب واقعاً دقیق و

شجاعانه و شامل تمام چیزهایی است که می‌توان از دوره تاریخی فهمید. باز هم در سپتامبر تو را می‌بینم.

ز. تو.

وین، ۲۹ سپتامبر ۱۸۹۶

ویلهلم عزیز!

امیدوارم که تو و همسر و پسرت باز هم به راحت‌ترین وضع در اتاق‌های زیبای فون دِر هیدستراس اقامت داشته باشید. داری دوره‌های جدید ۲۸ و ۲۳ را به دقت بررسی و محاسبه می‌کنی؛ یعنی آیدا گاهی زیر لبی شش بچه‌ای را که از خانواده دیگرند، نفرین می‌کند و این‌که رابرت همیشه مشتاق است که چیزهای جدید را لو[1] بدهد.

تا امروز برایت ننوشتم چون آنفولانزا، با تب و ترشح چرکی و علائم قلبی همراه بود که ناگهان تندرستی مرا از بین برد، فقط امروز حالم طوری است که احساس می‌کنم می‌توانم دوباره سالم بشوم. خیلی دوست دارم که تا حد سنی معروف تقریباً پنجاه و یک سالگی زنده بمانم، اما یک روز سبب شد فکر کنم این احتمال وجود ندارد. در آخرین دوره بحرانی‌ام بیست و چهار سپتامبر، دچار عفونت شدم. بنابراین، در بیست و پنج سپتامبر صدایم گرفته بود و نمی‌توانستم نفس بکشم. در همان زمان مارتین با عفونت گلو بستری شد، اما حالا می‌توانم باز هم آزادانه نفس بکشم.

یکشنبه مجبورم بروم و دختر همکارم را در اودربرگ ببینم که در آن‌جا به تو نزدیک‌تر از همیشه هستم. در این ماه به انجام یک تشخیص درخشان استناد کردم و تشخیص دادم که مورد بیماری ارب-گلدفلم است -افتادگی پلک با مردمک نرمال، فلج سقف دهان و قدرت بلع، ذات‌الریه و تفاوت‌های زیاد در شدت علائم. چندین ویژگی غیرعادی. افتادگی پلک در سن چهار سالگی شروع شد! و بیماری چشم به‌تدریج تا سن سیزده سالگی افزایش یافت. علائم عصب واگ و

عصب‌های جانبی فقط از زمان بلوغ تا زمان حال (پانزده سال) وجود داشته است. سپس، نتیجه‌گیری کردم که این عفونت‌های ارب-گلدفلم باید متعلق به گروهی از بیماری‌های رشد ارگانیک باشد. نوعی که از ساختارهای گوناگون ناشی می‌شود که تو در حال حاضر آن‌ها را تصور می‌کنی. (میکسِدیما، بیماری بِیسداو، درشتی اندام‌های انتهایی) کودک، چهره خاصی داشت؛ پره‌های بینی گشاد، سبیل کم پشت، قد بسیار بلند و تیروئیدش به‌راحتی قابل لمس نبود. هرچند، به سن بلوغ رسیده بود. مادرش هم همین ویژگی‌ها را داشت، لوچ بود. تصاویر خواهر و برادرهایش فوراً مرا یاد میکسِدیما انداخت. برخی از تصورات من اندام تناسلی دماغی تو را نشان می‌دهد که من احترام زیادی برایش قائل‌ام. پیشنهاد کردم که آن‌ها بچه را به وین بیاورند و اندام‌درمانی[2] را امتحان کنند. تو چه می‌گویی؟

کتابت چطور پیش می‌رود؟

امروز فهمیدم که یکی از همکارانم در دانشگاه با این توضیح که من جدی گرفته نمی‌شوم، مرا به عنوان مشاور خود نپذیرفته است، اما به خاطر تعطیلات هم آن قدر نیرومند شده بودم که اصلاً چیزی حس نکردم. دو ماه پیش، این مسئله سبب می‌شد تا دو روز احساس بدبختی کنم. من همسر یکی از دوستانم کیو. را برای درمان پذیرفتم و خوشحالی محض است که یک بار دیگر می‌بینم همه‌چیز در مورد هیستری، مطابق و متناسب است.

ایتالیای هن[3] برای زنان و من پر از لذت بود.

در نتیجه شرایط مداخله‌کننده، من تاکنون چیزی از اسکار و مِلا [رای] ندیده‌ام، اما باید وقتی که خانواده‌ات در شهر هستند فوراً آن‌ها را ببینم. به نظر می‌رسد پدرم در بستر مرگ افتاده است؛ او گاهی اوقات گیج می‌شود و دائماً در حال اعتراف کردن است؛ به سوی ذات‌الریه و مرگ شوم پیش می‌رود.

با صمیمانه‌ترین درودها!

زیگموند تو!

۱. سولووی (۱۹۷۹، صفحه۱۹۰) می‌گوید: «فلیس یک کتاب ثبت وقایع روزانه داشت که در آن همه مراحل رشد پسرش، دردهایش و نشانه‌های فعالیت‌های جنسی

او را می‌نوشت». فلیس در صفحه ۱۹۸۰ «رابطه بین بینی و اندام جنسی مادینه» در مورد مشاهدات جنسی در بچه‌ها می‌نویسد: «در مورد پسرها، تحریک مستقیم آلت تناسلی در این روزها و حتی در اولین ماه زندگی وجود دارد». در همین کتاب، فلیس در مورد خون در ادرار پسرها به عنوان نشانه قاعدگی مردانه اشاره می‌کند. این‌که این معاینات روی رابرت صورت گرفته است، از کتاب سال ۱۹۰۶ فلیس، «دوره زندگی» (ویرایش دوم، ۱۹۲۳، صفحه ۳۱۳) مشهود است و در آن می‌نویسد: «جوهر مادینه هم در پسرها و هم در دخترها وجود دارد، اما به صورت متفاوت. من متوجه شدم که در تاریخ‌های خاصی که به‌طور دوره‌ای روی می‌دهند، در هفته‌های اول زندگی پسرم خون در ادرار و بزاق دهان از بین رفته است. (ژانویه ۱۸۹۶) من این را در کتاب پیشین خود ذکر کردم و کهنه‌ای که این رد (خون‌ها) بر روی آن بود را تا امروز نگهداشتم. بنابراین بی‌شک، معاینه تحریک هم روی رابرت انجام شده بود. هرچند، به نظر من بسیار غیرمحتمل به نظر می‌رسد که این مکاتبات با فروید هیچ نقشی در تحقیقات فروید در آن زمان نداشته است.

۲. اندام‌درمانی، درمان بیماری با به‌کار بردن بخش‌هایی از اندام‌های یک حیوان خاص یا عصاره‌های حاصل از آن است.

3. Victor Hehn

ویکتور هن، ایتالیایی Ansicbteti und Streiilichtet, mit Lebensnachrichten tiber den Verfasser, yth ed. (برلین بورنتراگر ۱۸۹۶)

۹ اکتبر ۱۸۹۶

ویلهلم عزیز!

مارتا احتمالاً یکشنبه صبح این‌جا را ترک می‌کند و امیدوار است شب را در خانه تو سپری کند. جزئیات را خواهم گفت. یک پیش‌آمد (رگ‌به‌رگ شدن دست راست) که آن پیرزن[1] در هامبورگ به آن دچار شده، رفتن مارتا از وین و همچنین از برلین به هامبورگ را تسریع کرده است. او در سفر بازگشت خود می‌خواهد بیشتر پیش شما بماند.

وضعیت سلامتی من واقعاً خیلی بهبود نیافته است. خصوصاً سیمپتوم‌های قلبی نقش مهمی را ایفا نمی‌کنند؛ من هیچ دلیلی نمی‌بینم که از تو درمان سریعی را

درخواست کنم، خصوصاً به این دلیل که نمی‌توان این درمان را با تاریخ پیشین برای عروسی ترکیب کرد. در یوهانسگاس همه‌چیز به سمت جلو پیش می‌رود. رای بیشتر خودش را جمع‌وجور می‌کند. به نظر من این‌طور می‌رسد؛ عروس، احساسات بهتری دارد؛ والدینش این‌طور مدیریت کرده‌اند که راهشان را به سمت سرنوشت معیّن پیش بگیرند و به تعویق انداختن غیرقابل اجتناب، توضیح داده شده است.

وضعیت پدر پیرم احتمالاً سبب می‌شود خیلی کوتاه در این مراسم شرکت کنم. می‌دانی که من به خیال‌پردازی‌هایی مانند خیال‌پردازی در مورد دوره‌های تاریخی نمی‌خندم و این کار را نمی‌کنم چون دلیلی برای آن نمی‌بینم. چیزی در این ایده‌ها وجود دارد؛ یک پیش‌بینی قبلی نمادین از واقعیت‌های نامشخص وجود دارد که چیزهای مشترکی با هم دارند.[۲] به این دلیل که هیچ‌یک از اندام‌ها در این مورد مثل هم نیستند، دیگر نمی‌توان از تأیید تأثیرات خوشایند سر باز زد. من در مقابل تو به عنوان یک منجم افتخاری[۳] تعظیم می‌کنم.

کتابت[۴] احتمالاً تا حالا به پایان رسیده است. تصور می‌کنم به معنی واقعی نمی‌خواهی به مردی که به من توهین کرد، لگد بزنی.

اکنون، از بیمارانم خیلی راضی هستم؛ یک یا دو سال دیگر می‌توانم مطالب را به صورت فرمول‌هایی بیان کنم که می‌توان آن‌ها را به همه گفت. این آینده فکری و رضایت از چیزی که قبلاً به‌دست آمده است، در بسیاری از اوقات تیره و تار به من اطمینان می‌بخشد. مطبم هنوز هم اصلاً شلوغ نیست؛ جلسه‌ای با بروئر در خانه یکی از بیمارانش داشتم که همان‌قدر که ناخوشایند بود، خنده‌دار هم بود. کنار آمدن با او غیرممکن است؛ متأسفانه حال او اصلاً خوب به نظر نمی‌رسد.

برای مدتی ما فقط نمی‌دانستیم چه چیزی به اسکار و مِلا بدهیم. سرانجام تصمیم گرفتیم عکس بچه‌ها را که اسکار بسیار به آن‌ها علاقه داشت، به او بدهیم و یک کاردستی از استودیوی خواهرم هم به مِلا بدهیم. آن‌ها آن‌قدر برای ما ارزشمند هستند که هدایای دیگری هم به ایشان بدهیم. متأسفانه، او در شروع

رابطه بین عروسش و خواهر و برادرهایش واقعاً ناپخته بود. همه آن‌ها افرادی هستند که ارزش عشق و احترام را دارند، خصوصاً خواهرش دیتا.

من به جای نتیجه‌گیری، نامه را به پایان می‌برم؛ باید در مورد فلج اطفال بنویسم.

تا چند ساعت دیگر همسرم صمیمانه‌ترین درودها را به خانه‌تان می‌آورد.

با احترام!

زیگموند!

پی‌نوشت: مارتا احتمالاً یکشنبه صبح از ایستگاه شمالی حرکت خواهد کرد و در ساعت ۹ (یا ۸:۳۰ ؟) بعدازظهر در برلین خواهد بود.

۱. منظور فروید، مادر مارتا، امرلین برنایز است.

۲. برای منابع این تفکرات در نوشته‌های بعدی فروید، شور (۱۹۷۲، صفحه ۱۰۸) را ببینید.

۳. این اشاره‌ای است به گمانه‌زنی فلیس در مورد رابطه بین شرایط نجومی و خلق ارگانیسم‌ها، عبارت استفاده‌شده به‌وسیله فلیس در پیشگفتار (صفحات ۱۷-۱۱۱) در مورد «رابطه بین بینی و جنسیت». فروید بعدها در «زندگینامه‌اش» به این گفته اشاره می‌کند. (S.E.۱۸ / ۴۵) همچنین سولووی (۱۹۷۹، صفحه ۴۰۲۸)را ببینید.

۴. این می‌تواند اشاره دیگری به «رابطه بین بینی و جنسیت» باشد که در آن فلیس از فروید در برابر انتقادهای لاونفلد دفاع می‌کند.

۲۶ اکتبر ۱۸۹۶

۹، برگاس ۱۹

ویلهلم عزیز!

واقعاً هیچ توضیحی نمی‌توان برای این وقفه‌ها داد، اما همچنان ادامه می‌یابند.

دیروز پدرم را دفن کردیم که در شب بیست و سه اکتبر فوت کرد. او با شجاعت خودش را تا انتها خسته کرد. درست مانند آن مرد غیرمعمولی که همیشه بود. در پایان باید دچار خون‌ریزی مغزی، حملات گیجی با تب غیرقابل توضیح، فزونی حساسیت و اسپاسم‌هایی شده باشد و سپس، تبش قطع شد و به دنبال آخرین

حمله، ورم ریه ایجاد شد و واقعاً مرگ راحتی داشت.[۱] همه این‌ها در دوره بحرانی من اتفاق افتاد و من واقعاً به خاطر آن غمگین‌ام.[۲]

دفعه بعد باید بیشتر و با جزئیات بیشتری بنویسم؛ ضمناً، قلم‌موی کوکائین کاملاً کنار گذاشته شده است.

من فقط امسال متوجه شدم که تولد تو بیست و چهار اکتبر است.

امیدوارم مارتا به خودش اجازه بدهد که چند روز عالی را در کنار شما بگذراند.

زیگموند تو!

۱. فلیس در «دوره زندگی» می‌نویسد: «پروفسور زیگموند فروید در وین، یک بار تاریخ زندگی پدرش را این‌چنین بیان کرد:

۱۸۱۵ آوریل ۱ تولد
۱۸۹۶ اکتبر ۲۴ مرگ

$$۲۹،۷۹۲=۳۸×۲۸^{۲}$$

فروید بزرگ در همان روز در بیسمارک متولد شد و در ۳۰ جولای ۱۸۹۸ فوت کرد، بنابراین، ۲۸×۲۳=۶۴۴ روز بیشتر زندگی کرد». (ویرایش دوم ، صفحه ۱۴۲)

۲. در پیشگفتار ویرایش دوم «تفسیر خواب» فروید می‌نویسد: «به این دلیل که این کتاب اهمیت ذهنی زیادی برای شخص من دارد -اهمیتی که فقط بعد از این‌که آن را کامل کردم، متوجه آن شدم؛ فهمیدم که بخشی از تحلیل خودم، واکنش من نسبت به مرگ پدرم است - یعنی، واکنشی به مهم‌ترین حادثه و تلخ‌ترین فقدان در زندگی یک مرد. (S.E.4:xxvi)

وین، ۲ نوامبر ۱۸۹۶

۹، برگاس ۱۹

ویلهلم عزیز!

اکنون که مدت زیادی است سپاسگزاری به خاطر حرف‌های برانگیزنده در نامه‌ات را کنار گذاشته‌ام، نوشتن برایم بسیار دشوار شده است. در یکی از گذرگاه‌های تاریک پشت خودآگاه رسمی، مرگ پدرم به شدت بر من اثر گذاشته است. من به

شدت برای او ارزش قائل بودم، خیلی خوب او را درک می‌کردم و او با ترکیب عجیب‌وغریب خرد عمیق و خوش‌قلبی خیالبافانه‌اش تأثیر ژرفی روی زندگی من داشت.[1] زمانی که فوت کرد، خیلی وقت بود که زندگی‌اش به پایان رسیده بود، اما در درون [خودم] با این حادثه، همه گذشته بیدار شده است.

اکنون احساس می‌کنم از ریشه کنده شده‌ام.

وگرنه، باز هم دارم در مورد فلج اطفال می‌نویسم (اسب بالدار رام شد)[2] و از چهار مورد دارم لذت می‌برم و خصوصاً به دنبال این هستم که چند ساعتی را با تو صحبت کنم. تنهایی، که قابل درک است. شاید، در عوضِ افکار و یافته‌های عالی‌ات چند چیز ماجراجویانه را به تو بگویم. امسال وضعیت مطبم خیلی لذت‌بخش نیست و حالت روانی من همیشه به آن وابسته است. من باز هم از قلب و بینی‌ام راضی هستم.

به‌تازگی، اولین واکنش به حمله‌ام به روان‌پزشکی را شنیدم. در آن من نقل کرده‌ام: «روان‌پزشکی پیرزنان، نفرت‌انگیز و وحشتناک است». آن، ریگر در ورتزبورگ[3] بود. من به شدت سرگرم شده‌ام و از میان تمام چیزها سرگرم پارانویا هستم که کاملاً نمایان شده است!

هنوز هم منتظر کتاب تو هستیم. ورنیکه به‌تازگی یک بیمار را به من ارجاع داده، یک ستوان که در بیمارستان افسران است.

باید در مورد خواب شیرینی که شب بعد از خاک‌سپاری دیدم[4] برایت بگویم. من در جایی بودم که داشتم یک تابلوی اعلانات را می‌خواندم:

از تو خواسته می‌شود

که چشم‌هایت را ببندی

من فوراً فهمیدم در آرایشگاهی هستم که هر روز به آن‌جا می‌روم. من در روز خاک‌سپاری کمی منتظر ماندم و بنابراین، کمی دیر به مراسم رسیدم. در آن زمان خانواده‌ام از دست من ناراحت بودند، چون من ترتیبی داده بودم که خاک سپاری ساده و آرام برگزار شود. آن‌ها بعداً قبول کردند که کاملاً حق داشتم.

همچنین به خاطر دیر رسیدنم هم کمی عصبانی بودند. جمله روی تابلوی اعلانات دو معنی داشت: یک معنی این بود که یک نفر باید وظیفه‌اش را در برابر مرده به جا بیاورد (یک عذرخواهی که من فکر می‌کردم این کار را نکرده‌ام و به ارفاق نیاز داشتم) و همچنین خود وظیفه. به نظر می‌رسد خواب از سرزنش خود که به‌طور معیّن در بازمانده‌ها ایجاد می‌شود، نشأت گرفته بود.

من چیز کمی از زوج نامزدشده و کار و بارشان می‌بینم که متأسفانه سبب خشنودی من نیست.

او بسیار متین‌تر و آرام‌تر است، اما به نظر می‌رسد پدرزن و مادرزن او و (تو) زیرکی کمی در کنترل رابطه دارند. این موضوع خوشایندی بین ما نیست. اگر ترجیح می‌دهی در مورد آن صحبت نکنیم، در هر صورت، بسیار بی‌ارزش است.

صمیمانه‌ترین درودهایم برای آی. اف. و آر. وی. احتمالاً همسرم الان در کنار شماست.

با احترام!

زیگموند!

پی‌نوشت: اگر مارتا به پول برای خرید احتیاج دارد، بدون شک به او قرض خواهی داد.

۱. جمله آلمانی آن er hatte viel in meinem Leben gemacht است؛ که معنای تحت‌اللفظی آن می‌شود: او کارهای زیادی را در زندگی‌اش انجام داد.

۲. پگاسوس ایم یوشه Pegasua im Joche (۱۷۹۶) یک شعر تمثیلی بود که به‌وسیله شیلر و در موضوع شعر و شاعری سروده شده بود.

۳. «کنراد ریگر» Conrad Rieger در مقاله *درباره درمان بیماری‌های عصبی* در سالنامه دارو ۳۷۶–۲۷۳ و ۱۷۸–۱۷۳: (۱۸۹۶)۲۵۱ می‌گوید: «نمی‌توانم تصور کنم که یک روان‌پزشک باتجربه بتواند این متن را بخواند، بدون این‌که کاملاً متوجه احساس خشم شود. علت این خشم این است که نویسنده، بیشترین اهمیت را برای صحبت‌های پارانویایی با محتوای جنسی (براساس بیماران‌اش) قائل است و در مورد اتفاقات تصادفی که حتی اگر فقط براساس تخیل نباشند، هیچ اهمیت خاصی قائل نیست. این چیزها احتمالاً نمی‌توانند به چیزی به جز «موج‌های قدیمی» و

وحشتناک روان‌پزشکی منجر شوند». (من ترجمه کرده‌ام) فقدان درک روان‌شناسانه در این متن، نفس فرد را بند می‌آورد. هرچند، سالووی از آن دفاع کرده است (۱۹۷۹، صفحه ۴۵۴) ریگر ادامه می‌دهد که بهترین درمان برای چنین بیمارانی، کار فیزیکی است، چون آن‌ها دارند «در زندان تنبلی» کار می‌کنند.

۴. فروید بعدها در «تفسیر خواب» این را تکرار می‌کند: «در شب قبل از خاک‌سپاری پدرم». (S.E. ۴ : ۳۱۷)

وین، ۲۲ نوامبر ۱۸۹۶

عزیزترین ویلهلم!

تو اولین فردی هستی که از خانه جدیدم برایش نامه می‌نویسم تا از نامه‌ات و همچنین از بانو آیدا به خاطر چیزی که فرستاده است، تشکر کنم. باید تصور کنم که او انجام این کار را دوست داشته است، چون به هیچ صورت دیگری نمی‌توان کاری که او کرده را توضیح داد. در عوض، بخش کوچکی از خبرهایی که ممکن است تو را خوشحال کند، اما من دو چیز را در مورد آن نمی‌دانم: این‌که آیا صحت دارند یا نه و این‌که آیا برای تو خبر محسوب می‌شود یا نه. چیز کمی نیست. یکی از همکارانم که می‌خواست کتاب تو را در دوتیکه بخرد. به او گفته شد که این کتاب دیگر در دسترس نیست و او [همکارم] این را به برادرم گفت. غیرقابل باور به نظر می‌رسد که تا فردا این ادعا را نزد خود نگهدارم. اگر فردا چیزی نشنیدی، پس این‌طور است.

امیدوارم اگر نتوانستم عصبانیتم را از چیزهایی که شنیدم مهار کنم، تو آن را به عنوان یک خفه‌کن در نظر نگیری. یکی از بهترین افراد در حلقه بروئر، این عقیده را با من در میان گذاشت که دوره ۲۸ و ۲۳ روزه، رویدادی اتفاقی است. پپی کافمن گفت او به دقت این احتمال را محاسبه کرده است و کل حلقه دائماً در حال محاسبه‌اند –به‌طور آشکار نه برای تأیید نظریه‌های تو. خوب می‌شد اگر آن‌ها قادر به تغییر بودند، اما این موضوع اصلی نیست. چیزهای رنج‌آور. به

هرحال، هیچ شکی وجود ندارد که حال رزا. اِی. باید خیلی بهتر شده باشد: به‌تازگی، حتی با مینا به تئاتر رفته است.
باید [تکلیف دردناک‌ام] برای ناتنگل را تا چند هفته دیگر به پایان برسانم. الان هم به خاطر نقل مکان آن را عقب انداخته‌ام. کارم در مورد هیستری به خوبی پیش می‌رود؛ دارم در مورد چهار درمان مذاکره می‌کنم که احتمالاً هیچ‌یک از آن‌ها صورت مادی به خود نمی‌گیرند. هرچند، من کارهای زیادی دارم که باید انجام بدهم. چیزهایی که واقعاً فقدانشان را حس می‌کنم، روحیه بالا و لذت بردن از زندگی است. در عوض دارم زمان‌هایی را یادداشت می‌کنم که در آن‌ها باید خودم را با شرایط بعد از مرگم[1] مشغول کنم. باز هم موضوع کسی که دوست خود را بسیار دوست دارد و فقط با او مکاتبه می‌کند؛ نباید خیلی به آن بپردازد. ترشح چرک از بینی به شدت بهبود یافته است؛ درست بعد از اولین درمان، من باز هم دردهای گذرای قلبی شدیدی را تجربه کردم.
مارتا باز هم کارها را به خوبی مدیریت کرده و من مجبور نیستم حتی یک ساعت از ساعت‌های کاری‌ام را از دست بدهم. اکنون اختلال در طبقه بالا دارد شروع می‌شود. نسل دوم بسیار لذت‌بخش است.
اجازه بده کمی زمان بیشتری را به [کتاب] ناپلئون اختصاص بدهم. هر روز منتظر آن هستم، اما هنوز هم انتظارم بیهوده است. چیزی در مورد رای نشنیده‌ام. فکر نمی‌کنم از پاریس و از طریق برلین، به وین بروند. همه‌چیز باز هم انسان‌بیزاری مرا افزایش داده است.
خیلی زود برایم بنویس. با درودهای صمیمانه برای بانو آیدا و رابرت کوچولو.
با احترام!
زیگموند!

۱. معنی آن نامشخص است.

۴ دسامبر ۱۸۹۶

۹، برگاس ۱۹

اوقات بد من به صورت متداول دارد سپری می‌شود. من کاملاً مشغول هستم و همه نیم ساعت زمان‌های مختص یک بیمارم پر شده‌اند و بعد از مرگ دیگر علاقه‌ای به زندگی ندارم. دارم با چیزی سر و کله می‌زنم که کار تو را به کار من می‌چسباند و ساختار مرا بر مبنای نظریه‌های تو قرار می‌دهد، اما این احساس را دارم که هنوز نباید چیزی در مورد آن بنویسم. بخشی از آن تا چند روز دیگر آماده می‌شود؛ طبیعتاً، نه فقط برای تو، کنجکاوم بدانم چه خواهی گفت. همچنین کنجکاوم در مورد سخنرانی‌ات بشنوم و این‌که چطور از آن استقبال شد. من این‌جا آن‌قدر منزوی‌ام که چیزی در مورد کتاب تو نمی‌شنوم.

با شرمندگی، باید زیر یکی از قول‌هایم بزنم. دوتیکه و همکارانش کتاب ناپلئون را گیر نیاوردند و من عنوان دقیق کتاب را نمی‌دانستم. نمی‌خواهم تو را معطل کنم و از تو می‌خواهم چیز دیگری را جایگزین آن کنی.

دختر عمویت، خانم جِی. د. بی. رسید و به نظر می‌رسید به خوبی آماده شده، چون بسیار مشتاق است. می‌توانی خیلی محجوبانه از آیدا بپرسی که آیا کسی در خانواده یا دور و بری‌ها را می‌شناسد که یک مشکل گفتاری مانند لکنت زبان داشته باشد؟[1]

پرهیز برای من خوب است؛ بین یک تا چهار [سیگار] در روز نوسان دارم. ضرورتاً، حالم خوب است، چون بسیاری کارها و احتمالات تازه ایجادشده برای حل هیستری، ناآرامی درونم را راضی می‌کند.

از زمان بازسازی‌های زندگی جدید، زندگی ما بسیار راحت بوده. میزهای آیدا خدمت بزرگی به من کرده است. [نمی‌دانم] آیا تأیید می‌کنی که من «آیدا» را از «ایده» استنتاج کنم؟

وگرنه، دنیا پر از چیزهای وحشی و همچنین احمقانه است. هرچند، چیزهای احمقانه معمولاً مردم هستند. اولین چیزها در مورد کارم که می‌توانم برایت فاش

کنم شعارها هستند. کلمات غرورآمیز [2]«Introite et hic dii sunt» از روان شناسی هیستری جلو زده‌اند.

فصل جمع‌بندی به‌وسیله:

Sie treiben's toll ich furcht' es breche Nicht jeden Wochenschluss macht Gott die Zeche [3]

تشکیل علائم به‌وسیله:

Flectere si nequeo superos Acheronta movebo[4]

و مقاومت به‌وسیله:

Mach es kurz!
Am jungsten Tag ist's doch nur ein...[5]

من صمیمانه به تو و خانواده کوچکت درود می‌فرستم و مشتاق خبرهایی در مورد خانواده‌ات و علم می‌مانم.

با احترام!

زیگموند!

۱. چون فروید از فلیس می‌خواهد در پرس‌وجوهایش بااحتیاط عمل کند، می‌توان تصور کرد که فروید به دنبال اغواگر این زن است و همه‌چیزهایی که در موردش می داند این است که این فرد از مشکل گفتاری رنج می‌برد، احتمالاً تنها چیز در مورد فردی است که این بیمار می‌تواند به خاطر بیاورد.

۲. از کتاب «بخش‌هایی از حیوانات» ارسطو ۵ :۱، «وارد شو –چون در این‌جا هم خدایان وجود دارند». شوناو (۱۹۶۸، صفحه ۵۸) را هم ببینید. این نقل قول به عنوان شعاری برای نمایشنامه لسینگ، یعنی *ناتان عاقل* استفاده شد. فروید باز هم از این عبارت در نامه ۲۴ آوریل ۱۸۹۹ خود و در مطالعه اتوبیوگرافی‌اش (S.E.۲۰ :۱۳) از آن استفاده می‌کند. فلیس هم در صفحه ۵۹ کتاب *از مرگ و زندگی* خود از آن استفاده می‌کند.

۳. فروید به «قافیه‌های گوته» فکر می‌کند. این متن به‌وسیله شوناو (۱۹۶۸، صفحات ۸۳ -۸۰) تفسیر شده است.

۴. این نقل قول از *آنه‌اید* ویرژیل به‌طور مفصل در شوناو (۱۹۶۸، صفحات ۷۳-۶۱) بیان شده است: «اگر نتوانم قدرت‌های بالاتر را خم کنم، مناطق دیوصفت را تکان

خواهم داد» و در صفحه عنوان کتابش در مورد خواب‌ها از آن استفاده کرده است. (S.E. ۵ : ۶۰۸)

۵. این نقل قول از گوته، زالمن زنین، ۲۲ :۹ است.

آن را کوتاه کن!

در روز رستاخیز حتی ارزش یک ... را هم ندارد.

شوناو (۱۹۶۸، صفحات ۸۴-۸۲) را ببینید.

دوره‌ای بودن و خودشناسی

۶ دسامبر ۱۸۹۶

ویلهلم عزیز!

امروز پس از کسب لذت کامل از کار و درآمدم که برای تندرستی‌ام به آن نیاز دارم (ده ساعت کار و صد فلورین درآمد)، در حد مرگ خسته و از نظر روانی سرزنده‌ام؛ باید سعی کنم که گزارش ساده‌ای در مورد بخش آخر گمانه‌زنی‌ها به تو بدهم.

همان‌طور که می‌دانی، دارم روی این فرضیه کار می‌کنم که مکانیسم روانی ما به وسیله فرایند لایه‌بندی آغاز می‌شود: مواردی که به صورت ردیابی حافظه وجود دارند، هر از گاهی تحت بازآرایی قرار می‌گیرند -مطابق با شرایط جدید- بازنویسی می‌شوند. بنابراین، چیزی که در مورد نظریه من جدید است، این عقیده است که خاطره نه تنها یک بار بلکه چندین بار ایجاد می‌شود و این به انواع نشانه‌های مختلف بستگی دارد. من قبلاً چنین بازسازی مشابهی (زبان‌پریشی) را برای مسیرهایی تصور کرده‌ام که از پیرامون [بدن تا قشر مخ] نشأت می‌گیرد. نمی‌دانم چند تا از این ثبت‌ها وجود دارد؛ حداقل سه تا و احتمالاً بیشتر. این در تصویر شماتیک زیر، که فرض را بر جدا بودن ثبت‌های مختلف گرفته (که لزوماً مربوط به نقش‌نگاری نیست) و طبق نورون‌هایی که آن‌ها را منتقل می‌کنند، نشان داده شده است. این تصور می‌تواند ضروری نباشد، اما ساده‌ترین تصور و موقتاً قابل قبول است.

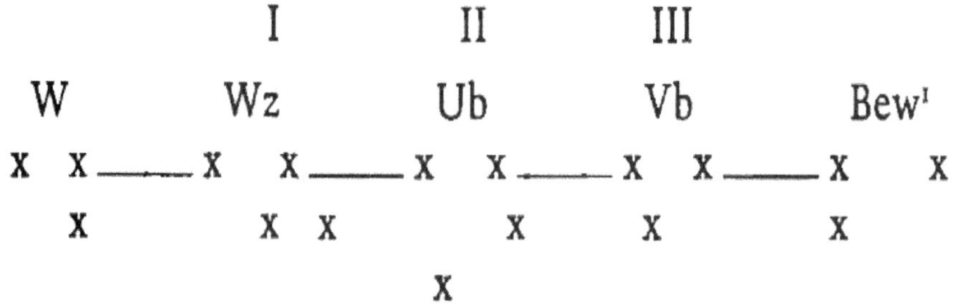

W [(ادراک‌ها) Wahrnemungen] نورون‌هایی هستند که *ادراک* در آن‌ها ایجاد می‌شود؛ هوشیاری به آن می‌چسبد، اما به‌خودی‌خود هیچ ردی از چیزی که اتفاق افتاده را حفظ نمی‌کنند. زیرا *هوشیاری* و *حافظه* متقابلاً منحصر به فرد هستند.

Wz [(نشانه ادراک) Wahrnehmungs zeichen] اولین ثبت ادراک‌هاست و در هوشیاری کاملاً ناتوان است و براساس تداعی‌ها و به‌وسیله هم‌زمانی سازماندهی می‌شود.

Ub [(عدم هوشیاری) Unbewusstein]، ثبت دوم است که براساس دیگر روابط، احتمالاً علت و معلولی، سازماندهی شده است. ردهای Ub احتمالاً مطابق با خاطرات مفهومی‌اند و برای خودآگاه قابل دسترس نیستند.

Vb [(نیمه هوشیاری) Vorbewusstsein] سومین رونوشت است که به بیان گفتاری چسبیده است و مطابق با ایگوِ رسمی ماست. نیروگذاری‌های روانی مقدم بر این Vb طبق قوانین معیّن، هوشیار می‌شوند و این *هوشیاری تفکر ثانویه* از نظر زمانی ثانویه است و احتمالاً به فعالیت توهمی بیان گفتاری متصل می‌باشد به‌طوری که نورون‌های هوشیاری یک بار دیگر به نورون‌های ادراکی تبدیل می‌شوند و در خودشان هیچ خاطره‌ای نمی‌ماند.

اگر می‌توانستم توضیح کاملی در مورد ویژگی‌های روان‌شناسی ادراک و سه ثبت بدهم، باید یک روان‌شناسی جدید را شرح می‌دادم. برخی اصول برای این کار در دسترس‌اند، اما در حال حاضر هدف من این نیست.

باید بخواهم روی این واقعیت تأکید کنم که ثبت‌های متوالی نشان‌دهنده موفقیت روانی دوره‌های متوالی زندگی است. در مرز بین دو دوره زندگی، باید ترجمه مسائل روانی روی بدهد. من حالت‌های عجیب‌وغریب روان‌رنجوری را با این فرض توضیح می‌دهم که این رمزگشایی در مورد برخی از مسائل رخ نداده است که پیامدهای معیّنی دارد. به این دلیل که ما سرسختانه تمایل به تطبیق‌های کمّی را باور داریم. هر رونوشت بعدی رونوشت قبلی را مهار می‌کند و فرایند تحریکی را

از آن بیرون می‌کشد. اگر رونوشت بعدی وجود نداشته باشد، طبق قوانین روان شناسی معتبر در دوره روانی قبلی و در راستای مسیرهای باز پیشِ رو در آن زمان، با تحریک رفتار می‌شود. بنابراین، در ترتیب حقیقی وقایع، اشتباه به وجود می‌آید: در حوزه خاص، فوئروها[2] هنوز هم در قدرت‌اند؛ ما در حضور «بازمانده‌ها» هستیم.

نقص در رمزگشایی –این چیزی است که از نظر بالینی به «سرکوبی» معروف است. انگیزه آن، همیشه رها کردن ناخوشایندی‌ای است که می‌تواند با یک رمزگشایی ایجاد شود؛ گویی این ناخوشایندی سبب ایجاد اختلال در تفکر می شود و اجازه رمزگشایی را نمی‌دهد.

در یک فاز روانی یکسان و میان ثبت‌های یکسان، یک دفاع *نرمال* سبب می شود خودش در نتیجه ایجاد ناخوشایندی احساس شود، اما دفاع *روان‌شناسی* فقط علیه ردیابی حافظه از مرحله قبلی که هنوز رمزگشایی نشده است، روی می‌دهد.

این نمی‌تواند به خاطر حجم آزاد شدن عدم رضایت باشد، اگر دفاع در ایجاد سرکوب موفق شود. ما معمولاً بیهوده و دقیقاً علیه خاطراتی که دربرگیرنده شدیدترین نارضایتی‌ها هستند، کشمکش داریم. بنابراین، به توضیح‌های زیر می رسیم. اگر رویداد A، وقتی که یک رویداد جاری بود، سبب ایجاد مقدار معیّنی از عدم رضایت شده، سپس ثبت حافظه‌ای آن، AI یا AII، به معنی بازداری از آزاد شدن عدم رضایت در زمان یادآوری خاطره است. هر چه خاطره بیشتر تکرار شود، سرانجام بیشتر از آزاد شدن جلوگیری می‌شود. هرچند، یک مورد وجود دارد که در آن، بازداری کافی نیست. اگر A، وقتی که موجود بود، عدم رضایت خاصی را ایجاد می‌کرد و سپس وقتی که دوباره به خاطر آورده می‌شود، عدم رضایت تازه را ایجاد می‌کند، نمی‌توان از آن جلوگیری کرد. در این مورد، حافظه طوری رفتار می‌کند که گویی یک رویداد جاری است. این مورد می‌تواند فقط درباره مسائل جنسی رخ بدهد، چون شدت تحریک با آزاد شدن با گذشت زمان (و با رشد جنسی) افزایش می‌یابد.

بنابراین، یک رویداد جنسی در یک فاز، در فاز بعدی طوری عمل می‌کند که گویی یک رویداد جاری است و بر همین اساس، غیرقابل بازداری است. بنابراین، چیزی که دفاع روان‌شناسی (سرکوبی) را تعیین می‌کند، ماهیت جنسی رویداد و وقوع آن در فاز اولیه است.

همه تجربه‌های جنسی سبب عدم رضایت نمی‌شوند، بیشتر آن‌ها رضایت ایجاد می‌کنند. بنابراین، بازتولید بیشترشان به لذت غیرقابل اجتناب مرتبط است. لذت غیرقابل اجتنابی از این نوع، *وسواس عملی* را شکل می‌دهد. بنابراین، فرد به قضیه‌های زیر هدایت می‌شود.

اگر تجربه جنسی در فاز دیگری به خاطر آورده شود، آزاد شدن لذت با وسواس عملی و آزاد شدن ناخوشایندی با سرکوبی همراه می‌شود. در هر دو صورت، به نظر می‌رسد رمزگشایی به اشاره‌های فاز جدید غیرقابل اجتناب است. (؟)

اکنون، تجربه آزمایشگاهی ما را با سه گروه بیماری روان‌رنجوری جنسی آشنا می‌کند: هیستری، روان‌رنجوری وسواسی و پارانویا و به ما می‌آموزد که خاطرات سرکوب‌شده به چیزی که جریان داشته، مرتبط‌اند.

در مورد هیستری، بین سنین یک و نیم تا چهار سالگی؛ در مورد روان‌رنجوری وسواسی، بین سنین چهار تا هشت سالگی و در مورد پارانویا، بین سنین هشت تا چهارده سالگی.

اما پیش از چهار سالگی، هیچ نوع سرکوبی‌ای وجود ندارد. بنابراین، دوره‌های روانی رشد و فازهای جنسی با هم هم‌زمان نمی‌شوند.

	$1\frac{1}{2}$	4	8	14 – 15
Psych.	Ia	Ib	II	III
Sex.	I		II	III

نمودار کوچک زیر متعلق به این‌جاست

Wz تا ۴ سالگی	Wz+Ub تا ۸ سالگی	Wz+Ub+vb تا ۱۴-۱۵ سالگی	همچنین
جریان هیستری	وسواس عملی	سرکوب‌شده در Wz	
روان‌رنجوری وسواسی	جاری	سرکوب‌شده در اشاره‌های Ub	
پارانویا	–	جاری	سرکوب‌شده دراشاره‌هایVb
جریان انحراف	جاری	وسواس عملی (جاری)	سرکوب امکان‌ناپذیر است و یا تلاشی برای انجام آن نشده است.

به این دلیل که از دیگر پیامدهای تجربه جنسی پیش از بلوغ، انحراف جنسی است که در آن به نظر می‌رسد تعیین‌کننده این است که دفاع یا قبل از این‌که دستگاه روان کامل شود، روی نمی‌دهد و یا این‌که اصلا روی نمی‌دهد.

این هم برای ساختار بیرونی. اکنون در جهت تلاش برای قرار گرفتن آن در مبنای ارگانیک، آنچه باید شرح داده شود این است که چرا تجربه‌های جنسی را، که وقتی جاری بودند سبب ایجاد لذت می‌شدند، باید از فاز دیگری به خاطر آورد که در برخی افراد ایجاد ناخوشایندی می‌کنند و در برخی دیگر به صورت وسواس عملی باقی می‌مانند. در مورد قبلی به‌طور مشهود باید در زمان دیگری سبب ایجاد عدم رضایت شده باشند که قرار نبوده است با عدم رضایت آغاز شوند.

همچنین باید اقتباس دوره‌های زمانی مختلف، روان‌شناسی و جنسی را ردیابی کرد. تو به من آموختی که دومین مورد را به صورت مضرب خاصی از دوره‌های ۲۸ روزه زنانه[۳] تشخیص بدهم.

$100\pi = 7\frac{3}{4}$ years, in addition $20\pi = 1$ year, $6\frac{1}{2}$ months
$200\pi = 15$ years $50\pi = 3$ years, 10 months

اگر فرض کنم که همه دوره‌های مشاهده‌شده چنین مضرب‌هایی دارند، سپس از یک سو دوره‌های ۲۳ روزه غیرقابل استفاده باقی می‌مانند و از سوی دیگر نمی‌توان توضیح داد که چرا فازهای جنسی و روانی با هم هم‌زمان نیستند (چهار سال) و چرا برخی اوقات انحراف جنسی و برخی اوقات روان‌رنجوری ایجاد می‌شود.

بنابراین، من دارم سعی می‌کنم این مفهوم را معرفی کنم که یک ماده نرینه ۲۳ روزه است که آزاد شدن آن سبب ایجاد رضایت در زن و مرد می‌شود و یک ماده ۲۸ روزه وجود دارد که آزاد شدن آن به صورت عدم رضایت تجربه می‌شود.

سپس، ذکر می‌کنم که می‌توانم همه دوره‌های روانی را براساس مضرب‌هایی از دوره‌های ۲۳ روزه (π) توضیح بدهم، اگر دوره بارداری را هم شامل کنم. (π۱۲ = روز۲۷۶)

$$3 \times 12\pi = 1\tfrac{1}{2} \text{ years}$$
$$6 \times 12\pi = 3\tfrac{3}{4} \text{ years}$$
$$12 \times 12\pi = 8 \text{ years}$$
$$18 \times 12\pi = 12\tfrac{1}{3} \text{ years}$$
$$21 \times 12\pi = 14\tfrac{1}{4} \text{ years}$$
$$24 \times 12\pi = 17 \text{ years}$$

این به معنای آن است که رشد روانی طبق دوره‌های ۲۳ [روزه] رخ می‌دهد که در مضرب‌های ۳، ۶، ۱۲ و... و ۲۴ قابل جمع‌زنی است و در هر صورت، سیستم دوازده‌دوازدهی مؤثر خواهد بود. واحد در هر مورد می‌تواند *دوره بارداری* باشد که برابر است با (تقریباً) π۱۰ یا π۱۲. تنها نتیجه آن این خواهد بود که رشد روانی، مطابق با مضرب ۳، ۱۲،۱۲ به صورت مشابه پیش می‌رود، در حالی که دوره بارداری برابر است با π۱۲ و رشد جنسی براساس مضرب‌های ۵، ۱۰، ۲۰ پیش می‌رود، در حالی که این بار برابر است با π۱۰.

ذکر دو نکته ارزشمند است: (۱) این‌که برای رشد روانی، زمان درون‌رحمی را هم باید در محاسبه شامل کرد، در غیر این صورت کار نمی‌کند. در حالی که برای رشد جنسی، می‌توان محاسبه را تنها از زمان تولد آغاز کرد.

این یادآور وضعیتی است که در طول بارداری، تجمع ماده ۲۸ روزه رخ می‌دهد که تنها در زمان تولد آزاد می‌شود؛ (۲) این‌که دوره‌های ۲۸ روزه به‌ندرت و بیشتر از دوره‌های ۲۳ روزه جمع می‌شوند. گویی رشد بیشتر انسان‌ها به این ویژگی (شرم-اخلاق) بستگی دارد.

بنابراین، این دو عبارت را می‌توان به صورت زیر به هم متصل کرد:[۴]

	$1\frac{1}{2}$	$3\frac{3}{4}$	8	$12\frac{1}{4}$	$14\frac{1}{4}$	17
Psych.	3T	6T	12T	18T	21T	24T
Sex.			100π 10T		200π 20T	

این واقعیت که فازهای روانی بیشتری وجود دارد، به خوبی با تصور من در مورد وجود ترجمان بیشتر و ابداعات دستگاه روانی، متناسب است. همچنین می‌توان دید که مجموع‌یابی در دوره زندگی، واحدهای زمانی بزرگتری را دربرمی‌گیرد.

برای توضیح در مورد این‌که چرا پیامد (تجربه جنسی پیش از بلوغ) گاهی اوقات انحراف جنسی است و گاهی اوقات روان‌رنجوری، من به خودم از دوجنسیتی بودن همه انسان‌ها سود می‌رسانم. در یک فرد کاملاً مذکر، آزاد شدن ماده نرینه اضافی در مرز بین دو جنسیت وجود دارد -یعنی لذت و در نتیجه، انحراف جنسی ایجاد خواهد شد؛ در یک فرد کاملاً مؤنث، در این زمان آزاد شدن ماده عدم رضایت بیش‌ازاندازه به وجود خواهد آمد. در اولین فازها، این آزاد شدن مساوی خواهد بود؛ یعنی مازاد، لذت طبیعی ایجاد خواهند کرد. این ترجیح مادینه‌های واقعی برای روان‌رنجوری دفاع را توضیح می‌دهد.

در این روش، ماهیت ذهنی نرینه‌ها براساس نظریه تو تأیید می‌شود.

سرانجام، نمی‌توانم این گمان را سرکوب کنم که تفاوت بین نورآستنی و روان رنجوری اضطرابی که به صورت بالینی آن‌ها را بررسی کرده‌ام، به وجود دو ماده ۲۳ روزه و ۲۸ روزه بستگی دارد.

علاوه بر این دو که من در این‌جا قیاس منطقی می‌کنم، ممکن است چند تا از هر نوع وجود داشته باشد.

بیشتر و بیشتر به نظرم می‌رسد که نکته ضروری هیستری این است که از انحراف جنسی براساس نقش اغواکننده ناشی می‌شود و *بیشتر و بیشتر* می‌شود وقتی که به‌وسیله پدر به ارث می‌رسد. بنابراین، بین نسل‌ها یک تغییر ایجاد می‌شود:

نسل اول) انحراف جنسی

نسل دوم) هیستری و نازایی پی‌آیند آن.

گاهی اوقات، دگردیسی در یک فرد وجود دارد: در سن نیرومندی، منحرف است و سپس، بعد از یک دوره دچار اضطراب هیستریایی می‌شود. بر این اساس هیستری از نظر جنسی انکار نمی‌شود بلکه انحراف را انکار می‌کند.

به‌علاوه، در پس این، ایده *مناطق محرک تحریکات جنسی* رهاشده وجود دارد. یعنی در زمان کودکی، به نظر می‌رسد آزاد شدن ماده جنسی از بسیاری از بخش‌های بدن امکان‌پذیر است که بعدها می‌توانند ماده اضطراب ۲۸ [روزه] را

آزاد کنند و نه دیگر مواد را. در این تمایز و محدودیت، پیشرفت در فرهنگ و همچنین اخلاق و رشد فرد هم [قرار دارد].

یک حمله هیستریایی، تخلیه نیست بلکه *عمل* است؛ و ویژگی اصلی هر عملی را -به عنوان وسیله‌ای برای بازتولید لذت- حفظ می‌کند. این، حداقل چیزی است که اساسی می‌باشد و به جز این، همه انواع دیگر دلایل نیمه‌هوشیاری را مطرح می‌کند. بیمارانی که وقتی در *خواب* بوده‌اند، عملی جنسی روی آن‌ها انجام شده است، حملات خواب دارند. آن‌ها باز هم می‌خوابند تا همان چیز را تجربه کنند و معمولاً غش هیستریایی متناسب با آن را برمی‌انگیزند.

همه حملات گیجی و حملات گریه، *فرد دیگری* را هدف قرار می‌دهند، اما اکثراً فرد دیگرِ غیرقابل فراموش‌کردنی از گذشته را هدف قرار می دهند که هرگز کس دیگری مانند آن پیدا نمی‌شود. حتی علامت مزمن تمایل پاتولوژیکی خوابیدن روی تخت نیز به همین صورت توضیح داده می‌شود. یکی از بیمارانم هنوز هم در خواب ناله می‌کند، همان‌طور که خیلی وقت پیش این کار را می‌کرده است. (تا او را به تخت مادرش ببرند که وقتی او بیست و دو ماهه بود، فوت شده است) هیچگاه به نظر نمی‌رسد حملات به صورت «جلوه تشدیدشده احساسات» رخ بدهند.

بخشی از تجربه روزمره‌ام: یکی از بیمارانم که پدر بسیار منحرفش در تاریخچه او نقشی اساسی ایفا می‌کند، برادر کوچکتری دارد که یک بزهکار عادی به نظر می رسد. یک روز این پسر به دفترم آمد و با گریه به من گفت که بزهکار نیست بلکه بیمار است. با تکانه‌های غیرعادی و بازداری از اراده. همچنین، او از چیزی که سردردهای مربوط به بینی است هم شکایت می‌کرد. من او را به خواهر و برادرزنش ارجاع دادم که درواقع، با آن‌ها ملاقات کرد. آن روز بعدازظهر خواهرش مرا فرامی‌خواند. چون در وضعیت تهییجی قرار دارد. روز بعد، من می‌فهمم که بعد از رفتن برادرش دچار سردردهای خیلی وحشتناکی شده که هرگز به آن دچار نشده بود. علت: برادرش به او گفته که در دوازده سالگی فعالیت جنسی‌اش

شامل بوسیدن (لیسیدن) پای خواهرش، وقتی که شب‌ها برهنه می‌خوابید، بوده است. در تداعی از ناخودآگاهش، خاطرات صحنه‌ای را (در چهار سالگی) به‌یاد آورد که پدرش را می‌دید که در اوج تحریک جنسی، پاهای دایه‌شان را می‌لیسیده است. به این صورت او گمان می‌کند که ترجیح‌های جنسی پسر از پدر نشأت می‌گیرد و پدر گمراه‌کننده پسر هم بوده است. اکنون به خودش اجازه داده تا با او شناخته شود و سردردهای او را به خود بگیرد. ضمناً او می‌توانست این کار را بکند، چون در همان صحنه، پدر دیوانه پسر بچه را (که زیر تخت مخفی شده بود) با چکمه‌اش می‌زند.

برادرش از انحراف می‌ترسید در حالی که از تکانه‌های وسواسی رنج می‌کشید. یعنی، تکانه‌های معیّنی را سرکوب می‌کرد که توسط دیگر وسواس‌ها جایگزین شده‌اند. این در کل، راز تکانه‌های وسواسی است. اگر او بتواند منحرف شود، سالم خواهد بود، درست مانند پدرش.[۵]

جالب است که محاسبه با جمع‌بندی پی‌درپی هیچ نتیجه‌ای ندارد، صرف نظر از این‌که دوره درون‌رحمی در محاسبات به‌حساب بیاید یا نه.

$$
\begin{array}{lllll}
\text{I.} & 12\pi & = \text{T} & = 276 \text{ days (intrauterine)} \\
 & + & & \\
 & 3 \times 12\pi & = 3\text{T} & = 2 \text{ years} + 3 \text{ months (extrauterine)} \\
 & + & & \\
 & 6 \times 12\pi & = 9\text{T} & = 6 \text{ years} + 9 \text{ months} \\
 & + & & \\
 & 12 \times 12\pi & = 21\text{T} & = 15 \text{ years} + 9 \text{ months} \\
\text{II.} & 12\pi & = & 9 \text{ months} \\
 & + & & \\
 & 3 \times 12\pi & = 4\text{T} & = 3 \text{ years} \\
 & + & & \\
 & 6 \times 12\pi & = 10\text{T} & = 7 \text{ years} + 6 \text{ months} \\
 & + & & \\
 & 12 \times 12\pi & = 22\text{T} & = 16\tfrac{1}{2} \text{ years}
\end{array}
$$

این تنها در صورتی عمل می‌کند که ۱۲π درون‌رحمی در محاسبه و مجموع کل شامل شوند، مانند نامه قبل.[۶] این باید اهمیت داشته باشد. این‌طور فکر نمی‌کنی؟

خیلی خوشحالم که چیز بیشتری در سخنرانی‌ات ندیدند. بنابراین، می‌توان به نفرین آن‌ها ادامه داد؛ آن‌ها گروه نسبتاً احمقی هستند و باید ما را تنها بگذارند.
اکنون یک موضوع خصوصی: اسکار و ملانی به دیدن ما آمدند و تأثیر خوبی روی ما گذاشتند. نمی‌توانم باز هم او را دوست داشته باشم. نمی‌خواهم صریحاً در مورد واقعیت شایعه‌ای که ماری بی. را به رابرت بر. پیوند می‌دهد از تو سؤال بپرسم، اما فقط می‌گویم که آن را می‌دانم. بهترین آرزوها را برای همه آن‌ها دارم. فقط کاملاً مطمئنم که نمی‌خواهم دیگر طایفه بروئر را ببینم. کاملاً مشغول هستم، ده تا یازده ساعت در روز و به همان نسبت هم حالم خوب است، اما تقریباً صدایم گرفته. آیا این به خاطر فشار بیش‌ازحد روی تارهای صوتی یا اتساع عروقی[7] است؟ البته، نیازی نیست پاسخ بدهی. بهترین چیز این است که نصیحت کاندید را قبول کنی: *بدون تفکر کار کن!*
من واقعاً چیزی در مورد قدرت تشخیص خودبه‌خودی فلج مردمک در ضعف زیاد نمی‌دانم و شک دارم که بتوان چیزی پیدا کرد. البته، از راه قیاسی بسیار غیرمحتمل است. مطمئناً، فسفری؟
اکنون اتاقم را با قالب‌های گچی مجسمه‌های فلورانسی تزئین کرده‌ام. این برای من منبعی بود از تقویت فوق‌العاده. به ثروتمند شدن فکر می‌کنم تا بتوانم دوباره به این سفر بروم. یک ملاقات در خاک ایتالیا. (ناپل، پُمپِی)
با صمیمانه‌ترین درودها برای همه شما!
با احترام!
زیگموند!

1. Bewusstsein

یا هوشیاری

۲. *فوئرو* یک قانون اسپانیایی بود که هنوز هم در برخی شهرها یا استان‌های خاص استفاده می‌شود و امتیاز باستانی بودن آن منطقه را تضمین می‌کند.

۳. فروید از حرف یونانی π برای «دوره» استفاده می‌کند.

۴. در نمودار T یعنی Tragzeit، یعنی دوره بارداری.

۵. سه *مقاله در مورد نظریه جنسیت* را ببینید: «بنابراین علائم تا حدی به قیمت تمایلات جنسی غیرعادی ایجاد شدند، پس می‌توان گفت که روان‌رنجوری، معکوس انحراف است» (S.E. ۷ : ۱۶۵) همچنین، نامه‌های ۱۱ ژانویه و ۲۴ ژانویه ۱۸۹۷ و S.E. ۷ : ۵۰ را ببینید.

۶. به نظر می‌رسد فروید دارد به بخش‌های پیشین این نامه اشاره می‌کند که احتمالاً در زمان دیگری نوشته بوده است و نه نامه قبلی.

۷. در کتاب *شروع* آمده است: Angstneurose، اما در دست‌نوشته به روشنی آمده است: Aneurysm اتساع مرضی شریان.

وین، ۱۷ دسامبر ۱۸۹۶

ویلهلم عزیز:

حدس من در مورد علت تأخیر [در نوشتن] این بوده و هنوز هم می‌توانم از نامه‌ات متوجه شوم که دوره بدی داشتی و امیدوارم اکنون تمام شده باشد. از پذیرش خیال‌پردازی‌هایم خوشحالم. می‌دانم که آن‌ها را در جای درست قرار می دهی؛ این نقطه‌نظرها را بیشتر دنبال می‌کنی و من را یک خیال‌پرداز نمی‌بینی. چون در مورد چیزهای تمام‌نشده گزارش می‌دهم و همچنین مرا به این دلیل که خودم را بالاتر از تحقیق و اصلاح می‌دانم، احمق نمی‌بینی. این‌ها فرضیه‌های کاری و استنتاجی‌اند[1] که من عقیده دارم باید بدون نگرانی با هم در میان بگذاریم‌شان. لذت درونی من از فهمیدن ناگهانی یک ایده به وضوح ارتباطی با اثبات‌های نهفته ندارد بلکه به خاطر یافتن زمینه‌ای اشتراکی برای کار مشترکمان است. امیدوارم این تا جایی پیش برود که بتوانیم با همدیگر چیزی قطعی در مورد آن بسازیم و بنابراین، سهم خودمان را در نقطه‌ای که دارایی‌های فردی‌مان دیگر قابل تشخیص نباشد، با هم ترکیب کنیم. سرانجام، من فقط می‌توانم حقایق را در حوزه روانی جمع‌آوری کنم، تو در حوزه اندام‌شناسی. حوزه‌های بینابینی به فرضیه نیاز خواهند داشت.

نمی‌توانم از نوشتنِ حقایق و ایده‌های بیشتر برای تو، بدون ترتیب درست، دست بردارم. در خصوص فشار روی رشد روانی، ما محاسبه‌ای براساس مضرب‌های ۱۲ و ۶ و ۳ دوره بارداری انجام دادیم. هرچند، می‌توان محاسبه دیگری را انجام داد که بهتر با ویژگی‌های فرایند جمع‌بندی متناسب شود. یعنی مجموع باید محاسبه شود، نه از ابتدا بلکه باید از هر وقفه شروع شود. پس، ۱T؛ دوره بعد از آن، ۳T (مجموع ۴)؛ دوره بعد از آن، ۶T (مجموع ۱۰T)؛ و غیره.

در این راه، خود دوره‌ها و نه وقفه‌ها به عنوان مضرب شماره‌گذاری می‌شوند. همین را باید در ۲۸ [روزه] π هم به‌کار برد. من هنوز این محاسبه جدید را امتحان نکرده‌ام (همین الان انجام دادم؛ کار نمی‌کند). به نظر می‌رسد ایده اصلی برای من در این کوشش، آرایش متفاوت دو ماده است. بنابراین، راضی هستم که تو تاکنون دلیل تجربی برای غیرمحتمل شدن آن نیاورده‌ای. از این موقعیت، می‌توان موارد زیر را فهمید: برای شروع، هر دو ماده به‌طور هم‌زمان و هر روز آزاد می‌شوند؛ تفاوت جنسیت‌ها، مازاد آن را ایجاد می‌کند و سبب می‌شود طبق فرمول‌های مختلف جمع‌بندی، دومین ماده احساس شود. اکنون باید اثرات (۱) *تولید غیرعادی* و (۲) *استقرار غیرعادی ذخیره‌هایی که در هر زمان خاص وجود دارند*؛ و (۳) *جمع به‌دست‌آمده؛ یعنی شکاف‌ها* را در نظر گرفت. مالیخولیا و مانیا (جدایی تولید) احتمالاً (۱) به تولید تعلق دارند. هرچند، مشخص نیست. روان رنجوری‌های واقعی، نورآستنی و روان‌رنجوری اضطرابی می‌توانند (۲) به استقرار ذخیره‌های واقعی، تعلق داشته باشند. سرانجام، آرایش یک مضرب، روانی و جسمی خواهد بود و حتی شاید مستقیماً سمی باشد. اضطراب از آرایش جسمی ماده ۲۸π مادینه ناشی می‌شود، اگر تخلیه جنسی تکذیب شود؛ و نورآستنی از استقرار جسمی ماده نرینه نشأت می‌گیرد.

در نتیجه، روزهای قاعدگی در مجموع باید با تخلیه مواد بدون ترتیب و استقرار همراه باشد؛ با سیمپتوم‌هایی که ویژگی‌های نورآستنی را در تاریخ‌های ۲۳ روزه و ویژگی‌های اضطراب را در دوره‌های ۲۸ روزه نشان می‌دهند. وقتی هر دو ماده

هم‌زمان آزاد می‌شوند، ترکیب شدن سیمپتوم‌ها غیرقابل اجتناب است. اثر سمی (جذب دوباره) را می‌توان مشابه با مالیخولیا و مانیا و (نه ملانی و ماری)[2] در نظر گرفت.

بروز پاتولوژیکی اثر شکاف‌های دوره‌ای که طبق جنسیت متمایز شده است، می تواند خود را در پیش‌نیازهایی نشان دهد که سبب به وجود آمدن وسواس و سرکوبی می‌شوند. بنابراین، باید موارد زیر را در نظر گرفت:

۱) ذخیره روزانه

۲) افزایش آن در یک حس یا حس دیگر، با جمع‌بندی به خاطر آن روز خاص

۳) تغییر در آن‌که توسط دوره‌های بزرگ (ایجاد شده است)

«علامتی که پیش از هر تاریخ خاص می‌آید» نسبی است؛ یعنی براساس این‌که آیا ماده ♂ یا ♀ توانایی متوقف کردن ماده ایجادکننده بیماری را دارد یا نه.

عمق پنهان این مسئله، کودک گرفتار و ایده‌آل من -فراروانشناسی- است. فکر می‌کنم، احساس لذت، بیشتر تخلیه است تا احساس مسمومیت.

اکنون بدون هیچ ارتباط درستی، روان‌رنجوری ایجاد می‌شود. خیلی خوشحالم متوجه می‌شوی که توضیح اضطراب، محوری است. احتمالاً من تاکنون در مورد تحلیل چندین مورد فوبیا صحبت نکرده‌ام. «اضطراب از این‌که فرد از پنجره بیرون بیفتد» در نتیجه تعبیر نادرست هوشیاری و شاید نیمه‌هوشیاری باشد و به محتوای ناخودآگاهی مربوط است که «پنجره» در آن ظاهر می‌شود و می‌توان آن را به صورت زیر موشکافی کرد:

اضطراب + . . . پنجره . . .

و بنابراین، می‌توان به این صورت توضیح داد:

تفکر ناخودآگاه: رفتن به سمت پنجره برای اشاره کردن به مردی که به طبقه بالا بیاید، مانند کاری که فاحشه‌ها انجام می‌دهند.

آزاد شدن میل جنسی از این تفکر.

نیمه‌خودآگاه: انکار؛ بنابراین، ایجاد اضطراب ناشی از رهاسازی جنسی از این مفهوم فقط *پنجره*، خودآگاه می‌شود. چون این عنصر در نتیجه سازش شکل‌گرفته از اثر تفکر «افتادن از پنجره» ناشی می‌شود و در اضطراب می‌گنجد. بنابراین، از پنجره دچار اضطراب می‌شوند و آن را به معنای *افتادن* تعبیر می‌کنند و حتی این هم همیشه به صورت خودآگاه وجود ندارد. اتفاقاً هر انگیزه‌ای به رفتار مشابهی منجر می‌شود: آن‌ها به طرف پنجره نمی‌روند. به *پنجره را بساز*[۳] گی دو موپاسان فکر کن.

هرچند، من از بی‌دقتی‌ها و شکاف‌ها در ساختار بیرونی و سختی ناچیز ساختار درونی آگاه هستم، اما نمی‌خواستم این جزئیات را از تو مخفی کنم. اول از همه، تو بروئر نیستی که پیش از اتمام چیزی نباید آن را به او نشان داد؛ دوم، این امکان وجود دارد که تو هم کاری برای آن بکنی؛ سوم؛ [این امکان وجود دارد] که تو بتوانی کاملاً مرا از استفاده از دوره‌های خود به این طریق منصرف کنی. شاید برایت جالب باشد که بشنوی من چطور به آن رسیدم. من متوجه شدم که در روزهایی خاص که به‌طور واضح هر ۲۸ روز تکرار می‌شوند، هیچ تمایل جنسی‌ای ندارم و ناتوانی جنسی دارم که البته، هنوز مسئله اصلی این نیست. سپس، وقتی که این موضوع را فهمیدم روز واقعاً شادی را پشت سر گذاشتم بدون این‌که حتی دلیلش را بدانم. نوعی لذت ثانوی مانند لذت پس از دیدن یک رویای زیبا. متعاقباً بعضی از انگیزه‌های این کار ظاهر شدند، اما نمی‌توانستند این احساس را توجیه کنند. پس به مدارک بیشتری برای آماده شدن در ناخودآگاه نیاز است.

باور کردنی است که مانیا / مالیخولیای دوره‌ای را جدایی موقتی آزاد شدن هم زمان لذت و ناخوشایندی در نظر بگیریم.

من در عین حال، همه انواع توضیحات خوب در حوزه‌ام را پیدا کرده‌ام. درواقع گمان می‌کنم موردِ مکانیزم هراس از مکان‌های باز در زنان را که برای مدتی مرا سرگرم خودش کرده بود، اثبات کردم. هیچ شکی وجود ندارد که اگر به زنان

«خیابانی» فکر می‌کردی، می‌توانستی آن را حدس بزنی. این سرکوبی تمایل برای به‌دست آوردن اولین مردی است که در خیابان می‌بینند؛ حسادت به فحشا و تشخیص هویت است. من به صورت‌های دیگر هم راضی می‌شوم، اما تاکنون هیچ موردی به پایان نرسیده است. حس می‌کنم هنوز هم یک تکه ضروری را در جایی جا انداخته‌ام. تا زمانی که موردی مشخص نشود و به پایان نرسد، مطمئن نمی‌شوم که نمی‌توانم قانع شوم. وقتی که این اتفاق افتاد، باید به خودم اجازه بدهم روز خوبی بین دو شب مسافرت [برای دیدن تو] داشته باشم.
توضیح فاز «کلاونیسم» (دلقکیسم) در طرح شارکو از حملات [هیستریایی] در انحراف اغواگران قرار دارد که به‌وسیله وسواس در تکرار کاری که در جوانی انجام داده‌اند، آشکارا به دنبال ارضاء شدن با انجام وحشی‌ترین جست‌وخیزها، معلق‌ها، شکلک‌ها و ادا و اصول‌ها هستند. به‌علاوه، دلقکیسم در هیستری پسرها، تقلید از حیوانات و صحنه‌های سیرک است که می‌توان با درهم‌آمیختن بازی‌هایی که در کودکی در مهد کودک انجام شده است با صحنه‌های جنسی، آن‌ها را توضیح داد.
تو باور داری که عدم تمایل به نوشیدن آبجو و اصلاح کردن مو، از صحنه‌ای نشأت می‌گیرد که در آن یک پرستار با باسن برهنه در وان کم‌عمقِ اصلاح موی بدن قرار می‌گیرد و یک لیوان آبجو در دستش می‌گیرد و به خودش اجازه می دهد که او را لیس بزنند و غیره؟
بینسوانگر به‌تازگی کتابچه قطوری را در مورد نورآستنی منتشر کرده است که در آن، نظریه جنسی یعنی اسم من حتی ذکر نشده! باید به محض این‌که فهمیدم چطور نورآستنی را براساس چیزی تعبیر کنم که امیدوارم خیلی زود نظریه‌های توأم ما شود، در نهایت خونسردی از او انتقام بگیرم.
با صمیمانه‌ترین درودها برای تو، همسر و پسرت!
با احترام!
زیگموند

۱. در اصل به زبان انگلیسی آمده است.

۲. ملانی و ماری بوندی، خواهران دوقلوی آیدا فلیس بودند که در سال ۱۸۷۲ متولد شدند. فلیس در کتاب «مرگ و زندگی» خود، ویرایش دوم، صفحه ۱۰۰، این را به ما می‌گوید.
۳. این به یک داستان کوتاه «Le sign» (*علامت*) اشاره می‌کند که در سال ۱۸۸۷ چاپ شد (کار کامل گی دو موپاسان، جلد ۹، پاریس: لوئیس کنراد، ۱۹۱۹ را ببینید) یک زن جوان متأهل پس از این‌که می‌بیند فاحشه‌ها این کار را انجام می‌دهند، یک رهگذر را از پنجره «فرامی‌خواند» عبارت استفاده‌شده در (صفحه ۱۱۴) پنجره را بساز است.

۲۲ دسامبر ۱۸۹۶[1]
۹، بر گاس ۱۹

[برای آیدا فلیس]
دوست عزیز!
لطفاً سهم مرا در گالری پرتره نیاکان رابرت به عنوان این نشانه بپذیر که من هم در آرزوهای تو برای مرد کوچک سهیم باشم، همان‌طور که از عشق من نسبت به مرد بزرگتر (ویلهلم) آگاهی.
با تمام آرزوهای خوب
با احترام!
دکتر فروید

۱. اصل این نامه را النور فلیس، همسر ویلهلم، به من داده است.

۳ ژانویه ۱۸۹۷
۹، برگاس ۱۹

ویلهلم عزیز!
ما نباید کشتی شکسته باشیم. شاید به جای کانالی که به دنبال آن هستیم، اقیانوس‌ها را پیدا کنیم. کاوش دقیق‌ترِ چیزی که برای آن‌ها که پس از ما خواهند آمد باقی می‌ماند، اما به شرطی که پیش از موعد قایق‌مان واژگون نشود،

اگر بنیه‌هایمان بتواند آن را تحمل کند،[1] به آن‌جا خواهیم رسید. *ما آن‌جا خواهیم بود*. ده سال دیگر به من فرصت بده، روان‌رنجوری و روان‌شناسی جدید را به پایان برسانم. تو احتمالاً برای اندام‌شناسی به زمان کمتری نیاز داری. با وجود شکایت‌هایی که می‌کنی، هیچ سال جدیدی نبوده که هر دوی ما آن‌قدر غنی و رسیده باشیم. وقتی که من هیچ اضطرابی نداشته باشم، هنوز هم آماده‌ام تا همه شیاطین را به‌کار بگیرم و تو تاکنون اضطراب را نشناخته‌ای.

تو مطمئناً باور نداری که نظریه‌های روان‌رنجوری من، به همان اندازه نظراتی که در مورد اندام‌شناسی برایت می‌فرستم، پایه سستی دارند. این‌جا من هیچ سندی ندارم و فقط حدس می‌زنم؛ در حوزه‌ام روی محکم‌ترین مبنایی که می‌توانی تصور کنی، تکیه می‌کنم. من مطمئناً هنوز هم باید چیزهای زیادی یاد بگیرم. بنابراین حدود دوره‌های زمانی که در آن‌ها روان‌رنجوری فرد ایجاد خواهد شد، باید پیش از این‌که موارد به پایان برسند اصلاح شوند. در حالی که کار در حال پیشرفت است، روان‌رنجوری در برابر تعیین زمان بیش از هر عامل دیگری مقاومت می‌کند. در حال حاضر، این‌طور به نظر من می‌رسد که همه‌چیز در دوره اول زندگی، یعنی در سه سال اول، بیشتر و بیشتر هم‌گرا می‌شود. امسال خبر جدیدی از بیماری که دچار افکار وسواسی بود و من فقط چند ماه او را درمان کردم، ندارم. دیروز از خانم اِف. (که این را از پروفسور سولز [پتز] شنیده بود) فهمیدم که این مرد به وطنش سفر کرده تا از واقعیت چیزهایی که به خاطر می‌آورد مطمئن شود. او تأیید کامل را از اغواکننده‌اش که هنوز زنده است (پرستارش که اکنون یک پیرزن است)[2] گرفت. به او گفته شد که خیلی خوب عمل می‌کند. او به وضوح از درمان کامل که به بهبودش کمک می‌کرد، اجتناب می‌کند. [تطابق من] با انحراف‌های شرح داده‌شده توسط کرافت[-ابینگ] تأیید واقعیت جدید و ارزشمند است.

در دیدار بعدی امیدوارم چیز مهمی وجود داشته باشد که در مورد آن صحبت کنیم. فکر می‌کنم در آخرین ساعت‌های عید پاک، شاید در پراگ باشم. شاید تا آن موقع باید یک مورد را به پایان رسانده باشم.

من عقیده دارم این را که روان‌رنجوری، انسان را نمی‌کشد باید به صورت زیر تعبیر کرد: این‌که دو ماده جنسی نرینه و مادینه، مشابه با یکدیگر موادی که تو تغییرات آن‌ها را دنبال می‌کنی، نیستند. هرچند، همه آن‌ها در فشارهای ۲۳ و ۲۸ روزه آزاد می‌شوند. نمی‌خواهم مرزی بین روان‌رنجوری و ابهامات ارگانیک ایجاد کنم. در مورد سکته و میگرن که تو آن‌ها را یکسان تصور می‌کنی، حس می‌کنم می‌توانم تفکر تو را در خصوص شکل و دوره آن‌ها بپذیرم، اما نمی‌توانم تفکرت را در خصوص ماهیت آن‌ها یعنی، هویت ماده بپذیرم. باید ببینیم که آیا این پایدار می‌ماند یا نه.

بخش «درمان» با این نقل قول پیش می‌رود: «Flavit et dissipati sunt»[۳] که با شعار «از بهشت به واسطه دنیایی به جهنم»[۴] در مورد جنسیت است، اگر نقل قول صحیحی باشد. قطعه ناتِنگل باید تا چهارده روز دیگر آماده شود. باید خبرهایی در مورد جِی. د. بی. به تو بدهم. تشخیص تو کاملاً درست بود. در این جا مدرک ضمنی وجود دارد:

او در کودکی به شدت از اضطراب رنج می‌برد. در سن هشت تا ده سالگی فلوئورالبوس (مایع سفید) از او خارج شد. وقتی که در کودکی خواهر کوچکترش را می‌زد، احساس دردناکی در واژنش ایجاد می‌شد. امروزه هم، وقتی که در مورد ترس‌ها و ظلم می‌خواند و می‌شنود همین حس را دارد. این خواهر کوچکتر تنها کسی است که مانند خودش، پدرش را دوست دارد و او هم دچار همین بیماری است.

تیک افراطی؛ او [لب‌هایش] را (برای مکیدن) به شکل پوزه می‌کند. او به اگزمای اطراف دهان مبتلاست و زخم‌هایی در گوشه‌های دهانش دارد که خوب نمی شوند. شب‌ها بزاق دهانش به صورت دوره‌ای جمع می‌شود و بعد از آن زخم‌ها

پدیدار می‌شوند. (یک بار پیش از این، من مشاهدات مشابهی را در مکیدن آلت تناسلی مردان دیده‌ام)

در کودکی (دوازده سالگی) اولین بار وقتی که یک معلم پیر داشت او را به خاطر دهان پر مسخره می‌کرد، دچار بازداری از گفتار شد.

پدرش هم گفتار انفجاری دارد، گویی دهانش پر است.

Habemus Papam![۵]

وقتی که این را به او توضیح دادم، نخست مجذوب شد. سپس، با حماقت خود پیرمرد را زیر سؤال برد که در اولین اشاره با تنفر بیان کرد: «آیا داری می گویی که من آن فرد بودم» و به بی‌گناهی خود سوگند خورد.

او اکنون در گیرودار شدیدترین مقاومت است و ادعا می‌کند که حرف پدرش را باور می‌کند، اما سوگند می‌خورد که پدرش را می‌شناسد. او سوگند دروغ می خورد و صادق نیست. من تهدید کردم که او را بیرون می‌فرستم و در این فرایند خودم را قانع کردم که او به اندازه کافی مطمئن شده است، اما تمایلی ندارد که به آن اعتراف کند.

او دیگر هیچ‌وقت احساسی به خوبی آن روز که من واقعیت را برایش فاش کردم، نداشته است. برای تسهیل کار، امیدوارم که باز هم احساس بدبختی کند.

به نظر می‌رسد درد پاهایش از مادرش ناشی شده است.

در حال حاضر، به دنبال راه حل برای موردی هستم که هم‌زمان بینشی برای این دو روان‌پریشی پیدا کنم. یعنی برای روان‌پریشی بیمار اغواگر و زنی که به‌وسیله بیمار، اغوا شده و بعدها حس می‌کند بیمار شده است. این مورد همان‌طور که بعداً خواهی دید از نظر اندام‌شناسی هم جالب توجه است. (اندام‌های جنسی دهانی)

بهترین آرزوها را برای سال جدید دارم؛ از همسر عزیزت از طرف من تشکر کن و بهترین تبریک‌ها را از طرف عمو فروید به رابرت کوچولو بگو.

با احترام!

زیگموند

۱. این به جوک ذکرشده در «تفسیر خواب» (S.E. ۴: ۱۹۵) اشاره می‌کند. فروید معمولاً از آن در نامه‌های متقاعدکننده استفاده می‌کند. مثلاً در نامه ۱۷ جولای ۱۸۹۹.

۲. ترجمه موسباخر نشان می‌دهد که فروید این را مستقیماً از بیمارش شنیده است. احتمالاً بیمار می‌خواسته صحت‌وسقم آن را پیدا کند و نه فروید.

۳. «او فوت شد و آن‌ها از هم پاشیدند». فروید در «تفسیر خواب» (۲۱۴–۲۱۳ :S.E.۴) به این اشاره می‌کند و در آن می‌نویسد: «آرمادا که کشتی‌اش را به سمت انگلستان به حرکت درآورد، پس از شکستش یک مدال برای او نشان شد و این نوشته را با خودش آورد: «Flavit de dissipati sunt» زیرا طوفان ناوگان اسپانیایی را از هم پاشیده بود. من کمی جدی به استفاده از این کلمات در سرفصل مربوط به «درمان» فکر کرده بودم؛ اگر روزی تا جایی پیش بروم که توضیح کاملی از نظریه‌ام و درمان هیستری را ارائه کنم، از آن استفاده می‌کنم». همچنین S.E. ۵ : ۴۶۹ را هم ببینید. این واقعیت که همه‌چیز با این سرعت و به خاطر طوفان از بین رفت، مرا یاد این شعار انداخت: «afflavit et dissipati sunt» که می‌خواهم روزی آن را در سرفصل بخش مربوط به درمان هیستری بنویسم. برای دیدن معنی این عبارت در استفاده فروید، شوناو (صفحات ۸۰–۷۹، ۱۹۶۸) را ببینید.

۴. گوته، فاوست، مقدمه تئاتر ۱۶۲۰-۱۶۱ :S.E. ۷ را ببینید. «بالاترین و پائین‌ترین در حوزه تمایل جنسی همیشه به هم نزدیک‌ترین هستند». vom Himmel durch die Welt zur Holle برای اهمیت این متن شوناو (۱۹۶۸ ، صفحات ۸۵ -۸۴) را ببینید.

۵. گریه پیروزی، مشابه «یافتم»! -معنی تحت‌اللفظی: ما یک پاپ داریم.

۱۱ ژانویه ۱۸۹۷

۹، برگاس ۱۹

ویلهلم عزیز!

دو ایده داغ را برایت می‌نویسم که امروز به ذهنم رسید و به نظر می‌رسد که قابل اجراست. البته، آن‌ها براساس نتایج تحلیل به‌دست آمده‌اند.

۱) به نظر می‌رسد در شکل‌گیری روان‌پریشی (یعنی زوال عقل یا روان‌پریشی گم‌گشتگی، روان‌پریشی درهم شکستن همان‌گونه که قبلاً آن را این‌طور نامیدم)،[1] برخلاف روان‌رنجوری سوءاستفاده جنسی پیش از تکمیل اولین مرحله بلوغ فکری رخ می‌دهد، یعنی پیش از این‌که دستگاه روانی به صورت اولیه خود کامل شود. (بین سنین $۱\frac{1}{4}$ تا $۱\frac{1}{2}$ سال) این امکان وجود دارد که سوءاستفاده به مدت‌ها قبل برگردد که این تجربیات پشت تجربه‌های بعدی قرار گرفته باشند و بتوان گهگاهی آن‌ها را به خاطر آورد. من عقیده دارم، صرع هم به همین دوره مربوط است. (مانند مشاجره بر سر سوفی که قبلاً در مورد او برایت گفته بودم) باید به‌طور متفاوتی با *تیک تشنجی* که قبلاً مربوط به همین مرحله می‌دانستم، کنار بیایم. در این‌جا آمده است که چرا به این نتیجه رسیده‌ام. یکی از بیماران هیستریایی مرد (میلیونر من)، روان‌پریشی هیستریایی را در خواهر بزرگترش برانگیخت که در نهایت به گم‌گشتگی کامل ختم شد. اکنون اغواکننده خود او را هم پیدا کرده‌ام، یک مرد نابغه که با این وجود حمله‌هایی از شدیدترین نوع مِی بارگی را از پنجاه سالگی به بعد داشته است. این حملات به‌طور منظم یا با اسهال و یا با سرماخوردگی و گرفتگی صدا (سیستم تناسلی دهانی) همراه بوده است. یعنی با بازتولید تجربه‌های غیرفعال خودش. اکنون تا وقتی که خودش را بیمار حس کرد، این مرد، منحرف و در نتیجه سالم بوده است. مِی‌بارگی او به خاطر شدت و یا بهتر بگویم، *جایگزینی* یک تکانه با تکانه جنسی مربوط به آن ایجاد شده است. (احتمالاً همین چیز در مورد جنون قمارِ اف. پیر هم صدق می‌کند) صحنه‌هایی بین این اغواگر و بیمار من رخ داد که در برخی از آن‌ها خواهر

کوچکترش که (کمتر از یک سال از او کوچکتر بود) هم در آن شرکت داشت.[۲] بعدها بیمارم با این خواهرش رابطه داشته و خواهرش در جوانی دچار روان‌پریشی شده است. شاید بتوانی از این بفهمی که روان‌رنجوری چطور در نسل بعدی به روان‌پریشی تبدیل می‌شود -که تباهی نامیده می‌شود- چون کسی که سن حساس‌تری دارد هم وارد بازی شده است. به هر حال در این‌جا، وراثت این مورد آمده است.

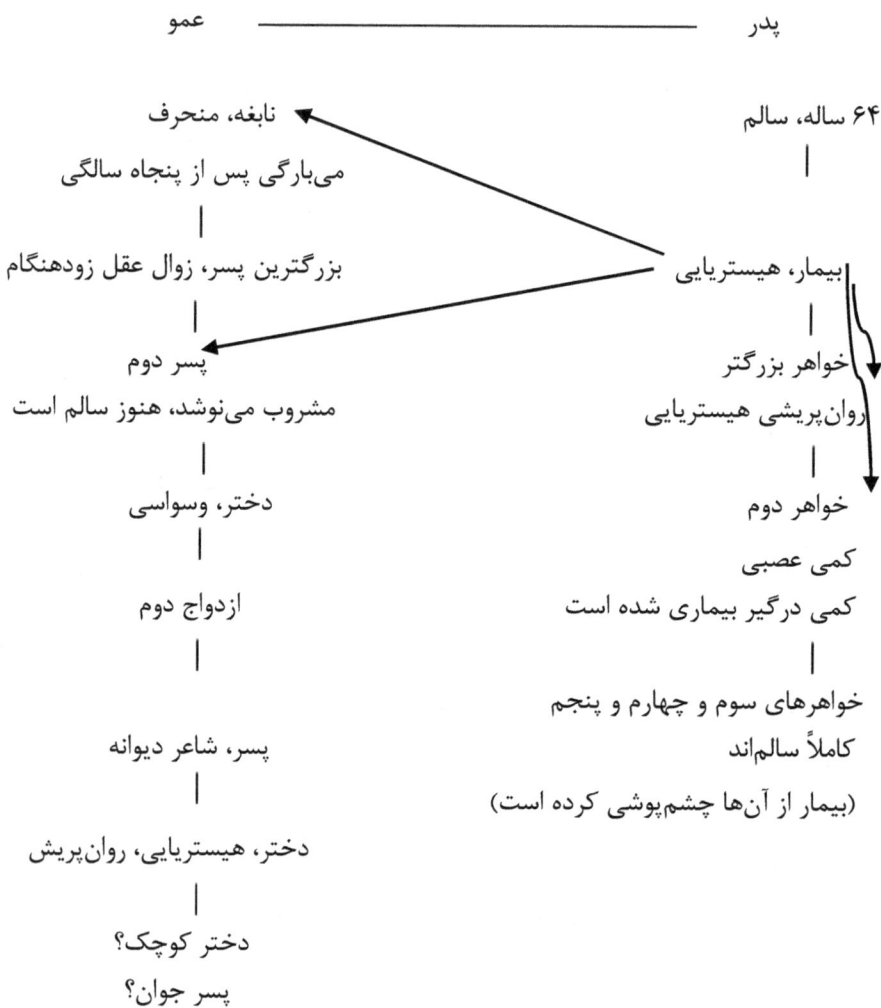

پدر ——— عمو

پدر:

۶۴ ساله، سالم
|
بیمار، هیستریایی
|
خواهر بزرگتر
روان‌پریشی هیستریایی
|
خواهر دوم
کمی عصبی
کمی درگیر بیماری شده است
|
خواهرهای سوم و چهارم و پنجم
کاملاً سالم‌اند
(بیمار از آن‌ها چشم‌پوشی کرده است)

عمو:

نابغه، منحرف
می‌بارگی پس از پنجاه سالگی
|
بزرگترین پسر، زوال عقل زودهنگام
|
پسر دوم
مشروب می‌نوشد، هنوز سالم است
|
دختر، وسواسی
|
ازدواج دوم
|
پسر، شاعر دیوانه
|
دختر، هیستریایی، روان‌پریش
|
دختر کوچک؟
پسر جوان؟

امیدوارم بتوانم چیزهای دیگری در مورد اهمیت این مورد خاص به تو بگویم، که سبب می‌شود سه فرم دیگر این بیماری هم روشن شوند.

۲) انحراف مرتباً منجر به حیوان‌خواهی می‌شود و ویژگی حیوانی دارد. آن‌ها نه تنها با عملکرد نواحی شهوت‌زایی که بعدها ترک می‌شوند بلکه با اثر *احساسات* شهوت‌زایی که بعدها قدرتشان را از دست می‌دهند، توضیح داده می‌شوند. در این ارتباط، فرد به‌یاد می‌آورد که حس اصلی در حیوانات (برای تمایل جنسی هم) حس بویایی است که در انسان‌ها کاهش یافته است. تا زمانی که بو (یا طعم) غالب باشد، ادرار، مدفوع و کل سطح بدن و همچنین خون، اثر تحریک‌کنندگی جنسی دارند.[۳] افزایش حس بویایی در هیستری احتمالاً به این مسئله مربوط است. این واقعیت که گروه‌هایی از احساسات با طبقه‌بندی روان‌شناسانه بسیار در ارتباط‌اند و احتمالاً در توزیع رویاها نقش دارند، شاید ارتباط مستقیمی با مکانیزم بی‌حسی (آناستازیا) هیستریایی داشته باشد.[۴]

می‌بینی که روی غلطک کشف افتاده‌ام؛ از جنبه‌های دیگر هم خیلی خوب‌ام. اکنون می‌خواهم همین چیز را از تو هم بشنوم.

با درودهای صمیمانه!

با احترام!

زیگموند

۱. پیش‌نویس K به همراه نامه ۱ ژانویه ۱۸۹۶ را ببینید.

۲. Beteiligit که قبلاً به اشتباه «وجود داشت» ترجمه شده بود. اما این‌که منظور فروید از شرکت کردن او چیست نامشخص است.

۳. در کتاب *شروع* نوشته شده است Haare (مو) و Kopf (سر). هرچند، در دست‌نوشته به روشنی آمده است Harn (ادرار) و kot (مدفوع) که بهتر معنی می‌دهد.

۴. معنی این عبارت مشخص نیست.

۱۲ ژانویه ۱۸۹۷
۹، بر گاس ۱۹

ویلهلم عزیز!

بی‌زحمت می‌توانی در مورد یک پرونده تشنج در کودکی تحقیق کنی که بتوان آن را (در آینده یا در خاطرت) به سوءاستفاده جنسی، مخصوصاً به لیسیدن یا [انگشت کردن] در مقعد مرتبط بدانی. بالاخره، باید نشانه‌ها یا دلایلی وجود داشته باشد که این از کجا رخ داده است. این طبقه‌بندی کارکردی [معروف] در ادبیات را پوشش می‌دهد: بیماری خارش انگلی، سوءهاضمه و چیزهایی از این دست. جدیدترین یافته من این است که می‌توانم حمله‌های بیمار را که به صرع شبیه است، با اطمینان به چنین رفتار زبانی‌ای روی پرستارش مربوط بدانم. دو سالگی. اوایلِ کودکی را جایگزین کن تا به وجود روان‌پریشی صرعی در بازتولید [صحنه] برسی. من به همان اندازه که دیروز در مورد پیش‌شرط سن در روان پریشی مطمئن بودم، امروز هم از این چیز تازه اطمینان دارم.

در مورد آر. اِل. که موضوع مشاجره بین بی. و من بود، تشنج‌ها پیش از یک سالگی[۱] رخ داده بودند. دو خواهر کوچکتر کاملاً سالم‌اند، طوری که پدر (که می دانم آدم نفرت‌انگیزی است) خودش را در مورد اثرات آسیب‌زای نوازش متقاعد کرده است.

با احترام!

زیگموند تو

۱. معنی آن نامشخص است، می‌تواند به معنی «یک سال قبل» هم باشد.

۱۷ ژانویه ۱۸۹۷
۹، برگاس ۱۹

ویلهلم عزیزم!

یقیناً از چیزهایی که در ذهن من می‌گذرد، لذت می‌بری. به خاطر همین است که هر بار باید چیزهای جدید را به تو بگویم. هنوز هم به شدت به شکل‌گیری روان‌پریشی فکر می‌کنم و باید خیلی زود مطالب را به تو عرضه کنم. تو سبب شدی من به توضیح خود درباره بیماری صرع شک کنم، اما هنوز کاملاً از هم نپاشیده است. به هر حال، اگر به تو بگویم که تمام سابقه هیستری[1] من الان معروف است و تا به حال صدها بار چاپ شده است، هرچند، قرن‌ها پیش این اتفاق افتاده، چه خواهی گفت! آیا به خاطر می‌آوری که من همیشه می‌گفتم که نظریه قرون وسطایی تسخیر پذیرفته‌شده در دادگاه‌های کلیسایی، مشابه با نظریه جسم خارجی و چند بخش کردن خودآگاهی ما است؟ اما چرا شیطان که این چیزهای بیچاره را تسخیر می‌کند، از نظر جنسی و به صورت نفرت‌انگیزی از آن‌ها سوءاستفاده می‌کند؟ چرا اعتراف‌های آن‌ها زیر شکنجه مانند حرف‌های گفته شده به‌وسیله بیماران من در روان‌درمانی است؟ خیلی زود باید ادبیات را به خاطر این موضوع جستجو کنم. اتفاقاً، ظلم‌ها درک برخی از سیمپتوم‌های هیستری که تاکنون مبهم بوده‌اند را امکان‌پذیر می‌کنند. میخ‌هایی که ظاهرشان به عجیب‌ترین شکل ممکن بود، سوزن‌های خیاطی که افراد بیچاره به خاطر آن سینه‌هایشان را معیوب می‌کردند و با اشعه ایکس قابل مشاهده نیستند. هرچند، بدون شک می‌توان آن‌ها را در داستان‌های اغوایشان یافت. اکستاین صحنه‌ای دارد [یعنی به خاطر می‌آورد] که سوزن‌های عصای شیطان در انگشتانش است و سپس یک شکلات را روی هر قطره خون قرار می‌دهد. تا جایی که خون اهمیت دارد، تو اصلاً سرزنش نخواهی شد! نقطه مقابل این موضوع این است. ترس از سوزن و اشاره کردن به موضوعات از دوره روانی دوم. در خصوص ظلم، در کل: ترس از صدمه زدن به کسی با چاقو یا جور دیگر.

یک بار دیگر، مفتش‌ها با سوزن خراش ایجاد می‌کنند تا داغ شیطان را کشف کنند و در موقعیت مشابه، قربانیان به همان داستان ظلم قدیمی به صورت داستانی[2] (که شاید با پنهان کردن اغواکننده‌ها کمک می‌کرد) فکر می‌کنند.

بنابراین، نه تنها قربانیان بلکه جلادها هم این را در اوایل جوانی‌شان به یاد می‌آورند. روز شنبه، کارم روی گزارش دادن در مورد کارَت و در مورد بینی را در دوره روان‌رنجوری‌ام به واقعیت تبدیل کردم و پنجشنبه باید آن را ادامه بدهم. پنج پسر[3] به دقت گوش می‌کردند. در واقعیت [مطالب] شیفته‌کننده‌ای را دربردارد.

همان‌طور که می‌بینی، حالم خیلی خوب است. چرا تو اکنون احساس سرزندگی نمی‌کنی؟ اسکار و ملانی به‌تازگی دیدار خوشایندی با ما داشتند.

با درودهای صمیمانه برای همسر و پسرت!

زیگموند تو

پس، پراگ در عید پاک!

1. Hysterie-Urgeschichte

هیچ شکی وجود ندارد که اشاره‌ای است به زمانی در زندگی (به کودکی) که اغوا در آن زمان رخ داده است.

۲. متن آلمانی آن Nun stechen die Inquisitoren wieder mit Nadeln urn Stigmata Diaboli zu finden, und in der ahnlichen Situation fallt die den Opfern in Dichtung (vielleicht durch Verkleidungen der So Verfuhrer unterstutzt] die alte grausame Geschichte ein. Henker erinnerten sich dabei nicht nur die Opfer sondern auch die an ihre erste Jugend. درک و ترجمه این متن ساده نیست. در این‌جا، Dichtung به داستان اشاره می‌کند و فوراً تقابل بین Wahrheit و Dichtung (واقعیت و وهم) را نشان می‌دهد، گویی فروید داشت می‌گفت Geschichte، یک ابداع بوده است، یعنی بیماران تصوراتی در مورد اغواها داشته‌اند. از سوی دیگر، einfallen به معنای «ابداع کردن»، کلمه‌ای که به‌وسیله استرچی انتخاب شده، نیست بلکه به معنای «فکر کردن به چیزی» یا «رسیدن چیزی به ذهن» است. بنابراین، اگر فروید فقط گفته بود: fallt den Opfern die alte grausame Geschichte em، مطمئناً منظورش این بود که یک رویداد واقعی، اغوا، برای بیماران رخ می‌دهد. با اضافه کردن Dichtung، این سؤال را برمی‌انگیزد که آیا داستان‌های اتفاق‌افتاده برای بیمار، حقیقی‌اند یا ابداعی. ابهام این متن، نشان‌دهنده تغییر در دیدگاه فروید است که به زودی آن را دنبال می‌کند (نامه ۲۱ سپتامبر ۱۸۹۷ را ببینید) که در آن، او

برای اولین بار حس می‌کند داستان‌هایی که از بیمارانش می‌شنود وهمی -و به عبارت دیگر، ابداعی- هستند، اما همچنین این امکان هم وجود دارد که منظور فروید از Dichtung، اشاره به این واقعیت باشد که رویدادهای واقعی به حافظه برمی‌گردند، ولی به صورت مخفی و مختل‌شده روی آن‌ها کار شده است. زیرا سرکوبی به آن‌ها اجازه نمی‌دهد که به حافظه دسترسی آزادانه داشته باشند. آخرین جمله نسبتاً سخت است. من فکر می‌کنم فروید در این‌جا به باورش در مورد واقعیت اغواگری اشاره می‌کند و ممکن است منظورش این باشد که قضات و قربانیانشان، به‌وسیله افسونگران در کودکی اغوا شده‌اند. اگر این تفسیر درست باشد، جمله مبهم در نامه بعدی نیز روشن می‌شود که فروید در آن ادعا می‌کند اکنون سخت‌گیری قضات را درک می‌کند. اگر دارند به خاطر اغوای خود در گذشته انتقام می‌گیرند، سخت‌گیری آن‌ها فقط نوع مختل‌شده‌ای از خاطره است که فروید بعدها آن را تکه‌ای از عمل می‌نامد. انتقامی که قضات می‌گیرند، تجربه غیرفعال را فعال می‌کند و همان شکنجه‌هایی را روی افسونگران اعمال می‌کنند که خودشان در کودکی متحملش شده‌اند. پس احتمالاً سوزن‌ها نشانه آلت تناسلی در هنگام آمیزش‌اند. (در مورد قضات، آمیزش مقعدی) جادوگرها فقط به این خاطر به واقعیت اعتراف می‌کنند، چون دارند به واقعیتی اعتراف می‌کنند که خیلی پیش‌تر اتفاق افتاده است. بالاخره اعتراف می‌کنند که مورد سوءاستفاده قرار گرفته‌اند.

Verkleidungen هم مبهم است. اغواکننده‌ای است که تغییر قیافه می‌دهد، یا قربانی‌ای است که اغواکننده را پنهان می‌کند؟ تعبیر دوم در نامه ۲۴ ژانویه ۱۸۹۷ فروید ارائه شده است: «بدکاران که البته از طریق دفاع پنهان شده‌اند».

۳. عنوان دوره مورد بحث این بود: Vorlesungen tiber die grossen Neurosen دو بار در هفته تدریس می‌شد، چهارشنبه‌ها از ساعت ۷ تا ۸ بعدازظهر و شنبه از ساعت ۷ تا ۹ بعدازظهر، در نیمسال تحصیلی زمستان ۹۷ - ۱۸۹۶؛ گیکلهورن و گیکلهورن (۱۹۶۰، صفحه ۱۵۲) را ببینید. چهار نفر از کسانی که در این دوره شرکت می‌کردند مشخص شده است: سیمون هاکنوارتر، آرتور شولر، پیتر استمپفی و لودویگ تِلکی. فهرستی از دانشجوهای فروید از سال ۱۸۸۶ تا ۱۹۱۹ توسط گیکلهورن و گیکلهورن تهیه شده است. آن‌ها نسخه بسیار کامل‌تری نسبت به آنچه منتشر شد را تهیه کردند و نیمسال تحصیلی ثبت‌شده برای هر دانشجو را بیان کردند. این فهرست منتشرشده در کتابخانه زیگموند فروید هاوس در وین قرار دارد.

۲۴ ژانویه ۱۸۹۷
۹، برگاس ۱۹

ویلهلم عزیزم!
خیلی خوب است که درخواست‌هایم را این‌قدر جدی می‌گیری، اما موضوع تشنج واقعاً یکی از مواردِ مورد انتظار نیست. من هنوز هم کاملاً به این موضوع باور دارم. بیشتر گمان‌های من در مورد *روان‌رنجورخویی* [در خصوص روان‌رنجوری] در نهایت به واقعیت تبدیل شدند. اتفاقاً، همه‌چیز براساس موردی است که در آن تشنج صرعی‌شکل را می‌توان با اطمینان تا تحریک‌های مشابه در ماه‌های بعدی دنبال کرد. هنوز مطلب جدیدی ندارم. دوره اولیه پیش از یک و نیم سالگی حتی بااهمیت‌تر شده است. تمایل دارم که حتی چندین دوره را در این مدت متمایز کنم. بنابراین، توانستم با اطمینان هیستری‌ای که در زمینه سرکوبی دوره‌ای خفیف، اتفاق افتاده را مرتبط با اغوا بدانم که برای اولین بار در یازده ماهگی اتفاق افتاده است و [می‌توانم] باز هم حرف‌هایی را بشنوم که بین دو نفر بزرگسال در آن زمان ردوبدل شده است! گویی از یک گرامافون بیرون می‌آید. بنابراین، تحلیل زمانی (صرع) هیستریایی و روان‌پریشی هیستریایی به گذشته برمی‌گردد، اما یک ویژگی روان‌پریشی هم در دوره‌ای بودن افسردگی خفیف وجود دارد.
تفکر سود بردن از افسونگران قوت می‌یابد. فکر می‌کنم حتی مناسب نیز هست. جزئیات فراوان وجود دارد. «پرواز کردنِ» آن‌ها توضیح داده می‌شود؛ دسته جارویی که سوارش می‌شوند، احتمالاً آلت تناسلی بزرگ ارباب است. دورهمی های پنهانی با رقص و سرگرمی را می‌توان هر روز در خیابان‌هایی دید که کودکان در آن‌جا بازی می‌کنند. یک روز خواندم طلایی که شیطان به قربانیان خود می‌دهد، به مدفوع تبدیل می‌شود و روز بعد آقای ای. که می‌گوید پرستارش

روان‌آشفتگی پول دارد، ناگهان به من گفت که (کاگلیوسترو کیمیاگری که مدفوعش طلا است) پول لوئیس همیشه آغشته به مدفوع است. بنابراین، در داستان‌های جادوگری این فقط تبدیل به ماده‌ای می‌شود که از آن به‌وجود آمده است. کاش فقط می‌دانستم چرا مایع منی شیطان در همه اعتراف‌های جادوگرها «سرد» توصیف شده است. من کتاب چکش *ساحران*[1] را سفارش داده‌ام و اکنون دارم فلج اطفال را به پایان می‌رسانم. می‌توانم آن را با پشتکار مطالعه کنم. داستان شیطان؛ واژگان قسم‌های دروغین؛ آوازها و البسه پرستاری، همه این‌ها دارند برایم اهمیت پیدا می‌کنند. می‌توانی بدون دردسر، کتاب‌هایی را از حافظه عالی‌ات به من پیشنهاد کنی؟ در رابطه با رقص در اعترافات جادوگرها، همه‌گیری‌های رقص در قرون وسطی را به خاطر بیاور. لوئیس ای. چنین جادوگر رقصنده‌ای بود. او دائماً آن جادوگر را برای اولین بار بر روی صحنه باله به خاطر می‌آورد. بنابراین، این صحنه اضطراب‌آوری برای اوست.

کارهای سخت ژیمناستیک در حمله‌های هیستری پسرها و چیزهای این‌چنینی، به طبقه‌بندی پرواز کردن و شناور بودن متعلق است.

ایده‌ای دارد به ذهنم می‌رسد: گویی در انحراف، که هیستری در آن منفی است، ما آثاری از آیین‌های جنسی باستانی را پیش رویمان داریم که قبلاً در شرق سامی (بت کنعانی آستارته) یک مذهب بوده است -و شاید هنوز هم باشد. تصور کن، صحنه‌ای از ختنه کردن یک دختر را به‌دست آوردم. بریدن بخشی از لبه زیرین (که امروزه حتی کوتاه‌تر است)، مکیدن خون و بعد از آن بخشی از پوست را به کودک می‌دادند تا آن را بخورد. این کودک در سن سیزده سالگی ادعا کرد که می‌تواند بخشی از کرم خاکی را بخورد و این کار را انجام داد. عمل جراحی‌ای که قبلاً انجام داده بودی، تحت تأثیر بیماری هموفیلی قرار گرفت که به این صورت آغاز شده بود.[2]

به‌علاوه، کارهای منحرفانه هم همین‌طورند -معنادار و براساس سبک و اسلوب، طبق الگویی که یک روز درک خواهند شد.

بنابراین، من به یک مذهب شیطانی باستانی فکر می‌کنم که دارای رسومی است که به صورت مخفیانه اجرا می‌شوند و درمان خشن قضات افسونگر را درک می‌کنم. پیونددهنده‌های فراوانی وجود دارد.

دیگر ریزآبه رودخانه، از این تصور ناشی می‌شود که طبقه‌ای از افراد وجود دارد که حتی امروزه داستان‌هایی مانند داستان‌های افسونگران و داستان‌های بیماران من[3] تعریف می‌کنند، کسی آن‌ها را باور نمی‌کند، هرچند، ایمان آن‌ها به داستان‌هایشان متزلزل نمی‌شود. همان‌طور که حدس زده‌ای، منظور من افراد پارانویایی است که شکایت می‌کنند در غذاهایشان مدفوع وجود دارد، که یک شب با شرم آورترین روش‌های جنسی با آن‌ها رفتار شده است و چیزهایی مانند این، محتوای حافظه خالص هستند. می‌دانی که بین هذیان‌های خاطره و هذیان-های تفسیر، تمایز قائل شده‌ام. هذیان‌های تفسیر مرتبط با ابهامات شخصیتی در مورد بدکارانی است که البته از طریق دفاع، پنهان شده‌اند.

یک چیز دیگر: در هیستری، من *پدر روحانی* را در هنگام تقاضاهای شدید برای عشق، در فروتنی در رابطه با معشوق، یا در ناتوانی در ازدواج به خاطر برآورده نشدن ایده‌آل‌ها تشخیص می‌دهم. البته، دلیل این مسأله، ارتفاعی است که پدر خود را تا آن‌جا پائین می‌آورد که با بچه هم‌قد شود. در پارانویا، این را با ترکیب هذیان‌های ابهت و داستان‌های بیگانگی نسبی مقایسه کن. این، آن طرف سکه است.

و در عین حال دارم اطمینان خود را نسبت به گمانی که تاکنون آن را گرامی می‌داشتم از دست می‌دهم و آن، این گمان است که انتخاب روان‌رنجوری توسط دوره‌ای تعیین می‌شود که از آن نشأت می‌گیرد. به نظر می‌رسد در اوایل کودکی تثبیت شده است، اما تصمیم بین دوره‌ای که از آن نشأت می‌گیرد و در دوره‌ای که سرکوبی در آن رخ می‌دهد (که در حال حاضر آن را ترجیح می‌دهم) در نوسان است.

در این فراوانی دیدگاه‌ها، این مسئله مرا کاملاً دلسرد می‌کند که هیئت پروفسورها، همکار جوان‌تری را که تخصص مشابهی با من دارد، به عنوان استاد فوق‌العاده [استادیار] معرفی کرده‌اند. بنابراین، مرا کنار گذاشته‌اند. البته، اگر این اخبار صحت داشته باشد.[۴] این مرا کاملاً دلسرد می‌کند، اما شاید جدا شدن نهایی من از دانشگاه را تسریع کند.

با نامه‌هایی مانند این، من همه‌چیز را پیش از ملاقاتمان گفته‌ام و چیز بیشتری برای گفتن ندارم. بنابراین، در عوض گوش می‌کنم که حقایق دوره‌ای بودن چطور خودشان را برای تو سازماندهی می‌کنند و به جای خیال‌پردازی در مورد آن، زیرساخت نهایی را از تو می‌فهمم.

باز هم زود برایم نامه بنویس.

فکر می‌کنم، حالا سن بحرانی[5] را پشت سر گذاشته‌ام. وضعیتم بسیار باثبات‌تر شده است.

از صمیم قلب برای تو، همسر و فرزندت!

با احترام!

زیگموند

1. Malleus maleficarum

کتاب چکش ساحران Hammer Of The Witches نوشته هنریش کرمر Heinrich Keramer که برای اولین بار در سال ۱۹۸۷ در آلمان چاپ شد.

۲. اشاره‌ای به عمل جراحی اکستاین

۳. در دست‌نوشته آمده است: meine Patienten که نسبت به meine patient که در کتاب شروع نوشته شده است، بهتر معنی می‌دهد.

۴. فروید احتمالاً شایعه‌ای را در خصوص این اثر شنیده است. در واقعیت، در ۱۳ فوریه ۱۸۹۷، هیئت پروفسورها چهار مدرس را برای عنوان استاد فوق‌العاده انتخاب کردند. فروید، ال-فرانکل هاکوارت L. Frankl-Hochwart (آسیب‌شناسی اعصاب)، جِی. پال J. Pal (طب داخلی)، و آر. لیمبرگ R. Limbeck (طب داخلی). گیکلهورن و گیکلهورن (۱۹۶۰، صفحات ۱۹-۱۸ و ایسلر ۱۹۶۶، صفحه ۱۸۲) را ببینید. احتمالاً منظور فروید، فرانکل هاکوارت (۱۹۱۴-۱۸۶۲) است که تا سال

۱۸۹۱ استاد خصوصی بوده است و درواقع، در سال بعد (۱۸۹۸) عنوان استاد فوق‌العاده را به‌دست آورد، در حالی که فروید مجبور شد تا سال ۱۹۰۲ صبر کند.
۵. برای شیفتگی فروید به «سن بحرانی‌اش»، شور (۱۹۷۲) را ببینید.

۸ فوریه ۱۸۹۷
۹، برگاس ۱۹

ویلهلم عزیز!
بروئر،که آن‌ها او را خوش‌نام می‌دانند، از هیچ فرصتی نمی‌گذرد، حتی وقتی که شانسی فراهم می‌شود که خرسندی دیگران را خراب کند. او کتاب[1] مرا دریافت کرد و فوراً بعد از آن به دیدن همسرم آمد تا بپرسد ناشر چه واکنشی نسبت به سایز غیرقابل پیش‌بینی این کتاب داشته است. ناشر که برایش بسیار مهم است و ناتنِگل، به من اطمینان دادند که سایز کتاب اصلاً اهمیتی ندارد و کل کار مطمئناً فروشی عالی خواهد داشت. این اثر بسیار قطورتر از چیزی شده که برای سایز معیّن مجموعه‌ها مناسب است. هرچند، من که با این تضاد مواجه شده‌ام، برای ارزیابی صمیمانه‌ات واقعاً از تو سپاسگزارم -تو «آدم رُک»- و فقط این عبارت را برای حیرانی خودم می‌گویم که تو در این مدت کوتاه اصلاً نمی‌توانستی کل آن را بخوانی.
من در وین «آدم گمنامی» هستم که به مجموعه‌های تو باور دارم و تو هم بدون شک این را می‌دانی. باجناغ تو، اسکار، با ادعاهایی که بستگان و آشنایانش در مورد او می‌کنند به طرز بسیار عجیبی کنار می‌آید. او، به یک اندازه هم تحسین و هم رد می‌شود، چون مقامی که هوش او را قضاوت می‌کند به طرز عجیبی منصف است. پس، حالا برای اضافه کردن رشد ذهنی دوره‌ای به مجموعه ۱۳ من تمایل نشان می‌دهد. واقعیت این است که من مدت‌هاست تلاش خود را رها کرده‌ام و هرگز به‌طور جدی نمی‌خواستم جای تو را بگیرم بلکه ترجیح می‌دهم تو در عید پاک برایم کنسرت اجرا کنی.

آی. کی. مبتلا به تنگی نفس، بیمار من نیست. اگر زِد. وی. کی. را می‌شناسی[۲] برای لحظه‌ای تردید نخواهی کرد که تنها این زن می‌توانست معلم من باشد. احتمالاً خواهرشوهر او را دیده‌ای.

باید موردی را که اخیراً به تو گزارش داده بودم اصلاح کنم. وقتی که کمی قبل ناتِنگل مرا فراخواند تا یک کپی تکمیلی از کتاب را به او بدهم، هم‌زمان مرا نگهداشت و در آن موقع به صورت مخفیانه به من گفت که او و کرافت-ابینگ، من و همچنین (فرانکل هاکوارت) را برای مقام استادی پیشنهاد خواهند کرد و اسنادی را که امضا کرده بودند به من نشان داد. او افزود که اگر هیئت مدیره با آن‌ها موافق نباشد، آن دو به تنهایی این پیشنهاد را به وزارتخانه تسلیم خواهند کرد. او افزود «تو که مردی منطقی‌ای هستی، از دشواری‌های بعدی آگاهی. این کار ممکن است هیچ نتیجه‌ای به جز معرفی نام تو برای مباحثه نداشته باشد. همه ما می‌دانیم که احتمال این‌که وزیر این پیشنهاد را قبول کند، چقدر کم است».[۳]

ممکن است این پیشنهاد در جلسه دیروز مطرح شده باشد. چیزی که مرا راضی می‌کند این است که من می‌توانم همچنان این دو نفر را انسان‌های نجیبی بدانم، چون اگر واقعاً مرا کنار زده بودند، خیلی برایم سخت می‌شد که در مورد آن‌ها فکر بدی نکنم.

یک هفته‌ای است که چیزی ننوشته‌ام چون کار (یازده و نیم تا دوازده و نیم ساعت در روز) واقعاً قدرت مرا از بین برده است. بعدازظهر درواقع، داشتم از حال می‌رفتم. گویی تکه چوبی بودم که خُرد شده است.

پیش‌بینی‌های من در خصوص این فصل درست از آب درآمدند. حالا ده بیمار دارم که تحت درمان‌اند. از جمله، یک بیمار از بوداپست و دیگری از برسلو هم دارد می‌رسد. احتمالاً یک ساعت خیلی زیاد است. هرچند، وقتی که زمان را زیاد می‌کنم، حس می‌کنم دقیق‌تر عمل کرده‌ام. مثلاً، هفته گذشته هفتصد فلورین[۴]

درآمد داشتم -تو این را برای هیچ به‌دست نمی‌آوری. ثروتمند شدن باید خیلی سخت باشد.

پیشرفت کارم عالی است، اما معماها و تردیدها هم فراوان‌اند. نمی‌خواهم *قبل* از ملاقاتمان، همه‌چیز را به تو بگویم. شاید تا آن زمان یک مورد، کاملاً به پایان برسد. تا وقتی که این کار صورت بگیرد، واقعاً هیچ اطمینانی وجود ندارد.

دوم فوریه. فشار کاری و دو روز بیهوده[5] -روزهای نایاب- مرا به تأخیر انداخته است. من باید در رابطه با خوردن مدفوع (کلمات نامفهوم) توسط حیوانات، وقتی که اولین بار تنفر در بچه‌های کوچک ایجاد می‌شود، از تو سؤال می‌پرسیدم و این‌که آیا دوره‌ای در کودک وجود دارد که این احساسات در آن وجود نداشته باشند؟ چرا به مهدکودک نمی‌روم و با آنرل آزمایش نمی‌کنم؟ چون دوازده و نیم ساعت کار می‌کنم و زمانی برای آن ندارم و زنان از تحقیقات من حمایت نمی‌کنند. بنابراین پاسخ، اهمیت نظری دارد. به هر حال، این نظریه در حال حاضر بسیار دورتر از نظریه من است. من دارم همه تلاش‌هایم را به تعویق می‌اندازم تا این را بفهمم. حتی روابط ترتیب زمانی هم نامطمئن می‌شوند.

خواب‌گردی، همان‌طور که در درسدن حدس زدیم، به درستی درک شده است. جدیدترین نتیجه، حل کردن حملات جمود عضلات هیستریایی است: تقلید مرگ با جمود نعشی، یعنی همانندسازی با فرد مرده. اگر او انسان مرده‌ای را دیده باشد، با چشم‌های خیره و دهان باز و اگر مرده‌ای را ندیده باشد، فقط آرام و ساکن یک جا دراز می‌کشد.

اعترافات سرد هیستریایی: بیرون کشیده شدن از تخت گرم. سردرد هیستریایی با احساس فشار در بالای سر؛ گیجگاه‌ها و غیره، ویژگی صحنه‌هایی است که در آن‌ها سر به خاطر فعالیت دهان محکم نگهداشته شده است. (بی‌میلی به عکاسی که سر را با گیره نگه می‌دارد)

متأسفانه، پدر خود من هم یکی از این منحرفان بود و مسئول هیستری برادرم (که همه علائمش مطابقت دارد) و هیستری چند تن از خواهران کوچکترم است. فراوانی این شرایط معمولاً مرا متعجب می‌کند.

به هر حال، باید انبوهی از مطالب عجیب‌وغریب را با خودم به پراگ بیاورم.

با درودهای صمیمانه برای تو، همسر و فرزندت. حال خانواده من عالی است.

با احترام!

زیگموند

۱. فلج مغزی اطفال، در نسخه ناتنگل.

۲. ساسیلی ام. در مطالعات روی هیستری.

۳. کمیته زیر تعیین کردند که فروید عنوان استاد فوق‌العاده را به‌دست آورد (که معادل استادیار است، هرچند، در آن زمان این عنوان بسیار بااعتبارتر از این روزها بود): هوفرات ناتنگل، فون شروتر، نوسر، کرافت-ابینگ و لودویگ و پروفسورها ویچسلباوم و اکسنر. سندی به تاریخ ۱۰ می ۱۸۹۷ در حمایت از انتصاب فروید، به‌وسیله همه اعضای کمیته امضا شد؛ این سند با دست‌خط کرافت-ابینگ است و احتمالاً کار اوست. گزارش کامل طولانی (حدود چهار صفحه) و پرجزئیاتی که کاملاً مثبت است. بعد از فهرست کردن کار اولیه فروید روی هیستری، کرافت-ابنیگ پاراگرافی می‌نویسد که به دلایل زیر، باور دارم باید فروید آن را نوشته باشد:

(a) فروید می‌گوید که گزارشی را در مورد کارش برای کرافت-ابینگ آماده کرد.

(b) کرافت-ابینگ، همان‌طور که از نشریات فراوانش می‌دانیم، دیدگاه‌های بیان‌شده در این پاراگراف را به اشتراک نگذاشت. در کتاب‌شناسی‌های کاملش او هیچ‌وقت نامی از فروید نبرده است.

(c) این‌ها دیدگاه‌های فروید هستند.

من از این سند، که به آلمانی در گیکلهورن و گیکلهورن (۱۹۶۰ صفحات ۹۸-۹۴)؛ (با ترجمه من) منتشر شد، نقل می‌کنم: «موضوع اصلی در خلق این آثار، به‌دست آوردن بینش عمیق‌تر نسبت به مکانیزم فرایندهای روان‌رنجوری با به‌کار بردن روش جدید روان‌درمانی است که دکتر بروئر این ایده را به او داد، با این امید که روش‌ها و ابزارها برای درمان هر روان‌رنجوری را بتوان پیدا کرد. در دوره این تحقیقات بالینی

دشوار، فروید به نتایج شگفت‌انگیزی می‌رسد که برای سبب‌شناسی روان‌رنجوری بسیار مهم‌اند. او ثابت کرد که عامل اصلی در گسترش هیستری و نورآستنی که تا آن زمان علتشان معلوم نبوده، وجود ناهنجاری‌ها و تجربیاتی در حوزه زندگی جنسی بیمار است و این‌که تنها شناسایی و حذف آن‌ها می‌تواند به موارد فردی کمک کند و به‌طور درخشان این مسئله خاص را در خصوص اصطلاحاً وسواس‌ها و فوبی‌ها مشخص می‌کند». اگر به‌یاد بیاوریم که تنها چندماه پیش، کرافت-ابینگ به این ایده‌ها گوش داده بود (در سخنرانی سبب‌شناسی هیستری ۲۱ آوریل ۱۸۹۶) و آن‌ها را «داستان خیالی علمی» نامیده می‌بود، می‌توانیم کاملاً مطمئن شویم که کرافت-ابینگ چیزی را که می‌گفت باور نداشت. (و احتمالاً بیاناتش را مستقیماً از گزارش فروید برداشته بود) این‌که او اصلاً سندی آماده نکرده بود، از دید مسئولیت دانشکده‌ای، ستودنی است. کرافت-ابینگ این انتقادهای ملایم را نیز اضافه می‌کند: «جدید بودن این تحقیق و دشواری مشخص کردن صحت‌وسقم آن، در حال حاضر به ما اجازه نمی‌دهد که اهمیت آن را با اطمینان قضاوت کنیم. این امکان وجود دارد که فروید در آن غلو کرده باشد و این‌که نتایجی که به‌دست آورده را به صورت افراطی تعمیم داده باشد» و سپس کرافت-ابینگ با کلماتی که بدون شک قضاوت منصفانه خودش است، می‌گوید: «در هر صورت، تحقیقات او در این زمینه اثباتی از استعداد غیرمعمول و توانایی او در هدایت کردن تحقیقات علمی به سمت مسیرهای جدید است». در جلسه هیئت استادان ۱۲ جون ۱۸۹۷، فروید با بیست و یک رأی موافق و ده رأی مخالف برای این جایگاه معرفی شد. جِی. پال هم در همین جلسه معرفی شد. ارنست وریتم Ernst Wertheim در ۱۳ فوریه ۱۸۹۷، ژوزف ریتر او. متنیتزJosef Ritter O. Metnitz در ۲۷ مارس و هینریش پاشکیس در ۱۴ جولای ۱۸۹۷ معرفی شدند. همان‌طور که می‌دانیم (یادداشت ۳ نامه ۲۴ ژانویه ۱۸۹۷)، فروید درواقع، تا سال ۱۹۰۲ به این سمت منصوب نشد.

۴. گیکلهورن و گیکلهورن (۱۹۶۰، صفحه ۱ n ۱۹) ادعا می‌کنند که بیماران پیشین فروید به آن‌ها گفته‌اند که در شروع قرن جدید سی کرون طلا برای هر جلسه به فروید می‌پرداختند.

۵. ترجمه تحت‌اللفظی آن می‌شود «به‌طور بدی تأکید شده».

۷ مارس ۱۸۹۷
۹، برگاس ۱۹

ویلهلم عزیز!

همسرت یک بار دیگر مانند شهاب‌سنگ در بین ما قرار گرفته و طبق معمول همه‌کس و همه‌چیز را تحت‌الشعاع قرار داده است. بنابراین، در کنار او هم بقیه همان برداشت را دارند، مانند ماهی‌های بی‌چشم که در عمق دریا زندگی می‌کنند. متأسفانه، من خیلی کم او را دیده‌ام؛ او مرا در حالی دیده است که در حد مرگ خسته بودم که پیامد ده تا یازده ساعت کار در روز است. او اجازه داد بدانم تو چیزهای جدید زیادی پیدا کرده‌ای و منتظر عید پاک هستی. حداقل، مورد دوم درباره من هم صدق می‌کند. هنوز هم زمان زیادی تا آن موقع باقی مانده است.

من مدت طولانی‌تری ساکت مانده‌ام. چون متوجه شدم که در حال حاضر نمی‌توانی به نامه‌های من که پر از جزئیات‌اند پاسخ بدهی. چون نمی‌خواهم پیش از ملاقاتمان خودم را کاملاً تهی کنم و چون -باز هم- خیلی خسته بودم، (بیش‌ازحد ایجادشده) اکنون زمان بسیار بهتری را پشت سر می‌گذارم. هنوز حتی یک مورد را هم به پایان نرسانده‌ام. حالا دارم با مشکلات درمان و درد دست‌وپنجه نرم می‌کنم که به نظر من، بسته به حال روانی‌ام این مشکلات کوچک و بزرگ می‌شوند. در کل، بنیه‌ام هنوز خوب است.

هفده مارس. مطمئناً نمی‌توانی حدس بزنی از لبخند باشکوه تو برای «اسپارتان‌های در حال مرگ» چقدر تحت تأثیر قرار گرفتم. لبخندت در دیگر موقعیت‌ها نیز بر من اثر گذاشته بود، اما دقیقاً زمانی به من رسید که من داشتم تسلیم مرگ ماتیلده می‌شدم که به خاطر دیفتری عفونی بیمار شده است و لبخندت مرا آرام کرد. امروز به نظر می‌رسد، بهبودی قطعی که به ما امید بخشیده، حاصل می‌شود. عمو رای واقعاً هر کاری که می‌شد، کرد و در این

شرایط همیشه در کنار ما بوده است. او و کاسوویتز[1] با تزریقی که بِرینگ تجویز کرده بود، مخالف بودند.
امیدوارم چیزی که بعد از این پیش می‌آید چشم‌انداز ملاقات با تو در عید پاک در پراگ را خراب نکند.
در حال حاضر، نامه را می‌بندم تا سرانجام بتوانم این نامه با تأخیر را برایت بفرستم.
با درودهای صمیمانه!
با احترام!
زیگموند

1. Max kassowitz
مکس کاسوویتز (۱۹۱۳-۱۸۴۲) از سال ۱۸۸۲ تا ۱۹۰۶ مدیر بیمارستان عمومی کودکان بود که فروید در آن‌جا بین سال‌های ۱۸۸۶ و ۱۸۹۶ به عنوان رئیس بخش بیماری‌های عصبی کار می‌کرد. گیکلهورن و گیکهورن (۱۹۶۰ ولسکی ۱۹۷۸، صفحات ff ۳۶۹) را ببینید.

۲۹ مارس ۱۸۹۷
۹، برگاس ۱۹

عزیزم!
امروز بعد از یک هفته رنجوری، پی‌درپی از یک روز مشخص به روز بعد، من سرزنده از خواب بیدار شدم. ماتیلده خوب است، به جز این‌که ادرار آلبومینی دارد؛ هنوز توی تخت است. امروز همه‌چیز ضدعفونی خواهد شد. حال بقیه خوب است. با تشکر صمیمانه به خاطر سخنرانی‌ات[1] که قدرت باورنکردنی افکار خلاصه‌شده را آشکار می‌کند و در بیست دقیقه یک نفر را در کل جهان هدایت می‌کند. همچنین، می‌توانم به خوبی باور کنم که تو نیاز داشتی تذکراتی در مورد قیافه‌های[2] در حال تغییر حضار بدهی. من مشتاق روزهایی هستم که در پراگ خواهیم گذراند. در این روزهای بد، کارم برای من به شکنجه وحشتناکی تبدیل

شده است. چقدر خوش‌شانس‌ام که دیگر بروئر را نمی‌بینم. او مطمئناً به من توصیه کرده که مهاجرت کنم.[۳] هنوز هم همان مشکلات را دارم و هنوز هم حتی یک مورد را به پایان نرسانده‌ام. مطمئن باشم که رابرت باز هم برای مدتی خوب بوده است؟

با درودهای صمیمانه برای تو و آیدا!

با احترام!

زیگموند

۱. فروید دارد به مقاله‌ای با عنوان «در مورد دیسمنوره و درد معده» که در جلسه زنان و زایمان برلین در ۱۱ دسامبر ۱۸۹۶ خوانده شد، اشاره می‌کند. بیشتر یک صحبت غیررسمی بود تا سخنرانی که در مجله زنان و زایمان چاپ شد. در این‌جا، فلیس نظریه دوره‌ای بودن خود را به‌طور خلاصه بیان می‌کند. او به حضار می‌گوید که البته آن‌ها در مورد دوره‌های ۲۸ روزه می‌دانند، اما «دوره ۲۳ روزه که در این‌جا برای اولین بار در مورد آن می‌شنوید، در آینده جایگاهی به همان مهمی در زیست‌شناسی پیدا خواهد کرد». یک قالب نسبتاً پارانویایی و پرطمطراقی در این سخنرانی مقدماتی، مشهود است.

۲. میمیک Mimik متنی که فروید به واکنش حضار اشاره می‌کند، در صفحه ۳۶۶ مقاله فلیس آمده است. (یادداشت قبلی را ببینید) فلیس به روشنی، سخنرانی را به صورت زیر قطع می‌کند: «برای هر سری از این تاریخ‌ها، می‌توانم روزهای تولد خواهر و برادرهای مادر، دایی‌ها و خاله‌ها را نیز شامل کنم. آقایان، من می‌بینم که این پیشنهاد، عضلات خنده شما را به شکل مشکوکی تحریک می‌کند، اما من می‌توانم برایتان فاش کنم که در این‌جا با قانون بزرگ طبیعت سر و کار داریم و به شما قول می‌دهم زمانی خواهد رسید که به خاطر بزرگی این قانون، زبانتان بند خواهد آمد».

3. *Welch ein CHick, dass icl: Breuer nicht mehr sehe. Erhiitte* mir *scboti gerathen auszuwandern.* این متن، منشأ بسیاری از سوءتفاهم‌ها بوده است، چون جونز که این متن را ذکر کرد آن را غلط ترجمه کرده بود. در مورد فروید می‌گوید: «در فوریه (۱۸۹۶) نامه‌ای به فلیس می‌نویسد و در آن می‌گوید که دیگر نمی‌تواند با بروئر کار کند. هرچند، فقط یک هفته بعد اعتراف کرده بود که فکر کردن به این‌که بروئر این‌قدر از زندگی او خارج شده، دردناک است. یک سال بعد او خوشحال بود که دیگر او را نمی‌بیند؛ این دیدگاه سبب شده بود که او به مهاجرت

تمایل پیدا کند. این‌ها کلماتی قوی‌اند و کلماتی قوی‌تر نیز وجود دارند که باید بازتولید شوند. (زندگی ۲۸۱-۲۸۰: ۱). جونز این نامه را به عنوان منبع خود ذکر می‌کند. این‌ها درواقع، کلماتی قوی‌اند، اما متعلق به فروید نیستند.

۶ آوریل ۱۸۹۷

۲۹، برگاس ۱۹

ویلهلم عزیز!

[پیدا کردن] تفسیر خواب تو آن‌قدر ساده نیست، اما خواب باید واقعیت داشته باشد. من نورنبرگ را به پراگ ترجیح می‌دهم و حتی اگر ونیز هم شهری بود که می‌شد در آن قدم زد، بیشتر ترجیح می‌دادم که می‌توانستم دوره‌های تو را با ونیز پیوند دهم. هرچند، چون ملاقاتمان پی‌آیند بهاری برای تو خواهد داشت -که من نمی‌توانم در آن شرکت کنم، چون حالا هر روز برای من هفتاد تا نود فلورین خرج برمی‌دارد و روزهای سپتامبر هیچ ارزشی ندارند- تو باید همه‌چیز را ترتیب بدهی. پس ملاقاتمان (که مکان آن کمتر اهمیت دارد) با برنامه‌های تو متناسب می‌شود. بنابراین، آیدا هم به‌راحتی می‌تواند با تو بیاید و تو مجبور نیستی برای ادامه سفرت از مسیر منحرف شوی. منتظر دستورالعمل‌های تو در همه زمینه‌ها هستم. من می‌توانم جمعه شب راه بیفتم و حداکثر تا چهارشنبه صبح آن‌جا باشم.

ماتیلده خوب است. دیروز برای اولین بار هیچ آلبومینی وجود نداشت. بچه خیلی خوب شده است. احتمالاً مارتا او را با خود خواهد برد، اگر زمانی که او از بستر بلند می‌شود به زمان حرکت به سمت آسی خیلی نزدیک نباشد.

نکته‌ای که در راه حل هیستری از دستم خارج شد، در کشف منبع متفاوتی قرار دارد که عنصر جدیدی از تولید ناخودآگاه از آن پدید می‌آید. چیزی که من در ذهن دارم، خیال‌پردازی‌های هیستریایی است که مرتباً، همان‌طور که آن را می‌بینم، به چیزهایی برمی‌گردد که کودکان در سنین پائین شنیده‌اند و بعدها آن را درک کرده‌اند. سنی که در آن اطلاعاتی از این دست را درک می‌کنند، به طرز

عجیبی از شش تا هفت ماهگی است! باجناق تو اسکار به من التماس کرد که این نکته را رها کنم (احتمالاً این مأموریت را برعهده او گذاشته بودند) و مکرراً از من می‌پرسید که تو در مورد این چیز جدید چه خواهی گفت. در ضمیمه، اخطار رسمی را نیز به تو ارائه می‌کنم. من با خوشحالی و بدون این شکایت‌ها کار خودم را خواهم کرد، اما همان‌طور که می‌دانی. les assassins cornmencent[1] Que messieurs مانند مجموعه‌ای [از دوره‌ها] است؛ اگر فقط دوتا وجود داشت، آن‌ها را فوراً قبول می‌کردند.

من به‌تازگی سوابق کاری‌ام را برای کرافت-ابینگ که در حال نوشتن گزارشی در مورد من است،[2] نوشته‌ام. به جز این، دستاوردها ناچیز و قابل چشم‌پوشی‌اند. کار این هفته‌ها واقعاً ظرفیتم را تحت فشار قرار داده است.

خوشحالم که کمتر از دو هفته به دیدارمان مانده است.

با صمیمانه‌ترین درودها برای تو، همسر و فرزندت!

با احترام!

زیگموند

۱. این احتمالاً نقل قولی از آلفونس کار Alphonse Karr (۱۸۰۸-۱۸۹۰) در نشریه دوره‌ای *Les Guèpes* ژانویه ۱۸۴۰ است: Si I'on veut abolir la peine de mort en ce cas, que MM. les assassins commencent (اگر مجازات اعدام این است که باید به این صورت از بین رفت، پس قاتلان باید اولین نفری باشند که از آن‌ها شروع می‌شود. (یعنی، آن‌ها باید کشتن را متوقف کنند)

۲. این سند باقی نمانده است. بدون شک، مفهوم آن از گزارش کرافت-ابینگ به ما رسیده است. یادداشت ۳ نامه ۸ فوریه ۱۸۹۷ فروید را ببینید.

۱۲ آوریل ۱۸۹۷

۹، برگاس ۱۹

ویلهلم عزیز!

با غم و اندوه شنیدم که دوست قدیمی‌ات سیبرت که اخیراً فرصت آشنایی دوباره را با هم داشتیم، سبب شده است که خیلی نگران بیماری‌ای بشوی که نمی‌توانی آن را تشخیص بدهی. من هم برای خودم متأسفم، چون این احتمال وجود دارد که این مسئله مانعی برای ملاقاتمان باشد. البته، امیدوارم همه‌چیز خوب پیش برود و منتظر دستورالعمل‌های سفرت هستم، حتی اگر لازم باشد با تلگرام آن‌ها را بگویی.

من تقریباً کارم را لغو کردم. شنبه بعدازظهر، مارتین با ناگهان بیمار شدن و علائمی در گلویش ما را ترساند. اسکار نخواست بیماری را تشخیص بدهد، در حالی که لافر که اسکار او را پیشنهاد کرده بود؛ بیماری‌اش را دیفتری اعلام کرد. من داشتم می‌لرزیدم؛ گندزدایی به مدت یک هفته ادامه یافت، بچه‌ها باز هم با همدیگر بودند و مجبور بودیم آماده باشیم که یکی پس از دیگری به این بیماری مبتلا شوند، اما آیا زنده می‌ماندند؟ بعدازظهر اسکار را دیدم؛ البته، مهمان بدی بود، اما خوشحالم که به من اطمینان داد همه علائم ذکرشده نشان‌دهنده یک عفونت گلوی عادی‌اند.

صبح روز بعد، لافر به خاطر ترساندن ما عذرخواهی کرد و گفت این بیماری مطمئناً دیفتری نبوده است. البته، او هنوز تب دارد اما حالتش درست مانند دیگر عفونت‌های گلویی است که متناوباً به آن مبتلا می‌شود. بعد به خاطر آوردیم که عفونت گلوی قبلی‌اش در چهارده فوریه از بین رفته بود: یعنی ۲۸ × ۲ روز.

بیماری او از جنبه دیگری هم برای تو جالب خواهد بود. جمعه بعدازظهر (روز قبل) ناگهان «شعری» سرود که امیدوارم مارتا در مورد جزئیات آن برای همسرت نامه بنویسد. شنبه صبح، بخش دوم شعر بیرون آمد و او آن را «تابستان» نامید و این‌طور امضا کرد: شاعر «مارتین فروید». وقتی که شروع می‌کرد به گله و شکایت، به‌ندرت نوشتن یک اثر هنری را مرتب به پایان می‌رساند و بعدازظهر واقعاً تبش بالا بود. بنابراین، قبل از روز خاص،[۲] شنگول بود. روز بعد، وقتی که اُلی یادداشت روزانه خود (خاطراتش) را می‌نوشت باید به این رابطه اشاره کرده

باشد: «دیروز مارتین شاعر شده بود؛ امروز کاملاً بیمار است». اگر این همه ترس وجود نداشت، می‌شد از بچه‌ها بیشتر لذت برد. در این مواقع، با ناراحتی متوجه می‌شوم که اضافه‌کاری و استرس سال‌های اخیر مرا تا کجا پائین کشیده است. تصور نکن که در این‌جا می‌خواهم نظریه سبب‌شناسی‌ام را انکار کنم. من دلتنگ چند روز زیبا هستم؛ دلتنگ چند هفته‌ای که ساعت‌های آزاد داشته باشم و کاری جز کتاب باز کردن، کارت بازی کردن، مطالعه در خیابان‌های پُمپِی و چیزهایی از این دست نداشته باشم.

اجازه بده خیلی زود خبرهایی از تو بشنوم. فقط خبرهای خوب از هر لحاظ. با صمیمانه‌ترین درودها برای تو، همسر عزیز و پسرت.

با احترام!

زیگموند

۱. هرچند، فلیس تاکنون چیزی در مورد این مسئله منتشر نکرده بود، اما باید درباره باورش در مورد ارتباط بین بیماری، خلاقیت و مرگ با فروید صحبت کرده باشد. «دوره آموزش» او، خصوصاً صفحه ۵۹ آن که در یادداشت ۶ نامه ۲۷ نوامبر ۱۸۹۳، راجع به لودویگ پیتش Ludwig Pietsch نقل شده بود را ببینید.

وین، ۲۸ آوریل ۱۸۹۷

ویلهلم عزیز!

دیشب در مورد تو خوابی[۱] دیدم. یک پیغام تلگرام در مورد جای تقریبی تو بود.

ویا

«(ونیز) کاسا سکرنو»

ویلا

این‌طور که من آن را نوشته‌ام، نشان می‌دهد که چه چیز مبهم و چندگانه‌ای به نظر می‌رسد. «سِکرِنو» از همه واضح‌تر بود. احساسم در مورد آن بیان می‌کرد به مکانی که من پیشنهاد کردم، یعنی: کاساکرش[۲] نرفته بودید.

گزارش انگیزه‌ها. علت تحریک‌کننده: حوادث روز گذشته. اچ. این‌جا بود و در مورد نورمبرگ صحبت کرد. او گفت که آن‌جا را خیلی خوب می‌شناسد و همیشه در «پرلِر» اقامت می‌کند. نتوانستم فوراً آن‌جا را به خاطر بیاورم، اما سپس پرسیدم: «پس، خارج از شهر می‌مانی؟» این گفتگو این افسوس را تشدید کرد که به‌تازگی، من نمی‌دانم در کجا اقامت داری و هیچ خبری از تو ندارم. به این دلیل که من می‌خواستم تو در دسترسم باشی و بعضی از چیزهایی را که در کارم دارم تجربه و کشف می‌کنم، با تو در میان بگذارم، اما جرئت نکردم یادداشت‌هایم را به مکانی ناشناخته بفرستم، چون می‌خواستم از تو خواهش کنم آن‌ها را به عنوان مطالبی ارزشمند برایم نگهداری. بنابراین، اگر نشانی‌ات را برایم تلگراف کنی، به خواسته‌ام می‌رسم. پشت کلمات تلگرام خیلی چیزها وجود خواهند داشت. خاطره لذت ریشه‌شناسی که معمولاً تو به من می‌دهی؛ کنایه من به اچ. برای «خارج از شهر بودن»، اما چیزهای دیگری هم هستند که به‌تازگی برایم اتفاق افتاده‌اند. «مثل این‌که تو همیشه باید چیز خاصی داشته باشی!» دلخوری‌ام می‌گوید. ابتدا این را هم به آن اضافه کن که تو اصلاً در قرون وسطی نمی‌توانستی هیچ لذتی ببری و به‌علاوه، واکنش مداوم من به خواب‌ات در مورد دفاع را نیز نداشتی که در آن سعی می‌کرد پدربزرگ را جایگزین پدر کند. در این رابطه، شکنجه دائمی خودم در مورد این‌که چطور می‌توانم به تو اشاره کنم تا بفهمی کسی که در کودکی آی. اف. کاتزل [بچه گربه] نامیده می‌شد و حالا تو را به این نام صدا می‌کند، کیست. به این دلیل که خود من هم هنوز در مورد موضوعات مربوط به پدرها شک دارم، حساس شدنم قابل درک می‌شود. بنابراین، این خواب همه دلخوری‌ها از تو را که به‌طرز ناخودآگاه در من وجود دارند، دربرمی‌گیرد. ضمناً عبارت معناهای دیگری هم دارد:

و یا (خیابان‌های پمپی، که من هنوز دارم روی آن‌ها مطالعه می‌کنم).

ویلا (ویلای رومی بروکلین).

بنابراین، صحبت‌های ما در مورد سفر. سکرنو برای من مانند سالرنو به نظر می‌رسد: ناپولی-سیسیلی. و در پشت آن قول تو درباره هماهنگ کردن دیداری در خاک ایتالیا.

بعد از شانس خوبی که امروز برای تأیید سبب‌شناسی پدری داشتم،[۳] توانستم خواب را به‌طور کامل تعبیر کنم. دیروز، درمان یک مورد جدید را شروع کردم: زن جوانی که به خاطر کمبود وقت، ترجیح دادم او را بترسانم تا برود. او برادری داشته که به صورت دیوانه‌واری فوت کرده است و علامت اصلی‌اش (بی‌خوابی) اولین بار زمانی ظاهر شد که شنیده بود کالسکه‌ای می‌خواست از در جلویی برادرش را به نوانخانه ببرد. از آن زمان به بعد، در او اضطراب سوار شدن به کالسکه و یقین به تصادف کالسکه ایجاد شده است. سال‌ها بعد، اسب‌ها در هنگام رفتن، رَم می‌کنند. او از فرصت استفاده می‌کند و از کالسکه بیرون می‌پرد و پایش می‌شکند. امروز پیش من آمد و اعتراف کرد که به چیزهای زیادی در مورد درمان فکر کرده و یک مانع را پیدا کرده است. «این چیست؟» —«من می‌توانم خودم را تا جایی که باید بد جلوه بدهم، اما باید از بقیه مردم هم چشم‌پوشی کنم. شما باید به من اجازه بدهید از هیچ‌کس اسم نبرم». _«بدون شک اسم‌ها هیچ اهمیتی ندارند. چیزی که در مورد شما اهمیت دارد، رابطه‌هایتان با مردم است. در این‌جا واقعاً نمی‌توان چیزی را مخفی کرد». —«واقعاً منظورم این است که پیش‌ترها درمانم راحت‌تر از امروز بود. قبلاً مشکوک نبودم، اما حالا اهمیت مجرمانه برخی چیزها برایم روشن شده است و نمی‌توانم ذهنم را جمع‌وجور کنم که در مورد آن‌ها صحبت کنم». —«در عوض، باور دارم که یک زن بالغ در مورد مسائل جنسی، شکیباتر است». -«بله، در این مورد حق با شماست. وقتی می‌گویم افرادی که مقصر این چیزها هستند، نجیب و بزرگ‌منش‌اند، فکر می‌کنم این یک نوع بیماری است، نوعی دیوانگی و من باید از آن‌ها عذرخواهی کنم». — «خب، پس بیا صریح صحبت کنیم. در تحلیل‌های من، افراد گناهکار، آشنایان نزدیک‌اند، پدر یا برادر». —«هیچ‌چیزی با فوت برادرم از بین نرفته است». —

«پس، پدرت» و سپس مشخص شد پدرش که ظاهراً نجیب و قابل احترام بوده، در زمانی که او هشت تا یازده ساله بود، مرتباً او را به تخت می‌برد و بدون دخول از او سوءاستفاده می‌کرد. («او را خیس می‌کرده» ملاقات‌های شبانه) حتی در آن زمان هم احساس اضطراب می‌نمود. خواهرش که شش سال از او بزرگتر است و بعدها در مورد همه‌چیز با او صحبت کرده بود، اعتراف می‌کند که او هم تجربه مشابهی با پدر داشته است. یکی از عموزاده‌ها به او گفت که وقتی پانزده ساله بود مجبور شده از آغوش پدربزرگش فرار کند. البته، وقتی به او گفتم که شاید چیزهای مشابه و حتی بدتری در زمان کودکی‌اش روی داده باشد، برایش باورکردنی بود. از دیگر جنبه‌ها، این یک مورد بسیار عادی هیستری با علائم متداول است.

Q.E.D

۱. S.E. ۴ :۱۳۷ را ببینید.

2. Casa Kirsch

پانسیونی در ونیز

۳. مطمئناً اشاره‌ای است به باور فروید (در این زمان) که اغوای جنسی به‌وسیله پدر، جوهر اصلی روان‌رنجوری است. نامه ۱۲ دسامبر ۱۸۹۷ را ببینید: (اعتماد من به سبب‌شناسی پدری به شدت افزایش پیدا کرده است).

۴. در دست‌نوشته آمده است: beichtet، نه آن‌طور که در کتاب *شروع* نوشته شده است: berichtet

۵. در دست‌نوشته آمده است ausgezeichnete, edle Menschen، نه آن‌طور که در کتاب *شروع* به عنوان قید نوشته شده است: edle Menschen.

وین، ۲ می ۱۸۹۷

ویلهلم عزیز!

در خلال این مدت، کارت پستال و تلگرام را دریافت کرده‌ام و افسوس می‌خورم این ملاقات چیزی را که برای من به همراه داشت -لذت و شادابی- برای تو نداشت. از آن زمان به بعد، من در شنگولی دائمی هستم و مانند یک مرد جوان

دارم کار می‌کنم. همان‌طور که از ضمیمه [پیش‌نویس L] متوجه می‌شوی، اطلاعات من دارند تحکیم می‌شوند. در اولین قدم، از ساختار هیستری آگاهی قطعی پیدا کردم. همه‌چیز به بازتولید صحنه‌ها برمی‌گردد. بعضی‌ها را می‌توان مستقیماً به‌دست آورد، بقیه همیشه خیال‌پردازی‌هایی هستند که پیش روی آن‌ها ایجاد می‌شوند. خیال‌پردازی‌ها از چیزهایی که *شنیده شده‌اند* اما *بعدها* درک شده‌اند، ناشی می‌شوند و البته، همه مطالبشان حقیقی هستند. آن‌ها ساختارهای حفاظتی‌اند، والایش حقایق؛ زیبا کردن و تزئین آن‌ها و در عین حال، به عنوان تسکین‌دهنده استفاده می‌شوند. منشأ تصادفی آن‌ها احتمالاً از خیال‌پردازی‌های خودارضائی ناشی می‌شود. بخش مهم دوم این بینش به من می‌گوید که ساختارهای روانی که در هیستری تحت تأثیر سرکوبی قرار می‌گیرند، در واقعیت، خاطره نیستند. -چون هیچ‌کس بدون انگیزه در خاطرات افراط نمی‌کند- بلکه *تکانه‌هایی* هستند که از صحنه اولیه[1] ناشی می‌شوند. اکنون متوجه می‌شوم که تمام سه روان‌رنجوری (هیستری، روان‌رنجوری وسواسی و پارانویا)، عناصر مشابهی را (همراه با سبب‌شناسی مشابه) نشان می‌دهند، یعنی، بخش‌هایی از حافظه، تکانه‌ها (نشأت‌گرفته از خاطرات) و داستان‌های حفاظتی؛ اما نفوذ در ناخودآگاه، شکل‌گیری سازش‌ها (یعنی علائم) در نقاط مختلفی در آن‌ها، روی می‌دهد. در هیستری، خاطره؛ در روان‌رنجوری وسواسی، تکانه‌های انحراف؛ در پارانویا، داستان‌های حفاظتی (خیال‌پردازی‌ها) است که به زندگی عادی نفوذ می‌کنند و به خاطر سازش، اختلالاتی ایجاد می‌کنند.

در این، پیشرفت زیادی را در بینش می‌بینم. امیدوارم به همین صورت تو را هم تکان دهد.

تأییدی دیگر برای صحنه‌های نمونه اولیه هیستری. در مورد جی. چند هفته پیش تشخیص دادم که افسردگی خفیف او مانند افسردگی خفیف پدرش است که زمانی اتفاق افتاد که او هنوز دو سالش هم نشده بود. این را می‌توان به صورت زیر بیان کرد: افسردگی پدرش مربوط به بیماری‌ای است که به سفلیس قدیمی

اشاره می‌کند. (پدرش درواقع، افتادگی پلک دوسویه دارد) این مرد تحت دوره درمانی روغن‌مالی قرار گرفت که درواقع، سبب ناتوانی جنسی‌اش شد و او را مستعد مالیخولیا کرد. قطع رابطه جنسی زناشویی به واسطه مرد دیگری توجه او را به همسر جوان جلب کرد که در نتیجه آن، شوهر وقتی که متوجه بارداری همسرش شد به این‌که پدر بچه باشد، شک کرد و تقاضای طلاق نمود. حالا این بچه از بیمار من دوسال و نیم کوچکتر است؛ رویدادهای مربوط به این، در ماه‌های اول بارداری اتفاق افتادند، یعنی در دوره‌ای که او بیست و یک تا بیست و چهار ماهه بوده است. موارد زیر رخ داده‌اند: پدر که حالا شصت و دو ساله است، به آن پسرش که از وضعیت سلامتی‌اش راضی نبود، گفت: «می‌بینی، وقتی که یک نفر با پزشکان مشورت می‌کند و یک نفر نمی‌داند، این مسئله روی می‌دهد. در واقعیت، من هم افسرده بودم، سی و هفت سال پیش، وقتی که تو هنوز دو ساله هم نبودی. من نزد پزشک خانوادگی‌مان رفتم؛ او شش هفته مرا از این‌جا دور کرد و من معالجه شدم».

در حال حاضر، از دیگر جنبه‌ها هم خیلی خوب هستم. من هنوز هم می‌خواهم از تو بپرسم به نظر درست می‌رسد که تراشیدن گلو و درآوردن لوزه با بیهوشی خفیف روی مارتین انجام شود و این‌که فکر می‌کنی آیا نباید داروی لافر مصرف شود؟ لطفاً نظرت را به من بگو؛ امسال واقعاً مضطرب شده‌ام.

در پانزدهم مِی به آسی می‌رویم، در آن‌جا، همان‌طور که به خاطر می‌آوری، یک اتاق کوچک برای مهمان، منتظر همه شماست. هنوز نمی‌توانم مدل درست‌شده از نان را برایت بفرستم. بهبودی من تاکنون فقط برای کار ناخودآگاه حاصل شده است؛ هنوز نمی‌توانم آگاهانه آن را انجام بدهم.

امیدوارم سرانجام، دریاچه‌ها برایت لذت‌بخش شده باشند. من به این راحتی انتقاد تو را از ونیز نخواهم بخشید، اما کمی از هارمونی و ساختار تند و تلخ را درک می‌کنم که براساس زیباترین قسمت‌های فرایندهای روانی تو ساخته شده است.

بهترین آرزوها برای هر دوی شما برای داشتن روزهای لذت‌بخش!

با احترام!

زیگموند

۱. اشاره‌ای به باور فروید که اغوای جنسی به‌وسیله پدر، منشأ روان‌رنجوری است. نامه ۱۲ سپتامبر ۱۸۹۷ او را ببینید.

پیش‌نویس L

[ضمیمه‌شده با نامه]

ساختار هیستری

به نظر می‌رسد هدف، رسیدن به اولین صحنه‌های [جنسی][1] باشد. در چند پرونده، رسیدن به این صحنه‌ها به طرز مستقیم است، اما در بقیه پرونده‌ها تنها از طریق راه انحرافی به‌وسیله خیال‌پردازی‌ها به آن می‌رسند؛ به این دلیل که خیال‌پردازی‌ها نماهای روانی ایجادشده برای دسترسی به این خاطرات‌اند. خیال‌پردازی‌ها، هم‌زمان به اصلاح خاطرات از طریق پالایش آن‌ها تمایل دارند. آن‌ها به‌وسیله چیزهایی ساخته می‌شوند که *شنیده* شده و *بعدها* استفاده شده‌اند و بنابراین، چیزهای تجربه‌شده و شنیده‌شده؛ حوادث گذشته (از تاریخچه والدین و نیاکان) و چیزهایی که به‌وسیله خود فرد دیده شده‌اند را با هم ترکیب می‌کنند. آن‌ها به چیزهای شنیده‌شده مربوط‌اند، همان‌طور که خواب‌ها به چیزهای که دیده شده‌اند. در خواب‌ها، مطمئناً ما چیزی نمی‌شنویم بلکه می‌بینیم.

نقشی که توسط دختران خدمتکار ایفا شد

بار این گناه عظیم با سرزنش خود (برای دزدی، سقط جنین) ممکن شده است که به واسطه همانندسازی با کسانی که اخلاق پستی دارند و در ارتباط جنسی با پدر یا برادرشان به عنوان جسم زنانه بی‌ارزش به خاطر آورده می‌شوند و در نتیجه والایش این دختران در خیال‌پردازی‌ها، غیرمحتمل‌ترین مطالبه‌ها از دیگر افراد در خیال‌پردازی‌های آن‌ها جای می‌گیرد. ترس از فاحشگی (ترس از تنها

ماندن در خیابان)، ترس از این‌که مردی زیر تخت پنهان شده باشد و غیره، نیز به دختر خدمتکار اشاره می‌کنند. عدالت غم‌انگیزی در این شرایط وجود دارد که تعظیم کردنِ سرپرست خانواده به خدمتکار کفاره تحقیر نمودنِ دخترش است.

قارچ‌ها

تابستان گذشته، یک دختر از چیدن گل یا حتی بیرون کشیدن قارچ می‌ترسید، چون این کار برخلاف دستور خداست که نمی‌خواهد هیچ تخم زنده‌ای از بین برود. این از خاطره یک متولّی مذهبی[2] که مادرش در مورد پیشگیری هنگام رابطه جنسی گفته بود، ناشی می‌شد. چون به آن وسیله تخم‌های زنده از بین خواهند رفت. از «اسفنج‌ها» (اسفنج‌های پاریسی)[3] صریحاً به عنوان یکی از این پیشگیری‌ها نام برده شده بود. مضمون اصلی روان‌رنجوری او همانندسازی با مادرش بود.

دردها

دردها احساس واقعیِ تثبیت نیستند بلکه تکرار عمدی یک تثبیت‌اند. کودک به گوشه‌ای، بخشی از یک مبل و یا چیزی شبیه به آن برخورد می‌کند و بنابراین، با *اندام‌های تناسلی‌اش تماس پیدا می‌کند*، به منظور تکرار همان صحنه که حالا نقطه‌ای است که بعد از تحت فشار قرار گرفتن با آن گوشه، دردناک شده است، تثبیت روی می‌دهد.

گوناگونی شخصیت‌های روانی

واقعیت تشخیص، شاید به ما این اجازه را بدهد که این عبارت را به صورت *معنی واقعی کلمه* در نظر بگیریم.

جمع‌بندی

مکملی برای داستان قارچ. دختر تقاضا می‌کند که همه‌چیزهایی که به او داده می‌شود، بسته‌بندی شده باشد. (کاندوم)

ویرایش‌های مختلف خیال‌پردازی‌ها –آیا آن‌ها باز هم به گذشته مرتبط می‌شوند!
[به تجربه اصلی]

در مواردی که در آن، بیماران آرزوی بیماری می‌کنند و به رنج‌هایشان دامن می‌زنند، این رفتار مرتباً رخ می‌دهد، چون رنج به عنوان یک سلاح حفاظتی علیه میل جنسی‌شان استفاده می‌شود؛ یعنی، به خاطر عدم اطمینان به خودشان. در این فاز، سیمپتوم میمیک (اثر تکرار تجربه گذشته) به یک نشانه دفاعی تبدیل می‌شود: دو جریان فعال با هم ترکیب می‌شوند. در مراحل اولیه، آن سیمپتوم نتیجه میل جنسی بود، سیمپتوم تحریک‌آمیز: ممکن است بین مراحل، از خیال پردازی به عنوان دفاع استفاده شود.
می‌توان همین مسیر، زمان و موضوعات تشکیل‌دهنده خیال‌پردازی را دنبال کرد که به شدت شبیه به تشکیل رویاها هستند، اما هیچ بازگشتی در فرم وجود ندارد (در نحوه ارائه خیال‌پردازی‌ها) بلکه فقط پیشرَوی است. رابطه‌ای مابین رویاها، خیال‌پردازی‌ها و بازتولید.

آرزو -رویایی دیگر

ای. گفت: «فکر می‌کنم این یک خواب آرزومندانه است»، «من رویا می‌دیدم که درست وقتی که با یک خانم به خانه‌ام رسیدم، پلیس مرا دستگیر کرد و خواست مرا به کالسکه ببرد. من کمی زمان خواستم تا کارهایم را مرتب کنم و چیزهایی از این قبیل. این ماجرا صبح اتفاق افتاد، بعد از این‌که شب را با این زن گذرانده بودم» –«ترسیده بودی؟» –«نه» –«می‌دانی که به چه چیزی متهم شده بودی؟» –«بله، به خاطر کشتن یک بچه» –«آیا این خواب ارتباطی با واقعیت داشت؟» –«من یک بار مسئول سقط جنین بودم که از عشق‌بازی ناشی شده بود.

از فکر کردن به آن متنفرم» –«خب، صبح پیش از این خواب چیزی اتفاق افتاده بود؟» –«بله، من بیدار شدم و رابطه جنسی داشتم». –«اما جلوگیری کرده بودی؟» –«بله، با بیرون کشیدن» –«سپس، ترسیدی که ممکن است او باردار شده باشد و این خواب، تحقق یافتن خواسته‌ات را نشان می‌دهد که چیزی نباید رخ دهد، این‌که تو بچه را در نطفه خفه کردی. تو از احساس اضطرابی استفاده کردی که بعد از رابطه جنسی این‌چنینی به عنوان موضوعی برای خواب تو به وجود می‌آید.

1. urszenen

منظور فروید این است: من به صحنه‌های اغوای واقعی -اولین صحنه‌ها اعتقاد دارم «صحنه‌های نخستین». در صحنه بعدی رابطه جنسی بین والدین، اولین بار در مبحث گرگ مرد استفاده شد (S.E. ۱۸ : ۳۸۹).

۲. در دست‌نوشته آمده است: Skrupel و نه آن‌طور که در کتاب *شروع* نوشته شده است: Spruche

۳. فرمی از وسیله ضد آبستنی. کلمه آلمانی Schwamme، هم به معنی قارچ است و هم به معنی اسفنج.

۱۶ می ۱۸۹۷

ویلهلم عزیز!

اکنون آمده‌ام از یک بعدازظهر خوب روز یکشنبه لذت ببرم و برای آخرین نامه‌ات که بسیار آموزنده بود، از تو تشکر کنم. بانگ[1] برای من بسیار خوب بود. سرانجام، ما تنها انسان‌های باهوش جهان نخواهیم بود، چیزی که به نظر ما منطقی می‌رسد، باید مورد علاقه چند انسان توانا نیز باشد. بانگ مطمئناً به کل دسته پروفسوران دانشگاه خوش‌آمد می‌گوید. من از مطلع کردن تو در مورد دو انتقاد ناچیزی که بعد از نورمبرگ به دانش من ایراد شد و یکی از آن‌ها به‌وسیله دستیار شارکو گفته شد، چشم‌پوشی می‌کنم. می‌توانی به آرامی با آن سازش کنی.

از نامه‌ات می‌توانم بگویم که از نظر روانی سرزنده‌ای. امیدوارم باز هم برای مدت طولانی خودِ قدیمی‌ات باقی بمانی و به من اجازه بدهی که از تو به عنوان شنونده

مشتاق، بهره ببرم. من بدون چنین شنونده‌ای واقعاً نمی‌توانم کار کنم. اگر موافقی، من باید مانند آخرین بار عمل کنم و همه یادداشت‌هایی را که آماده کرده‌ام برایت بفرستم؛ با این درخواست که هر وقت بخواهم آن‌ها را برایم بفرستی. مهم نیست از کجا شروع کنم، همیشه درست پشت دستگاه Ψ [روانی] و روان‌رنجوری هستم. اگر نمی‌توانم خودکارم را بردارم که چیز دیگری بنویسم، مطمئناً نه بی‌تفاوتی بی‌غرض است و نه بی‌تفاوتی شخصی. همه‌چیز دارد در من تخمیر می‌شود و حباب می‌زند؛ من فقط منتظر پیشرانه جدید هستم. نمی‌توانم ذهنم را در مورد نوشتن خلاصه اولیه‌ای از کار کلی که تو می‌خواهی جمع‌وجور کنم؛ باور دارم چیزی که مانع من می‌شود این توقع مبهم است که به زودی چیزی ضروری روی خواهد داد. از سوی دیگر، فکر می‌کنم مجبورم کار روی رویا را شروع کنم که به آن بسیار مطمئنم -و در قضاوت تو، سزاوار آن هستم. در حال حاضر، مجبورم کارم را قطع کنم؛ فوراً باید چکیده‌ای از تمام مطالب منتشرشده‌ام[2] برای چاپخانه، آماده کنم؛ رأی دادن [برای جایگاه استادی] همین روزها برگزار خواهد شد. اکنون کارم به پایان رسیده و باز هم دارم به [کتاب] *رویا* فکر می‌کنم. دارم به ادبیات نگاه می‌کنم و حس می‌کنم گویی یک پسربچه شریر سِلتی هستم: «اوه، چقدر خوشحالم که هیچ‌کس، هیچ‌کس نمی‌داند ....»[3] هیچ‌کس حتی شک نمی‌کند که *رویا* یاوه نیست بلکه همه منتظر به پایان رسیدن آن هستند.

نمی‌دانم آیا قبلاً در مورد آن چیزی برایت نوشته‌ام یا نه؛ مطمئناً بله و حالا فقط برای احتیاط، تکرار می‌کنم که منبع هذیان‌های شنیداری در پارانویا کشف شده است. خیال‌پردازی‌ها، مانند هیستری، از چیزی که شنیده شده و بعدها درک شده است، ناشی می‌شوند.

کشتی مغرور چند روز بعد از برگشتنم، شکست. بانکدار من که در تحلیل خود از همه پیشرفته‌تر بود، در نقطه حیاتی پر کشید، درست پیش از این‌که آخرین صحنه‌ها را به من نشان بدهد. این مطمئناً، به‌طور اساسی به من آسیب زد و مرا

متقاعد کرد که همه‌چیز را در مورد دلیل اصلی این موضوع نمی‌دانم، اما نیروی تازه‌ای به من بخشید. من به‌راحتی با این مسئله کنار آمدم و به خودم گفتم خب، باید بیشتر منتظر بمانم تا درمانم کامل شود. این احتمال وجود دارد و باید انجام شود.

دختر عمو الیس وی. جی. احتمالاً به زودی این‌جا را ترک خواهد کرد، یا حداقل خواهد ماند. رفتارش بسیار عجیب بود، باید دید که آیا [درمان] فایده‌ای برای او داشته است یا نه و این‌که آیا به درمان ادامه خواهد داد یا نه. هیچ شکی وجود ندارد که موضوع به پایان نرسیده است.

می‌خواستم هجدهم بچه‌ها را به آسی بفرستم. مارتا می‌خواهد تا عید پنجاهه این‌جا بماند. آب‌وهوای بد سبب شد که به مدت نامعلومی آن را به تعویق بیندازیم. مارتین، حمله خفیف *شاعری* دیگری داشت، این بار کمی پیش از موعد، سی و پنج روز بعد از آخرین شعر، اما ۹۱ = ۵۶ + ۳۵ روز بعد از آخرین عفونت گلو. به هر حال، این بار الهام بیشتر از دو روز طول کشید؛ در همان زمان، دو دندانش را از دست داد که دو روز بین هر کدام فاصله افتاد. او شعری نوشت: «تعطیلات در جنگل» و سپس شعر دوم که هنوز کامل نشده است: «شکار». این که جراحی روی او انجام شده است، را می‌توانی از شعر او در زیر متوجه بشوی:

«گفتگوی حیوانات دانا»

گوزن کوچک گفت: «خرگوش»

«آیا وقتی که چیزی قورت می‌دهی، هنوز گلویت درد می‌کند؟»

وقتی اُلی داشت به ساخته‌اش نگاه می‌کرد، خیلی بامزه بود. او از اشتباهات املایی غیرقابل اجتناب عصبانی شده بود. گویا واقعاً گزنفون[۴] است برای نشریه فیلیگندِبله.[۵] مثل وقتی که یونانیان دوباره دریا را دیدند و با خوشحالی فریاد زدند: «تالاسا». (همچنین می‌توان تالاتا هم گفت) ماتیلده اکنون از اسطوره‌شناسی به وجد آمده است و به خاطر یونانیان که همیشه قهرمانان بزرگی

بوده‌اند و از ضربه‌های سنگین ترک‌ها رنج می‌بردند، به شدت گریه می‌کند. گروه واقعاً جالبی هستند.

به هر حال، بروئرها را در بولتزانو ندیدی؟ روزی که من رسیدم آن‌ها این‌جا را به مقصد بولتزانو ترک کردند. حالا چهار هفته از اولین روز زیبای عید پاک گذشته است.

اکنون چند دانشجوی جدید دارم و یک شاگرد واقعی از برلین، دکتر گاتل،[۶] که در خانه سلامت لِوینستاین دستیار بوده و به این‌جا آمده تا چیزی از من بیاموزد. من به او قول دادم که به صورت کلاسیک (پیرامونی) و نه در آزمایشگاه و در بخش پزشکی بیمارستان به او تعلیم خواهم داد و کنجکاوم بدانم که او چگونه کار می‌کند. اتفاقاً او نیمه‌آمریکایی و نوه پرفسور درسنفِلد در منچستر است.

در چند روز گذشته، همه نوع ایده خوب برایت داشتم، اما باز هم همه آن‌ها از بین رفتند. من باید منتظر پیشرانه بعدی بمانم که همه آن‌ها را برگرداند. تا آن زمان، می‌خواهم اخبار خوب و پرجزئیاتی از تو، آیدا و رابرت بشنوم و همچنین سیبرت و مادرت چطورند.

با صمیمانه‌ترین درودها و آرزوی موفقیت در کارَت!

با احترام!

زیگموند

1. Gustav Bunge

گوستاو بانگ (۱۸۴۴-۱۹۲۰)، روان‌شناس در بازل.

۲. این چکیده در ۲۲۵-۲۲۶: ۳ .S.E به چاپ رسید.

۳. در متن آلمانی آمده است: “Ach wie bin ich froh, dass es niemand, niemand Weiss” این در کتاب *منشأ* به این صورت ترجمه شد: «من چقدر خوشحالم که چشم هیچ مردی پوشش لباس «پاک، Puck» را سوراخ نکرده است (صفحه ۲۰۱). فروید دارد از برادران گریم Grimm، رامپلستیلشن Rumpelstilzchen نقل می‌کند که هیچ‌کس آن‌ها را نمی‌شناسد. این‌که چرا فروید او را بچه شریر سِلتی می‌نامد، مشخص نیست.

4. Xenophon

5. Fliegende Blätter

نشریه طنز آلمانی، در زمان فروید

6. Felix Gattel

فلیکس گاتل، یک پزشک اهل برلین، ممکن است واقعاً توسط فلیس نزد فروید فرستاده شده باشد (دکر ۱۹۷۷؛ سلووِی ۱۹۷۹، صفحه ۵۱۳ و جونز، در زندگی ۳۳۴: ۱ را ببینید). در سال ۱۸۹۸ گاتل یک کتاب شصت و هشت صفحه‌ای منتشر کرد به نام *"über die sexuellen Ursachen der Neurastbenie undAngstneurose"* (برلین هیرشوالد). موبیوس Mobius در مجله: *"Schmidt's jabrbücher der* in- und *ausländiischen gesamten Medizin"* بازبینی منفی‌ای نسبت به آن داشت، ۲۱۴: (۱۸۹۸) ۲۵۹. بازبینی دستیار کرافت-ابینگ، یعنی پی. کارپلوس P. Karplus (که گاتل در مقدمه از او تشکر می‌کند)، در هفته‌نامه پزشکی وین ۶۹۰-۶۸۹ (۱۸۹۸) ۲ بسیار مخرب‌تر بود و شامل انتقاد شدید از فروید بود (فروید به طرز آشکار به گاتل توضیح داده بود که یک دختر چهار ساله «اغواکننده»، تنها «کاری را تکرار می‌کند که قبلاً روی او انجام شده است». تفکری که کارپلوس آن را ظالمانه می‌دانست).

۲۵ می ۱۸۹۷

ویلهلم عزیز!

همراه این نامه «فهرستی از تمام زیبایی‌ها...»[1] را برایت می‌فرستم. تصمیم‌گیری هیئت به تأخیر افتاده است. در آخرین جلسه، مخالفت جدیدی وجود داشت و بنابراین، جلسه به تعویق افتاد. خوشبختانه، علائق من به جای دیگری است.

ضمیمه حاوی پیشرانه تفکرهاست که امید زیادی را در من به وجود آورده است. اگر بتوانم آن را به پایان برسانم، می‌توانم دیداری خودمانی از برلین داشته باشم. من تخمین می‌زنم که این تا سال بعد روی نخواهد داد.

بسیار مشغول تحلیل دوره‌های بارداری تو شده بودم. کاش هندسه این جبر را داشتم! پذیرش این تفاوت‌ها، مشخصاً اجازه موقعیتی را می‌دهد که کل روز نیست بلکه فازی از آن است تا رویداد را تعیین کند، اما سپس، ۲۸-۲۳ (؟) .N

به چه معنی است، در حالی که ۲۸ بزرگتر از ۲۳ است؟ این ابهام جالب‌ترین توقعات را ایجاد می‌کند.

دار و دسته من دیروز بعدازظهر به همراه مینا این‌جا را به مقصد آسی ترک کردند و طبق گزارش‌ها در آب‌وهوای عالی به آن‌جا رسیدند. مارتا تا عید پنجاهه این‌جا می‌ماند.

اولین عفونت گلوی مارتین — یکشنبه ۱۴ فوریه

دومین عفونت گلوی مارتین — شنبه ۱۰ آوریل

(شروع، به احتمال زیاد یکشنبه ۱۳ فوریه بوده است) = ۵۶ روز = ۲۸ × ۲

اولین شعر: داکستاین — جمعه ۹ آوریل/ شنبه ۱۰ آوریل

دومین شعر — جمعه ۱۴ می

روز بعد و همچنین شنبه ۱۵ مِی

کمی بعد از یکشنبه ۱۶ مِی

(دو دندان در این سه روز)

سومین شعر — چهارشنبه ۱۹ مِی

(کاهش قطعی فعالیت شاعری)

از صمیم قلب

با احترام

زیگموند

تولد در ۷ دسامبر ۱۸۸۹

۱. عبارت برگرفته‌شده از لپرلو در اپرای موتزارت دون جیووانی. این در «آوازهای کاتالوگ» است که به پیروزی‌های قهرمان اشاره می‌کند. در این‌جا به شوخی برای اشاره کردن به "Inhaltsangaben der wissenschaftlichen Arbeiten des Privatdozenten" دکتر زیگموند فروید ۱۸۹۷-۱۸۷۷، فروید که به‌طور خصوصی توسط (دوتیکه) چاپ شد، استفاده شده است.

پیش‌نویس M. معماری هیستری

(ضمیمه‌شده به همراه نامه)

احتمالاً چیزی مانند این: می‌توان مستقیماً به برخی صحنه‌ها دسترسی پیدا کرد، اما بقیه فقط با خیال‌پردازی در مقابل آن‌ها حاضر می‌شوند. صحنه‌ها به ترتیبِ افزایش مقاومت، سازماندهی می‌شوند؛ آن‌هایی که از همه کمتر سرکوب شده‌اند، [به روشنی] به ابتدا می‌آیند، اما فقط به‌طور ناقص و به واسطه ارتباطشان با صحنه‌های به شدت سرکوب‌شده. مسیر اتخاذشده توسط کار [تحلیلی] در ابتدا از حلقه‌ها به صحنه‌ها یا، تا مجاورت آن‌ها، پائین می‌رود. سپس، کمی پائین‌تر از یک سیمپتوم در جایی عمیق‌تر یک علامت دیگر را شکل می‌دهد. به این دلیل که بیشتر صحنه‌ها در چند سیمپتوم ترکیب شده‌اند، مسیر ما از طریق افکار زمینه‌ای با سیمپتوم‌های مشابه، حلقه‌های تکرار ایجاد می‌کند. [تصویر ۶ را ببینید]

سرکوبی

باید تصور کرد که عنصر ضروریِ مسئول سرکوبی[1] همیشه زنانه است. این مسئله با این واقعیت تأیید می‌شود که زن‌ها و همچنین مردها، تجربیات با زن‌ها را راحت‌تر از مردها قبول می‌کنند. چیزی که مردها درواقع سرکوب می‌کنند، عنصر لواط‌گری است.

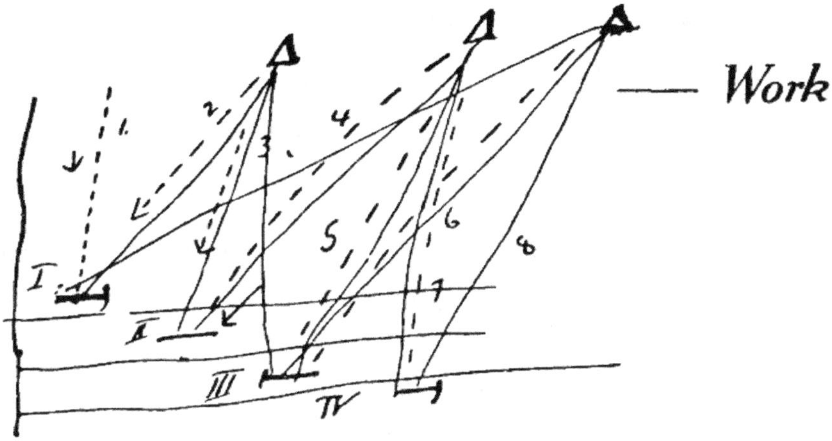

در اصل، همه خط‌چین‌ها، فلش‌ها و اعداد و همچنین کلمه «کار» و خط پیش از آن، به رنگ قرمزند.

خیال‌پردازی‌ها

خیال‌پردازی‌ها از ترکیب ناخودآگاه چیزهایی که تجربه و شنیده شده‌اند، طبق تمایلات معیّن ناشی می‌شود. این تمایلات به منظور غیرقابل دسترس کردن حافظه از چیزی است که سیمپتوم‌ها از آن پدید آمده‌اند یا ممکن است پدید بیایند. خیال‌پردازی‌ها توسط آمیختگی و تحریف مشابه با تجزیه یک جسم شیمیایی شکل گرفته که با جسم دیگری ترکیب شده است. چراکه اولین نوع از تحریف‌ها شامل دگرگونی حافظه است که توسط چندپارگی ایجاد شده‌اند و در آن روابط با ترتیب زمانی، نادیده گرفته شده‌اند. (به نظر می‌رسد اصلاحات ترتیب زمانی به‌طور خاص روی فعالیت سیستم خودآگاه تأثیر دارند). سپس، بخشی از صحنه دیداری با بخشی از صحنه شنیداری در خیال‌پردازی‌ها با هم ترکیب می‌شوند، در حالی که بخش‌های رهاشده به چیز دیگری پیوند می‌خورند. بنابراین، پیوند اصلی غیرقابل ردگیری می‌شود. در نتیجه تشکیل خیال‌پردازی-هایی از این دست، (در دوره‌های تحریک) علائم ردیابی متوقف می‌شوند. در عوض داستان‌های ناخودآگاهی وجود دارند که در معرض دفاع نبوده‌اند. اگر حالا

شدت چنین خیالی به نقطه‌ای برسد که باید آن را پیوند زد تا راهش به خودآگاه باز شود، این خیال‌پردازی در معرض سرکوبی قرار می‌گیرد و علامت از طریق [فرایند] برگرداندن خیال‌پردازی‌ها [۲] به حافظه مؤلفه، ایجاد می‌شود.
همه علائم اضطراب (فوبی‌ها) به این صورت از خیال‌پردازی‌ها ناشی شده‌اند. با این وجود، این سیمپتوم‌ها را ساده می‌کند. سومین حرکت رو به جلو و سومین روش تشکیل سیمپتوم شاید از تشکیل تکانه‌ها شروع شود.[۳]

انواع جابه‌جایی سازش

جابه‌جایی با تداعی: هیستری
جابه‌جایی با تشابه (مفهومی): روان‌رنجوری وسواسی
(ویژگی محلی که دفاع در آن روی می‌دهد و شاید ویژگی زمان).
جابه‌جایی علت و معلولی: پارانویا

نمونه معمولی زنجیره رویدادها

زمینه‌های خوبی وجود دارد برای تردید به این‌که ایجاد شدن چیزی که سرکوب می‌شود به شانس واگذار نمی‌شود بلکه از قوانین تحول تبعیت می‌کند. به‌علاوه این سرکوبی از چیزی که به‌تازگی روی می‌دهد عقب‌تر می‌رود و ابتدا بر رویدادهای تازه اثر می‌گذارد.

تفاوت‌های بین خیال‌پردازی‌ها در هیستری و پارانویا

در پارانویا، سیستماتیک است و همه آن‌ها با هم هماهنگ‌اند؛ در هیستری، مستقل از همدیگر و همچنین متناقض‌اند؛ یعنی عایق‌دارند، گویی به‌طور خودکار (با یک فرایند شیمیایی) ایجاد شده‌اند. هیچ شکی وجود ندارد که این و همچنین نادیده گرفتن ویژگی زمان، برای تمایز بین فعالیت در نیمه خودآگاه و ناخودآگاه ضروری هستند.

سرکوبی در ناخودآگاه

در نظر گرفتن سرکوبی بین نیمه‌خودآگاه و ناخودآگاه کافی نیست. ما باید سرکوبی نرمال در خود سیستم ناخودآگاه را نیز در نظر بگیریم.
بسیار جالب توجه است، اما هنوز بسیار مبهم است.
بی‌نقص‌ترین امید وجود دارد که تعیین تعداد و نوع خیال‌پردازی‌ها درست همان‌طور که با صحنه‌ها امکان‌پذیر است، ممکن می‌شود. عاشق بیزاری (ارجاع به پارانویا) به‌طور منظم پیدا می‌شود و به عنوان ابزار نامشروع کردن روابط مورد بحث، استفاده می‌شود. به نظر می‌رسد ترس از مکان‌های باز به افسانه فاحشگی بستگی دارد که خود آن هم یک بار دیگر به این عاشقانه خانوادگی بازمی‌گردد. بنابراین، زنی که به تنهایی بیرون نمی‌رود، بی‌وفا بودن مادرش را ادعا می‌کند.

۱. در اصل نوشته شده است Verdrangende، نه آن‌طور که در کتاب شروع نوشته شده است: Verdranget

۲. Ruckdrangung، کلمه‌ای که در فرهنگ لغت یافت نشد؛ به‌وسیله فروید به خاطر شباهت با Verdrangung ساخته شد، اما نشان‌دهنده حرکت روبه‌عقب است. بنابراین، می‌توان تفسیر کرد که این علامت به‌وسیله پس‌رفت یا پس‌رَوی ایجاد شده که در آن خیال به عناصر سازنده‌اش تجزیه شده است.

۳. در کلِ این بخش، فروید از Fantasiebildung و Sypmtom bildung استفاده می‌کند که استرچی شاید با راهنمایی گرفتن از عنوان «معماری» آن را به «ساختار» ترجمه می‌کند. «تشکیل»، عبارت استفاده‌شده در این‌جا، برای خوانندگان انگلیسی‌زبان از نوشته‌های بعدی فروید آشنا است.

۳۱ می ۱۸۹۷
۹، برگاس ۱۹

ویلهلم عزیز!

مدت زیادی است که چیزی از تو نشنیده‌ام. همراه این نامه چند تکه به ساحل ذهنم نشسته که از پیشرانه قبلی باقی مانده‌اند. من آن‌ها را فقط برای تو

یادداشت کرده‌ام و تو آن‌ها را برای من نگه خواهی داشت. من هیچ‌چیز را با عذرخواهی یا توضیح اضافه نمی‌کنم: می‌دانم این‌ها تنها اخطارهای قبلی‌اند، اما چیزی از همه‌چیزهایی که مانند آن هستند، بیرون آمده است؛ من مجبورم فقط بخش‌هایی از خردمندی را که می‌خواستم به سیستم نیمه‌خودآگاه اضافه کنم، پس بگیرم. دلشوره دیگری به من می‌گوید، گویی آن را از قبل می‌دانم، اما اصلاً چیزی نمی‌دانم که باید خیلی زود منبع اخلاق را کشف کنم. بنابراین، کل موضوع هنوز در توقعات من رشد می‌کند و بیشترین لذت را به من می‌دهد. اگر تو نزدیک‌تر بودی، من می‌توانستم راحت‌تر در مورد آن با تو صحبت کنم.

به جز این، حس کردن تابستان بسیار قدرتمند است. بعدازظهر روز جمعه برنامه‌ریزی کردیم که برای عید پنجاهه به آسی برویم. نمی‌دانم که آیا چیزی که ارزش گزارش کردن داشته باشد، برایم روی خواهد داد یا نه. نمی‌خواهم دیگر روی چیزی کار کنم؛[1] حتی [کتاب] *رویاها* را نیز کنار گذاشته‌ام. به‌تازگی خواب دیدم که به خاطر ماتیلده بیش‌ازحد تحت تأثیر قرار گرفته بودم و او را هِلا[2] صدا می‌کردم و بعد از آن باز «هِلا» را پیش رویم دیدم که با حروف پررنگ نوشته شده بود. راه حل: هِلا نام یک نوه آمریکایی است که عکس او برایمان فرستاده شده بود.

ماتیلده می‌توانست به این خاطر هِلا نامیده شود، چون به‌تازگی به خاطر شکست یونانیان اشک‌های تلخی ریخته بود. او شیفته افسانه یونان باستان شده است و همه یونانیان را قهرمان می‌بیند. البته، این خواب نشان‌دهنده آرزوی من برای گرفتن یک پیتر[3] به عنوان مبتکر روان‌رنجوری است و بنابراین [این خواب] پایانی است بر شک‌های همیشه عودکننده من.

یک بار دیگر خواب دیدم که با لباس بسیار کمی دارم به راه پله می‌روم. همان‌طور که خواب صریحاً تأکید می‌کرد، با چالاکی زیادی حرکت می‌کردم. (قلبم– اطمینان‌آفرینی) هرچند، ناگهان متوجه شدم که زنی پشت سر من می‌آید و بی‌درنگ این حس را که در خواب‌ها بسیار متداول است، پیدا کردم؛ به

نقطه‌ای چسبیدم و زمین‌گیر شدم. احساس متعاقب آن اضطراب نبود بلکه تحریک جنسی بود. بنابراین، می‌بینی که چطور از ویژگی احساس فلج خواب برای تکمیل آرزوی عورت‌نمایی استفاده شده است. درواقع آن شب، از طبقه همکف آپارتمان مان به بالای پله‌ها می‌رفتم، بدون هیچ‌گونه مزاحمتی، و به این فکر می‌کردم که شاید یکی از همسایه‌هایمان در راه پله باشد.

جدیداً بروئر [بیماری] را به من ارجاع داده است، درست همان‌طور که در مسئله تومور بدخیم، بیماری را به تو ارجاع داد. می‌بینی، در این سیستمی وجود دارد.

با صمیمانه‌ترین درودها برای تو، همسر عزیز و پسرت!

با احترام!

زیگموند

۱. کلمه آلمانی آن **nichts** است: که در کتاب *شروع* به اشتباه **nicht** خوانده شده است.

۲. Hella: یونانی.

۳. پیش‌تر در دست‌نوشته اشتباهاً به جای پیتر، واتر خوانده شده است.

پیش‌نویس N

(ضمیمه‌شده با نامه)

تکانه‌ها

تکانه‌های خصمانه علیه والدین (آرزوی مرگ آن‌ها) نیز جزء جدایی‌ناپذیر روان رنجوری است. آن‌ها به‌طور خودآگاه به عنوان افکار وسواسی مشخص می‌شوند. در پارانویا بدترین ویژگی توهم‌های آزار (عدم اعتماد آسیب‌شناسی به قوانین و پادشاهان) مطابق با این تکانه‌های خصمانه علیه والدین هستند. این تکانه‌ها در دوره‌هایی که دلسوزی نسبت به والدین ایجاد می‌شود -یعنی در زمان بیماری یا مرگشان- سرکوب می‌شوند. در چنین وقت‌هایی، بروز سوگواری جهت سرزنش

خود برای مرگ آن‌ها (اصطلاح مالیخولیا) یا تنبیه خود به شکل هیستریایی، از طریق تفکر جبران، با همان حالت‌های بیماری که آن‌ها به آن مبتلا بودند، رخ می‌دهد. همانندسازی‌ای که در این‌جا روی می‌دهد، همان‌طور که می‌توان دید، چیزی به جز شیوه تفکر نیست و به دنبال انگیزه‌های غیرضروری نمی‌گردد.
گویی این آرزوی مرگ در پسرها علیه پدرانشان و در دخترها علیه مادرانشان است. خدمتکار با آرزوی این‌که خانمش بمیرد تا اربابش بتواند با او ازدواج کند، انتقالی از این نوع را انجام می‌دهد. (مشاهده: خواب لیزل در مورد مارتا و من)

رابطه بین تکانه‌ها و فانتزی‌ها

به نظر می‌رسد خاطرات دو شاخه هستند. یک بخش از آن‌ها کنار گذاشته می‌شود و خیال‌پردازی‌ها جایگزین‌شان می‌شوند. به نظر می‌رسد بخش قابل دسترسی دیگر، مستقیماً به تکانه‌ها منجر می‌شود. این احتمال وجود دارد که تکانه‌ها بتوانند از خیال‌پردازی‌ها نیز ناشی شوند؟
به‌طور مشابه، روان‌رنجوری وسواسی و پارانویا به مقدار مساوی از هیستری ناشی می‌شوند که ناسازگاری آن‌ها را توضیح می‌دهد.

جابه‌جاسازی باور

باور (شک) پدیده‌ای است که کاملاً به سیستم ایگو (خودآگاه) تعلق دارد و هیچ همتایی در ناخودآگاه ندارد. در روان‌رنجوری، باور جابه‌جا می‌شود؛ چیزی که سرکوب شده است انکار می‌شود، اگر وادار به بازتولید شود. -و به عنوان تنبیه ممکن است فرد بگوید- به جایی جابه‌جا می‌شود که از آن دفاع می‌شود. تیتانیا که همسر محق خود، اوبرون را دوست ندارد، در عوض وادار می‌شود عشقش را به باتم، نادان خیالی، ببخشد.

داستان و خیال لطیف[1]

مکانیزم داستان مانند مکانیزم خیال‌پردازی‌های هیستریایی است. *ورتر* اثر گوته به این منظور، چیزی که تجربه کرده بود؛ عشقش به لاته کاستنر و چیزی که شنیده بود؛ سرنوشت اورشلیم جوان که با خودکشی مرده بود، را با هم ترکیب کرد. او احتمالاً با تفکر کشتن خودش بازی می‌کرده و نقطه تماسی را در آن پیدا کرده بود و خودش را با اورشلیم همانندسازی کرده بود و انگیزه‌ای از داستان عشقی خود را معطوف آن کرده بود. او خودش را با خیال‌پردازی، از پیامدهای تجربه‌اش محافظت کرد.

بنابراین، شکسپیر از در کنار هم قرار دادن نمایشنامه و دیوانگی (شیدایی لطیف) حق داشت.

انگیزه‌هایی برای شکل‌گیری سیمپتوم

به خاطر آوردن، هرگز یک انگیزه نیست بلکه یک راه و روش است. اولین انگیزه برای شکل‌گیری سیمپتوم به ترتیب تاریخ زمانی، لیبیدو است. بنابراین، سیمپتوم‌ها، مانند خواب‌ها *واقعیت یافتن آرزوها* هستند.

در مراحل بعدی، دفاع در برابر لیبیدو همچنین جایی در ناخودآگاه برای خودش پیدا می‌کند. واقعیت یافتن آرزو باید الزامات این دفاع ناخودآگاه را برآورده سازد. این به شرطی اتفاق می‌افتد که سیمپتوم قادر به عمل کردن به عنوان تنبیه باشد (به خاطر یک تکانه شر یا به خاطر فقدان اعتماد به توانایی فرد در مانع شدن [از تمایل جنسی]).[2] سپس، انگیزه‌های لیبیدو و تحقق آرزو به عنوان تنبیه کنار هم می‌آیند. در این‌جا، تمایل عمومی به تخلیه هیجانی، تمایل برای نفوذ به مسئله سرکوب‌شده، خالی از اشتباه است و دو انگیزه دیگر به این اضافه می‌شوند. به نظر می‌رسد که در مراحل بعدی از سویی شکل‌گیری‌های پیچیده‌تر روانی (تکانه‌ها، خیال‌پردازی‌ها، انگیزه‌ها) از حافظه جابه‌جا می‌شوند و از سوی دیگر *دفاع* ناشی

شده از ایگو، راه خود را به ناخودآگاه باز می‌کند. بنابراین، دفاع هم چند بخشی می‌شود.

شکل‌گیری سیمپتوم به‌وسیله همانندسازی، به صورت مشابهی با تغییر ایگو در پارانویا مرتبط با خیال‌پردازی‌هاست؛ یعنی مرتبط با سرکوب آن‌ها در ناخودآگاه. به این دلیل که بروز *اضطراب* مرتبط با این خیال‌پردازی‌ها سرکوب شده است، باید نتیجه‌گیری کنیم که تغییر شکل لیبیدو به اضطراب، از طریق دفاع بین ایگو و ناخودآگاه صورت نمی‌گیرد بلکه در خود ناخودآگاه شکل می‌گیرد. بنابراین، نشان می‌دهد که لیبیدوِ ناخودآگاه نیز وجود دارد.

به نظر می‌رسد سرکوب تکانه‌ها، اضطراب ایجاد نمی‌کند بلکه شاید افسردگی-مالیخولیا ایجاد کند. به این صورت، مالیخولیا مرتبط با روان‌رنجوری وسواسی است.

تعریف «مقدس»

«مقدس»، براساس این واقعیت است که انسان‌ها، به خاطر منفعت جامعه بزرگتر، بخشی از آزادی جنسی خود و آزادیشان برای افراط نکردن در انحراف را قربانی کرده‌اند. ترس از زنا با محارم (چیزی کفرآمیز) براساس این واقعیت است که در نتیجه زندگی جنسی اشتراکی، (حتی در کودکی) اعضاءِ یک خانواده دائماً در کنار هم می‌مانند و قادر به ازدواج کردن با غریبه‌ها نمی‌شوند. بنابراین، زنا با محارم مخالف اصول اجتماعی است و تمدن شامل چشم‌پوشی پیش‌رونده از آن می‌باشد. برخلاف «ابر انسان».

۱. دو کلمه آخر به زبان انگلیسی‌اند و از *رویای شب نیمه تابستان* اثر شکسپیر، پرده ۵، صحنه ۱ گرفته شده‌اند:

چشمان شاعر، در شیدایی لطیف می‌غلتند
یک نگاه از بهشت به زمین، از زمین به آسمان است؛
و وقتی تصور پیش می‌رود
شکل چیزهای ناشناخته، قلم شاعر
آن‌ها را به شکل تبدیل می‌کند و به هیچ،

یک اقامت محلی و یک نام می‌دهد

۲. در کتاب *شروع* آمده است: “Dies geschieht, wenn das Symptom als Strafe (wegen bosen Impulses), oder aus Misstrauen zur Selbsthinderung wirken kann.” (S.E. ۱ :۲۵۶) استرچی آن را این‌طور ترجمه می‌کند: «این در صورتی اتفاق می‌افتد که سیمپتوم بتواند به عنوان یک خودآزاری عمل کند، چه از طریق تنبیه (برای تکانه شرورانه) یا از طریق عدم اعتماد». درواقع، در دست‌نوشته آمده است: “Dies geschieht, wenn das Symptom als *Strafe* (wegen bosen Impulses, oder aus Misstrauen zur Selbsthinderung) wirken kann.” این بهتر معنی می‌دهد و به وضوح اشاره‌ای است به تشکیل سیمپتوم، در این‌جا سیمپتوم، هم خشنودیِ تکانه **اید** و هم تنبیهی برای آن خشنودی است. این متن، اولین بینش فروید در مورد این فرایند مهم را نشان می‌دهد.

۱۸ جون ۱۸۹۷

ویلهلم عزیز!

تنبلی عمیق و بی‌انتها، رکود ذهنی، دلتنگی تابستانی، تندرستی نباتی؛ این‌ها دلایل پاسخ ندادن من به نامه بسیار جالب تو و ننوشتن چیز جدید است. از آخرین پیش‌رانه، هیچ‌چیز دیگری تکان نخورده و تغییر نکرده است. من با خشنودی یاد ملاقات بعدیمان در نامه‌ات را به خاطر می‌آورم، اما -تاکنون- باید همه بار آن را به تنهایی بر دوش گرفته باشی. امیدوارم فکر نکرده باشی که اکثریتی که در دوازدهم جون [برای جایگاه استادی] مرا انتخاب کردند، سبب شدند بسیار مغرور شوم و نتوانم نامه بنویسم.

در زمان‌هایی مانند این، بی‌میلی من برای نوشتن صرفاً آسیب‌شناسی است، برای حرف زدن وقت کافی دارم: به جز سخنرانی‌ها و شش بیمار، شاگردم دکتر گاتل هم هست که واقعاً از هوشمندی‌اش لذت می‌برم و زمان زیادی را در کنار من می‌گذراند. البته در ابتدا، روان‌رنجوری به خوبی کنترل‌شده خودش ظاهر شد. او بسیار زودرنج است و بیش‌ازحد نگران آینده‌اش است. نخست او را مضطرب تشخیص دادم، اما سپس مشخص شد که تمایل به استقلال و ترس از درخواست

چیزی از پدرش است. (خاطره‌ای از یک افسانه فاحشگی) هرچند به جز این، خوب و شجاع است و اگر او هم بخواهد فکر می‌کنم باید درِ خانه تو را بزنم و از تو بخواهم او را به عنوان دستیار عصب‌شناسی خود بپذیری و برای تمرین معرفی کنی. اگر به اندازه کافی پیشرفت نکند، این کار را نمی‌کنم.

بسیار مشتاق به پایان رسیدن این فصل هستم. من برنامه‌ریزی کرده‌ام که باز در بیست و شش تا بیست و نه جون در آسی باشم. وقتی که امسال تابستان همدیگر را می‌بینیم، به‌تدریج باید در مورد این مسائل صحبت کنیم. من به نیروی محرک جدیدی از طرف تو نیاز دارم که بعد از مدتی در من به پایان می‌رسد. نورمبرگ مرا برای دو ماه تحریک کرد.

این بار از روی مهربانی، کارم را تلافی نکن و خیلی زود نامه‌ای برایم بنویس و بگو خانواده کوچکت چطورند و همچنین در مورد اخبار جالب درباره خودت هم صحبت کن.

با احترام!

زیگموند

۲۲ جون ۱۸۹۷[۱]

ویلهلم عزیز!

نامه‌ات به شدت مرا سرگرم کرد، خصوصاً نکته‌هایت در مورد عنوانم. در ملاقات بعدی‌مان تو باید مرا «آقای پروفسور» صدا کنی. من می‌خواهم نجیب‌زاده‌ای مانند دیگر نجیب‌زاده‌ها باشم. واقعیت این است که ما به طرز شگفت‌انگیزی در رنج کشیدن به حرکت ادامه دادیم، اما این کار را با خلاقیت نکردیم. من پیش از این، هرگز چیزی مانند این دوره فلج ذهنی را تصور نمی‌کردم. هر خط یک شکنجه است، اما حالا تو داری دوباره سرزنده می‌شوی. من دارم تمام درهای حواسم را باز می‌کنم. هرچند، چیزی را درک نمی‌کنم، اما به دنبال ملاقات بعدی

هستم. امیدوارم در ماه آگوست در آسی باشم؛ سپتامبر را برای سفرمان به ایتالیا کنار گذاشته‌ام. (که روزی باید مال ما باشد)

در آسی، من یک جنگل شگفت‌انگیز پر از سرخس و قارچ را می‌شناسم که در آن‌جا باید رازهای دنیای حیوانات رده پائین‌تر (نخستین) و دنیای کودکان را برایم فاش کنی. پیش از این، هرگز در مواجهه با بی‌پرده‌گوئی تو، این‌قدر احمقانه منتظر نبودم، اما امیدوارم که پیش از من دنیا آن‌ها را نشنود و به جای یک مقاله کوتاه، در عرض یک سال کتاب کوچکی بنویسی که رازهای اندامی در سری‌های ۲۸ و ۲۳ را حل می‌کند.

تذکر تو در مورد ناپدیدی گاه‌وبیگاه دوره‌ها و دوباره پدیدار شدن زمینی آن‌ها، با نیروی شهود دقیق به ذهن من خطور کرد. چون این چیزی است که برایم اتفاق افتاد. اتفاقاً من تجربه روان‌رنجوری، حالت‌های کنجکاوی غیرقابل درک برای خودآگاه، افکار گرگ‌ومیشی، شک‌های پشت پرده را پشت سر گذاشتم که به ندرت اشعه‌ای از نور در این‌جا و آن‌جا وجود داشت.

من بیشتر خوشحالم که تو باز هم داری کار می‌کنی. ما چیزها را مانند دو گدا[۲] تقسیم می‌کنیم که یکی از آن‌ها استان پوزِن را می‌گیرد. تو از نظر بیولوژیکی؛ من از نظر روان‌شناسی. باید اعتراف کنم که به‌تازگی مجموعه‌ای از داستان‌های ژزف یهودی را آغاز کرده‌ام.

امسال تابستان باید دو مورد جدید را قبول می‌کردم که دارند کاملاً بهتر می‌شوند. مورد دوم یک دختر نوزده ساله تقریباً مبتلا به افکار وسواسی محض است که مرا بسیار کنجکاو می‌کند. براساس گمانه‌زنی‌های من، افکار وسواسی به سنین روانی اخیر برمی‌گردد و بنابراین، لزوماً به پدرش برنمی‌گردد که سعی می‌کند هر چه فرزندش بزرگتر می‌شود بیشتر مراقب او باشد بلکه به خواهر و برادرهای بزرگتر او اشاره می‌کند که این کودک برای آن‌ها هنوز یک خانم کوچولو است. حالا در این مورد، قادر متعال به قدر کافی مهربان بوده است که به

کودک اجازه دهد پیش از این‌که یازده ماهه بشود پدرش فوت کند، اما دو برادر که یکی از آن‌ها سه سال بزرگ‌تر از خواهرشان بود، به خودشان شلیک کردند.
به جز این، من تیزهوش–ملال‌آور هستم و از تو تقاضای بخشش دارم. من باور دارم که در پیله هستم و خدا می‌داند چه جانوری از آن بیرون خواهد آمد.
با صمیمانه‌ترین درودها و به زودی می‌بینمت!
با احترام!
زیگموند

۱. تاریخ قبلاً به اشتباه، ۱۲ جون ۱۸۹۷ خوانده شده بود.
۲. فروید از کلمه ییدیش (Yiddish: زبان عبری رایج میان کلیمیان روسیه و آلمان و لهستان و غیره) Schnorrer استفاده می‌کند.

وین، ۷ جولای ۱۸۹۷

ویلهلم عزیز!
می‌دانم که در حال حاضر به عنوان مکاتبه‌کننده، بی‌فایده‌ام و حق هیچ ادعایی را ندارم، اما همیشه این‌طور نبوده است و این‌طور هم نخواهم ماند. هنوز نمی‌دانم چه اتفاقی در من افتاده است. چیزی از ژرف‌ترین اعماق روان‌رنجوری، خود را در مقابل هر پیشرفتی در درک روان‌رنجوری قرار داده است و تو هم تا حدی در آن درگیری. زیرا به نظرم فلج نوشتن من طوری طراحی شده است که از ارتباط ما جلوگیری کند. من هیچ تضمینی برای این ندارم بلکه فقط احساس ماهیت بسیار مبهم است. آیا چنین چیزی برای تو هم اتفاق افتاده است؟ در چند روز گذشته به نظرم می‌رسید که پیدایشی از این ابهام در حال آماده‌سازی است. من متوجه شدم که در عین حال، همه نوع پیشرفتی در کارم داشته‌ام و گاه‌وبیگاه یک ایده دیگر به ذهنم می‌رسد. آب‌وهوای گرم و اضافه‌کاری بی‌شک سهم خود را در این مسئله دارند.
سپس، می‌بینم که دفاع در برابر خاطرات از منجر شدن آن‌ها به ساختارهای روانی بالاتر که برای لحظه‌ای باقی می‌مانند و سپس خودشان در معرض دفاع

قرار می‌گیرند، جلوگیری نمی‌کند. هرچند، این خاص‌ترین نوع -دقیقاً مانند رویاهاست که خلاصه کلام در کل، حاوی روان‌شناسی روان‌رنجوری است. چیزی که با تحریف خاطره و خیال‌پردازی‌ها با آن مواجه می‌شویم- دومی مربوط به گذشته یا آینده است. من دقیقاً قوانین را می‌دانم که این ساختارها در ارتباط با آن‌ها کنار هم قرار می‌گیرند و دلیل این‌که چرا از خاطرات اصیل قوی‌ترند را می‌دانم و بنابراین چیزهای جدیدی در مورد ویژگی‌های فرایندها در ناخودآگاه فهمیده‌ام. همراه آن تکانه‌های منحرف به وجود می‌آیند و وقتی که بعدها لازم می‌شوند، این خیال‌پردازی‌ها و تکانه‌ها سرکوب می‌شوند و تعیین‌کننده‌های مهم سیمپتوم‌ها که دارند از خاطرات تبعیت می‌کنند و همچنین انگیزه‌های جدیدی برای چسبیدن به بیماری، ظاهر می‌شوند. من دارم یاد می‌گیرم که چند مورد متداول از این خیال‌پردازی‌ها و تکانه‌ها چطور در کنار هم قرار می‌گیرند و چند تعیین‌کننده متداول برای آغاز سرکوبی علیه آن‌ها را تشخیص بدهم. این دانش هنوز کامل نشده است. تکنیک من یک متد خاص را به جای یک روش طبیعی ترجیح می‌دهد.

به نظرم می‌رسد مطمئن‌ترین چیز، توضیح رویاهاست که توسط تعداد زیادی از معماهای سخت احاطه شده است. سؤال اندام‌شناسی منتظر [راه حل] توست: من هیچ پیشرفتی در آن‌جا نداشته‌ام.

رویای جالبی از سرگردانی در میان غریبه‌ها به صورت کاملاً عریان یا نیمه‌برهنه و با احساس شرم و اضطراب وجود دارد. به اندازه کافی عجیب است که این قانونی است که مردم متوجه آن نیستند و برای آن باید از به واقعیت رسیدن آرزوهایمان تشکر کنیم. این موضوع رویا که به در معرض نمایش قرار گرفتن در کودکی برمی‌گردد، به اشتباه درک شده است و به صورت آموزشی و در یک داستان خیالی مشهور روی آن کار شده است. (لباس‌های خیالی پادشاه -«جادو») ایگو از روی عادت، دیگر رویاها را هم به همین صورت بد تفسیر می‌کند.

چیزی که بیشتر از همه در خصوص تابستان برایم جالب است؛ این است که چه وقت و کجا همدیگر را خواهیم دید. این واقعیت که ما باید همدیگر را ببینیم جای هیچ بحثی ندارد.
دکتر گاتل دارد به من و نظریه‌هایم وابسته می‌شود. هوش او واقعاً قابل توجه است. او عاری از حساس بودن روان‌رنجوری نیست. در حال حاضر، مشغول مقالات توست. امیدوارم وقتی که به برلین می‌آید، متوجه بشوی که ارزش تحسین را دارد و او را مفید ببینی.
همه در آسی خوب‌اند. خیلی مضطربم که چیزی از تو بشنوم.
با صمیمانه‌ترین تبریک‌ها برای کل خانواده!
با احترام!
زیگموند

وین، ۲۰ جولای ۱۸۹۷
۹، برگاس ۱۹

ویلهلم عزیز!
سلام! در روزهای اخیر به این فکر می‌کردم که چطور این نامه را مطرح کنم: خیلی خوب است که ما باید به جای مقاله، کتاب تهیه کنیم؛ این‌که نباید همدیگر را در آگوست و بلکه در سپتامبر و در زمان نامشخص ببینیم، خیلی خوب نیست. تنظیم زمانی که این [کتاب فلیس] به بازار آمده است و باید چاپ شود بدون هیچ شکی دستپاچه‌کننده است، اما معلوم نیست که چرا چیزی با این محتوا می‌تواند این‌قدر زود دستخوش توسعه [طبیعی‌اش] شود. به‌طور خلاصه، همه تردیدها درگیرِ آمدن من شده‌اند بین یک مرد و کارش به عنوان یک غریبه و ابله که من هم از آن نفرت دارم، همه این‌ها سر راه نامه‌ای قرار گرفتند که من هرگز آن را ننوشتم. معمولاً کمی منتظر شدن، بهترین کار است. حالا همه‌چیز به خوبی به نتیجه مطلوب می‌رسد. این فریبندگی آیدا را می‌رساند که از تأثیرش به

این صورت استفاده کرده است. برای پرسیدن هر چیزی از من راحت باش؛ من باز هم از ابرها بیرون آمده‌ام و بسیار کنجکاوم. در عین حال، تاریخ‌های خاص من که روبه‌زوال بودند، دوباره ظاهر شده‌اند. (هفدهم جولای، قاعدگی ♀ به پیشرفته‌ترین شکل خود، با ترشح‌های خونی گاه‌وبیگاه قبل و بعد از آن از بینی) چندین راه حل نسبتاً بی‌سروصدا و جزئی برای من خیلی خوب بودند. من باید سعی کنم با انرژی بیشتری تو را ترغیب کنم که برای چاپ عجله نداشته باشی. زمان زیادی طول می‌کشد که مردم به تو برسند؛ *هفته گذشته* شنیدم یک منتقد در *لانست*[1] با تو بد رفتار کرده است. من این نسخه مجله را ندیدم. می‌دانی که این جایگاه حال حاضر من است و با خواسته تو برای آماده کردن گزارش مقدماتی در مورد موضوع هیستری موافق نیستم؛ دارم اجازه می‌دهم که همه‌چیز آهسته به جوش‌وخروش بیاید.

ش. در اچ. را به‌یاد می‌آورم که در مورد او با من صحبت کردی. «از هر طرف که گربه را بیندازی...» بنابراین، در به‌کار بردن ریاضیات و نجوم، در زیست‌شناسی به هدف خود رسیده‌ای! این نیروی محرک قدیمی توست که هرگز آرامشی برایت به همراه ندارد. خب بعد، تو باید جزئیات کامل نتایج را در جنگلی زیبا به من بگویی، اما بدون هیچ تفکر قبلاً متصوّرشده‌ای! من از خاطرات دوران مدرسه می‌دانم که زمین کمی به دور خورشید می‌گردد. هرچند، که سبب گیجی نمی‌شود. این همه‌چیز است.

تا آخر این هفته نباید این‌جا را ترک کنم. سیزدهم جولای، خواهرم رزا پسری به‌دنیا آورد که او را هِرمَن آدولف نامیدند، بسیار ریزه است و خیلی جدی سینه مادرش را می‌مکد. زایمان از انواع مشکلات کوچک به دور نبود و من می‌خواهم منتظر بمانم و ببینم چه اتفاقی می‌افتد.

برنامه سفر ما تغییر کرده است. آمبریا و توسکانی به جای ناپل؛ پیش از آن، یکم تا هشتم سپتامبر در ونیز با مارتا.

با صمیمانه‌ترین درودها برای هر سه شما!

با احترام!

زیگموند

۱. به‌طور عجیب، مجله لانست Lancet که به آن اشاره شده است، حاوی بازبینی مقاله فلیس نبود.

آسی، ۵ آگوست ۱۸۹۷

جناب[1]

طوفان‌های تابستان امسال، جدا از دیگر عوارض جانبی‌اش، بیش از همه ارتباط ما را با هم قطع کرد و سبب شد ما از همدیگر دور شویم و حالا به یک تجدید دیدار واقعی نیاز داریم. بنابراین، در زمان معیّنی پیش از سیل، ما خبرهای خوبی دریافت کردیم که شما از دیدار با ما، یا فقط مارتا، در آسی صرف نظر نخواهید کرد. سپس، این جزئیات را شنیدیم که اول شما سفر خواهید کرد و بعد از شما همسرتان از هایدلبرگ راهی خواهد شد. سپس، سیلاب آمد.[2]

و در حال حاضر، وقتی که داکستاین با سفیدی خاکستری‌مانند شگفت‌آور خود در مقابل پنجره‌های ما پرتلألؤ است و اولین قطار (که خواهرم را به وین برمی‌گرداند) باز از ایستگاه آسی حرکت کرد، ما این آزادی را پیدا کردیم که در این مورد با تو صحبت کنیم و چیزهای زیر را از تو بخواهیم.

مخصوصاً، به دنبال خبرهایی از این مسئله هستیم که شما، ویلهلم و پسر کوچولو در این مدت چطور بودید. فرض را بر این می‌گذاریم که در این مدت در خطر نبودید. به‌علاوه، چه زمانی برنامه‌ریزی می‌کنید که به دیدن ما بیایید؟ وقتی که این نامه به دست شما می‌رسد، ثابت خواهد شد که ارتباط از طریق (ایستگاه بروک-مایکل) امن است. در زیر «چه وقت»، «چطور» نیز پنهان شده است که باید به سرکوبی موکول شود و به چیز دیگری اشاره نمی‌کند. خانه کوچکی با دو اتاق خواب و دو پنجره (مانند خانه موتزارت که در آن آهنگ خلوت جادویی را ساخت) که برایتان رزرو شده بود، هنوز پابرجاست. این همان خانه‌ای است که در

آن متأسفانه فقط می‌توانم برای شما بنویسم، اما نمی‌توانم شما را ترغیب کنم [که به آن‌جا بیاید].

علاوه بر آن، به خاطر مشکلاتی که به‌راحتی در زندگی پیش می‌آیند، ما به تاریخ‌های مشخصی در پایان ماه محدود شده‌ایم، در روز بیست و شش و بیست و هفت، مسافرت برادرم آغاز می‌شود و یک سفر سه هفته‌ای به ایتالیا دارد. به علاوه، این بار مارتا بدون هیچ تأخیری می‌خواهد ونیز را ببیند و در اصل ما برنامه‌ریزی کرده‌ایم که دو سفر را با هم ترکیب کنیم، اما یک زن نمی‌تواند فوراً با چنین برنامه‌ریزی زمانی کلی‌ای خودش را تطبیق بدهد؛ به خصوص من باید به خاطر او و همراه او هشت روز زودتر این‌جا را در آغاز بیست و یکم یا پایان بیست و دوم ترک کنم و پیش از اول سپتامبر او را برگردانم. به خاطر خوبی من و تمایلم به ایثار، باید چهار هفته را در ایتالیا بگذرانم و امسال هشت هفته را در تعطیلات سپری کنم. بنابراین، پرهیزگاری بی‌پاداش نمی‌ماند! اگر دکتر بروئر در مورد آن بشنود!

حالا بقیه چیزها را به تو واگذار می‌کنم، چون به نظر می‌رسد کل گستره عشق در این دنیا ثابت است؛ بخشش تجدیدشده و توزیع جدید به تو نیاز دارد. به علاوه، این نیرو باید در دوره‌ای معیّن از زمان گسترش یابد.

صمیمانه به تو، آر. وی. و همه شما درود می‌فرستم. انتظار دارم به محض این‌که ویلهلم برگشت چیزی از او بشنوم.

با احترام!

دکتر فروید

همه شیطان‌ها روحیه خوبی دارند؛ آنرل منظره‌ای است که باید او را دید.

۱. این نامه، به نشانی آیدا فلیس، بخشی از یک مجموعه کوچک در اورشلیم است. یادداشت ۱ نامه ۲۵ می ۱۸۹۲ را ببینید.

۲. در اصل به زبان فرانسوی آمده است.

آسی، ۸ آگوست ۱۸۹۷

صبح زود

ویلهلم عزیز!

سرانجام خبرهایی رسید و بنابراین، من هم فوراً پاسخ می‌دهم.

ما جدا شده بودیم، اما خیلی راحت‌ترم و حالم خوب است. به هر حال، همه‌چیز به شکل پرهیجانی زیبا است. حالا قطارها باز از بروک -خط جنوبی حرکت می‌کنند؛ خواهرم به‌تازگی از این مسیر رفته است. سه روز پیش نامه‌ای به همسر عزیزت در بروهل نوشتم و از او خواستم که تاریخ بازدیدش را به ما بگوید. شاید تو تا به حال این نامه را دیده باشی. خب، برنامه ما این است که روز بیستم یا بیست و یکم این‌جا را ترک کنیم، در راه ونیز توقف کنیم و در پایان ماه، برادرم (و دکتر گاتل) را در ونیز ببینیم. واضح است که این تصمیمات براساس قاعدگی مارتا در اول سپتامبر و زمان تعطیلات برادر من گرفته شده است و این‌که در نبود هر نوع نشانه‌ای که بتوان از آن پیروی کرد، باید برنامه‌های‌مان را حول محور این تاریخ‌های ثابت می‌چیدیم. سپس، خیلی تعجب کردم که نامه‌ای از تو از مِرانو دریافت کردم.

ظاهراً، رابرت کوچولو هم حالا با توست. فکر می‌کنم این شگفت‌انگیز است و می‌تواند نشان‌دهنده چند گزینه باشد و یک چیز را بیان می‌کنند؛ این‌که باید در دو هفته آینده همدیگر را ببینیم که برای من یک دیرکرد ضروریست.

یعنی همان‌طور که آخرین بار می‌خواستی بعد از بروهل در اواسط ماه [پیش ما بیایی]. این خواسته، این مزیت را دارد که تو واقعاً با ما خواهی بود و می‌توانی بچه‌ها و چشم‌انداز را ببینی و رابرت می‌تواند با آنرل دوست شود. در این مورد واقعاً دوست دارم در وسط ماه باشد یعنی پانزدهم. بنابراین، از هیچ جهت نیازی به عجله کردن نیست. هرچند، عزیمت ما به جنوب می‌تواند به‌راحتی تا یک یا دو روز به تأخیر بیفتد. یا این‌که: همه شما کاری را بکنید که تو حالا می‌خواهی. مثلاً، در آن منطقه بمانید؛ والدینتان را در پانزده تا بیست آگوست در کارِسی

ببینید و بیست و یک تا بیست و سه آگوست در هر جایی که می‌خواهید با ما قرار بگذارید. چون باید از آن مسیر عبور کنیم، برنامه‌ریزی کرده‌ایم که شب را در مهمانخانه اینسبروک بگذرانیم و روز بعد تا ورونا ادامه بدهیم. در این بین، جلسه در خاک تایرولی (البته، نه در هتل کارِر) را می‌توان سازماندهی کرد. در این صورت هم می‌توانیم سفرمان را تا چند روز عقب بیندازیم. سوم، تو به آسانی با ما سفر می‌کنی یا از این‌جا (یا بعد از ورونا) یا از کارِسی، اگر مسیر ما بیش‌ازحد، همان منطقه سفر تو را در بهار پوشش ندهد. پس، تصمیمت را بگیر و اجازه بده من هم فوراً مطلع بشوم. نامه‌ها حالا آن‌قدر آهسته شده‌اند که من دو نامه تاریخ دوم و پنجم آگوست تو را از مرانو، حالا در صبح هشتم ماه دریافت کرده‌ام.

حالا به اندازه کافی راضی هستم که هر چیزی که تو تصمیم بگیری را می‌پذیرم. سرانجام این شاملِ به واقعیت تبدیل شدن رویا است و یک رویای زیبا دارد تحقق می‌یابد.

حیف است به چیزهای دیگر با نامه نوشتن پاسخ بدهم. من خیلی خوب‌ام و خیلی کنجکاو و سعی می‌کنم خودم را برای سفر به مرکز ایتالیا آماده کنم.

با صمیمانه‌ترین درودها برای کل گروه تو!

زیگموند تو

آسی، ۱۴ آگوست ۱۸۹۷

ویلهلم عزیز!

باید به خاطر داشته باشم که دیروز با لغو کردن، کار خوبی انجام دادم وگرنه خیلی پشیمان می‌شدم، اما باور دارم که واقعاً این‌طور می‌شد.

در اولین تلگرام خود (بیست و سوم، بولتزانو) اشاره نکردی که برای چه مدت می‌توانیم با هم باشیم. طبق برنامه‌های‌مان، (مارتا باید در اول سپتامبر برگردد) فکر می‌کنم مدت کوتاهی خواهد بود. بنابراین، من ناامیدی‌ام را ابراز کردم که تو متوجه آن شدی. سپس، سعی کردی هر نوع فداکاری‌ای بکنی تا ما بتوانیم

همدیگر را ببینیم. در عین حال، من سعی کردم به فکر ندیدن هم عادت کنم. هرچند، کمی ناراحت‌کننده بود و پس وقتی که تو برای روز بیست و دوم تصمیم خودت را گرفتی، خیلی خوشحال شدم. در آن لحظه، من به همان اندازه از هر روز دیگری راضی بودم. من پاسخ دادم: موافقم. سپس در همان روز، پیشنهاد جدیدت رسید: این‌که ما باید زودتر سفر کنیم، چون تو فقط تا روز نوزدهم کاری نداری. از این مسئله، ابتدا متوجه شدیم که خانواده‌ات برنامه‌شان را تغییر داده‌اند و به جای پانزدهم، هجدهم آن‌جا را به مقصد کارِسی ترک خواهند کرد. (ما تصور می‌کنیم آن‌ها هم این کار را داوطلبانه انجام ندادند بلکه به خاطر کمبود اتاق در هتل به دلیل رسیدن ملکه مجبور به این کار شدند) بعد از آن، تو فقط دو تا سه روز (نوزدهم تا بیست و دوم) با آن‌ها خواهی بود تا بتوانی ما را ببینی و فکر می‌کنم این علت پیشنهاد جدید توست. سپس، از سر همدردی با آن کنار آمدیم. رسیدن از بولتزانو به کارِسی یا ترافوی مستلزم این است که ساعت‌های زیادی در کالسکه بمانی و خودت بولتزانو و این‌که در آن‌جا چه احساسی داشتی را توصیف کردی. ما در این مورد صحبت نکردیم که آیا بچه با تو و آیدا است یا نه؛ مارتا واقعاً می‌خواست این را بداند. اگر ما بیست و دوم را انتخاب کرده بودیم، تو مجبور بودی آن را بپذیری: ترک کردن ترافوی در روز هجدهم به مقصد بولتزانو و در روز نوزدهم رفتن از آن‌جا به مقصد کارِسی و بیست و دوم بازگشت از آن‌جا و دوباره یک روز یا یک روز و نیم بعد برگشت از آن‌جا. یا به خاطر ما با والدینت در بولتزانو بمانی! اما تصور می‌کنیم که مطمئناً پیشنهاد نخواهی کرد که یک کالسکه به مقصد ترافوی یا برگشت بگیریم.

اگر مجبور بودیم زودتر سفر کنیم، سفرمان این‌طور می‌شد: نمی‌توانستیم پیش از صبحِ دوشنبه این‌جا را ترک کنیم. در همان روز نمی‌توانستیم جلوتر از اینسبروک برویم، تشکر از هم‌زمانی قطارمان؛ تا سه‌شنبه بعدازظهر در بولتزانو (هفدهم آگوست) نمی‌توانستیم تو را ببینیم و صبحِ نوزدهم مجبور بودیم ترکت کنیم. بنابراین، حتی دو روز کامل با هم نبودیم، چه تو ترافوی را زودتر به مقصد

بولتزانوی گرم و رنج‌آور ترک می‌کردی و چه ما به ترافوی می‌آمدیم. در این سازماندهی، بیشتر رنج‌ها احتمالاً به ما وارد می‌شد. سپس، باید از هفدهم آگوست تا بیستم سپتامبر به مدت پنج هفته در سفر می‌ماندم که به شدت بودجه‌ام هزینه می‌شد و حتی در آن صورت نمی‌توانستم با اطمینان روی داشتن یک صحبت طولانی خوب با تو که مشتاق آن هستم، حساب کنم. لزوماً باید زمان بیشتری را نسبت به زمانی که با هم تنها بودیم، به صحبت با همسرانمان اختصاص می‌دادیم. نمی‌دانم چقدر از این ملاحظات نادرست است و به‌علاوه، نمی‌دانم با نامه احمقانه دوم من که چند پیشنهاد را در آن بیان کردم، سبب چه چیزهایی شده‌ام. فقط می‌بینم که تو آماده بودی هر گذشت امکان‌پذیری را انجام بدهی تا ما بتوانیم دورهمی‌مان را داشته باشیم که به خاطر سیل بی‌نتیجه ماند و این‌که همسر تو مجبور بود در آزردگی همه تلاش‌های چاره‌ساز، سهیم شود و من حس می‌کردم مجبورم این بار را از دوش هر دوی شما بردارم و باز به شما اجازه بدهم آزاد باشید. با خودم گفتم این‌طور نمی‌شود و من نباید شما را به هیچ کاری وادار کنم. نیازی نیست تو و آیدا ثابت کنید که این شکست تقصیر شما نیست. خجالت می‌کشم اعتراف کنم که اصلاً خودم را قادر به این میزان فداکاری کوچک نمی‌بینم.

فقط می‌خواهم در هفته‌های آینده در تماس باشیم؛ شاید بتوان چیزهایی را فی‌البداهه ایجاد کرد. باید هر وقت که تغییراتی در محل اقامتمان ایجاد می‌کنیم و می‌خواهیم مدت طولانی‌تری را در جایی بمانیم، به تو خبر بدهم، اگر بدانیم تو و آیدا کجا هستید، برنامه‌ریزی می‌کنیم که به آن‌جا بیاییم. به احتمال زیاد شروع سفر ما یکشنبه بیست و یکم آگوست خواهد بود.

باید برای مدتی کنجکاوی‌ام را مهار کنم، اما اگر نتوانم آن را تحمل کنم، همیشه می‌توانم یک آخر هفته به برلین بیایم. این بار [با نشنیدن] داستان‌هایم اصلاً چیزی را از دست نمی‌دهی. همه‌چیز دارد در من به جنب‌وجوش درمی‌آید؛ هیچ چیز را به پایان نرسانده‌ام؛ خیلی از روان‌شناسی راضی‌ام و از شک‌های عمیق در

مورد نظریه روان‌رنجوری هم زجر می‌کشم. آن‌قدر تنبل شده‌ام که دیگر نمی‌توانم فکر کنم و این‌جا در کاهش بی‌قراری و احساسات خود موفق نبوده‌ام. این اتفاق فقط می‌تواند در ایتالیا رخ بدهد.

بعد از این‌که این‌جا بسیار خوشحال شدم، دارم از دوره بداخلاقی رنج می‌برم. بیمار اصلی که مشغول او هستم، خودم هستم. هیستری جزئی‌ام، هرچند به شدت به دلیل کارم برجسته شده، خودش را کمی جلو برده است. بقیه چیزها هنوز هم متوقف شده‌اند و حالت روانی من در اصل به آن بستگی دارد. این تحلیل سخت‌تر از هر تحلیل دیگری است. در واقعیت، چیزی است که قدرت روانی‌ام را برای توصیف و مکاتبه چیزی که تاکنون برنده شده‌ام، از کار انداخته است. هنوز هم اعتقاد دارم که باید انجام شود و یک مرحله میانجی ضروری در کارم است.

حالا، درودهای صمیمانه‌ام برای هر دوی شما و بگذار این ناامیدی کوتاه خیلی زود با امید جدیدی دنبال شود، درست همان‌طور که در مورد ما عمل کرد.

با احترام!

زیگموند

آسی، ۱۸ آگوست ۱۸۹۷

ویلهلم عزیز!

همین حالا نامه‌ات را دریافت کردم که ثابت کرد حق با من است: سفر با کالسکه، میگرن و گرمای آگوست. خوشحالم که حداقل می‌توانم برخی ناراحتی‌ها را از تو دریغ کنم، اما این کار با خوشحالی صورت نگرفته است. لغو کردنم مطمئناً هیچ انگیزه روان‌رنجوری‌ای نداشت، اما چیزی مانند خرافه در آن سهیم بود. هیچ‌کس نباید بخواهد چیزی را با زور تحمیل کند، اراده‌ای که بانکدار تو نیز ممکن است جایگاهی بالاتر از میزش به‌دست آورد. دیدم که تو مشتاق بودی هر فداکاری

ممکنی را انجام بدهی و هنوز هم چیزی که احتمالاً سازماندهی شده است نباید با توقعات بلندمدت متناسب شود.

در اصل امروز، برایت نامه نوشتم که از تو بخواهم جاهایی را که در آینده نزدیک در آن‌جا اقامت خواهی داشت، به من بگویی. من دو جا را می‌دانم: کارِسی تا بیست و سوم آگوست و سپس، بروهل، اما چه مدت می‌خواهی در بروهل بمانی و بعد از آن چه؟ به‌تازگی متوجه شدم که مکاتباتم را با تو کوتاه کرده‌ام، فقط به این خاطر که ممکن است همدیگر را ببینیم. حالا که دیگر چیزی در ذهنم وجود ندارد، فکر می‌کنم می‌خواهم باز هم راه را برای شیوه قدیمی تمسخرآمیز غیرعادلانه تبادل ایده‌ها باز کنم. دست‌خط من هم باز بیشتر انسانی شده است. بنابراین، خستگی‌ام هم کم شده است، طوری که با لذت می‌بینم، دست‌خط تو هرگز تغییر نمی‌کند. مارتا خیلی به دنبال این سفر است. هرچند، گزارش‌های روزانه تصادفات قطار دقیقاً شایسته این نیستند که پدر و مادر خانواده را سر حوصله نگهدارند. خواهی خندید -و حق هم داری- من باید به اضطراب‌های جدیدی اعتراف کنم که می‌آیند و می‌روند، اما در این بین به مدت نصف روز باقی می‌مانند. نیم ساعت پیش ترس از تصادف قطار به ذهنم خطور کرد که بیرونش کردم. بعد از همه این حرف‌ها وی. و آی. در سفرند. این پایانی برای مسخرگی است، اما واقعاً باید فقط بین خودمان باقی بماند.

به هرحال، ملاقاتی را در خاک ایتالیا به من قول دادی که باید در زمان مناسب آن را به تو یادآوری کنم. ناراحت‌کننده است که در غلبه بر فاصله بین خودمان چقدر کم موفق بوده‌ایم. در حال حاضر، چیزی در مورد تو نمی‌دانم و تنها مزیت تو شامل این شرایط است که از عید پاک به بعد، من مطلب مختصری دارم که بخواهم به تو بگویم.

این بار، امیدوارم تا حدی در هنر ایتالیا نفوذ کنیم. تصوراتی از نقطه‌نظر تو دارم که به دنبال چیزی که علاقه‌مندی فرهنگی-تاریخی است، نمی‌باشد بلکه به دنبال زیبایی مطلق در هارمونی بین افکار و فرمی است که ارائه می‌کنند و

همچنین به دنبال احساسات خوشایند ابتدایی فضا و رنگ است. در نورمبرگ، من آن را ندیدم. اتفاقاً، پیش‌تر به تو گفته بودم که ناپل از قلم افتاده است و این سفر به سن گیمیگنانو؛ سیینا؛ پروجیا؛ آسیسی؛ آنکونا، به‌طور خلاصه، در توسکانی و آمبریا خواهد بود؟ امیدوارم که خیلی زود خبری از تو بشنوم، حتی اگر هر بار خبر خیلی کوتاهی باشد. ابتدا، در این‌جا برایم نامه بنویس؛ از بیست و پنجم تا اول سپتامبر به ونیز، کاساکریش.

صمیمانه‌ترین آرزوها برای استراحت عالی و بدون مزاحمت تابستانی!

با احترام!

زیگموند

سیینا، ۶ سپتامبر ۱۸۹۷

ویلهلم عزیز!

در ونیز (نامه‌ات را دریافت کردم) از طریق پیزا، لیوورنو، به سیینا آمدیم. همان‌طور که می‌دانی، در ایتالیا من در هر جایی که پیش‌نویسی پیدا می‌کنم به دنبال پانچ، نوشیدنی ترکیبی از لته،[1] هستم. مزه‌ای که نوع عجیبی از زیبایی و میل شدید خلاقانه است. در عین حال، چسبیدن من به چیزهای مضحک دستاوردهای روان‌شناسیِ ناشی از آن را منحرف می‌کند. چیزهای زیادی دارم در مورد این بگویم که (از حالا به بعد چه واژه‌ای به راهنمای بین ما تبدیل می‌شود). هدف بعدی: اورویِیتو، در میان سن گیمیگنانو. پاسخ تو به سختی به دستم خواهد رسید. بنابراین، از نشانه‌های زندگی در سفرم لذت ببر که خواستار هیچ چیزی از طرف تو نیست.

با درودهای صمیمانه برای آی. اف (و) آر. وی.

با احترام!

زیگموند

۱. مرده‌ها به محض ورود به دنیای زیرزمینی، از لته Lethe رودخانه فراموشی می‌نوشیدند.

دگرگونی در نظریه

۲۱ سپتامبر ۱۸۹۷

ویلهلم عزیز!

من باز هم این‌جا هستم. از دیروز صبح باز سرزنده، شاد و بهترم و در حال حاضر کاری ندارم و باز هم به محض جاگیر شدن ابتدا دارم برای تو نامه می‌نویسم.

و حالا فوراً می‌خواهم راز بزرگی را که در دو ماه گذشته آرام‌آرام در من بیدار شده است به تو بگویم. دیگر به روان‌رنجوری‌ام [نظریه روان‌رنجوری] باور ندارم. این احتمالاً بدون یک توضیح، ملموس نخواهد بود؛ سرانجام، خودت می‌فهمی چیزی که می‌خواهم به تو بگویم چقدر ارزشمند است. پس، از لحاظ تاریخی شروع می‌کنم [و به تو می‌گویم] که دلایل این عدم باور از کجا ناشی شده‌اند. ناامیدی مداوم در تلاش برای واقعاً به نتیجه رساندن یک تحلیل واحد؛[1] فرار کردن از مردمی که برای یک دوره زمانی به شدت [به تحلیل] چسبیده بودند؛ عدم موفقیت کامل که من روی آن حساب کرده بودم؛ احتمال توضیح دادن موفقیت‌های جزئی در دیگر روش‌ها به خودم، به صورت معمول این اولین گروه بود. سپس، این غافلگیری که در همه موارد، پدر نه فقط پدر خود من[2] به منحرف بودن متهم می‌شد. درک فراوانیِ غیرمنتظره هیستری، با شرایط دقیقاً مشابهی که در هر یک شایع بود، در حالی که مطمئناً چنین انحرافات گسترده‌ای نسبت به کودکان خیلی محتمل نیست. [شیوع] انحراف به مقدار بی‌حدی بیشتر از هیستری [ناشی شده] است، زیرا بیماری فقط در جایی رخ می‌دهد که انباشت رویدادها وجود داشته باشد و یک عامل کمک‌کننده باشد که دفاع را ضعیف می‌کند. سپس سوم، این بینش قطعی که هیچ نشانه‌ای از واقعیت در ناخودآگاه وجود ندارد. پس، نمی‌توان بین این واقعیت و داستانی که از اثر به‌دست آمده است تمایز قائل شد. (بر این اساس، این راه حل باقی می‌ماند که خیال‌پردازی‌های جنسی همواره با موضوع والدین درک می‌شوند). چهارم، این ملاحظه که در روان‌رنجوری‌های بسیار عمیق، حافظه ناخودآگاه شکافته نمی‌شود. بنابراین، راز

تجربیات کودکی حتی در آشفته‌ترین روان‌آشفتگی‌ها هم فاش نمی‌شود. پس، اگر کسی ببیند که ناخودآگاه هیچگاه بر مقاومت خودآگاه غلبه نمی‌کند، این انتظار که در درمان، خلاف آن اتفاق می‌افتد نیز از بین می‌رود تا نقطه‌ای که ناخودآگاه کاملاً به‌وسیله خودآگاه رام شود.

من آن‌قدر تحت تأثیر این قرار گرفته بودم که آمادگی داشتم دو چیز را رها کنم: تشخیص کامل روان‌رنجوری و دانش قطعی سبب‌شناسی آن در کودکی. حالا هیچ ایده‌ای ندارم که جایگاهم کجاست، چون در به‌دست آوردن درک نظری از افسردگی و اثر متقابل نیروها موفق نبوده‌ام. باز هم به نظر قابل بحث می‌رسد که فقط تجربه‌های اخیر، خیال‌پردازی‌ها را تحریک می‌کنند و [سپس] تجربه‌های کودکی به خاطر آورده می‌شود و با این، عامل پیش‌شرط وراثت، دوباره یک حوزه نفوذ پیدا می‌کند که من وظیفه خودم می‌دانستم به خاطر روشن شدن روان رنجوری آن را تغییر بدهم.

اگر من خسته، افسرده و آشفته بودم، چنین شک‌هایی مطمئناً نشانه‌های ضعف قلمداد می‌شدند. به این دلیل که این‌طور نیستم، باید آن‌ها را در نتیجه صداقت و کار ذهنی شدید بدانم و افتخار کنم که بعد از این همه عمیق شدن، هنوز هم قادر به چنین انتقادهایی هستم. آیا این‌طور است که این شک به‌ندرت به‌طور پیشرفته، حادثه‌ای ضمنی را به سمت بینش بیشتر نشان می‌دهد؟

این هم عجیب است که هیچ احساس شرمی ندارم از این‌که سرانجام برای آن، زمان خوبی پیش آمده است. البته، من نباید نزد دَن در مورد آن بگویم و با آسِکلون در سرزمین بی‌فرهنگ‌ها، در مورد آن حرف بزنم، اما از دیدگاه خودم و تو بیشتر احساس پیروزی می‌کنم تا شکست. (که مطمئناً درست نیست)

چقدر خوب که نامه‌ات درست همین حالا رسید! و مرا تحریک کرد پیشنهادی بدهم که نمی‌خواستم آن را مطرح کنم. اگر در این دوره تنبلی، بعدازظهر روز شنبه به ایستگاه نورث‌وست بروم، می‌توانم ظهر یکشنبه با تو باشم و سپس شبِ بعد برگردم. می‌توانی آن روز را برای چکامه‌ای از ما دو نفر خالی کنی که با

چکامه‌ای برای سه نفر و سه نفر و نصفی [ما] قطع شود؟ این چیزی است که می‌خواستم بپرسم. یا مهمان عزیزی در خانه داری یا کاری فوری داری که باید انجام بدهی؟ یا اگر هم آن روز باید این‌جا را به مقصد خانه ترک کنم که خیلی ارزشمند نیست، همان نتایجی به‌دست می‌آید که اگر مستقیماً بعدازظهرِ جمعه به ایستگاه نورث‌وست بروم و یک روز و نیم را با تو بمانم؟ البته، منظور من همین هفته است.

حالا در ادامه نامه‌ام، گفته هملت را تغییر دادم: «آماده بودن»؛ خوشحال بودن، همه‌چیز است! درواقع، کاملاً احساس ناخشنودی می‌کنم. توقع شهرت ابدی بسیار زیبا بود، درست همان‌طور که ثروت معیّن؛ استقلال کامل؛ مسافرت‌ها و برچیدن نگرانی‌های شدید بچه‌ها که جوانی مرا ربود، زیبا بود. همه‌چیز به این بستگی داشت که هیستری درست از آب درمی‌آید یا نه. حالا یک بار دیگر می‌توانم آرام و فروتن باشم، به نگران بودن و پس‌انداز کردن ادامه بدهم. داستان کوتاهی از مجموعه من برایم رخ داد: «ربکا»، جامه‌ات را دربیاور، تو دیگر عروس نیستی».[3] با وجود همه این‌ها، من روحیه بسیار خوبی دارم و خوشحالم که تو هم همان‌طور که من به دیدنت نیاز دارم، به دیدن من احتیاج داری.

یک اضطراب کوچک باقی می‌ماند. هنوز هم می‌توانم چیزی از موضوعات تو را بفهمم؟ من مطمئناً نمی‌توانم به شکل انتقادی آن‌ها را ارزیابی کنم؛ به سختی در موقعیتی قرار دارم که آن‌ها را درک کنم و این شک که چیزهایی که روشن می‌شود محصول کار ذهنی نیست، مانند شک من در مورد کارهای خودم، نتیجه عدم کفایت ذهنی است. برای تو راحت‌تر است؛ می‌توانی همه‌چیزهایی که من ارائه می‌کنم را بررسی کنی و به شدت آن‌ها را نقد کنی.

باید یک چیز دیگر را اضافه کنم. در فروپاشی همه‌چیزهای ارزشمند، روان شناسی به تنهایی دست‌نخورده باقی مانده است. [کتاب] رویا کاملاً امن باقی می‌ماند و آغازهای کار فراروانشناسی‌ام تنها در برآورد من رشد کرده‌اند. حیف است که نمی‌توان مثلاً زندگی را براساس تفسیر خواب گذراند!

مارتا با من به وین برگشت. مینا و بچه‌ها تا یک هفته دیگر در حومه می‌مانند. حال همه آن‌ها بسیار خوب است.

شاگردم دکتر گاتل، ناامیدکننده است. بسیار باهوش و بااستعداد است. با این وجود، به خاطر عصبی بودن و چندین ویژگی شخصیتی نامطلوبش، باید او را ناخوشایند طبقه‌بندی کرد.

شماها چطورید و چه چیزهای دیگری بین بهشت و زمین اتفاق افتاده است، امیدوارم -پاسخ تو را پیش‌بینی می‌کنم- که شخصاً از تو این‌ها را بشنوم.

از صمیم قلب!

زیگموند

۱. در دست‌نوشته قبلاً اشتباه خوانده شده بود. متن آلمانی چاپ‌شده در کتاب *شروع* می‌نویسد: "die fortgesetzten Enttauschungen bei den Versuchen, meine Analyse zum wirklichen Abschluss zu bringen" که استرچی به درستی آن را به این صورت ترجمه می‌کند: «ناامیدی دائمی در تلاش‌هایم برای به نتیجه رسیدن واقعی تحلیل‌هایم»، اما در دست‌نوشته اصلی، نوشته شده است: eine Analyse (یک تحلیل) و نه Meine Analyse.

۲. استرچی (S.E.۱ :۲۵۹) این عبارت را احیا کرد: "mein eigener nicht ausgeschlossen" که در کتاب‌های *شروع* و *منشأ* حذف شده بود.

۳. شور (۱۹۷۲، صفحه ۱۹۱) می‌نویسد: «معنی این جوک یهودی مشخص است: «تو قبلاً عروس مغروری بودی، اما به دردسر افتادی، عروسی به پایان رسیده است -جامه عروسی را از تن خود دربیاور» تفسیر دیگر آن‌که من عقیده دارم باید صحیح باشد، به‌وسیله آنا فروید به من پیشنهاد شد- یعنی این‌که فروید با نظریه روان رنجوری‌اش خود را دارای امتیاز و خوشحال مثل یک عروس می‌دانست. حالا آن روزها به پایان رسیده‌اند و او باید به وضعیت عادی پیشین خودش برگردد؛ او هیچ کشفی نداشته است. Kalle یک کلمه عامیانه است که می‌توان به جای عروس، برای فاحشه از آن استفاده کرد.

نامه مهم ۲۱ سپتامبر ۱۸۹۷

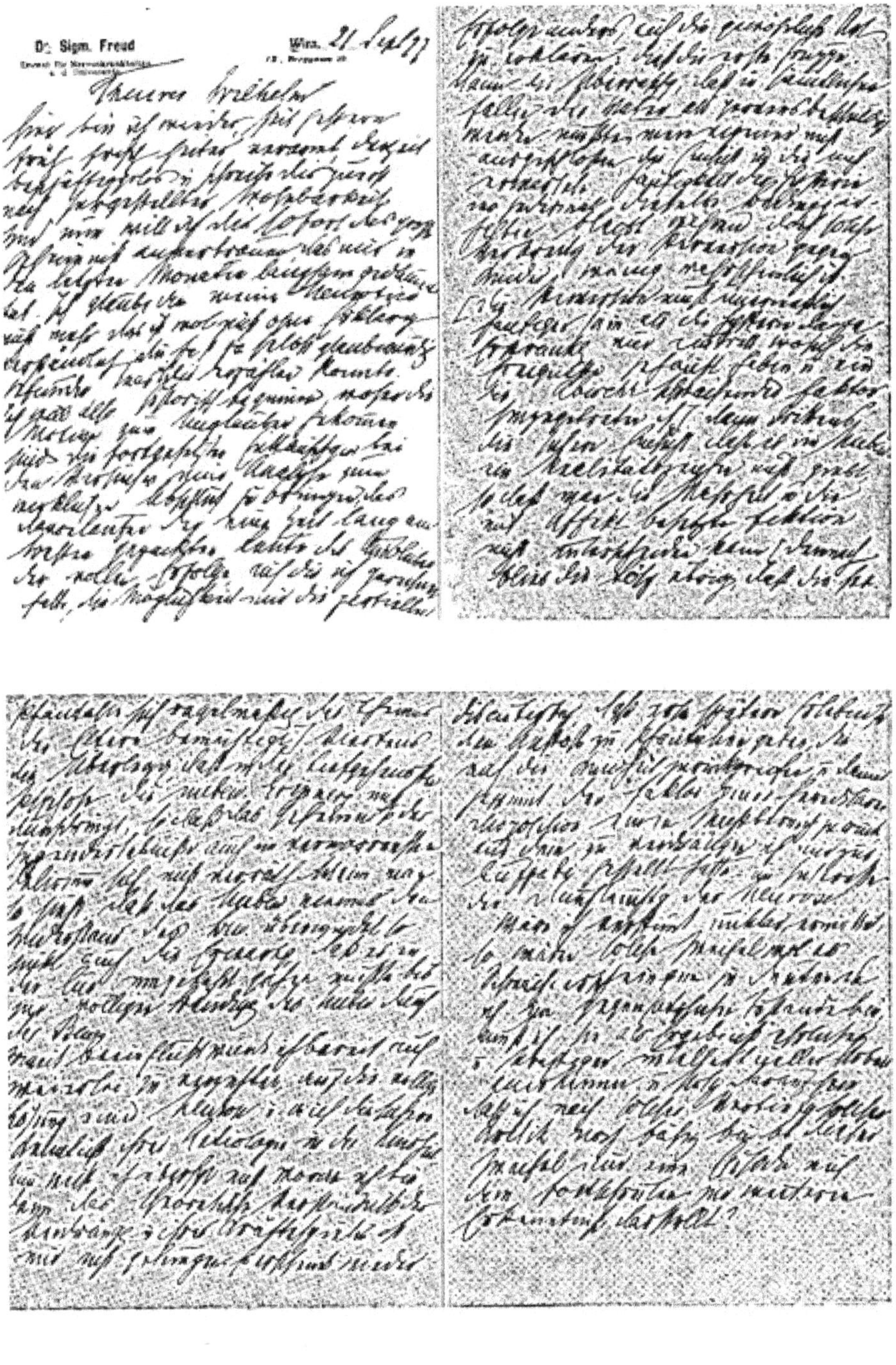
Dr. Sigm. Freud

Wien, 21 Sept 97

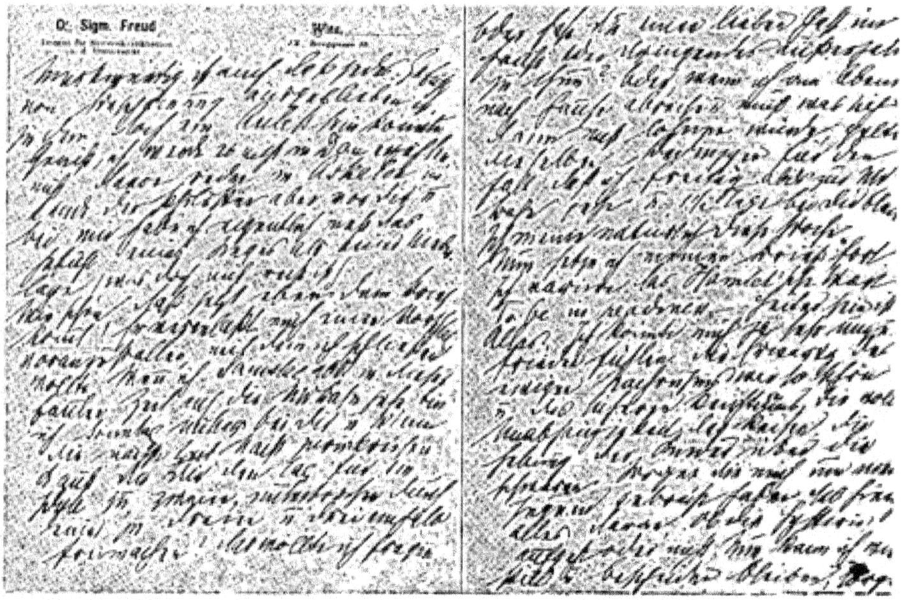
Dr. Sigm. Freud

Wien

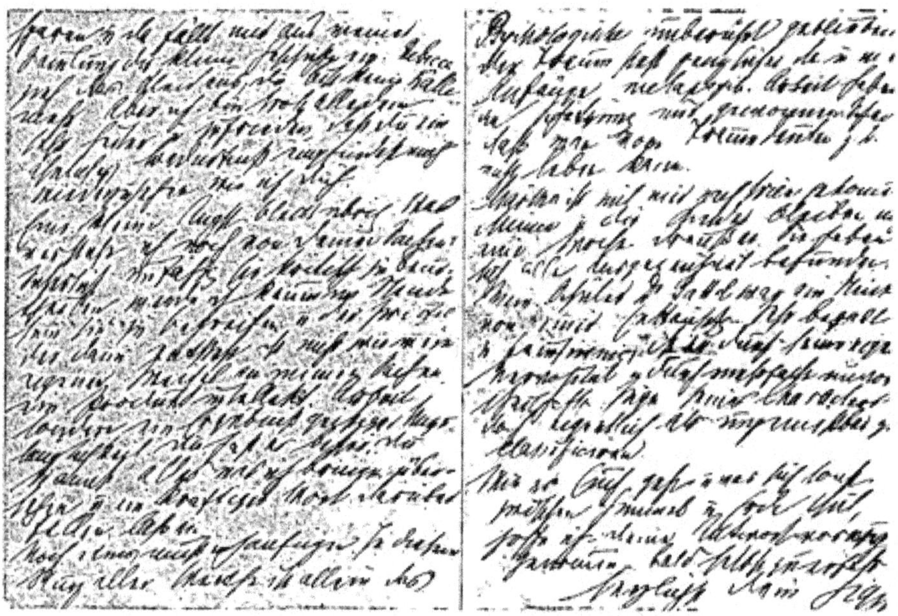

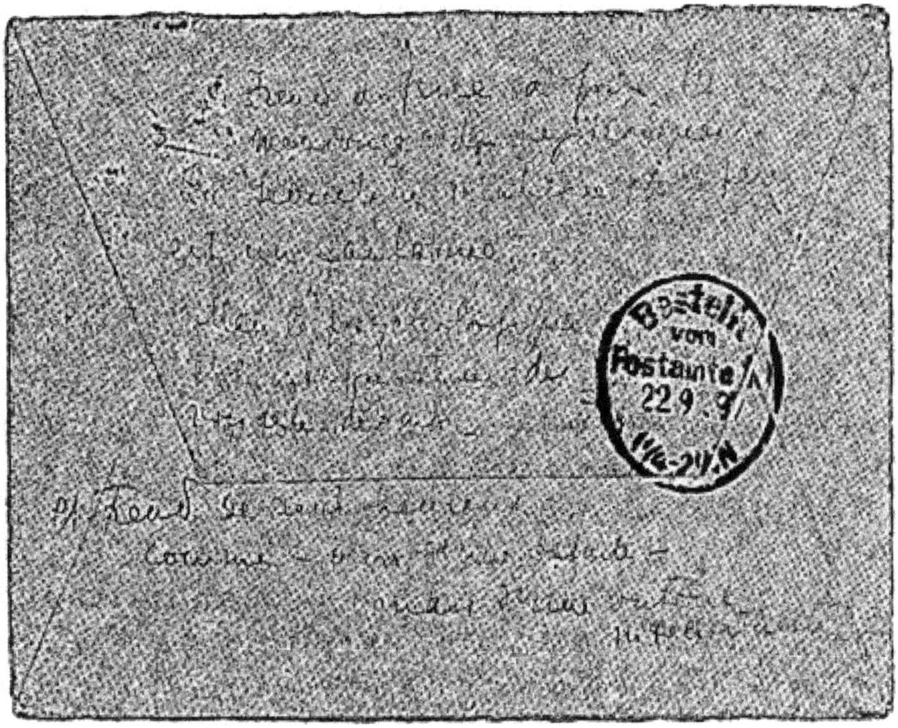
vom
Postamte

۲۷ سپتامبر ۱۸۹۷
۹، برگاس ۱۹

ویلهلم عزیز!

بازگشت به خانه بعد از یک سفر کامل (دوازده ساعت خواب در سلول مجزا)؛ کاملاً بدون کار، سرزنده، تحریک‌شده و پر از ایده‌های جدید، با چیزی کاملاً غیرضروری شروع می‌کنم. یعنی یک بار دیگر خشنودی فراخوانده‌شده در خودم را، به عنوان شریک قدیمی و عموی جدید به خاطر کار، سلامتی، همسر و فرزند تو ابراز می‌کنم. در مورد خودم، تصمیم مبارکی گرفتم که از اواسط تابستان آن را در نظر داشتم. این‌که تو را در خانه‌ات در برلین ببینم.

بچه‌هایم هنوز برنگشته‌اند. مارتا میگرن خفیفی داشت، اولین میگرن بعد از بولتزانو (بیستم-بیست و یکم آگوست، بیست و هفت سپتامبر برای گردآورنده).

مقاله انتقادی[1] جدید .I.C [«فلج مغزی اطفال»] در مجله ورنیکه به من آموخت که دارم چه کتاب زیبا و ارزشمندی را می‌نویسم.

با صمیمانه‌ترین درودها و تشکرها. امیدوارم خیلی زود چیزهای بیشتری از تو بشنوم.

زیگموند

۱. این ارجاعی است به مقاله انتقادی بلند نوشته‌شده توسط هرمن از برسلو، منتشر شده در ماهنامه روان‌شناسی و عصب‌شناسی. (نه آن‌طور که فروید نوشته، در مجله) یک مقاله انتقادی بسیار مثبت است در میان تحسین و تمجیدهای بسیار که حاوی این نکته است: «نکته اصلی این کتاب و سهم اصلی آن که نمی‌توان به اندازه کافی برایش ارزش قائل شد، شامل ارائه بسیار واضح و قابل فهم و درک منتقدانه کل موضوع بالینی و ارگانیک آن است».

۳ اکتبر ۱۸۹۷

ویلهلم عزیز!

ملاقات من این مزیت را داشت که مرا با چهارچوب کاری حال حاضر تو و تمامیت آن آشنا کرد. پس می‌توانی جزئیات بیشتری را برای من بازگو کنی. نباید انتظار جواب دادن به هر چیزی را داشته باشی و در خصوص بعضی از جواب‌های من، امیدوارم بتوانی این را در نظر بگیری که کار تو برایم عجیب است و قضاوت من ضعیف. با این وجود، هر بار به خاطر هر چیز کوچکی که تو بدون خودخواهی اجازه می‌دهی سر راه من قرار بگیرد از تو ممنونم. مثلاً، نظرت در مورد رابطه بین عفونت و بارداری در مادر و دختر به نظر من بسیار قابل توجه است، چون سرانجام می‌توان این‌ها را در شرایط زندگی ابدی پروتوپلاسم و نه با زندگی فردی توضیح داد. یعنی، آن‌ها باید به زمان نامحدود وابسته باشند و نه به طول عمر. سپس، به ذهنم خطور کرد که بالاخره این لازم نیست، اگر عفونت مادر با دوره زمانی ارائه‌شده به‌وسیله فرمول ۲۸ × A + ۲۳ × B مطابق باشد و بارداری دختر به همین شکل باشد، پس برای تفاوت بین این دو باید باز هم فرمول مشابهی ارائه کرد، بدون این‌که رابطه خاصی بین عفونت در این‌جا و بارداری در آن‌جا وجود داشته باشد. من نمی‌توانم بگویم که آیا این مزخرف است یا نه. برای این کار باید «خلق‌وخوی بهنگام» تو را بدانم.

هنوز هم از نظر بیرونی چیز بسیار کمی در من اتفاق می‌افتد، اما از نظر درونی چیز بسیار جالبی وجود دارد. در چهار روز گذشته، تحلیل خودم که فکر می‌کنم برای روشن‌سازی کل مسئله واجب است، در رویاها ادامه پیدا کرده و ارزشمندترین توضیحات و نشانه‌ها را به من ارائه کرده است. در نقاط معیّن، احساس می‌کردم در پایان راه هستم و تا به حال همیشه می‌دانستم که رویای شبانه بعدی چه زمانی ادامه خواهد یافت. نوشتن آن برای من سخت‌تر از هر چیز دیگری است؛ همچنین، مرا تا دوردست‌ها خواهد برد. من تنها می‌توانم اشاره کنم که پدر هیچ نقشی در مورد من ایفا نمی‌کند، اما بی‌شک، من با قیاس از خودم به

او استنتاجی پیدا می‌کنم که در مورد من «بنیان‌گذار اصلی» یک زن زشت و مسن ولی باهوش بود[1] که چیزهای زیادی در مورد توانایی‌های خدا و جهنم به من گفت و در مورد ظرفیت‌هایم، بلندنظری را به من القا کرد که دومی (بین دو سالگی و دو و نیم سالگی) لیبیدوِ من نسبت به مادرم را بیدار کرد؛ در هنگام سفر با او از لایپزیگ به وین که طی آن باید یک شب را کنار هم می‌گذراندیم این شانس را داشتم که او را برهنه ببینم (تو خیلی پیش از این به پیامدهای این مسئله در پسرت پی بردی، همان‌طور که برایم آشکار کردی)؛ که من بر سر برادرم که یک سال کوچکتر از من بود (و بعد از چند ماه فوت کرد) با آرزوهای معکوس و حسادت کودکانه فریاد کشیدم و این‌که مرگ او منشأ سرزنش خود در من شد. من همچنین، از مدت‌ها پیش با بدرفتاری‌هایم بین سنین یک تا دو سالگی آشنا بودم؛ پسر برادرم که یک سال از من بزرگتر است هم هست و حالا در منچستر زندگی می‌کند و وقتی که چهارده ساله بودم برای دیدن من به وین آمد. به نظر می‌رسید که هر دوی ما رفتار ظالمانه‌ای با دختر برادرم داشتیم که یک سال کوچکتر از ما بود. این دختر برادرم و برادر کوچکترش روان‌رنجوری و همچنین آن چیزی را که در همه دوستی‌های من شدت دارد، تعیین کردند. خود تو اضطراب من از سفر را در اوج آن دیده‌ای.

هنوز درباره خود صحنه‌هایی که در انتهای داستان قرار دارند، چیزی نفهمیده‌ام. اگر آن‌ها [روشن شوند] و من در حل کردن هیستری خودم موفق شوم، سپس می‌توانم از خاطره پیرزنی سپاسگزار باشم که در آن سن کم، ابزارهای زندگی و ادامه دادن به زندگی را برای من میسر ساخت. همان‌طور که می‌بینی امروز، دوباره میل قدیمی دارد شکسته می‌شود. من نمی‌توانم هیچ تفکری از زیبایی ذهنیِ این کار را به تو منتقل کنم.

بچه‌ها فردا بعدازظهر برمی‌گردند. کسب‌وکار هنوز هم بسیار راکد است. می‌ترسم اگر بهتر شود، ممکن است برای تحلیل خودم مانعی ایجاد کند. این بینش من که، مشکلات در درمان به خاطر این واقعیت‌اند که در انتها تمایلات شیطانیِ

بیمار و خواست او به بیمار ماندن آشکار می‌شود، قوی‌تر و واضح‌تر می‌شود. باید ببینیم چه اتفاقی می‌افتد.

من صمیمانه به تو و خانواده کوچکت درود می‌فرستم و امیدوارم که خیلی زود خبرهایی را هم از تو دریافت کنم.

با احترام!

زیگموند

چهارم اکتبر. بچه‌ها رسیدند. آب‌وهوای خوب رفته است. خواب امروز، تحت عجیب‌ترین مبدل‌شدگی مسائل زیر را ایجاد کرد؛ آن زن معلم موضوعات جنسی بود و شکایت کرد. چون من خام بودم و نمی‌توانستم هیچ کاری انجام بدهم.

(ناتوانی روان‌رنجوری همیشه به این صورت ایجاد می‌شود. پس، ترس از ناتوانی در انجام دادن کاری در مدرسه، زیرلایه جنسی خودش را به‌دست می‌آورد. در عین حال، من جمجمه یک حیوان کوچک را دیدم و در عالم رویا فکر کردم «خوک» است، اما در تحلیل، آن را با خواسته دو سال پیش تو مرتبط دانستم که باید جمجمه را در میعادگاه، مانند گوته پیدا کنم تا فکر مرا روشن کند، ولی من آن را پیدا نکردم. بنابراین، یک «بی‌کله کوچک» بودم [به معنی واقعی کلمه، کله گوسفندی]. کل رویا پر از الهام‌های آزاردهنده برای ناتوانی حال حاضر من به عنوان یک درمانگر بود. شاید این جایی است که تمایل به عدم درمان‌پذیری هیستری آغاز می‌شود. به‌علاوه، او مرا در آب سرخ‌رنگی شست که قبلاً خودش را در آن شسته بود. (تعبیر آن دشوار نیست؛ من چیزی مانند این در زنجیره خاطراتم پیدا نکردم. پس این را یک کشف باستانی اصیل می‌دانم و او سبب شد من (سکه‌های ده کروزری)[۲] زهنر را بدزدم تا به او بدهم. زنجیره درازی از این اولین زهنرهای نقره در کپه‌ای از یادداشت‌های کاغذی ده فلورینی وجود دارد که من به عنوان پول خانه‌داری هفتگی در خواب دیدم. این رویا را می‌توان به عنوان «رفتار بد» جمع‌بندی کرد. درست همان‌طور که پیرزن به خاطر رفتار بدش پولم را گرفت، امروز هم من به خاطر درمان بد بیماران خود از آن‌ها پول می‌گیرم.

نقش خاص توسط خانم کیو. ایفا شد که تو تذکرش را به من گزارش دادی. این که نباید هیچ‌چیزی از او می‌گرفتم، زیرا او همسر همکارمان بود. (البته، همسر او بعداً شرط کرد که من باید از او پول بگیرم)

یک منتقد تند می‌تواند بگوید که همه این‌ها به جای این‌که به طرز پیش‌رونده‌ای تعیین شده باشند، به‌طور پس‌رونده‌ای خیالی‌اند.[۳] *آزمایش‌های متقابل* باید علیه آن تصمیم بگیرد. درواقع، آب سرخ‌رنگ به نظر می‌رسد که از آن نوع است. همه بیماران، جزئیات وحشتناک انحرافی را که اغلب همان‌قدر که از تجربه‌شان[۴] دورند از دانش آن‌ها نیز دورند، کجا می‌فهمند؟

۱. طبق گفته‌های ساینر Sajner (۱۹۶۸)، نام آن زن مونیکا زایِچ Monika Zajic بود. ارجاع به کرول (۱۹۷۹، صفحه ۱۴۴). ساینر در یک مکالمه شخصی به من اطلاع داد که او نتوانسته چیز خاصی را در مورد این زن بفهمد. وقتی که فروید می‌گوید او «مسن» بوده مشخص نیست این را به عنوان یک کودک می‌گوید یا یک بزرگسال. آنا فروید به من گفت که او فکر می‌کرد زایِچ احتمالاً در دهه چهل سالگی خود بوده است.

۲. زهنر، سکه‌ای با ارزش پائین است.

3. Nach vorne

یعنی تجربیات قدیمی، نقشی حیاتی را در تعیین حال حاضر ایفا می‌کنند. منظور فروید از *آزمایش‌های متقابل*، بی‌شک بازیابی خاطراتی است که در دسترس خودآگاه نمی‌باشند.

4. Erleben

باید به تجربه خودآگاه اشاره کند. به نظر می‌رسد فروید می‌گوید رویا، یک خاطره فراموش‌شده را به این وسیله آشکار کرد و جزئیاتی را برای او فراهم کرد که نه بخشی از دانش او بودند و نه خیال. در این سؤال معنایی، او بیان می‌کند که چنین جزئیاتی سندیت خاطره را نشان می‌دهند؛ آن‌ها احیا می‌شوند، ابداع نمی‌شوند.

۱۵ اکتبر ۱۸۹۷
۹، برگاس ۱۹

ویلهلم عزیز!

تحلیل خودم در واقعیت اصلی‌ترین چیزی است که در حال حاضر دارم و اگر به انتها برسد، بیشترین ارزش را برای من پیدا می‌کند. در میانه آن، ناگهان به مدت سه روز متوقف شد، طی آن این حس را داشتم که از درون گرفتار شده‌ام (که بیماران خیلی از این مسئله شکایت می‌کنند) و واقعاً پریشان بودم تا وقتی که متوجه شدم سه روز مشابه (بیست و هشت روز قبل) هم حامل پدیده‌های جسمی مشابهی بودند. درواقع، فقط دو روز بد با یک روز بهبودی در میانشان. از این مسئله باید نتیجه‌گیری کرد که قاعدگی زنانه، راهنمای کار نیست. سرِ وقت در روز چهارم، دوباره شروع شد. طبیعتاً، این وقفه، یک عامل تعیین‌کننده دیگر هم داشت؛ مقاومت در برابر چیزهای کاملاً جدید. از آن به بعد، باز هم به شدت مشغول و از نظر روانی سرزنده‌ام. هرچند، با همه‌جور مزاحمت‌های کوچک که از محتوای تحلیل ناشی می‌شوند، پریشان شده‌ام.

به‌طرز غیرطبیعی، هنوز هم مطبم وقت آزاد زیادی را در اختیارم می‌گذارد. همه چیز در کل برای اهدافم بسیار ارزشمند است، چون من در پیدا کردن موقعیت مرجع برای داستان خود موفق بوده‌ام. من از مادرم پرسیدم که آیا آن پرستار را به‌یاد می‌آورد یا نه. او گفت: «البته، پیرزن بسیار باهوش که همیشه تو را با خودش به کلیسا می‌برد؛ وقتی که به خانه برمی‌گشتی، ما را موعظه می‌کردی و در مورد خدای قادرِ مطلق برایمان سخنرانی می‌کردی. در طول زندانی شدنم با آنا، (که دو سال و نیم کوچکتر از من بود) مشخص شد که او دزد بوده و همه کروزرها و زهنرهای براق جدید و همه اسباب‌بازی‌هایی که به تو داده شده بود، در وسایل او پیدا شد. برادرت فیلیپ پلیس را خبر کرد. سپس، ده سال در زندان ماند». حالا ببین این، چطور نتیجه‌گیری‌هایم را از تفسیر خوابم تأیید می‌کند. برای من راحت بود که تنها اشتباه ممکن را توضیح بدهم. من برای تو نوشتم که

او مرا تحریک کرد تا زهنرها را بدزدم و به او بدهم. در واقعیت، معنای رویا این بود که خود او آن‌ها را دزدید. چون تصویر رویا خاطره‌ای از پول گرفتن من از مادر دکتر بود؛ یعنی نادرست. تعبیر صحیح این رویا این است: من = او و مادر دکتر مساوی است با مادر من. این‌که نمی‌دانستم او دزد بوده است سبب شد خوابم را به اشتباه تعبیر کنم.

همچنین، در مورد دکتری که در فرایبرگ داشتیم هم پرس‌وجو کردم، چون یکی از خواب‌هایم در مورد تنفر شدید از او بود. در تحلیل شخص رویایی‌ای که پشتش پنهان شده بود، به پروفسور فون کراس، معلم تاریخم در دبیرستان هم فکر کردم. به نظر نمی‌رسد او هیچ تناسبی داشته باشد، چون رابطه‌ام با او سرد یا حتی راحت بود. سپس، مادرم به من گفت که دکتر دوران کودکی‌ام فقط یک چشم داشت و از میان تمام معلم‌هایم فقط فون کراس بود که همان نقص را داشت! نیروی قطعی این اتفاق‌ها ممکن است به خاطر این استدلال تضعیف شود که گاهی اوقات در اواخر کودکی‌ام، شنیده بودم که پرستار دزد بوده و به وضوح آن را فراموش کرده بودم تا وقتی که بالاخره در خوابم پدیدار شد. خود من باور دارم که این‌چنین است، اما یک دلیل انکارناپذیر و جالب هم دارم. من با خودم گفتم که اگر زن مسن این‌طور ناگهانی از زندگی من بیرون رفت، باید بتوان تأثیر آن را بر من مشخص کرد. پس آن تأثیر کجاست؟ سپس، صحنه‌ای را به خاطر آوردم که در بیست و پنج سالگی گاهی اوقات بدون این‌که درکش کنم در حافظه خودآگاهم پدیدار می‌شد. مادرم گم شده بود. من با ناامیدی گریه می‌کردم. برادرم فیلیپ (که بیست سال از من بزرگ‌تر است) درِ گنجه [کاستن][1] را برای من باز کرد و وقتی که من مادرم را در آن هم پیدا نکردم، حتی بیشتر گریه کردم تا جایی که مادرم، ظریف و زیبا، جلوی در ظاهر شد. این می‌تواند به چه معنی باشد؟ چرا برادرم در گنجه را برایم باز کرد، در حالی که می‌دانست مادرم آن‌جا نیست و نمی‌تواند مرا با آن آرام کند؟ حالا، ناگهان آن را می‌فهمم. من از او خواستم که این کار را بکند. وقتی که مادرم را گم کردم، ترسیدم که او ناپدید

شود، درست همان‌طور که زن مسن چند وقت پیش رفته بود. بنابراین، باید شنیده باشم که زن پیر حبس شده است و باید باور کرده باشم که مادرم هم حبس شده است -و یا محصور شده است- زیرا برادرم فیلیپ که حالا شصت و سه ساله است، تا به امروز به استفاده از چنین جناس‌هایی علاقه‌مند بوده است. این واقعیت که من به سراغ او رفتم، به‌خصوص ثابت می‌کند که من از سهم او در ناپدید شدن پرستارم آگاه بودم.

از آن زمان به بعد من بسیار جلوتر رفته‌ام، اما هنوز به هیچ نقطه استراحت واقعی نرسیده‌ام. صحبت کردن در مورد چیزی که هنوز تمام نکرده‌ام بسیار سخت است و ما را به نقاط دوری می‌برد که امیدوارم مرا از آن معاف کنی و خودت را با آگاهی از عناصری که قطعی شده‌اند، راضی کنی. اگر این تحلیل، چیزی را که از آن می‌خواهم برآورده کند، باید به صورت روشمند روی آن کار کنم و سپس آن را پیش روی تو قرار دهم. تاکنون چیز کاملاً جدیدی پیدا نکرده‌ام، [فقط] تکمیل چیزهایی که به آن‌ها عادت کرده‌ام. این اصلاً آسان نیست. کاملاً صادق بودن یک نفر با خودش، تمرین خوبی است. یک ایده واحد با ارزش عمومی در من طلوع کرد. من در بررسی مورد خودم، [پدیده] عشق به مادر و حسادت به پدر را دریافتم و حالا آن را یک رویداد همگانی در اوایل کودکی می‌دانم، حتی اگر به اندازه سنین پائینی که کودکان دچار هیستری می‌شوند، زود نبوده باشد. (مانند ابداع نسب [داستان عاطفی خانوادگی] در پارانویا قهرمان‌ها، بنیان‌گذاران مذاهب) اگر این‌چنین باشد، می‌توانیم قدرت مهارکنندگی *ادیپوس رکس* را درک کنیم، با وجود همه ایرادهایی که علیه پیش‌انگاری سرنوشت برمی‌انگیزد و می‌توانیم بفهمیم که «نمایش سرنوشت» بعدی چطور این‌قدر بدبختانه شکست می‌خورد. احساسات ما علیه هر اجبار فردی، اختیاری برانگیخته می‌شود، مانند آنچه در *اجداد*[۲] و چیزهایی از آن قبیل فرض شد؛ اما اسطوره یونانی به خاطر اجباری دستگیر می‌شود که هر کسی آن را تشخیص می‌دهد، چون او وجودش را در خودش حس می‌کند. همه تماشاگران یک بار ادیپ را در خیال‌پردازی‌شان

پرورانده‌اند و هر کدام از ترس این‌که این رویا به واقعیت تبدیل شود با سرکوبی کامل که وضعیت کودکی‌اش را از وضعیت حال حاضرش جدا می‌کند، واکنش نشان داده‌اند.

به طور گذرا این فکر به ذهنم رسید که همین چیز ممکن بود در پایان هملت نیز روی دهد. من در مورد نیت خودآگاه شکسپیر صحبت نمی‌کنم بلکه باور دارم که یک رویداد واقعی، شاعر را به نوشتن تحریک کرده که در آن ناخودآگاه او ناخودآگاه قهرمانش را درک کرده است. هملت هیستریایی چطور حرف‌هایش را توجیه می‌کند: «بنابراین، وجدان از همه ما ترسو می‌سازد»؟ او چطور تردید خود در انتقام گرفتن از قاتل پدرش را با قتل عمویش توضیح می‌دهد. همان مردی که خدمتکارانش را بدون اندکی تردید می‌کُشد و به شکلی مثبت در قتل لایرتیس[۳] دخالت داشته است؟ چه چیزی بهتر از این آزار که او از خاطره محوی رنج می‌کشد که خودش هم به خاطر علاقه به مادرش، همین کار را نسبت به پدرش در نظر داشته است و «بعد از خوردن دسر از هر مردی استفاده کن، چه کسی از شلاق زدن فرار خواهد کرد»؟ خودآگاه او در حس ناخودآگاه گناه و از خودبیگانگی جنسی او در صحبت‌هایش با اوفلیا، معمولاً هیستریایی نیست؟ و طرد شدن غریزه‌اش که به در پی بچه‌ها بودن منجر شده است؟ و سرانجام، انتقال کردارش از پدر خودش به اوفلیا؟ و او در پایان درست به همان روش حیرت‌آورِ بیماران هیستریایی من، خودش را با رنج کشیدن از همان سرنوشت پدرش که توسط حریف خود مسموم شد، تنبیه می‌کند؟

من توجهم را منحصراً به تحلیل معطوف کرده‌ام که تاکنون حتی سعی نکرده‌ام آن را امتحان کنم، در عوض فرضیه‌ام که در هر نمونه، سرکوبی از جنبه زنانه آغاز می‌شود و به سمت جنبه مردانه هدایت می‌شود، در تضاد با فرضیه تو است. هرچند، من باید مدتی با آن گلاویز شوم. متأسفانه، من به‌ندرت مشارکتی در کار و پیشرفت تو دارم. از این لحاظ من موقعیت بهتری نسبت به تو دارم. چیزی که من می‌توانم در مورد مرزهای اخلاقی این جهان به تو بگویم، یک انتقاد و درک را

در تو پیدا می‌کند و چیزی که تو در مورد مرزهای نجومی به من می‌گویی، تنها سرگرمی بی‌حاصل را در من ایجاد می‌کند.

با درودهای صمیمانه برای تو، همسر عزیزت و برادرزاده جدیدم!

با احترام!

زیگموند

1. kasten

کاستن در اتریش معادل schraunk است و به معنی گنجه یا کمد می‌باشد. همین داستان در *آسیب‌شناسی روانی زندگی روزمره* هم آمده است.

۲. *اجداد*، اولین نمایشنامه منتشرشده اف. گریلپارزر F. Grillparzer (۱۸۱۷) و در مورد والدین‌کُشی و زنا با خواهر و برادر است.

۳. درواقع، هملت پولونیوس Polonius را می‌کشد و نه لایرتیس را.

وین، ۲۷ اکتبر ۱۸۹۷

۹، برگاس ۱۹

ویلهلم عزیز!

به نظر می‌رسد که نمی‌توانم «منتظر»[1] جواب تو بمانم. مطمئناً، نمی‌توانی توضیحی برای سکوت خود بدهی که با یک نیروی اساسی به عقب برگشته‌ای و خواندن و نوشتن برایت آزاده‌دهنده شده است. همان‌طور که یکشنبه گذشته وقتی که می‌خواستم تولد چهل سالگی‌ات را با یک نامه تبریک بگویم برایم اتفاق افتاد، اما امیدوارم چیزی به همین بی‌ضرری باشد. در مورد خودم هم چیزی ندارم که به تو بگویم جز تحلیل که فکر می‌کنم برای تو هم جالب‌ترین چیز در مورد من است. کسب‌وکار به شکل ناامیدکننده‌ای بد است؛ به هر حال در کل به اوج حرفه‌ام رسیده‌ام و بنابراین، فقط به «کار درونی» اعتقاد دارم. من با تداعی سریع افکار به زمان‌های باستان[2] کشیده شده‌ام؛ حال و حوصله من مانند مناظری که یک مسافر قطار می‌بیند، تغییر می‌کند و مانند یک شاعر بزرگ که از امتیاز خود برای وارستگی (پالایش) استفاده می‌کند، بیان می‌کنم...

Und manche liebe Schatten steigen auf;
Gleich einer alten, halbverklungenen Sage,
Kommt erste Lieb' und Freundschaft mit herauf.[۳]

و همچنین اولین وحشت و ناسازگاری. راز ناراحت‌کننده زندگی به ریشه‌های اولیه خود بازمی‌گردد؛ افتخار و غرور از منشأ فروتنانه خودشان آگاه می‌شوند. همه‌چیزی را که با بیمارانم به عنوان سوم‌شخص تجربه کردم، در این‌جا باز دارم به‌دست می‌آورم. روزهایی که خودم را افسرده می‌بینم چون چیزی در مورد خواب، خیال و حال و حوصله آن روز نفهمیده‌ام و باز هم روزهایی که پرتویی از نور، روابط متقابل را روشن می‌کند و به من اجازه می‌دهد تا گذشته را به عنوان تمهیدی برای حال ببینم. من شروع کردم به دریافتن فاکتورهای تعیین‌کننده در انگیزه‌های قالبیِ بزرگ عمومی، آن‌طور که به نامیدن آن‌ها علاقه‌مندم و سایر انگیزه‌ها و همچنین تشریح جزئیات که بسته به تجربیاتِ فرد تغییر می‌کند. در عین حال، چندین تردید و نه همه شک‌هایم در مورد مفهوم روان‌رنجوری، دارند رفع می‌شوند. یک ایده در مورد مقاومت مرا قادر ساخته است که همه پرونده‌هایی را که تا حدودی به بیراهه رفته بودند، سر جای خودشان برگردانم. بنابراین، حالا به شکل رضایت‌بخشی پیش می‌روند. مقاومت که سرانجام کار [تحلیلی] را متوقف می‌کند، چیزی به جز شخصیت قبلی کودکانه و شخصیت فاسدکننده نیست که در نتیجه تجربیاتی ایجاد شده است یا ایجاد خواهد شد که در حافظه آگاه فرد به عنوان اصطلاحاً موارد فاسدکننده پیدا می‌شوند، اما در این‌جا با گسترش سرکوبی پوشش داده می‌شوند. من این را با کارم کاوش کرده‌ام؛ کشمکش ایجاد می‌کند و فردی که در ابتدا انسان خوب و شریفی بوده به انسانی بدجنس، غیرقابل اعتماد، یا کله‌شق یا سوءاستفاده‌گر تبدیل می‌شود؛ تا وقتی که من این را به او بگویم و این امکان را برای او فراهم کنم تا بر این شخصیت خود غلبه کند. مقاومت به این صورت تبدیل به چیزی واقعی و ملموس

برای من شده و من آرزو می‌کنم که به جای مفهوم سرکوبی چیزی که پشت آن مخفی شده است را نیز داشته باشم.

این شخصیت بچه‌گانه در دوره «اشتیاق وافر» و بعد از این‌که کودک از تجربیات جنسی‌اش دور شده است، ایجاد می‌شود. اشتیاق وافر، ویژگی شخصیتِ اصلی هیستری است، درست مانند نورآستنی واقعی (هرچند فقط بالقوه) که علامت اصلی آن است. در این دوره اشتیاق وافر، خیال‌پردازی‌ها شکل می‌گیرند و خودارضائی (به‌طور منظم) انجام می‌شود که سپس، به سرکوبی منجر می‌شود. اگر هیچ حاصلی نداشته باشد، هیچ هیستری‌ای روی نمی‌دهد. تخلیه تحریک جنسی در بیشتر بخش‌ها احتمال هیستری را رفع می‌کند. برای من مشخص شده است که حرکت‌های وسواسی مختلف، جایگزینی برای توقف اقدام به خودارضائی را ارائه می‌کنند.

برای امروز کافی است؛ جزئیات باشد برای وقت دیگری که چیزهای خوب و جدیدی از تو شنیدم. خوشبختانه، این‌که هیچ‌چیز بد نیست را از اسکار و ملانی شنیده‌ام که احتمالاً وقتی که من دارم می‌نویسم، آن‌ها چیزهای جدیدی شنیده باشند اما نه حالا.

با صمیمانه‌ترین درودها برای تو، همسر و فرزندت!

با احترام!

زیگموند

1. Auswarten

یک عبارت مصطلح اتریشی.

۲. ناخوانا است؛ احتمالاً alte zeiten یا شاید alle zeiten (همیشه).

۳. از قسمت اهدا در فاوست گوته:

و سایه معشوق‌ها ظاهر می‌شود؛

با آن‌ها، مانند یک افسانه قدیمی و نیمه‌فراموش‌شده،

دوستی و عشق اول نیز ظاهر می‌شود.

۳۱ اکتبر ۱۸۹۷

۹، برگاس ۱۹

ویلهلم عزیز!

خیلی خوشحالم که باز هم نامه‌ای از تو دریافت کرده‌ام (سومین نامه بعد از برلین) که تمام افکار تلافی‌جویانه‌ام را دور کرد و خوشحالم که چیزی دارد خودش را برای تو شکل می‌دهد و انواع بیولوژیکی شروع می‌کنند به ظاهر شدن و هم‌زمانی بیماری و تولد تو؛ همه این‌ها به نظر من وسوسه‌انگیز است و نوید می‌دهند که در آینده نزدیک، چیزهای بیشتری در راه است.

خواهرزاده‌ات -که جرج نامیده می‌شود، چون من با پدرش صحبت نکرده‌ام- کلاً مثل رای است:

لاغر، ضعیف، با تمام ویژگی‌های خانواده پدری که هنوز با چربی‌های کودکی پنهان نشده است. باید بیشتر از من در مورد جزئیات تولد بدانی. شایعه این است که تو تاریخ و جنس نوزاد را دقیقاً می‌دانستی. من وقتی که شنیدم امروز درجه حرارت بدنش به (C) ۳۶/۴ رسیده است، دوباره دلگرم شدم. به خاطر اولین سخنرانی‌ام (برای یازده دانشجو) نتوانستم دیشب به آن‌جا بروم؛ به هر حال ممکن است سپاسگزار باشند که آن وقتِ شب به دیدنشان نرفتم.

دکتر جی.[1] چیزی است که تو در مورد او می‌گویی و مخصوصاً هنوز هم شخصیت غیرقابل اعتمادی دارد که از خانواده فقیر ناشی شده است. من سعی کرده‌ام که به عنوان معلمش تعهد کامل داشته باشم. او چیزهای زیادی آموخته است، بسیار راحت درک می‌کند و به خوبی پیشرفت می‌کند. او باور کردن همه‌چیز را برای خودش بسیار ساده می‌کند و آن‌ها را در روح و جسم خود می‌اندازد. با در نظر گرفتن این نکات مثبت و منفی، احساسم نسبت به او مانند احساسم به یک پسر خودرأی است. بهترین آرزوها را برای او دارم و باید بی‌آبرویی‌های او را مانند بی‌آبرویی‌های خودم بپذیرم.

کسب‌وکار در این‌جا طوری است که من انتظار دارم با دوران بسیار بدی روبه‌رو شوم که در دیگر رشته‌ها برای مدتی طولانی این‌چنین بوده است. به این دلیل که وقت آزاد دارم، به خودم اجازه می‌دهم دو بیمار را بدون دستمزد برای درمان قبول کنم. از جمله خودم که دارم سه تحلیل را انجام می‌دهم، بدون این‌که درآمدی داشته باشم.

تحلیل من ادامه پیدا می‌کند و علاقه‌مندی اصلی من باقی می‌ماند. همه‌چیز هنوز مبهم است، حتی مشکلات، اما احساس آرامش‌بخشی در آن وجود دارد که فرد فقط باید به انبار کالا برسد تا در زمان معیّن، چیزی را که لازم دارد، بردارد. ناخوشایندترین بخش آن حال و حوصله است که معمولاً واقعیت را کاملاً پنهان می‌کند. تحریک جنسی هم دیگر برای کسی مانند من استفاده‌ای ندارد،[2] اما هنوز هم دارم با خوشحالی آن را دنبال می‌کنم. در خصوص نتایج، حالا باز هم آرامش وجود دارد. آیا باور داری چیزی که بچه‌ها در خواب می‌گویند بخشی از رویاهای‌شان است؟ اگر چنین است، من آخرین خواب را به تو ارائه می‌کنم: آنرل، یک سال و نیمه. باید یک روز در آسی بسیار گرسنه شده باشد، چون صبح تهوع داشت که مقصر آن، توت فرنگی شناخته شد. در شب بعد، او کل مِنو را در خوابش دید: «توت‌فرنگی، های بِری، تخم‌مرغ هم‌زده، پودینگ». ممکن است قبلاً این را به تو گفته باشم.

تحت تأثیر تحلیل، علائم قبلی من به شدت با علائم گوارشی جایگزین شده‌اند.

صحبت‌های بی‌اساس امروز مرا ببخش که هدف از بیان آن‌ها تداوم مکاتباتمان است.

از صمیم قلب!

با احترام!

زیگموند

۱. منظور او فلیکس گاتل است.

۲. در متن آلمانی آمده است: "Auch die sexuelle Erregung ist fur einen wie ich nicht mehr zu brauchen" و ممکن است به این معنی باشد که فروید

به تحریک جنسی در زمینه تحلیل خودش اشاره می‌کند -وقتی که ادامه می‌دهد و می‌گوید: "Ich bin aber noch immer freudig dabei" مبهم است و می‌تواند هم به تمایل جنسی (که هنوز از آن لذت می‌برد) یا احتمالاً به تحلیل اشاره کند.

وین، ۵ نوامبر ۱۸۹۷
۹، برگاس ۱۹

ویلهلم عزیز!
واقعاً چیزی برای نوشتن ندارم؛ این تنها زمانی اتفاق می‌افتد که می‌توان از مکالمه و تشویق استفاده کرد.
وقتی که آخرین بار نامه نوشتم چیزی در مورد جزئیات زایمان مِلا نمی‌دانستم. پس از آن، او [اسکار] در مورد آن برایم گفت. خیلی برای او متأسف شدم؛ او به شدت داشت می‌لرزید و دوباره توجیه می‌کرد تا به‌وسیله آن، روان‌رنجوری درونی‌اش را خاموش کند. در عین حال، او آرام‌تر شده، اما لزوم لاپاراسکوپی یا عدم بارداری بعدی، بی‌شک تا مدتی حال و حوصله‌اش را از بین خواهد برد. گفته شده که مادر جوان حالا بسیار شاد و خوب است؛ طبیعتاً، من هنوز او را ندیده‌ام. کمی با خانم ماری صحبت کردم که بسیار تحت تأثیر برادرزاده جدیدم قرار گرفته است. آن‌طور که من متوجه شدم، به طرز فزاینده‌ای حتی قلب والدین سرد تو را هم تسخیر کرده است. جالب است که ادبیات حالا دارد به سمت روان‌شناسی کودکان تغییر پیدا می‌کند. امروز، کتاب دیگری در مورد این موضوع به دستم رسید که جیمز مارک بالدوین[1] نوشته بود. بنابراین، یک فرد همیشه کودکی در سن‌وسال خودش باقی می‌ماند، حتی در چیزی که فرد در درون خود احساس می‌کند.
اتفاقاً وقتی به کل روان‌شناسی‌ای که باید در چند سال آینده بخوانم فکر کردم متنفر شدم. در حال حاضر، نه می‌توانم بخوانم و نه بنویسم. از معاینه و مشاهده بسیار خسته شده‌ام. تحلیل خودم یک بار دیگر متوقف شده و یا به آرامی پیش می‌رود، بدون این‌که من چیزی از خط سیر آن درک کنم. در دیگر تحلیل‌ها

آخرین ایده‌ام در مورد مقاومت به من کمک کرده است. در حال حاضر، گاهی اوقات باز هم ایده قدیمی و قبلاً منتشرشده‌ای در مورد انتخاب روان‌رنجوری را دنبال می‌کنم، یعنی این‌که هیستری به انفعال جنسی مربوط است؛ روان‌رنجوری وسواسی، با فعالیت. به جز این، همه‌چیز آهسته پیش می‌رود، بسیار آهسته. به این دلیل که جز تحلیل نمی‌توانم کاری انجام بدهم و کاملاً مشغول نیستم. بعدازظهر، حوصله‌ام سر می‌رود. یازده دانشجو در سخنرانی‌های[2] من شرکت می‌کنند که با مداد و کاغذ آن‌جا می‌نشینند و فقط چیزهای مثبت را می‌شنوند. من نقش دهاتی[3] آسیب‌شناس روانی را در جلوی آن‌ها بازی می‌کنم و در مورد ریش نظر می‌دهم، اما علاقه‌مندی من جای دیگری است.

تو چیزی در مورد تفسیر من از *اودیپوس رکس* و *هملت* نگفتی. به این دلیل که این را به کس دیگری نگفته‌ام، چون می‌توانم پیشاپیش عدم پذیرش گیج‌کننده آن‌ها را به خوبی تصور کنم، می‌خواهم نظر کوتاه تو را در مورد آن بشنوم. سال گذشته تو بسیاری از تفکرات مرا با دلیل خوب رد کردی.

به‌تازگی با بعدازظهر برانگیزنده‌ای سر و کار داشتم که با دوستم امانوئل لووی که در رُم پروفسور باستان‌شناسی است برگزار شد. او به همان اندازه که انسان صادق و نجیبی است، عالِم نیز هست و هر سال به دیدنم می‌آید و مرا تا ساعت سه صبح بیدار نگه می‌دارد. او دارد تعطیلات پائیزی‌اش را در این‌جا که خانواده‌اش هم زندگی می‌کنند، می‌گذراند. در مورد رُم او. . .

دهم نوامبر. من به شدت از چیزی که تو در حال گذراندن آن هستی خوشحالم. این‌که اعداد تو به‌طور هماهنگ با همدیگر متناسب می‌شوند تا یک ساختار را شکل دهند، اما همچنین به تو حسادت هم می‌کنم. چون یک بار دیگر اصلاً نمی‌دانم کجا هستم و خیلی از خودم خسته شده‌ام. من باید خودم را وادار کنم که [کتاب] *رویا* را بنویسم تا از آن بیرون بیایم. دارم تاریخ‌های خانواده برنایز (تاریخ‌های تولد) را برای تو کنار هم قرار می‌دهم. ما هنوز هم منتظر دریافت

پاسخی از ماما هستیم که در مرانو است. من می‌ترسم برخی از آن‌ها تاریخ‌های یهودی باشند.

در نتیجه دوره ناراحت‌کننده انتظار، در اسکار چیزی از هم پاشیده است. من می‌ترسم که او به یک آدم کاملاً بی‌ذوق تبدیل شود و همه امیدش به داشتن فرزندان بیشتر را از بین ببرد، اما نگذار او متوجه چیزی بشود. (در مورد تو یک یادآوری غیرضروری)

درواقع، به‌طور جدی دارم به یک روز بیشتر، بهره‌برداری از تو فکر می‌کنم؛ این تنها زمانی مؤثر است که ما با هم صحبت می‌کنیم و من به شدت دلتنگ لذت ذهنی درک یک چیز جدید شده‌ام. از نظر اقتصادی می‌خواهم بدانم که آیا تو برنامه‌ای داری که کریسمس به این‌جا بیایی؟

با درودهای صمیمانه برای تو، همسر و فرزندت.

با احترام!

زیگموند

پی‌نوشت: اُلی دارد شیطان و پرانرژی می‌شود و عملکردش در مدرسه دارد ضعیف می‌شود و اولین دندانش افتاده است. (نوزدهم فوریه ۹۱۰)[۴]

۱. *رشد روانی در کودک و نژاد* (نیویورک: مک میلان ۱۸۹۵).

۲. یادداشت ۲ نامه ۱۷ ژانویه ۱۸۹۷ را ببینید.

۳. در کتاب *شروع* آمده است: Naturforscher که به اشتباه Naturburschen آن طور خوانده شده است.

۴. این تاریخ تولد الیور فروید است.

وین، ۱۴ نوامبر ۱۸۹۷

ویلهلم عزیز!

دوازدهم نوامبر ۱۸۹۷ بود؛ خورشید دقیقاً در یک‌چهارم شرقی بود؛ عطارد و ونوس با هم منطبق شده بودند. دیگر هیچ آگهی تولدی این‌چنین شروع نمی‌شود. دوازدهم نوامبر بود، روزی که میگرن سمت چپم غالب شده بود و

بعدازظهر آن روز مارتین نشست که شعر جدیدی بنویسد،* و دومین دندان اُلی افتاد ✝ که بعد از درد زایمان وحشتناک چند هفته گذشته من بخش جدیدی از دانش را به‌دنیا آوردم. واقعیتش را بخواهی کاملاً جدید نیست؛ مکرراً خودش را نشان داده و باز عقب‌نشینی کرده است ‡، اما این بار باقی ماند و منتظر روشنایی روز شد. به‌طور بسیار عجیب، من پیشاپیش دلشوره چنین رویدادهایی را دارم. مثلاً، یک بار در تابستان برایت نوشتم که می‌خواستم منبع سرکوبی جنسی نرمال (اخلاق، شرم و غیره) را پیدا کنم و بعد برای مدت طولانی نتوانستم آن را پیدا کنم. پیش از مسافرت در تعطیلات به تو گفتم که مهم‌ترین بیمارم، خودم هستم و سپس وقتی از تعطیلات برگشتم، ناگهان تحلیل خودم شروع شد که تا آن زمان هیچ علامتی از آن وجود نداشت. چند هفته پیش، این آرزویم برگشت که سرکوبی شاید با آگاهی من از چیزهای ضروری که پشت آن قرار گرفته، جایگزین شده باشد و اکنون این چیزی است که من درگیر آن هستم. من معمولاً شک داشتم که یک چیز ارگانیک در سرکوبی نقش‌آفرینی می‌کند؛ پیش از این، توانستم به تو بگویم که این سؤال در مورد ترک مناطق جنسی پیشین است و توانستم این را اضافه کنم که از برخورد با تفکر مشابهی در مول[1] خوشحال شده بودم (به‌طور خصوصی، من اولویت در این ایده را برای هیچ‌کس تصدیق نکرده بودم؛ در مورد من، تفکر به نقش تغییریافته‌ای مرتبط بود که با حس بویایی ایفا شد: صاف راه رفتن، دماغ سربالا و در عین حال، تعدادی از احساسات جالب پیشین که به جسمی وصل شده‌اند که دارد بیزارکننده می‌شود، (با فرایندی که هنوز برای من مشخص نیست) (او دماغش را بالا می‌گیرد = او خودش را به‌طور خاص شریف می‌بیند) حالا، مناطقی که دیگر آزاد شدن تمایل جنسی در انسان نرمال و بالغ را تولید نمی‌کنند، باید مناطق مقعد، دهان و گلو باشند. این را باید به دو صورت درک کرد: نخست، این‌که دیدن و تصور کردن این مناطق دیگر اثر تحریک‌کنندگی ندارد و دوم این‌که احساسات درونی ایجادشده از آن‌ها نیز سهمی در لیبیدو ندارد؛ همان روشی که اندام‌های جنسی به درستی انجام

می‌دهند. در حیوانات این مناطق جنسی از هر دو لحاظ با قدرت ادامه می‌یابند؛ اگر این در انسان‌ها نیز باقی می‌ماند، به انحراف منجر می‌شد. باید تصور کنیم که در کودکی آزاد شدن تمایل جنسی هنوز به اندازه‌ای که باید، منطقه‌ای نشده است. بنابراین، مناطقی که بعداً ترک می‌شوند و (شاید کل سطح بدن) نیز چیزی را تحریک می‌کنند که مشابه آزاد شدن بعدی تمایل جنسی است. خاموش‌سازی این مناطق جنسی اولیه، همتایی در ضعف اندام‌های درونی معیّن در دوره رشد دارد. آزاد شدن تمایل جنسی (همان‌طور که می‌دانی، منظورم نوعی ترشح است که دقیقاً به عنوان حالت درونی لیبیدو حس می‌شود) ایجاد می‌شود. سپس، نه تنها (۱) از طریق محرک جانبی روی اندام‌های جنسی و (۲) از طریق تحریک‌های درونی ایجادشده از آن اندام‌ها و بلکه (۳) از افکار -یعنی از ردیابی خاطره‌ها- و بنابراین به‌وسیله گذرگاه کارهای معوق ایجاد می‌شود. (تو قبلاً با این تفکر آشنا بودی. اگر اندام‌های تناسلی یک کودک توسط یک نفر برانگیخته شوند، سال‌ها بعد خاطره این موضوع، توسط عمل معوق سبب ایجاد تمایل جنسی بسیار قدرتمندتر از زمان کودکی می‌شود، چون ابزار قطعی و سهمیه ترشح نیز در این زمان افزایش یافته است) پس یک عمل معوق غیرروان‌رنجور وجود دارد که به شکل طبیعی روی می‌دهد و این سبب ایجاد وسواس عملی می‌شود. (دیگر خاطرات ما معمولاً فقط به این خاطر که به عنوان تجربه از آن‌ها بهره‌برداری شده است، عمل می‌کنند) عمل معوق این‌چنینی در ارتباط با خاطره تحریک مناطق جنسی ترک‌شده نیز روی می‌دهد. هرچند، پیامد آن آزاد شدن لیبیدو نیست بلکه احساس درونی و ناخوشایند مشابه با نفرت از یک شیء است.

برای ساده نگهداشتن آن، درواقع، خاطره همان‌طور که در حال حاضر آن ابژه متعفن شده است، بوی تعفن می‌دهد و به همان صورتی که اندام حسی خودمان (سر و بینی) را از روی تنفر برمی‌گردانیم، حس خودآگاه و نیمه‌خودآگاه هم از حافظه دور می‌شوند. این سرکوبی است.

حالا، سرکوبی نرمال ما را به چه چیزی مجهز می‌کند؟ چیزی که آزادانه می‌تواند منجر به اضطراب شود؛ اگر روان‌شناسی موظف به عدم پذیرش باشد. یعنی مبنای مؤثر انبوهی از فرایندهای ذهنی رشد، مانند اخلاق، شرم و غیره. بنابراین، کل این مسئله به قیمت تمایل جنسی از بین‌رفته (مجازی) ایجاد می‌شود. ما از این مسئله می‌توانیم ببینیم که با پیش‌رانه‌های پی‌درپی در رشد، کودک مملو از تقوا، شرم و چنین چیزهایی می‌شود و این‌که عدم وقوع این خاموش‌سازی مناطق جنسی، به عنوان یک بازدارنده رشد، می‌تواند جنون اخلاقی[۲] ایجاد کند. این پیش‌رانه‌های رشد احتمالاً ساختار ترتیب زمانی مختلفی در زن‌ها و مردها دارند. (در دخترها تنفر زودتر از پسرها ایجاد می‌شود)، اما تفاوت اصلی بین زن و مرد در زمان بلوغ پدیدار می‌شود. وقتی که دخترها با طغیان جنسی غیرنوروتیک متوقف می‌شوند و پسرها با لیبیدو. در آن دوره بیشتر از یک منطقه جنسی (کاملاً یا بخشی) در زنان خاموش می‌شود، در حالی که در مردان استمرار دارد. من دارم به اندام‌های تناسلی مردان فکر می‌کنم، منطقه خروسه، که مشخص شده حساسیت در دوران کودکی در آن منطقه، در دخترها نیز متمرکز شده است. بنابراین، سیل شرم که دخترها در آن دوره از خود نشان می‌دهند تا وقتی که منطقه واژنی جدید بیدار شود، به‌طور خودبه‌خودی یا با عملی غیرارادی صورت می‌گیرد. پس شاید بی‌حسی نورآستنی زنان، در بخشی که خودارضائی در کودکانِ مستعد هیستری فعال است و هنگام قطع خودارضائی در نتیجه ایجاد هیستری، نیز وجود داشته باشد.

و حالا در مورد روان‌رنجوری! تجربیاتی در کودکی که فقط بر اندام‌های تناسلی اثر می‌گذارند، هیچ‌وقت (در مردان یا زنان نرینه) سبب ایجاد روان‌رنجوری نمی‌شوند بلکه فقط به وسواسی برای خودارضائی و لیبیدو تبدیل می‌شوند، اما از آن‌جا که تجربیات اجباری در کودکی بر دو منطقه جنسی نیز اثر می‌گذارد، این احتمال در مردان نیز باقی می‌ماند که لیبیدوِ بیدارشده از طریق عمل معوق به سرکوبی و روان‌رنجوری منجر شود. چنان‌که حافظه یک تجربه مرتبط با اندام‌های

تناسلی را به ذهن بیاورد، چیزی که توسط عمل معوق ایجاد می‌کند، لیبیدو است. چنان‌که یک تجربه مرتبط با مقعد، دهان و غیره را به ذهن بیاورد، سبب *تنفر درونی* معوق می‌شود و در نتیجه پیامد نهایی آن این است که سهمیه لیبیدو نمی‌تواند، مانند موارد معمولی راه خود را از طریق عمل پیدا کند یا آن را به عبارت روانی ترجمه کند بلکه مجبور می‌شود در جهت واپس‌رو، پیش برود. (همان‌طور که در رویاها اتفاق می‌افتد) به نظر می‌رسد که لیبیدو و تنفر به صورت مشارکتی با هم مرتبط‌اند. ما این را مدیون پیش‌تریم که حافظه نمی‌تواند به ناخوشایندی کلی و چیزهایی از این دست منجر شود بلکه استفاده روانی پیدا می‌کند و همچنین مدیون بعدی هستیم که این استفاده به جای افکار هدف‌گرا چیزی به جز سیمپتوم‌ها را ایجاد نمی‌کند. فهمیدن جنبه روان‌شناسی این مسئله سخت نخواهد بود؛ عامل ارگانیک آن یا ترک مناطق جنسی است که براساس نوع زنانگی و مردانگی تحول روی می‌دهد و یا این‌که اصلا روی نمی‌دهد.

بنابراین، این احتمال وجود دارد که انتخاب روان‌رنجوری، این تصمیم که آیا هیستری یا روان‌رنجوری وسواسی یا پارانویا پدیدار شوند، بستگی به ماهیت پیش‌رانه دارد (یعنی جایگاه ترتیب‌بندی تاریخی آن) که سبب می‌شود سرکوبی روی بدهد؛ یعنی منبع لذت درونی را به منبع تنفر درونی تبدیل می‌کند.

این، جایی است که تاکنون به آن رسیده‌ام؛ با تمام ابهامات ذاتی آن. بنابراین، تصمیم گرفته‌ام از این پس چیزی که موجب تحریک جنسی می‌شود و چیزی که موجب اضطراب می‌شود را عوامل جدا از هم در نظر بگیرم. همچنین، تفکر توضیح دادن لیبیدو به عنوان عامل نرینه و سرکوبی به عنوان عامل مادینه را نیز کنار گذاشته‌ام. در هر صورت، این‌ها تصمیمات مهمی هستند. بیشتر ابهامات به خاطر ماهیت تغییری است که به‌وسیله آن حس درونی نیاز، به حس تنفر تبدیل می‌شود. احتیاجی نیست توجهت را به دیگر نقاط مبهم جلب کنم. ارزش اصلی این ترکیب در پیوند دادن فرایند روان‌رنجوری و فرایند طبیعی قرار دارد.

بنابراین، اکنون نیاز مبرم برای توضیح فوری اضطراب نورآستنی متداول ضروری است.

تحلیل خودم متوقف باقی می‌ماند. فهمیده‌ام که چرا فقط با کمک دانش به‌دست آمده به صورت واقعی (مانند یک بیگانه) می‌توانم خودم را تحلیل کنم. تحلیل خودِ واقعی غیرممکن است؛ وگرنه، هیچ نوع بیماری (روان‌رنجوری‌ای) وجود نداشت. به این دلیل که من هنوز با بعضی از معماها در بیمارانم مشکل دارم، این مرا در تحلیل خودم نیز محدود می‌کند.

*قرار نبود من این را بدانم. به نظر می‌رسد لوزه شاعری او بریده شده است.

† اول در واقعیت توسط پرستار در بعدازظهر نهم نوامبر کشیده شد؛ شاید تا دهم طول کشید.

‡ فقط انسان‌های قد بلند برای اعلیحضرت پادشاه پروس.[3]

1. Moll

۲. «جنون اخلاقی»، در اصل به زبان انگلیسی آمده است.

3. Sa Maieste Ie Roi de Prusse

فروید به «گارد پوتسدام» تحت فرمان فریدریش ویلهلم اشاره می‌کند که از غول‌ها سربازگیری شده بود.

۱۵ نوامبر ۱۸۹۷

ویلهلم عزیز!

بیشتر اوقات، چنین نامه‌های یک‌طرفه‌ای؛ به من اجازه می‌دهند که فاصله را فراموش کنم. با این نامه تو داری کاری را انجام می‌دهی که من همیشه انجام می‌دادم؛ نوشتن در مورد این‌که مشغول به چه کاری هستی و کنار گذاشتن چیزی که نمی‌توانی به آن واکنش نشان بدهی. همیشه صحبت‌های ما این‌چنین بوده است: هر بار به نوبت در مورد این‌که مجبوریم چه چیزی بگوییم شروع می‌کردیم و اجباری نداشتیم به چیزی که شنیده‌ایم پاسخ بدهیم.

توانایی من در مشارکت کامل در نتایج تو وقتی که دارند کامل می‌شوند، افزایش پیدا می‌کنند، یعنی هرچه قوانین و تفکرات (پشت آن‌ها) روشن‌تر می‌شود، توانایی من نیز در درک آن‌ها افزایش می‌یابد. در اعدادِ هنوز تفسیرنشده، من به عنوان یک شخص عامی نمی‌توانم چیزی را که برای تو نویدبخش است پیدا کنم؛ در صحبت‌های حال حاضر تو، حتی متوجه پیوندهایی با خیال‌پردازی‌های خودم شدم که یک بار می‌خواستم با آن کشف‌های تو را روشن کنم (این‌که ۱۲ به عنوان ضریب ۲۳ نشان‌دهنده ضریب ۱۰ برای ۲۸ است، اولی ویژگی مردانه دارد و دومی ویژگی زنانه). همان‌طور که به یاد خواهی داشت، همچنین با مشخصات تقریبی حاصل ضرب شروع کردم:

(دوره بارداری) ۲۸ × ۱۰ = ۲۳ × ۱۲

اما اعتراف می‌کنم نمی‌دانستم با تفاوت آن‌ها چه کنم که برای تو به نقطه شروع برای راه حل‌های بیشتر تبدیل شد. تو مطمئناً باور نمی‌کردی که من آن تلاش‌های سربه‌هوا را جدی بگیرم یا از تو انتظار داشته باشم که چنین کاری بکنی، اما از داشتن رابطه دورادور با نتایج حال حاضر تو خوشحالم.
حالا فقط تأثیر آن را برای این‌که اجازه بدهد واقعیت مشاهدات با زبان A و P[1] صحبت کنند، تصور می‌کنم؛ من با دقت حدس و گمان‌های بعدی را سرکوب می‌کنم. باید دقت شود که ابلاغ نتایج چیزی را به کسی که هیچ نشانه‌ای از کار ذهنی پیشین در او باقی نمانده است، نمی‌آموزد. من پر از امیدم که در جلسه بعدی‌مان، درک کردن صحبت‌هایت برایم آسان‌تر باشد.
اگر نمی‌توانی به وین بیایی -آن‌قدر درآمدم کم است که جرئت نمی‌کنم بیشتر از یک روز یا یک روز و نیم در کریسمس تعطیل باشم و می‌دانی که فاصله زیادی با خسیسی بی‌فرهنگی دارم- می‌توانیم در گِراتس، ریچنو یا جاهایی از این دست همدیگر را ببینیم، اما پیشنهاداتم را پس می‌گیرم، چون این بار نمی‌توانم مانند دفعات پیش تو را نصفه‌کاره ببینم و با خوشحالی منتظر بشوم که آیا تو می‌توانی

آن را مدیریت کنی یا نه. اگر بتوانم منتظر چیزی که آن‌قدر نزدیک است باشم، زندگی راحت‌تر خواهد شد.

باید دفعه بعد بپرسم که تومور ملانی در کدام سمت قرار دارد. در ملاقات قبلی‌ام، نوربرت با خوشحالی رامسس۲ را به یاد من انداخت که چند سال پیش در *شخصیت‌ها* پیدا شده بود، اما به نظر می‌رسد او از لحاظ ذهنی گوش‌به‌زنگ است، به‌طور فعالی به هر سو نگاه می‌کند و هنوز هم وقت دارد پیش از این‌که چند پیش‌رانه زنانه بر او مسلط شوند، قیافه‌اش را بهتر کند.

همه خانواده من خوب‌اند. ماتیلده کودکی کوتاهی دارد، به سرعت در حال رشد است و شخصیت و ظاهرش دارد کاملاً زنانه می‌شود و به‌تازگی، اولین نشانه‌های بلوغ در او ظاهر شده است. من تاریخ تولد کل خانواده را برایت ضمیمه می‌کنم. نمی‌توانی از آن‌ها استفاده کنی. به لطف تقویم یهودی، تاریخ تولد مادرم، مارتا و مینا مشخص نیست. این زن مدعی است که نمی‌توان حتی انتظار تاریخ‌های یهودی قطعی را از ماما در مرانو داشت و نمی‌خواهد برای او نامه بنویسد. هرچند، من این قول را به تو دادم. آن‌ها روی‌هم‌رفته به‌طور نامطلوبی هیچ تمایلی به کاری که مستلزم اندازه‌گیری اسرار رشد است، برای کارهای تو و همچنین کارهای من، ندارند.

حالا می‌خواهم خیلی زود نامه‌ای از تو دریافت کنم که در آن خبرهای خوبی در مورد کار و خانواده‌ات باشد. خوشبختانه، دیگر این عادت را ندارم که بپرسم خودت چطوری.

از صمیم قلب!

با احترام!

زیگموند

۱. جبر و فیزیک یا آناتومی و روان‌شناسی یا نجوم و فیزیک. احتمالاً اولی درست است، همان‌طور که در نامه ۲۲ جولای ۱۸۹۹ نشان داده شده است.

۱۸ نوامبر ۱۸۹۷
۹، برگاس ۱۹

ویلهلم عزیز!
تومور ملا، در سمت راستش است. من شنیده‌ام که فلیشمن باور دارد که می‌توان آن را از طریق واژن خارج کرد.
امروز صبح احساس خوشایندی داشتم، گویی که در چیز مهمی موفق شده‌ام، اما نمی‌دانم این چه باید باشد. تا حدی مربوط به این تفکر بود که یک نفر باید تحلیل هیستری را شروع کند و انگیزه‌های عملی و واقعی برای پذیرش بیماری را کشف کند که من برخی از آن انگیزه‌ها را می‌دانستم. (به این دلیل که بیماری تنها زمانی ایجاد می‌شود که لیبیدوِ منحرف که خودش را با چنین انگیزه‌هایی پیوند داده است، آرایش واقعی را همان‌طور که بوده پیدا کند) اما نمی‌تواند چنین باشد. من به تو هر چه را که اتفاق افتاده است، می‌گویم. بعد از مدتی ثابت می‌شود که هر چیزی که به خاطر این نوع احساسات ایجاد شده، واقعیت دارد و چون امروز یک روز به‌خصوص بوده است. (سرِ خسته، سخنرانی واقعاً بد)
با صمیمانه‌ترین درودها!
با احترام!
زیگموند

وین، ۳ دسامبر ۱۸۹۷

ویلهلم عزیز!
هفته گذشته، همسر عزیزت که مانند همیشه خوشحال بود، به دیدن ما آمد و خیال کوتاه‌مدتی را از این‌که همه ما با خوشحالی در کنار هم باشیم، با خود آورد و با رفتنش آن را از بین برد. این قطع تنهایی اثر سودمندی دارد و به ما یادآوری می‌کند که ترک کردن واقعاً چقدر سخت است و کسی که می‌خواهد به آن عادت کند، چقدر در اشتباه است.

پنجم دسامبر. روز مهمی که مرا از ادامه دادن بازداشت. به خاطر یک ملاقات کننده عزیز، بخشی از یک تفسیر به ذهن من خطور کرد که او را باید دوباره به سوی تو بفرستم. امروز احتمالاً یک روز فرخنده نخواهد بود؛ هرچند، ایده جدیدی که در سرخوشی من عقب‌نشینی کرد، دیگر مرا راضی نمی‌کند و حالا منتظر است که دوباره متولد شود. هر از گاهی افکاری به سرم خطور می‌کند که نوید می‌دهد همه‌چیز را درک می‌کنم و به‌طور آشکار مسئله نرمال و پاتولوژیکی، جنسی و روان‌شناسی را با هم مرتبط می‌کنند و سپس، باز از بین می‌روند و من هیچ تلاشی نمی‌کنم که آن‌ها را نگهدارم. چون درواقع، می‌دانم که نه ناپدید شدن و نه پدیدار شدن آن‌ها در خودآگاه، جلوه واقعی سرنوشت‌شان نیست. هرچند، در روزهای آرامی مانند دیروز و امروز، همه‌چیز در من بسیار ساکت است و به‌طور وحشتناکی تنها هستم. نمی‌توانم در مورد آن با کسی صحبت کنم. حتی نمی‌توانم خودم را مجبور به کار کردن کنم، چه به صورت عمدی و چه داوطلبانه، مانند کاری که دیگر کارگران انجام می‌دهند. من باید منتظر باشم که چیزی در من برانگیخته شود و از آن آگاه شوم. اغلب خواب می‌بینم که کار نمی‌کنم —همه این‌ها فقط مقدمه‌ای برای ملاقاتمان در برسلو هستند، همان‌طور که آیدا پیشنهاد کرد، اگر هم‌زمانی قطارها برای تو مناسب باشد. می‌دانی چیزی که در پراگ اتفاق افتاد، ثابت کرد حق با من بوده است. وقتی که آخرین بار در مورد پراگ تصمیم گرفتیم، خواب نقش مهمی ایفا کرد. تو نمی‌خواستی به پراگ بیایی و هنوز هم می‌دانی چرا و همان زمان من خواب دیدم که در رم هستم و در خیابان قدم می‌زنم و از زیادی تعداد خیابان‌ها و علامت‌های آلمانی فروشگاه‌ها شگفت‌زده شده بودم. من از خواب بیدار شدم و فوراً فکر کردم: پس این پراگ بود. (جایی که چنین علائم آلمانی‌ای، همان‌طور که معروف است، جمع شده‌اند) بنابراین، این رویا آرزویم را برای دیدن تو در رم به جای پراگ، به واقعیت تبدیل کرد. به هر حال، اشتیاق وافر من به رم به‌طور عمیقی روان‌رنجور است و به پرستش قهرمان دوره دبیرستانم، یعنی هانیبالِ سامی ربط دارد و امسال در واقعیت، به

همان اندازه که او به دریاچه ترازیمِنو نرسید، من هم به رم نرسیدم. به این دلیل که داشتم روی ناخودآگاه تحقیق می‌کردم، خیلی به خودم علاقه‌مند شده‌ام. حیف که همیشه باید دهانمان را در مورد محرمانه‌ترین چیزها بسته نگهداریم.

Das Beste was Du weisst,
Darfst Du den *Buben* doch nicht sagen[1]

برسلو هم، چنین نقشی در خاطرات کودکی من ایفا می‌کند. وقتی که در سه سالگی داشتم از ایستگاه عبور می‌کردم و از فرایبرگ به لایپزیگ می‌رفتم، شعله‌های گاز که برای اولین بار آن‌ها را می‌دیدم مرا به یاد روح‌هایی که در جهنم می‌سوزند، انداخت. من چیز کمی از ارتباط آن‌ها می‌دانستم. اضطراب من از سفر که حالا بر آن غلبه کرده‌ام هم به خاطر این موضوع بود. امروز برای هیچ کاری خوب نیستم. همه کاری که هنوز می‌توانم انجام بدهم، «*فایل‌های بسته*»[2] است، همان‌طور که دوبیوس ریموند مرحوم آن را ترجمه کرد.

خداحافظ و بگذار خیلی زود پاسخ معقولی به این نامه مشاگنه[3] به دستم برسد.

آیا این صحت دارد که حال رابرت خوب نبوده است؟

۱. گوته، فاوست، بخش ۱، پرده ۴، در این‌جا در متن آمده است: "Das Beste was Du wissen kannst" که به این معنی است: «هرچه بهتر بدانی، آن را به پسرها نخواهی گفت».

۲. معنی نقل قول مشخص نیست.

3. meschuggene

کلمه ییدیش به معنای «دیوانه».

وین، ۱۲ دسامبر ۱۸۹۷

ویلهلم عزیز!

وقتی که کسی می‌داند واقعیت در مالکیت اوست، مانند تو می‌نویسد. پس با کنجکاوی بسیار منتظر برسلو می‌مانم و باید همه تن گوش باشم. خودم نباید چیزی را همراه بیاورم. من در دوره سوت‌وکور و مه‌آلودی هستم و حالا دارم به

صورت دردناکی از ترشح و انسداد (بینی) رنج می‌کشم؛ به‌ندرت احساس سرزندگی می‌کنم. اگر این بهتر نشود از تو می‌خواهم زخم مرا در برسلو بسوزانی.
من سفرمان به برسلو را این‌طور تصور می‌کنم: باید شنبه ساعت ۸ صبح این‌جا را ترک کنم و تا ساعت ۲:۳۰ به آن‌جا برسم. امیدی ندارم که تعامل شبانه خوبی را بتوان پیدا کرد. به‌علاوه، مسافرت در شب با یک کوپه بسیار گرم مطمئناً به قیمت سرِ من در روز بعد تمام می‌شود. بگذار بدانم تو چه زمانی شهر خود را ترک می‌کنی. اگر همه‌چیز درست پیش برود، ما باید دو روز شنبه و یکشنبه را به این گردش اختصاص بدهیم که قطعاً برایم بسیار لذت‌بخش است. یک [روز] بسیار کم است. گپ زدن با تو، بی‌دغدغه و جدی، سبب تقویت روانی من خواهد شد، بعد از این‌که برای چند ماه *دیوانه‌کننده‌ترین* مسائل را در سرم پروراندم، بدون این‌که آن‌ها را خلق کنم و انسان معقولی را نداشتم که بتوانم با او صحبت کنم. باز هم پیش‌نویسی مهرشده از لته[1] آمده است.
می‌توانی تصور کنی «افسانه‌های درون‌روانی» چه هستند؟ آخرین محصول کار ذهنی من. درک درونی مبهم از سیستم روانی یک فرد، توهم‌های تفکر را تحریک می‌کند که البته، به بیرون ارائه می‌شوند و مشخصاً به آینده و بعد از آن پرتاب می‌شوند. ابدیت، کیفر، همگی این‌ها فراتر از واکنش‌های [دنیای] درونی روانی ماست. *دیوانه‌کننده* است؟ اسطوره‌شناسی روانی.
بگذار کتابی از کلینپول به نام «زنده و مرده»[2] را به تو توصیه کنم.
می‌توانی نمونه رویاهایی که برایت فرستاده بودم را با خودت به برسلو بیاوری (آن‌ها در برگه‌های جداگانه بودند). سه‌شنبه پیش سخنرانی‌ای در مورد رویا در انجمن یهودی‌ام (حضار عامی) داشتم.
اعتماد من به سبب‌شناسی پدرانه[3] به شدت افزایش پیدا کرده است. اکستاین عمداً با بیماری‌اش طوری رفتار کرد که گویی نمی‌خواست کوچکترین اشاره‌ای به چیزی که از ناخودآگاه به‌دست می‌آید، بکند و در فرایند به‌دست‌آمده از او، از

میان دیگر چیزها، صحنه‌های مشابهی با پدرش به‌دست آمد.[۴] ضمناً، حال دختر جوان بسیار خوب است.
به‌تازگی، میسترسینگر لذت عجیبی به من داد. تشابه بین بروئر و اچ. ساکس مرا در شرایطی قرار داد تا در تئاتری که او هم در آن بود، شرکت کنم. من از روی مهربانی به خاطر «ملودی تفسیر خواب صبح»[5] تحریک شده بودم. من می‌خواستم «*پارنوس*»[۶] را به «بهشت» و «پارناسوس» اضافه کنم. به‌علاوه، مانند هیچ اپرای دیگری، افکار واقعی به صورت موسیقی درنمی‌آیند، وقتی که با حال و هوای احساسی ضمنی به آن‌ها واکنش نشان می‌دهیم، ماندگارند.
تا برسلو خداحافظ.
با احترام!
زیگموند
اما امیدوارم که خبری از تو به دستم برسد و پیش از آن زمان برایت نامه بنویسم.

۱. همان عبارت استفاده‌شده در قبل، در نامه ۶ سپتامبر ۱۸۹۷.

2. Rudolf Kleinpaul

رودلف کلینپول *Die Lebendigeti und die Toten* in *Volksglauben, Religion und Sage (Leipzig: G. 1. Groschen, 1898)* در این مقدمه که در لایپزیگ نوشته شده است و تاریخ آن به ۲۵ سپتامبر ۱۸۹۷ برمی‌گردد، کلینپول ذکر می‌کند که دارد کتابش را از دیدگاه روان‌شناسی می‌نویسد و برای لحظه‌ای مانند روان‌پزشکی عمل می‌کند که در تلاش است نقطه‌نظر بیمارش را ببیند، حتی اگر این به معنی پذیرش *ایده‌های ثابتش* باشد.

۳. همان عبارت استفاده‌شده در نامه ۲۸ آوریل ۱۸۹۷ که به وضوح در مفهوم (هم در این‌جا و هم در آن‌جا) پدر به عنوان منبع روان‌رنجوری بیان شده است، به عبارت دیگر، نظریه اغواگری.

۴. به دلیل اهمیت این متن مهم، ماسون (۱۹۸۴، صفحه ۱۱۴) را ببینید.

5. Morgen traumdeutweise

نامی بود که توسط هانس ساکس به کتاب اشعار اپرای واگنر میسترسینگر (نمایش ۳) به آهنگ برنده جایزه والتر فون استالزینگ Stolzing داده شده بود.

۶. کلمه ییدیش به معنی «ایجاد یک زندگی سرزنده و تازه».

وین، ۲۲ دسامبر ۱۸۹۷

ویلهلم عزیز!

باز هم روحیه خوبی دارم و مشتاقانه منتظر برسلو هستم، یعنی منتظر دیدن تو و دیدن چیزهای جدیدی از تو در مورد زندگی و وابستگی آن به خط سیر دنیا. همیشه در مورد آن کنجکاو بودم، اما تا به حال کسی را پیدا نکرده‌ام که بتواند پاسخی به من بدهد. اگر حالا دو نفر وجود داشته باشند که یکی از آن‌ها بتواند بگوید زندگی چیست و دیگری بتواند (تقریباً) بگوید که ذهن چیست -و به‌علاوه هر دو به هم علاقه‌مند باشند- فقط این درست است که باید همدیگر را زیاد ببینند و با هم صحبت کنند. من به سرعت مشغول نوشتن چیزهای جدید هستم. بنابراین، خود من هم نباید چیزی بگویم و می‌توانم بدون مزاحمت به حرفهایت گوش کنم.

این بینش در من ایجاد شده که خودارضائی یک عادت اصلی «اعتیاد اولیه» است و تنها جایگزینش این است که دیگر اعتیادها -به الکل، مورفین، تنباکو و چیزهایی از این دست- به وجود بیایند. نقش ایفاشده توسط این اعتیاد در هیستری، چشمگیر است و شاید رشته اصلی من که هنوز هم موانع مهمی را در آن باید پیدا کرد، به‌طور کامل یا جزئی در این‌جا قرار دارد. البته، در این‌جا تردیدهایی وجود دارد در مورد این‌که آیا اعتیاد این‌چنینی قابل درمان است یا نه و یا آیا درمان و تحلیل باید در این نقطه درنگ کنند و مضمون آن‌ها از هیستری به نورآستنی تغییر پیدا کند؟

در خصوص روان‌رنجوری وسواسی، من این تأیید را پیدا کرده‌ام که محلی که در آن به سرکوبی‌ها نفوذ می‌شود، کلمه *بازنمایی* است و نه مفهوم مرتبط با آن. (دقیق‌تر؛ کلمه خاطره) بنابراین، ناهمخوان‌ترین چیزها فوراً به عنوان تفکر وسواسی و تحت یک کلمه با چندین معنی، با هم مرتبط می‌شوند. تمایل به نفوذ از این کلمات مبهم استفاده می‌کند، گویی که چندین مگس را با یک فوت می‌کشد. مثلاً، مورد زیر را در نظر بگیر. دختری به کلاس آموزش خیاطی می‌رود

که خیلی زود به پایان می‌رسد، با این تفکر وسواسی به ستوه می‌آید: «نه، تو نباید این‌جا را ترک کنی؛ تو هنوز کارَت را *تمام نکرده‌ای*؛ هنوز باید چیزهای بیشتری یاد بگیری؛ باید همه‌چیز را یاد بگیری». پشت این تفکر، خاطره‌ای از صحنه‌های کودکی وجود دارد که او آن‌ها را در محفظه قرار داده بود و نمی‌خواست آن‌جا باقی بمانند و همان اجبار[1] را تجربه کرده بود. «تو نباید این‌جا را ترک کنی؛ هنوز کارَت را *تمام نکرده‌ای*، باید هنوز کارهای بیشتری انجام بدهی». کلمه «انجام بدهی»، به موقعیت دوم اجازه می‌دهد تا موقعیت ایجادشده در کودکی به خاطر آید. افکار وسواسی مکرراً با ابهامات *کلامی* خاص پوشیده می‌شود تا اجازه چنین آرایش چندگانه‌ای را بدهد. اگر فردی نگاه واضحی (خودآگاهی) نسبت به آن داشته باشد، در کنار آن، این عبارت را پیدا می‌کند: «هنوز باید چیزهای بیشتری یاد بگیری» که شاید بعدها یک تفکر وسواسی ثابت شود و از طریق تفسیر غلط این‌چنینی در بخشی از خودآگاه ایجاد شود.

همه این‌ها کاملاً قراردادی نیستند. کلمه «انجام دادن» خودش دستخوش یک تغییر مشابه در معنا شده است. یک خیال قدیمی در من که می‌خواهم آن را برای هوشمندی زبان‌شناسی تو توصیه کنم، با اشتقاق از فعل‌های ما سر و کار دارد که در اصل چنین اصطلاحات تحریک‌کننده‌ای دارند.

من به دشواری می‌توانم همه‌چیزهایی را با جزئیات بیان کنم که خودشان را در آن تجربه می‌کنند. -نجاستی برای من است (یک میداس جدید!) و کاملاً با نظریه تعفن درونی متناسب است. سرانجام، بحث پول. من عقیده دارم که این کلمه از «کثیفی» برای «خسیسی» ناشی شده است. به همین صورت، هر چیز مرتبط با تولد، سقط جنین دوره [قاعدگی] از طریق کلمه *سقط* [توالت] (Abortus، سقط جنین) به توالت برمی‌گردد. این واقعاً دیوانه‌کننده است، اما کاملاً مشابه با فرایندی است که کلمات به محض این‌که لازم است مفاهیم جدیدی طراحی شوند، تغییر پیدا می‌کنند.

واقعیت ذاتی آسیب در روان یک کودک توسط حادثه کوچک زیر ایجاد شده است و بیمار ادعا می‌کند وقتی که سه ساله بوده، آن را دیده است. او به اتاق تاریکی می‌رود که مادرش دارد کاری را انجام می‌دهد[2] و استراق سمع می‌کند. او دلایل خوبی دارد که خودش را با مادرش همانندسازی کند. پدر متعلق به طبقه‌ای از *مردان است که به زنان زخم می‌زند*[3] و زخم‌های خونی برای او یک نیاز شهوانی است. وقتی که او دو ساله بود، پدرش به‌طور وحشیانه او را از باکرگی درآورد و به سوزاک مبتلا کرد. او بیمار شد و زندگی‌اش به خاطر خون‌ریزی به خطر افتاد و دچار ورم در مهبل شد. حالا، مادرش در اتاق می‌ایستد و فریاد می‌زند: «مجرم فاسد، از من چه می‌خواهی؟ من هیچ نقشی در آن نخواهم داشت. فکر می‌کنی چه کسی در مقابل توست»؟ پس لباس‌هایش را با یک دست پاره می‌کند، در حالی که با دست دیگرش آن‌ها را فشار می‌دهد که گمان‌های عجیب‌وغریبی ایجاد می‌کند. سپس، به نقطه خاصی در اتاق خیره می‌شود، صورتش از خشم تغییر شکل پیدا می‌کند، اندام تناسلی‌اش را با یک دست می‌پوشاند و با دست دیگرش چیزی را هل می‌دهد. سپس، هر دو دستش را بلند می‌کند، در هوا چنگ می‌زند و گاز می‌گیرد. فریاد می‌زند و نفرین می‌کند. او به پشت خم می‌شود، باز هم اندام تناسلی‌اش را با دستش می‌پوشاند که در نتیجه آن می‌افتد. بنابراین، سرش تقریباً زمین را لمس می‌کند؛ سرانجام آرام‌آرام از پشت به زمین می‌افتد. بعد از آن، دست‌هایش را به هم می‌فشارد، در گوشه‌ای می‌نشیند و در حالی که چهره‌اش از درد درهم‌فشرده شده است، گریه می‌کند.

برای کودک، برجسته‌ترین مرحله، زمانی است که مادرش ایستاده است و به جلو خم می‌شود. او می‌بیند که مادرش انگشتان پایش را که به شدت به *سمت داخل* پیچ خورده‌اند، می‌گیرد.

وقتی که این دختر شش یا هفت ماهه بود، مادرش در تخت خوابیده و تا حد مرگ از جراحتی که پدرش ایجاد کرده بود، خون‌ریزی می‌کرد. او باز هم در شانزده سالگی دید که مادرش از ناحیه رحم (آماس سرطانی) دچار خون‌ریزی

شده است که شروع روان‌رنجوری او بود. یک سال بعد وقتی که در مورد جراحی بواسیر می‌شنود، روان‌رنجوری‌اش ناگهان شروع می‌شود. می‌توان شک کرد که پدر، مادر را مجبور به رابطه جنسی مقعدی کرده باشد؟ نمی‌توان در حمله مادر، مراحل جداگانه این تجاوز را تشخیص داد: نخست سعی کرده از جلو به او برسد؛ سپس، او را از پشت خم کرده است و سعی کرده از لای پاهایش به او برسد و او را مجبور کرده، پاهایش را به سمت داخل بچرخاند. سرانجام، بیمار چگونه می‌داند که معمولاً در حمله‌ها به چه شکلی یک نفر به جای هر دو نفر نقش‌آفرینی می‌کند (مجروح کردن خود یا خودکشی)، همان‌طور که در این‌جا اتفاق افتاده است که زن با یک دست لباس‌هایش را پاره می‌کند، مانند یک حمله‌کننده و با دست دیگرش آن‌ها را نگه می‌دارد، همان‌کاری که او در آن زمان انجام داد!

تا به حال یک روزنامه خارجی را دیده‌ای که از سانسور روسی عبور کرده باشد؟ کلمات، کل جمله‌ها حذف شده‌اند. به‌طوری که آنچه باقی مانده، نامفهوم است. در روان‌پریشی، *سانسور روسیِ* این‌چنینی اتفاق می‌افتد و هذیان‌های واقعاً بی معنایی را ایجاد می‌کند.

یک شعار جدید:

«با تو چه کار کرده‌اند، بچه بیچاره»؟[۴]

حرف‌های مبتذل من دیگر کافی است.

خیلی زود می‌بینمت.

با احترام!

زیگموند

من باید طبق برنامه، شنبه ساعت ۸ این‌جا را ترک کنم.

1. Zwang
(اجبار) در این‌جا مطمئناً به دنیای خارجی اشاره می‌کند؛ مثلاً، پرستاری که کودک را مجبور می‌کند در دستشویی بماند.

۲. معنی آن نامشخص است. عبارت آلمانی آن این است: "ihie Zustande abmacht"

۳. ریچارد فون کرافت–ابینگ Richard von Krafft-Ebing، *روان‌پریشی جنسی*، ویراستار: آلفرد فوکس، ویرایش پانزدهم، (اشتوتگارت: فردیناند آنکه، ۱۹۱۸) صفحه ۸۵ را ببینید.

۴. این نقل قول از کتاب زیبا گوته است. آیسلر (۱۹۶۳، ۷۶۴-۷۵۱: ۲) و ماسون (۱۹۸۴، صفحات ۱۱۹-۱۱۷ را ببینید).

وین، ۲۹ دسامبر ۱۸۹۷

ویلهلم عزیز!

باز هم مطیع به خانه برگشتم، با لذت ثانوی روزهایمان در برسلو. دو-دو (دوگانگی جنسی-دوسویه بودن) در گوش‌هایم زنگ می‌زند، اما هنوز هم برای کار جدی آماده‌ام. یک‌سوم اول مقاله پاشکیس به پایان رسیده است، مقاله *گارتنلوب*، چیزی بیشتر از آن وجود ندارد.[1]

به جز این با عزم ثابت دارم در اطراف چرک‌شناسی[2] پرسه می‌زنم. در اولین روزهای [بعد از برگشتن] تفسیر کمی سر راه من قرار گرفت. آقای ای. که تو هم او را می‌شناسی، در ده سالگی و وقتی که سعی می‌کرد یک سوسک حمام را بگیرد، دچار حمله اضطرابی شده بود که با صبوری آن را تحمل نکرده بود. بنابراین، معنای این حمله مبهم باقی مانده بود. حالا او با فکر کردن به این موضوع که «نمی‌تواند تصمیم‌گیری کند»، گفتگوی بین مادربزرگ و خاله‌اش را در مورد ازدواج مادرش که در آن زمان فوت کرده بود، تکرار می‌کرد و از آن به این نتیجه رسیده بود که مادرش برای مدتی، نتوانسته بود تصمیم‌گیری کند؛ سپس، ناگهان سوسک حمام را دیده بود که تا ماه‌ها دیدن آن را ذکر نکرده بود و بعد از آن، [کفشدوزک] دیده بود (نام مادر او ماری بود)؛ سپس، بلند خندیده بود و به‌طور ناکافی با گفتن این نکته، خنده‌اش را توضیح داده بود که جانورشناسان این سوسک را *سپتم‌پانکتاتا* می‌نامند، یا چیزی معادل آن؛ براساس تعداد نقاط. هرچند، همیشه همان جانور است. سپس، از پیش من رفت و دفعه بعد گفت که

پیش از جلسه معنی سوسک برایش مشخص شده است؛ یعنی: **què faire** = قادر به تصمیم‌گیری نبودن ... دیوانگی.

ممکن است بدانی که در این‌جا شاید آن زن را «سوسک» خوب نامیده‌اند. پرستار او و عشق اولش یک زن فرانسوی بود؛ در واقعیت او پیش از این‌که زبان آلمانی را یاد بگیرد، یاد گرفته بود فرانسوی صحبت کند. صحبت‌های‌مان در مورد استفاده از کلمات «گیر کردن»، «توالت» و چیزهایی از این دست را به یاد خواهی آورد؟

سخنرانی دوم و آخر من در مورد رویا به پایان رسیده است و برای یهودیان سرگرم‌کننده بود و آن را تحسین کردند. بعد از آن، فردی از شنوندگان مشتاق از من پرسید آیا خواب‌های کاملاً بی‌معنی را هم می‌توان به این صورت تعبیر کرد. این ارزش سخنرانی‌های عمومی است. یک پزشک و همکارش نمی‌توانند سؤالات احمقانه‌تری بپرسند.

Bild mir nicht ein, ich konnte was lehren
Die Menschen zu bessern und zu bekehren[۴]

چیزی که حالا می‌خواهم، انبوهی از مسائل است برای آزمایش جدی بی‌رحمانه نظریه چپ‌دست بودن؛ من نخ و سوزن را آماده کرده‌ام.[5] ضمناً سؤالی که از آن پیش می‌آید، اولین سؤالی است که در مدتی طولانی میل و ظن ما به آن سمت نرفته بوده است.

من هنوز زمان آن را پیدا نکرده‌ام که با جنبه زنانه‌ام صحبت کنم.

بینی‌ام درست رفتار می‌کند و تشکر می‌کند.

اکنون، سال خوب و جلسات فراوان در سال ۱۸۹۸ داشته باشی!

با احترام!

زیگموند

1. Gartenlaube

گارتنلوب، ژورنالی کوچک. فروید به مقاله *تمایل جنسی در سبب‌شناسی روان رنجوری* که در سال ۱۸۹۸ چاپ شد، اشاره می‌کند.

۲. در اصل به زبان یونانی نوشته شده است؛ به نمایشنامه‌ای در مورد چرک آلمانی. (کثافت)

۳. què faire فرانسوی (چه کار باید کرد؟) در این‌جا به مفهوم Kafer مرتبط شده است –بنابراین، لهجه‌ای از què است.

۴. فاوست گوته، نمایش ۱، پرده ۱: «وانمود نمی‌کنم که قادرم معلمی باشم که می‌توانم به یک مخلوق کمک کنم یا او را به چیزی تبدیل کنم». (ترجمه‌شده توسط بایارد تیلور)

۵. اشاره‌ای است به آزمایشی برای این‌که مشخص شود آیا فردی چپ‌دست است یا نه. فلیس باور داشت که افراد چپ‌دست، ویژگی‌های روان‌شناسی (و جسمی) جنس مخالف را از خود نشان می‌دهند. در کتاب «*دوره زندگی*»اش، یک فصل طولانی با عنوان «در اهمیت تقارن دوسوتوانی» شامل شصت و هفت خلاصه تاریخچه موردی است. در پایان، متن قابل توجهی وجود دارد که مسائل مهمی را در مورد روان‌شناسی فلیس مشخص می‌کند (ترجمه من): «تصویری از روزهای دور که از سطح حافظه‌ام رفته بود. من صدای آوازی را می‌شنوم که قلبم را به جنبش درمی‌آورد. من کتاب کوچکی را ورق می‌زنم که پر از شعرهای دلرباست. من روح روانی را می‌بینم که در افکار ناامیدکننده گم شده است و خالق همه این‌ها شکوهِ زنی بود که زیبایی زنانه دلپسندش روی لب‌های همه بود و تصویر او به‌وسیله یکی از بزرگترین استادان نقاشی روی پارچه کشیده شده بود، اما من همچنین دیدم که چطور انگشتان دست چپ او قیچی را به‌کار می‌برد و او با آن، پارچه را برای یک جامه زیبا می‌برید و چطور سوزن کوک‌زنی فوراً از دست راست او به دست چپش می‌رفت.

چندین بار به شکل آزاردهنده‌ای او را از انجام این کار منع کردم! فقط امروز می‌دانم چطور این لغزش‌های کوچک را تفسیر کنم که وجود آن‌ها سرانجام سبب شدیدترین سوگ در او شد». (در اصل ایتالیک نوشته شده است)

وین، ۴ ژانویه ۱۸۹۸

ویلهلم عزیز!

شخصیت محترم رابرت کوچولو در عکس آنرل واقعاً لذت‌بخش است. او انسان جذابی است –در صورتی که تو نمی‌دانستی.

امروز گزارش شماره ۲ «چرک‌شناسی»[1] را برایت می‌فرستم، ژورنال بسیار جالبی که من برای یک خواننده چاپ کردم. شماره ۱ که آن را پیش خودم نگه می‌دارم، حاوی رویاهای وحشیانه‌ای است که مورد توجهت قرار نخواهد گرفت. این‌ها بخشی از تحلیل خودم هستند که هنوز هم دارم در تاریکی کامل به دنبال آن می‌گردم. لطف می‌کنی اگر آن را برای آزمایشات بیشتر به من برگردانی، اما مطمئناً نه بلافاصله. مثل همیشه، اولین هفته بعد از صحبت کردنمان، برایم هفته بسیار پرباری بود. سپس، چند روز افسرده‌کننده با حال و حوصله خراب و دردی که از سرم (یا قلبم) به پاهایم منتقل شده بود، پیش آمد. از امروز صبح دیگر چیزی وجود ندارد. من باید به سعی و خطا کردن ادامه بدهم.
این مسئله توجهم را به خود جلب کرده است که تو بسیار تحت تأثیر نگرش منفی من نسبت به تفسیرت از چپ‌دست بودن قرار گرفته‌ای. من باید سعی کنم معقول باشم، زیرا می‌دانم این چقدر دشوار است.
برای من، به نظر می‌رسد اوضاع از این قرار است؛[2] به معنی واقعی تأکید تو را در مورد دوگانگی جنسی پذیرفته‌ام و این ایده‌ات را قابل توجه‌ترین تفکر برای موضوع خودم از زمان «دفاع» به بعد می‌دانم. اگر به دلایل شخصی رغبتی نداشتم، به این خاطر است که بخشی از من هم روان‌رنجور است و این بی‌رغبتی قطعاً به سمت دوجنسیتی هدایت شده است که بعد از این همه ما مسئول تمایل به سرکوبی هستیم. به نظرم می‌رسد که من فقط با نفوذ دوجنسیتی و دو جانبه بودن که تو آن را تقاضا می‌کنی، مخالفت می‌کنم. در ابتدا اصلاً با این ایده موافق نبودم، چون هنوز هم فکر می‌کنم خیلی از موضوع دورم. در دومین بعدازظهر در برسلو حس می‌کردم در نتیجه واکنش بینی، به سرم شلیک شده است؛ در غیر این صورت، بی‌شک نمی‌توانستم تردیدی را که در مورد این ادعا داشتم، تغییر بدهم؛ یا وقتی که خودت گفتی هر دو نیمه احتمالاً حاوی دو نوع اندام‌های جنسی‌اند، نمی‌توانستم [این تفکر] را درک کنم، اما مثلاً زنانگی نیمه چپ یک مرد کجاست، اگر حاوی بیضه (و اندام‌های جنسی مردانه/زنانه مطابق با آن)

باشد، درست مانند نیمه راست؟ فرض تو در مورد این‌که برای تمام نتایج، نیمه‌های مردانه و زنانه باید با هم متحد شوند، در یک نیمه جبران شده است!

به‌علاوه، این برداشت را داشتم که تو فکر می‌کردی من تا حدی چپ‌دست هستم؛ اگر چنین است به من بگو، چون چیزی در این خودآگاهی وجود ندارد که به من صدمه بزند. این کار تو است اگر تمام جزئیات محرمانه در مورد من را نمی‌دانی؛ تو مطمئناً از خیلی پیش مرا می‌شناختی. سپس، من از ترجیح دست چپ، چه در حال حاضر و چه در زمان کودکی‌ام آگاه نیستم بلکه می‌توانم بگویم که سال‌ها پیش دو دست چپ داشتم. تنها یک چیز وجود دارد که می‌خواهم تو در نظر بگیری: نمی‌دانم آیا برای دیگر افراد مشهود است که کدام دست، دست راست و چپشان است و دست راست و چپ بقیه افراد کدام دستشان است. در مورد من (در سال‌های قبل) فکر می‌کردم که کدام دست، دست راست من است؛ هیچ احساس جسمی‌ای این را به من نگفت. من سعی کردم این را با تلاش برای سریع نوشتن با دست راست خود، امتحان کنم. تا جایی که برای دیگر افراد اهمیت دارد، باید تا امروز روی جایگاه آن‌ها و غیره کار کنم. شاید این با نظریه تو متناسب باشد؛ شاید مربوط به این واقعیت است که من برای مجسم کردن روابط فضایی، توانایی کمی دارم که سبب شد تحقیق در مورد هندسه و تمام موضوعات مشتق‌شده از آن برای من غیرممکن شود.

به این صورت در من پدیدار شد، اما من درواقع خیلی خوب می‌دانم که با این وجود ممکن است طور دیگری باشد و این‌که بیزاری‌ای که نسبت به مفهوم چپ‌دست بودن تو حس می‌کردم، ممکن است انگیزه‌های ناخودآگاه داشته باشد. اگر هیستریایی باشند، مطمئناً کاری با این موضوع ندارند بلکه فقط با کلمه راهنما متناسب می‌شوند؛ مثلاً، این‌که من به‌طور محرمانه به دنبال کاری بودم که فقط با دست چپ می‌شد آن را انجام داد. در این صورت این توضیح روزی مشخص خواهد شد، اما خدا می‌داند چه وقت.

من فقط بعد از برگشتنم، واقعیت را در مورد کیو. جِی. فهمیدم. اگر واقعاً مشکلی برایش پیش آمده باشد، با این انحراف از میزان استفاده از چیزی در یک روز ناتوان از پیشگیری است، همان طور که مِینرت از نوشیدن مقدار کم کلروفرم ناتوان ماند. اعتیاد اصلی پسر بیچاره! مکمل لازم برای بی‌فرهنگی و ریاکاری کل حلقه است.

باید به من قول بدهی که هیچ انتظاری از گارتنلوب[۳] نداشته باشی. آن یک صحبت واقعی خواهد بود که برای مردم به اندازه کافی خوب است، اما ارزش این که یک کلمه از آن میان ما رد و بدل شود را ندارد.

چهارشنبه باید با کل خانواده تو (بوندی، رای) به یک نمایش یهودی اجراشده توسط هرتزل،[۴] به تئاتر کارل برویم -اولین شبی که نقشی در خواب‌های من ایفا کرده است.

از کجا نقل قول در مورد پروفسورها و گوش‌ها را پیدا کردی؟ می‌خواهم آن را در تو تحسین کنم. به‌تازگی، در خیال‌پردازی‌های روزانه‌ام (که تا به حال اصلاً برای آن‌ها آزاد نبوده‌ام) این کلمات را به جناب وزیر آموزش گفتم: «نمی‌توانی مرا بترسانی. می‌دانم وقتی که دیگر کسی شما را وزیر صدا نمی‌کند، من هنوز هم مدرس دانشگاه خواهم بود».

پس، خداحافظ و پیش از این‌که شماره ۳ را مطرح کنم، برایم نامه بنویس. تونل سمت من کاملاً تاریک است، اما برای تو خورشید و ستاره‌ها هم برای این کار می‌درخشند.

از صمیم قلب!

با احترام!

زیگموند

۱. فروید از کلمه Dreckologisch استفاده می‌کند که یعنی مرتبط با جمع‌آوری چرک که بخشی از آن به یونانی نوشته شده است.

2. *Wie icb mit etscheine*

به صورت تحت‌اللفظی: آن‌طور که به نظر خودم می‌رسد احتمالاً روش غیرمعمولی برای بیان *wie es mir etscheiut* است.

۳. یادداشت ۱ نامه ۲۹ دسامبر ۱۸۹۷ را ببینید.

۴. نمایشنامه محله جدید یهودی‌ها بود که به تفسیر خواب اشاره می‌کرد (۴۴۲-۴ S.E.) گرینستین Grinstein (۱۹۸۰، صفحات ۳۳۳-۳۱۸) را برای بحث در مورد این نمایشنامه و احساس فروید در مورد دوسویه بودن ببینید.

۱۶ ژانویه ۱۸۹۸

۹، برگاس ۱۹

ویلهلم عزیز!

افسوس می‌خورم که این بار شرایط ما هم‌راستا باقی نماند. من خوب بودم و روحیه خوبی داشتم. امیدوارم که در حال حاضر، تو هم همین طور باشی.

ضمیمه این نامه، شماره سومِ DR [گزارش چرک‌شناسی] قرار دارد. پر از چیزهای کوچک است؛ خواب و هیستری حتی بسیار آراسته‌تر با هم متناسب شده‌اند. حالا جزئیات سر راه مشکلات بزرگی که در برسلو پیش آمده بودند، ایستاده‌اند و وقتی که می‌آیند باید آن‌ها را پذیرفت و خوشحال بود که می‌آیند. من معنی «خوشحالی» را هم اضافه کرده‌ام (برای احتیاط، از مدت‌ها قبل آن را به تو نگفته‌ام)؟:

خوشحالی، به واقعیت رسیدن دیرهنگام آرزوی پیشین است. به همین دلیل ثروت، خوشحالی اندکی ایجاد می‌کند. پول، آرزوی دوران کودکی نیست.

همه‌چیزهای دیگر، دارند در من طلوع می‌کنند و همیشه همه‌چیز خیلی زود فراموش می‌شود و برای خلاصه کردن هم هنوز خیلی زود است.

جدیداً، بروئر شاهکار درخشان دیگری را به سمت خود کشیده است. فکر می‌کنم هیچ‌کس نباید به او اجازه بدهد که هوش‌اش، کسی را به خاطر کوته‌فکری‌اش فریب دهد. چیزی که دارم می‌نویسم دیوانگی محض است. من هنوز هم از روزهای دانشجویی‌ام به او بدهکارم. (حدس میزنم دو هزار و سیصد فلورین) هرگز

نتوانستم آن را پس بدهم؛ تا امسال که موفق شدم با چند کلمه معذرت‌خواهی، پانصد فلورین اول را برایش بفرستم. بعد از آن، نامه‌ای به دست همسرم رسید که سیصد و پنجاه فلورین را برگردانده بود. ابتدا او نمی‌دانست هنوز چقدر از پول پرداخت نشده است. دوم، دو سال پیش نوه بیچاره‌اش بی. را درمان کردم که هزینه تخمینی درمان پانصد فلورین می‌شد و من فقط صد و پنجاه فلورین از او گرفتم. بنابراین، حالا باقی‌مانده آن را با رسیدی برای پانصد فلورین دریافت کردم. در نتیجه، در یک نامه بسیار محترمانه که در آن کمی در مورد درآمدم لاف زدم، به او ثابت کردم که نباید کاری به کار بی. داشته باشد. یعنی مبلغ در مورد او کاملاً متفاوت است و چیزهایی از این دست. او در عوض گفت: تا وقتی که من پول او را نپرداخته بودم او هم به پرداخت فکر نکرده بود، اما از آن‌جا که من این کار را شروع کردم، او نمی‌تواند آن را به تأخیر بیندازد. او پول را نگه خواهد داشت و رسیدی به مبلغ هشتصد و پنجاه فلورین برایم خواهد فرستاد. همه این‌ها با فقدان شدید منطق؛ تأیید توهین‌آمیز؛ احساسات عمیق و همچنین بی‌نیاز برای انجام کار خوب، همراه بود. کمی این کار خلاصه‌شده [توصیف این کار] را مشروح کن. این بروئر نابغه است. همین کار کافی است تا کسی که واقعاً ناسپاس است، کردار خوبی داشته باشد.

یک روز ملال‌آور شروع شده است و بنابراین، نامه را به پایان می‌رسانم. آخرین ارجاع تو به پای چپ، به‌طور قابل توجهی گرایشم در مورد نظریه مورد بحث را تغییر داده است. هنوز هیچ مطلب جدیدی ندارم، چون به‌ندرت انسان‌های جدیدی را می‌بینم.

از صمیم قلب به تو درود می‌فرستم و با این نامه موضوع جدیدی را اعلام می‌کنم.

با احترام!

زیگموند

وین، ۲۲ ژانویه ۱۸۹۸
۹، برگاس ۱۹

ویلهلم عزیز!

حال مِلا خیلی خوب است، روحیه خوبی دارد و چهره‌اش درخشان به نظر می‌رسد که در روز چهارم بعد از لاپاراتومی، چیز کمی نیست و به نظر می‌رسد همه نگرانی‌ها را پشت سر گذاشته است. می‌دانی که همیشه او را دوست داشتم، باور دارم که به خاطر تو نقش دوشیزه پیری را بازی می‌کرده که علاقه‌مند به واکنش به این رزهای[1] جدید بوده است. حال اسکار هم به طرز چشمگیری در حال بهبود است. او از هم پاشیده بود[2] و دو شب پیش از عمل به خاطر هیجان، حالش کاملاً بد بود. هیجان بسیار کمی در سرنوشتی که دوستمان اسکار به شدت آن را دنبال می‌کند وجود دارد؛ خیلی زود است که این‌چنین استخوانی شود و این همه‌چیز است.

خب، روحیه خوب من با یک میگرن بد در پنجشنبه به پایان رسید. دو گزارش چرک‌شناسی را نگهدار؛ نمی‌دانم چقدر طول می‌کشد که مطلب جدیدی بنویسم. همه‌چیز ناپدید شده است. این عادت زننده سازمان [ذهنی] من که ناگهان همه منابع ذهنی‌ام می‌رباید، سخت‌ترین چیزی است که باید در زندگی تحملش کنم. نکته آخری که همه توجهم به خود جلب کرده، مانند یک آبادی در بیابان، برجسته است. در کالسکه با باز کردن دگمه‌های پیراهنم خود را متقاعد کردم که حق با تو بود.[3] مطب من راهنمایی برای آزمایش بیشتر [نظریه درخشان تو] نیست. به‌تازگی، کلاً دو بیمار و سه ساعت مشاوره داشته‌ام! روی‌هم‌رفته، امسال به‌طور ناخوشایندی سال بدی است.

یادآوری آیدا در مورد جان تعمیددهنده، به نظر من نه تنها هوشمندانه بلکه صحیح هم هست، اما عدم پذیرش او عادلانه است؟ آیا او زیادی تسلیم بیزاری غریزی‌اش نسبت به هر چیز روان‌رنجور نشده است؟ جان بی‌شک *مزایای نقص‌هایش* را دارد و برعکس؛ بی‌شک روان‌پریشی در کل به نقطه مقابل

دستاوردهای روانی بزرگ در تمرکز تبدیل می‌شود. خود مسیح هم بدون شک بینا، پاک و پرهیزگار بوده است. این نکته مهم است که افکار وسواسی و فوبیا (مانند پشیمانی برای گناهان قدیمی) همواره غیراجتماعی‌اند و تنها پرهیزگاری است که مردم را به خود جلب می‌کند، مثل این‌که آن‌ها منتظر [آخرین توزیع] چیزی که انبار شده است، می‌باشند. آهنگ آینده!

ضمناً، جان تعمیددهنده همه کردارهایش (به عنوان یک گناهکار) را رها کرده است؛ او نمی‌تواند کردار بد جدیدی داشته باشد. (به جز مقیاس‌های محافظت و توبه)

خشم من از بروئر دائم تجدید می‌شود. به‌تازگی، از یک بیمار که هر دویمان با او آشنا بودیم، شنیدم که بروئر رابطه‌اش را با من قطع کرده بود، چون روش زندگی من و مسائل مالی‌ام را ناپسند می‌دانست -مردی که این‌قدر پول درمی‌آورد باید بخشی از آن را پس‌انداز کند و به فکر آینده باشد- بروئر که پزشک خانوادگی آن‌هاست، این تذکر آخر را به آن‌ها داده است. اگر می‌خواهی گستره کامل نادرستی روان‌رنجوری او را درک کنی، مطالب بالا را با تذکر در نامه‌اش که فکر می‌کرد من کل بدهی‌ام به او را پرداخت کرده‌ام، کنار هم بگذار. آیا واقعاً فکر می‌کرد پیش از این‌که بدهی‌های قدیمی‌ام برای تحصیل را پرداخت کنم، شروع کرده‌ام به پس‌انداز کردن؟ در تمام این‌ها، همیشه می‌توان تصور کرد که فرد بخش کوچکی از شایعاتی را که پخش شده، می‌شنود.

دفعه بعد امیدوارم مکاتبه خوشایندتری داشته باشم.

با احترام!

زیگموند

۱. کلمه بیان‌شده توسط فروید، Reflexneu–rosen است، جناسی در مورد رفلکس روان‌رنجوری و رزهای جدید.

2. Zusammengerissen

به‌طور تحت‌اللفظی، ازهم‌گسیخته.

۳. بی‌شک ارجاعی است به «آزمایش» چپ‌دست بودن. ممکن است منظور فروید این بوده باشد که شاید چون می‌تواند با دست چپ خود دگمه لباس خود را باز کند بنابراین، به‌طور نهفته چپ‌دست است و بر این اساس، از نظر فلیس دوگانگی جنسی نهفته نیز دارد. یادداشت ۵ نامه ۲۹ دسامبر ۱۹۹۷ را ببینید.

وین، ۳۰ ژانویه ۱۸۹۸

۹، برگاس ۱۹

ویلهلم عزیز!

همان‌طور که نقل قول زیبای تو را به درستی حدس زدم، دیروز نامه‌ات مرا در روزی پر از خوشحالی دیوانه‌وار پیدا کرد که متأسفانه فقط خوشحالی درونی بود؛ چون دلایل بیرونی به‌ندرت وجود دارد. این تغییرات در حال و حوصله من به رویا و تحلیل خودم مربوط‌اند؛ من چیز اندکی از آن‌ها را متوجه می‌شوم. امروز باز هم جدی و متین هستم. هدیه رویای تو مرا بسیار خوشحال کرد و کمک ارزشمندی به من خواهد کرد. می‌توانم آن را منتشر کنم؟

امروز صبح دو چیز را متوجه شدم که پذیرفتن آن‌ها برایم دشوار است. من نامه‌ات را با دقت بیشتری خواندم و مجبورم برداشت اول خود را از این‌که اصلاً خوب نبوده‌ای با این برداشت عوض کنم —این‌که تو هم مانند من با کار ازدواج کرده‌ای= و این‌که تو اصلاً خوب نبوده‌ای.

«در چند روز گذشته حوصله هرچه به جز کار را داشتم که مطمئناً از بین خواهد رفت» یا باز هم دارم اشتباه می‌کنم و منظور تو سرخوشی‌ای است که بعد از آن چیزی اتفاق خواهد افتاد؟[1] اما واقعاً حال تو آن‌قدر خوب است که کار کنی؟ یا چیزی که به ذهن من خطور می‌کند، این است که چیز دیگری پشت آن وجود دارد که من باید آن را حدس بزنم؟ آیا من رویای بارداری[2] را می‌دانم؟ هورا؟!

موضوع دوم که حالا اهمیت خود را بیشتر از دست داده، هرچند، (یعنی اگر اشتباه نکنم) رفتار گاتل است. او رساله بزرگی[3] را برای من فرستاد که در آن با نظریه هیستری ماده جنسی و چیزهایی از این دست سر و کار داشت. در حالی

که من انتظار گزارشی را داشتم در مورد شرح حالی که از نورآستنی به‌دست آورده بود. این‌که به او بگویم حتی اگر این موضوعات را بیشتر دنبال کرده باشد هم نمی‌تواند آن‌ها را در کارهای خودش چاپ کند، سبب اضطراب من می‌شود و حتی این‌که با گزارش او اصلاً موافق نیستم مرا مضطرب‌تر هم می‌کند، اما باید به او بگویم که «خودش را به احمق‌ها و غیره تحمیل کند».[۴]

بخشی از DR در فرایند رشد است، تا در زمان مناسب، تو را در مورد نتایج جزئی این هفته‌ها مطلع کنم.

اصلاً نمی‌خواستم در مورد شنک[5] چیزی برایت بنویسم. شاید ندانی که آرتور شیف[۶] حالا دارد آزمایشات کوکائین تو را روی اختلال قاعدگی تکرار می‌کند و همه جزئیات را تأیید کرده است. من می‌دانم که یک روز متوجه خواهند شد تو کاملاً قابل اطمینان هستی.

در ملاقات بعدیمان باید با خلوص بیشتری به تو گوش کنم؛ مطمئناً هر بار سودمندتر می‌شود. البته، تقارن در صفحه‌ها و نسبت‌های عددی روابط تولد، بسیار چشمگیرند. وقتی که این رخدادهای انفرادی را کنار هم قرار دادی و یک ساختار ایجاد کردی، رهروان حتی بیشتر مبهوت خواهند شد.[۷]

بزرگترین بخت و اقبال،[۸] گاهی اوقات به نظرم، شوخ‌طبعی خوب یا ذهن پاک است. باید حالا آخرین بخش از مقاله گارتنلوب را بنویسم.

در چنین نامه‌های سرزنده‌کننده‌ای خیلی خسیس نباش و کنایه‌های مبهم خود را برای زیگموندت روشن‌تر کن.

۱. فلیس به‌طور رازآلودی باور داشت که سرخوشی، علامت یک فاجعه زودهنگام است. نقل قول او را از کتاب *دوره آموزشی* در یادداشت ۶ نامه ۲۷ نوامبر ۱۸۹۳ ببینید.

۲. یعنی، زن بارداری که خواب دیده است؛ بدون شک ارجاعی است به بارداری آیدا فلیس.

۳. اشاره‌ای است به کتاب فلیکس گاتل، (۱۸۹۸) به نام *درباره علل جنسی نورآستنی و روان‌رنجوری اضطرابی*.

۴. نقل قولی از فاوست گوته، بخش ۲.

"Da habt ihr's nun!
Mit Narren sich beladen
Das kommt zuletzt dem Teufel selbst zu schaden!"

۵. برای کتاب شنک Schenk یادداشت ۱ نامه ۱ می ۱۸۹۸ را ببینید.

6. Arthur Schiff

آرتور شیف über die Beziehungen zwischen Nase und weiblichen Sexualorganen, هفته‌نامه پزشکی وین ۶۵-۵۷: (۱۹۰۱)۱۴. یادداشت ۲ نامه ۳۰ ژانویه ۱۹۰۱ را ببینید. توجه کنید که شیف مقاله فرانسوی فروید: Obsessions et phobies (leur mecanisme psychique et leur etiologie) را در روندشاو پزشکی وین ترجمه کرد. همچنین Aus der Diskussion tiber die Vortrage des Herrn Siegmund فلیس را ببینید.

۷. احتمالاً ارجاعی است به فاوست، نمایش ۵، پرده ۱. فیلمون در مورد آواره‌ای می‌گوید که به مرحله جوانی‌اش برمی‌گردد و سرزمینی را پیدا می‌کند که با خشک شدن اقیانوس احیا شده است: (ترجمه‌شده توسط بایارد تیلور)

"Lass ihn rennen, ihn erschrecken,
Denn er glaubt nicht, was er sieht"

(بگذار برود و وحشت کند
او چیزی را که می‌بیند، باور نخواهد کرد).

۸. نقل قولی از براوت فان مسینا اثر شیلر: "Das Leben ist der Cuter hochstes nicht"

وین، ۹ فوریه ۱۸۹۸

۹، بر گاس ۱۹

ویلهلم عزیز!

بنابراین، حدس من درست بود و به خاطر افزایش موضوعات مبنی بر مشاهدات و فرصت از پیش تعیین کردن همه‌چیز -علاوه بر چیزهای دیگر- به تو تبریک می‌گویم. امیدوارم آیدا هم که این دوره رنج پیشِ روی اوست، به همین اندازه خوشحال باشد. مِلا خیلی خوب است و درواقع، بسیار دوست‌داشتنی است؛ من قطعاً طرفدارش هستم. -آخرین آزمایشات A و P[1] تو غیرطبیعی‌اند. این احتمالاً

خوش‌شانسی تو نیست که با این خانواده ازدواج کرده‌ای، اما دیگران هم نتایج مشابهی ارائه می‌کنند.

کاهش مدت سفر عید پاک ما مطابق است با رکود عمومی امسال. من فقط جایی دور از مادرید می‌توانم به شادی واقعی برسم. هرچند، مسئله ضروری، یعنی با هم بودن ما، قطعی باقی می‌ماند.

یکشنبه برای یک مشاوره در لهستان بودم. یک خانم پنجاه ساله مدعی بود که داشت روی غلتک‌های چوبی تقلا می‌کرد که اعضای بدنش مثل یک عروسک شل شدند و بلافاصله، شروع کرده بود به خزیدن روی دست و پاهایش. به هر حال، بدون هیچ دلیل قابل توضیحی، حال و حوصله‌ای عالی دارم. مسئله مورد علاقه روزانه‌ام را پیدا کرده‌ام. کاملاً غرق کتاب رویا شده‌ام و دارم آن را خیلی روان می‌نویسم و از افکار «تکان‌دهنده سر»[۲] به خاطر بی‌پروایی‌ای که دربرگیرنده آن است، لذت می‌برم. فقط کاش لازم نبود این همه‌چیز بخوانم! قبلاً به‌ندرت با ادبیات تغذیه می‌شدم. تنها فکر معقولی که به ذهن فچنر[۳] که بسیار ساده است، خطور کرد: فرایند رویاها در یک قلمروِ روانی متفاوت انجام می‌شود. من باید اولین نقشه خام این قلمرو را گزارش کنم.

امروز گزارش طولانی و به پایان‌رسیده DR را برایت می‌فرستم که شاید از تو بخواهم خیلی زود آن را به من برگردانی، به خاطر مثال خواب زیبای آن. در مورد بقیه چیزها، همه‌چیز هنوز در حالت نهفتگی است. تحلیل خودم به خاطر کتاب رویا مسکوت باقی مانده است. موارد هیستری خیلی کم، پیش می‌روند.[۴]

امسال هم نباید هیچ‌یک را تکمیل کنم و برای کار بعدی، باید کاملاً بدون بیمار باشم.

امروز مقاله گارتنلوب را به پایان رساندم که نسبتاً گستاخانه است و لزوماً برای قانون‌شکنی طراحی شده که بی‌شک در این کار موفق خواهد شد. بروئر خواهد گفت من خودم خیلی ضرر کردم.

شایعه‌ای وجود دارد که ما در روز جشن امپراطوری در دوم دسامبر به عنوان استادی، منصوب خواهیم شد. من این را باور ندارم، اما رویای دلپذیری نسبت به آن دارم که متأسفانه نمی‌توان آن را چاپ کرد. چون زمینه‌اش، معنی دوم آن بین من و پرستارم (مادرم) و همسرم جابه‌جا می‌شود و هیچ‌کس نمی‌تواند همسرش را پیش چشم همه در معرض این نوع ملامت [به عنوان پاداش] برای تمام کارها و زحماتش قرار دهد. در کل: بهترین چیزی که می‌دانی و چیزهایی از این دست.[۵]

زولا ما را واقعاً در حالت تعلیق نگه می‌دارد. انسانی خوب، کسی که می‌توان با او صحبت کرد. رفتار پَست[۶] مرد فرانسوی مرا یاد چیزی انداخت که تو در پل برسلو در مورد دهه فرانسه گفتی، اظهار نظرهایی که در ابتدا کاملاً با آن مخالف بودم.

عملکرد شوئِنینگر،[۷] این‌جا در سیرک سخنگو، یک رسوایی واقعی بود! البته، من در آن شرکت نکردم؛ در عوض خودم را مهمان کردم که شخصاً به حرف‌های دوست قدیمی‌مان مارک تواین[۸] گوش کنم، که لذت محض بود.

خداحافظ و به کل خانواده کنونی و آینده‌ات سلام مرا برسان!

با احترام!

زیگموند

۱. یادداشت ۱ نامه ۱۵ نوامبر ۱۸۹۷ را ببینید.

۲. ارجاعی به کتاب *Bilder zur lobsiade* ویلهلم بوش Wilhelm Busch. قهرمان در بخش آزماینده‌هایش، کارهای قهرمانانه؛ داوطلبی برای پذیرش کشیشی؛ تکان دادن مکرر سر را بروز می‌داد.

۳. ۴۸: S.E.۴ را ببینید.

۴. در متن آمده است: Die Hysteriefalle gehen sogar schlecht voraus که معنی آن مشخص نیست. احتمالاً منظور فروید Schlecht Voran بوده است.

۵. گوته، فاوست، بخش ۱، پرده ۴، نقل قولی که فروید بارها از آن استفاده کرد: «هرچه بهتر بدانی، به پسرها نخواهی گفت».

۶ . فروید از کلمه آلمانی Lausig استفاده می‌کند.

۷. کریس (در کتاب *منشأ*، صفحه ۲۵۴ n ۴) می‌گوید: در پنجم فوریه ۱۸۹۸، شوئنینگر Schweninger دکتر معروف بیسمارک Bismarck، مشترکاً و به صورت گفتمان با ماکسیمیلیان هاردِن Maximilian Harden سخنرانی کرد که در آن از پوچ‌گرایی پزشکی دفاع کرد. او به تخصصی شدن پزشکی حمله کرد و اظهار نظرهای موهنی (توهین‌آمیز یا زننده) در مورد ارزش تشخیصی اشعه ایکس بیان کرد و اعتراف کرد که به دامپزشکان حسادت می‌کند، چون بیماران‌شان نمی‌توانند صحبت کنند. نقطه اوج سخنرانی او این عبارت بود: «این دنیا متعلق به افراد شجاع است، از جمله بیماران شجاع».

۸. فروید در پاورقی *تمدن و ناخشنودی‌های آن* در مورد این سخنرانی نظر داده است. (S.E.۲۱ :۱۲۶)

وین، ۲۳ فوریه ۱۸۹۸

۹، برگاس ۱۹

ویلهلم عزیز!

قطع شدن نامه‌هایت این تأثیر را دارد که مرا از دو جهت از شوخ‌طبعی خارج می‌کند: نخست، به این خاطر که دل من حتی بیشتر از معمول برایشان تنگ می‌شود و دوم، مشکوک می‌شوم که دلیل آن چیز بدی است. هرچند، نمی‌دانستم که این بار سکوت تو دو برابر شده است.

برای خواندن و برگرداندن DR از تو ممنونم و حالا دارم مطالب جدیدم را در آن می‌نویسم. برای این‌که کاملاً دست خالی در عید پاک به ملاقات نیایم و همیشه گیرنده نباشم، باید برگه‌هایی را که ممکن است با خودم بیاورم، گردآوری کنم. عقیده دارم که هیچ‌چیز مهمی پیش از عید پاک به وجود نخواهد آمد. من برای این، قدری زیادی ضعیف شده‌ام. همچنین عاقبت، اوضاع مطبم بهتر شده است؛ از سال‌های پیش که کار اصلاً خسته‌ام نمی‌کرد، خیلی خسته‌ترم. مقاله گارتنلوب را هم ضمیمه کرده‌ام؛ این لطف را در حقم بکن و چیزی در مورد آن به من نگو.

چند فصل از کتاب رویا کامل شده است؛ کتاب خوبی از آب درآمده است و بیشتر از آنچه تصور می‌کردم دارد مرا به عمق روان‌شناسی می‌برد. همه فرمول‌بندی‌های

جدید در پایان فلسفی خود هستند؛ تفکر ارگانیک جنسی و هیچ‌چیز دیگری اضافه نشده است.

بچه‌ها دارند پیشرفت می‌کنند. به‌تازگی، آنرل شکایت می‌کرد که ماتیلده همه سیب‌ها را خورده است و می‌خواست که شکم او [ماتیلده] را بشکافیم. (مانند شکم گرگ در داستان خیالی بزبزقندی) او دارد به یک بچه دلربا تبدیل می‌شود.

با بهترین آرزوها برای بهبودی سریع تو!

با احترام!

زیگموند

۵ مارس ۱۸۹۸

۹، برگاس ۱۹

ویلهلم عزیز!

خبری از تو ندارم و متأسفانه می‌توانم حدس بزنم که این به چه معناست -یکی از شما یا هر دویتان [بیمارید]- دلیل بسیار خوبی برای بدخلقی. حال ما خوب است، اما من از ده تا یازده ساعت کار خسته شده‌ام؛ همان‌طور که می‌توانی از دست‌خطم ببینی. یک بخش کامل از کتاب رویا را به پایان رسانده‌ام. مطمئناً، بهترین بخشی است که نوشته شده است و کنجکاوم بدانم که دیگر چه چیزی برایم رخ می‌دهد. به جز این، هیچ‌چیز علمی جدیدی وجود ندارد؛ DR قطع شده است، چون دیگر آن‌ها را برای تو نمی‌نویسم.

هرچند، رنج آیدا حداقل برای هدفِ خوبی است، اما رنج تو اگر مسئله این باشد، هیچ هدفی در پی ندارد. به تو اصرار می‌کنم که خیلی زود روحیه خوب خود را به‌دست بیاوری و برایم نامه بنویسی.

از صمیم قلب!

با احترام!

زیگموند

وین، ۱۰ مارس ۱۸۹۸
۹، برگاس ۱۹

ویلهلم عزیز!
حالا بی‌خوابی تو این حالت هم‌زمان را در من توضیح می‌دهد. پروتوپلاسم ما از طریق یک دوره بحرانی یکسان، راه خود را پیدا کرده است. چقدر خوب می‌شد اگر این هارمونی نزدیک[1] بین ما هارمونی کلی بود؛ در آن صورت، من همیشه می‌دانستم تو چگونه‌ای و هرگز بدون ناامیدی[2] منتظر نامه‌هایت نمی‌ماندم. امیدوارم که دیدگاه[3] تو، تاریخی را که آیدا می‌تواند سرپا شود، به درستی پیش-بینی کرده باشد؛ در غیر این صورت، سفرت در عید پاک در هاله‌ای از ابهام قرار می‌گیرد؛ خوشحال می‌شوم ببینم که می‌گویی این سفر قطعی است. یک روز مادرت و ماری به دیدن ما آمدند، اما تنها فرد خانواده که بی‌شک دارد شکوفا می‌شود ملانی است. من خیلی کم اسکار را می‌بینم، به نظر می‌رسد دارد بیشتر و بیشتر از من دور می‌شود. در حال حاضر، بی‌تردید قدم کوچکی برداشته است که او را از تبدیل شدن به یک بی‌فرهنگ کامل بازمی‌دارد.
Ad Vocem kück [از دیدگاه تو]: هیچ شاهکار کوچکی از سوی تو وجود ندارد که ببینی کتاب رویا در مقابل تو است و به پایان رسیده است. باز هم به نقطه درنگ رسیده است و در عین حال، مسئله عمیق‌تر و عریض‌تر شده است. به نظر من تئوری واقعیت پیدا کردن آرزو، فقط یک راه حل روان‌شناسی بوده و نه راه حل زیست‌شناسی و یا تا حدی راه حل فراروانشناسی است (می‌خواهم جداً از تو بپرسم، به هر حال، آیا باید از واژه فراروانشناسی برای روان‌شناسی خود استفاده کنم که ورای خودآگاهی قرار می‌گیرد). از نظر زیست‌شناسی، به نظر می‌رسد زندگی رویایی کاملاً از باقی‌مانده دوره پیشین زندگی (یعنی بین سنین یک تا سه سال) ناشی شده باشد -همان دوره‌ای که منشأ ناخودآگاه است و به تنهایی دربرگیرنده سبب‌شناسی همه روان‌پریشی‌هاست، همان دوره‌ای که به صورت نرمال با یک فراموشی مشابه با فراموشی هیستریایی، مشخص می‌شود. این

فرمول خودش را به من نشان می‌دهد: چیزی که در دوره پیشین دیده شده، رویاها را ایجاد می‌کند؛ چیزی که در آن دوره شنیده شده، خیال‌پردازی‌ها را ایجاد می‌کند، چیزی که در آن دوره از نظر جنسی تجربه شده، روان‌پریشی را ایجاد می‌کند. تکرار چیزی که در آن دوره تجربه شده، به‌خودی‌خود به واقعیت رسیدن یک خواسته است؛ خواسته اخیر فقط در صورتی به رویا منجر می‌شود که بتواند خودش را با مطلبی از دوره پیشین مرتبط کند، اگر خواسته اخیر مشتقی از خواسته پیشین باشد یا بتواند خودش را با یکی از آن‌ها تطبیق دهد.

هنوز هم این سؤال مطرح است که تا چه حد باید به این نظریه گسترده بچسبم و تا چه حد می‌توانم آن را در کتاب رویا در معرض دید قرار بدهم.

سمینار من مخصوصاً امسال بسیار پرنشاط است؛ حتی دستیار اِرب[۴] هم شرکت کرد. در دوره وقفه غیرداوطلبانه، وقتی که دانشگاه بسته شد، برای یک لیوان آبجو و چند سیگار در اتاق خودم سخنرانی می‌کردم. در مورد ترم بعد هم علاوه بر افرادی که این ترم در این سمینارها شرکت می‌کنند، دو ثبت‌نام جدید دارم.

کتابی که به‌تازگی توسط جنت منتشر شد، *ایده‌های ثابت هیستری*،[5] را باز کردم و در حالی که قلبم تند می‌زد باز آن را کنار گذاشتم و ضربان قلب من آرام شد. او هیچ اشاره‌ای به راهنمای کلیدی نکرده است.

بنابراین، من به پیرتر شدن ادامه می‌دهم، در بیشتر اوقات با خرسندی، خودم را می‌بینم که موهایم به سرعت دارد خاکستری می‌شود و بچه‌ها بزرگ می‌شوند. منتظر تعطیلات عید پاک هستم و تمرین صبر می‌کنم تا منتظر راه حلی برای مشکل روان‌رنجوری بمانم.

شایعه‌ای شنیده‌ام که آر. وی. را هم امسال با خودت می‌آوری. آیا باید به او اجازه بدهیم که با بچه‌ها آشنا شود؟

با صمیمانه‌ترین آرزوها برای بهبودی سریع!

با احترام!

زیگموند

1. Verwandtschaftliche übereinstimmung

به‌طور تحت‌اللفظی: توافق خویشاوندی.

۲. منظور فروید بی‌تردید این بود که او هرگز ناامید نمی‌شود.

۳. یادداشت ۱ نامه ۳۱ اکتبر ۱۸۹۵ را ببینید.

۴. ویلهلم اِرب Wilhelm Erb (۱۸۴۰-۱۹۲۱)، پروفسور پزشکی در دانشگاه هایدلبرگ. فروید در «مطالعه اتوبیوگرافی» خود اشاره جالبی به اِرب کرده است (S.E.۱۶-۲۰).

۵. احتمالاً ارجاعی به پی‌یر جنت Pierre Janet، *ایده‌های ثابت روان‌رنجوری* جلد ۲ (پاریس، فلیس آلکان، ۱۸۹۸). این کار، بسیاری از تقدیرها را در ادبیات فرانسوی، آلمانی و انگلیسی تحریک کرد، اما فقط یک بار به فروید اشاره کرده بود (۲ ۱:۱۲۴n) که در آن، جنت «وسواس‌ها و فوبی‌ها» اثر فروید را ذکر می‌کند.

همچنین، چیزی از تمایل جنسی ذکر نشده که ممکن است همان چیزی باشد که فروید به آن اشاره می‌کند. هرچند، بعدها جنت (۱۸۸-۲:۱۸۶) اغوای یک دختر هفت ساله را شرح می‌دهد و تلاش او برای خودکشی و حمله‌های هیستریایی‌اش را در چهارده سالگی در نتیجه تجاوزِ صورت‌گرفته، شرح می‌دهد.

تفسیر خواب

وین، ۱۵ مارس ۱۸۹۸

۹، برگاس ۱۹

اگر همیشه کنراد فردیناند را دست‌کم می‌گرفتم، خیلی پیش از این، از طریق خواندن شعر «هیملستورِ»[۱] او این را به تو می‌گفتم.

اجازه می‌دهی از این متن برای کتاب بعدی‌ام در مورد هیستری استفاده کنم. من واقعاً دوگانگی جنسی را دست‌کم نمی‌گیرم و از آن انتظار دارم که روشنگری بیشتری فراهم کند، مخصوصاً از آن لحظه در بازار برسلو که فهمیدیم هر دوی ما یک چیز را می‌گوییم. تنها در آن لحظه بود که فکر کردم از آن دورم، چون چیز دیگری از آن، که در محور تاریک دفن شده است، نمی‌بینم. به نظر می‌رسد بازدهی من در کار، تابعی از فاصله ما با ملاقاتمان است. این بار من کاملاً احمق‌ام طی تحلیل‌های بعدازظهر خود می‌خوابم و مطلقاً چیز جدیدی برایم روی نداده است. من واقعاً باور دارم که روش زندگی‌ام، هشت ساعت[۲] تحلیل در هشت ماه از سال، ویرانم می‌کند. متأسفانه، روحیه بی‌خیالم که به من توصیه می‌کند گاه‌گاهی تعطیلاتی داشته باشم در مواجهه با درآمد اندک من در این روزها و این پیش بینی که شاید این درآمد حتی کمتر هم بشود، نظرش را تغییر نمی‌دهد. بنابراین، مانند یک اسب باربر به کار کردن ادامه می‌دهم، آن‌طور که در وین می‌گوییم. این ایده به ذهنم خطور کرد که شاید بخواهی تحقیق من در مورد خواب و رویا را بخوانی، اما آن‌قدر با بصیرت هستم که چنین چیزی را از تو نخواهم. بدون این‌که بگویم پیش از این‌که برای چاپ برود آن را برایت ارسال می‌کنم، از آن رد می‌شوم، اما به این دلیل که باز هم دچار درنگ شده است، فقط می‌توانم آن را به صورت بخش‌بخش برایت بفرستم. چند توضیح در مورد آن‌ها؛ این فصل دوم است. اولین فصل در مورد ادبیات، هنوز نوشته نشده است. این فصل این‌طور ادامه پیدا می‌کند:

۳) موضوع خواب

۴) خواب‌های متداول

۵) فرایند روانی در دیدن رویا

۶) رویاها و روان‌رنجوری

باید در فصل‌های بعدی به دو رویای شرح‌داده‌شده در این‌جا، برگردم تا تعبیر ناکامل آن‌ها به پایان برسد. امیدوارم که به تذکرات منصفانه در رویا، در مورد جایگاه استادی اعتراضی نکنی. در این‌جا بی‌فرهنگ‌ها خوشحال می‌شوند که بگویند من با این کار خودم را در خارج از ساختار قرار داده‌ام. چیزی که در کتاب رویا ممکن است به نظرت عجیب بیاید بعدها در (جاه‌طلبی‌ام) توضیح خود را پیدا خواهد کرد. نظرات من در مورد *اودیپوس رکس*، داستان خیالی طلسم و احتمالاً *هملت* جایگاه خود را پیدا خواهند کرد. اول از همه باید بارها افسانه اودیپ[۳] را بخوانم —اما هنوز نمی‌دانم کجایش را.

در حالی که تردید دارم وقتی که از کار بیزاری باری بر دوش تو بگذارم، اما برخلاف این آن را با کمترین پیچیدگی طرح‌ریزی کردم، احتمالاً فقط به طرز بی‌ضرری تو را مشغول خواهد کرد.

تا جایی که هیستری مد نظر است، در حال حاضر کاملاً از آن گمراه شده‌ام. البته، خیلی دوست دارم بدانم امیدهایت در خصوص تاریخ‌های خاص به واقعیت تبدیل شده‌اند یا نه و این‌که آیا می‌توانیم توقعاتمان را از عید پاک *بدون تغییر* حفظ کنیم یا نه. البته، هیچ بحثی در مورد دست برداشتن از آن‌ها وجود ندارد.

با صمیمانه‌ترین درودها!

با احترام!

زیگموند

۱. ارجاع به کنراد فردیناند مِیِر Conrad Ferdinand Meyer (۱۸۲۵-۱۸۹۸) نویسنده سوئیسی که فروید اغلب از او نقل می‌کند. ویلهلم سی. نیدرلند William G. Niederland ، *اولین کاربرد روان‌کاوی در تألیف*، فصلنامه روان‌کاوی، ۲۳۵-

۲۲۸: (۱۹۶۰) ۲۹ را ببینید. مقاله نیدرلند حاوی ترجمه‌ای است از یک شعر چهار بیتی به نام «Himmelstor» که وسواس شستن پا را شرح می‌دهد.

۲. در دست‌نوشته آمده است ۸، نه آن‌طور که در کتاب شروع، ۹ نوشته شده است.

۳. در کتابخانه فروید در مارسفیلد گاردنز، در یک کتاب پربار توسط ال. کنستانز: افسانه ادیپوس آمده است: Etudiee dans l'ontiquite, au moyen age et dans les temps rnodernes en patticuliet dans le Roman de Thebes, texte tancais du XIIe siecle (پاریس، میسونیو، ۱۸۸۱). فروید علامت‌گذاری کرده که این متن‌ها به زنای با محارم مربوط است. (صفحات ۴۲-۳۵)

وین، ۲۴ مارس ۱۸۹۸

۹، برگاس ۱۹

ویلهلم عزیز!

اگر امروز برایت در مورد ارزیابی‌ات از دست‌نویس رویای من که روزم را ساخت بنویسم، تعجب نخواهی کرد. بی‌تردید به هیچ‌وجه نمی‌خواهی تو را با بروئر مقایسه کنم، چنین مقایسه‌ای بر من تحمیل شده است. من به تقلب و تزویری فکر می‌کنم که او از آن طریق جایزه را تقسیم کرد. مثلاً، سبک آن شگفت‌انگیز است، ایده‌های بسیار متکبرانه‌ای دارد و سپس در مورد پاداشی شنیدم که سبب شد او اعتراض‌های ضربه‌زننده‌اش به اجزای اصلی را برای دیگر افراد بیان کند. باز هم خوشحالم که از دست او خلاص شده‌ام.

به‌علاوه، می‌توانم با اشاره به فصل‌های آخر، به ایراد تو پاسخ بدهم. من درست پیش از فصلی متوقف شده‌ام که با محرک‌های جسمی رویاها سر و کار خواهد داشت. همچنین، این فصل به‌طور خلاصه، رویاهای اضطرابی را بیان خواهد کرد که باز هم در فصل آخر در «رویاها و روان‌رنجوری» درک آن ساده‌تر خواهد شد، اما در گزارشی که تو خواننده‌ای باید ارجاع متقابل را لحاظ کنم، تا تو را از این برداشت که نویسنده در این‌جا کار را برای خودش بسیار ساده کرده است، بازدارم.

من اصلاً به این نسخه به عنوان نسخه پایانی فکر نمی‌کنم. اول می‌خواهم به ایده‌های خودم شکل بدهم. سپس، ادبیات را با جزئیات مطالعه کنم و بعد از آن جایی را که در خوانش ضرورت دارد، اصلاح کنم یا چیزی به آن اضافه کنم. تا زمانی که آنچه می‌خواهم بگویم را تمام نکرده‌ام، نمی‌توانم آن‌ها را بخوانم و فقط در فرایند نوشتن، نمی‌توانم جزئیات را ایجاد کنم. تاکنون، بیست و چهار صفحه دیگر هم به پایان رسیده است، اما شک دارم که فصل‌های دیگر به سرگرم‌کنندگی و روانی[1] فصلی که تو خوانده‌ای باشند.
امیدوارم وقتی که همدیگر را دیدیم بیشتر در مورد نکات خاص به من بگویی. تو نباید از وظایف اولین شنونده و قاضی برتر سر باز بزنی. دوست دارم نظرات تو را در مورد رویاهای میگرن برای خودم نگهدارم؛ از تجربه شخصی‌ام با چنین رویاهایی آشنا نیستم و بنابراین، آن را حذف کرده‌ام.
ملاقات ما در عید پاک، از این لحاظ ارزش بیشتری برای من پیدا می‌کند و خوشحالم که می‌شنوم تو هم با این برنامه موافقی. اگر هم‌زمان بتوان آن را با اشتیاق اندوهناک من برای طبیعت و گیاهان تازه ترکیب کرد، یک آرزوی دیگر به واقعیت تبدیل می‌شود. هرچند، من می‌دانم که همه‌چیز به شرایط همسر عزیزت بستگی دارد و اگر او نخواهد بدون تو باشد و یا نتواند بدون تو سفر کند، ما باید از ملاقاتمان صرف نظر کنیم. هنوز هم سه هفته به آن روز باقی مانده است؛ مطمئناً ممکن است انتظار داشته باشم که جدیدترین تغییرات در این مدت اتفاق بیفتد.

در خانواده من، بیماری آنفولانزای دخترها -ماتیلده، سوفی و آنا- درمان شده است. پسرها هنوز درگیرند. وقتی که غده‌های ماتیلده باد کردند ما خیلی ترسیدیم، اما علامت دیگری نداشت. وقتی که دوباره حال آیدا خوب شد، دوست دارم برنامه‌ای برای ماه مِی ترتیب بدهم که مارتا و ماتیلده هم شامل آن باشند. به این دلیل که خواهرم ماری حالا در برلین زندگی می‌کند، دیگر نیازی نیست که مهمان‌نوازی را به تو تحمیل کنند.

به‌تازگی، مارتین شعری را در مورد اغوای غاز توسط روباه توصیف کرد، کلمات عشق‌بازی او عبارت بودند از:

از صمیم قلب دوستت دارم
بیا، مرا ببوس؛
تو می‌توانی در بین همه حیوانات
حیوان دلخواه من باشی

فکر نمی‌کنی ساختار این شعر ارزشمند است؟ گاهی اوقات شعرهایی می‌گوید که خشم شنونده‌اش را برمی‌انگیزد، مانند:

روباه پدر گفت: ما به آسی می‌رویم.
بچه‌ها منتظر آن شدند و قهوه نوشیدند.
سپس، برای آرام کردن ما گفت: «وقتی چیزهایی مانند این می‌گویم، فقط شبیه چهره‌پردازی است».

و رابرت ویلهلم؟ وقتی که با آیدا به وین می‌آیید او را هم با خود می‌آورید؟

منتظر خبرهای بسیار خوب هستم.

با احترام!

زیگموند

۱. در دست‌نوشته آمده است gerundet، و نه آن‌طور که در کتاب *شروع* آمده است: grundlich.

وین، ۳ آوریل ۱۸۹۸
۹، برگاس ۱۹

ویلهلم عزیز!

عید پاک سوت‌وکور! من نمی‌توانم به آمدن به برلین فکر کنم، به این خاطر که شرایط آیدا و این واقعیت که مادرت اتاق مهمان را اشغال کرده است، تنها موانع نیستند. مادر خود من هم با خواهرم آن‌جاست و من باید لزوماً بخشی از زمان کوتاه خود را به او هم اختصاص بدهم. باید به جایی بروم و در این مورد گله کنم،

شاید با برادرزنم، ناامیدانه دلتنگ سرسبزی و گیاهانی هستم که هنوز وجود ندارند و نباید بتوانم چیزی را که می‌خواهم بشنوم یا بگویم. هر بار پس از ملاقاتمان من تا چند هفته تقویت می‌شدم و سپس، ایده‌های زیادی به ذهنم می‌رسید، لذت بردن از کار سخت باز ایجاد می‌شد و این امید گذرا که از این طریق، برای لحظه‌ای فوراً بوته تابناک سوخته را پیدا خواهم کرد، در من شکل گرفته است. این سختی برایم چیزی دربرندارد: همیشه می‌دانستم ملاقات‌هایمان چه معنایی برای من دارد.

من در ساعت‌های فرد[1] به نوشتن کتاب رویا ادامه می‌دهم؛ بخش دیگری در مورد منابع رویاها و رویاهای متداول، تقریباً به پایان رسیده، اما بسیار کمتر از بخش اول رضایت‌بخش است و احتمالاً به بازبینی نیاز دارد. به جز این، علم چیز دیگری ندارد که به من بگوید و هیچ علاقه شادی بخشی به هیچ‌چیز به جز رویا در من وجود ندارد.

دوره آنفولانزا به پایان رسیده، صدمه کوچک خود را زده است و هیچ ترجیحی برای پسرها نداشت. بچه‌ها سرزنده و سرگرم‌کننده‌اند، زن‌ها خوب‌اند، اما مرد خانواده بدخلق است.

امروز نوشته‌های دکتر جی. را به او برمی‌گردانم، بدون این‌که هیچ تأثیری را روی آن تجربه کرده باشم. بعد از آخرین تجربه‌ام با نظریه او، برایم کمی تنفرانگیز بود و روی‌هم‌رفته مرا بیشتر خنک کرد. می‌دانم که او را به تو تحمیل کردم، امیدوارم که از خودت دفاع کنی. در اصل تو به مراتب خوش‌اخلاق‌تر از منی.

استریکر دیروز فوت شد؛[2] او مرد مهمی بود که شخصیت سخت‌گیری داشت و در شناخت هدف خود با اشتیاق و میل شدید در آمال علمی، موفق عمل کرده بود. او از نظر شخصی، با من خصومت داشت. گفته‌ای از او را از زمانی که در آزمایشگاهش کار می‌کردم به خاطر دارم -این توصیه که هیچگاه درگیر چیزهای زیبا نشو بلکه در عوض جرئت داشته باش و از پس یکی از بزرگترین مشکلات زندگی برآی. شاگردش، گارتنر،[3] نشان‌دهنده عمل به این توصیه است.

بچه‌ها مجبورم کردند که امروز اولین بازی سفر «صد سفر در اروپا» را با آن‌ها بازی کنم. باید این کار را انجام بدهم، چون همیشه حال و حوصله کار کردن ندارم.

سخنرانی‌هایم خسته‌کننده‌اند؛ من به سخنرانی در مورد هیستری اهمیت نمی‌دهم، چون فاقد رأی قطعی برای دو نکته مهم هستم.

باید دوست داشته باشم که امسال هم به ایتالیای زیبایمان برویم، اما درآمدم خیلی بد بود. باید پس‌انداز کنم.

بنابراین، ملاقاتمان لغو می‌شود؛ زنده‌باد ملاقات بعدی! برای رسیدن به این هدف، لازم است که سرانجام حال هر دوی شما خوب شود.

با صمیمانه‌ترین آرزوها برای این پیامد!

با احترام!

زیگموند

۱. در اصل به زبان انگلیسی نوشته شده است.

2. Salomon Stricker

سالومون استریکر (۱۸۹۸-۱۸۳۴)، استاد آسیب‌شناسی تجربی در دانشگاه وین. بخشی از کار فروید در مورد کوکائین در آزمایشگاه او انجام شده بود.

3. Gustav Gartner

گوستاو گارتنر (۱۹۳۷-۱۸۵۵) در رویای فروید در مورد «تک‌نگاری گیاه‌شناسی» وجود دارد. ۱۷۶ و ۱۷۵-۱۷۱: S.E. ۴ را ببینید.

وین، ۱۴ آوریل ۱۸۹۸

۹، برگاس ۱۹

ویلهلم عزیز!

فکر می‌کنم قانون خوبی برای مکاتباتمان است که چیزی را که دریافت‌کننده می‌داند، ذکر نکنیم و در عوض چیز جدیدی به او بگوییم. بنابراین، باید از این بگذرم که شنیده‌ام در عید پاک روزهای بدی را پشت سر گذاشته‌ای؛ به هر حال

خودت این را می‌دانی. ترجیح می‌دهم در مورد سفرم در عید پاک با تو صحبت کنم که با بداخلاقی آن را شروع کردم، اما سرزنده از آن برگشتم.[1]

ما (من و الکس) بعدازظهر جمعه از ایستگاه جنوبی حرکت کردیم و صبح شنبه ساعت ده به گوریزیا رسیدیم که در آن‌جا زیر آفتاب درخشان بین خانه‌های سفیدکاری‌شده قدم زدیم و درخت‌هایی را دیدیم که پوشیده از شکوفه‌های سفید بودند و توانستیم پرتقال و میوه رسیده بخوریم.

وقتی که این کار را می‌کردیم -خاطره جمع می‌کردیم- منظره‌ای از قلعه یادآور فلورانس بود؛ خود *فورتزا*، سن پیترو در ورونا و قلعه نورمبرگ. اولین برداشت از سرزمین ایتالیا که فوراً به خاطرم آمد -برداشتم در مورد مرغزارها و جنگل‌های گمشده- طبیعتاً بسیار روشن بود، مانند همه تحول‌ها. اسونزو رودخانه باشکوهی است. سر راه از سه دامنه رشته‌کوه‌های آلپ جولیان عبور کردیم. یکشنبه باید صبح زود از خواب بیدار می‌شدیم تا با قطار فریولیایی به حومه آکیلیا برویم. کلان‌شهر پیشین به زاغه تبدیل شده است؛ هرچند، موزه ثروت پایان‌ناپذیر کشفیات رومی‌ها را نشان می‌دهد: سنگ قبرها، آمفورا، مدال‌های خدایان از آمفی‌تئاتر، مجسمه‌ها، برنزها و جواهرات. چند مجسمه آلت تناسلی مردان: ونوس بعد از این که آلت تناسلی نوزادش را به او نشان می‌دهند، با تنفر رویش را از او برگردانده است؛ پریاپوس به عنوان یک مرد پیر که آلت تناسلی‌اش به‌وسیله الهه جنگل پوشانده شده است و از آن به بعد می‌تواند برای نوشیدن از آن استفاده کند؛ مجسمه سنگی آلت تناسلی تزیین‌شده به صورت حیوان بالدار که آلت تناسلی کوچکی در محل واقعی‌اش دارد، در حالی که خود بال‌ها هم به آلت تناسلی ختم می‌شوند. پریاپوس نماد تحریک همیشگی است؛ به واقعیت تبدیل شدن آرزویی که بازنمایی ضد قضیه ناتوانی روان‌شناسی است.

ساعت ده یک کشتی بخار توسط یک یدک‌کش ناشناس به کانال اکیلیا بکسل شده بود، درست وقتی که جزر و مد در پائین‌ترین حد خود بود. یدک‌کش، طنابی دور بدنه‌اش داشت و در حالی که کار می‌کرد از لوله‌ای دود بیرون می‌آمد.

دوست داشتم کشتی بخار را برای بچه‌ها برگردانم، اما به این خاطر که تنها ارتباط میان پناهگاه گرادو و دنیا بود، نمی‌شد آن را از آن‌جا دور کرد. یک سفر دو ساعت و نیمه از طریق دلگیرترین تالاب‌ها ما را به گرادو رساند، جایی که بالاخره توانستیم در ساحل دریای آدریاتیک باز هم صدف و خارپشت دریایی جمع‌آوری کنیم.

بعدازظهر همان روز، ما به آکیلیا برگشتیم. پس از این‌که از توشه‌ها و شراب ایستریایی‌مان استفاده کردیم که یک وعده غذا را بیرون کشتی بخوریم. چند صد نفر از زیباترین دختران فریولیایی برای مراسم عشای ربانی تعطیلات در کلیسای جامع آکیلیا جمع شده بودند. شکوه کلیسای قدیمی رومانسک (رومی) در میان فقر دنیای مدرن آرامش‌بخش بود. در راه برگشت، بخشی از یک جاده رومی قدیمی را دیدیم که در وسط صحرا نمایان شده بود. یک مست مدرن روی سنگفرش‌های باستانی دراز کشیده بود. در همان بعدازظهر به دیواکا در کارسو رسیدیم و شب را در آن‌جا گذراندیم تا بتوانیم در روز بعد و روز آخر، دوشنبه، غارها را ببینیم. صبح به غار رودلف رفتیم که یک ربع با ایستگاه فاصله داشت و پر بود از سنگ‌های قندیل‌مانند عجیب —دم‌اسبی،[۲] کیک‌های هرمی،[۳] عاج‌های واژگون، پرده‌ها، چوب ذرت، چادرهایی که به دقت تا شده بودند، گوشت ران خوک و پرندگانی که از بالا آویزان بود. از همه عجیب‌تر راهنمای ما بود که یک خرفت به شدت الکلی بود، اما کاملاً ثابت‌قدم و خوش‌اخلاق بود. او کاشف غار بود. به وضوح، نابغه‌ای بود که راه را اشتباه رفته بود؛ دائماً در مورد مرگ خود؛ تعارض‌هایش با کشیش‌ها و پیروزی‌هایش در این قلمروهای زیرزمینی صحبت می‌کرد. وقتی که گفت قبلاً در کارسو در سی و شش «چاله» افتاده بود، من متوجه شدم که روان‌رنجور است و رفتارهای پیروزمندانه‌اش، با تحریک جنسی برابری می‌کند. چند دقیقه بعد این مسئله را تأیید کرد، زیرا وقتی که الکس از او پرسید تا چه حد می‌توان به داخل غار رفت، پاسخ داد: «این غار مانند یک باکره است؛ هر چه بیشتر داخل بروید، زیباتر می‌شود».

رویای این مرد این است که روزی به وین بیاید و بتواند ایده‌هایی از موزه به دست بیاورد تا قندیل‌هایش را نام‌گذاری کند. من به «بزرگترین شریر دیواکا»، خود را این‌طور می‌نامید، انعام بیشتری با چند سکه سیمین هلندی (گیلدر) دادم. بنابراین، می‌تواند سریع‌تر زندگی‌اش را سر بکشد.
غارهای سنت کانجیان که بعدازظهر آن‌ها را دیدیم، معجزه مخوف طبیعت‌اند. یک رودخانه زیرزمینی که از میان طاق‌های باشکوه، آبشارها، قندیل‌ها، تاریکی قیرمانند و مسیرهای لغزنده‌ای که با ریل‌های آهنی ایمن شده‌اند، عبور می‌کند. خود تارتاروس بود. اگر دانته چیزی مانند این را می‌دید، به تلاش زیادی برای تجسم جهنم نیاز نداشت. در همان زمان، استاد وینی، آقای دکتر کارل لوئیگر، با ما در غار بود که بعد از سه ساعت و نیم همه ما را دوباره به روشنایی برد.
بعدازظهر روز دوشنبه، ما سفرمان به خانه را آغاز کردیم. روز بعد، وقتی ایده‌هایی برای کار دوباره به ذهنم خطور کرد، توانستم ببینم که استراحت برای دستگاه روانی خوب است.
در ضمیمه، نامه‌ای وجود دارد که تاریخچه آن به این صورت است. آخرین نشریه *روندشاو پزشکی وینی* دربرگیرنده مقاله‌ای انتقادی از کتاب تو است که مشخصاً توسط آر. وای.[۴] نوشته شده است. مثالی از یک نوع جسارت که ویژگی جهل مطلق است. نامه تندی به پاشکیس نوشتم و از او خواستم که توضیح بدهد. پاسخ صادقانه، اما بی‌حاصلش را برایت ضمیمه کرده‌ام. من بدون این‌که از تو بپرسم، کار دیگری نخواهم کرد. دوست داری ببینی چه کاری صورت گرفته است؟ چندین احتمال برای رضایت پیدا کردن، وجود دارد.
نفع شخصی من هنوز به دنبال این است که بداند چه زمانی به وین خواهی آمد. بنابراین، می‌توانم بفهمم چه زمانی باید ماتیلده و مارتا را برای درمان نزد تو بفرستم. اولین انتخاب من بعد از عید پنجاهه است، چون این بچه امتحانات ورودی را پیش رویَش دارد، اما همه‌چیز به تو بستگی دارد. آن‌ها مطمئناً این بار

در خانه تو نخواهند ماند، چون خواهرم در برلین است و شرایط همسرت مانع این می‌شود که باری بر دوش شما بگذاریم.

خیلی خب، حداقل بگذار چیز خوبی در مورد تو و او بشنوم. بی‌صبرانه منتظر آن هستم.

با احترام!

زیگموند

۱. S.E. ۴ :۴۶۴ «قلعه‌ای در کنار دریا» را برای رویای مربوطه به این سفر ببینید.

۲. گیاهی از تیره جنوس—اکوئیستوم.

۳. کیک‌های ساخته‌شده از خمیر چکه‌کرده روی یک دهانه گردان.

۴. این مقاله انتقادی نوشته‌شده توسط RY در *روندشاو پزشکی وین* منتشر شد (ترجمه من؛ دو عبارتی که در گیومه نوشته شده‌اند، الحاقیات آر. ی. هستند):

«رابطه بین بینی و اندام‌های جنسی زنانه». توسط دکتر ویلهلم فلیس. ورلاگ فون فرانتز دوتیکه،۱۹۸۷. «بعد از این‌که فردی با زحمت روی این مسئله که از لحاظ محتوای ناچیزش بسیار حجیم است کار کرد، فقط می‌توان یک ادعای مثبت را در حافظه نگهداشت -که می‌توان با کوکائینی کردن بخش‌هایی از مخاط بینی، درد زایمان را از بین برد. یک منتقد ادبی که پرس‌وجوهایی در کلینیک‌های زایمان انجام داده است، متوجه شده که آزمایشات در خصوص این مسئله -که در آن زمان به‌طور گسترده در نشریات روزانه مورد بحث قرار می‌گرفتند- منجر به نتایج مثبتی نشده است. بنابراین، نیازی نیست که بیشتر از این کاری با علم طبیعی یا پزشکی فلیس داشته باشیم. چون اگر امروزه کسی بخواهد چنین مزخرفات مرموزی را تحویل دهد و آرزو داشته باشد به ثروتی فکری تبدیل شود که لایق بحث باشد، تلاش برای درک این‌که این تجارت علم نیست تا شروع کند به نقد ابداع خیال‌پردازی‌های هر نویسنده، برای چنین رساله‌های بی‌اساسی که نه می‌توان آن‌ها را رد کرد و نه تأیید، شکست می‌خورد. در این صورت هیچ‌کس نباید فکر کند که اگر کسی نویسنده را جدی نمی‌گیرد، به ناحق با او رفتار کرده است. تصادفاً یک جمله را در این‌جا نقل می‌کنم که به نفع این شکاک‌های مهربان است: «من یک کودک دو سال و نیمه لوچ را دیدم که چشمش بعد از یک مداخله این‌چنینی درست شد [یعنی، خراشیدن لوزه با ناخن]؛ من می‌دانم که ماهیچه‌های چشم نوزادان در دوره‌های حساس، کارکردی می‌شوند. بنابراین، ویژگی لوچی نوزادان به صورت ناگهانی ناپدید می‌شود، باید

مشاهده بالا را این‌طور تعبیر کنم که در این مورد، لوزه‌های مریض از بلوغ دوره‌ای ماهیچه‌های چشم جلوگیری کرده‌اند». (صفحه ۲۳۵) درواقع، این یک چرت‌وپرت منزجرکننده است! هیچ تعجبی ندارد که برداشت خواننده این کتاب در چند جا این است که نویسنده دارد او را مسخره می‌کند. «از لحاظ این واقعیت که فهرست گسترده ناشران هم شامل محصولات علمی خوب است، نباید برای آن‌ها دشوار باشد که این رسوایی را پاک کنند».

وین، ۲۷ آوریل ۱۸۹۸
۹، برگاس ۱۹

ویلهلم عزیز!
رفتار ناشیانه من بود که می‌خواستم تا وقتی که کار با پاشکیس مشخص نشده است منتظر بمانم. حالا با شدید شدن وابستگی من به *روندشاو پزشکی* و برداشتن نام من از شرکت‌کننده‌های فهرست‌شده روی جلد مجله[1] مشخص شد من عمداً مقاله انتقادی مورد بحث را برایت نفرستادم. حالا عقیده دارم که می‌توانیم این موضوع را کنار بگذاریم.
سرود افسونگرانه تو در گوش‌های گرفته و دست‌های گره‌خورده من فرو می‌رود. در حال حاضر، درآمدم آن‌قدر بد است که به جز تعطیلات، حتی یک روز را هم نباید تعطیل کنم. به نظر من خنده‌دار است که تا این حد وظیفه‌شناس و صرفه‌جو شده‌ام. این باید علامت پیری باشد.
اما باید در عید پنجاهه همدیگر را ببینیم. اثر سرزنده‌کننده سفر عید پاک که فقط کمی در بازیابی من مؤثر بود، فوراً از بین رفت. حال من خیلی خوب است، اما احساس پوچی می‌کنم و حالا با بخشی از کار مواجه شده‌ام که خیلی منتظر آن بودم، گویی در مقابل یک دیوار ایستاده‌ام. آیا می‌خواهی فصل تمام‌شده کتاب رویا را برایت بفرستم؟ نسبت به فصل قبل بسیار کمتر صریح به نظر می‌رسد.
در مورد هیستری چندین چیز برای این‌که به تو بگویم دارم که نشان‌دهنده وضوح و تأیید حدس من است. این‌که در ابتدا سبب‌شناسی را بسیار نزدیک

تعریف کردم؛ سهم خیال‌پردازی‌ها در آن بسیار بیشتر از آن چیزی است که در ابتدا تصور کرده بودم.

مادرم امروز برگشت؛ من هنوز او را ندیده‌ام، اما شنیدم که تو از میزیِ[2] بیچاره مراقبت کرده‌ای که مهربانی‌ات را نشان می‌دهد. من هیچگاه به او توصیه نکردم که به دیدن تو بیاید. زیرا او هیچ‌وقت این را از من نخواست. هیچ‌کدام از ما رابطه‌ای با او نداریم؛ او همیشه منزوی و تا حدی عجیب‌وغریب بوده است. در سال‌های بلوغش این مسئله به شکل خساست پاتولوژیکی بروز کرد، در حالی که بقیه ما ولخرج هستیم. سه دختر هیستریایی‌اند؛ کوچکترین آن‌ها هم که بچه نسبتاً بااستعدادی است، به شدت این‌چنین است. شک دارم که پدر در این مورد هم بی‌گناه باشد؟ او نیمه‌آسیایی و مبتلا به دروغ‌پردازی است. هرچند، به جز این مسئله، برای خانواده‌اش پدر خوبی است. وقتی که به برلین مهاجرت کرد، همه ما (البته، به استثنای مادرم) از درد و رنج خلاص شدیم.

همه ما به دختری که امروز تولدش است (آیدا) تبریک می‌گوییم و تصور می‌کنیم که امروز مصادف است با بهبودی او. این بار بی‌تردید آر. وی. با کلام، تبریک خواهد گفت.

با صمیمانه‌ترین درودها!

با احترام!

زیگموند

۱. در نشریه *روندشاو پزشکی وین*، به تاریخ ۱ می ۱۸۹۸، دیگر نام فروید در هیئت ویراستاری نبود.

۲. در سال ۱۸۸۶ ماری فروید (۱۹۴۲-۱۸۶۱) با موریز فروید (۱۹۲۰-۱۸۵۷) که یکی از اقوام دور بود، ازدواج کرد. منظور فروید از «نیمه‌آسیایی» احتمالاً به این واقعیت اشاره می‌کند که موریز اهل اروپای شرقی (بخارست) است.

وین، ۱ می ۱۸۹۸
۹، برگاس ۱۹

ویلهلم عزیز!
چیزی که در مورد دو دستِ ساعتِ زندگی گفتی باز هم آن‌قدر آشنا و بدیهی به نظر می‌رسد که باید یک واقعیت حیرت‌آور و تازگی شگفت‌آور باشد. ماه مِی آمده است و بنابراین باید در پایان مِی، از تو در این مورد بشنوم. حس می‌کنم عطش دارم؛ چشمه‌ای در من خشکیده و همه احساسات پژمرده‌اند. نمی‌خواهم جزئیات زیادی را به تو بگویم که مبادا گله و شکایت به نظر برسد، به من خواهی گفت آیا این به خاطر پیری است یا از بی‌ثباتی دوره‌ای است.
برداشتم این است که شاید جنسیت فرزند بعدی‌ات را تعیین کرده باشی. پس ممکن است این بار پائولینشن به واقعیت تبدیل شود.
به وضوح، کتاب نوشته‌شده توسط شِنک منتشر شده است، آن‌قدر انتظارم از آن کم است که سعی نکردم آن را بخوانم. براساس برخی تذکرها که در حضور من در مورد آن بیان شد، این کتاب، زباله‌ای است که از کوته فکری ناشی شده.
من تصور می‌کردم تاریخ تولد را از کسانی که آن را به من گفتند بهتر می‌دانم که ثابت کرد نمی‌توانم هیچ عددی را به خاطر بسپارم.
برای این همه مهربان بودن با بانوی پیرم از تو بسیار ممنونم. در نتیجه، با روحیه خوبی برگشت. همیشه می‌دانستم که با همه انرژی‌ات، یکی از مهربان‌ترین افراد در میان تمام انسان‌ها هستی. واقعاً نیاز نیست به پاشکیس فکر کنی. این مسئله مستحق چیز بهتری نیست و من هم باور دارم که هرگز نباید به خاطر آن افسوس بخورم. ضمناً، اسکار هم هم‌زمان از من سرمشق گرفته است و رفتارم را تکرار کرده است. «بخش۳» کتاب رویا را ضمیمه کرده‌ام. متوجه خواهی شد که تا حدی ناخوشایندم؛ کاملاً درگیر کتاب رویا شده‌ام و در مورد آن کاملاً ابلهانه رفتار می‌کنم. حالا بخشی را در مورد روان‌شناسی نوشته‌ام که در آن گیر کرده‌ام، اما آن را دوست ندارم و باقی نخواهد ماند. فصلی که در دست تو است از نظر

انشاءِ ادبی هنوز خام است و بعضی بخش‌های آن انشاءِ بدی دارد، یعنی بدون سرزندگی نوشته شده است. برخی از شکاف‌ها را درباره محرک‌های جسمی باقی گذاشته‌ام که باید دقیق‌تر نوشته شوند. طبیعتاً، از تو انتظار دارم وقتی که همدیگر را می‌بینیم، چند اظهار نظر قوی در مورد آن داشته باشی. من عقیده دارم که نتیجه‌گیری‌ها درست‌اند. می‌خواهم چند انگیزش نیرومند از تو به‌دست بیاورم. همان‌طور که شنیدم به تازگی شخصی در مورد خودش می‌گفت، من موتوری هستم که تحت فشار ده اتمسفر آماده کارم و در فشار دو اتمسفر داغ می‌کنم. امسال، به سختی به نقطه احساس خستگی رسیده‌ام. در حالی که، معمولاً تا این موقع به شدت به دنبال تعطیلات بودم، چیز زیادی ندارم و چیزهای کمتری مرا به دردسر می‌اندازند. من هرگز قادر نبودم کار فکری‌ام را هدایت کنم. بنابراین، اوقات فراغتم که از آن استفاده نکردم، به هدر می‌روند.

روزهای عید پنجاهه چقدر برای من سرزنده‌کننده‌اند! مارتا واقعاً نمی‌خواهد به برلین بیاید؛ او فکر می‌کند که تو در عید پنجاهه می‌توانی ماتیلده را در همین‌جا ببینی و شاید جراحی گلوی لازم را پیشنهاد کنی که هاجک بتواند همین‌جا آن را انجام بدهد. البته، من این مسئله را به تو و او واگذار می‌کنم. وقتی که تو به این‌جا می‌رسی دیگر بچه‌ها با خاله مینا در آسی خواهند بود. آنرل دارد به کودکی دلربا تبدیل می‌شود؛ او هم از نظر جسمی و هم ذهنی درست مانند مارتین است، تلاش‌های مارتین برای شاعری، با طعنه به خود، بسیار جالب‌اند.

با درودهای صمیمانه و امیدوارم که تا عید پنجاهه چندین بار از تو خبر بگیرم.

با احترام!

زیگموند

۱. ساموئل لئوپولد شنک Samuel Leopold Schenk (۱۸۴۲-۱۹۰۲) مدیر مؤسسه جنین‌شناسی در وین بود. *تعیین جنسیت* او را ببینید (ترجمه مجاز، لندن: شرکت ورنر، ۱۸۹۸)، صفحه ۱۷۳. «اگر زنی از روش ما پیروی کند، می‌تواند به مرحله‌ای برسد که در آن مرحله از نظر جنسی، برتر از مردان شود و سپس بچه‌هایش پسر خواهند شد، مطابق با قانون وراثت متقابل جنسیت».

نمای بیرونی و ورودی ۹، برگاس ۱۹، که فروید از سال ۱۸۹۱ تا ۱۹۳۸ در آن‌جا زندگی و کارکرد.

خانواده فروید، حدود ۱۸۹۸، در باغچه خانه برگاس. فقط ماتیلده در عکس نیست، شاید به این خاطر که در مدرسه است. از چپ به راست: ردیف جلو: سوفی، آنا و ارنست؛ ردیف وسط: اولیور، مارتا و مینا برنایز (خواهر مارتا)؛ ردیف پشتی: مارتین و زیگموند.

وین، ۱۸ می ۱۸۹۸
۹، برگاس ۱۹

ویلهلم عزیز!
من تأخیر داشتم. چون به خاطر نظرات محبت‌آمیزت تشویق شده بودم و می‌خواستم پیش از این‌که برلین را ترک کنی، فصل دیگری از کتاب رویا را برایت بفرستم. هرچند، می‌بینم که نمی‌توانم آن را به پایان برسانم. چون زمان به سرعت سپری شده است. شنیده‌ام که تو ده روز دیگر می‌آیی.
باید هر چیزی را که تو می‌خواهی تغییر بدهم و با سپاسگزاری پذیرای سهم خود باشم. بسیار خوشحالم که داری هدیه دیگری به من می‌دهی -یک منتقد و یک خواننده- و یکی از ویژگی‌هایت در مورد آن را. من نمی‌توانم بدون وجود یک شنونده بنویسم، اما نمی‌خواهم فقط هم برای تو بنویسم.
وقتی که به این‌جا می‌آیی علاقه‌ام به چیزی که با خود می‌آوری، مطمئناً برانگیخته خواهد شد. در مورد خودم البته، فقط در کتاب رویا غرق شده‌ام و برای مدتی انتظار چیز بهتری را ندارم. سخت‌ترین کار، حل‌کردن فرایند روانی در خواب دیدن، هنوز پیش روی من است و فقط پس از گرفتن نیروی تازه از دیدارمان از پس آن برخواهم آمد. تو بچه‌ها را نخواهی دید، آن‌ها دوشنبه این‌جا را به مقصد آسی ترک خواهند کرد. مارتا و ماتیلده این‌جا می‌مانند. بنابراین می‌توانی او را ببینی. من با خوشحالی در هزینه سفر آن‌ها به برلین صرفه‌جویی می‌کنم، چون امسال پول بسیار کمی دارم. اگر متوجه بشوی که نیازی به (عمل جراحی) ندارد -تیک او، هم به‌ندرت قابل توجه است- فوراً پس از عید پنجاهه به آسی خواهند رفت. اگر این را می‌خواهی، هر دوی ما می‌توانیم به گِراتس برویم، شهری که کاملاً مناسب ملاقاتمان است. همه این‌ها به این‌که تا چه مدت این‌جا می‌مانی و همچنین به تمایل خانواده وینی تو برای ازخودگذشتگی، بستگی دارد.
دیروز، نوشته‌های گاتل را دریافت کردم. برداشت من ناخوشایند نبود. پیش از این هیچ اصلاحی انجام نداده بودم و باید آن را به دقت بخوانم.

اگر هر دوی ما هم‌زمان در یک دوره یکسان زندگی باشیم، همان‌طور که بعضی اوقات این‌چنین است، پس در حال حاضر باید در دوره بهتری باشی. من باید همه‌چیز را تحمل کنم. عادت کار کردن روی [کتاب] رویا -پس از شکنجه هیستریایی- به شدت برایم خوب است.

خیلی منتظرم که چیزهای بیشتری در مورد برنامه‌های خاص تو بشنوم؛ سرانجام پنج ماه به کریسمس باقی مانده است.

با صمیمانه‌ترین درودها برای آی. اف. ، آر. وی. اف و وی. اف.

با احترام!

زیگموند

وین، ۲۴ می ۱۸۹۸

۹، برگاس ۱۹

ویلهلم عزیز!

حالا آماده‌ام. فصل بعدی (شکل‌گیری رویاها) به پایان رسیده است؛ علاقه‌ام باز هم رها شده است. اصلاً برایم مهم نیست که در کجا می‌خواهی از غافلگیری من در مورد اخبار نوبرانه‌ات[1] لذت ببری -از لحاظ خودخواهی معمول من، به سفر طولانی‌مدت به گراتس فکر نمی‌کنم. مطمئناً، می‌توانی آن دو روز را مهمان من در آپارتمان باشی، اما واقعاً نمی‌دانی که من چقدر از شهر وین بیزارم. کمی از جَو و سرسبزی، همراه با آن [ملاقات] برای حال و حوصله من خوب خواهد بود؟ به همین دلیل می‌خواهم از تو بپرسم که آیا می‌خواهی تا کالنبرگ با ماشین بروی یا قایقی به براتیسلاوا بگیری یا به تالهوف در ریچنو بروی. متأسفانه من بالن پستی در اختیار ندارم وگرنه پنج ماه را بدون تو کار نمی‌کردم.

بچه‌ها دیروز این‌جا را به مقصد آسی ترک کردند. مارتا و ماتیلده تا عید پنجاهه این‌جا خواهند ماند.

در روزهای اخیر کارهای زیادی برای انجام دادن داشتم و چیزهای زیادی یاد گرفته‌ام، اما چیزی نیست که بتوان از آن برای دیدار بعدی‌مان استفاده کرد. من برای این دیدار چیزی به جز رویا ندارم، رویا. من به‌ندرت این‌قدر احساس محدودیت می‌کنم. دیگر چیزی نمی‌نویسم چون می‌دانم تنها چند روز باقی مانده تا صدای تو را بشنوم.

با صمیمانه‌ترین درودها تا وقتی که همدیگر را ببینیم.

با احترام!

زیگموند

۱. نوبرانه در این‌جا به معنی کار جدید است.

وین، ۹ جون ۱۸۹۸

۹، برگاس ۱۹

ویلهلم عزیز!

با تشکر فراوان برای تصویر زیبایت! برادرم این نظر موشکافانه را داد که ممکن است عکاس تو را بشناسد؛ در واقعیت همین‌طور است، همان‌طور که خودت به من گفتی. این عکس جایگاه ویژه‌ای در میز من پیدا خواهد کرد، جایگاهی که تو در دوستی با من آن را حفظ کردی.

همچنین با تشکر فراوان برای نقدت. می‌دانم کاری را انجام دادی که بسیار سخت بوده است. من به اندازه کافی منطقی هستم که بتوانم تشخیص بدهم به کمک انتقادی تو نیاز دارم. چون در این مرحله، خود من احساس شرمی را که برای یک نویسنده لازم است، از دست داده‌ام. بنابراین، رویا محکوم می‌شود.[1] حالا که این جملات گفته شده‌اند، می‌خواهم به خاطرشان اشک بریزم و اعتراف کنم که بابت آن‌ها متأسفم و هیچ امیدی ندارم که چیز بهتری به عنوان جایگزین پیدا کنم. همان‌طور که می‌دانی، یک رویای زیبا و بی‌خردی با هم هم‌زمان نمی‌شوند. حداقل بگذار بدانم کدام موضوع بود که تو آن را مستثنی کردی و کجا از حمله

منتقدان بدخواه ترسیدی. آیا رویای اضطراب من یا مارتا یا دالس[2] بود، یا رویای بی‌وطن شدنم؟ بنابراین، می‌توانم چیزی که معیّن کردی را با یک رویای جایگزین، عوض کنم. چون رویاهای این‌چنینی دیگری هم دارم که بخواهم سفارش بدهم.

مارتا و ماتیلده دیشب رفتند؛ از آن زمان به بعد، این‌جا سوت‌وکور شده است. ماتیلده یک روز و نیم تب داشت و لوزه‌هایش عفونت کرده بود، اما در نهایت سرزنده بود و روحیه بالایی داشت. رابرتچن هم به هر حال، دلپسند است.

با ادامه یافتن [کتاب] رویا، چیزی دارد نادرست[3] از آب درمی‌آید. (آیدا این کلمه را به تو توضیح خواهد داد) در واقعیت من قبلاً به صفحه ۱۴رسیده بودم، اما نمی‌توان آن را چاپ کرد؛ حتی شاید آن را به کس دیگری هم نشان بدهم. فقط یک اجرای آزمایشی. چون بسیار سخت است فلسفه جدیدی ایجاد کنم که مناسب رویا باشد؛ این ضرورت تکه‌تکه بودن است و همه بخش‌های مبهمی که به صورت جبری تاکنون آن‌ها را کنار گذاشته‌ام، مستلزم توضیح‌اند. من به صبر زیاد، چارچوب ذهنی شاد و چند تفکر خوب نیاز دارم. بنابراین، در رابطه با دو سیستم تفکر گیر کرده‌ام و باید جداً با آن‌ها کنار بیایم. باز هم برای مدتی باید از دسترس همه خارج باشم. تنشِ عدم اطمینان، به ایجاد شرایط بد و ناخوشایندی کمک می‌کند که فرد تقریباً به صورت جسمی تجربه‌اش می‌نماید.

با صمیمانه‌ترین تشکرها از همسر عزیزت به خاطر نگرانی‌اش برای شام که در مورد من، مدت زیادی است با چیزهای مشابه جایگزین شده است. ضمناً، اگر این نظر تشخیصی توجه تو را جلب می‌کند، رابطه جایگزینیِ مؤثری بین میگرن و علائم قلبی من ایجاد شده است و چیزهایی مانند این. از ریچنو به بعد نمی‌دانم آیا باز هم مشکل قلبی دارم یا نه؛ در عوض احساس سرما و پریشانی دارم. قبلاً این رابطه معکوس بود. بنابراین، هر دوی آن‌ها باید مدتی را در کنار هم ادامه بدهند.

من دارم با لذت زیادی سی. اف. مِیِر را می‌خوانم. در صفحه *گوستاو آدولف* من دو بار تفکر کار معوق را دیدم: در متن معروفی که تو پیدا کردی، متنی که دربرگیرنده بوسه پیش از خواب بود و در قسمتی که شامل فردی یسوعی بود که خودش را یک معلم کوچک مسیح می‌دانست. در اینسبروک درواقع، کلیسای کوچکی را نشان می‌دهند که او آن را به کاتولیک‌گرایی تبدیل کرده است! هرچند، به جز این نمی‌توانم از اختیاری بودن فرضیه‌ای که این پیچیدگی بر آن اساس است، سر در بیاورم. تشابه دست و صدا، بین صفحه و لونبرگر، در نوع خود بسیار نامحتمل است و هیچ دلیل قابل پذیرشی ارائه نمی‌کند.

دفعه بعد، مقاله کوتاه در مورد *قاضی*.[۴]

با صمیمانه‌ترین درودها!

با احترام!

زیگموند

۱. این اولین اشاره به تنها رویای کاملاً تحلیل‌شده در کتاب *تفسیر خواب‌ها* است که سرانجام فروید در دفاع از ایده‌های فلیس آن را حذف کرد. شور اولین کسی بود که به این مسئله اشاره کرد و اشتباه استرچی را اصلاح کرد (چون استرچی نمی‌دانست که این رویا حذف شده است). شور (صفحات ۷۶-۷۵، ۱۹۶۶) را ببینید. این رویا سپس در نامه‌های ۲۰ جون و ۲۳ اکتبر ۱۸۹۸ و ۱ آگوست ۱۸۹۹ ذکر شده است. این امید وجود دارد که شاید این رویا باقی مانده باشد. هرچند، آنا فروید مطمئن است که گم شده است. براساس کتابچه ماری بناپارت، وقتی که در مورد نامه‌های فلیس، با فروید صحبت کرد: «او به من اشاره کرد که نامه‌هایی گم شده‌اند: همه آن‌هایی که در مورد به هم خوردن رابطه با فلیس بودند... و یک نامه در مورد رویایی که مربوط به مارتا فروید بود».

۲. دالس، واژه عبری به معنی «فقر» یا «بدبختی» است.

3. Es hapert

یک اصطلاح وینی.

۴. یک داستان از سی. اف. مِیِر، مربوط به سال ۱۸۸۲.

وین، ۲۰ جون ۱۸۹۸
۹، برگاس ۱۹

ویلهلم عزیز!
برای جبران، چند چیز کوچک برای تو. براساس گفته مارتا، دقیقاً در روز بیست و هشتم، بینی مارتین خون‌ریزی کرد. من هم دارم علاقه‌مند می‌شوم. سر من و سر تو، به‌طور مشهود اما متغیر، دو سر بسیار متفاوت‌اند. چون سر من برخلاف همه استعدادهایش مرا از داشتن دوره خوب باز نداشت، اما من می‌توانم کاری را انجام بدهم که تو نمی‌توانی. جایگزین کردن سردرد یا درد قلب با دردهای چرند پشت که به طرز فریبنده‌ای مانند درد قلب هستند، اما فوراً و با همان تحریک‌های جزئی شروع می‌شوند؛ سوراخ می‌کنند و می‌سوزانند و تا برخی از مناطق پا گسترش می‌یابند، درست مانند درد قلب که تا دست چپ گسترش می‌یابد. هرچند، مبادله‌ای عالی است!
من امروز صبح از آسی برگشتم که خانواده بیچاره‌ام در آن‌جا سرما خورده بودند. با وجود زیبایی‌های آسی دیگر نمی‌خواهند به آن‌جا برگردند. من می‌فهمم که این‌جا تا پایان ماه به اندازه کافی کار هست.
من هنوز هم سوگواری برای رویای ازدست‌رفته را به پایان نرسانده‌ام. گویا در عوض، رویای جایگزینی داشتم که در آن یک خانه ساخته شده از بلوک فروریخت («ما یک خانه *استالیشس* ساخته بودیم»)[1] و به خاطر این ارتباط، نمی‌توانم از آن استفاده کنم.

[قاضیِ زن]

هیچ شکی وجود ندارد که این باید مربوط به دفاع شاعرانه از خاطره فعالیت [جنسی] با خواهر باشد. عجیب است هرچند، این [دفاع] دقیقاً مانند دفاع در روان‌رنجوری پیش می‌رود. تمام روان‌رنجورها چنین به اصطلاح داستان عاشقانه خانوادگی‌ای را می‌سازند (که به پارانویای خودآگاه تبدیل می‌شود)؛ از یک سو به نیاز به خودبزرگ‌بینی کمک می‌کند و از سوی دیگر به عنوان دفاعی علیه زنا با

محارم استفاده می‌شود. اگر خواهر از طرف مادری تنی نباشد، فرد از همه سرزنش‌ها خلاص می‌شود. (همین مسئله در جایی به‌کار می‌رود که خود فرد، فرزند خانواده دیگری باشد) این مسئله ایجاد داستان عاشقانه؛ بی‌وفایی، فرزند نامشروع و چیزهایی از این دست، از کجا می‌آیند؟ معمولاً از حلقه‌های اجتماعی پائین‌تر دختران خدمتکار. چنین چیزهایی آن‌قدر برای آن‌ها عادی است که هرگز چنین موضوعی را از دست نمی‌دهند و مشتاق‌اند که این مسئله اتفاق بیفتد. اگر خود زن اغواگر، فردی باشد که در حال خدمت است. بنابراین، در تمام تحلیل‌ها، یک داستان دو بار شنیده می‌شود: یک بار به عنوان خیال‌پردازی‌هایی در مورد مادر؛ بار دوم به عنوان خاطره‌ای واقعی از پیشخدمت. این توضیح می‌دهد که چرا در *قاضی زن* که در واقعیت مادر است یک داستان، دو بار بدون هیچ تغییری آمده است. یک داستان ترکیبی به‌ندرت یک دستاورد هنری خوب تلقی می‌شود. در پایان، معشوقه و پیشخدمت در کنار هم عاری از زندگی‌اند. پیشخدمت خانه را ترک می‌کند و داستان‌های خدمتکاران معمولاً این‌طور به پایان می‌رسد، اما در این رمان تنبیه پیشخدمت نیز وجود دارد. این بخش از داستان عاشقانه نیز به هدف انتقام گرفتن از *مامای* سخت‌گیر خدمت می‌کند که احتمالاً همه از غرولندها و رفتارهای او شگفت‌زده شده‌اند. در داستان عاشقانه مانند رمان، این مادر است که شگفت‌زده شده، قضاوت‌شده و بی‌پناه مانده است. پس گرفتن شیپور،[۲] دلیل بچگانه غرولند است و دوباره پیدا کردن آن چیزی به جز واقعیتِ تبدیل شدن آرزوهای کودکی نیست. شرایط خواهر یعنی بی‌اشتهایی او دقیقاً پیامد روان‌رنجوری رابطه [جنسی] بچه‌هاست. هرچند، در این رمان این برادر نیست که باید سرزنش شود بلکه مادر باید سرزنش شود. سم در پارانویا دقیقاً برابر است با بی‌اشتهایی در هیستری و بنابراین، مطابق است با انحراف بسیار متداول در میان کودکان. حتی ترس از «کتک زدن» هم در آن وجود دارد (ترس از کتک زدن به عنوان یک فوبیا به این معناست که کودک کتک خورده است). جنگیدن هم که همیشه جزء عشق‌های کودک است در این داستان، وقتی

که خواهر به سمت صخره‌ها پرتاب می‌شود به تصویر کشیده شده است، اما در این‌جا، انگیزه این کار [برخلاف چیزی که در دیگر نمونه‌ها اتفاق می‌افتد] یک مزیت است. چون بچه کوچکتر بسیار جلوتر بوده است. فردی از آلکوئین، نقش معلم را ایفا کرده است. پدر در نقش امپراطور چارلز ظاهر می‌شود که بزرگی او به مراتب دورتر از محرک‌های بچگانه است و در تجسم دیگر، فردی است که زندگی‌او به‌وسیله مادر مسموم شده و به‌طور غیرقابل اجتنابی از داستان خانوادگی حذف شده است. چون سر راه پسر قرار می‌گیرد. (آرزوی واهی مرگ پدر) نزاع‌های والدین مؤثرترین مسئله را برای داستان‌های کودکانه فراهم می‌کند. در این داستان، خشم نسبت به مادر با تبدیل کردن او به نامادری ابراز می‌شود. بنابراین، این رمان یک ویژگی مشابه دارد با داستان‌های انتقام و روسفیدی‌ای که بیماران هیستریایی من، اگر پسر باشند، در مورد مادرشان می‌سازند.

روان‌شناسی به طرز عجیبی پیش می‌رود؛ تقریباً به پایان رسیده است. طوری تشکیل شده که گویی در رویا شکل گرفته است و مطمئناً بدین شکل، نه برای چاپ مناسب است و نه آن‌طور که سبکش نشان می‌دهد به این منظور تهیه شده است. در مورد آن بسیار ترسو هستم. همه موضوعاتش از کار روی روان‌رنجوری ناشی می‌شوند و نه از کار روی رویاها. من نباید کاری انجام بدهم و این پیش از تعطیلات قطعی است. تابستان خیلی زود خسته‌کننده خواهد شد. بگذار خیلی زود خبری از تو و خانواده‌ات بشنوم. من واقعاً از بیست و پنج هزار و ششصد سال وحشت دارم.[۳]

از صمیم قلب!

با احترام!

زیگموند

۱. شور (۱۹۶۶، صفحه ۷۵) می‌گوید: «واژه‌های نوشته‌شده در پرانتزها نشان‌دهنده یکی از تداعی‌های فروید است. واژه «استالیشس» staaliches جناس ترکیب‌کننده دو کلمه staalich -باوقار، باابهت، بزرگ و «استالیشس» وابسته بودن به دولت، فعالیت‌های اجتماعی و سیاست است». شور ادامه می‌دهد و می‌گوید این جناس

نشان می‌دهد که مسئله اصلی مورد مشاجره در رویای حذف‌شده باید چیزی «سیاسی» باشد، احتمالاً چیزی که مربوط به اشاره فروید در نامه قبلی به «بی‌وطن شدن» است. اما این جمله در واقعیت بازی با کلمات است، برگردانی از یک آهنگ دانش‌آموزی «که در جنا در ۲۶ نوامبر ۱۸۱۹ و به خاطر انحلال انجمن دانش‌آموزی خوانده شد». نام این آهنگ «ما ساخته‌ایم» بود و در شعر مورد نظر آمده است: «ما خانه باوقاری ساخته بودیم و در آن با وجود تغییر آب‌وهوا و طوفان و وحشت، به خدا اعتقاد داشتیم و این در *کلمات بالدار* گئورگ بوچمن Georg Buchmann نقل شده است. من این را از *Allgemeines deutsches Commetsbuch* نوشته‌شده توسط فردریش سیلچر Silcher Friedrich و فردریش ارک Friedrich Erk، ویرایش شانزدهم (استراسبورگ: موریز و شاونبرگ، ۱۸۷۳) صفحه ۱۲۵ نقل کرده‌ام.

۲. شیپور خانوادگی کنت، گفته می‌شود این قدرت را دارد که گناهکاران را وادار به اعتراف کند.

۳. معنی آن نامشخص است.

وین، ۷ جولای ۱۸۹۸

۹، برگاس ۱۹

ویلهلم عزیز!

بفرما. برای من خیلی سخت بود که تصمیم بگیرم این از دستم بیرون بیاید. صمیمیت شخصی دلیل کافی نبوده بلکه دلیل اصلی، صداقت ذهنی ما با یکدیگر است و کاملاً از دستورهای ناخودآگاه پیروی می‌کند، براساس اصل معروف ایتزیگ، *سوارکار یکشنبه*. -«اتیزیگ، کجا می‌روی»؟ -«مگر من می‌دانم؟ از اسب بپرس». من هیچ‌کدام از پاراگراف‌ها را طوری شروع نکردم که بدانم در کجا پایان می‌یابند. البته، این مطالب برای خواننده نوشته نشده‌اند؛ بعد از دو صفحه اول، تلاش برای ایجاد سبک را رها کردم. از سوی دیگر، البته که به نتیجه‌گیری‌ها باور دارم. هنوز ناچیزترین ایده را که از محتوا به‌دست خواهد آمد، پیدا نکرده‌ام.

حالا دارم با تنبلی رضایت‌بخشی زندگی می‌کنم و از ثمره آشنایی با چیزهای هیستریایی بهره می‌برم. همه‌چیز دارد ساده و شفاف می‌شود. یکشنبه و دوشنبه

به عنوان مشاور، میدان مبارزه کُنیگراتز را از دور دیدم. هنوز نمی‌خواهم به آسی بروم. حداقل همه الان آن‌جا حالشان خوب است. استثنائاً دردی ندارم؛ وقتی که حالم خوب است به شدت تنبل می‌شوم.

من در پیدا کردن عکسی [برای تو] از آرشیدوک فرانتس فردیناند موفق نبودم. در مشخصات هیچ عکسی وجود ندارد؛ احتمالاً هیچ تغییر شکلی وجود ندارد. تنها تسلّی، این است که شباهت خانوادگی واضح با اِستِه پیر غیرممکن است. او مجبور بود به دلیل میراث راستین هابسبورگ‌ها لقب اِسته را با خود حمل کند. لقبی که به کسی واگذار شده بود که یک بار در اِسته به عنوان شاخه موازی بر کرسی قدرت نشست و او به محض این‌که امپراطور و سرپرست خانواده شد، از این لقب موروثی محروم شد. به جز این، او بزرگترین خواهرزاده امپراتور بود. اگر این اطلاعات شجره‌نامه‌ای برای تو خبر به‌حساب نمی‌آید و تو نمی‌توانی از سیمای احمقانه آن استفاده کنی، فوراً به من خبر بده.

نویسنده زیباترین رمان ما [سی. اف. مِیِر] رمانی که از صحنه‌های کودکی حذف شد- و به نظرم برای من، [عروسی راهب] است، به طرز باشکوهی فرایندی را که در سال‌های اخیر در شکل‌گیری خیال‌پردازی‌ها روی می‌دهد، ترسیم می‌کند. تجربه جدیدی در خیال‌پردازی‌هایی است که به گذشته برمی‌گردد. بنابراین، افراد جدید با افراد قدیمی که به نمونه‌های اولیه آن‌ها تبدیل شده‌اند، در یک راستا قرار می‌گیرند. تصویر قرینه حال حاضر در گذشته خیال‌پردازی‌شده دیده می‌شود که به طور پیش‌گویی‌کننده به حال حاضر تبدیل می‌شود.[1] بی‌شک زمینه رازآلود، انتقام ارضاءنشده و تنبیه غیرقابل اجتناب است که به‌وسیله دانته تا ابدیت ادامه یافته است. در این پیش‌زمینه[2] -یک سوءتعبیر جزئی توسط خودآگاه، همان‌طور که قبلاً این‌طور بوده است- موضوع عدم ثبات است که وقتی که فردی حامیان امنش را رها می‌کند، ایجاد می‌شوند.

احتمالاً چیزی که هم در محتوای آشکار و هم در محتوای نهفته مشترک است، ویژگی رفتن از یک شوخی به شوخی بعدی است. مثل این‌که *قاضی زن*، واکنشی

است به بدکرداری‌های کودکانه که در گذشته آشکار شده‌اند، در حالی که این رمان، پژواکی از بدرفتاری‌هایی است که نامشخص باقی مانده‌اند. راهب، یک «دوست»، یک برادر است. گویی پیش از ازدواج خودش خیال‌پردازی کرده بود و می‌خواست بگوید: *دوستی مانند من نباید ازدواج کند*. مبادا که عشق دوران کودکی‌ام بعدها از همسرم انتقام بگیرد.

با صمیمانه‌ترین درودها برای هر سه و سه‌چهارم نفر شما!

با احترام!

زیگموند تو

۱. این جمله به اشتباه در کتاب‌های *شروع* و *منشأ* حذف شده است.

۲. لوتیه نیومن Lottie Newman اشاره می‌کند که فروید از واژه Vorgeschoben استفاده می‌کند و با استفاده از این واژه (که بعدها چندین بار تکرار شده است)، تصویر و ایده چیزی را که (مانند یک صحنه متحرک) در جلوی چیز دیگری مقدم و مؤخر شده است، نشان می‌دهد که به‌وسیله آن پوشانده شده بود.

وین، آسی، ۳۰ جولای ۱۸۹۸

۹، برگاس ۱۹

ویلهلم عزیز!

تو مطمئناً همراه بسیار خوبی برایم هستی. من لیاقت این را ندارم که ذره‌ای از این نقطه‌نظرات را دریافت کنم. هرچند، فقط یک هفته از زمانی که من توسط کِپلِر زیست‌شناس افسون شدم، می‌گذرد، اما قبلاً به یک رعیت کامل تبدیل شده بودم. متأسفانه، هنوز هیچ قارچی وجود ندارد، زیرا من خودم را به یک پیاده‌رَوی چهار ساعت و نیمه در جنگل سالزبورگ راضی کرده بودم؛ در عوض باران می‌بارد و داریم یخ می‌زنیم. -هر چقدر که دلمان بخواهد! علم کاملاً از من دور است- تقریباً نوشتم، «بود» -البته، علمِ خودم بیشترین فاصله را با من دارد. با توانایی تبدیل هر چیز به یک چیز خوشایند- و من هنوز باقی‌مانده‌های این قوه ذهنی را

دارم. به خودم می‌گویم که این خوب است و انعطاف‌پذیری ماهیتم را نشان می‌دهد. (من به‌ندرت می‌توانم بنویسم، هوا بسیار سرد است)

حال رابرت کاملاً خوب است؛ او گمان می‌کند که پول، ابزار آزاد کردن برده‌ها است. یعنی برخی انسان‌ها در عوض پول، آزادی به‌دست می‌آورند، درست همان‌طور که بقیه، آزادی خود را قربانی پول می‌کنند.

حالا نمی‌توانی محاسبه کنی که بیسمارک پیر چه زمانی خواهد مرد.

دو سفر کوتاه پیش رو دارم: یکی از لاندک و از طریق اِنگاردین به چیاونا و دیگری برای اقامت در راگوسا. اولین سفر به زودی، سفر دوم در ماه سپتامبر. اولین سفر با مینا، سفر دوم با مارتا. اولین سفر را از تذکر تو الهام گرفتم که سرزمینی را که در آن‌جا جورج *ژناچ* رخ می‌دهد، خیلی خوب می‌شناسی، اما دیگر به‌یاد نمی‌آورم که کدام یکی است. گرابوندن؟[1] مطمئناً انگاندین نبوده است. بنابراین، جابه‌جایی مشخصی روی نداده است؛ اگر هنگام ورق زدن راهنمای سوئیس، نام صحیح را پیدا کنم، باید مسیرم را عوض کنم و جابه‌جایی ندارم. به این فکر می‌کنم که پنجشنبه این‌جا را ترک کنم.

بابت نوشتن در مورد بیضی‌ها[2] برای من بی‌میل نباش. هرچند، در حال حاضر خودم دارم بخش غیرمعقول از [بیضی‌ها] را پشت سر می‌گذارم. زیرا هر کدام باید بدون این‌که بقیه را در نظر بگیرد، چیزی را که دارد ارائه کند. من هم دارم همین کار را می‌کنم؛ نبودِ اجبار، جاذبه اصلی مکاتبات ماست.

خیلی دوست دارم چیزی را به تو بدهم که آن را ندانی: سرِ آزاد [عاری از سردرد] اما می‌دانی که این امکان‌پذیر نیست. ناکامل بودن یافته‌های تو اصلاً مرا به دردسر نمی‌اندازند. می‌دانی که من فکر نمی‌کنم؛ آن‌ها را دریافت می‌کنم، لذت می‌برم، شگفت‌زده می‌شوم و توقعم زیاد می‌شود.

دوره بارداری به زودی تمام خواهد شد؛ از نظر شرایط آیدا، هیچ شکی وجود ندارد که این برای تو تسلی‌بخش است. متأسفانه تعطیلات هم. [به زودی به پایان خواهد رسید]

با درودهای صمیمانه برای تو و او!
با احترام!
زیگموند

1. Graubunden
جایی است که میهن‌پرست سوئدی گرابوندن در جنگ سی‌ساله در آن‌جا فعالیت می‌کرد. بی‌شک اشاره‌ای است به رمان سی. اف. میر C. F. Meyer: جورج ژاناچ *Jurg Jenatsch*
۲. شور (۱۹۷۲، صفحه ۵۳ n ۱۵۱) را ببینید.

۱ آگوست ۱۸۹۸
۹، برگاس ۱۹

ویلهلم عزیز!
پدرم همیشه می‌گفت که روز تولدش با بیسمارک، یکی است. (۱ آوریل ۱۸۱۵) نظر به نیاز برای تبدیل این تاریخ از تقویم یهودی، هرگز این گفته را باور نکردم. بنابراین، پس از یک زندگی معمولی طولانی، در ۲۳/۲۴ اکتبر ۱۹۸۶ فوت کرد. (بیسمارک؛ ۳۰ جولای ۱۸۹۸) بیسمارک ۶۴۵ = ۱ + ۲۸ × ۲۳ روز زنده ماند. بدون شک «۱» به خاطر اشتباه پدرم است. بنابراین، تفاوت زندگی ۲۸ × ۲۳ است. می‌دانی این به چه معناست. پیرمرد دیگر، دیتِل ۱۵ می ۱۵ [۱۸] - ۲۸ جولای ۹۸ [۱۸] (به‌تازگی) ۴۸ روز پس از بیسمارک است و [۲۸؟] ۲۶ × ۲۳ روز جلوتر از پدرم است، با ۲-۱ روز اختلاف.
با صمیمانه‌ترین درودها!
با احترام!
زیگموند

آسی، ۲۰ آگوست ۱۸۹۸

ویلهلم عزیز!

نامه‌ات لذت سفرمان را احیا کرد. واقعاً خیلی خوب بود. اِنگاندین به زبان ساده از چند عنصر تشکیل شده است. نوعی سرزمین پِسارنسانسی و مالوجا در آن سوی ایتالیا که آب‌وهوای ایتالیایی دارد. (احتمالاً فقط به خاطر توقع ما روی آن تأثیر گذاشته بود) لِپریس برای ما به دلیل نحوه استقبال و در تضاد با سفر بالا از تیرانا، ایده‌آل و مسحورکننده بود. ما مجبور بودیم از آن مسیر حرکت کنیم که واقعاً هموار نبود و طوفان شن وحشتناکی که سبب شد تقریباً نیمه‌جان به آن‌جا برسیم. هوا باعث شد سرگیجه بگیرم و مشتاق دعوا شوم. هرچند، پیش از این خیلی این‌طور نبودم. هزار و ششصد متر بالای دریا تأثیری بر کیفیت خواب من نداشت.

تا آخرین روزی که در مالوجا بودیم، خورشید ما را به دردسر نینداخت. هرچند، بعد هوا گرم شد، حتی در آن ارتفاعات و ما توان کافی برای رفتن به چیاونا، یعنی پائین به سمت دریاچه‌ها را نداشتیم. من باور دارم که این کار عاقلانه بود، چون چند روز بعد در اینسبروک هر دوی ما ضعف نسبتاً فلج‌کننده‌ای داشتیم. از آن زمان به بعد به شدت هوا گرم شده است و این‌جا، در اوبرترسنِ زیبایمان از ساعت شش صبح تا بعدازظهر تقریباً روی همه نوع صندلی تاشویی دراز می‌کشیم، بدون این‌که حتی یک قدم فراتر از محدوده کوچکمان برداریم.

در اینسبروک یک مجسمه کوچک خریدم که آنرل آن را «بچه پیر» نامید.

به وضوح، از تمام پیگیری‌های علمی دورم و مثلاً، به سختی می‌توانم توضیحات زیبایت را در مورد مدت طول عمر افراد درک کنم. در حال حاضر، به‌خصوص متأسفم که بخش زیادی از سفر به پایان رسیده است. افسوس شدید من به خاطر این‌که هر دوی شما در این مدت در شهر مانده‌اید، با این تفکر تسکین می‌یابد که تو سفرت را پشت سر گذاشته‌ای و آیدا هم جایگزین زیبایی پیش رویَش دارد.

بله، من هم به‌طور سطحی نانسِن را خواندم؛ کل خانواده من هواخواه او هستند. برای مارتا، اسکاندیناویایی‌ها (مادربزرگ که با ما زندگی می‌کند، هنوز سوئدی صحبت می‌کند) به وضوح، ایده‌آل‌های دوران جوانی را که در زندگی او شکل مادی به خود نگرفته‌اند، احیا می‌کنند؛ برای ماتیلده که تاکنون شیفته قهرمانان یونانی بوده، حالا عاشق وایکینگ‌ها شده است و مارتین، طبق معمول با یک شعرِ «خیلی بد نیست» به سه جلد ماجراجویی واکنش نشان داده است.
باید بتوانم از رویاهای[1] نانسن بهترین استفاده را بکنم؛ آن‌ها کاملاً واضح‌اند. با توجه به تجربه‌هایم می‌دانم که این حالت روانی در کسی متداول است که جرئت انجام کار جدیدی را دارد و روی اعتماد به نفس خود تکیه می‌کند و با رفتن به مسیر اشتباه احتمالاً چیز اصیلی را کشف می‌کند، اما چیزی بسیار کمتر از آنچه پیش‌بینی می‌کرده است. خوشبختانه، هارمونی محکم در ذات‌ات، تو را از آن مسئله دور نگه می‌دارد.
من به چیاونا نامه نوشتم. صمیمانه‌ترین درودها برای تو و همسر عزیزت. هنوز با فاصله‌ای که ما را از هم جدا می‌کند، چه در زمانی که کار می‌کنیم و چه در مدت تعطیلات‌مان، سازگار نشده‌ام.
با احترام!
زیگموند

۱. *تفسیر خواب* (S.E.۴-۱۹۱) را ببینید.

آسی، ۲۶ آگوست ۱۸۹۸

ویلهلم عزیز!
دیروز، از چیاونا اخبار خوشحال‌کننده‌ای رسید که اسرار جهان و زندگی و موفقیت‌های ذهنی بسیار زیباتری را نسبت به آنچه می‌توان تصور کرد، گشود. راه رسیدن به هدف چه کوتاه باشد و چه طولانی -قصد تو برای کمک گرفتن از ریاضیات به دومی اشاره می‌کند- می‌توانم حس کنم که راه برای تو باز است و

یک بار دیگر خوشحال شدم که یازده سال قبل فهمیده بودم لازم است تو را دوست بدارم تا زندگی‌ام پربار شود. حالا از کجا متوجه شوم که کدام عناصر، پیوندهای ارتباطی جدیدند؟ دیدن تو در سپتامبر و نوشتن راجع به آن بسیار سخت خواهد بود. می‌توانی فقط چند اشاره را به صورت خلاصه رئوس مطالب بنویسی. بنابراین، این مطالب باید تا دیدارمان در انتظار بماند و در این ملاقات باید اولین تلاش خود را بکنی که علم جدید را با مفاد مربوط به آن به کسی بیاموزی -که بسیار جدی- «کاملاً احمق است و همه‌چیز را فراموش کرده است». پائیز بعدی اگر حالم بد نبود و نگرانی‌ها در مورد درآمد و تحلیل‌ها واقعاً مرا از تعالی درونی باز نداشته باشند، این ملاقات باید به اندازه کافی طولانی باشد تا به آقای معلم اجازه بدهد بین تدریس‌هایش، استراحت برای سردرد داشته باشد.

من دارم این‌جا چه می‌کنم؟ در آسی کمی حوصله‌ام سر رفته است. در این‌جا همه گردشگاه‌ها را تقریباً خوب می‌شناسم. روی‌هم‌رفته، نمی‌توانم بدون داده‌هایم کار کنم. این تکلیف را برای خودم تعیین کرده‌ام که بین فراروانشناسی در حال شکوفایی‌ام و چیزی که در ادبیات موجود است، پلی بزنم و بنابراین، خودم را در مطالعه لیپس[1] غرق کرده‌ام که گمان می‌کنم پاک‌ترین ذهن را در میان نویسندگان فلسفی این دوران دارد. تاکنون همه‌چیز در مورد درک و کاربرد آن در فرضیه‌هایم خوب پیش رفته است. طبیعتاً، این دوره‌ای است که توضیحات اندکی برایش وجود دارد. دارم به کار روی هیستری بیشتر شک می‌کنم. به نظر می‌رسد ارزش آن کمتر است، گویی چندین عامل مهم را جا انداخته‌ام و واقعاً از این‌که مجبورم دوباره آن را در دست بگیرم، وحشت می‌کنم.

سرانجام، متوجه نکته کوچکی شدم که مدتی گمان می‌کردم این‌چنین خواهد بود. می‌دانی چطور می‌توان نامی را فراموش کرد و بخشی از چیز دیگری را جایگزین آن کرد؛ می‌توانستی قسم بخوری که این‌چنین است، اما ثابت شد که اشتباه می‌کنی. این مسئله به‌تازگی با نام شاعری اتفاق افتاد که «*آندریاس هوفر*» (امثال روابط) را نوشته بود. باید چیزی در مورد یک نویسنده، لیندا-فلدا، باشد.

البته، نام آن مرد جولیوس موسِن بود؛ «جولیوس» از یادم نرفته بود. حالا می‌توانم ثابت کنم که (۱) من به خاطر پیوندهای معیّن، نام موسن را سرکوب کرده بودم؛ (۲) این‌که یک موضوع کودکانه نقشی در این سرکوبی ایفا کرده بود؛ (۳) این‌که نام‌های جایگزینی که به پیش‌زمینه آمده بودند، مانند سیمپتوم‌ها، از هر دو گروه ایده‌ها شکل گرفته بودند. مشخص شد که تحلیل آن کامل است و هیچ شکافی باقی نمانده است. متأسفانه، نمی‌توانم بیشتر از رویای بزرگم آن را در معرض عموم قرار بدهم. در خصوص فراموشی، ما چیزی مانند این را در برلین تجربه کردیم. (امیل همرشلاگ)

خداحافظ. چقدر طول می‌کشد تا سر و کله پائولینشن پیدا شود؟

با احترام!

زیگموند

۱. در کپی *حقایق اساسی زندگی روح* (بُن: مکس کوهن، ۱۸۸۳) که توسط تئودور لیپس Theodor Lipps (۱۸۵۰-۱۹۱۴) نوشته شده بود، فروید زیر این سطر در صفحه ۱۴۶ دو بار خط کشید: (ما فرض می‌کنیم که فرایندهای ناخودآگاه در ریشه تمام فرایندهای خودآگاه قرار می‌گیرند و با آن‌ها همراه می‌شوند). در بالای صفحه زیر عنوان هم خط کشید: (اثرات احساسات ناخودآگاه در رویاها)

آسی، ۳۱ آگوست ۱۸۹۸

ویلهلم عزیز!

ظهر امروز، به همراه مارتا این‌جا را به مقصد آدریاتیک ترک می‌کنیم. سپس، در راگوسا یا گرادو یا جای دیگری که در طول راه در مورد آن تصمیم می‌گیریم اقامت خواهیم کرد. براساس یک گفته عجیب اما عاقلانه: «و راه به‌دست آوردن ثروت، فروختن آخرین پیراهنت است». راز این ناآرامی، هیستری است. در رکود این‌جا و در غیاب چیزهای جدید مجذوب‌کننده، کل کسب‌وکار به شدت بر روح من سنگینی می‌کند. حالا به نظر می‌رسد که کارم برایم کم‌ارزش است و گم‌گشتگی‌ام کامل شده؛ زمان -یک سال دیگر هم سپری شده است بدون این‌که

هیچ پیشرفت ملموسی در این نظریه صورت بگیرد- و به نظر می‌رسد با آنچه که این مسئله مستلزم آن است، تناسبی ندارد. به‌علاوه، کار روی چیزی است که من سرزندگی‌ام را وقف آن کردم. درست است، نتایج خوب بوده‌اند، اما شاید فقط به طور غیرمستقیم. گویی من اهرم را در جهتی به‌کار برده‌ام که درواقع، سبب شکافته شدن ماده اولیه به صورت خطی شده است.[1] هرچند، نمی‌دانم بعدها چه اتفاقی می‌افتد. بنابراین، دارم از خودم فرار می‌کنم تا به اندازه‌ای که امکان دارد انرژی و واقع‌بینی به‌دست بیاورم، چون درواقع، نمی‌توانم کار را پیش ببرم.

در خصوص روان‌شناسی، اوضاع بهتر است. من ذات بینش‌هایم را که از قول لیپس گفته شده بود، پیدا کردم. شاید حتی بیشتر از آنچه می‌خواستم. «معمولاً جوینده بیشتر از آنچه را که می‌خواهد پیدا می‌کند».[2] خودآگاه فقط یک اندام حسی است؛ همه محتویات روانی فقط بازنمایی‌اند. همه فرایندهای روانی ناخودآگاه‌اند. مکاتبه [ایده‌هایمان] حتی در جزئیات نیز به هم شبیه‌اند و شاید دوشاخگی‌ای که افکار جدیدم می‌توانند ایجاد کنند، بعدها پیش بیایند. من تاکنون کمتر از یک‌سوم کتاب را پیش برده‌ام. در «روابط بی‌نقص» دست نگهداشته‌ام. این همیشه مرا می‌رنجاند، چون به لطف ضعف حساسیت‌های صوتی از دانش مقدماتی بی‌بهره‌ام. خبر بزرگ روز، بیانیه تزار شخصاً مرا نیز متأثر کرد.[3] سال‌ها پیش من تشخیص دادم مرد جوان که از افکار وسواسی رنج می‌برد - خوشبختانه برای ما- بیش‌ازحد مهربان است و «نمی‌تواند دیدن خون را تحمل کند»، مانند کوکو در میکادو[4] که در عین حال، جلاد عالی لُرد هم بود. می‌توانستم به این دو نفر کمک کنم، اگر می‌شد من و او را با هم جمع کرد؛ من یک سال به روسیه می‌رفتم و به اندازه کافی همه‌چیز را از او دور می‌کردم تا دیگر رنج نکشد و به اندازه کافی برای او باقی می‌گذاشتم که نخواهد جنگی را راه بیندازد. از آن به بعد سه بار در سال همدیگر را می‌دیدیم، فقط در خاک ایتالیا و من همه بیمارانم را رایگان درمان می‌کردم. ضمناً، من باور دارم که او هم با

انگیزه‌های ترکیبی عمل می‌کند و این‌که جنبه خودخواهانه بیانیه، گویا با امن کردن دیوار صلح چین قصد خودارضائی در این کنفرانس را دارد.

فراموش‌نشدنی‌ترین چیز در مورد این بیانیه، زبان انقلابی آن است. اگر چنین اظهاراتی در مورد جنگ‌گرایی در سرمقاله‌های روزنامه‌های دموکراتیک بیاید در اتریش فوراً توقیف می‌شوند، اما در خود روسیه [نویسنده] به سیبری فرستاده می‌شود.

با درودهای صمیمانه برای تو، آیدا، رابرت و پائولینشن و باید خبرهای بیشتری از سفرمان به تو بدهم.

با احترام!

زیگموند

۱. این تصویری از تکه‌تکه کردن چوب یا سنگ است.

۲. فروید از همین عبارت در نامه قبلی ۲۷ نوامبر ۱۸۹۳ استفاده کرده بود. یادداشت ۵ آن نامه را ببینید.

۳. کتاب *منشأ*، صفحات ۱ n ۲۶۴- ۲۶۳ را ببینید.

۴. اپرای کوچک گیلبرت سولیوان.

وین، ۲۲ سپتامبر ۱۸۹۸

ویلهلم عزیز!

نمی‌دانم چه وقت به خانه برگشتم، اما درست سه روز است که آمده‌ام و بدخلقیِ بودن در وین باز بر من اثر گذاشته است. بدبختی محض است که در این‌جا زندگی کنم و هیچ فضایی وجود نداشته باشد که در آن به کامل شدن چیز دشواری امید داشته باشم.

کاش کمتر به مهارت‌های استادانه‌ام فکر می‌کردی و نزدیک من بودی. بنابراین، می‌توانستم بیشتر انتقادهایت را بشنوم. اصلاً با تو مخالف نیستم و اصلاً نمی‌خواهم روان‌شناسی را که بدون هیچ پایه ارگانیک در هوا آویزان شده است رها کنم، اما صرف نظر از این محکومیت نمی‌دانم چطور ادامه بدهم؛ نه از لحاظ

نظری و نه از لحاظ درمان‌شناسی و بنابراین، باید طوری رفتار کنم که گویا فقط روان‌شناسی مد نظر بوده است. چرا نمی‌توانم این‌ها را با هم متناسب کنم [ارگانیک و روان‌شناسی را]، من حتی این درک را شروع هم نکرده‌ام.

یک مثال دیگر از فراموش کردن نام، خیلی راحت حل شد.[1] من نتوانستم نام نقاش مشهوری را به یاد بیاورم که نقاشی *قضاوت آخر* را در اورویِیتو، کشیده بود، عالی‌ترین چیزی که تا به حال دیده‌ام.

در عوض بوتیچلی، بولترافیو به ذهنم خطور کرد، اما مطمئن بودم که این‌ها اشتباه بودند. سرانجام، نام صحیح را پیدا کردم؛ سینیورِلی و خودم فوراً فهمیدم که نام کوچک او لوکا است؛ اثباتی برای این‌که سرکوبی بوده است و نه فراموشی خالص. معلوم است که چرا بوتیچلی به پیش‌زمینه آمده است؛ فقط سینیور سرکوب شده بود؛ می‌توان *بو* را در هر دو اسم جایگزین، با خاطره‌ای که مسئول سرکوبی است، توضیح داد؛ مربوط به چیزی است که در بوسنی اتفاق افتاد و با این کلمات شروع شد: «آقا [سینیور، سِر]، چه کار می‌توان برای آن کرد»؟ من نام سینیورِلی را در سفر کوتاه خود به هرزگووین فراموش کردم. سفری که با وکیلی اهل برلین (فریهاو) که با او در مورد تصاویر صحبت کرده بودم، از راگوسا انجام داده بودم. در این مکالمه که با یادآوری خاطراتی سرانجام به سرکوبی منجر شد، ما در مورد مرگ و تمایل جنسی صحبت کردیم. کلمه *ترافیو* بدون شک پژواکی از ترافوی است که در سفر اولم دیدم! چطور می‌توانم این مسئله را برای دیگران باورپذیر کنم؟

هنوز هم تنها هستم. «خانواده‌ام» که واقعاً مشتاق دیدنشان هستم، در پایان ماه برمی‌گردند. گاتل که به دنبال تماس است در نامه‌ای اصرار دارد برای دیدن بیماری که او می‌خواهد درمانش کند به برلین بیایم. این یکی از آن کارهای نصفه‌نیمه است که می‌توانم از آن برای دیدن تو (و دختر تازه متولدشده‌ات) استفاده کنم، اما با شأن پزشکی من مطابق نیست و من نباید خدایان و انسان‌ها

را با سفرهای بیشتر خشمگین کنم بلکه در عوض صبورانه این‌جا منتظر بره کوچولو می‌مانم.
امیدوارم خیلی زود از تو بشنوم که دخترت چطور رفتار می‌کند و چیزی که بیشتر به آن علاقه دارم، این است که رابرت چه واکنشی به خواهرش نشان داده است. این‌جا شنیده‌ام که حال مادرشان خیلی خوب است.
با صمیمانه‌ترین درودها!
با احترام!
زیگموند

۱. ۲۸۷-۲۹۷: ۳ .S.E و ۷-۲: ۶ .S.E را ببینید.

وین، ۲۷ سپتامبر ۱۸۹۸

ویلهلم عزیز!
نامه تو حس واگیردار تندرستی را نشان می‌دهد که احساس می‌کنم مستحق آن هستی. با وجود پائولینشن و کارَت که دارد خوب پیش می‌رود، کاملاً فراموش کردی در مورد سرَت بنویسی که بالاخره توجه مرا هم جلب کرد. به هر حال، اگر شک داشتم که ممکن است برای پیشنهادِ آمدنم به برلین که بخشی از هزینه‌اش هم پرداخت می‌شد ارزش قائل می‌شوی، آن را رد نمی‌کردم. من حتی نمی‌دانستم که تو از آن مطلع بودی. در شرایطی که نمی‌توانستم کنارت باشم، آیدا در تخت محبوس شده بود (به خاطر زایمان) و احتمالاً فرزند کوچکت به توجه تو نیاز داشت، هیچ فضایی برای من باقی نمی‌گذاشت. از سوی دیگر، اصلاً تمایل ندارم این واحدهای نصفه‌کاره پزشکی را تسهیل کنم. باید به خودم می‌گفتم که این کار هیچ ارزشی برای این مردم ندارد و شانس تأثیر گذاشتن گاتل بر مالیخولیای پیرمرد نباید با پیش‌بینی من افزایش یابد. در حال حاضر، امکان ندارد که بتوانم میدان مبارزه را ترک کنم.

بهترین آرزوها را برای موفقیت گاتل در این موضوع دارم. این سبب پیشرفت او می‌شود، زیرا از نظر من او یکی از افرادی است که اول *نجیب‌زاده*‌اند و پس از آن که به سطح درآمد بالا دست پیدا کردند، صداقت را کالایی تجملی می‌دانند. وقتی که درآمدشان پائین است، چنین کالایی را که وسعشان به خرید آن نمی‌رسد کنار می‌گذارند. نمی‌دانم آیا باید خیلی از موضوعات محرمانه‌ات را به او بگویی یا نه. به‌علاوه، به خاطر این مسئله به او حسادت می‌کنم.

من در سفر دوست‌داشتنی‌ام به کاتزنجامر به شدت تنها هستم که به هر حال، مفهوم خاصی برای زن‌ها داشت. این شهر به شدت روح را مجروح می‌کند و باز هم هر چیزی را که در این دو ماه شروع به بهبود کرده بود، از بین می‌برد. هرچند، باید این قانون را بپذیرم که نباید از روی بعضی نکات به سادگی بگذرم؛ خیلی ناخوشایند است که بشنوی کسی دائماً در حال گله و شکایت است. ولی این کمترین دلخوری من نیست و این‌که نمی‌توانم به روش‌های دیگری واکنش نشان دهم.

من سینیورِلی را به مقاله کوچکی تبدیل کردم که آن را به زیبهن (ورنیکه) فرستادم. اگر آن را رد کنند، فکر می‌کنم باید ایده قدیمی تو را اعمال کنم و این مقاله را به *روندشاو آلمانی* بفرستم.

من مجذوب استعاره راه سنگلاخی شدم و با گفتن این نکته آن را می‌پذیرم که در حال حاضر مانند یک گاو نر در کوهستان هستم.[۱]

هنوز هم کاری برای انجام دادن ندارم؛ یعنی دو ساعت (درمان) به جای ده ساعت. مورد جدیدی را آغاز کرده‌ام. بنابراین، بدون هیچ تعصبی دارم به آن نزدیک می‌شوم. البته، ابتدا همه‌چیز به زیبایی با هم متناسب شده است. یک آدم بیست و پنج ساله که به خاطر خشکی پاها، گرفتگی عضلانی، تومور و غیره به سختی می‌تواند راه برود. برخلاف هر تشخیص اشتباه دیگری، اضطراب او، حفاظی است که سبب شده مانند دوران کودکی به بندِ پیش‌بند مادرش بچسبد. مرگ برادر و پدر، سیمپتوم‌های روان‌پریشی‌اش را که از چهارده سالگی در او

وجود داشته، تسریع کرده است. خجالت می‌کشد کسی او را ببیند که این‌طور راه می‌رود و او این را طبیعی می‌داند. نمونه اولیه: عمویش به سفلیس پیشرفته مبتلا بود که او به خاطر سبب‌شناسی پذیرفته‌شده‌ای [تب دق] (که منجر به زندگی فاسد می‌شود) در سیزده سالگی با آن همانندسازی کرده بود. به هر حال، از نظر جسمی شخص تنومندی است.

لطفاً در نظر داشته باش که خجالت به سیمپتوم‌ها اضافه شده است و باید مطابق با دیگر عوامل تسریع‌کننده باشد. او حتی [به من] اجازه داد شفاف کنم که عمویش اصلاً از این شیوه راه رفتنش خجالت نمی‌کشید. ارتباط بین خجالت و شیوه راه رفتن، سال‌ها پیش وقتی که او دچار سوزاک شده بود، ارتباط درستی بود که البته، در شیوه راه رفتن او هم مشخص بود و همچنین حتی پیش از آن وقتی که تحریک دائم (بی‌هدف) با راه رفتنش تداخل پیدا کرده بود، نیز این ارتباط وجود داشت. علاوه بر این، علت خجالتش عمیق‌تر از این‌ها بود. او به من گفت سال پیش وقتی که کنار رودخانه وین (در حومه) زندگی می‌کردند، ناگهان رودخانه شروع کرد به بالا آمدن. او به شدت ترسیده بود از این‌که در طول شب ممکن است آب به تختش بیاید؛ یعنی در اتاقش سیل راه بیفتد. لطفاً ابهام این گفته را مد نظر قرار بده؛ من می‌دانستم این مرد در کودکی دچار شب‌ادراری بوده است. پنج دقیقه بعد او بی‌اختیار به من گفت وقتی که به مدرسه می‌رفته هم هنوز به‌طور منظم تختش را خیس می‌کرده است و مادرش او را تهدید کرده بود که این را به معلم و همه همکلاسی‌هایش می‌گوید. او احساس اضطراب شدیدی پیدا کرده بود. بنابراین، خجالت، متعلق به این‌جاست. از یک سو، نقطه اوج کل داستان جوانی او در سیمپتوم پا است و از سوی دیگر، اثر متعلق به آن را آزاد می‌کند و حالا، این دو[۲] در ادراک درونی او به هم پیوسته‌اند. کل داستان مخفی دوران کودکی‌اش را می‌توان در این بین، جا داد.

حالا کودکی که به‌طور منظم تا هفت سالگی جایش را خیس می‌کند، (بدون این که صرع یا چیزی مانند آن داشته باشد) باید در اوایل کودکی‌اش تحریک جنسی

را تجربه کرده باشد. به‌طور خودبه‌خودی یا با اغواگری این‌طور است و باید حاوی تعیین‌کننده خاص‌تری در مورد پاها باشد.

می‌بینی، اگر لازم باشد می‌توانم به خودم بگویم «واقعیت دارد که من باهوش‌تر از همه اشخاص خودنما و نادان هستم»، اما جمله ناراحت‌کننده‌ای که پس از آن می‌آید، در من کاربردی ندارد: «من با بینی‌ام مردم را هدایت می‌کنم و می‌بینم که نمی‌توانیم چیزی را بفهمیم».[۳]

لیپس کیست؟ پروفسوری است در مونیخ و در واژگان فنی‌اش دقیقاً چیزی را بیان می‌کند که من در گمانه‌زنی‌هایم در مورد خودآگاه، صفت و غیره به آن‌ها رسیده‌ام. من پیش از آن‌که به سفر بروم، داشتم *بنیان‌های زندگی روح* او را می خواندم. باید دوباره به آن برگردم.

انتظار می‌رود بچه‌ها تا چند روز دیگر از آسی برگردند. مارتا دچار ورم مخاط روده بزرگ شده است که به شدت او را اذیت می‌کند؛ او دکتر خوبی دارد. من به دکتر بلاچ که خیلی برای او احترام قائل‌ام، اعتقاد دارم.

در پایان شعری از مارتین در فستیوال کلیسا در (بازار) آسی:

در میان منظره‌های زیبای فستیوال کلیسا
بعضی چیزها واقعاً خنده‌دارند!
یک موش سبز که به پشت حرکت می‌کند،
یک میمون که هر دو دستش را از دست داده است.
ساعت ساخته‌شده از حلبی که همیشه بی‌حرکت است،
گوی پردار پوست‌پوست‌شده
شکلات بی‌مزه، شکلات‌های کوچک و بزرگ
در زیباترین جعبه‌ها
بله، در فستیوال کلیسا چیزهایی وجود دارد؛
بنابراین، کسی که آن‌ها را دارد می‌تواند واقعاً بخندد.
با درودهای صمیمانه برای تو، آیدا، رابرت و پائولینشن!

با احترام!

۱ یک عبارت آلمانی متداول که نشان‌دهنده بیچارگی است.

۲. در نامه اصلی آمده است nun، نه آن‌طور که در کتاب «شروع» نوشته شده است: nur.

۳. از تک‌گویی در ابتدای فاوست گوته.

وین، ۹ اکتبر ۱۸۹۸

ویلهلم عزیز!

سلامتی‌ات از نامه‌هایت مشخص است و خودش را نشان می‌دهد. فقط ببین که پائولینشن چقدر زود تبدیل به تناسخ خواهرت می‌شود. هرچند، با نامش، او را با آن یکی خانواده هم‌سطح کرده‌ای.

حال و حوصله‌ام، قوه ذهنی منتقدانه، ایده‌های فرعی، به‌طور خلاصه همه متعلقات ذهنی، زیر بهمنی از بیماران که هفته پیش به سوی من سرازیر شد، دفن شده است. من اصلاً آماده آن نبودم و به خاطر تعطیلات لوس شده بودم. در ابتدا فکر کردم که با مشت به من ضربه زده‌اند؛ حالا باز هم احساس سرزندگی می‌کنم، اما هیچ انرژی‌ای برایم باقی نمانده است. همه توان من روی کار با بیماران متمرکز شده است. درمان‌ها در ساعت ۹ صبح شروع می‌شوند -پیش از آن دو تماس کوتاه دارم- و آخرین بیمار را ساعت ۱:۳۰ می‌بینم و ساعت ۳ تا ۵ در ساعت‌های مشاوره‌ام وقفه‌ای دارم. دفتر به‌طور متناوب پر یا خالی می‌شود؛ از ساعت ۵ تا ۹ باز هم درمان‌ها شروع می‌شوند. من قطعاً منتظر یک مورد دیگر هم هستم. ده تا یازده ساعت روان‌درمانی در روز. طبیعتاً، بعدازظهر دیگر زبانم بند می‌آید و نیمه‌جان می‌شوم، اما یکشنبه تقریباً آزادم. همه‌چیز را کنار می‌گذارم و آن‌ها را آزمایش می‌کنم و تغییراتی در این‌جا و آن‌جا ایجاد می‌کنم. من کاملاً بدون سرمشق‌های جدید نیستم. اگر چیزی به ذهنم برسد، مطمئناً در مورد آن خواهی شنید. حالا نیمی از بیمارانم مردانی از همه سنین هستند، بین چهارده تا چهل و پنج سال.

مارتا کمی بهتر است، اما خسته است و خیلی خوب به نظر نمی‌رسد. در کل تابستان، فعالیت روده‌ای‌اش متوقف شده بود و یبوست داشت که گاه‌گاهی با تخلیه انفجاری به پایان می‌رسید؛ آخرین بار در آسی و سپس در سفرمان. کولیک‌ها مکرراً روی می‌دهند و دردناک‌ترند؛ اشتهایش فقط در طول این دوره‌ها مختل می‌شود؛ بین دوره‌ها خوب است. مدفوعش در طول حمله‌های کولیک به طور متناوب، سخت، شیشه‌ای و اسهالی می‌شود. حالا آب کارلسبادِر می‌نوشد و رژیم سختی دارد، تنقیه روغن و چیزهایی از این دست، اما هرگز بیمار خوبی نبوده است. گرچه، از وقتی که درمان را شروع کرده، دچار حمله کولیک نشده است.

ماتیلده امسال به مدرسه خصوصی خواهد رفت. حال بچه‌های کوچکتر کاملاً خوب است.

زیبهن، مقاله کوتاه[1] را به صورت دوستانه پذیرفت: به نظر می‌رسد توصیه‌ات برای من خیلی خوب است، اما پیش از عمل کردن به آن به مشاهدات جدیدی نیاز دارم که چند نکته مهم را مشخص کنم.

لئوناردو -که هیچ سَر و سِر عاشقانه‌ای از او آشکار نشده است- شاید معروف‌ترین فرد چپ‌دست باشد. می‌توانی از او استفاده کنی!

۱. *مکانیسم جسمی فراموشی*

وین، ۲۳ اکتبر ۱۸۹۸

۹، برگاس ۱۹

ویلهلم عزیز!

این نامه قرار است در مهم‌ترین تاریخ زندگی‌ات به تو برسد و از فاصله دور، از طرف من و خانواده‌ام بهترین آرزوها را برایت بیاورد. این آرزو که –در ماهیتش به سوءاستفاده انسان‌ها نیازی ندارد- به آینده مربوط است، محتوای خودش را دارد؛ حفظ و گسترش دارایی‌های فعلی و همچنین کسب بهره‌های جدید در بچه‌ها و

بینش‌ها. سرانجام، اجتناب از هر اثری از رنج و بیماری به جز چیزی که یک مرد مصرانه به آن نیاز دارد که قدرتش تقویت شود و با خوبی‌ها تضاد داشته باشد.
بدون شک این‌ها زمان‌های خوبی برای تو هستند که لازم نیست چیز زیادی در مورد آن گفته شود. اگر در همه‌گیری پیشین آنفولانزا، عفونتی در من باقی نمی‌ماند که حال و حوصله‌ام را از بین ببرد و نفس کشیدن از طریق بینی را برایم دشوار کند و بی‌تردید باید از پیامدهای آن بترسم، من هم باید خوشحال می‌بودم.

حال مارتا بسیار خوب است. ماتیلده بهتر از آنچه ما انتظار داشتیم، دارد مدرسه را تحمل می‌کند و از آن لذت می‌برد. منابع من دیگر با کار از ساعت ۹ صبح تا ۹ شب به من فشار نمی‌آورند. درواقع، وقتی ساعت آزاد دارم حس می‌کنم خالی‌ام. باز هم نوری ضعیف در افق وجود دارد، گویی امسال باید در موقعیتی باشم که راه خودم را از میان خطاهای خطرناک[1] پیدا کنم، اما تاکنون هیچ وضوحی وجود نداشته است و من نمی‌خواهم در مورد آن صحبت کنم و همچنین نمی‌خواهم پیش از دیدارمان وقتم را روی چیزی بگذارم، زیرا برای مدتی روی دیدارمان حساب کرده‌ام.
مطمئناً به اندازه کافی حواسم جمع نیست تا کار دیگری، به جز مطالعه جغرافیای رم انجام بدهم که اشتیاق فراوانم به آن حتی دارد زجرآور می‌شود. [کتاب] رویا به‌طور تغییرناپذیری مسکوت مانده است؛ من انگیزه کافی برای به پایان رساندن و چاپ آن را ندارم و شکاف در روان‌شناسی و همچنین شکاف باقی‌مانده با [برداشتن] نمونه [رویای] کاملاً تحلیل‌شده، موانعی هستند که جلوی به نتیجه رسیدن آن را می‌گیرند و تاکنون نتوانسته‌ام بر آن‌ها غلبه کنم. از لحاظ دیگر، من کاملاً تنها هستم؛ امسال حتی تدریس را هم رها کردم تا مجبور نباشم در مورد چیزی صحبت کنم که امیدوارم هنوز خودم چیزی در مورد آن بیاموزم.
خواهرم رزا در هجدهم اکتبر دختری به‌دنیا آورد. حال هر دویشان خوب است.

هرچند، من درسی را آموختم که از من یک پیرمرد می‌سازد. اگر ثابت کردن چند نکته مورد نیاز برای توضیح روان‌رنجوری مستلزم این همه کار و زمان و اشتباه است، پس چطور من امید داشتم که بینشی نسبت به کل فعالیت ذهنی پیدا کنم که روزی مایه افتخارم بود.

از جایی که توانستم این مسئله را تشخیص بدهم، اولین جلد از *زیست‌شناسی عمومی* کاسوویتز را با لبخند غمگین و حسودانه دریافت کردم. این کتاب را نخر؛ من کپی کتاب خودم را برایت می‌فرستم.

با صمیمانه‌ترین درودها!

با احترام!

زیگموند

۱. در کتاب *شروع* واژه مهم Zurück حذف شده است. در دست‌نوشته آمده است: von schweren Irrtümern den Weg zuruck zur Wahrheit zu finden فروید دارد در مورد دوباره پیدا کردن راه خود به واقعیت صحبت می‌کند، با این مفهوم واضح که در گذشته چنین واقعیتی را در اختیار داشته است. وقتی متن چاپ شد، ممکن است فردی تصور کرده باشد که فروید دارد در مورد فرضیه اغواگری به عنوان یک خطای جدی صحبت می‌کند و این‌که امید دارد با رها کردن آن به کشف‌های جدیدی برسد. ترجمه کتاب *منشأ* حاوی یک اشتباه دیگر هم هست که در آن نوشته شده است «من کمی امید دارم که تا سال آینده در جایگاهی باشم که از میان اشتباهات جدی، راه خود را به سوی واقعیت پیدا کنم»، اما با اضافه کردن واژه حذف شده، Zurück، بیشتر این‌طور به نظر می‌رسد که فروید دارد به نظریه اغواگری به عنوان یک نظریه درست نگاه می‌کند و امیدوار است که امسال (و نه سال بعد) دوباره به این نظریه برگردد. هرچند، نامه ۷ نوامبر ۱۸۹۹ علیه تفسیر من است: «دستاورد سال گذشته، فانتزی‌ها، به خوبی امتحان خود را پس دادند».

وین، ۳۰ اکتبر ۱۸۹۸

۹، برگاس ۱۹

ویلهلم عزیز!

پس از فرستادن آخرین نامه‌ام با آرزوی خوشحالی برای تو، خودم را ملامت کردم که این‌قدر از فرمول‌های سنتی -که به دنبال ریشه کن کردن هر نشان جامانده از رنج و بیماری‌اند- منحرف شده‌ام. من می‌خواستم منطقی به نظر برسم و جایگاه و کارکرد مثبتی برای آن فراهم کنم که در هر صورت، نمی‌توان از آن اجتناب کرد. مزخرف بود، چون آرزو کردن با هیچ اصلاح این‌چنینی، منطقی نمی‌شود. در خواندن‌های بی‌توجهم، از اولین اشاره‌ات چشم‌پوشی کردم که برنامه‌ریزی کردی تا به خودت اجازه بدهی شکنجه‌های آزمایشی جدیدی را امتحان کنی و بنابراین، وقتی که خبر جراحی‌ات را بلافاصله پس از آن شنیدم، شگفت‌زده شدم. صمیمانه از تو به خاطر این‌که توجه کردی تا مطمئن بشوی همان خبری که به خانواده‌ات می‌دهی به من هم خواهد رسید، تشکر می‌کنم. ضمناً، من امروز با خواهرزنت ماری صحبت کردم، چون اولین تولد نوربرت کوچولو (که بسیار شیرین است) بود. امیدوارم بشنوم که خیلی زود آن را به پایان می‌رسانی و مطمئناً می‌توانم خودم را متقاعد کنم که این جراحی به بهبود قابل توجه تو منجر می‌شود. اگر به چیزی جز استراحت نیاز داشتی و من حال و حوصله بهتر و شرایط جسمی عمومی بهتری داشتم، از تعطیلات برای آمدن به برلین استفاده خواهم کرد، اما به این خاطر که سرما خورده‌ام و مشغول خواسته‌های خودم هستم، نه می‌توانم سبب تقویت تو بشوم و نه سبب لذت تو. من کاملاً روی یک موضوع تمرکز کرده‌ام؛ خوشبختانه کار هست و من می‌خواهم بدانم چه چیزی از آن به‌دست خواهد آمد. واژه‌های متملقانه تو در این موقعیت یک روز آفتابی ایجاد کرد، اما خیلی زود به خاطر علاقه‌ات نسبت به من و قصدت برای مشاوره با من، به نظرم کاذب آمد.

من تو را در موضوعات مربوط به گاتل به دردسر نمی‌اندازم و امیدوارم کـه او هـم تو را به دردسر نیندازد. هیچ شکی وجود نـدارد کـه بـه زودی قـادر بـه خوانـدن می‌شوی. کاسوویتز را فردا برایت می‌فرستم. باید خیلی وقت‌ها نامه‌های کوتاه‌تری بنویسیم.

با صمیمانه‌ترین درودها از طرف همه ما برای همه شما!

با احترام!

زیگموند

وین، ۶ نوامبر ۱۸۹۸

۹، برگاس ۱۹

ویلهلم عزیز!

به عنوان پیامد همدردی بیولوژیکی پنهان که تو اغلب اوقات در مورد آن صحبت می‌کردی، هر دوی ما تقریباً هم‌زمان تیغ جراحی را در بدنمان حس کردیم و دقیقاً در یک روز از روی درد، ناله و شکایت کردیم؛ من به دلیل درد کمتر، مطمئناً به این خاطر که نمی‌توانستم درد بیشتری را تحمل کنم، همان‌طور که این نمونه ثابت کرد. من یاد گرفتم که حوزه‌ای از حساسیت وجود دارد که عناصر و ساختارش به گوناگونی و غنای صداها یا رنگ‌هاست. هرچند، چشم‌اندازی از استفاده از این احساسات به صورت مشابهی وجود دارد که بسیار اذیت می‌کند.

در مورد من، جوش بزرگی در بیضه‌ام بود که مرا به یاد همانندی با تو می‌انداخت. با این وجود، کل روز را کار کردم. تعداد بیماران هنوز هم رو به افزایش است؛ تصور می‌شود باید مهربان، ممتاز، بذله‌گو و اصیل باشم و این در حال حاضر کمی دشوار است.

از دیروز حالم بهتر شده است یا بهتر راه می‌روم. به این دلیل فکر می‌کنم همین تغییرات در تو هم اتفاق افتاده باشد. امیدوارم خیلی زود از تو بشنوم که تصمیم

جدیدت واقعاً بهبودی مطلوب را ایجاد کرده است. من همچنین می‌دانم که پس از یک دوره رنج، یک کشف جدید، بزرگ و زیبا را از تو می‌توان انتظار داشت.
با بهترین و صمیمانه‌ترین تشکرها از همسر عزیز و پرستارت. یک روز باید بچه‌ها را دوباره ببینم.[1]
اکنون، پیشرفت سریع!
با احترام!
زیگموند

۱. احتمالاً منظور فروید این است: «باید بچه جدید و آن یکی بچه را ببینم».

۱۶ نوامبر ۱۸۹۸
۹، برگاس ۱۹

ویلهلم عزیز!
از جایت بلند شده‌ای؟ امیدوارم که پیش از این بلند شده باشی. من هیچ‌کس را نمی‌بینم و چیزی از آن‌ها نمی‌شنوم. آخرین نامه، نامه همسر عزیزت، خیلی خوشحالم کرد. آن نامه طوری بود که گویی شرایط وخیم به پایان رسیده است. به نظرم خیلی مصلحت‌آمیز آمد که جراحان دردی را که مسبب‌اش هستند، هرگز تحمل نمی‌کنند. اگر این درد را تحمل می‌کردند، مطمئناً هرگز شجاعت انجام بسیاری از کارها را پیدا نمی‌کردند. هنوز هم از شجاعت تو در اوایل دوستی‌مان به لرزه می‌افتم. اصلاً نمی‌توانم چیزی را تحمل کنم. من زمان‌های دشواری داشتم. امروز اولین روزیست که خوب است، شاید فقط یک *پرتو فاصله*[1] و در مقایسه، این‌ها چیزهای کوچکی هستند که حتی نمی‌توان آن‌ها را ذکر کرد. من از کار کردن باز نایستادم. واقعاً دلتنگ شنیدن خبری از تو هستم.
از صمیم قلب!
با احترام!
زیگموند

1. intervallum Lucidun

۳۰ نوامبر ۱۸۹۸
۹، برگاس ۱۹

ویلهلم عزیز!
واقعاً غیرمنطقی بودم که این را کاملاً نفهمیدم. من این را به عنوان پدیده‌ای برایت بیان می‌کنم که مشخصاً به خاطر این‌که داری ضعیف عمل می‌کنی از دستت عصبانی‌ام. عزیزم می‌خواهم در مورد جراحی انتقاد کنم، اما نمی‌توانم این کار را بکنم. چون چیز کمی در مورد آن می‌دانم؛ همچنین با «دلیل» شاید بتوانم بگویم که حق با تو بود. بنابراین، با گفتن این واقعیت که حال تو خوب است و دائماً داری بهتر می‌شوی مرا از این موقعیت مسخره بیرون بیاور. اگر در کریسمس ملاقات‌کننده‌های بهتری نداری می‌خواهم به دیدنت بیایم، اما بدون هیچ دست‌نوشته‌ای، حتی بدون هیچ کنجکاوی‌ای، فقط برای دیدن تو و صحبت کردن با تو می‌آیم. می‌توانم در خانه خواهرم که فاصله زیادی با تو ندارد بمانم. سپس، باید درباره بهترین زمان‌هایی حرف بزنیم که می‌توانیم باز با هم به مسافرت برویم. امیدوارم فهمیده باشی که جوش‌هایم فقط به عنوان تعدیل‌کننده بیرون ریخته بودند.
با صمیمانه‌ترین درودها برای تو و همسر عزیزت!
زیگموند

۵ دسامبر ۱۸۹۸

ویلهلم عزیز!
غافلگیری دلپذیری بود که پاسخ نامه‌ات هم‌زمان با نامه‌ام رسید. البته، باید به خاطر آن مهمانی بدهم، اگر چیزی مانع آن نشود. سپس، یک بار دیگر انسان‌های درونمان را سرزنده خواهیم کرد؛ در مورد من، او به این کار نیاز دارد. او دارد چین و چروکهایی[1] پیدا می‌کند. در مورد بقیه چیزها، هر جا که تو بخواهی بروی،

به‌طوری که جایی که قبلاً با هم رفته‌ایم، نباشد. من به این دلیل ساده که هیچ جای خاصی مد نظرم نیست، امروز پیشنهادی نمی‌دهم.

این ماه هم خیلی کار دارم و درست به اندازه ماه پیش خسته می‌شوم. همه‌جور شکی در مورد «بنیه» وجود دارد که تو آن شک‌ها را ایجاد کردی. در بررسی بیماری‌ات، من هم همان‌طور که ذکر کردی، در مورد تبادل ایده‌ها درباره چیزی که خیلی وقت است از بین رفته، اصراری ندارم؛ بخش جدیدی از پذیرش. گاهی اوقات واقعاً دلتنگ یک قطره غلیظ و شیرین آب انگور می‌شوم -حتی اگر «مشروب ساخته‌شده از لته»[۲] نباشد- اما واقعاً خجالت می‌کشم که گناه جدیدی انجام بدهم.

ادبیات (در مورد خواب و رویا) که حالا دارم آن‌ها را می‌خوانم مرا کاملاً احمق می‌کند. تنبیه وحشتناکی است برای کسانی که می‌نویسند. در این فرایند همه چیز فرد پراکنده می‌شود. من معمولاً به‌یاد نمی‌آورم که چه چیزی را متوجه شده‌ام که جدید است، چون همه‌چیز در مورد آن جدید است. خواندن همچنان پیش می‌رود، بدون این‌که پایانی داشته باشد. دیگر بس است! من از رهایی [فوت] سی. اف. مِیِر عزیزمان با خریدن کتاب‌هایی که نداشتیم -*کابین*، *پسکارا*، *سنت*، تجلیل کردم. باور دارم که حالا درست به اندازه تو هواخواه او هستم. به سختی می‌توانم خودم را از *پسکارا* جدا کنم. خیلی دوست دارم چیزی در مورد داستان زندگی او و همچنین توالی کارهایش بدانم. برای تفسیر به آن‌ها نیاز دارم. هرچند، عالی است که حال تو باز هم خوب است و داری نقشه می‌کشی، درست همان‌طور که من دارم «برنامه‌ریزی» می‌کنم. بالاخره درد خیلی زود فراموش می‌شود.

بنابراین، تا پیش از وقتی که همدیگر را ببینیم! هنوز باید چند نامه ردوبدل کنیم بی‌شک در برلین تعداد کمی از چاپ جدیدم به دست تو خواهد رسید.

با احترام!

زیگموند

رچنیتزر[3] نمی‌خواست من یک متخصص امراض بینی وِینی را به او توصیه کنم؛ او می‌خواست تو را ببیند.

1. knetscher

کلمه ییدیش

۲. نامه‌های ۶ سپتامبر ۱۸۹۷ و ۲۴ آوریل ۱۸۹۹ را ببینید.

۳. احتمالاً لئوپولد رچنیتزر Rechnitzer که نامش در فهرست سال ۱۹۱۰ عضویت انجمن روان‌کاوی وین به چشم می‌خورد.

۷ دسامبر ۱۸۹۸

ویلهلم عزیز!

برای اجتناب از سومین تلاقی [نامه‌ها]، من در نامه برگشت پاسخ خواهم داد. من مانند همیشه به تو باور دارم —این‌که با چشم‌انداز زمان‌های دشوار مواجه می‌شوی- و «عصبانیت»[1] من به وضوح از بین خواهد رفت. پس اگر بیایی، به این خاطر که نمی‌خواهی به سفری طولانی بروی، ما باید خیلی زود مکان دیدارمان را تعیین کنیم. در برلین نمی‌توانیم خیلی با هم باشیم؛ از بابت پائولینشن و خواهر بیمارم، این به نفع من است. دو عامل مسئول حال و حوصله بد من هستند که احتمالاً نمی‌توانم آن را از تو مخفی کنم، صرف نظر از عامل ذکرشده قبلی که مرا عصبانی کرد؛ یکنواختی بار سنگین کار و خستگی ملال‌آور ادبیات در مورد رویاها که با این وجود باید آن‌ها را خواند. در هر صورت این تغییری است نسبت به روزهای عادی. بچه‌ها در حال رشدند و حال کل خانواده خوب است. وین و شرایط این‌جا از نظر فیزیکی تقریباً برای من دافعه دارد. هیچ تردیدی وجود ندارد که این به معنای آن است که دارم پیر و عصبی می‌شوم و بنیه‌ام دارد ضعیف می‌شود. من همیشه در معرض سرزنده شدن با تأثیرات روانی بوده‌ام. بنابراین، به شدت منتظر کریسمس هستم.

از طرف من به همسر و بچه‌هایت سلام برسان!

با احترام!

زیگموند

۱. فروید از واژه جدید Bösigkeit استفاده می‌کند.

۲۰ دسامبر ۱۸۹۸

ویلهلم عزیز!

امیدوارم ظهر یکشنبه با من تماس بگیری و بگویی که چه زمانی وقت آزاد داری. البته، چیزی که من بیشتر از همه می‌خواهم این است که آیا هر دوی ما می‌توانیم از وین دور بشویم یا نه؟ حتی اگر فقط نیم ساعت با این‌جا فاصله داشته باشیم. (بادن) هرچند، من جرئت نمی‌کنم یک «برنامه» قطعی را پیشنهاد کنم، چراکه با نشانه‌های مختلفی به من هشدار داده شده است. سر تو، ترجیح‌های تو و ملاحظات در خصوص خانواده‌ات قطعی خواهند بود. همسرم امیدوار است که بعدازظهر چهارشنبه برای یک مهمانی کوچک هر دوی شما را در این‌جا ببیند. من متواضع‌ترم؛ تمام چیزی که می‌خواهم این است که تو دوشنبه وقت آزاد داشته باشی، چون فکر می‌کنم سه‌شنبه و بعد از آن باید دوباره یوغ بیندازم تا هفتاد فلورین درآمد داشته باشم، چراکه حالا باید درآمد روزانه‌ام همین‌قدر باشد.

سه ماه دوری به‌ندرت به اندازه این بار برایم طولانی به نظر می‌رسید. تو هیچ‌چیز در مورد وضعیت سلامتی‌ات نمی‌نویسی، مسلماً برای این‌که مرا ناراحت نکنی. در این‌جا من عادت دارم که کمتر باملاحظه باشم.

باید خوشحال باشم که در مورد تخریب و بازسازی برنامه‌هایت می‌شنوم. درواقع برنامه‌های من دارند کوچک می‌شوند. همه‌چیز در زندگی مرا می‌رنجاند. جانور باسیاست ناامید است. وین تا بهشت برین بوی تعفن می‌دهد و من نمی‌توانم این بوی زننده را تحمل کنم. این احمقانه است و همه این‌ها زمانی به فکرم خطور می‌کند که سرانجام برای شادی مجدد وقتی دارم.

چیز کم‌بهای من، «نقاشی سینیورلِی» [چاپ‌شده با عنوان *مکانیزم روانی فراموشی*] چاپ شده است، هرچند، هنوز به چاپ مجدد نرسیده است.[1]

هنوز هیچ میلی به کار کردن ندارم. یکی از شعرهای جدید مارتین درباره مِی را برایت می‌فرستم که با بیت‌هایی شروع می‌شود که واقعاً می‌توان آن‌ها را با آواز خواند.

سوسک‌های ماه مِی در هوای آبی‌فام پرواز می‌کنند
گل‌ها برای همیشه شیرین‌ترین بوها را پخش می‌کنند
تا چند روز دیگر تو را می‌بینم.

۱. S.E. ۳ :۲۸۹-۲۹۷

وین، ۳ ژانویه ۱۸۹۹
۹، برگاس ۱۹

ویلهلم عزیز!

بنابراین، من کسی هستم که اول از خودش خبر می‌دهد. بعد از افتادن شهاب سنگ، نوری سوسو می‌زند که آسمان تیره را برای مدتی بعد از آن روشن می‌کند. برای من این نور هنوز خاموش نشده است. پس در این روشنایی، ناگهان چند چیز را دیدم و سپس حتی اولین آزردگی‌های حرفه‌ای سال نو نیز نمی‌توانند حال و حوصله خوبم را خراب کنند.

در اولین گام، بخش کوچکی از تحلیل خودم راهش را پیدا کرده و تأیید نموده است که رویاها حاصل دوره‌های بعدی‌اند و به گذشته‌ای برمی‌گردند که در اوایل کودکی وجود داشت؛ حالتی که این مسئله در آن پدید می‌آید نیز ظاهر می‌شود؛ باز هم توسط پیوند کلامی.[1]

در مورد سؤال «چه اتفاقی در اوایل کودکی افتاد»؟ پاسخ این است: «هیچ‌چیز، به جز این‌که منشأ تکانه جنسی وجود داشت». این چیز بسیار ساده خواهد بود و گفتن آن به تو لذت‌بخش است، اما نوشتن آن به اندازه نصف برگه[2] خواهد شد.

بنابراین، [باید آن را] برای ملاقاتمان در عید پاک نگهدارم، با دیگر توضیحات در مورد داستان اولین سال‌های زندگی‌ام.

در گام دوم، معنی عنصر روانی جدیدی را پیدا کرده‌ام که می‌دانم اهمیت کلی و مرحله مقدماتی سیمپتوم‌ها را شامل می‌شود. (حتی پیش از فانتزی‌ها)

چهارم ژانویه. من دیروز خسته شدم و امروز نمی‌توانم مطالب را آن‌طور که می‌خواهم، بنویسم. زیرا خستگی‌ام دارد بیشتر می‌شود. چیزی در من دارد طلوع می‌کند. در چند روز آینده مطمئناً چیزی به آن اضافه خواهد شد. سپس، وقتی که همه‌چیز مشخص شد باید برایت بنویسم. می‌خواهم این را برایت فاش کنم که فقط الگوی رویا می‌تواند عمومی‌ترین کاربرد را داشته باشد، یعنی کلید هیستری هم واقعاً در رویاها قرار دارد. حالا همچنین، درک می‌کنم که چرا برخلاف همه تلاش‌هایم هنوز

[کتاب] رویا را تمام نکرده‌ام. اگر کمی بیشتر منتظر بمانم، باید بتوانم فرایند روانی در رویاها را به صورتی ارائه کنم که شامل فرایند شکل‌گیری سیمپتوم‌های هیستریایی نیز بشود. پس بگذار منتظر بمانیم.

دیروز چیز خوشایندی از طرف گیبرالتار توسط آقای هاولوک الیس، نویسنده‌ای که موضوعات جنسی برایش مهم است و به خاطر مقاله‌اش که در مجله *روان پزشکی و عصب‌شناسی* (اکتبر ۱۸۹۸) چاپ شد، مشخص است که بسیار باهوش است و با ارتباط بین هیستری و زندگی جنسی سر و کار دارد. مقاله‌اش را با حرف‌های افلاطون شروع می‌کند و با فروید به پایان می‌رساند. وقتی که به دستم رسید می‌خواستم در مورد آن برایت بنویسم. او به شدت با فروید موافق است و *مطالعات روی هیستری* و همچنین مقاله‌های بعدی را ارائه می‌کند و سهم آن‌ها را به صورت بسیار معقولی نشان می‌دهد. او حتی از گاتل هم نقل می‌کند و در پایان به بعضی از تحسین‌های او واکنش نشان می‌دهد، اما چیزی باقی می‌ماند و دیگر نمی‌توان تأثیر خوب را به‌دست آورد. آیا باید آماده شوم که به اسکارمان هشدار بدهم، یا هنوز هم باید منتظر بمانیم؟

حالا ببین چه اتفاقی می‌افتد. این‌جا من دارم با بداخلاقی و در تاریکی زندگی می‌کنم تا وقتی که تو بیایی؛ من همه‌چیز را از سینه‌ام بیرون می‌کنم، شعله لرزانم را در شعله استوار تو دوباره به‌یاد می‌آورم و باز هم حالم خوب می‌شود و پس از جدایی از تو باز هم به من چشمی داده می‌شود که ببینم و چیزی که می‌بینم خوب و زیباست. فقط به این خاطر که تاریخ خاص هنوز سر نرسیده است؟ یا نمی‌توان یکی از چندین روز موجود برای تمام اهداف را به‌وسیله اثرات روانی تأثیرگذار بر کسی که منتظر است، شکل داد؟ نباید جایی برای آن باقی گذاشت، تا نیروی [پویا] توسط [عنصر] زمان اداره نشود؟

با صمیمانه‌ترین درودها برای تو و خانواده‌ات!

با احترام!

زیگموند

۱. کریس (*منشأ*، صفحه nl ۲۷۱) بیان می‌کند که این به مقاله سال ۱۸۹۹ فروید: *حافظه پنهان* برمی‌گردد.

۲. یک برگه چاپ‌شده (یا امضاء) در آن زمان شانزده صفحه بود.

فانتزی یا واقعیت

وین، ۱۶ ژانویه ۱۸۹۹

۹، برگاس ۱۹

ویلهلم عزیز!

فوراً خواهی فهمید که این نامه مربوط به چیست. کارم و باد گرم سیروکو آن‌قدر اذیتم کرد که با دو تا از خانم‌ها به «آنکورا ورد»[1] رفتم و به دنبال احیاءِ زندگی با یک بطری شراب بارولو بودم. تازه برگشته‌ام. از شراب همه جور آسایشی به‌دست می‌آید و حالا برایت می‌نویسم.

اگر بعد از ده ساعت حرف زدن، برای نوشتن تنبلی نمی‌کردم —همان‌طور که می‌توانی از نوشته ناجورم بفهمی- می‌توانستم برایت مقاله کوچکی در مورد پیشرفت‌های اندک در نظریه آرزو بنویسم. چون از سوم ژانویه روشنایی کاملاً از بین نرفته است و همچنین هنوز این اطمینان را دارم که انگشتم را روی یک نقطه آغاز مهم بگذارم، اما شاید بهتر باشد که اندوخته و جمع‌آوری کنم تا در ملاقاتمان در عید پاک دوباره مثل یک گدای بیچاره جلوی تو نایستم و تو را با هیچ‌چیزی به جز ابراز این‌که چیزی خواهم نوشت، ترغیب نکنم.

چند چیز کم‌اهمیت‌تر هم به نتیجه رسیده‌اند. برای نمونه، این‌که سردردهای هیستریایی، متکی به یک شباهت در فانتزی است. بدین معنی که قسمت فوقانی را با اندام تحتانی بدن برابر می‌کند. (مو در هر دو جا —گونه‌ها و کفل— لب‌ها و لب‌های فرج- دهان/ مهبل) بنابراین، یک حمله میگرنی می‌تواند اجبار در از بین بردن بکارت را بیان کند. با این وجود، این بیماری شرایط محقق شدن آرزو را نیز نشان می‌دهد. شروط لازم برای روابط جنسی واضح‌تر و واضح‌تر می‌شود.[2]

در یک بیمار زن (که با کلید فانتزی‌ها، او را درست کردم)[3] حالت‌های ثابتی از ناامیدی وجود داشت با این عقیده مالیخولیایی که او بی‌مصرف است و قادر به انجام کاری نیست و غیره. من همیشه فکر می‌کردم که او در اوایل کودکی‌اش شاهد حالت مشابه مالیخولیای واقعی در مادرش بوده است. این مطابق است با

نظریه قبلی، اما در دو سال این مسئله تأیید نشد. حالا مشخص شده وقتی که او دختر چهارده ساله‌ای بود، متوجه شد پرده بکارتی دارد که غیرقابل سوراخ شدن است و دچار این ناامیدی می‌شود که همسر بی‌مصرفی خواهد شد. بنابراین، به مالیخولیا [یعنی] ترس از ناتوانی جنسی دچار شده است. در زمانی که مجبور بود همسرش را انتخاب کند، وضعیت‌هایی در او شکل می‌گیرد مشابه با آنچه که در آن‌ها تصمیم می‌گیرد کلاه یا پیراهنی را انتخاب کند.

با یک بیمار زن دیگر، خودم را متقاعد کردم که واقعاً چیزی به نام مالیخولیای هیستریایی وجود دارد و ویژگی‌هایش شناسایی شده است. همچنین ذکر کردم که چطور یک خاطره یکسان با چند ترجمه مختلف ظاهر می‌شود و اولین نگاه اجمالی را به‌دست آورده‌ام که مالیخولیا چطور از طریق جمع‌بندی ایجاد می‌شود. به‌علاوه، این بیمار براساس تفکری که به اوایل دوران کارم روی روان‌رنجوری بازمی‌گردد،[۴] بی‌حسی (آناستازیا) کامل است، همان‌طور که باید باشد.

به صورت زیر، در مورد سومین زن شنیدم که جالب است: یک مرد در جایگاه مهم و ثروت عظیم، (مدیر بانک) حدوداً شصت ساله به دیدنم آمد و در مورد صفات عجیب زن جوانی صحبت کرد که با او رابطه دارد. من حدس زدم که او احتمالاً بی‌حسی (آناستازیا) کامل دارد، اما برعکس، او در هر بار رابطه جنسی چهار تا شش ارگاسم داشت. او در اولین نزدیکی دچار رعشه شد و پس از آن فوراً به خواب آسیب‌زا رفت و در آن خواب طوری صحبت کرد که گویی هیپنوتیزم شده است. حتی تلقین پساهیپنوتیزمی هم داشته و همه این‌ها را کاملاً فراموش کرده است. این مرد قرار نیست با او ازدواج کند و او مطمئناً با شوهرش دچار بی حسی خواهد شد. نجیب‌زاده پیر به خاطر همذات‌پنداری احتمالی با پدر آن زن که در زمان کودکی‌اش بسیار ثروتمند بوده است، به وضوح این تأثیر را دارد که لیبیدوِ مرتبط با خیال‌پردازی‌هایش را آزاد کند. آموزنده!

تو پالولوورم[۵] را دریافت کرده‌ای. چیزهای خوبی برای آنچه خواهی گفت، آماده کرده‌ام.

حداقل همسر و بچه‌هایم باز هم حالشان خوب است. ناگهان یک روز صبح حال آنرل خوب شد و از آن به بعد از خوشحالی جسور شده است.

خداحافظ. از صمیم قلب به همسر و فرزندانت درود می‌فرستم و بگذار خیلی زود خبرهایی از تو بشنوم.

با احترام!

زیگموند

1. Ancora Verde

یک رستوران ایتالیایی

2. Die Bedingung des Sexuellen stellt sich immer scharfer und scharfer. منظور فروید این است که تمایل جنسی همیشه عامل شرطی شدن روان‌رنجوری است؟

۳. «کلید خیال‌پردازی‌ها» به این باور فروید اشاره می‌کند که کشف کرده است کلید روان‌رنجوری، رویدادهای واقعی (مانند اغواگری) نیست، بلکه فانتزی‌ها است (مثلاً، خیال‌پردازی اغواگری توسط پدر)

۴. نظریه اولیه فروید بر حوادث واقعی تأکید می‌کرد. او در این‌جا می‌گوید که عقیده دارد این کودک شاهد افسردگی مادرش بوده و با او همذات‌پنداری کرده است. اما حالا فکر می‌کند که خیال‌پردازی‌هایش در دوران بلوغ (در این مورد که نمی‌تواند همسر کسی باشد) را به عنوان دلیل‌تراشی و تجربه‌های اولیه‌ای که هرگز رخ نداده‌اند، دنبال کرده است.

5. Palolowurm

شروتر اشاره می‌کند که فلیس در کتاب سال ۱۹۰۶ خود، *دوره زندگی* صفحات (۳۰۸-۳۱۱) به این کرم اشاره می‌کند.

وین، ۳۰ ژانویه ۱۸۹۹

ویلهلم عزیز!

آن‌طور که شنیده‌ام، به وارسا رفته بودی. امیدوارم برای تو خوب بوده باشد و هزینه زیادی را برای فرد دیگری در پی داشته باشد. تأخیرم در نوشتن را به این صورت توضیح می‌دهم؛ یک هفته پیش نامه‌ای برایت نوشتم چون باور داشتم که

یک کشف واقعی کرده‌ام، اما وقتی که داشتم آن را می‌نوشتم شک‌هایی به وجود آمد. تصمیم گرفتم منتظر بمانم و حق با من بود چون آن مسئله درست نبود؛ مشکلی وجود داشت، اما باید با به‌کار بردن یک حوزه کاملاً متفاوت، آن را دوباره تفسیر کنم.

احتمالاً نمی‌دانی آخرین دیدارمان چقدر روحیه مرا بالا برده است. هنوز هم دارم با آن زندگی می‌کنم. از آن زمان به بعد روشنایی از بین نرفته است؛ حالا بینش‌هایی دارد در این‌جا و آن‌جا طلوع می‌کند. تجدید نیروی خالص در مقایسه با پریشانی سال گذشته. این بار چیزی که از این هرج‌ومرج ایجاد می‌شود، ارتباط با روان شناسی موجود در *مطالعات روی هیستری* است. ارتباط با تعارض، با زندگی؛ آسیب‌شناسی بالینی، من می‌خواهم آن را این‌طور بنامم. بلوغ دارد مرکزی‌تر می‌شود. خیال‌پردازی‌ها به عنوان کلید پیشی گرفته‌اند،[۲] اما هنوز هیچ-چیز بزرگ یا کاملی وجود ندارد. من با تلاش زیاد از هر چیز ارزشمندی نکته‌برداری کرده‌ام تا در ملاقاتمان آن‌ها را به تو نشان بدهم. نیاز دارم که شنونده‌ام باشی.

برای تمدد اعصاب دارم کتاب *تاریخ تمدن یونان* اثر برکهارت را می‌خوانم که شباهت‌های غیرمنتظره‌ای را برایم فراهم می‌کند. پیش‌بینی قبلی من به تمام اشکال انسانی پیشاتاریخ، همچنان باقی مانده است.

در روز بیست و هشتم، ماتیلده باز هم دچار عفونت گلو شد که پس از آن یکی از دندان‌هایش افتاد؛ سپس، یک دندان دیگر درآورد و اصلاً حالش خوب نیست. ضمناً، مادرش هم پیش از شروع دوره‌های قاعدگی‌اش دقیقاً همین‌طور شده بود.

سه فوریه. نتوانستم این نامه را تمام‌شده در نظر بگیرم و منتظر موضوع جدیدی بودم، اما هیچ‌چیزی به ذهنم نرسید. حالا همه‌چیز روی برگه‌هایی است که در آن‌ها برای ملاقاتمان نکته‌برداری کرده‌ام. نه انرژی و نه علاقه‌ام برای هیچ‌چیز دیگری کافی نیستند. امروز پس از دوازده ساعت کار و به‌دست آوردن صد فلورین، باز هم توانم دارد به پایان می‌رسد. تمام چیزی که روح من می‌خواهد،

خوابیدن است. یعنی، درست مانند آثار هنری؛ خوابیدن در میان موفقیت. پس این آرزو فقط از طریق فراغت تحقق می‌یابد. می‌توانم پیش‌بینی کنم در مورد یادداشت‌هایم، که نسبت به قبل بینش بهتری به تو می‌دهد، چه خواهی گفت. هرچند، چیز رتبه *اولی* در آن‌ها وجود ندارد. در هر صورت، می‌دانم که برنامه‌ریزی‌های بلندمدت را دوست نداری.

به جز این، چیز جدیدی وجود ندارد. منتظر خبرهای خوبی از طرف تو،[1] همسر و فرزندانت هستم.

با احترام!

زیگموند

۱. این به جایگاه فروید تبدیل شد. اولین منبع منتشرشده در مورد تغییر دیدگاه او در مورد سبب‌شناسی روان‌رنجوری در نامه‌ای دیده می‌شود که او به لئوپولد لاونفلد نوشت که در *نشانه‌های وسواسی-اجباری* روانی (ویسبادن: جی. اف. برگمن، ۱۹۰۴) صفحه ۲۹۷ چاپ شد.

وین، ۶ فوریه ۱۸۹۹

۹، برگاس ۱۹

ویلهلم عزیز!

اولین هم‌زمانی! ما هر دو همان احساسی را داشتیم که تو مطرح کردی.

تو به زودی از پزشکی به مؤسسات صنعتی (کارخانه شکر) نخواهی رسید؛ مردم این را خواهند دید. من با خوشحالی زیاد این را خواهم شنید. مطمئناً باید در مورد وارسا به من بگویی.

من مواردی را از آنچه تو در موردش پرسیدی نمی‌بینم، فقط به خاطر این‌که کسی به جز بیماران روزانه‌ام را که باید مدت زیادی در دوره اول کارم[1] با آن‌ها زندگی کنم، نمی‌بینم. آن‌ها چیزهای متداولی برایم فراهم می‌کنند. امیدوارم دیگر نیاز نباشد که خودم را به خاطر نتیجه‌گیری‌های فرعی به دردسر بیندازم.

مواردی از بیماری سل را به خاطر می‌آورم که با اضطراب همراه بودند، حتی با این‌که به دوره قدیم برمی‌گشتند، اما هیچ تأثیر خاصی روی من نداشتند.

شیف بیچاره وقتی که او را معرفی کردی مرا به یاد یکی از رنج‌آورترین جنبه‌های پزشکی مدرنمان انداخت. مطمئناً هنر فریب دادن بیمار خیلی لازم نیست، اما گفتن این‌که فرد به کجا رسیده است و اگر شخص دیگر جرئت نداشته باشد فاش کند که این فرد یا آن فرد دارد می‌میرد، چقدر از تأثیر دین علمی را باید نادیده گرفت که به نظر می‌رسد دارد جای دین‌های قدیمی را می‌گیرد؟ روح بروئر در این هنرها زنده است. حداقل، مسیحیان آخرین رسم دینی را دارند که چند ساعت پیش از مرگ انجام می‌شود و شکسپیر می‌گوید: «تو مرگ را به طبیعت بدهکاری».[۲] امیدوارم وقتی که زمان مرگم فرا می‌رسد، بتوانم کسی را پیدا کنم که با احترام بیشتری با من رفتار کند و به من بگوید چه زمانی آماده باشم. پدرم کاملاً از مرگش آگاه بود. در مورد آن صحبت نکرد و آرامش زیبایش را تا پایان حفظ کرد.

برای مدتی طولانی ما دوره‌ای نداشتیم که به اندازه این دوره عاری از رویدادهای بیرونی باشد. تا زمانی که مسائل خانوادگی مد نظر است، این یک موهبت است. چون چنین چیزهای جدیدی به‌ندرت مطلوب خواهند بود. کار به کندی پیش می‌رود. هیچ‌وقت بی‌نتیجه نیست، اما این بار برای مدتی طولانی بدون یک تغییر غافلگیرکننده بوده است. پرونده سری، کلفت‌تر و کلفت‌تر می‌شود و به معنی واقعی کلمه منتظر باز شدن آن در عید پاک است. خود من کنجکاوم که بدانم چه زمانی عید پاک در رم ممکن خواهد شد.

هنوز هم با وجود همه پیشرفت‌ها در مطب و درآمدم، در مورد تغییر شغل و محل اقامتم کاملاً جدی هستم. در کل، همه‌چیز واقعاً ترسناک است. حیف که این برنامه‌ها درست به اندازه «عید پاک در رم»، فوق‌العاده‌اند. به هر حال سرنوشت که بسیار رنگارنگ و مشتاق است تا غافلگیری‌ها و چیزهای جدیدی داشته باشد، دوستت را در گوشه عزلتش فراموش کرده است.

به‌تازگی به اسپیگلگاس رفتم که اسکار را ببینم. فقط نوربرت را دیدم و داستان کوتاهی برایم تعریف کرد که متأسفانه منظورش را نفهمیدم، اما او خیلی هوشمندانه رفتار کرد و بنابراین، وقتی که آن‌جا را ترک می‌کردم، آرامش پیدا کرده بودم.

حالا امیدوارم که منتظر هم‌زمانی دیگری نشوی. با درودهای صمیمانه برای تو و همه خانواده‌ات.

با احترام!

زیگموند

من غرق در *تاریخ تمدن یونان* برکهارت شده‌ام.

۱. می‌تواند به این معنا باشد: «این برای دوره‌ای طولانی مرا مشغول نگه خواهد داشت».

۲. نقل‌شده از فروید به آلمانی. در اصل آمده است: «چرا، تو مرگ را به خدا مدیونی» (*من هنری چهارم*، نمایش ۵، پرده ۱).

وین، ۱۹ فوریه ۱۸۹۹

۹، برگاس ۱۹

ویلهلم عزیز!

خب، همین چیز دارد برای تو هم اتفاق می‌افتد؛ پس نباید احساس شرمندگی کنم. تو هم نامه را روز یازدهم شروع می‌کنی و تا شانزدهم ادامه پیدا می‌کند و در روز شانزدهم چیزی نمی‌نویسی به جز کار سنگین که برای نیروی انسان بیچاره، بسیار سخت است و مستلزم تفکر بسیار هیجان‌آور است و به‌تدریج همه توانمندی ذهنی و آمادگی‌ها را از بین می‌برد؛ نوعی بافت نئوپلاستیک که در انسان نفوذ می‌کند و سرانجام جایگزین آن می‌شود. من به نوبه خودم بهتر یا بدترم. در مورد من، کار و فعالیت‌های پرمنفعت با هم هم‌زمان‌اند. کاملاً به سمت سرطان تغییر جهت داده‌ام. نئوپلاسم در اولین مراحل رشد خود دوست دارد شراب بنوشد. فکر می‌کنم امروز به تئاتر بروم، اما این مسخره است -مانند تلاشی

برای پیوند با سرطان. هیچ‌چیز را نمی‌توان به آن چسباند. بنابراین، از حالا به بعد طول عمر من مانند طول عمر یک نئوپلاسم است.

آخرین تعمیم من درست از آب درآمده و به نظر می‌رسد تا گستره‌ای غیرقابل پیش‌بینی جلو برود. نه تنها رویاها به واقعیت تبدیل شدن آرزوها هستند بلکه حملات هیستریایی هم همین‌طورند. این در مورد سیمپتوم‌های هیستریایی صدق می‌کند، اما احتمالاً در تمام انواع روان‌رنجوری اعمال می‌شود. زیرا مدت‌ها پیش آن را در جنون هذیانی حاد تشخیص دادم. واقعیت -محقق شدن آرزوها- از این تضادهاست که از زندگی ذهنی ما سرچشمه می‌گیرد. مطمئنم که حالا می‌دانم چه چیزی تفاوت بین سیمپتوم‌ها را که راهشان را در زندگی بیداری و خواب‌ها پیدا می‌کنند، تعیین می‌کند. برای خواب و رویا کافی است تحقق آرزوی تفکر سرکوب‌شده باشد. زیرا رویاها دور از واقعیت نگهداشته می‌شوند، اما سیمپتوم‌ها که در میانه زندگی شکل می‌گیرند، باید چیز دیگری را در کنار خود داشته باشند؛ باید به واقعیت تبدیل شدن تفکر سرکوب‌کننده نیز باشد. وقتی که تفکر سرکوب‌شده و سرکوبی تفکر با تحقق آرزو کنار هم می‌آیند، سیمپتوم ایجاد می‌شود. سیمپتوم، تحقق آرزوی تفکر سرکوب‌شده است، مثلاً به صورت یک تنبیه؛ خودتنبیهی جایگزین نهایی رضایت از خود است که از خودارضائی ناشی می‌شود.

این کلید، درهای زیادی را باز می‌کند. می‌دانی، مثلاً، چرا .X.Y از تهوع هیستریایی رنج می‌برد؟ زیرا او در خیال‌پردازی‌اش باردار است. چراکه آن‌قدر سیری‌ناپذیر است که نمی‌تواند یأس نداشتن فرزند از آخرین معشوق خیالی‌اش را تحمل کند، اما همچنین به خودش اجازه می‌دهد که تهوع داشته باشد، چون پس از آن گرسنه و لاغر خواهد شد، زیبایی‌اش را از دست خواهد داد و دیگر برای هیچ‌کس جذاب نخواهد بود. بنابراین، معنای این سیمپتوم، همتای متناقضِ تحقق آرزوست.

می‌دانی چرا دوستمان ای. که تو هم او را می‌شناسی، به محض این‌که یکی از گروه‌های خاص آشنایان را خصوصاً در تئاتر می‌بیند، سرخ می‌شود و عرق می‌کند؟ او بی‌تردید خجالت می‌کشد، اما از چه چیزی؟ از خیالی که در آن، به داشتن رابطه جنسی با هر کسی که می‌بیند، فکر می‌کند. وقتی که رابطه برقرار می‌کند و خیلی سخت روی آن کار می‌کند، عرق می‌کند. هر بار که از حضور کسی خجالت می‌کشد، پژواکی از معنای [این سیمپتوم] در او به‌صدا درمی‌آید، مانند خشم کسی که شکست خورده است: «حالا این آدم احمق فکر می‌کند من خجالت کشیده‌ام. اگر الان با من در تخت بود می‌دید که من اصلاً خجالتی نیستم» و دوره‌ای که در آن آرزوهایش را به خیال‌پردازی تبدیل می‌کند، نشانگری را روی یک گره روانی باقی می‌گذارد که این سیمپتوم را ایجاد می‌کند. دوره‌ای بود که او لاتین می‌خواند. تالار تئاتر او را به یاد کلاس درس می‌اندازد؛ همیشه سعی می‌کند به همان صندلی منظم ردیف جلو برسد. فاصله میان دو پرده مانند «زنگ تفریح» مدرسه است و «عرق کردن» نشان‌دهنده «اپرای جرئت»[1] در آن روزهاست. او با معلم در مورد این عبارت بحث داشت. به‌علاوه، نمی‌تواند بر این واقعیت غلبه کند که بعدها در دانشگاه نتوانست درس گیاه‌شناسی را پاس کند. حالا او با «از بین بردن بکارت»[2] به این کار ادامه می‌دهد. برای اطمینان، این توانایی عرق کردن را به کودکی‌اش مدیون است. وقتی که با برادرش (در سه سالگی) در حمام بود، آب کف‌آلود را روی او ریخت و یک آسیب روانی دید. هرچند، آسیب جنسی نبوده است و چرا در اینترلاکن وقتی چهارده ساله بود، به صورت عجیبی در توالت خودارضائی کرده بود؟ و فقط برای به‌دست آوردن منظره‌ای از یونگ‌فرا[3] بوده است و از آن زمان به بعد هیچگاه دستگاه تناسلی دیگری را ندیده است. یقیناً او عمداً از این مسئله اجتناب کرده است. به جز این، چرا فقط به دنبال رابطه با هنرپیشگان زن است؟ «و چگونه انسان باهوشی مانند او می‌تواند همه این تناقض‌ها را داشته باشد»؟[4]

از صمیم قلب!

با احترام!

زیگموند

۱. «همه سعی خود را کردن».

2. deflower

3. Jungfrau

کوهی در سوئیس، معنی تحت‌اللفظی: باکره.

۴. از سی. اف. میر، *Hutten's letzte Tage* در این نقل قول آمده است:

Ich bin kein ausgeklugelt Buch,
Ich bin ein Mensch mit seinem Widerspruch.

همچنین توسط فروید در تحلیل فوبی در پسر پنج ساله نقل شده است.

وین، ۲ مارس ۱۸۹۹

۹، برگاس ۱۹

ویلهلم عزیز!

«او کاملاً نوشتن را فراموش کرده است».[۱] و چرا با وجود نظریه قابل پذیرش فراموشی که در خاطرش به عنوان هشدار، تازه است؟

آیا نامه‌های ما باز هم با هم هم‌زمان خواهند شد؟ خب، این نامه یک روز دیگر هم این‌جا می‌ماند.

همه‌چیز تقریباً به‌طور یکنواخت برای من خوب پیش می‌رود. من به سختی می‌توانم تا عید پاک منتظر بمانم که جزئیات بخش اصلی داستان تحقق آرزو و جفت شدن تضادها را به تو نشان بدهم.

لذت بیشتری از موارد قدیمی می‌برم و دو مورد جدید را شروع کرده‌ام. هرچند، خیلی مطلوب نیستند. هنوز هم قلمروِ عدم اطمینان گسترده است. مشکلات فراوان‌اند و من از لحاظ تئوریکی فقط بخش کوچکی از چیزی را که در حال انجام آن هستم درک می‌کنم، اما هر چند روز یک بار مشخص‌تر می‌شود. حالا این‌جا، حالا آن‌جا؛ من با کمک چند ایده مفید پس از تعطیلات و دیدارمان فروتن شده‌ام و روی سال‌های طولانی کار و جمع کردن بیمار، حساب می‌کنم.

رم هنوز هم دور است، تو رویاهای رومی مرا می‌دانی.
سوم مارس. زندگی در هر صورت به‌طور غیرقابل باوری عاری از محتواست. اتاق مشاوره و پرستاری -در این زمان‌ها هیچ‌چیز دیگری وجود ندارد. اگر هر دوی ما خوب باشیم. به قدر کافی برای حسادت خدایان در دیگر جنبه‌ها قربانی داده‌ایم. آنرل به آنفولانزای روده‌ای مبتلا شده بود و هنوز خوب نشده است. کس دیگری به آن مبتلا نشد. هوا هر بیست و چهار ساعت یک بار تغییر می‌کند، از کولاک تا هوای بهاری متغیر است. یکشنبه هنوز هم رسم خوبی است. هرچند، مارتین هنوز هم حس می‌کند یکشنبه‌ها دارند کمتر و بافاصله می‌شوند. دیگر واقعاً چیزی تا عید پاک نمانده، برنامه‌هایت مشخص شده‌اند؟ من آماده مسافرت‌ام.
Pour revenir a nos moutons[۲] من می‌توانم به روشنی دو حالت ذهنی مختلف درونم را از هم متمایز کنم. در یک حالت همه‌چیزهایی را که بیمارانم به من می‌گویند، خیلی خوب حفظ می‌کنم، حتی در میان کار چیزهای جدیدی ابداع می‌کنم، اما خارج از آن، نه می‌توانم فکر کنم و نه روی چیز دیگری کار کنم. در دومین حالت، نتیجه‌گیری می‌کنم؛ یادداشت‌برداری می‌کنم، حتی به چیزهای دیگر هم علاقه دارم، اما واقعاً از همه‌چیز دورم و در حالی که دارم با بیمارانم کار می‌کنم به آن‌ها توجه نمی‌کنم. گاهی اوقات بخش دوم درمان در من طلوع می‌کند. برای برانگیختن احساساتشان مانند تداعی‌هایشان، هرچند این کاملاً ناگزیر بود. به نظر من، نتیجه مهم کار امسال از بین بردن خیال پردازی هاست. آن‌ها درواقع، مرا از واقعیت دور کرده‌اند،[۳] اما همه این کارها برای زندگی عاطفی خودم خیلی خوب بوده‌اند. من واقعاً نسبت به چهار یا پنج سال گذشته طبیعی‌ترم.
امسال با وجود نام‌نویسی‌های گسترده، تدریس را رها کرده‌ام و برنامه‌ای ندارم که در آینده نزدیک باز هم آن را از سر بگیرم. من همان ترس از چاپلوسی غیرانتقادی‌ای را دارم که خودم هم در جوانی از بزرگترها کینه به دل می‌گرفتم. به‌علاوه، هیچ‌چیز کامل نشده است -nonum *praematut* in annum[۴]

شاگردانی مانند گاتل به‌راحتی می‌آیند و در پایان دائماً تقاضا می‌کنند که خود آن‌ها را هم درمان کنم. همچنین هدف ثانویه‌ای در ذهنم دارم؛ فهمیدن آرزوی مخفی که ممکن است هم‌زمان با سفر به رم آماده شود. بنابراین، اگر رفتن به رم ممکن شود، باید تدریس را رها کنم، اما همان‌طور که گفتم هنوز در رم نیستیم.

من به شدت دلتنگ خبری از تو هستم. آیا باید این‌چنین باشد؟

از صمیم قلب و با درود به همسر عزیزت!

با احترام!

زیگموند

۱. مرجعش نامشخص است.

۲. عبارت بسیار استفاده‌شده‌ای که از پاتِلین Pathelin گرفته شده است؛ یک نمایش خنده‌دار فرانسوی قرن پانزدهمی که نویسنده‌اش نامشخص است. موضوع اصلی داستان حول دادگاهی است که باید برای گوسفندان دزدیده‌شده، برگزار شود. شاکی که توسط متهم و همچنین وکیل متهم در رویدادهای جداگانه گول خورده است، این دو مشکل را با هم قاطی می‌کند. قاضی دائماً او را ترغیب می‌کند که: «بیا با گوسفند خود برو».

۳. ترجمه اریک موسباخر Eric Mosbacher در کتاب *منشأ*، این است: «به نظرم می‌رسد ویژگی برجسته سال‌ها کار در من، راه حل مشکل خیال‌پردازی‌هاست. من اجازه داده‌ام که از واقعیت خیلی دور شوم. (صفحه ۲۸۰) این چیزی است که انتظار می‌رود منظور فروید باشد (نامه ۷ نوامبر ۱۸۹۹ او را ببینید: «دستاورد سال گذشته، خیال‌پردازی‌ها، آزمون را به‌طور عالی تحمل کرده است») اما دست‌نوشته آلمانی این را نمی‌گویند: Die Oberwindung der Phantasien scheint mir das Hauptergebnis der heurigen Arbeit zu sein, sie haben mich doch weit weg vom Wirklichen gelockt.

۴. از هوراس: «بگذار تا نه سال آرام بماند».

۱۹ مارس ۱۸۹۹

۹، برگاس ۱۹

ویلهلم عزیز!

خوشبختانه، یکی از سه هفته طولانی پیش از عید پاک به پایان رسیده است؛ تقریباً تمام ذخیره انرژی مرا از بین برده است. حالا، توقع اضطراب‌آور، آیا چیزی با آن تداخل پیدا خواهد کرد یا نه؟ امروز مِلا را معاینه کردم. او درخشان به نظر می‌رسد و با هیچ تاریخ خاصی دقیقاً مطابق نیست. همه بچه‌ها سرفه می‌کنند و از گوش‌درد شکایت می‌کنند. امیدوارم که آنفولانزا همه‌گیر نشود. نامه ننوشتن تو را اثباتی بر این مسئله می‌دانم که حالت خوب نیست؛ تا آن زمان باز هم بهبود پیدا کرده‌ای. در کارم همه‌چیز پس و پیش می‌شود، اما تا زمانی که ملاقات با تو افکارم را به قوانین جهان تبدیل نکرده و تعطیلات عید پاک سبب نشده که من در سرگرم کردن نقطه‌نظرهای جدید تواناتر شوم، هیچ تلاشی برای هیچ‌چیز نمی‌کنم. کمی پیش، پاراسلسوس اثر شنیتزلر[1] را دیدم و از میزان دانش یک شاعر شگفت‌زده شدم.

در انتظار، با صمیمانه‌ترین درودها!

با احترام!

زیگموند

1. Schnitzler's Paracelsus

اشاره‌ای است به یک نمایش کوتاه تک‌پرده‌ای که بازگشت پاراسلسوس به بازل را در ابتدای قرن شانزدهم و دیدارش با زنی به نام جاستینا را توصیف می‌کند که هنوز هم زیباست و او از وقتی که یک دانش‌آموز بود عاشقش بوده است. جاسیتنا حالا با سیپریان ازدواج کرده است. پاراسلسوس او را هیپنوتیزم می‌کند و در حال تغییریافته هوشیاری، او به همسرش آنسلام (یک اصیل‌زاده آلمانی جوان)، خواهرش سیسیلیا و پاراسلسوس، واقعیتی را می‌گوید که همیشه آن را مخفی نگه می‌داشته است؛ این‌که او هم عاشق پاراسلسوس بوده و وقتی که او را ترک می‌کرد، می‌دانست که پاراسلسوس برای بردنش می‌آید. او برای وداع با جوانی‌اش با آنسلام همخوابه شده بود. این نمایشنامه که اثری است عاشقانه، درباره رویاها، واقعیت، جنون و عشق است.

پاراسلسوس ،آرتور شنیتزلر، با عنوان *Die dtamatischen Werke* (فرانکفورت اس. فیشر، ۱۹۶۲)، ۴۹۸- ۴۶۵: 1 منتشر شد.

وین، ۲۷ مارس ۱۸۹۹

ویلهلم عزیز!

خب، دومین هفته از سه هفته طولانی باقی‌مانده تا عید پاک به پایان رسیده است و هرگز برنمی‌گردد. خوشبختانه می‌توان تعداد روزهای باقی‌مانده تا دیدارمان را تحمل کرد. بچه ملا دیگر یک مانع نیست؛ امروز باد گرمی وزید. به نظر می‌رسد همه‌گیری از بین رفته است؛ بنابراین، همه‌چیز بدون شک مطلوب خواهد بود. من باید بعدازظهر روز جمعه این‌جا را ترک کنم و در ساعت ۹:۳۰ در اینسبروک باشم. در سان یا در تیرولرهوف اتاق برازنده‌تر بگیرم. هر کدام که تو ترجیح می‌دهی و اگر با قطار سریع‌السیر ساعت ۱۲:۴۵ برسی، تو را برای ناهار می‌آورم. سپس، فقط چهل و هشت ساعت وقت داریم که کنار هم باشیم و این بسیار کم است. من می‌توانم سه‌شنبه هم بمانم، اما تو به خاطر قایق جنوآ نمی‌توانی.

کاش به همان‌اندازه که آخرین بار در بادن حالت خوب بود، خوب باشی! آخرین خبر تو مرا خوشحال نکرد. تو واقعاً باید شش ماه از درمانِ پس از جراحی‌ات را در محیط عاری از میکروب بگذرانی.

من هر روز بعدازظهر در حد مرگ خسته می‌شوم، اما هنوز هم کاملاً قادر به بهبودی‌ام. به عنوان پیامد چند ساعت زودتر رسیدن به آن‌جا، باید تو را کاملاً سرزنده ببینم. نمی‌دانم آیا باید در چند روز آینده قدرت آوردن مطالب اختصاصی برای تو را جمع‌آوری کنم یا این‌که تو دوباره مجبوری با بخش‌های تکه‌تکه سر و کار داشته باشی. به نظر من باید با بخش‌های تکه‌تکه سر و کار داشته باشی، اما

بدون شک تأیید می‌کنی که از پائیز چیزی در تاریکی درونم طلوع کرده است.
من از چند کوچه کور بیرون آمده‌ام.
هیچ شکی وجود ندارد که دیدگاه مرا گسترش خواهی داد. پس یک بار دیگر علاوه بر روان‌شناسی باید بتوانم چیزی را از بهشت و زمین درک کنم. واقعاً به آن نیاز دارم.
حال آنرل کوچک من، باز هم خوب است و دیگر جانورها در حال رشدند و یک بار دیگر باز هم خوب تغذیه می‌کنند. برادرم قدم بزرگی برداشته؛ او در مؤسسه‌ای که تا حالا در آن ویراستار بوده، شریک شده است.
این‌ها مهم‌ترین بخش‌های خبری‌اند. بی‌شک متوجه می‌شوی که نمی‌توانم بیشتر از این بنویسم. من منتظر کارت دیگری از طرف تو و سپس ملاقاتمان در عید پاک در اینسبروک هستم.
با احترام!
زیگموند

۱۳ آوریل ۱۸۹۹
۹، برگاس ۱۹

ویلهلم عزیز!
وقتی که فکر می‌کنم حالت این‌قدر خوب است و می‌توانی گذشته زیبا را بدون تأسف برای این‌که به پایان رسیده است به خاطر بیاوری، احساس خوبی پیدا می‌کنم. نمی‌خواهم با دادن خبرهای ناجور، مثلاً؛ در مورد کشمکش سخت من با کار بی‌حاصل، این چکامه را مختل کنم، اما دیدم چیزی ندارم که بگویم. همه ما حالمان خوب است. ما هنوز به دنبال پیدا کردن خانه در حومه شهر هستیم. بار کاری من افزایش پیدا نکرده است، درست مانند پیش از عید پاک. من احساس تنبلی و راحتی می‌کنم. از لحاظ کم شدن درآمد، من یک برنامه سرّی را کنار

گذاشتم؛ بررسی چیزی که در سپتامبر، تو از ناپل برای من باقی گذاشتی. اگر شانس اجازه بدهد، تو ناگهان برادرم را خواهی دید.
امیدوارم خبری از تو بشنوم. لطفاً صمیمانه‌ترین درودها را به همراهی که با او سفر می‌کنی برسان.
با احترام!
زیگموند

۲۴ آوریل ۱۸۹۹
۹، برگاس ۱۹

ویلهلم عزیز!
برای خبر شیرینت از تو ممنونم. مبدأ و زمانی که صرف خرید شده و کسی که آن را سفارش داده است، مکرراً تحسین خواهد شد. زیرا به تنهایی نوشیدن، صرفاً گناه است. تو به من اجازه می‌دهی که یک لیوان برای ویلهلم، آیدا، رابرت و پائولینشن خالی کنم!
کارت پستالی با محتوای «رازآلود» در فلورانس منتظر توست و به اینسبروک اشاره می‌کند، همان‌طور که به خاطر خواهی آورد. از آن زمان به بعد، من بداخلاق بودم. با کارم و هر چیزی که به آن مرتبط است، مشکل پیدا کرده‌ام. طوفان‌های بهاری طبق تصور خوشبینانه تو، قاصد تولد هستند. بنابراین، با خوشحالی مشروب ساخته‌شده از لته[۱] را می‌نوشم.
الکساندر برگشته، او هم از شراب اشباع شده است. در این‌جا چقدر می‌توانم در مورد کاری که برایم معنادار است، بنویسم.

Introite et hie dii sunt[۲]

یا نباید این را به تو ارائه کنم؟
به داشتن شادترین سفرها ادامه بده!
با احترام!
زیگموند

۱. یادداشت ۱ نامه ۶ سپتامبر ۱۸۹۷ را ببینید.

۲. فلیس در واقعیت، از این عبارت استفاده می‌کند! یادداشت ۲ نامه ۴ دسامبر ۱۸۹۶ را ببینید.

وین، ۲۵ می ۱۸۹۹
۹، بر گاس ۱۹

ویلهلم عزیز!
نامه خرسندکننده تو که دربرگیرنده مدرکی از سلامتی‌ات است و این نوید که سعی می‌کنی اولین ارائه فرمول‌های مهم خود را نشان بدهی، لذتی است که برای مدتی طولانی از بین رفته بود و همچنین شگون خوبِ فصلی که داریم به آن نزدیک می‌شویم را نشان می‌دهد که در آن باید برای دوره زمانی نامعینی به هم نامه بنویسیم. هنوز هم دستورالعمل‌هایی را که در مورد چگونگی استفاده از «شراب خدایان» است، در جیب خود حمل می‌کنم. پس می‌توانم وقتی که زمانش فرا می‌رسد وفادارانه آن‌ها را اجرا کنم.
و حالا خبرهای من. یکشنبه پیش از عید پنجاهه، ۶ هفته، $\frac{28}{2}$ + ۲۸ روز، از میگرن‌ام در اینسبروک -افسردگی خفیفی در بین دو دوره (از جمله یک میگرن جدید) بر من غالب شد که واقعاً ناگهان و بدون هیچ دلیلی متوقف شد و راه را برای حس بی‌اساسی از تندرستی باز کرد. کسب‌وکار به طور ثابت در رکود است، به اندازه‌ای کم است که سیاه‌ترین ترس‌های اسکار را توجیه کند. سه ملاقات با بیمار جدید تقریباً لغو شده‌اند، چهارمی که هیچ ارزشی ندارد نیز لغو خواهد شد. من همه‌جور مشکلی را پیش‌بینی می‌کنم، اما هنوز هم روحیه خوبی دارم. روزی که همه‌چیز تغییر کرد، از طرف ملا و اسکار، ما (یعنی من و مینا) دعوت شدیم. ما از دوست تو درنبرگ خیلی خوشمان آمد و گذاشتیم خشم‌مان به خاطر

ارزیابی آزادمنشانه‌اش از لوئیگر[1] برانگیخته شود. اولین باجناقت، اسکار و من به این خاطر با او بدرفتاری کردیم. درنبرگ می‌خواست ما را ترغیب کند که این‌جا همه‌چیز خیلی خوب است، لبریز از بهترین «احتمالات» است و این‌که ما در این شکایت تلخ، منصفانه عمل نکردیم. من هنوز هم فکر می‌کنم که ما بهتر می‌دانیم. منوی غذای مِلا متأسفانه خوراک اندکی در خود داشت: گل کلم و مرغ که من از هر دوی آن‌ها متنفرم. حتی یکی از چیزهای سرزنده‌کننده این فصل در آن نبود. جماعت زنان همیشه فکر می‌کند وقتی که دارند بقیه را سرگرم می‌کنند، صرفه‌جویی عجیبی به خرج می‌دهند. هرچند، از آن زمان به بعد باز هم دارم از زندگی لذت می‌برم. از هفته پیش، عید پنجاهه، برای نوشتن مقاله‌ای در مورد «*خاطرات پنهان*»[2] استفاده کردم که امروز آن را به جِنا می‌فرستم. هنگام نوشتن آن، بسیار دوستش داشتم که پیش‌بینی خوبی برای سرنوشت آینده‌اش نیست. بعدازظهر یکشنبه با ماتیلده به عنوان مهمان به ریچنو رفتم که خواهرم رزا[3] حالا در آن جا اقامت دارد. صبح دوشنبه، با شوهرخواهرم هنریش، مانند روزهای خوب گذشته از کوه راکس بالا رفتم. سه ساعت و نیم بالا رفتن، دو ساعت و نیم پائین آمدن. فقط این‌که کوه راکس نسبت به آخرین باری که از آن بالا رفته بودم، حدود پانصد متر بلندتر شده است. قلب من خیلی عالی این کار را انجام داد، اما روز بعد نتوانستم هیچ‌چیز بخورم و حتی امروز هم بخش‌های پائینی بدنم هنوز این حس را دارند که گویی سرب‌هایی با چند برآمدگی مایع آتشین، در آن‌هاست.

در فرصتی که ده روز پیش برای مشاوره با یک خانواده داشتم، توانستم دوستمان گارتنر را ببینم. شیلر او را به درستی توصیف می‌کند (حلقه‌ای از پلی‌کرات‌ها)؛ «Schaute mit vergnugten Sinnen»[5] بعد از این‌که به‌طور باورنکردنی احمقانه رفتار کرد، در راه برگشت به خانه خنجر جدید خود را از لباسش بیرون آورد و آن را روی نوک انگشتانش قرار داد[5]...

دوست دارم تصور کنم که می‌توان [کتاب] رویا[۶] را به بازار عرضه کرد؛ اما هنوز نمی‌دانم چطور. اگر در ماه‌های جون و جولای نیز همه‌چیز مانند الان پیش برود. با دو ساعت و نیم بیمار در روز، باید آن را بنویسم. با زمانم دیگر چه کار کنم؟ پسرها باز هم مریض شده بودند؛ در حال حاضر لباس فرم پوشیده‌اند و باز در باغچه بازی می‌کنند.

با صمیمانه‌ترین درودها برای همسر عزیز و دو فرزندت!

۱. کارل لوئیگر Karl Lueger (۱۹۱۰ -۱۸۴۴)، شهردار وین، انتخاب‌شده در سال ۱۸۹۷.

۲. منتشرشده با عنوان «خاطرات» در نشریه ماهانه *روان‌شناسی و عصب‌شناسی*.

۳. یادداشت ۱ نامه ۱۷ مِی ۱۸۹۶ را ببینید.

۴. خطی که فروید نقل می‌کند (او با لذت خیره شد) از اولین شعر افسانه‌ای شیلر Schiller گرفته شده که در سال ۱۷۹۷ آن را نوشته است.

۵. منبع آن نامشخص است.

۶. فروید درواقع نوشته است: "Den Traum will ich ihn [?] beginnen" که هیچ معنایی ندارد. احتمالاً کلمه ihn، nun است.

وین، ۲۸ می ۱۸۹۹

۹، برگاس ۱۹

ویلهلم عزیز!

بله، درواقع، هنوز زنده‌ایم، با وجود همه «تکان‌های سر»[۱] و درواقع، بیشترین بهره را از آن می‌بریم. ارائه‌ات باید یک روز را در تقویم به رنگ قرمز درآورد -و تو این را نمی‌دانی- چون از لحاظ انسانی غیرممکن است که چیز مهمی را براساس گفتگوی کلامی به خاطر آورد یا حتی آن را مرور کرد. «*خاطرات پنهان*» در جنا با زیبهن است، شراب رسیده و دارد براساس دستورالعمل‌های تو استراحت می‌کند. [کتاب] رویا ناگهان دارد شکل می‌گیرد، بدون هیچ انگیزه خاصی، اما این بار در مورد آن مطمئنم.[۲] برایم آشکار شده که نه می‌توانم از هیچ‌یک از پوشاننده‌ها استفاده کنم و نه می‌توانم هیچ‌چیز را رها کنم. چون به اندازه کافی

غنی نیستم که بتوانم بهترین و شاید ماندنی‌ترین کشفم را برای خودم حفظ کنم. در این معما مانند خاخام در داستان مرغ و خروس عمل کردم. تو این داستان را می‌دانی؟ یک زن و شوهر که مالک یک مرغ و خروس بودند تصمیم گرفتند که تعطیلات را با سرخ کردن یک پرنده جشن بگیرند، اما نتوانستند تصمیم بگیرند که کدام یک باید قربانی شود. بنابراین، نزد خاخام رفتند. «خاخام، چه کار باید بکنیم؟ ما فقط یک مرغ و یک خروس داریم، اگر خروس را بکشیم، مرغ غصه می‌خورد و اگر مرغ را بکشیم، خروس غصه خواهد خورد، اما ما می‌خواهیم در تعطیلات یک پرنده بخوریم. خاخام، چه کار باید بکنیم»؟ خاخام: «پس خروس را بکشید». «اما مرغ غصه خواهد خورد». «بله، درست است، پس مرغ را بکشید». «اما خاخام در این صورت، خروس غصه خواهد خورد» خاخام: «خوب بگذارید غصه بخورد»!

[کتاب] رویا هم همین‌طور است. این‌که اتریش قرار است تا دو هفته آینده نابود شود، تصمیم‌ام را ساده‌تر می‌کند. چرا رویا هم باید با آن نابود شود؟ متأسفانه، خدایان برای ترساندن افراد، ادبیات [رویا] را پیش از ارائه قرار داده‌اند. اولین بار من در آن گیر کردم. این بار باید با آن بجنگم و راه خود را پیدا کنم؛ به هر حال، هیچ پیامدی ندارد. هیچ‌یک از دیگر کارهای من این‌قدر کاملاً مال خودم نبوده‌اند. من خودم به آن کود دادم و آن را نهال کردم و در بالای آن *گونه* جدیدی ایجاد کردم. بعد از پیشینه، حذفیات، ضمیمه‌ها و چیزهایی از این دست را باید انجام بدهم و همه‌چیز را باید تا پایان جولای وقتی که به حومه بازمی‌گردم برای چاپ آماده کنم. اگر بفهمم که دوتیکه نمی‌خواهد مبلغ بیشتری برای آن بپردازد یا خیلی مشتاق آن نیست، احتمالاً ناشرم را عوض می‌کنم.

ده تحلیل، هیچ عجله‌ای [برای آمدن] ندارند. حالا دو ساعت و نیم کار دارم! چهار پیش‌بینی شکل مادی به خود نگرفتند؛ به جز این، سکوت محض است. عجیب است که این کار مرا بی‌تفاوت می‌کند. به‌تازگی، شیوه‌ام تقریباً کامل بوده است.

پسرها بعد از دو روز تب دچار عفونت خفیف گلو شدند. ارنست هنوز هم به خاطر اتساع احتمالی، معده درد دارد؛ باید او را به کاسوویتز نشان داد. جمعه آن‌ها (مینا و بچه‌ها، به جز ماتیلده) عازم برچتس‌گادن می‌شوند.

من به خودم یک هدیه دادم، خورشید شلیمن[3] و واقعاً از توصیف کودکی‌اش لذت بردم. وقتی که این مرد گنج پریام را پیدا کرد خوشحال بود، زیرا خوشحالی تنها زمانی ایجاد می‌شود که آرزوی دوران کودکی به واقعیت تبدیل شود. این مرا به یاد این مسئله می‌اندازد که امسال نباید به ایتالیا بروم تا دفعه بعد!

با صمیمانه‌ترین تبریک‌ها برای تو، همسرت، پسرت و دخترت!

با احترام!

زیگموند

۱. یادداشت ۲ نامه ۹ فوریه ۱۸۹۸ را ببینید.

۲. نه «رویاها» (آن‌طور که در کتاب *منشأ* نوشته شده است) بلکه «*رویا*» -یعنی کتاب سال ۱۹۰۰ فروید، «*تفسیر خواب*»

3. Heinrich Schliemann, *llios: Stadt und Land der Trojaner*
هینریس شلیمن (۱۸۹۰-۱۸۲۲) (لایپزیک، اف. ای. بروکهاوس ۱۸۸۱).

۹ جون ۱۸۹۹

۹، برگاس ۱۹

ویلهلم عزیز!

نشانه‌ای از زندگی! «سکوت جنگل»[1] در مقایسه با سکوت اتاق مشاوره من، غوغای کلان‌شهر است. این‌جا محل خوبی برای «رویا» است. ادبیات دربرگیرنده نمونه‌هایی است که برای اولین بار سبب شدند آرزو کنم کاش هرگز کاری با آن نداشتم. نام یکی از آن‌ها اسپیتا[2] (تف انداختن[3]= استفراغ کردن) است. حالا آن طرف تپه هستم. طبیعتاً هر چه در آن عمیق‌تر می‌شوم، موضوعی پیش می‌آید که باید آن را قطع کنم. باز هم کل مطالب برای من پیش‌پاافتاده شده‌اند. همیشه رویا به دنبال برآورده کردن یک آرزوست که شکل‌های مختلفی به خودش گرفته

است. این آرزوی خوابیدن است! ما خواب می‌بینیم که مجبور نشویم بیدار شویم، چون می‌خواهیم بخوابیم...[۴]«Tant de bruit»

بچه‌ها بعدازظهر سه‌شنبه به برچتس‌گادن رفتند. کاسوویتز چیزی نگفت. فقط گفت که چیزی نبوده است. ارنست، بعد از خوردن، شکایت می‌کند که: «درد می‌کند» و در روزهای آخر نمی‌توان به او فشار آورد که چیزی بخورد چراکه «درد می‌کند». مارتا و ماتیلده نیز بیستم جون می‌روند. چون من در انگلیس و هامبورگ بودم، بخشی از اقیانوس را دیده‌ام، اما نه به اندازه کافی.

من روان‌کاوی یکی از دوستانم (خانم اِی.) یک زن درجه یک را شروع کرده‌ام. هرگز این را به تو نگفتم؟ و یک بار دیگر می‌توانم خودم را متقاعد کنم که همه چیز چقدر عالی متناسب می‌شود. به جز این، کناره می‌گیرم. به اندازه کافی پول دارم که چند ماه دیگر زندگی کنم. من اسکار، ملا و اسکار دوم را درست پیش از رفتن مادرت دیدم. عجیب است که نمی‌توانم با اسکار دوم نیز دوست بشوم؛ او به وضوح بسیار شبیه به آیداست. من در باتلاق تاریخچه روان‌شناسی غرق شده‌ام - اثر افسرده‌کننده‌ای روی من دارد و این حس را به من می‌دهد که وقتی فکر می‌کنم چیز جدیدی پیدا کرده‌ام، هیچ‌چیز نمی‌دانم. این‌که این فعالیت خواندن و خلاصه‌برداری را نمی‌توانم بیش از چند ساعت در روز تحمل کنم هم، بدبختی دیگری است. بنابراین، معمولاً از خودم می‌پرسم آیا تو خوب نصیحتم کرده‌ای یا باید تو را به خاطر آن نفرین کنم. تنها راه جبران این است که باید در مقدمه‌ای بر زیست‌شناسی خودت، چیز سرزنده‌کننده‌ای به من بدهی که بخوانم.

با صمیمانه‌ترین درودها برای تو و همه شما!

با احترام!

زیگموند

1. Das schweigen im walde

نام یک نقاشی اثر بوکلین، صحنه‌ای از جنگل با زنی که سوار یک تک‌شاخ شده است. عبارت "*Dann ist Scbweigen* im *Walde*" به فقدان پاسخ به چیزی اشاره می‌کند.

2. Spitta

۳. در اصل به زبان انگلیسی آمده است.

4. Tant de bruit pour une omelette

طبق گفته‌های وولتایر، این عبارت توسط شاعر فرانسوی دسباروکس (۱۶۷۵) بیان شده است.

وین، ۱۶ جون ۱۸۹۹

۹، برگاس ۱۹

ویلهلم عزیز!

من گاهی اوقات به دوره‌هایی مانند این دوره که به‌ندرت می‌توانم دو جلسه کاری را در یک روز تحمل کنم، خیلی شدید واکنش نشان می‌دهم و در این دوره‌ها برای کم کردن احساساتم پیشینه زیادی در مورد رویا می‌خوانم و بعد واقعاً نمی‌دانم کجا هستم. به همین خاطر به خبرهای خوشحال‌کننده و جالب تو فوراً پاسخ ندادم. او درواقع، کمی ایتالیایی است. کمی آتش شراب ایتالیایی در رگ‌هایش جریان پیدا خواهد کرد یا زیبایی یونانی روی ویژگی‌های او اثر خواهد گذاشت. به طور خلاصه تأثیرهایی که روی مادرش گذاشته است، روی رشد او هم خواهد گذاشت.

مارسلای بهشتی حالا روی میز ماست، اما فقط قطره‌قطره از آن می‌نوشیم. مارتا بطری‌ها را شمرده و مسئولیت آن‌ها را برعهده گرفته است تا مبادا در زمان تنهایی‌ام تسلیم تسلای نوشیدن شوم. سه‌شنبه، بیستم، مادر و بچه از من جدا می‌شوند. مانند هر سال، برنامه من این است که تا بیست و پنجم جولای این‌جا بمانم. روز بعد تولد مارتاست. دورنمای دیدن تو در ساحل دریا در پائیز به اندازه کافی خوب است. هرچند، می‌ترسم امسال بال‌هایم بسته باشد، اما هنوز تا آن زمان وقت داریم. به‌علاوه، برای اولین بار مجبوریم چهاردهم سپتامبر به وین برگردیم، به خاطر بچه‌ها که به مدرسه خواهند رفت.

آن شعار برای تو مناسب نبود. دارم دنبال یک شعار دیگر می‌گردم. سهم رابرت هم با تشکر پذیرفته می‌شود.

من از نامه ال. دی. بسیار متعجب شدم. دکتر نواک را نمی‌شناسم. هرچند، ممکن است یکی از «شاگردان» من بوده باشد. اگر می‌تواند در عرض چهار ماه چنین تغییراتی ایجاد کند، بیش از معلمش می‌داند. ممکن است به خاطر ساده‌لوحی خود راه ساده‌تری را پیدا کرده باشد، یا ممکن است با مردم ساده سر و کار داشته باشد.

یکشنبه یک عروسی در کونیگشتین برگزار می‌شود. دختر دارد با یک پزشک ارتش از کاشا در مجارستان ازدواج می‌کند. ما باید کل روز کمک کنیم. آن‌ها تنها دوستان صمیمی ما هستند که در این‌جا داریم. من دلم نمی‌خواهد به اسکار نزدیک شوم. او خیلی سخت سعی می‌کند که همیشه صمیمی باشد، اما خیلی خشک است و می‌دانی از دیگر جنبه‌ها چه شکلی است و گاهی اوقات هم خیلی به او سخت می‌گیری. به هر حال، خبری دارم که مرا خیلی خوشحال کرد. این‌که درمانت باز هم برای مادرت، خیلی خوب بوده است. هیچ شکی وجود ندارد که در مورد «درمان ناراحتی‌ها»[1] حق با تو است. این خبر که تو به جای نوشتن، درگیر تحقیق هستی می‌تواند مفهوم خاصی داشته باشد؟ روزی را که من می‌توانم چیزی از تو بخوانم، به تعویق می‌اندازد؟

امروز دیگر نمی‌توانم خواندن *هوشیاری در طول خواب*[2] را تحمل کنم. ما رفتیم به پراتِر، اول به اورانیا رفتیم که یک سخنرانی را در مورد آهن بشنویم، سپس برای مراسم عشای ربانی به کریو رفتیم. یک روز تابستانی زودهنگام باشکوه بود، اما آفتاب اندکی داشت. شاید رویای به واقعیت تبدیل شدن آرزو، دارد خودش با تاریکی دست‌وپنجه نرم می‌کند.

با صمیمانه‌ترین درودها برای تو و خانواده کوچک در حال رشدت!

با احترام!

زیگموند

1. Beschwer den therapie

معنی آن نامشخص است.

2. Giovanni Dandolo, *La Coscienza nel* Sonno:~Studio *di Psicologia* (Padua: Angelo Droghi, 1889)

وین، ۲۷ جون ۱۸۹۹
۹، برگاس ۱۹

ویلهلم عزیز!
با تشکر فراوان برای نامه طولانی‌تر که من مستحق آن نبودم. حالا نوبت من است که منتظر بمانم و در این کناره‌گیری، عادت شکایت از فاصله پرنشدنی را ترک کرده‌ام. امیدوارم راهی که می‌روی حتی تو را به جایی دورتر و عمیق‌تر هدایت کند و مانند کپلر جدید تو هم از قوانین سفت‌وسخت مکانیزم زیست‌شناسی برای ما پرده‌برداری کنی. درواقع، زندگی دارد تو را فرا می‌خواند.
نگفتی همسرت چطور است. به این دلیل که تو خوش‌بینی و من بدبین، آیا باید برداشت‌های نامطلوبی از این قضیه داشته باشم؟ هرچند، می‌خواهم برای مدتی آن را به تعویق بیندازم. این‌که حال مادر همسرت این‌قدر خوب است، بدون شک نشان‌دهنده پیروزی خرد است و سبب رسوایی «اشرافیت عقلانی» ویَنی می‌شود.
من خسته‌ام و خیلی منتظر چهار روز از بیست و نهم جون تا دوم جولای هستم که باید در برچتس‌گادن بگذرانم. کار نوشتن ادامه پیدا می‌کند. یک بار تصمیم گرفتم که روزانه فقط به اندازه یک پاراف بنویسم. این فصل معمولاً طولانی‌تر می‌شود و نه خوب است و نه مفید. گرچه، وظیفه دارم که آن را انجام بدهم. در این فرایند هیچ علاقه‌ای به موضوع ندارم.
بیست و پنجم جون، ماتیلده وارد دوران زنانگی شد که تا حدی پیش از موعد بود. در همان زمان شعری در مورد سفر از طرف مارتین به دستم رسید. حداقل، هم‌زمان رسید، اما مطمئناً در همان زمان من میگرنی داشتم که فکر می‌کردم به خاطر آن خواهم مرد.[1] این سومین بار است که این‌چنین سردرد می‌گیرم و وحشتناک است.
من دارم کم‌کم به شراب عادت می‌کنم. مثل یک دوست قدیمی به نظر می‌رسد. برنامه‌ریزی کرده‌ام که در جولای، مقدار زیادی شراب بنوشم.

فردا باید اولین خلاصه‌ها را برای ناشر بفرستم. شاید دیگران آن را بیشتر از من دوست داشته باشند. «من آن را دوست ندارم»، به تعبیر عمو جوناس.[2] در حال حاضر، رویاهای خود من به‌طور غیرمعقولانه‌ای پیچیده شده‌اند. اخیراً به من گفتند که آنرل زمان تولد خاله مینا، گفته است که من در تولدها اساساً اندکی خوب‌ام. بنابراین، من خواب یک رویای آشنای مدرسه‌ای را دیدم که در آن در پایه ششم هستم و به خودم می‌گویم: «در این نوع رویا، اساساً فرد در پایه ششم است». تنها راه حل ممکن؛ آنرل ششمین بچه من است!

هوا خراب است. همان‌طور که می‌بینی، چیزی ندارم که در مورد آن بنویسم. خوشحال نیستم و نمی‌خواهم با گفتن علائق کوچک روان‌رنجوری‌ام به تو، حواست را از یافته‌های زیبایت پرت کنم. بنابراین، خداحافظی صمیمانه برای امروز.

با احترام!

زیگموند

۱. فروید دارد سعی می‌کند از این نظریه فلیس حمایت کند که رویدادهای مهم از این دست (اولین قاعدگی یک زن) از پیش تعیین‌شده هستند و «تاریخ‌های حیاتی» هستند که در آن، رویداد مهمی برای دیگر اعضای خانواده هم پیش می‌آید. به نظر می‌رسد فروید از همه‌چیز خسته شده است، زیرا در آماده کردن مدرک شعر مارتین برای فلیس، ناگهان به خاطر می‌آورد که این شعر در تاریخی حیاتی نوشته شده است و این نمی‌تواند ربطی به قاعدگی ماتیلده داشته باشد. بنابراین، این جایگزینیِ ضعیف میگرن را انجام می‌دهد.

۲. اشاره‌ای است به یک جوک: «همسرت چطور است»؟ «مسئله طعم است. من شخصاً او را دوست ندارم». فروید باز هم از این عبارت در نامه ۱۱ سپتامبر ۱۸۹۹ استفاده می‌کند.

۳ جولای ۱۸۹۹

ویلهلم عزیز!

وقتی مادرها ضعیف می‌شوند، خیلی ترسناک است؛ آن‌ها بین ما و مرگمان می‌ایستند، اما سپس تو برای هر دو مادر می‌نویسی: همه‌چیز بهتر است.
من و همه ما خصوصاً خوشحالیم که این بار حال مادر جوان‌تر بهتر است. تمرین باید برای یک چیزی مهم باشد.
نویسنده «یک کتاب بسیار مهم در مورد رویاها که متأسفانه دانشمندان هنوز به اندازه کافی آن را تحسین نمی‌کنند»، در چهار روزی که در برچتس‌گادن و میان خانواده‌اش گذراند، حس شگفت‌انگیزی داشت و فقط احساس شرم مانع او شد که از کونیگسی برای تو هیچ کارت پستالی نفرستد. خانه، جواهر کوچکی است از تمیزی، خلوتی و منظره؛ زن و بچه‌ها در آن‌جا خیلی احساس راحتی می‌کنند و شگفت‌انگیز به نظر می‌رسند. آنرل صرفاً با شیطنت، زیبا به نظر می‌رسد. پسرها انسان‌های متمدنی هستند که می‌توانند لذت ببرند. مارتین یک پرنده عجیب است؛ در روابط شخصی‌اش حساس و خوش‌اخلاق است و کاملاً در دنیای خیال پردازی‌های خنده‌دار خود غرق شده. مثلاً، وقتی داشتیم از یک غار کوچک در میان صخره‌ها عبور می‌کردیم، خم شد و پرسید: «آقای اژدها خانه هستند؟ نه، فقط خانم اژدها در خانه است. روز خوبی داشته باشید خانم اژدها. آقای اژدها به مونیخ رفته است؟ به او بگویید که خیلی زود باید او را ببینم و برایش آب‌نبات بیاورم». این هم‌زمان شد با نام حفره اژدها که بین سالزبورگ و برچتس‌گادن است. اُولی، کوه‌ها را در این‌جا طبقه‌بندی می‌کند، همان کاری که با راه آهن و خطوط تراموا در وین می‌کند. آن‌ها خیلی خوب و بی‌هیچ حسادتی پیش می‌روند.
مارتا و مینا دارند نامه‌های هِن به آقای ویچمن را می‌خوانند و به این دلیل که تو همه‌چیز را می‌دانی و در خیابان ویچمن زندگی کرده‌ای، از تو می‌خواهند که به آن‌ها بگویی این آقای وی. کیست. من به آن‌ها گفتم که تو در حال حاضر کارهای مهم‌تری داری.
می‌دانی این گردش بیرون شهر مرا یاد چه انداخت؟ به یاد اولین دیدارمان در سالزبورگ در سال ۹۰ یا ۹۱ و تور پیاده‌رَوی از هرشبوهل تا برچتس‌گادن که تو

در ایستگاه راه آهن شاهد یکی از ناب‌ترین اضطراب‌های من از سفر بودی. در کتاب بازدیدکنندگان در هرشبوهل من با دست‌خط خودم تو را «متخصص جهانی از برلین» معرفی کردم. تو بین سالزبورگ و ریچنهال، مانند همیشه زیبایی‌های طبیعت را نمی‌دیدی و در عوض به خاطر لوله‌های مانسمان[1] غوغا راه انداخته بودی. در آن زمان، من حس کردم که تا حدی مغلوب برتری تو شده‌ام؛ این را به وضوح حس کردم. به‌علاوه، به‌طور مبهمی چیزی را حس کردم که فقط امروز می‌توانم آن را بیان کنم: تصور ضعیفی از این‌که این مرد تاکنون رسالت خود را کشف نکرده است که بعد تبدیل شد به مانع زندگی به‌وسیله اعداد و فرمول‌ها. در آن زمان هم به دیگر رسالت‌ها اصلاً فکر نمی‌کردی و اگر من صحبت کردن در مورد خانم آیدا بوندی را شروع می‌کردم، تو می‌پرسیدی: او کیست؟ لطفاً صمیمانه‌ترین درودها را از طرف خانواده من به این خانم مورد بحث برسان.

با احترام!

زیگموند

۱. لوله‌های بی‌درز توسط برادران مانسمان Mannesmann، کارخانه‌داران آلمانی، اختراع شدند.

وین، ۸ جولای ۱۸۹۹

۹، برگاس ۱۹

ویلهلم عزیز!

در آسی یک شاعر مردمی وجود داشت که گفته‌هایش هنوز هم مکرراً نقل می‌شوند: همه‌چیز آن‌طور که ما می‌خواهیم نمی‌شود. آن‌ها همان چیزی می‌شوند که خودشان می‌خواهند. من بعد از اینسبروک آماده یک جدایی طولانی‌مدت بودم و الان احتمالاً خیلی زود تو را می‌بینم. هرچند، زمان آن بسیار نامطلوب است. می‌دانی که دو شب مسافرت برای من سخت‌تر از مثلاً، پدرزن تو نیست. اگر به اسکار قول نداده بودم که امشب او را در هکینگ،[1] جایی که (تکرار) لغو کردن مطمئناً شک او را برمی‌انگیزد، می‌بینم، ساده‌ترین کار این بود که امروز

بعدازظهر این‌جا را ترک می‌کردم. چون چیزی که نمی‌توان آن را تغییر داد دخیل است، فکر می‌کنم فقط این درست است که تو تاریخ را انتخاب یا تعیین کنی. همه روزها به یک اندازه برای تو مناسب نیستند، در حالی که اندک تفاوتی برای من دارد که آن روز، روز کاری باشد یا یکشنبه. اگر مسئله یک روز است، من می‌توانم آن‌قدر خوب آن را مخفی کنم که به جز الکساندر هیچ‌کس متوجه غیبتم نشود.

البته، می‌دانم که نباید بتوانم کار زیادی برای تو بکنم؛ به‌علاوه، اهمیت روان پزشکی این رویداد با این شرایط تقلیل یافته است که نباید کار زیادی با شکل‌گیری‌های روانی جدید و همچنین تنزل جسمی داشته باشد، اما این‌ها بحث‌هایی علیه [آمدن من] نیستند بلکه به من اجازه خواهی داد بفهمم چطور و چه زمانی؛ سرانجام، همه وسایل ارتباطی از فردا، یکشنبه به بعد برای تو آزادند.

بگذار از سهم تو در [کتاب] رویا، با ضمیمه کردن *اثبات* صفحه اول قدردانی کنم. یک احساس عجیب در مورد این بچه غصه‌دار! من مشکلات زیادی با آن دارم؛ من نمی‌توانم بیش از دو ساعت در روز کار بکنم بدون این‌که سراغ دوستم مارسالا بروم و از او کمک بخواهم. «او» مرا فریب می‌دهد که فکر کنم هیچ‌چیز واقعاً به آن اندازه که در هوشیاری به نظرم می‌رسد، غم‌افزا نیست. آفتاب هم باز ناپدید شده است؛ دیگر بعد از برچتس‌گادن با من همراه نبوده است. من به عنوان یک جانور باسیاست در خلوت خودم هستم و همه سیمپتوم‌های مشابه را دارم. هر بار که چیزی تغییر می‌کند، من احساس بهتری پیدا می‌کنم.

پس خیلی زود می‌بینمت.

از صمیم قلب!

با احترام!

زیگموند

۱. حومه وین Hacking

۱۳ جولای ۱۸۹۹
۹، برگاس ۱۹

ویلهلم عزیز!

روز شنبه وقتی که پیرمرد را در خانه رای دیدم و شنیدم که می‌خواهد به هرینگدورف و غیره سفر کند، تصمیم‌ام را برای به عقب انداختن [سفر] مبارک دانستم. آمدن من در آن زمان، واقعاً سبب آزار تو می‌شد. زمان زیادی از آن موقع می‌گذرد و من هنوز از تو نشنیده‌ام که آیا باید بیایم و چه وقت بیایم؟ طبیعتاً، من هر روز آماده‌ام. نمی‌توانم باور کنم که یک نامه گم شده است. بی‌صبرانه منتظر شنیدن خبری از تو هستم.

از صمیم قلب!

با احترام!

زیگموند

وین، ۱۷ جولای ۱۸۹۹[1]
۹، برگاس ۱۹

ویلهلم عزیز!

درواقع، من برای بحث در مورد *توقیف روز*[2] آزادم، اما فکر می‌کنم نباید فوراً به سراغ چیزی که تو می‌خواهی بروم. وقتی که به من نیاز نداری همه‌چیز متفاوت می‌شود و این‌که اگر از نقطه‌نظر دیگری به آن نگاه کنم، واقعاً خوشحالم می‌کند. باید این را در نظر بگیرم که خسته و بداخلاق‌ام؛ این‌که درواقع، اصلاً شرایط آن را ندارم تا چشم و گوشم را به اندازه‌ای که یافته‌های جدید تو لایقش هستند باز کنم؛ این‌که دلتنگی برای «کرم‌هایم» [بچه‌هایم] واقعاً پریشانم کرده است و این‌که بین عصر یکشنبه (زمان حرکت من) و تولد مارتا (که به خاطر آن باید مأموریت‌هایی را در سالزبورگ انجام بدهم) زمان فراغت کافی برایم باقی نمی‌ماند که بیشتر از یک روز را در کنار تو بگذرانم. اگر این نیاز حذف شده باشد، می‌توانم

به‌راحتی این سفر را تا سپتامبر به تأخیر بیندازم، تا زمانی که هوشیارتر از حالا باشم. واقعاً باید کمتر گله و شکایت کنم. حداقل، بگذار امیدوار باشیم این‌طور باشد.

اکنون از من انتظار نداشته باش مگر این‌که -و امیدوارم مسئله این نباشد- تغییراتی در شرایط بیمار عزیز ایجاد شده باشد که در این صورت فقط باید با تلگرام احضارم کنی.

من هنوز هم باید مراقب صد و پانزده کار روزمره خود در این‌جا باشم. بزرگ‌ترین کار را تمام کرده‌ام؛ فصل اول [کتاب] رویا تایپ شده و منتظر غلط‌گیری است و سهم من در گزارش سالانه هم امروز به برلین فرستاده می‌شود.

چند دیدار خداحافظی، تمیز کردن، پرداختن صورت‌حساب‌ها و غیره و آماده‌ام. در کل، سال پیروزی بود و شک‌ها برطرف شدند؛ تنها چیز متحیرکننده این است که وقتی چیزهایی که خیلی منتظرشان بودیم اتفاق افتادند، دیگر از آن‌ها لذت نمی‌بردیم. به وضوح، بنیه‌ام دارد ضعیف می‌شود و چه کسی می‌داند کارلسباد -و رم- چقدر دورند،[۳] شاید من بگویم. علاوه بر دست‌نوشته‌ام، دارم اثر لاسال و چند کار دیگر در مورد ناخودآگاه را با خودم به برچتس‌گادن می‌برم. من با بی‌میلی [ایده] مسافرت را کنار گذاشته‌ام. در اوقات خوبم غرق خیال‌پردازی‌ها در مورد کارهای جدید، کوچک و بزرگ می‌شوم. از زمانی که تو شعار احساسی گوته را کُشتی، شعاری برای [کتاب] رویا پیدا نکردم. منبعی برای ارائه، تمام چیزی است که باقی مانده است.

Flectere si nequeo supetos, Acberonta movebo.[۴]

عناوین خیال‌پردازی‌هایم عبارتند از:

- در مورد آسیب‌شناسی روانی زندگی روزمره
- سرکوبی و تحقق آرزو
- (نظریه روان‌شناسی روان‌رنجوری عصبی)
- چیزهای زیادی در مورد خودم

امروز به هکینگ می‌روم که خداحافظی کنم و انتظار دارم که در آن‌جا چیزی در مورد خانواده تو بشنوم. در غیر این صورت، بسیار ناامید می‌شوم. من با خوشحالی خودم را ترغیب کردم که تو را دوباره ببینم و خانم کوچولو را هم برای اولین بار ببینم.

خدایان باستان هنوز هم وجود دارند، چون به‌تازگی سنگ ژانوسی را به‌دست آورده‌ام که با دو چهره‌اش، از روی برتری و غرور به من نگاه می‌کند.

خب، با صمیمانه‌ترین درودها و امیدوارم از تو خبر بگیرم که در برچتس‌گادن منتظرم هستی.

با احترام!

زیگموند

۱. فروید به اشتباه ۹۹/۹/۱۷ نوشته بود.

2. carpe diem

۳. اشاره به یک جوک که اولین‌بار در نامه ۳ ژانویه ۱۸۹۷ نوشته شد.

۴. در صفحه عنوان *تفسیر خواب* از این شعار استفاده شد. نامه ۴ دسامبر ۱۸۹۶ فروید را ببینید. «اگر نتوانم قدرت‌های بالاتر را به زانو درآورم، دوزخ را به حرکت درخواهم آورد». (آئنئید ۳۱۲: ۷)

وین، ۲۲ جولای ۱۸۹۹

۹، برگاس ۱۹

ویلهلم عزیز!

من بعدازظهر امروز می‌روم. با نزدیک شدن به تاریخ خاص سرزنده و شاد شده‌ام. البته، خودم را به خاطر نیامدن به برلین سرزنش می‌کنم. تو به اندازه کافی روی آن اصرار نکردی، اما سپتامبر قطعی است. هرچند، کاملاً با برنامه تو موافق‌ام و با هندسه‌ات زودتر از جَبرت آشنا خواهم شد که با تو می‌توانم خیلی راحت‌تر آن را بفهمم.

در پاسخ به سؤالات تو: تولد مارتا چهارشنبه بیست و شش جولای است. در مورد [کتاب] رویا همه‌چیز به این صورت پیش می‌رود؛ در فصل یکم، مقدمه‌ای بر ادبیات، هنوز ناقص است -مگر این‌که خیلی دارم اشتباه می‌کنم- تو هم این را می‌پرسی که بقیه را مشخص کنی. این نوشته شده بود که کار تلخی برایم بود و خیلی رضایت‌بخش از آب درنیامد. بیشتر خوانندگان در این بیشه خاردار، گیر خواهند کرد و هرگز زیبای خفته[1] پشت آن را نخواهند دید. بقیه که تو با آن‌ها آشنا هستی، بازبینی خواهند شد. هرچند، خیلی قابل توجه نخواهد بود. قسمت‌های مربوط به ادبیات بیرون کشیده خواهند شد. چند منبع خاص در ادبیات که تازه به آن‌ها رسیده‌ام در کل کتاب پراکنده خواهند شد. خواب‌های جدید برای روشن کردن مطالب در متن قرار خواهند گرفت که هیچ‌کدام از آن‌ها خیلی زیاد نخواهند بود. سپس، آخرین فصل روان‌شناسی باید از نو نوشته شود: نظریه آرزو که سرانجام، پیوندی با چیزی را فراهم می‌کند که در ادامه خواهد آمد. برخی فرضیه‌ها در مورد خواب؛ در ادامه شرایط در رویاهای اضطراب؛ روابط متقابلی بین تمایل به خوابیدن و تمایل سرکوب‌شده. همه این‌ها شاید با کنایه نشان داده شوند.

حالا نمی‌فهمم تو چه چیزی را می‌خواهی ببینی و چه وقت. آیا باید این فصل را برایت بفرستم؟ و سپس، تجدیدنظرهای پی‌درپی را پیش از آن‌که به ناشر بفرستم باید برای تو بفرستم؟ اگر هنوز هم با آن دچار درد می‌شوی، بار سنگینی بدون هیچ لذتی بر دوش تو قرار می‌گیرد. در مورد شرایط نشر هیچ تغییری صورت نگرفته است. دوتیکه نمی‌خواهد اجازه بدهد کتاب از دستش برود. بنابراین، من هم تصمیم گرفتم که به او خیانت نکنم. هرچند، برایم تصمیم سختی بود. در هر صورت، بخشی از یک‌سوم اول کار کامل شده است؛ بخش مربوط به قرار دادن روان‌رنجوری و روان‌پریشی در حوزه علم به‌وسیله نظریه سرکوبی و تحقق آرزو. (۱) جنسی-ارگانیک؛ (۲) بالینی-واقعی؛ (۳) فراروانشناسی در آن. این کار حالا در دوسوم خود قرار دارد، اما ما هنوز نیاز داریم که در مورد یک‌سوم اول به‌طور

کامل بحث کنیم. وقتی که به سومین بخش (رم، کارلسباد) رسیدم، باید با خوشحالی استراحت کنم. اطمینانی که تو ابراز کردی همیشه برای من بسیار سودمند بوده و برای مدتی طولانی اثر برانگیزنده داشته است.

اکنون می‌خواهم جزئیات اخبار خودت و خانواده‌ات را خیلی زود بشنوم. باید هر وقت که می‌توانم، از بی. بنویسم و این به‌ندرت پیش نخواهد آمد.

با صمیمانه‌ترین درودها!

با احترام!

زیگموند

به همسر عزیزت بگو که ثابت شد استعداد دیداری او درخشان است. نوربرت کوچولو که به‌تازگی شنیده‌ام موقع خوردن غذا گریه می‌کند، از روی ذکاوت هیستریایی است -اما به خاطر عشق پدرش و نه مادرش؛ همان‌طور که باید باشد و در عین حال، مضطرب و مطیع است و قطعاً در رشد گفتار، عقب مانده است. به هر حال، اصلاً خوب به نظر نمی‌رسد و علائمی از نرمی استخوان دارد.

۱. فروید از کلمات *Dornengestrüpp* و *Dornösche* استفاده می‌کند. (که به طور تحت‌اللفظی یعنی رز تیغ‌دار)

ریبمرلهن، ۱ آگوست ۱۸۹۹[۱]

وین، ۹ برگاس ۱۹

ویلهلم عزیز!

اولین نگارش‌های فصل مقدماتی (ادبیات) را در دو پاکت و به صورت هم‌زمان برایت می‌فرستم. اگر چیزی وجود دارد که تو به آن اعتراض داری، آن صفحه را با یادداشتات برایم بفرست. هنوز برای استفاده از آن‌ها وقت دارم، تا زمانی که دومین یا سومین نگارش را بفرستم. نمی‌توانم به تو بگویم که علاقه‌ات به این کار چقدر مرا سرزنده می‌کند. متأسفانه، مشخص می‌شود که این فصل آزمایش سختی برای خواننده خواهد بود.

این‌جا همه‌چیز به‌طور غیرقابل مقایسه‌ای زیباست؛ ما کم‌وبیش پیاده‌رَوی می‌کنیم و حال همه ما خوب است، به جز سیمپتوم‌های گاه‌وبیگاه من. در یک اتاق بزرگ و آرام که در طبقه همکف قرار دارد و منظره کوهستان از آن پیداست، روی کامل شدن کتاب رویا کار می‌کنم. خدایان پیر و شلخته من که تو خیلی کم به آن‌ها فکر می‌کنی، به اندازه کاغذنگهدار در دست‌نوشته‌هایم سهم دارند. فقدان رویای بزرگی که تو آن را حذف کردی باید با قرار دادن مجموعه‌ای از رویاهای کوچک (رویاهای بی‌ضرر، پوچ؛ محاسبات و گفتارها در رویاها؛ عواطف در رویاها) جبران شود. فقط باید دوباره روی آخرین فصل، فصل روان‌شناسی کار کنم و شاید باید تا سپتامبر آن را تمام کنم و برایت بفرستم و یا آن را با خودم بیاورم. این کل توجه مرا به خود اختصاص داده است.

در این‌جا هم قارچ‌هایی وجود دارد. هرچند، تعدادشان زیاد نیست. طبیعتاً، بچه‌ها هم برای چیدن آن‌ها می‌آیند. تولد کدبانوی خانه را هم به موقع جشن گرفتیم و همچنین دیگر چیزهایی که هنگام گردش خانوادگی در بارتولوماسی [کونیگسی] پیش آمد. باید آنرل را در کونیگسی دیده باشی! مارتین که این‌جا کاملاً در دنیای خیالی‌اش زندگی می‌کند، در جنگل برای خودش یک کلبه مردانه[۲] ساخت و دیروز گفت: «من واقعاً باور ندارم که به اصطلاح شعرهایم خیلی خوب‌اند». ما بینش او را مختل نکردیم. اُولی باز هم دارد مسیرها، فاصله‌ها و اسامی مکان‌ها و کوه‌ها را به دقت ضبط می‌کند. ماتیلده یک انسان کامل و البته، یک زن همه چیز تمام شده است. حال همه آن‌ها خوب است.

حدس می‌زنم جان به لبات رسیده است تا پدر پاینلس را قانع کنی که هر دوی ما پیامبریم. به هر حال، او انسان دوست‌داشتنی و خوب و دانشمندی است که به من نزدیک‌تر شده. چون یکی از اقوام دوست قدیمی‌ام پرفسور هِرتزیگ است. او هوای بالینی زیادی را استنشاق کرده که دربرگیرنده انواع سم‌های قوی است. شنیدم که بروئر در مورد آخرین کارم (فراموشی) نظر داده و باز هم گفته که هیچ‌کس به کار من فکر نمی‌کند و تعجب نمی‌کرد اگر نقص‌ها را همان‌طور رها

می‌کردم. او فکر می‌کرد من نتوانسته‌ام تصوراتم را در مورد ارتباط بین مرگ و جنسیت مشخص کنم. وقتی که کتاب رویا آماده و چاپ شود، در عوض خواهد توانست از بی‌ملاحظه‌گی‌های فراوان وحشت کند. فقط اگر شانس، مرا به عنوانی منصوب کند [به احتمال] زیاد روی شکمش خواهد خزید.

هرچه، از کار سال گذشته دورتر می‌شوم راضی‌ترم، اما دوگانگی جنسی! در این مورد کاملاً حق با تو بود. دارم خودم را عادت می‌دهم که هر مسئله جنسی را فرایندی ببینم که چهار نفر در آن دخیل‌اند. چیزهای زیادی در مورد این موضوع هست که باید درباره آن‌ها صحبت کنیم.

مقدار زیادی از آنچه تو در نامه‌ات می‌گویی، مرا به شدت پریشان می‌کند. امیدوارم بتوانم کمک کنم.

صمیمانه‌ترین درودهای مرا به کل خانواده برسان و ریپمرلهن جایی را که من در آن هستم به خاطر داشته باش.

از صمیم قلب!

با احترام!

زیگموند

۱. در حالی که فروید به خاطر تعطیلات آن‌جا نبوده، این نامه و نامه‌های دیگر را براساس سربرگ‌های ثابت نوشته است.

۲. کلبه رینارد روباهه

برچتس‌گادن

ریپمرلهن، ۶ آگوست ۱۸۹۹

ویلهلم عزیز!

چه زمانی حق با تو نیست؟ باز هم چیزی را به زبان آوردی که خودم به سختی می‌توانم درباره‌اش فکر کنم. این‌که این اولین فصل، بسیاری از خوانندگان را از خواندن فصل‌های بعد باز می‌دارد، اما کار زیادی برای آن نمی‌توان انجام داد. جز ذکر نکته‌ای در پیشگفتار که باید آن را وقتی که تمام چیزهای دیگر انجام شدند

بنویسم. تو نمی‌خواستی ادبیات در بخش اصلی متن باشد و حق با تو بود؛ نمی‌خواهی در آغاز کتاب هم باشد و باز هم حق با توست. تو هم همان احساسی را به آن داری که من دارم؛ احتمالاً راز این است که ما اصلاً آن را دوست نداریم، اما اگر نمی‌خواهیم یک تبر به دست «دانشمندان» بدهیم که کتاب بیچاره را با آن قتل عام کنند، باید ادبیات را در جایی قرار دهیم. همه‌چیز براساس یک پیاده‌رَوی خیالی برنامه‌ریزی شده است. ابتدا، جنگل تاریک نویسنده‌ها (که درخت‌ها را نمی‌بینند)، ناامیدانه به خاطر ردپاهای غلط گم می‌شود. سپس، مسیر پنهانی که از طریق آن خواننده را هدایت می‌کنم -نمونه رویای من با صفات عجیب‌وغریبش، جزئیاتش، بی‌ملاحظه‌گی‌هایش و شوخی‌های بدش- و بعد از آن ناگهان زمین مرتفع و منظره و این سؤال: دوست دارید از کدام راه بروید؟
البته، هیچ نیازی به بازگرداندن نگارش نهایی که برایت می‌فرستم نیست. چون هیچ‌چیز را در فصل اول مستثنی نکردی، باید در نمونه ستونی و صفحه‌بندی نشده آن را به پایان برسانم. چیز دیگری تاکنون تایپ نشده است. به محض رسیدن نگارش‌های نهایی، آن‌ها را دریافت خواهی کرد و بخش‌های جدیدش علامت‌گذَاری خواهد شد. من رویاهای زیادی را افزوده‌ام که امیدوارم حذفشان نکنی. Pour faire une omelette il faut casser des oeufs[1] ضمناً، فقط humana و humaniora؛ واقعاً مطلب خیلی محرمانه نیست، یعنی مربوط به مسائل جنسی خصوصی نیست. بروئر هم تا حد ممکن فاصله گرفته است. در چند روز گذشته خیلی از کار کردن خوشحال می‌شدم. عمو جوناس[3] می‌گوید: «دوستش دارم» که طبق تجربه، شگون بدی برای موفقیت آن است. با اجازه تو باید رویای رابرت را در میان رویاهای گرسنگی بچه‌ها قرار بدهم، بعد از رویای منوی آنرل. باید «متقابل»[4] را با «شیطنت» جابه‌جا کنیم. در برخی جاها «بزرگی» رویای بچه‌ها را باید درواقع، در نظر گرفت که به دلیل اشتیاق وافر بچه‌ها به بزرگ شدن است؛ به این‌که بتوانند مانند پدربزرگ یکباره کاسه پر از سالاد را بخورند؛ بچه هیچ‌وقت چیزی را به اندازه کافی ندارد. حتی تکرار را.

میانه‌رَوی سخت‌ترین کار برای یک کودک است، همان‌طور که برای روان‌رنجورها سخت است.

در این‌جا، شرایط برای من ایده‌آل است و به همان نسبت هم احساس خوبی دارم. فقط صبح و عصر پیاده‌رَوی می‌کنم؛ بقیه اوقات می‌نشینم سر کارم. یک طرف خانه همیشه به‌طور خوشایندی سایه‌دار است، در حالی که سمت دیگر به شدت گرم است. می‌توانم به خوبی تصور کنم که در شهر چه خبر است، اما اکنون «مادرانی» که تو را به برلین زنجیر کرده‌اند چطورند. به وضوح، کار تو به یک شفیره برای من تبدیل شده است. آیا می‌توانم مانند یک پروانه آن را بگیرم، یا آن‌قدر بالا پرواز می‌کند که نمی‌توانم آن را بگیرم؟

امروز در یک یکشنبه عالی که فقط با خستگی شدید، غمگین شده است، متأسفانه باید به ریچنهال بروم تا چند نفر از اقوام همسرم را که از مونیخ آمده اند، ببینم. در غیر این صورت، بسیار غیرمتحرک هستم.

در واقعیت همه‌جا قارچ وجود دارد، اما در روز بارانی بعدی باید در سالزبورگ محبوب خودم پیاده‌رَوی کنم، جایی که درواقع آخرین بار چند عتیقه مصری را از زیر خاک درآوردم. این چیزها حال و حوصله‌ام را سر جایش آوردند و از زمان‌ها و کشورهای دور صحبت می‌کنند.

جی. جی. دیوید[5] چند بار در وین به ملاقات من آمده است. او مردی ناراحت و شاعری بزرگ است. آیا آیدا چیزی از نوشته‌های او می‌داند؟

با صمیمانه‌ترین درودها و تشکر برای مشارکت‌ات در کتاب «*رویای مصری*».[6]

با احترام!

زیگموند

۱. «برای درست کردن املت، باید تخم‌مرغ بشکنی».

۲. «از مردان و نگرانی‌هایشان».

۳. نامه ۲۷ جون ۱۸۹۹ را ببینید.

۴. نوشته Mutuale نامشخص است. در *تفسیر خواب*، فروید خودخواهی کودکان و ارتباط آن با خودخواهی خواب‌ها را در نظر می‌گیرد. او خواب رابرت را در این بخش

شامل می‌کند. در این‌جا بدون شک به این جمله اشاره شده است: (در بعدازظهر روزی که خواب دیده شد، او شیطنت می‌کرد).

۵. ژاکوب جولیوس دیوید Jacob Julius David (۱۹۵۹-۱۹۰۶) *تفسیر خواب* را در *دای‌نیشن* Die Nation بازبینی کرد. این مطلب به خوبی نوشته شده است و برخلاف بسیاری از بازبینی‌های «علمی» به شدت دلسوزانه است. دیوید در مورد «جستجوی صادقانه غیرمتداول فروید برای واقعیت» و ایجاد «احساس غیرطبیعی وجود در دوره بزرگی از زندگی‌اش صحبت می‌کند که به قدرتی تاریک تحویل داده شده است و به‌طور قراردادی هر کاری که می‌خواهد با ما می‌کند و پاک‌ترین انسان را به یک گناهکار تبدیل می‌کند و در تصورات پاک‌ترین زن، افکاری را وارد می‌کند که سبب سرخ شدن گونه‌اش از شرم می‌شود».

۶. این جوکی است از فروید که کتاب خود را در مورد تفسیر خواب با مصر باستان مقایسه می‌کند.

[ریمرلهن]

۲۰ آگوست ۱۸۹۹

۹ برگاس ۱۹ وین

ویلهلم عزیز!

الان چهار هفته است که این‌جا هستم و متأسفم که این اوقات زیبا این‌قدر زود سپری می‌شوند. تا چهار هفته دیگر تعطیلات من به پایان می‌رسد و این برای من کافی نیست. من در این‌جا به طرز شگفت‌آوری خوب کار می‌کنم و در آرامش، بدون هیچ نگرانی اضافی و تقریباً در تندرستی کامل. در این بین گاهی به پیاده‌رَوی می‌روم و از کوهستان و جنگل لذت می‌برم. نباید با من مخالفت کنی چون کاملاً در کارم غرق شده‌ام و نمی‌توانم چیز دیگری غیر از آن بنویسم. دارم روی فصل «کار رویا» کار می‌کنم و فکر می‌کنم برای سودمندی، کل رویایی را که تو حذف کردی با مجموعه کوچکی از رویاهای کوچک، جایگزین کنم. ماه بعد باید آخرین فصل، فصل فلسفی، را شروع کنم که از آن وحشت دارم و باز هم باید برای آن کتاب‌های بیشتری بخوانم.

حروف‌چینی به کندی پیش می‌رود. هر چه را که به دستم رسیده بود، دیروز برایت فرستادم. لطفاً فقط نگارش‌های نهایی‌ای را برایم بفرست که آن‌ها را مستثنی کرده‌ای و نظرات خود را در حاشیه آن‌ها بنویس. همچنین بعدها هر وقت برایت امکان‌پذیر بود، هر نقل قول یا ارجاعی را اصلاح کن؛ چراکه من هیچ منبع ادبی‌ای در این‌جا ندارم.

امروز بعد از پنج ساعت کار، چیزی مانند گرفتگی عضلانی نویسندگان را در دستم حس می‌کنم. شیطان‌ها دارند یک ردیف شرارت‌آمیز را در مرغزار درست می‌کنند، به جز ارنست که به خاطر گزش شدید یک حشره دراز کشیده است؛ مانند گزشی که وقتی که در ریچنو بودیم، آیدا دچارش شد. از زمانی که دندان جلویی این پسر افتاد، دائماً دارد آسیب می‌بیند؛ بدنش پر از زخم است، مانند لازاروس، اما در عین حال کاملاً بی‌دقت است، گویی بی‌حسی (آناستازیا) است. من این را یک هیستری خفیف می‌دانم. او تنها کسی است که پرستار قبلی با او بدرفتاری کرده بود.

مارتا و مینا، حال هر دویشان خیلی خوب است (حداقل به نوبت) و حالا در روستا هستند. الکساندر برای چهار روز به این‌جا آمده بود. او در آکادمی صادرات در مورد نرخ تعرفه سخنرانی خواهد کرد و پس از یک سال عنوان استاد فوق‌العاده را به‌دست خواهد آورد. در واقعیت، خیلی زودتر از من. حباب صابونی که پیش از این برای تو ترکید، زیباترین حباب خواهد بود. فقط لذت پذیرایی را برای ما تصور کن اگر هر دوی شما به این‌جا بیایید و اگر الزامات خانواده دور و گسترده، باری بر دوش تو نباشد. باز هم منظورم این نبود. «Tomer doch?»[1] یهودیان این‌گونه سؤال می‌پرسند.

دستم امروز به کار نمی‌رود. با صمیمانه‌ترین درودها!

با احترام!

زیگموند

۱. عبارت عبری برای «شاید، بالاخره»؟

بی. ۲۷ آگوست ۱۸۹۹

ویلهلم عزیز!

با تشکر فراوان؛ همین الان دو صفحه از هارتزبرگ دریافت کردم که البته، وقتی نگارش‌های نهایی بازبینی‌شده به دستم برسند، عیناً کپی خواهند شد. برای مداد قرمز، موقعیت‌های مشابهی داری که به نمونه‌های واقع‌بینی غیرضروری شبیه است. نگاه کردن تو به نگارش‌ها درواقع، به شدت برای من دلگرم‌کننده است.

من از دیگر جنبه‌ها کاملاً بی‌مصرف شده‌ام که تو به‌راحتی می‌توانی آن را درک کنی. هیچ‌چیزی جز [کتاب] رویا وجود ندارد. دسته‌ای از برگه‌های نوشته‌شده به صورت دست‌نویس را (از جمله پنجاه و شش صفحه جدید *تفسیر خواب*، مثال‌ها) دیروز به اداره پست بردم و حالا نیاز به کار مقدماتی در مورد آخرین و تیغ‌دارترین فصل، یعنی فصل روان‌شناسی، دارد حس می‌شود، اما هنوز نمی‌دانم چطور آن را ترسیم و سازماندهی کنم. همچنین باید به خاطر آن کتاب بخوانم؛ به هر حال، روان‌شناسان چیزهایی پیدا می‌کنند که به خاطر آن سرکوفت بزنند، اما چیزی مانند این، آن‌طور که باید ظاهر می‌شود. هر تلاشی برای بهتر کردن آن نسبت به آنچه خودش هست، کیفیتی اجباری به آن می‌دهد. بنابراین، دربرگیرنده دو هزار و چهارصد و شصت و هفت، خطا است که باید آن‌ها را رها کنم و باقی بگذارم.[1]

من هرگز به اندازه امسال از کوتاهی تعطیلاتم افسوس نخورده‌ام. تا سه هفته دیگر تعطیلات به پایان می‌رسد و دوباره نگرانی‌ها شروع می‌شود. این‌که آیا چند سیاه‌پوست (در متن دقیقاً همین کلمه نوشته شده است) سر وقت خواهند رسید که اشتهای شیر را آرام کنند و بنابراین، حال و حوصله نوشتن از بین می‌رود. به علاوه، تابستان آن‌قدر دوست‌داشتنی است که نمی‌توان کل روز را کار کرد. بنابراین، مطمئناً نمی‌توانم آن را به پایان برسانم که فکر وحشتناکی است.

بعداً باید در بخش خودخواهی در رویاها، خواب رابرت را پیدا کنی. این‌جا همه چیز خیلی خوب پیش می‌رود؛ تابستان لطیف و بی‌وقفه زیبایی است. سفر کوتاهی به ایتالیا می‌تواند پایان خوبی برای آن باشد، اما احتمالاً این‌چنین نخواهد شد.

در مورد ده روز در رم بودن در عید پاک چه فکر می‌کنی (البته، دو نفرمان) اگر همه‌چیز خوب پیش برود؛ اگر من بتوانم از عهده هزینه‌های آن بربیایم و به خاطر کتاب رویایی مصری در خانه محبوس نشوم، زجر نکشم و تحریم نشوم؟ وعده بسیار بلند بالا! یادگیری در مورد قوانین ابدی زندگی، برای اولین بار در شهر *ابدی* ترکیب بدی نخواهد بود.

انتظار دارم که به برلین برگشته باشید؛ خوب است که حداقل چند روز وقت داشته باشی با بچه‌ها به هارتزبرگ بروی.

هیچ اصلاحی به اندازه اولین اصلاح این‌که من روزهای ترشح چرک را اشتباه کرده‌ام[۲] —خوشحالم نخواهد کرد- فقط این مربوط به تنش حال حاضر است. واقعاً از من می‌خواهی آن را در یک یادداشت تصحیح کنم؟ به نظر من این مثالی عالی است از این مسئله که اگر کسی قطار افکار را پیش از رسیدن به نقطه غیرقابل کنترل متوقف نکند، چه چیزی به‌دست می‌آورد و طبیعتاً همه افراد خطاکار و ناتوان حتی یک کلمه در این مورد صحبت نخواهند کرد.

باید در تفسیر خواب، جایی برای «زهر و خشم شدید» من باقی بگذاری. برداشتن چیزی از روی سینه برای بنیه خوب است.

با صمیمانه‌ترین درودها؛ در طول چند هفته باید بیش از اندازه با نامه‌هایم تو را به دردسر انداخته باشم.

با احترام!

زیگموند

۱. ما از نامه آخر (۲۴ سپتامبر ۱۹۰۰) می‌دانیم که فروید از فلیس درخواست کرده بود که ضمیمه‌های این نامه را برایش بفرستد که (تصویر ۲/۴۶۷) شرح می‌دهد که

چرا این نامه در میان برگه‌هایی که در دست فلیس باقی مانده، نیست. فروید از محتوای آن در *آسیب‌شناسی روانی روزمره* استفاده کرد.
۲. مایکل شروتر Michael Schroter بیان می‌کند که این به متنی در کتاب *تفسیر خواب* (S.E. ۴-۱۱۷) اشاره می‌کند که در آن، فروید در تحلیل «رویای نمونه» (تزریق ایرما) به فلیس اشاره می‌کند: «اما او از ورم مخاط بینی چرک‌دار رنج می‌بُرد که سبب اضطراب می‌شد». در متن آلمانی (۱۲۲؛ G.W. ۲/۳) فروید از فعل زمان حال استفاده می‌کند: «اما او از ترشح چرکی بینی رنج می‌بَرَد». شروتر حس می‌کند که فلیس از فروید خواسته است فعل را از «رنج می‌بَرَد» به «رنج می‌بُرد» تغییر دهد، تا نشان دهد که ترشحات مربوط به گذشته‌اند و او دیگر از آن رنج نمی‌بَرَد. فروید با کنجکاوی (و به طور صحیح، زیرا در زمان نوشتن، هنوز هم این ترشحات وجود داشت) آن را تغییر نداد.

بی. ۶ سپتامبر ۱۸۹۹

ویلهلم عزیز!
امروز روز ازدواج توست که من خیلی خوب آن را به‌یاد دارم، اما نسبت به من کمی صبورتر باش. من کاملاً غرق [کتاب] رویا شده بودم و روزانه هشت تا ده صفحه مطلب می‌نوشتم و به بدترین قسمت در روان‌شناسی رسیده بودم که عذاب‌آور بود. حتی نمی‌خواهم به این فکر کنم که چه از آب درآمده است. به من خواهی گفت که اصلاً می‌شود به جز نمونه‌های پیش‌نویس صفحه‌بندی‌نشده، به آن اعتبار داد یا نه؛ خواندن دست‌نوشته کار پرزحمتی است و همه‌چیز ممکن است تغییر کند. در پایان بیش از آنچه مد نظرم بوده است، نوشته‌ام؛ وقتی که فردی در مسئله‌ای عمیق‌تر غرق می‌شود این پیش می‌آید، اما من می‌ترسم - حرف تو پوچ-[1] باشد؛ یا همان‌طور که می‌گویی، مزخرف باشد. سپس، آن‌ها واقعاً به من اجازه می‌دهند تا داشته باشم‌شان! وقتی طوفان به سراغ من می‌آید، باید به سمت اتاق مهمان تو فرار کنم. در هر صورت، راهی پیدا می‌کنی تا آن را تحسین کنی، چون به همان‌اندازه که دیگران علیه من هستند تو در کنار منی.
الان شصت نمونه ستونی را دریافت کرده‌ام که با همین نامه برایت می‌فرستم. تقریباً از این‌که این‌گونه تو را استثمار می‌کنم، خجالت می‌کشم و تو به خدمات

متقابل من در زیست‌شناسی احتیاج نداری. زیرا می‌توانی روی قوه تشخیص خودت تکیه کنی و با روشنایی سر و کار داری، نه با تاریکی؛ با خورشید، نه با ناخودآگاه، اما لطفاً سعی نکن یکباره همه کارها را انجام بدهی؛ نمونه‌های ستونی که سانسور خود را روی آن‌ها اعمال کرده‌ای، در چند دسته برایم بفرست. بنابراین، پیش از این‌که اصلاحات خودم را بفرستم، اصلاحات تو را دریافت می‌کنم. من باید مجموعه کامل را برگردانم. مقدار زیادی مطلب جدید در آن است که باید آن‌ها را با خودکار رنگی برایت علامت بزنم. من از جنسیت دوری کرده‌ام، اما آلودگی غیرقابل اجتناب است و درخواست می‌کند که مثل انسان با او رفتار شود. خودت را به خاطر خطاهای متداول ناشر به دردسر نینداز، اما اگر خطاهای مورد بحث مشکلات سبکی یا تشبیه‌های بد را پیدا کردی، آن‌ها را علامت‌گذاری کن. کاش کسی بتواند به من بگوید که همه این‌ها ارزش واقعی دارند!

این‌جا خیلی دلپذیر بود؛ شاید هنوز هم باید چند روز دیگر را تعطیل کنم. متأسفانه، سبک نوشتنم بد بود. چون از نظر جسمی حس می‌کنم حالم خیلی خوب است؛ باید چیز دردناکی را حس کنم تا بتوانم خوب بنویسم، اما حالا در مورد چیزهای دیگر. در این‌جا حال همه خوب است؛ بچه‌ها دارند رشد می‌کنند و بزرگ می‌شوند، مخصوصاً فرزند کوچکتر. نمی‌خواهم به فصل آینده فکر کنم.

برای امروز دیگر بس است؛ بقیه چیزها هم همین‌طورند. با درودهای صمیمانه و تشکر!

با احترام!

زیگموند

دیوید را می‌شناسی؟ تاریخ ۱۸۶۶-۱۸۵۹ فریجانگ[2] را چطور؟

۱. Stuss، عبارت مصطلحی از زبان عبری.

۲. هینریش فریجانگ Friedjung (۱۹۲۰-۱۸۵۱) از نظر بسیاری از افراد بهترین تاریخ‌دان اتریشی است. "*Der Kampf* um *die Vorberrschaft* in *Deutschland,* 1859 *bis* 1866" ابتدا در سال ۱۸۹۷ در دو جلد به زبان آلمانی

منتشر شد. ای. جی. پی. تیلور نوشت: «بدون شک این بهترین اثر فریجانگ است که درک احساسی عمیقی در هر دو حزب درگیر دارد». مقدمه تیلور Taylor در نسخه انگلیسی یک جلدی، *کشمکش برای برتری در آلمان*، ۱۸۶۶-۱۸۵۹ است که توسط تیلور و وی. ال. مک ال وی W. L. McElwee ترجمه و خلاصه شد (لندن: مک میلان، ۱۹۳۵).

بی. ۱۱ سپتامبر ۱۸۹۹

ویلهلم عزیز!

با تشکر صمیمانه به خاطر تلاش‌هایت. من خودم همین الان متوجه بعضی از متن‌های بی‌دقت شدم و برخی دیگر که به دلیل حذفیات، گیج‌کننده‌اند، اما دیگر اصلاحات صادقانه منتقل خواهند شد. بیست و چهارم فوریه، تراژدی سرنوشت توسط هووالد[۱] است. متأسفانه، یک بسته دیگر که حاوی سی نمونه ستونی است، امروز فرستاده می‌شود که به هیچ‌وجه آخرین بسته نیست.

من آن را به پایان رسانده‌ام؛ یعنی کل دست‌نوشته فرستاده شده است. می‌توانی حال مرا تصور کنی، یعنی افزایش افسردگی طبیعی من بعد از سرخوشی. شاید *ساده‌ترین*[۲] را که من همیشه از آن لذت می‌برم نمی‌خوانی. در آن مکالمه‌ای بین دو دوست ارتشی آمده است: «خب رفیق! پس نامزد کردی؛ بدون شک نامزدت دلربا، زیبا، شوخ و شیرین است؟ «خب» این مسئله طعم است؛ من او را دوست ندارم». من هم حالا دقیقاً همین حس را دارم.[۳]

در خصوص فصل روان‌شناسی باید به قضاوت تو تکیه کنم که آیا باید آن را یک بار دیگر اصلاح کنم یا این ریسک را بپذیرم و همین‌طور که هست رها کنم. من باور دارم خود مطلب رویا غیرقابل بحث است. چیزی که در مورد آن دوست ندارم سبکش است که اصلاً تأثیرگذار نیست. عبارات ساده و از مدافتاده در کلام بی‌جا که بعد از استعاره‌ها زیادی کش آمده‌اند. این را می‌دانم، اما بخشی از من که این را می‌داند و می‌داند چطور آن را ارزیابی کند، متأسفانه همان بخشی است که چیزی تولید نمی‌کند.

مطمئناً، درست است که آدم خیال‌باف بسیار بذله‌گو است، اما این نه تقصیر من است و نه دربرگیرنده سرزنش می‌باشد.[۴] همه آدم‌های خیال‌باف به‌طور تحمل‌ناپذیری بذله‌گو هستند و نیاز دارند که این‌طور باشند، چون تحت فشارند و مسیر مستقیم برایشان مسدود است. اگر فکر می‌کنی که اصلاح لازم است، باید تذکری در مورد آن اثر را در جایی بنویسم. در بذله‌گویی صوری همه فرایندهای ناخودآگاه به‌طور صمیمانه‌ای به نظریه جوک و کمدی مربوط است.

آن خبرها در مورد مادرت و کارَت خیلی خوشحالم کرد. چه وقت می‌توانم چیزی در مورد کارَت بشنوم؟ به‌طور واضح خیلی زود، اگر واقعاً بتوانی نتیجه‌گیری پیش‌نویس اول را پیش‌بینی کنی، اما بعد از آغاز هیچ‌چیز را مسلم در نظر نگیر!

به برلین بیایم؟ هنوز تردید دارم. من واقعاً افسرده‌ام و با خوشحالی به خودم قدرت زندگی تازه خواهم داد، اما نمی‌دانم جز برلین چه چیزی مرا جذب خواهد کرد. ایتالیا خیلی دور است و زمان من کم است. این‌جا پائیز شروع شده. دامنه کوه از برف پوشیده شده است. همان احساسی را دارم که همیشه پس از جدایی از تو در یک دیدار کوتاه، داشتم. از وین وحشت دارم و وقتی که از برلین برگردم، سه برابر بیشتر از آن وحشت خواهم کرد. همان‌طور که می‌بینی دیوانه‌کننده است و در حال حاضر، غیرقابل تحمل شده‌ام. فقط در مورد رویاها حرف می‌زنم و خیلی زود برای پرده‌برداری از زندگی،[5] آن‌جا خواهم بود. بنابراین، اجازه بده برای مدتی به این تردید ادامه بدهم. در هر صورت، به خاطر سالگرد ازدواجمان فقط می‌توانم بعد از پانزدهم سپتامبر بیایم.

پیامد [امور دریفوس][۶] در فرانسه هم مرا ناراحت و تلخ کرد. همه به کار دولت آلمان احترام می‌گذارند. هیچ شکی وجود ندارد که آینده طرف کیست.

همه بروئرها این‌جا هستند. تاکنون فقط یک بار همدیگر را دیده‌ایم. امیدوارم که فقط همین یک بار باشد.

صمیمانه‌ترین سلام‌های مرا به همسر و فرزندانت برسان. شاید واقعاً باید همدیگر را ببینیم.

با احترام!

زیگموند

۱. ارنست کریستف فون هووالد Ernst Christoph von Houwald (-۱۸۴۵ ۱۷۷۸) چند تا از این تراژدی‌ها را نوشت که در آن یک نفر در نتیجه جرم سابقش می‌میرد که اغلب شامل زنای با محارم یا والدین‌کُشی بود. این نمایش‌ها در زمان جنبش‌های رمانتیک در آلمان بسیار محبوب بودند. آن نمایشی که فروید در این‌جا به آن اشاره می‌کند در سال ۱۸۰۹ به‌وسیله زد. وارنر Z. Werner نوشته شده است.

2. Simplissmus

۳. لهجه برلینی. در کتاب *شروع* این متن نادرست چاپ شده و کلمه Jezet حذف شده است. یادداشت ۲ نامه ۲۷ جون ۱۸۹۹ را ببینید.

۴. در دست‌نوشته آمده است involviert، نه آن‌طور که در کتاب *شروع* آمده است: Motivert

۵. متن آلمانی این است Enthiillung des Lebens شاید ارجاعی باشد به نظریه‌های فلیس و شاید هم به تولد فرزندش.

6. Dreyfus

بی. ۱۶ سپتامبر ۱۸۹۹

ویلهلم عزیز!

مدت زیادی است که از تو خبری ندارم، اما این اصلاً تقصیر تو نیست. تو هم احتمالاً منتظر خبری از طرف من بودی، مخصوصاً خبر تصمیم‌ام در مورد این‌که آیا به برلین می‌آیم یا نه. خوب می‌دانی چه اتفاقی افتاده بود. ما باز هم برای چند روز کاملاً از دنیا جدا شده بودیم، حالا حداقل می‌توانیم به‌وسیله تلگرام ارتباط برقرار کنیم، اما از صبح چهارشنبه به بعد، هنوز روزنامه‌ای ندیده‌ایم و قطارها هنوز خیلی کم و بی‌خطر حرکت می‌کنند.

اکنون که دیگر تصمیم من غیرقابل اجراست، می‌توانم آن را برایت فاش کنم. من در آخرین نامه‌ام احتمال آمدن خود را به برلین کمتر از آنچه حس می‌کردم، نشان دادم. درواقع، برنامه‌ریزی کرده بودم که صبح جمعه این‌جا را به مقصد مونیخ ترک کنم (پنجشنبه، سالگرد ازدواجمان بود) و شنبه از مونیخ به برلین

بروم و یکشنبه غافلگیرت کنم. در همان زمان مینا قرار بود به هامبورگ، نزد مادرش برود. در مونیخ هنوز هم با هم می‌بودیم. سپس، پنج روز باران آمد و این خبر پخش شد که تمام ارتباطات این‌جا و سالزبورگ، این‌جا و ریچنهال، ریچنهال و مونیخ و غیره و غیره، در چند جا قطع شده است و بنابراین، باید این برنامه‌ریزی خوب را کنار می‌گذاشتم. این دومین بار است که سیل در قرار ملاقاتمان تداخل ایجاد می‌کند. باید این را در نظر بگیرم که تنها می‌توانم از یک راه انحرافی طولانی به وین بروم و می‌خواهم سه‌شنبه صبح آن را امتحان کنم. خبر اولین تصادف بعد از شروع دوباره خدمات قطارها را با ویرایش خاص برچتس‌گادن *آنزیگر* شنیده‌ایم.

بنابراین، این تابستان دوست‌داشتنی پس‌آیند نامطلوب داشته است. طبیعتاً هیچ اتفاقی برای ما نیفتاد. («طبیعتاً» به خانه ما اشاره می‌کند) و اتفاق زیادی برای برچتس‌گادن هم نیفتاد، اما جاده‌ها کاملاً خراب شده‌اند. دیروز پیاده (به مدت چهار ساعت که نمی‌شد با کالسکه رفت) به سالزبورگ رفتم که بخشی از آن دچار سیل شده است.

درواقع، هنوز هم به بداخلاقی‌ام غلبه نکرده‌ام (که این بار بعد از کامل کردن دست‌نوشته، شدید بود -[و] مطمئناً برای تسهیل غافلگیر شدنت به بداخلاقی وانمود نمی‌کردم)- اما مانند کاری که هر فردی در این موارد می‌کند، من هم این را پذیرفتم و آن را کنار گذاشتم. زمانی که داشتم نگارش‌ها را اصلاح می‌کردم، در کارم وقفه افتاد. پائیز واقعاً شروع شده و بروئر هم درست به اندازه من در این‌جا گیر کرده است. بنابراین، هر روز که همدیگر را می‌بینیم خانم‌های هر دویمان نمایش بزرگی از دلسوزی نسبت به هم نشان می‌دهند. دلیل دیگری برای این‌که آرزو کنم که یکی از آن‌ها جای دیگری بود. اگر فصل بی‌پولی را پیش‌بینی نمی‌کردم و از دو لحاظ [؟] نسبت به وین بی‌میل نبودم، از طولانی‌تر ماندنم در این‌جا بیشتر اذیت می‌شدم.

نمی‌توانم پیش‌بینی کنم که چه زمانی این نامه را دریافت خواهی کرد. در هر صورت، دیگر به این نشانی برایم نامه ننویس، اما بگذار وقتی که به وین رسیدم، بدانم آیا پیشرفت سلامتی مادر عزیزت ادامه دارد یا نه و این‌که حال خانواده‌ات چطور است. باید نامه‌های زیادی برایت از وین بفرستم و یک چاپ جدید («خاطرات پنهان») را هم برایت خواهم فرستاد که انتظار دارم در سپتامبر دوباره چاپ شود.

مسافر رم-کارلسباد که امیدوار است تو را هم در مقصد ببیند، بار دیگر خیلی امیدوار نیست، اما تو کاملاً به این مسئله در من عادت کرده‌ای. درست همان‌طور که من به یافتن حال و حوصله متضاد در تو عادت کرده‌ام.

با صمیمانه‌ترین درودها!

با احترام!

زیگموند

ویلهلم فلیس در سال‌های پایانی، نزدیک به زمان مرگ‌اش در سال ۱۹۲۸

ژوزف بروئر و همسرش ماتیلده
نام اولین دختر فروید از خانم بروئر گرفته شده است.

وین، ۲۱ سپتامبر ۱۸۹۹

۹، برگاس ۱۹

ویلهلم عزیز!

بعد از یک سفر وحشتناک سی و دو ساعته در آب به این‌جا رسیده‌ام و من در جایی آشنا نشسته‌ام و هفت خلاصه از نگارش‌ها پیش رویم قرار دارند و هیچ خبر طبی‌ای ندارم. نامه محبت‌آمیزت و گزارش‌های خوب داخل آن به گرمی از من استقبال کرد. در اوج سرزندگی مکاتباتمان، برای دیدار لغوشده‌مان جایگزینی پیدا می‌کنم و امیدوارم وقتی که داری برای مرده قبر می‌کَنی به زنده‌ها هم فکر کنی. همان‌طور که به درستی حدس زدی، بداخلاقی‌ام از بین رفته است. نه بعد از میگرن بلکه بعد از یک سری شرایط خوب مشابه، اما هنوز عقیده دارم که انتقاد از خودم کاملاً بی‌مورد نبوده است. جایی در درونم در مورد فرم آن حسی وجود دارد. تمجید از زیبایی به عنوان نوعی کمال و جمله‌های شکنجه‌آور کتاب رویا، با رژه عبارات غیرمستقیم و چپ‌چپ نگاه کردن به ایده‌ها، به یکی از ایده‌آل‌هایم به شدت صدمه زدند. در خصوص این فقدان فرم به عنوان نشانه‌ای از عدم مهارت کافی روی موضوع، خیلی اشتباه نمی‌کنم. تو هم باید دقیقاً همین چیز را حس کرده باشی. ما همیشه با هم صادق بودیم، چون هر دوی ما مجبوریم جلوِ هم این‌طور وانمود کنیم. اجتناب‌ناپذیر بودن آن تسلی‌بخش است و واقعاً بهتر از این نخواهد شد. هرچند، متأسفم که باید بهترین و مطلوب‌ترین خواننده‌ام را با دادن اثبات‌ها خراب کنم، زیرا چطور می‌توان چیزی را که باید آن را به شکل اثبات بخوانی، دوست داشت؟ متأسفانه، من نمی‌توانم این کار را بدون این‌که تو نماینده بقیه باشی انجام بدهم و باز هم شصت صفحه دیگر برایت می‌فرستم.

و حالا برای سالی دیگر از این زندگی عجیب که حال و حوصله خوب، بدون شک تنها چیزی است که ارزش واقعی دارد. حال و حوصله من در نوسان است، اما همان‌طور که می‌بینی، روی نشان پاریس عزیزمان نوشته شده است:

Fluctuat nec mergitur[1]

بیماری که با او مذاکره می‌کردم، «ماهی قرمز»، اخیراً به خودش گفته است، نمی‌دانم آیا باید بپذیرم یا نه. حال و حوصله من به شدت به درآمدم بستگی دارد. پول برای من گاز خنده است. از دوران جوانی‌ام می‌دانم وقتی که اسب‌های وحشی مراتع به کمند می‌افتند، دچار اضطرابی خاص برای زندگی می‌شوند. بنابراین، من بیچارگی فقر را می‌دانم و دائماً از آن می‌ترسم. خواهی دید که اگر این شهر به من سرزندگی بیش‌ازاندازه بدهد، سبکم بهبود خواهد یافت و افکارم صحیح‌تر خواهد شد.

این بار تو خودت را به خاطر چک کردن نقل‌قول‌ها و چیزهایی از این دست به دردسر نمی‌اندازی، می‌اندازی؟ باز هم همه کمک‌های ادبی لازم در دسترسم است. کار اصلی من در تعبیر، به بخش (ضمیمه‌شده) می‌رسد، رویاهای پوچ. متحیرکننده است که تو این‌قدر در این رویاها هستی. در رویای «زندگی نکرد» (non vixit) خوشحال بودم که بیشتر از تو عمر کردم؛ گفتن چیزی مانند این وحشتناک نیست. یعنی آیا می‌توان این را برای هر کسی که متوجهش می‌شود، آشکار کرد؟

همسر و فرزندانم تا پایان ماه در برچتس‌گادن می‌مانند. من هنوز هم با پائولینشن آشنا نشده‌ام.

با صمیمانه‌ترین درودها!

با احترام!

زیگموند

۱. «شناور می‌شود اما غرق نمی‌شود».

وین، ۲۷ سپتامبر ۱۸۹۹
۹، برگاس ۱۹

ویلهلم عزیز!
برای ثبت:
یازدهم سپتامبر -بداخلاقی غیرقابل توضیح
دوازدهم سپتامبر -ضعف قلب، سردرد خفیف
چهاردهم تا هجدهم سپتامبر -روزهای بد، دمدمی بودن، خستگی قلب
سه‌شنبه، نوزدهم سپتامبر -سردرد بدون درد قلب (در حال سفر)
از آن زمان به بعد، روزهای نسبتاً خوب
امروز، بیست و هفتم سپتامبر، در ابتدا ردی از سردرد بدون علائم دیگر

چیزی که به آن اعتراض داشتی، *تسلیم* مافوق شدن، مازادیست از ارائه قدیمی. نمی‌توانم بفهمم که آیا از من می‌خواهی جمله آخر، سخنرانی طولانی نتیجه‌گیری را حذف کنم یا با پررنگ نوشتن‌اش بر آن تأکید کنم. این با نیاز من برای ناپدید کردن آن مطابق است.
در مورد بقیه مطالب، فکر نمی‌کنم ناخوشایند باشد کسی را داشته باشی که در جای لازم تو را تشویق کند. نه این‌که دائماً ناخوشایندترین چیزها را بگوید. به همین خاطر از تو تشکر مخصوص می‌کنم.
دارم کار نگارش‌ها را سریع‌تر انجام می‌دهم چون یاد گرفته‌ام یک احمق کامل، سی اچ. روتس،[1] در جستجوی چیزی است و در سال ۱۸۹۸ تحلیل پدیده رویا را اعلام کرده است. امیدوارم تا اکتبر همه‌چیز تحت نظر باشد. در حال حاضر تقریباً هیچ کاری ندارم که بکنم. بنابراین، برای به پایان رساندن آن، وقت کافی دارم.
من از راه دور دارم ثبت‌های مرگ تو را با علاقه شدید، دنبال می‌کنم. می‌دانم که در حال حاضر نظریه تو ربطی به *پدرها* ندارد؛ به جز این، درواقع، شامل کردن کسی به جز فرزندان بزرگ خانواده‌های اصیل در محاسبات، احتمال خطر داشت.

از وقتی که از نوشتن در مورد یافته‌هایت دست برداشته‌ای، در نامه‌هایت دلم برای چیزی تنگ می‌شود. مانند علم من، تو هم برای مدتی در آرامش خواهی بود. من تهی و بی‌رمق شده‌ام؛ حتی نظریه روان‌رنجوری را هم به خاطر کتاب رویا کنار گذاشته‌ام. هر، تام و دیک و هری‌ای به زودی در جایگاهی خواهند بود که درست به اندازه من در مورد آن اطلاعات به‌دست آورند.

خانواده‌ام هنوز در برچتس‌گادن هستند و از آب‌وهوا خیلی گلایه نمی‌کنند، اما در پایان هفته به این‌جا برمی‌گردند. احتمالاً، در روزنامه دیروز (بیست و ششم سپتامبر) اطلاعیه دوره‌هایی را که الکساندر در آکادمی صادرات به عنوان استادِ تعرفه ارائه کرد، دیده‌ای. فقط اگر هیچ‌یک از عفونت‌های قبلی‌اش در رحم زمان نخوابیده باشند! بدون شک حدس زده‌ای که من کدام بخش از رویای «اتودیداسکر»[2] را دریغ می‌کنم.

ماهی قرمز (ال. فون ای. مانند خواهر و یکی از اقوام دور همسرم) را گرفته‌ام، اما هنوز هم از آزادی نصفه‌نیمه‌اش تا پایان اکتبر لذت می‌برد، چون در حومه باقی می‌ماند. به‌علاوه، یک بیمار دیگر هم دارم که کار با او تا اواخر اکتبر شروع نمی‌شود. به جز این، کاری جز بیماران سرگردانی که در اتاق مشاوره ظاهر می‌شوند، ندارم و هرگز تعدادشان زیاد نبوده است.

بگذار خیلی زود باز هم خبری از تو به‌دستم برسد. حالا کار پرزحمتی را که با کتاب رویا داشته‌ای، فراموش کن، تا وقتی که چاپ شد یک بار دیگر بتوانی آن را ورق بزنی.

با صمیمانه‌ترین درودها برای همسر و فرزندانت!

با احترام!

زیگموند

۱. کریستف روتس Christoph Ruths (۱۸۵۱-۱۹۲۲)، نویسنده *Inductive Untersuchungen* tiber *die Fundamentalgesetze der psychischeti Pbanomene* (Darmstadt: H. L. Schlopp, 1898). به‌طور واضح، اثری که فروید به آن اشاره می‌کند، هرگز چاپ نشده است.

2. Autodasker

وین، ۴ اکتبر ۱۸۹۹
۹، برگاس ۱۹

ویلهلم عزیز!

توجیه تو غیرقابل بحث است، اما من بدون سرزنش، شکایت کرده بودم. خیلی خوب می‌دانم که عادت داشتی همه‌چیز را به من بگویی که در واقعیت سبب ایجاد مشکلات جدی در درک من می‌شد. حالا فقط در مورد چیزهای بزرگ، خیلی بزرگ، می‌نویسی. درست است، تو مرا برای آن‌ها آماده کرده بودی و من باید رابطه شخصی با آن‌ها برقرار کنم. اگرچه، نمی‌توانم پدرخوانده آن‌ها باشم، همان کاری که تو با کتاب رویا کردی بلکه می‌توانم از راه دور با آن‌ها سر و کار داشته باشم، بنابر گفته نستروی: «اولین پسر عموی رویداد تاریخی دنیا». پیروزی تو تا حدی پیروزی من هم هست، چون انتقاد من به دنبال تو و کارهایت بود. می‌دانی که در آن زمان بسیاری دیگر از آن‌ها پیروی نکردند.

اما باز از تو می‌پرسم که آیا این‌قدر زود کتاب بی‌نام خود را تمام کرده‌ای و کتاب رویای من می‌تواند هم‌زمان با آن، روشنایی روز را ببیند؟ زیرا من دارم روی حداکثر دو هفته حساب می‌کنم؛ این نسخه از کتاب باید تا روز تولد تو روی میزَت باشد. من فقط باید تعدادی از نگارش‌های بخش سوم را بخوانم، حدود یک‌سوم از کل اثبات‌ها. شاید این‌قدر زود انتظار آن را نداشتی، اما متأسفانه من وقت آزاد زیادی دارم. آن‌قدر سرم خلوت است که می‌توانم فوراً به هر صفحه رسیدگی کنم.

تو دقیقاً احساس دردناک جدایی از چیزی را توصیف می‌کنی که به خود فرد تبدیل شده است. این اثر باید چیزی باشد که این کار را برایم ناپسند کرده است. حالا آن را دوست دارم، مطمئناً نه خیلی زیاد بلکه کمی بیشتر. حتی برایم ناراحت‌کننده است. چون نه تنها دارایی‌های عقلانی بلکه احساسی‌ام را نیز تسلیم کرده‌ام. کتاب هیستری هنوز نصفه‌نیمه مانده است. در زمان‌هایی مانند این هیچ علاقه‌ای به کار کردن ندارم.

در حال حاضر، پسرم مارتین هیچ شعری نمی‌نویسد. فکر می‌کنم از برچتس‌گادن به تو گفتم که او می‌گفت: «واقعاً فکر نمی‌کنم که به اصطلاح شعرهای من واقعاً خوب باشند». این اظهار عقیده از پیشرفت دوره خلاقانه جلوگیری کرد. حالا او تقریباً دچار فقدان و افسردگی شده است، چون در مدرسه او را به پایه پنجم فرستاده‌اند، جایی که کمبود توانایی‌های عملی روزانه‌اش انگشت‌نما شده است. او به قصد آشنایی از پسری که در کنارش نشسته بود، نامش را پرسید. جواب آن پسر این بود: ماری و یک نفر دیگر هم خودش را مینا معرفی کرده بود. این باید اولین اشاره برایش باشد که کنار آمدن با «همنوعان» می‌تواند چقدر سخت باشد.
یک بار دیگر زندگی و بیماری با هم وارد شده‌اند. اولین قربانی ارنست بود، اما حالش خوب شده است. حال بقیه بچه‌ها هم خوب است.
روحیه من نیرومندانه حفظ شده است. باید به خاطر محاسبات‌ات تاریخ ازکارافتادگی بعدی‌ام را به تو بگویم. درواقع، نوسانات دوره‌ای مقدماتی درگیرند، چون دو هفته عدم فعالیت و یک‌چهارم تا یک‌پنجم درآمد، مطمئناً علت‌های بیرونی کافی‌ای خواهند بود.
باجناق تو اسکار که به خاطر درخواستش چند برگه به او دادم، سردسته منتقدها شده است. او «جدی‌ترین شبهه‌ها» را در مورد چاپ دارد. فکر می‌کنم این بار باید فکرهایمان را روی هم بریزیم.
به عنوان یک راز می‌توانم به تو بگویم که گِرتِل بروئر واقعاً با آرتور شیف نامزد کرده است. از یک بیمار در جلسه درمانی این را شنیدم و بنابراین، باید مانند یک راز با آن برخورد کنم. به جز این، هیچ دلیلی نداشت که این کار را بکنم.
صمیمانه‌ترین درودها برای تو همسر و فرزندانت و به امید تحقق تمام آرزوهای امسال.
با احترام!
زیگموند

وین، ۹ اکتبر ۱۸۹۹
۹، برگاس ۱۹

ویلهلم عزیز!

چرا برای نوشتن یک نامه جدید باید از یک فرصت مناسب اجتناب کنم؟ مجبور نیستی فوراً پاسخ آن را بدهی. بنابراین، دچار سوءتفاهم شدم، اما حالا شانس دیدارمان حتی کمتر هم شده است. چون از زمانی که اولین خطوط کتاب هیستری نوشته می‌شوند، کتاب تو قدغن خواهد شد. به این دلیل که مدت زیادی است منتظر کتاب هیستری مانده‌ایم و این احتمال وجود دارد که بقیه چیزها در اولویت قرار بگیرند.

تو نباید افسوس بخوری که این فرصت را پیدا کردی تا یک بار دیگر در مورد کار خود صحبت کنی. حالا بهتر می‌دانم کجا ایستاده‌ای. در ملاقات بعدی‌مان اصلاً نباید در مورد کتاب رویا حرف بزنیم بلکه باز هم باید در مورد دوره‌های بیولوژیکی صحبت کنیم. ملاقاتمان چه وقت و کجا خواهد بود؟ هیچ ایده‌ای داری؟ باز هم در عید پاک؟ من نسبت به همیشه، فاصله بیشتری با رم و کارلسباد دارم.

می‌توانی تصور کنی که نیروهای درونی تاریک، مرا مجبور کرده بودند که نوشته‌های روان‌شناسی بخوانم و بیشتر از قبل با آن‌ها احساس راحتی می‌کنم. به‌تازگی این خرسندی را یافته‌ام که بخشی از نظریه خشنودی-ناخشنودی فرضی خود را در کار یک نویسنده انگلیسی، مارشال،[1] پیدا کردم. هرچند، نویسنده‌هایی که به‌طور اتفاقی با آن‌ها برخورد کرده‌ام، دیگر کاملاً برای من عجیب‌وغریب‌اند. حال و حوصله من هم هنوز همان‌طور است. گذاشتن همه نیروی خود روی کتاب رویا، باید برای من خیلی خوب بوده باشد. در ششم اکتبر، یک سردرد خفیف-بداخلاقی رخ داد. در پاسخ به تذکرات تو در مورد تسریع کارم، باید اشاره کنم که قطارهای محلی و خطوط ثانویه هم وجود دارند، درست مانند فلیجنده بله. انگار آن‌ها در کراوینکلِ و اطراف آن متداول‌اند. همه‌چیز به این صورت است. مثلاً،

حتی اگر در نوامبر کاملاً مشغول کار باشم، با توجه به دوره کم‌درآمد اول می تا پایان اکتبر (شش ماه)، درآمد امسال من برای پوشش دادن هزینه‌هایمان کافی نیست. باید به دنبال چیز دیگری بگردم و حالا در راهی قطعی قدم گذاشته‌ام. در تابستان می‌خواستم با یک مؤسسه آب‌درمانی شریک شوم و به دنبال اتاقی در نزدیکی آن بودم. شنیده‌ام در سال ۱۹۰۰ قرار است مکانی در کوبنزل افتتاح شود و مدیر آن‌جا پارسال به من پیشنهاد کرد که به همین دلیل باید مطمئن شوم در بلوو اتاق‌های کرایه‌ای پیدا می‌کنم. (هر دو در منطقه کالنبرگ هستند) بنابراین، باز هم برای این مرد نامه نوشتم. شرکت کردن بچه‌ها در مدرسه در هر صورت ما را مجبور می‌کند که تعطیلات طولانی تابستانی را رها کنیم.

در ترفیع‌های امسال (پنج استاد در پایان سپتامبر)، گروه ما (کونیگشتین، من و دیگران) یک بار دیگر کنار گذاشته شدیم.

به نظر می‌رسد که مارتین با یک مارگارت دیگر آشنا شده است؛ او پیش از رفتن به مدرسه رفتارهای آیینی اضطرابی زیادی را اجرا کرد، اما حالا به نظر می‌رسد با آن خودش را وفق داده است. نوعی بیماری پیوسته به خانه ما می‌آید که از کامل نشان دادن خودش اجتناب می‌کند. حالا اُولی قربانی شده است. (چهارمین قربانی)

همه کتاب رویا جز سه برگه آن چاپ شده‌اند. پیشگفتاری که قبلاً به تو نشان داده بودم، همان‌طور باقی مانده است. آخرین جمله در مورد «آینده» که تو آن را مستثنی کردی، ارتقا یافته و بنابراین، قابل فهم شده است.

با صمیمانه‌ترین احترام‌ها و درودها برای همه شما!

با احترام!

زیگموند

۱. هنری روتگرز مارشال Henry Rutgers Marshall درد، لذت و زیبایی‌شناختی: *مقاله‌ای در مورد روان‌شناسی درد و لذت، با ارجاع خاص به زیبایی‌شناختی*. (در لندن، مک میلان ۱۸۹۴)

۱۱، اکتبر ۱۸۹۹
۹، برگاس ۱۹

ویلهلم عزیز!
سیستم روانی Ψ
هیستری-بالینی
جنسیت -ارگانیک

به اندازه کافی عجیب است، چیزی در پائین‌ترین طبقه در دست کار است. نظریه جنسیت می‌تواند جانشین بی‌واسطه کتاب رویا باشد. امروز چند چیز عجیب برایم روی داد که هنوز خیلی خوب آن‌ها را درک نمی‌کنم. تا جایی که به من مربوط است، هیچ تردیدی در ژرف‌اندیشی وجود ندارد. این روش کار کردن همراه با فعالیت شدید و سپس دوران آرامش است. فقط خدا تاریخ پیش‌رانه بعدی را می‌داند، مگر این‌که تو هم فرمول مرا فهمیده باشی. اگر چیز بیشتری پیش بیاید، ما نمی‌توانیم از بحث و همکاری اجتناب کنیم. به هر حال، چیزهای وحشی وجود دارند که بعضی از آن ها را در اولین دوره بهره‌وری طوفانی حدس زده بودم.

باز هم می‌آیند، آشکال ثابت می‌آیند.[1]

براساس محاسبات پیشین تو، یک دوره بهره‌وری، ۱۹۰۱-۱۹۰۰ (هر هفت سال و نیم یک بار) پیش رویم قرار دارد.

خداحافظ.

با احترام!

زیگموند

اسکار شروع کرده به اشتیاق نشان دادن.

۱. از قسمت اهدای فاوست اثر گوته Ihr naht Euch wieder, schwankende Gestalten.

۱۷ اکتبر ۱۸۹۹
۹، برگاس ۱۹

ویلهلم عزیز!
چه خواهی گفت اگر خودارضائی خودش را تا همجنس‌گرایی تقلیل دهد و همجنس‌گرایی، یعنی همجنس‌گرایی مردانه (در هر دو جنس زن و مرد) شکل مقدماتی میل جنسی باشد؟ (اولین هدف جنسی، مشابه با هدف بچگانه -آرزویی که فراتر از دنیای درونی نمی‌رود). به‌علاوه، اگر لیبیدو و اضطراب هر دو مردانه بودند چه؟
از صمیم قلب!
با احترام!
زیگموند

وین، ۲۷ اکتبر ۱۸۹۹
۹، برگاس ۱۹

ویلهلم عزیز!
با تشکر از کلام محبت‌آمیزت در پاسخ به فرستادن کتاب رویایم برای تو. مدت زیادی است که با این چیز وفق پیدا کرده‌ام و منتظرم که سرنوشت آن فرا برسد -تعلیق از بین رفته. اگر کتاب سر وقت روی میز تولد تو نرسید که می‌خواستم این‌طور باشد، دلیلش شرایطی است که من آن را در نظر نگرفته بودم؛ این‌که اداره پست فقط به عنوان بسته پستی آن را خواهد پذیرفت.
فرستادن آن را طوری زمان‌بندی کرده بودیم که گویی یک نامه ثبت شده است. بنابراین، شاید خیلی دیر به دستت رسیده باشد؛ از دیگر لحاظ‌ها مطمئناً خیلی زود خواهد رسید. در ضمن، هنوز منتشر نشده است؛ تاکنون فقط همین دو کپی ما روشنایی روز را دیده‌اند.[1]

حالا، مانند پنج کتاب دیگر، دارم روی آن فکر می‌کنم -باید روی آن‌ها وقت بگذاریم- یک زندگی طولانی،[2] مطلب، ایده‌ها، رهایی از تداخل‌های جدی و چه کسی می‌داند دیگر چه؛ حتی یک فشار قوی گاه‌وبیگاه از یک «اقامتگاه دوستانه». در حال حاضر، دوباره این رشته قطع شده است. بنابراین، هیچ پاسخی برای سؤالات تو ندارم. من دارم به دنبال نقطه درست حمله می‌گردم. پدیده‌های پاتولوژیکی در بسیاری موارد با شکل‌گیری‌های حوزه جنسی هم مطابق هستند و برای تفکیک‌پذیری نامتناسب‌اند.

حال و حوصله خوب من در این روزهای بد تغییری نکرده است، اما باز هم تنبل شده‌ام و هیچ ایده‌ای ندارم. در خانه، همه‌گیری سرماخوردگی هنوز هم قربانیان جدیدی پیدا می‌کند. ما نگران ارنست شده‌ایم که از زمانی که به وین رسیده هر چند روز یک بار و با هر بهانه‌ای تب می‌کند، اسهال دارد و وحشتناک به نظر می‌رسد و با این وجود، آن‌قدر روحیه‌اش بالاست که هرگز نپذیرفته بیمار است.

بیست و هشت اکتبر. دیشب بعد از مدت‌ها، یک بار دیگر اسکار و ملانی را دیدم. یعنی برای بازی تاروک.[3] به جز این، بیشتر اوقات، روزها به آن‌جا می‌روم. نقطه ضعف من در مقابل هر دوی این انسان‌های معمولی، برای تو مشخص است. خوشبختانه، از شام فرار کردم -گل کلم و مرغ که از هر دویشان متنفرم. اسکار استدلال‌هایش را در مورد تفسیر *هملت* من اعلام کرد که یک بعدازظهر پس از تئاتر به ذهنش رسیده بود. خواهرزنت ماری، مانند دختران چشم‌به‌راه، رنگ پریده به نظر می‌رسد. به علاوه، من گاه‌گاهی نوربرت را می‌بینم؛ خیلی متأسفم که او هنوز هم پر از اضطراب است؛ عاشق پدرش است و خیلی کم صحبت می‌کند. بچه کوچک در حال رشد نیست، اما شاد است. من تمام دلایلی را که تصور کنم آرتور شیف با گرتل بروئر نامزد کرده، دارم، (البته، یک راز بزرگ است) اما من همه‌جور چیزی را حدس می‌زنم. بنابراین، یافته‌های مربوط به بینی تو می‌توانند در آینده‌های نه چندان دور به رسمیت شناخته شوند. ازدواج سیاسی.

می‌بینی وقتی که انسان نخواهد در مورد نگرانی‌هایش یا علم متولدنشده‌اش حرف بزند، شروع به غیبت کردن می‌کند. دیگر بس است!

اگر همه‌چیز باز هم به سمت نظریه جنسی به جنبش دربیاید، باید با چند خط معمایی تو را غافلگیر کنم. در عین حال، همه خوشحالی‌ها را برای آنچه امسال و این قرن (برای [بچه] تشکیل‌نشده)[۴] به همراه خواهد آورد، برای شما دو نفر آرزو می‌کنم. فکر می‌کنم در دسامبر؟

با صمیمانه‌ترین درودها!

با احترام!

زیگموند

۱. این کتاب که پسر فلیس، رابرت با خودش به آمریکا برد، الان جزء دارایی‌های من است. فقط چند تذکر وجود دارد که فلیس انجام داده است، احتمالاً به خاطر این‌که پیش‌تر در اثبات‌هایی که فروید به او می‌فرستاده، تذکرها را داده بوده است. هرچند، دو نکته را یادداشت می‌کند که فروید در آن‌ها به جای استفاده از ساختارهای گرامری استاندارد آلمانی، از ساختار وینی استفاده کرده بود.

۲. کلمه آلمانی آن Lebenzeit است که به‌طور تحت‌اللفظی یعنی مادام‌العمر.

3. taroc

4. *Für den Utigebildeteti*

احتمالاً فروید دارد به کودکی که قرار است متولد شود، اشاره می‌کند.

۵ نوامبر ۱۸۹۹

۹، برگاس ۱۹

ویلهلم عزیز!

نمی‌توان گفت که تو بیش‌ازحد فصیح هستی. نمی‌خواهم از مثال تو پیروی کنم. هرچند، یک یکنواختی افسرده‌کننده بیان کردن آن را دشوارتر نیز کرده است. دیروز، بالاخره کتاب چاپ شد. نام پدر هانیبال همان‌طور که همیشه می‌دانستم و ناگهان به خاطر آوردم، همیلکار بود و نه هاسدروبال. بچه‌ها و کسب‌وکارم هر دو

ناخوش‌اند. یک بداخلاقی آسیب‌شناسی را در سوم نوامبر به تو گزارش می‌کنم؛ یک میگرن عجیب در چهارم نوامبر. (یعنی روز بعد)

دوست داشتم در مورد نظریه جنسی برایت بنویسم، چون چیزی دارم که باورکردنی است و در عمل ثابت شده و فقط این است که هنوز ناچیزترین ایده را در مورد این‌که با جنبه زنانه (†††)[1] چه کار کنم، ندارم و این سبب می‌شود نتوانم به هیچ‌چیز اعتماد کنم. به جز این، توضیحات آهسته پیش می‌آیند. حالا این‌جا، حالا آن‌جا و در کل کمی اوقات فراغت به من می‌دهند. بین آن‌ها به عنوان یک بخش انتخابی؛ الان می‌فهمم که رویاهای صادقه چطور پیش می‌آیند و مفهومشان چیست.[2] در مورد بقیه چیزها، دوست دارم خیلی زود خبری بشنوم از تو و این‌که همسر و فرزندانت چطورند.

از صمیم قلب!

با احترام!

زیگموند

۱. فروید سه صلیب می‌کشد. این علامت گاهی اوقات روی درهای داخلی خانه‌های روستایی کشیده می‌شد تا از خطر محافظت کند.

۲. «رویای صادقه به واقعیت تبدیل‌شده» فروید را ببینید. تاریخ این دست‌نوشته مربوط به ۱۰ نوامبر ۱۸۹۹ است.

وین، ۷ نوامبر ۱۸۹۹

۹، برگاس ۱۹

ویلهلم عزیز!

از خبر و نامه‌ات بسیار شگفت‌زده و متشکرم که اولین روز این فصل را به یک روز برجسته تبدیل کرد. با خوشحالی از یک کشور خارجی راه انحرافی می‌زنم تا مشهور شوم. به‌طور خاص از یک [بیمار] آلمانی استقبال می‌شود. تشخیص تو، سن او، به نظر می‌رسد همه‌چیز نویدبخش است، اما او باید خیلی زود بیاید چون -چقدر عجیب- در همان روز دو بیمار احتمالی نیز با من تماس گرفتند، یکی از

آن‌ها زن به شدت نیازمندی از وارسا بود که با کرافت-ابینگ بوده است و همچنین یک زن وینی. ممکن است هر دوی آن‌ها به این‌جا بیایند و احتمالاً در یک دوره یک هفته‌ای به نتیجه برسند. از سوی دیگر، هیچ‌چیز از هیچ‌یک از آن ها به‌دست نخواهد آمد.

یک سؤال کاربردی: تاکنون بیماران خارجی را در پانسیون وین در میدان ماکسیمیلیان (فرانکگاس ۸) اسکان می‌دادم که توسط بیوه بسیار نجیب یک دکتر اداره می‌شود و اگر لازم باشد تا حدی به بیماران کمک می‌کند. مردم به طور منطقی راضی شده‌اند. همچنین خانه‌های زیباتری[1] در منطقه، در نزدیکی خانه من وجود دارد. بسته به ماهیت مورد، ممکن است فرد یک پرستار ساده و شاید هم پرستار تربیت‌شده‌تری را انتخاب کند. هیچ شکی نیست که در مورد زن‌ها و دخترها غیرقابل اجتناب است. من مدت‌ها قبل از دی. اف. در مورد پانسیون وین شنیدم. فکر می‌کنم بیش از کارهای بینسواگنر[2] می‌توان در این‌جا کار انجام داد. هرچند، بیشترِ آن به بیمار بستگی دارد. گمان‌های من در مورد نظریه جنسی، امسال انگیزه جدید و قدرتمندی برای تحلیل ایجاد کرده‌اند، اما هنوز هم فقدان وضوح و ضعف درمانی مطابق با آن وجود دارد. حاصل سال گذشته، خیال‌پردازی‌ها، به طور عالی آزمایش را پشت سر گذاشتند؛ زمینه برای دامنه گسترده‌تری ارائه شده است، بدون این‌که از تحلیل فرار کند. معمایی در بخش اثرات کمین کرده است.

به‌تازگی، کتاب را فرستاده‌ام. اولین واکنش ملموس، پایان رفاقت با یک دوست عزیز بود که از نام بردن همسرش در رویای non vixit[3] ناراحت بود. مینا از کنتس والنستین و کنتس ترِچکی بعد از پذیرفته شدنشان در دربار وین نقل می‌کند: می‌توانیم طردشدگی‌های بیشتری را انتظار داشته باشیم. جِی. جِی. دیوید (نویسنده) قول یک مقاله انتقادی در مجله نِیشِن را داده است.

نامه‌های ما هم‌زمان شده‌اند. سکوت تو مرا پریشان کرده بود. امیدوارم تو هم روزی بین دو نامه ارجاعی، نامه بنویسی.

محاصره سرماخوردگی به پایان رسیده است. فقط ارنست هنـوز کمـی تـب دارد. برادرم که در آکادمی صادرات مدرس شده است، حالا در آکادمی اورییِنتـال هـم تدریس می‌کند و به نظر می‌رسد مقام برجسته‌ای در سیستم تعرفه اتریش باشـد. این برایش خوب است، جایگاه اساسی او هنوز بی‌ثبات است.

می‌خواهم به‌طور محرمانه به تو بگویم که کم‌کم در نظر داریم، آپارتمانمـان را در شهر رها کنیم و به حومه شهر برویم. شاید هم نباید این کار را بکنـیم. مشـکلات تابستان حل‌نشده باقی مانده‌اند.

امیدوارم که خیلی زود خبرهای خوبی از سه فرزندت دریافت کنم.

از صمیم قلب!

زیگموند

۱. در اصل به زبان انگلیسی آمده است.

۲. ایـن نظـر در مـورد رابـرت بینسـوانگر Robert Binswanger و آسایشـگاه او از هرشمولر Hirschmüller (۱۹۷۸، صفحه ۱۵۲) است: آسایشگاه بلوو در کروزیلِنگِن توسط لودویک بینسوانگر سینیور تأسیس شد و بعد از مرگ او در سال ۱۸۸۰ توسـط پسرش، رابرت بینسوانگر اداره شد. این مرکز از ایـن شـهرت بهـره بـرد کـه یکـی از بهترین و مدرن‌ترین آسایشگاه‌های خصوصی برای بیماری‌های اعصاب و روان اسـت. مراجعه‌کنندگان آن بین‌المللی بودند و در اصل به طبقات بالاتر جامعه تعلق داشـتند و به شدت براساس اصول عدم محدودیت اداره می‌شد و برای تماس بیماران با افـراد سالم، مانند خانواده پزشک معالج، ارزش بالایی قائل بود. فروید از طریق بروئر که آنـا اُ. Anna O. و دیگر بیمارانش را به آن‌جا فرستاده بـود، ایـن مرکـز را مـی‌شـناخت. فروید هم بعدها بیمارانش را به آن‌جا ارجاع می‌داد.

۳. این اشـاره‌ای اسـت بـه بتـی پَنِـث Betty Paneth، همسـر ژوزف پنـث Josef Paneth (۱۳۵۷-۱۸۹۰) که بعد از فروید دستیار بروک در مؤسسه روان‌شناسی وین شده بود. این متن نشان می‌دهد که احتمالاً خانم پنث بـا ایـن‌کـه در کتـاب *تفسـیر خواب* به او اشاره شد، مخالفت کرده بود. (S.E. ۵ :۴۸۴): «زمانی بود که مـن بایـد دوست خودم ژوزف (پنث) را به خاطر نگرش این‌چنینی‌اش سرزنش می‌کردم: -Ote toi que je m'y mette! او در آزمایشگاه بروک به عنوان معترض، پا جای پای مـن گذاشته بود، اما پیشرفتش در آن‌جا آهسته و ملال‌آور بـود. هـیچ‌یـک از دو دسـتیار

بروک تمایل نداشتند جای او باشند و جوان صبوری هم نبود. دوست من که می‌دانست نباید انتظار عمر طولانی را داشته باشد و هیچ پیوند صمیمانه‌ای با مافوق خود نداشت، گاهی اوقات با بی‌صبری فریاد می‌زد. زیرا این مافوق [فلیشل] واقعاً بیمار بود. شاید آرزوی پنث برای از میان برداشتن او نسبت به امید محض به ترفیع، معنی بدتری، داشته است».

وین، ۹ نوامبر ۱۸۹۹
۹، برگاس ۱۹

ویلهلم عزیز!
پس حق با من بود که به خاطر سکوت تو اعتصاب کنم و آن را بدشگون بدانم. من در فرمول‌بندی توضیحی برای خودم، راه درست را می‌رفتم. هرچند، از آن دست کشیدم، چون می‌دانم عاری از هر شیگان[1] عصبی هستی. حس کردم چیزی در کتاب رویا وجود دارد که تو از آن سر باز می‌زنی. گرچه، فکر می‌کنم لازم نیست میان دوست‌ها این قید وجود داشته باشد که هر کدام فقط در مورد رویدادهای خوشایند از دوستشان تمجید کنند. اگر سرنوشت به‌طور مطلوب به این سمت نرود، این چه بر سر ما خواهد آورد؟ من همیشه متفاوت رفتار کرده‌ام؛ برای هفته‌ها هر وقت دلیلی داشتم به تو گلایه می‌کردم و روی خطرِ روی گرداندن تو ریسک می‌کردم، اما انتظار داشتم که دل‌زده نشوی؛ هرچند، مطمئناً ترجیح می‌دادم در مورد چیزهای خوشحال‌کننده و امیدوارکننده برایت صحبت کنم. اگر مسئله‌ای در مورد خانواده‌ات و حلقه بزرگتر خانوادگی‌ات وجود دارد که می‌خواهی آن را محرمانه نگهداری، فقط کافی است یک کلمه بگویی؛ همان کاری که این بار کردی. می‌دانم وقتی که دلیلی وجود دارد چطور ساکت بمانم و این بار در اثبات آن شکست نخورده‌ام.
پس پائولینشن بیچاره خیلی درد می‌کشد و من حتی او را نمی‌شناسم. فرزند کوچک خواهرم که بسیار ضعیف بود و شش ماه پیش حالش بد شد، حالا پر از نیرو است و شیطان شده و همچنین در مواردی مانند این، اولین و بهترین فکر ما

این است که بچه‌ها بر خیلی چیزها فائق می‌آیند. وقتی که ماتیلده برای دومین بار به دیفتری مبتلا شد، یکی از همکارانم در دانشگاه پزشکی به خانه شماره ۱۹ آمد و آن‌طور که دربان بعدها به ما گفت پرسیده بود که آیا دختر فروید فوت کرده است یا نه. خیلی مسیحی بود، اما دخترم هنوز زنده است. خوشبختانه، هم از نظر قد و هم از نظر وزن رشد مناسبی دارد. همه‌گیری سرماخوردگی همراه با تب بقیه بچه‌ها را هم مبتلا کرد و برخی از آن‌ها دچار اسهال هم شدند. بدترین چیز در مورد آن این بود که بعضی از بچه‌ها چند بار به آن مبتلا شدند. درست امروز، سوفی یک بار دیگر دچار اسهال و تب شد، در حالی که گلودرد و سرماخوردگی بقیه داشت بهبود می‌یافت. به‌علاوه، در دو هفته گذشته، تب ارنست بدون هیچ دلیل مشخصی در بعدازظهرها بالا می‌رفت. دو مادر اصرار دارند -فقط برای این‌که مرا مضطرب کنند- که او دقیقاً شبیه برادرشان ایزاک است، که بر اثر بیماری سل فوت کرد.

با خوشحالی در مورد رویای صادقه‌ای که جواب آن را پیدا کردم و بخش کوچکی از نظریه جنسی، برایت خواهم نوشت و مطمئناً وقتی سرت دوباره خلوت شد و کارکرد دست من هم بهتر شد، این کار را انجام خواهم داد. چون بدون شک در فاز گرفتگی عضلانی خفیف نویسندگی هستم، همان‌طور که شاید از دست‌خطم متوجه شده باشی، به خاطر یادداشت‌برداری از چهار تحلیلم در هر بعدازظهر شدیدتر شده است. امروز، برای من غیرممکن است که بتوانم چیزی را با لذت بنویسم.

منتظرم که خیلی زود خبری از تو دریافت کنم، حتی اگر خیلی مختصر بنویسی و همچنین به من خبر بدهی که حال همسر و بچه‌هایت خیلی خوب است.

با صمیمانه‌ترین درودها و افسوس همیشگی برای این‌که از هم دوریم!

با احترام!

زیگموند

1. Schigan

واژه ییدیش (عبری) به معنای «جنون»

۱۲ نوامبر ۱۸۹۹[1]

۹، برگاس ۱۹

ویلهلم عزیز!

خیلی خوشحالم که پائولینشن‌ات بهبود پیدا کرده است. به این دلیل که من همیشه انتظارات بدبینانه‌ای دارم، خیلی ناراحت شده بودم. پس از این‌که تسلیم مرگ شد دیگر نمی‌تواند به سن پیری برسد، همان‌طور که خردِ این حدیث قدیمی می‌گوید.

البته، من باید همه سازماندهی‌های لازم را برای راحتی مکان استراحت و مراقبت خانم جی.[2] انجام بدهم؛ همان کاری که برای همه بیماران خارجی‌ام انجام می‌دهم. به نظر نمی‌رسد چیزی از دو بیمار دیگر به‌دست بیاید. دیگر خبری از آن‌ها ندارم. مردم دائماً به اشتباهات عجیب در کتاب رویا اشاره می‌کنند. محل تولد شیلر، به جای مارباخ، ماربورگ[3] نوشته شده است. پیش‌تر هم در مورد نام پدر هانیبال گفته بودم که به جای همیلکار، نام او را هاسدروبال نوشته‌ام. هرچند این‌ها خطاهای علائم حافظه نیستند بلکه جابه‌جایی‌اند. منتقدان چیزی بهتر از برجسته کردن این بی‌دقتی‌ها که اصلاً بی‌دقتی نیستند، پیدا نمی‌کنند.

بالاخره حال همه خوب شده است.

حالا که خطر گذشته است، مطمئناً اجازه خواهی داد بدانم که دخترت به چه بیماری‌ای مبتلا شده بود.

از صمیم قلب!

با احترام!

زیگموند

۱. فروید به اشتباه ۹۹/۱۲/۹ نوشته بود.

۲. در کتابخانه کنگره، دو نامه از فروید به بیمار ذکرشده در این نامه، وجود دارد. اولین نامه که تاریخ آن مربوط به ۱۴ آگوست ۱۹۱۱ است، با این جمله طعنه‌آمیز شروع می‌شود: «اول از همه می‌خواهم برای دست یافتن‌تان به این مطالب مزخرف به شما ادای احترام کنم. شما تلاش کردید که پدر و مادرتان را که روی‌هم‌رفته ۱۵۰

سالشان است، به ادبیات تحلیلی علاقه‌مند کنید». دومین نامه مربوط به تاریخ ۲۵ مارس ۱۹۱۴ است و از بیمار درخواست می‌کند که در مورد وضعیتش گزارش بدهد و با این جمله نامه را به پایان می‌رساند: «دوست قدیمی شما، فروید».

۳. ارجاع به ۲۱۹-۲۱۷ :۶ .S.E (Marburg)

وین، ۱۹ نوامبر ۱۸۹۹[۱]

۹، برگاس ۱۹

ویلهلم عزیز!

بعدازظهر یکشنبه، دوازدهم، باز هم حالم بد شد. به دلایلی که اصلاً برایم مشخص نبود، بداخلاقی‌ام ادامه یافت و با میگرن سر و درد قلب تشدید شد و با میگرن سر در روز سه‌شنبه کاملاً پایان یافت. بنابراین، از آن زمان به بعد نه تنها حالم خوب شده است بلکه کاملاً خوشحالم. می‌خواهم این افسردگی خفیف دوره‌ای را تحت نظر داشته باشم؛ معنای آن کاملاً برای من نامشخص است. این حمله بسیار کوتاه‌تر از حمله پیش بود که آن را هم صادقانه برایت گزارش کرده بودم.

من سه‌شنبه در بوداپست بودم. یک بیمار مرا فراخوانده بود، اما مشخص شد که خیلی درآمدزا نیست. من صبحِ جمعه برگشتم که خانم جی. را همراه با خانم ای. پیدا کنم. امروز اولین کنفرانس را به او ارائه دادم. طبیعتاً، هنوز چیزی به جز آنچه خانم ای. به من گفته است، در موردش نمی‌دانم. او هنوز هم توده درشتی از بدبختی است و به نظر می‌رسد لجوج و انزواطلب است و با زنگار ضخیم سازمان‌یافته پوشیده شده است که اول باید آن را تراشید. طبیعتاً، ناهمخوانی شرایط زندگی در مقایسه با مؤسسه در ابتدا سبب می‌شود که بسیار ناخشنود شود. آن‌ها سعی کردند در آن‌جا با همدردی متداول و با علاقه‌مند کردن او به صفحات هنری (مجموعه هِرث) درمانش کنند و سپس او را در خیال‌پردازی هایش باقی بگذارند. خب باید ببینیم. اگر این را تحمل کند، همه‌چیز را در مورد این بیمار که به خاطر او مدیونت هستم به تو خواهم گفت.

او در یکی از پانسیون‌هایی که ذکر کرده‌ام، اتاق اجاره کرده است، اما از آن‌جا راضی نیست. باید از این مسئله دور بمانم. چون با سعی در برآوردن احتیاجات او که تا حدی روان‌رنجور و تا حدی هم در وین نامتناسب‌اند، خودم را خسته می‌کنم. بهترین جا آسایشگاه خودم است، اما من آسایشگاه ندارم.

من خانم ای. را دوست دارم. خب، باید ببینم.

کار بیهوده‌ای است که بخواهیم انسان را کمی تعلیم دهیم. تاکنون کسی به من نگفته است که برای یادگیری چیز جدیدی از کتاب رویا و معرفی دنیایی از مسائل جدید، خودش را مدیون من می‌داند.

«خیلی جالب»؛ این‌که سپس آن را به عنوان رفتار تحقیرآمیز در نظر گرفتند.[۲] تنها واکنش لذت‌بخش آن‌ها یک نامه از طرف دکتر گومپرزِ پسر[۳] بود که اکنون روش تفسیر خواب را بعدازظهرها با من بررسی می‌کند. این نامه را نیز در ضمیمه برایت می‌فرستم. نمی‌خواهم بیشتر از این ذکر کنم که اولین تلاش‌هایم منجر به مطالب بسیار فراوان شد. او فردا هم بازمی‌گردد. آیا او شاگرد من می‌شود؟ او نسبت به قبلی، شاگرد بهتری خواهد بود.

حال همه در خانه خوب است، به جز آنرل که کمی سرما خورده است. مارتین خیلی سریع دارد در مدرسه سرسخت می‌شود و تاکنون خیلی پیشرفت نکرده است. هجی کردن و ریاضی او آن‌قدر ضعیف است که مشخص نیست آیا سال بعد در دبیرستان پذیرفته می‌شود یا نه. در ضمن، او الان دارد در طراحی، خیال‌پردازی می‌کند و کاملاً بر اخلاقش کنترل دارد.

علم دارد استراحت می‌کند، همان کاری که همیشه وقتی که به جزئیات درمانم مشغول هستم، می‌کند. در خصوص نظریه جنسی، هنوز می‌خواهم منتظر بمانم. هنوز هم بخش متولدنشده به چیزی که پیش‌تر متولد شده، چسبیده است.

اما حالا می‌خواهم خیلی زود در مورد پائولینشن و همسر و دو فرزند دیگرت بشنوم. حیف که کسب‌وکار آن‌قدر خراب است که من از حرکت بازمانده‌ام.

دوست داشتم فقط برای یک روز می‌توانستم به برلین بیایم. می‌توانستم تمام چیزهای خنده‌دار در مورد وین را به تو بگویم.
و رم؟ کارلسباد؟ و دیداری که از مدت‌ها پیش در خاک کلاسیک منتظرش هستیم؟ دارم لایه‌های جدیدی از کنار گذاشتن آرزو را تجربه می‌کنم. باید خیلی خوشحال باشم که یک روز از تو بشنوم این رویا به واقعیت تبدیل خواهد شد.
از صمیم قلب!
با احترام!
زیگموند

۱. فروید به اشتباه، ۹۹/۹/۱۹ نوشته بود.

۲. عبارت آلمانی آن: Sehr interessant, das halten sie dann fur Herablassung

۳. فروید یک رابطه طولانی‌مدت با خانواده گومپرز Gomperz داشت. تئودور گومپرز، استاد معروف فلسفه در وین از او خواسته بود که جان استوارت میل را ترجمه کند و در سال ۱۹۸۲ همسرش الیس گومپرز را درمان می‌کرد. پدر در نامه‌ای به پسرش هینریش گومپرز (۱۹۴۳-۱۸۷۳) که استاد فلسفه شد، می‌نویسد: «به نظر می‌رسد حال مادر از طریق هیپنوتیزم واقعاً دارد خوب می‌شود. فقط کاش درمان این‌قدر عجیب و کم آزمایش‌شده نبود». (سیزده نوامبر، ۱۸۹۲) این نامه توسط رابرت. ای. کان در صفحه ۲۳۴ کتاب تئودور گومپرز نقل شده است: *Ein Gelehrtenleben im Burgertum der franz-Josefs-Zeit* (Vienna: Osterreichische Akademie der Wissenschaften, 1974) برای فهمیدن رابطه هینریش گومپرز با فروید، تذکرات اتوبیوگرافی‌اش در کتاب *فردنگر* ۲۷۰-۲۵۴ (۱۹۴۳) ۲۴ را ببینید. گومپرز در آن می‌نویسد: «من حتی فروید را از پیش از روان-کاوی می‌شناختم و همیشه اصالت خلاق او و نفوذ روان‌شناسی‌اش را تحسین می‌کردم. هرچند، هرگز کاملاً در مورد صحت دیدگاه‌هایش متقاعد نشده بودم. وقتی که این *تفسیر خواب* برای اولین بار در سال ۱۸۹۹ منتشر شد، من خودم را «قربانی» آزمایشات نظریه او دانستم و برای چندین ماه در نیمه دوم سال ما سعی کردیم خواب مرا براساس روشی که او روی آن کار کرده بود، تفسیر کنیم. این تجربه کاملاً شکست خورد. می‌توانستم صادقانه به او تضمین بدهم که تمام چیزهای «وحشتناکی» که بیان می‌کرد، به وضوح و آشکارا و آگاهانه در ذهن من وجود دارند،

اما احتمالاً در خودم پنهانش کرده و آن‌ها را سرکوب می‌کنم. به‌طور خلاصه من «هیچ مقاومتی» نکردم و بعدها فهمیدم که فروید به یکی از شاگردانش گفته است که فقط خواب دو نفر را نتوانسته تحلیل کند و من یکی از آن دو نفر بودم. با این وجود، قانع شدم که بسیاری از مکانیزم‌های روانی کشف‌شده توسط او در زندگی‌های ما واقعاً نقش مهمی را ایفا می‌کنند و خود من هم در چند نمونه توانسته بودم با استفاده از بعضی از این روش‌ها بر «درمان‌های» شگفت‌انگیزی اثر بگذارم». من نامه‌ای دارم از گومپرز به فروید که تاریخ آن مربوط به ۵ می ۱۹۳۱ است و او در آن نامه می‌نویسد: «در واقعیت، خاطرات من از تو به پیش از سال ۱۸۹۹ برمی‌گردد و به‌تازگی، نامه‌هایی را دیده‌ام که در سال ۱۸۹۳ به مادرم نوشتی. این نامه‌ها را در میراث مادرم دیدم که مرا در مورد راز خانواده آگاه کرد. من در هر صورت پیش از این هم به دنبال فهمیدنش بودم». مجموعه‌ای از نامه‌های ردوبدل‌شده بین فروید و گومپرز در مارسفیلد گاردن وجود دارد. هرچند، تاریخ بعضی از آن‌ها به سال ۱۸۹۹ برمی‌گردد، اما جزئیات بیشتری را در مورد «تجربه رویایی» که گومپرز در اتوبیوگرافی خود بیان می‌کند، آشکار نمی‌نماید. به نظر می‌رسد فروید واقعاً گومپرز را درمان نکرده است، اما امیدوار بوده او را به شاگردی تبدیل کند که بتواند از روش تفسیر خوابش استفاده نماید.

وین، ۲۶ نوامبر ۱۸۹۹

۹، برگاس ۱۹

ویلهلم عزیز!

بگذار یک بار خوش‌بین‌تر از تو باشم. من فقط می‌خواستم بدانم بیماری پائولینشن چه بوده است و بعد از بهبودی‌اش آیا سایه‌ای بر دورنمای آینده او می‌اندازد یا نه. به این دلیل که اگر بیماری او وبای کودکان یا چیزی مانند آن بوده باشد، این حق را به خودم می‌دهم که تصادف را کاملاً تحقیرآمیز بدانم. او هم به خوبی رشد خواهد کرد و بزرگ خواهد شد که این در نتیجه خون خوب اوست. من منتظر روزی هستم که او را در اتاق بچه‌ها ببینم که حالا بزرگ شده است.

خانم جی. واقعاً دیوانه است، اما کار روی او ناامیدکننده نیست. چون چیزهای جدیدی یاد گرفته‌ام. دارم نوعی خاطرات روزانه در مورد او می‌نویسم که بعدها در تلاش برای نشان دادن قدردانی‌ام از تو، باید به تو بدهم تا نگاهی به شیوه و ماهیت این مورد بیندازی. تلاش‌های من در ثبت‌نام [بیماران جدید] واقعاً هیچ نتیجه‌ای دربرنداشته است. شبه درمان‌های ارائه‌شده توسط آسایشگاه بسیار بد هستند. من ترجیح می‌دادم او بیمار و دلسرد باشد. او دارد خسته می‌شود و از نظر آمادگی برای درمان، تمام مقاومت‌ها را دارد. او هنوز کاملاً درگیر [تحلیل] نیست. جالب این‌جاست که او از هر دو طرف اصل‌ونسب یهودی دارد.

کتاب رویا هنوز هیچ واکنش شدیدی در پی نداشته. تاکنون فروش آن رضایت‌بخش بوده است. فیلسوف من، هری. جی.[1] بسیار جالب است. فرضاً او هیچ‌چیز را باور نکرده، اما همه‌جور ایده زیبا و شوخی‌ای دارد و به‌تدریج دارد شکوفا می‌شود. او به‌تازگی یک کرون [سکه] را در این‌جا گم کرده است؛ یعنی در عمل نشانگر، آن را به عنوان دستمزد این‌جا گذاشت. زیرا حس می‌کرد که دارد مرا «استثمار» می‌کند. رویاهایش دائماً مرا به یاد رویاهای خودم می‌اندازد که سپس او آن‌ها را فراموش می‌کند. به نظر می‌رسد تفسیر رویا برای دیگران سخت‌تر از آن چیزی است که من بیان کرده‌ام.

دکتر سب. لُوی[2] احتمالاً فکر کرده در بسیاری از متن‌ها به او اشاره شده و در خانه اعتصاب کرده است. خیلی برایم جالب بود که بدانم آیا یک فرد غیرروان رنجور می‌تواند از این کتاب چیزی بفهمد یا نه.

هنوز تصمیمی در مورد تابستان نگرفته‌ام. دارم به یک معبر (به وینترنیتز) فکر می‌کنم که تبدیل به یک درخواست شده است و دائماً آن را به تعویق می‌اندازم. امید به حفظ وضع موجود هم سبب حذف این فکر می‌شود. ایجاد کردن تغییرات در این کشور بسیار سخت است.

من در واقعیت دارم از افسردگی خفیف خود سود می‌برم، چون به‌طور دوره‌ای شروع می‌شوند؛ من در دوره‌های بین آن‌ها احساس می‌کنم خیلی بهتر از قبل

هستم. از آن جا که تو به آن‌ها علاقه‌مندی، اجازه می‌دهم که تاریخ وقوع افسردگی بعدی را بدانی.

به جز این، همه‌چیز در حال چرت زدن و آماده شدن است. *نظریه جنسی و اضطراب*، عنوان کار بعدی من است که در عمق وجودم بیشتر از آن‌که بدانم پیشرفت کرده است. زیرا در مورد آن خیلی مطمئنم. تمام چیزی که می‌توانم در موردش به تو بگویم بخش نسبتاً ناکامل آن است. در مقابل خوشحال می‌شوم در نامه‌هایت بخوانم که کار تو نیز آشکارا و به وضوح و در روشنایی کامل، در حال پیشرفت است؛ اما این روش کار کردن بدون شک با مطلب پنهان من متناسب نیست.

حال همسر و بچه‌هایم خوب است. خانم ای. که امروز با آن‌ها به پرِیتر رفت، مطمئناً گزارش‌های کاملی را به تو و همسرت خواهد داد.

با صمیمانه‌ترین درودها!

با احترام!

زیگموند

۱. فروید از کلمه انگلیسی استفاده کرده بود، احتمالاً ارجاعی خنده‌دار به نام واقعی هینریش گومپرز.

۲. شروتر بیان کرد سباستین لِوی Sebastian Levy، یک پزشک برلینی و دوست فلیس بود (کتاب دوره‌های زندگی فلیس، صفحه ۷۷) را ببینید. دست‌نوشته را می‌توان لِب لُوی Leb lowy هم خواند.

وین، ۹ دسامبر ۱۸۹۹

۹، برگاس ۱۹

ویلهلم عزیز!

عطش من برای اطلاعات شخصی در مورد تو با حضورت در این‌جا تا حدی آرام شده است. بنابراین، حس می‌کنم آزادم که باز به مطالب علمی برگردم.

به‌تازگی، موفق شدم که نگاهی به یک چیز جدید بیندازم. مشکل پیش روی من، «انتخاب روان‌رنجوری» است. چه زمانی یک فرد به جای این‌که پارانویایی شود هیستریایی می‌شود؟ در اولین تلاش خام خود که زمانی انجام شد که هنوز داشتم سعی می‌کردم به زور سنگر را حفظ کنم، فکر کردم به سنی بستگی دارد که حادثه جنسی در آن رخ می‌دهد؛ یعنی سن فرد در زمان تجربه. چیزی که خیلی وقت پیش آن را رها کردم، اما بعد از آن، تا چند روز پیش که ارتباط با نظریه جنسی را پیدا کردم، هیچ سرنخی نداشتم.

پائین‌ترین لایه جنسی، خودتحریکی است که با هر هدف روانی-جنسی متوقف می‌شود و فقط به دنبال احساس خشنودی موضعی است. بعد از آن، لیبیدوِ دگرگرا (دگرخواهی-همجنس‌خواهی جنسی) است، اما مطمئناً به عنوان یک جریان پنهانی ادامه پیدا می‌کند. هیستری و (انواع آن، روان‌رنجوری وسواسی) لیبیدوِ دگرگرا است، زیرا گذرگاه اصلی آن همانندسازی با عزیزان است. پارانویا تطبیق هویت را از بین می‌برد و تمام عزیزان دوران کودکی را که رها شده‌اند دوباره در ذهن مستقر می‌کند (با مبحث رویاهای خودنما مقایسه کن) و خود ایگو را تسلیم افراد نامربوط می‌کند. بنابراین، به جایی رسیده‌ام که پارانویا را موج روبه‌جلوی جریان خودتحریکی، به عنوان برگشت به حالت قبل بدانم. شکل‌گیری انحراف مطابق با آن نیز اصطلاحاً جنون ناشناخته است. روابط خاص بین خودتحریکی و «ایگوِ» اصیل، ماهیت این روان‌رنجوری را مشخص خواهد کرد. در این نقطه باز هم ارتباط قطع می‌شود.

دو بیمار دارم که تقریباً به‌طور هم‌زمان دچار سرزنش [خود] ناشی از پرستاری از والدینشان و مرگ آن‌ها شده‌اند و به من نشان دادند که رویاهایشان در این باره متداول است. سرزنش در هر مثالی خود را مستلزم انتقام می‌داند، شادی کینه‌توزانه که با مشکلات دفع (ادرار و مدفوع) فرد بیمار ارضاء می‌شود. درواقع، گوشه نادیده گرفته‌شده زندگی روانی است.

ال. در حال پیشرفت است، اما احتمالاً یک کارگر کُند باقی خواهد ماند. هرچند، هیچ دلیلی برای ترس از شکست در برهه‌ای از زمان نمی‌بینم.

چهارده دسامبر. درواقع، خیلی نادر است که تو پیش از من نامه بنویسی. سردی چند روز گذشته مانع از به پایان رساندن نامه‌ام شد. کریسمسی که در آن باید از خرید وسایل خودداری کرد، حال و حوصله را از بین می‌برد. ما کاملاً آگاهیم که وین مکان مناسبی برای ما نیست. صلاح این است که تو را خیلی از خانواده‌ات دور نکنم. ادعای قبلی برخلاف ادعای صمیمانه بود. بنابراین، خداحافظی کردن من در ایستگاه فقط یک نماد بود.

خبر تو در مورد دوژنِ خواننده در برلین خیلی خوشحالم کرد. من باید در این‌جا هم خوانندگانی داشته باشم؛ هنوز زمان آن نرسیده است که مریدانی داشته باشم. چیزهای جدید و غیرقابل باور زیادی وجود دارد، ولی اثبات محکم اندک است. من حتی در متقاعد کردن فیلسوف خود هم موفق نبودم. هرچند، درخشان‌ترین مطالب تأییدی را برایم فراهم کرده است. هوش همیشه ضعیف است و برای یک فیلسوف آسان است که مقاومت درونی‌اش را به رد منطقی تبدیل کند.

باز هم دورنمایی از یک مورد جدید در آینده‌ای نزدیک وجود دارد. به جز سرماخوردگی من، سلامتی در میان ما حکم‌فرماست. پیش از این‌که به خانه شما برسد[1] باید باز برایت نامه بنویسم.

با صمیمانه‌ترین درودها برای همه شما!

با احترام!

زیگموند

۱. مشخص نیست منظور، سلامتی است یا سرماخوردگی.

وین، ۲۱ دسامبر ۱۸۹۹

۹، برگاس ۱۹

ویلهلم عزیز!

یک درود صمیمانه دیگر پیش از کریسمس که معمولاً یکی از زمان‌های ما برای ملاقات است. من بدون آینده‌نگری شاد نیستم. تو با رویای من که لجوجانه پایان درمان ای. را (در میان رویاهای پوچ) نوید می‌دهد، آشنا هستی و می‌توانی به خوبی تصور کنی این بیمار سمج چقدر برای من مهم شده است. حالا به نظر می‌رسد که این رویا تحقق یافته است. من با احتیاط می‌گویم: «به نظر می‌رسد»، اما کاملاً مطمئنم. پنهان‌شده در اعماق تمام خیال‌پردازی‌های او، صحنه‌ای از دوره اولیه او (پیش از بیست و دو ماهگی‌اش) را پیدا کردیم که همه شرایط لازم را دارد و در عین حال، جنسی؛ بی‌گناه؛ طبیعی و غیره است. من هنوز هم جرئت نمی‌کنم باورش کنم. گویی شلیمن یک بار دیگر تروایی را حفاری کرده است که پیش از این، افسانه تلقی می‌شد. در عین حال، حال او هم بسیار خوب است. او واقعیت نظریه مرا در مورد خودم مشخص کرد و سبب شد به راه حل شگفت‌انگیزی برسم که به خاطر فوبیایم از راه آهن آن را نادیده می‌گرفتم. برای این بخش از کار، من حتی تصویری از اودیپ و اسفینکس هدیه دادم. سپس فوبیای من خیال‌پردازی‌هایی از فقر یا فوبیای گرسنگی بود، که با طمع‌های دوران کودکی‌ام مشخص شد و به خاطر کمبود جهیزیه همسرم برانگیخته شد. (که من به آن افتخار می‌کنم) در ملاقات بعدی‌مان تمام خبرهای مربوط به این مسئله را خواهی شنید.

به جز این، خبرهای مختصری وجود دارد. کتاب فقط یک منتقد ادبی در گگنوارت[1] داشته که به عنوان یک ارزیابی انتقادی، تهی است و به عنوان یک مقاله انتقادی هم ناکافی است و فقط وصله ناجوری از تکه‌پاره‌های خود من است. هرچند، تمایل دارم همه‌چیز را به خاطر واژه «راه‌گشا» ببخشم. به جز این، نگرش افراد در وین کاملاً منفی است؛ باور ندارم که در به‌دست آوردن انتشار مقاله انتقادی در این‌جا موفق شوم. بالاخره، همه ما بسیار جلوتر از زمانمان هستیم.

بیمار جدیدی که قطعاً منتظرش بودم باز هم ناپدید شده است. بنابراین، زنی که تو از هامبورگ فرستادی تنها مورد جدید من است. او هنوز هم بیشتر اوقات

حوصله سر بر است، اما در این بین گاه‌گاهی شجاع می‌شود. جدیداً بـه نامـه‌ای از طرف پدرش[2] پاسخ داده‌ام. در حال حاضر، راه سختی برای گـذران یـک زنـدگی، پیش رو دارم.[3]

شنیده‌ام که بروئر مرا پیش آقای ای. تأیید کرده است! اگر همه‌چیز درست پـیش برود، او هم سهمی در این مسئله خواهد داشت.

در حال حاضر، هیچ نیرویی برای کار نظری بـرایم بـاقی نمانـده اسـت. بنـابراین، بعدازظهرها به شدت خسته می‌شوم. امسال دارم یاد می‌گیرم که یخ زدن چگونـه است، چیزی که تاکنون سعی کرده بودم از آن فرار کنم. به خاطر سرمایی کـه در حفره سرداب وجود دارد به سختی می‌توانم بنویسم.

این صفحه آخر به خاطر کنجکاوی نوشـته شـده اسـت، حـال تـو و خـانواده‌ات و خصوصاً پائولینشن چطور است؟ امیدوارم که دوره رشد او شروع شده باشد.

سی. کیو. هنوز هم ضعیف عمل می‌کند. هرچند، من باور دارم که او فقـط دچـار یک هیستری قلبی شده بود. من شاهد اولین حملـه او بـودم، وقتـی کـه پـدرش هنوز زنده بود و من می‌دانم چه چیزی دیدم.

شنیدم که همسر گرسونی دارد می‌میرد. اسکار به خاطر یک ورم چرکـی هـر روز به دیدن ماتیلده می‌آید. به جز این، حال همه شیطان‌ها خوب است و سرزنده‌انـد. مارتین به خوبی مدرسه را تحمل می‌کند و اُولی در بهترین وضعیت خودش است و بدون تلاش از پس هر کاری برمی‌آید.

من دارم پیرتر می‌شوم و صبورانه منتظر پیشرفت‌های بعدی هستم. دیدارمان یک وقفه دلپذیر خواهد بود، اما برای تغییر، در خاک ایتالیا.

با صمیمانه‌ترین درودها!

با احترام!

زیگموند

۱. این مقاله انتقادی که توسط کارل متزنتین Carl Metzentin نوشته و در گگنوارت Gegenwart با عنوان über wissenschaftliche Traumdeutung به چاپ رسید. این مقاله نتیجه‌گیری می‌کند: «او در پایان کار راه‌گشایش، ارزش رویا را

برای به‌دست آوردن دانش آینده دست‌کم می‌گیرد و بر این عقیده است که به‌طور طبیعی، هیچ شکی در آن نیست، اما رویاها برای ارائه دانش گذشته به ما مفیدند».

۲. در مورد ارتباط فروید با ال. جی. و پدرش، یادداشت ۲ نامه ۱۲ نوامبر ۱۸۹۹ را ببینید.

3.Es *bleibt detzeit ein saures Btot.*

به‌طور تحت‌اللفظی در نان ترشِ موجود باقی می‌ماند.

۲۴ دسامبر ۱۸۹۹

۹، برگاس ۱۹

ویلهلم عزیز!

باز هم یک دیدار صمیمانه دیگر در کریسمس! بنابراین، باز هم سردرد داری، چیزی که دیگر به آن عادت نداری. من هم هنوز مبتلا به سرماخوردگی هستم. ماتیلده تب دارد که طبق گفته اسکار، با دمل چرکی‌اش که فروکش کرده، مرتبط نیست و سبب شده از کریسمس لذت نبرد. باید خوشحال باشم که یک کپی از کتاب را برای کاروس استرنه[1] فرستادم و همان‌طور که تو توصیه کردی، به مقاله او در مورد *پرومتئوس* اشاره کردم.

در خصوص نظریه جنسی فقط صبور باش. مطمئناً خواهد آمد. این نظریه وقتی هنوز در متن نیامده، بسیار وحشی است. باور دارم که باز هم چیزی در مورد اضطراب پیدا کرده‌ام. (هنوز هم جزر و مدهای عجیبی وجود دارد؛ گاهی اوقات مرا به اوج اطمینان می‌رسانند و سپس ناگهان همه‌چیز دچار مَد می‌شود و من در زمین خشک باقی می‌مانم. هرچند، من باور دارم که دریا قابل تملک است) پیرو توصیه تو، دارم اجازه می‌دهم به‌طور طبیعی رشد کند.

خبرهایی را در مورد پائولینشن و همچنین نورسیده به من بده.

بهترین‌ها برای هفته بعد!

با احترام!

زیگموند

۱. نام مستعار ارنست لودویگ کراسی Ernst Ludwig Krause (۱۹۰۳-۱۸۹۳)، نویسنده *Die Krone der Schopfung:* 14 *Essays tiber die Stellung des*

Menscben in det Natur (Vienna and Teschen: Karl Prochaska, n.d.).
او در مورد «خاطرات ناخودآگاه» صحبت می‌کند. جلد دوم (لایپزیک: ارنست گونتر، ۱۸۸۵) را ببینید.

۲۹ دسامبر ۱۸۹۹
۹، برگاس ۱۹

سلام
به پسر شجاعی که به دستور پدرش به موقع ظاهر شد
که دستیار و شاگرد او پیرو ادراک دستور الهی باشد
اما همچنین سلام به پدر که درست پیش از حادثه در محاسباتش
کلید مهار کردن قدرت زنان را پیدا کرد
و بار وراثت مشروعش را بر دوش گرفت
دیگر همانند مادر، بر ظواهر احساسی تکیه نمی‌کند
او قدرت‌های بالاتر را صدا می‌کند تا حقش را، نتیجه‌گیری‌اش را، باورش را و شک خود را ادعا کند
بنابراین در آغاز، پدر خوش‌بنیه و صمیمی، درست برابر پیشامد خطاها می‌ایستد.
در بالغ شدن بی‌نهایتش
ممکن است محاسبه درست از آب دربیاید و به عنوان میراث تلاش از پدر به پسر و فراتر از تفکیک قرن‌ها واگذار شود.
چیزی را که فرازونشیب زندگی از هم می‌پاشد، در ذهنت یکی کن.

وین، ۸ ژانویه ۱۹۰۰
۹، برگاس ۱۹

ویلهلم عزیز!
خیلی خوشحالم که خبری از دوستم کنراد[۱] دریافت کردم. براساس این چند نمونه از رفتارهای او، فکر می‌کنم[۲] پسر خوبی باشد. چه نامش را به عنوان الگوی

راهنمایی برای فعالیت‌های آینده‌اش[۳] بپذیرد و چه من از شرایط عجیب تولدش تجلیل کنم، باز هم می‌توانم پیش‌بینی کنم که چیز قابل اطمینان و شایسته‌ای در مورد او وجود دارد و این‌که در هر کاری که تصمیم به انجام آن می‌گیرد، موفق خواهد شد. افتخار آشنایی شخصی با او را به وقتی که شرایط بد را پشت سر گذاشت، موکول می‌کنم.

قرن جدید که شاید برای ما جالب‌ترین چیز در موردش این باشد که تاریخ‌های مرگ ما را دربردارد، چیزی به جز یک مقاله انتقادی احمقانه در نشریه *زیت برکهارد*،[۴] مدیر پیشین بِرگ‌تئاتر (با ژاکوب خودمان اشتباه نگیر)،[5] دربرنداشته است. این مقاله اصلاً تملق‌آمیز نیست و به طرز غیرمعمولی تهی از درک است و بدتر از همه این‌که قرار است ادامه آن در نشریه بعد چاپ شود. حتی اسکار رای، فکر می‌کند این‌ها استدلال‌هایی است که پیش از خواندن کتاب در یک فرد ایجاد می‌شود.

من رویِ به رسمیت شناخته شدن حساب نمی‌کنم، حداقل نه در زمان زنده بودنم. شاید تو بهتر موفق شوی! حداقل می‌توانی خودت را برای جمعیت تحصیل‌کرده‌تر و قابل احترام‌تری ابراز کنی که ایده‌های مشابهی دارند. من مجبورم در مورد موضوعات مهم با افرادی سر و کله بزنم که ده تا پانزده سال از آن‌ها جلوترم و هرگز به من نخواهند رسید. بنابراین، تمام چیزی که من می‌خواهم سکوت و راحتی با موضوع است. من کار نمی‌کنم و سکوت بر من مستولی شده است. اگر نظریه جنسی بیاید، باید به آن گوش کنم وگرنه که هیچ. بعدازظهرها پیش‌تاریخ و چیزهایی از این دست را بدون هیچ هدف جدی‌ای می‌خوانم؛ به جز این، تنها نگرانی من این است که روحیه بیمارانم را خوب کنم و به راه حل نزدیک‌تر شوم. ال. جی. شروع کرده به تغییر و این سبب خوشحالی فراون من می‌شود؛ البته، این کار زمان زیادی می‌برد. او درواقع، گیج بود. در مورد ای. پس از سال‌ها آماده‌سازی دومین صحنه اصلی ظاهر شد و احتمالاً این همان صحنه‌ای است که با سؤال پرسیدن از خواهر بزرگترش به‌طور عینی تأیید

کرد و پشت سر آن صحنه‌ای نزدیک می‌شود که مدت‌ها به آن مشکوک بوده است.

دیروز ظهر مارتین ناگهان تب کرد و در رختخواب افتاد؛ امروز او گوش‌درد گرفته است و اُولی امروز دچار اوریون[6] شده است. بنابراین، همه‌جور چیزی در فروشگاهمان داریم. حال ماتیلده خوب شده است، اما کاملاً از نفس افتاده است. از لحاظ دیگر، همه شیطان‌ها خشنود و راضی‌اند. سرماخوردگی‌ام جلوتر از من حرکت می‌کند و کاملاً فناناپذیر شده است.

خیلی ناراحت‌کننده است که همه‌چیز در این‌جا رو به انحطاط است. می‌توانی باور کنی در اول ژانویه، وقتی که واحد پول کرون مطرح شد، هیچ کارت پستالی همراهش نبود؛ قیمت آن‌ها پنج هِلِر می‌شد؛ با این وجود، اداره پست به خاطر استفاده از کارت‌های قدیمی با تمبرهای دو کروزری هزینه پست می‌گرفت و هیچ تمبر یک کروزری مکملی در دسترس نبود. سکه‌های پنج و ده کرونی تا پایان مارس عرضه نمی‌شوند. مخلص کلام اتریش این است. یک روز باید چند تا از پسرهایم را به خاطر من به برلین ببری، تا آن‌ها را به جای دیگری از دنیا بفرستم.

حالا نگذار وقفه این‌چنین طولانی‌مدت (بیست و چهار دسامبر تا ژانویه ۲۸/۲=۱۴=۷) دوباره اتفاق بیفتد و درودهای صمیمانه ما را به همسر عزیزت که مادر شاد سه فرزند است برسان.

با احترام!

زیگموند

۱. پسر جدید فلیس.

۲. *urteilen* نه آن‌طور که در کتاب *شروع* نوشته شده است: mitteilen

۳. کنراد Conrad یعنی کمک‌کننده، شجاع، مشاور.

4. Max Burckhard, Ein modernes Traumbuch

زیت Zeit یک روزنامه معروف بود که مکس برکهارد سردبیری آن را برعهده داشت. کریس (کتاب *منشأ*، صفحات ۲ n ۳۰۷) می‌نویسد که این مقاله انتقادی «تحلیل ژورنالیستی کنایه‌آمیز و خرابکارانه از افکار فروید» بود. الن برگر (۱۹۷۰، صفحه

۷۸۴) می‌گوید که آن یک «مقاله انتقادی گسترده و عاقلانه ولی سلیس بوده و درواقع، اصلاً منفی نبوده است».

۵. ژاکوب برکهارت Jacob Burckhardt، یکی از نویسنده‌های محبوب فروید، پژوهشگر، فیلسوف و تاریخ‌دان مشهوری از بازل بود. فروید شش کتاب برکهارت را در کتابخانه شخصی خود داشت و خصوصاً لذتی را ذکر می‌کند که از خواندن *تاریخ فرهنگ یونان* ۴ جلدی (برلین، وی. اسپمان، ۱۹۰۲-۱۸۹۸) به‌دست آورده و با خودش به لندن برده بود.

6. mumps

۱۲ ژانویه ۱۹۰۰

۹، برگاس ۱۹

ویلهلم عزیز!

همه کاری که می‌خواهم انجام بدهم جواب دادن به سؤالات محبت‌آمیز تو است. مارتین بدون پرفراسیون رها شد؛ بعد از گوش‌درد و عفونت گلو، دوباره سرزنده شده است. اُولی تا حدی چهارگوش به نظر می‌رسد، اما از لحاظ دیگر خوشحال است. هیچ مورد جدیدی وجود ندارد، به جز آن آب‌وهوای سرد. من تصور می‌کنم که دوره خودتحریکی پیش از سن یک و نیم سالگی باید زمینه مناسب برای آموزش باشد. به همین دلیل من برای کنراد متأسف نیستم. جوان‌ترین بچه‌ام ال. جی. هم دارد پیشرفت می‌کند.

بهترین آرزوها برای روز رستاخیز!

با احترام!

زیگموند

قبلاً باید به تو گفته باشم که «شیدایی بستر» نشان‌دهنده حبس هیستریایی است.

وین، ۲۶ ژانویه ۱۹۰۰

۹، برگاس ۱۹

ویلهلم عزیز!

فکر می‌کنم با وجود مشغول بودن با سه نسل قوم‌وخویش خونی، تو زمان کمی برای نوشتن پیدا می‌کنی و بنابراین، من دیگر نباید منتظر بمانم. در مورد من، دلیل نامه ننوشتنم کم بودن مطالب مورد نیاز برای مکاتبه است. همه بچه‌ها یا سرخک گرفته‌اند و یا دارند به آن مبتلا می‌شوند. مارتین تقریباً خوب شده است. سه روز بود که ارنست مثل کودک قبلی دچار عفونت گلو و تب شده بود. حالا خوشحال است و به نظر می‌رسد طی چند روز آینده، موعد رسیدگی در نظر گرفته خواهد شد. با قضاوت براساس ظاهر، آنرل قربانی بعدی است. ماتیلده پیش مادربزرگش مانده است تا مدرسه را از دست ندهد. بنابراین، زندگی‌های ما حتی تنهاتر از پیش شده است.

واقعاً هیچ اتفاقی نمی‌افتد. وقتی که به خودم یادآوری می‌کنم که از مِی سال ۱۸۹۹ فقط یک بیمار داشتم، موردی که تو او را می‌شناسی و باز هم بین آوریل و می، چهار بیمار را از دست داده‌ام، واقعاً ناراحت می‌شوم. هنوز نمی‌دانم چطور باید این را مدیریت کنم، اما تصمیم گرفته‌ام آن را تحمل کنم. این‌که نمی‌خواهم گلایه کنم هم دلیل دیگری برای این موضوع است که کمتر نامه می‌نویسم. از بعد از مقاله انتقادی در زیت[1] که فاقد فهم کافی بود، ولی حاوی بی‌احترامی گستاخانه نبود، متأسفانه، دیگر جایی از این کتاب اسم برده نشده است. برای تابستان باز هم سعی می‌کنیم در بلوو در گرینزینگ خانه بگیریم. من با ناامیدی پروژه یافتن کارِ تابستانی را رها کرده‌ام.

درمان‌های تحلیلی[2] خوب پیش می‌روند و دیگر مثل قبل پرشور نیستند. حتی از جی. هم کاملاً راضی‌ام. البته، این آغاز رشته درازی از کار است. مطمئناً، مشکلات من با والدین او پیامدهای طبیعی کمبود اقتدار یا منصب است. فکر می‌کنم خود بیمار تاکنون مجذوب شده است.

ایده‌های جدید آهسته پیش می‌آیند، اما هیچ‌وقت سکون محض وجود ندارد. در مورد اِف. باز هم تأخیر و یک منطقه تاریک‌تر وجود دارد، اما یافته‌های پیشین

هنوز هم پابرجا هستند. دارم برای نظریه جنسی مطلب جمع می‌کنم و منتظر جرقه‌ای هستم که مطالب جمع‌آوری شده را آتش بزند.
ما داریم کتابی (از فرِی)[3] را در مورد سی. اِف. مِیِر تو می‌خوانیم. او چیزی در مورد جنبه درونی [زندگی مِیِر] نمی‌داند و یا شاید هم احتیاط مانع مطرح کردن آن می‌شود. حتی چیز زیادی که بین خطوط بتوان خواند هم وجود ندارد.
حالا تمام چیزی که باقی می‌ماند، این است که تو و خانواده‌ات که دیگر خانواده کوچکی نیست، چطورید.
با صمیمانه‌ترین درودها منتظر خبری از آن‌ها هستم!
با احترام!
زیگموند

۱. یادداشت ۴ نامه ۸ ژانویه ۱۹۰۰ را ببینید.

2. Die Arbeiten

به معنی واقعی کلمه: کارها

۳. آدولف فرِی Adolf Frey (۱۹۲۰ -۱۸۵۵) نام کتاب او این بود؛ *کنراد فردیناند مِیِر: زندگی و آثار او* (اشتوتگارت: جی. جی. کاتا، ۱۹۰۰). فری در مورد خواهر میر می‌گوید: «فقط او با تمام لحظات زندگی مِیِر آشناست».

وین، ۱ فوریه ۱۹۰۰
۹، برگاس ۱۹

ویلهلم عزیز!
بنابراین، پیشگویی من در مورد یک چیز بدشگون درست از آب در آمد. خیلی ناراحت شدم که وقفه این‌قدر کوتاه است، اما شاید دو حمله مربوط به یکدیگر باشند و پس از آن تندرستی بی‌وقفه به وجود بیاید. این خیلی دردناک است؛ چیز دیگری در مورد آن نمی‌دانم.

مارتین چهارده ژانویه[1] در تختخواب افتاد، بیماری‌اش در ساعت ۲ و ۳ بعدازظهر حاد شد. او تنها بیمار باقی ماند و الان حالش خوب است. این بار مجموعه‌ای از مشاهدات، ناگهان قطع شدند. شاید وقتی دیگر.
اگر با هم در یک شهر زندگی می‌کردیم -مطمئناً برلین و نه وین- خیلی چیزها فرق می‌کرد و باور دارم که هرگز به این تنگناها نمی‌رسدم. (یا سریع از آن‌ها خارج می‌شدم) به همین خاطر اغلب اوقات افسوس جدایی‌مان را می‌خورم. متأسفانه، این هیچ‌چیزی را تغییر نمی‌دهد. شاید زمان‌های سختی پیش رو داشته باشیم، هم من و هم مطبم. در کل متوجه شده‌ام که تو معمولاً مرا به شدت دست‌بالا می‌گیری. هرچند، انگیزه این خطا، هر سرزنشی را خنثی می‌کند. زیرا من درواقع، نه یک عالم؛ نه یک مشاهده‌گر؛ نه یک تجربه‌کننده و نه حتی یک متفکر هستم. سرشت من چیزی به جز یک فاتح -یک ماجراجو نیست. اگر می‌خواهی آن را ترجمه کنم- با ویژگی‌های کنجکاوی، شجاعت و سرسختی یک مرد از این دست. معمولاً این مردان فقط اگر موفق شده باشند و واقعاً چیزی را کشف کرده باشند، مورد احترام قرار می‌گیرند. در غیر این صورت، کنار انداخته می‌شوند و این روی‌هم‌رفته غیرمنصفانه نیست. هرچند، در حال حاضر شانس مرا ترک کرده است، دیگر چیز ارزشمندی را کشف نمی‌کنم.
مقاله انتقادی مهربانانه و هوشمندانه‌ای از کتاب رویا در نشریه شماره ۱۷ نیشِن به چاپ رسید که توسط جی. جی. دیوید،[2] یکی از آشناهای شخصی‌ام نوشته شده است. من به لاونفلد قول دادم که چکیده کوتاهی از کتاب را در تابستان تمام کنم تا او بتواند آن را با عنوان "*Grenzfragen des Nerven*und *Seelenlebens*"[3] چاپ کند.
متوجه شدم که علم حتی سخت‌تر است. بعدازظهر چیزی می‌خواهم که همه‌چیز را تازه و دلخوش‌کننده کند و همه‌چیز را پاک کند، اما همیشه تنها هستم.

نمونه هوهنزولرن جالب است. به‌طور طبیعی، انسان جاهل فوراً همه سؤالاتی را که می‌تواند برای یک ملاقات ایده‌آل منتظرشان بماند، پیدا می‌کند. چرا قوانین مشروع، *تفاوت* ایجاد می‌کنند؟

من انتظار دارم که اگر در برلین زندگی می‌کردم، سهم من در کار تو بسیار متفاوت می‌شد. بنابراین، به خاطر چیزی که بیشتر خودمان هستیم، داریم از هم دور می‌شویم.

ال. جی. در حال حاضر دچار خشم مداوم است، اما در عین حال خیلی هم بامزه است. من او را خیلی خوب درک می‌کنم چون خود من هم می‌توانم از خشم منفجر شوم. من به‌تازگی کتاب نیچه را به‌دست آورده‌ام، که امیدوارم کلماتی پیدا کنم بیش از آنچه در من صامت مانده است، اما تاکنون آن را باز نکرده‌ام، در حال حاضر خیلی تنبل‌ام.

به‌یاد داشته باش وقتی که نامه‌های تو نمی‌رسند من همیشه غم‌افزاترین توقعات را دارم و خیلی زود برای زیگموندت نامه بنویس.

۱. فلیس در بالای تاریخ نوشته بود: «۲۳×۱۰– ۲۸×۵».

۲. یادداشت ۵ نامه ۶ آگوست ۱۸۹۹ را ببینید.

3. über den Traum

اولین‌بار به عنوان بخشی از مجموعه یادآوری‌های فروید منتشر شد، سپس به‌طور جداگانه در سال ۱۹۱۱ منتشر شد.

وین، ۱۲ فوریه ۱۹۰۰

۹، برگاس ۱۹

ویلهلم عزیز!

دلیل این‌که در حال حاضر خودم را از تبادل مکرر ایده‌هایم با تو باز می‌دارم، این است که نمی‌خواهم تو را با گلایه‌هایم خسته کنم، در حالی که تو تحت تأثیر بیماری مداوم مادرت قرار گرفته‌ای. بدون شک، آرزو برای بهبودی او غیرضروری است. دوست داشتم اگر می‌توانستم، در این موضوعات کمکی می‌کردم. بدون

شک به خاطر پیری است اما مطمئناً به همین دلیل، کم دردناک نیست. در عین حال، سه نوه در حال رشدند.

دارم خودم را سرزنش می‌کنم که فقط در مورد خودم برایت می‌نویسم. خیلی از چیزهایی را که می‌توان گفت، نمی‌توان نوشت.

در هفته گذشته، مطبم شلوغ شده است. به نظر می‌رسد دوره‌ای که در آن با یک نفر پنج ساعت مشاوره (در تمام آن پنج ساعت) داشتم به پایان رسیده است. امروز، حتی بیمار جدیدی را شروع کرده‌ام. هرچند، نمی‌دانم این ادامه پیدا خواهد کرد یا نه. امروز هم افسردگی‌ام افزایش یافته است. اگر به تو بگویم که افکارم در خصوص کار در معرض چه تغییرات دائمی هستند، یعنی هنوز هم چه خطاهایی را پیدا می‌کنم که باید اصلاحشان کنم و این‌که این چقدر سخت است، احتمالاً اجازه می‌دهی که این نوسانات روان‌رنجوری در خلق‌وخوی[1] خود را داشته باشم. خصوصاً اگر نگرانی‌های مالی‌ام را نیز در نظر بگیری.

مینا بعدازظهر شنبه این‌جا را به مقصد هامبورگ ترک کرد تا مادرش را که امسال هفتاد ساله می‌شود و در حال حاضر به خاطر آنفولانزا در رختخواب افتاده است، ببیند. او برنامه دارد که سه هفته دور از این‌جا بماند. اگر حال مادرش خوب باشد، هفته بعد به برلین خواهد رفت. طبیعتاً، دیدار با تو را از دست نخواهد داد. بنابراین، می‌تواند در مورد بچه‌ها به من گزارش بدهد و درودهای صمیمانه‌ام را به شما برساند.

حال مارتا خیلی خوب است. حال او هم واقعاً مثل بچه‌ها دارد خوب می‌شود. برادرم که معروفیتش به عنوان یک کارشناس دائماً در حال افزایش است و دولت از او خواسته که در تمام بررسی‌های رسمی به عنوان مشاور محرمانه و چیزهایی از این دست عمل کند، با این وجود دارد می‌فهمد که همه این‌ها فقط استثمارند. او حتی عنوان استادی را هم که به خاطر تدریس در آکادمی صادرات به‌دست آورده بود، نخواهد داشت و خدمات شهروندی نیز به او ارائه نخواهد شد. همه‌چیز

در اتریش، اتریشی است. او خیلی سخت کار می‌کند و تو ترس‌هایم را از آینده او می‌دانی. او اکنون سی و چهار سال سن دارد.
وقتی که یک روز فرصتش را پیدا کنیم، خیلی هم بی‌میل نیستم که در مورد درمان از طریق بینی از تو چیزی بشنوم، اما انجام دادن کار جدید در این‌جا بسیار سخت است و خودم هم مشکلاتی دارم. نمی‌دانی چقدر برایم سخت است که چیزی یاد بگیرم و وقتی که تو می‌دانی چطور این کار را انجام بدهی، چقدر برایم ساده می‌شود.
در کل، از زمانی که همدیگر را دیدیم تاکنون، نسبت به همیشه از رم دورترم و سرزندگی جوانی به شدت روبه‌زوال است. سفر طولانی است و تعداد ایستگاه هایی که باید پیاده شویم، بسیار است و ما فقط خواهیم گفت: «کاش بتوانم آن را تحمل کنم».[۲]
خداحافظ و خیلی زود باز نامه بنویس!
با احترام!
زیگموند

۱. فروید از کلمه Eigenschwankungen (نوسانات خود) استفاده می‌کند.
۲. یادداشت ۱ نامه ۳ ژانویه ۱۸۹۷ را ببینید.

۲۲ فوریه ۱۹۰۰
۹، برگاس ۱۹

ویلهلم عزیز!
تو خوش‌بینی؛ سرنوشت تو را اصلاح‌ناپذیر می‌کند.
خوشحالم که می‌شنوم حال مادرت به‌طور قابل توجهی بهتر است. حال مادرزنم در هامبورگ خیلی خوب نیست.
یک میگرن شدید در هجدهم فوریه بهبودی کاملم را تکمیل کرد. بیمار جدید خیلی زود از این‌جا رفت! من هم از دابلیو. جیمز، به عنوان صاحب اختیار شنیدم. تا مدتی اجازه نمی‌دهم ارواح مرا تکان بدهند.

شایعه شده است که تو در ماه مارس به وین خواهی آمد. بدون شک خیلی زود است که در مورد آن صحبت کنیم.

خانم جی. در حال حاضر واقعاً مهار شده است -یک کار عالی، اما کُند.

با صمیمانه‌ترین درودها برای همه شما!

با احترام!

زیگموند

۱ مارس ۱۹۰۰

۹، برگاس ۱۹

ویلهلم عزیز!

اکنون باد یک کتاب عجیب از ای. جونز را آورد روی میز من. عنوان این کتاب *نشانه‌شناسی و درمان رفلکس عصبی بینی* (لیپگنیتز: کارل سیفارث، ۱۹۰۰) است، به نظر می‌رسد به‌طور یکنواخت خوش‌بینانه است و به همان اندازه مطالب زیاد و جدیدی دارد. وقتی که از تو شنیدم، شگفت‌زده شدم و نیمی از آن‌ها را باور می‌کنم. در هر صورت، فاقد بینش نظام‌مند است و از هیچ‌کس نام نمی‌برد، حتی از تو. تصور می‌کنم به آن علاقه‌مند خواهی شد؟

از صمیم قلب!

با احترام!

زیگموند

زوال دوستی

وین، یکشنبه، ۱۱ مارس ۱۹۰۰
۹، برگاس ۱۹

ویلهلم عزیز!
بالاخره نامه‌ای طولانی از طرف تو! از پانزدهم فوریه دیگر چیزی از تو نشنیده‌ام. من کسی بودم که آخرین بار نامه نوشتم و مشخصاً کارتی را که اوایل مارس برایت فرستادم تا توجهت را به کتابی از جوناس در مورد روان‌رنجوری‌های رفلکس بینی[1] جلب کنم، دریافت نکرده‌ای. از لحاظ کمتر شدن آزادی من و دست‌وپابسته شدن تو و موضوع پریشان‌کننده‌ای که همیشه راه خود را به قلم من باز می‌کند و با پیش‌بینی بیشتر دور شدن از تو و خانواده‌ات با بروئریزاسیون[2] محتمل‌الوقوع —بی‌معناست که بخواهم تأثیر این شرایط و تأثیر زن‌ها را در هر صورتی بر رابطه‌مان تکذیب کنم- به‌طور خلاصه، از لحاظ تمام این ملاحظات تصمیم گرفتم اعتراض‌هایم را نسبت به تو کاهش بدهم.
این دلیل سکوت طولانی‌مدت من است که توانستم منتظر دریافت پاسخی از سوی تو باشم.
حالا خوشحالم که این همه خبر از تو می‌شنوم، چون تصور می‌کنم تو هم به اندازه من از کم شدن مکاتبه‌ها و توقف دیدارهایمان متأسفی. وقتی که دیدم سه هفته از زمان نوشتن نامه‌ام به تو گذشته است، متحیر شدم. زمان این‌قدر سریع و تقریباً به‌راحتی و تحت رژیم جدیدم که باید در مورد آن بشنوی، سپری شد. حال همه بچه‌ها خوب، حال مارتا هم نسبت به همیشه بهتر و سلامتی من نیز عالی بوده است که با میگرن‌های خفیف که یکشنبه‌ها روی می‌دهد، منظم شد. هر روز همان افراد را می‌بینم و هفته پیش، حتی یک بیمار جدید داشتم که

هنوز در مرحله آزمایش است و شاید باز هم فراتر از این مرحله نرود. من واقعاً از دنیای بیرون جدا شده‌ام و حتی یک ورق کاغذ هم به جنبش درنیامده است که نشان دهد کتاب *تفسیر خواب* تأثیری روی کسی گذاشته است. فقط دیروز بود که یک مقاله نسبتاً دوستانه در پاورقی روزنامه فرمدنبلات وین چاپ شد که مرا غافلگیر کرد. حال ال. جی. به‌طور غیرقابل بحثی بهتر و در کنترل کامل است. بعدازظهرها یک نفر همراه اوست و اولین ویزیت توسط جی. آر. را خیلی خوب تحمل کرده است و خیلی زود خودش را ترغیب می‌کند که افراد بیشتری را ببیند. مینا هنوز هم در هامبورگ مشغول پرستاری است. به این زودی‌ها برنخواهد گشت و هنوز معلوم نیست که در برلین توقف خواهد داشت یا نه.
بیشتر اوقات، مریض‌هایم خوب‌اند. حالا زمان اوج کار من است، هفتاد تا هشتاد فلورین در روز؛ پانصد فلورین در هفته. برای قضاوت براساس تجربه‌های قبلی، این شلوغی مطب تا عید پاک به پایان خواهد رسید. نمی‌توانم هیچ برنامه‌ای برای تابستان بگذارم. روی‌هم‌رفته، نمی‌توان هیچ کاری انجام داد و همه‌چیز فقط تلف کردن انرژی است. این کلید موقعیت است!
دوست داشتم برای عید پاک سه روز به جایی بروم و بیشتر از همه دوست داشتم تو را ببینم، اما به تب بهاره بدی مبتلا شده‌ام. مشتاق آفتاب، گُل‌ها و کمی آب آبی‌رنگ‌ام، درست مانند یک مرد جوان. من شخصاً از وین متنفرم، برخلاف آنتائوس[۴] بزرگ به محض این‌که بتوانم پایم را از خاک وطنم بردارم، قدرت می‌گیرم. به خاطر بچه‌ها این تابستان باید کوهستان و رفتن به جاهای دور را رها کنم و دائماً نمای وین را از بلوو تحمل کنم. هنوز نمی‌دانم آیا می‌توانم از پس هزینه یک سفر در سپتامبر بربیایم یا نه و بنابراین، خیلی دوست دارم که در عید پاک یک گاز از زیبایی‌های دنیا بزنم، اما الکساندر، نزدیک‌ترین و ارزان‌ترین همسفرم، بعد از زکام و آنفولانزا، این ماه، دلتنگی‌اش را برای جنوب ابراز کرد. او به بولتزانو، مِرانو و گریس رفت و تعطیلات عید پاک خود را تلف کرد و

نمی‌خواهد همراه من بیاید. بنابراین، واقعاً هنوز نمی‌دانم آیا عید پاک چیزی برای من به همراه دارد یا نه.

اگر هنوز هم می‌خواهی خبرهای بیشتری در مورد من بدانی، به این گوش کن. پس از نشاط آخرین تابستان، وقتی که داشتم با فعالیت زیاد [کتاب] رویا را کامل می‌کردم، چه حماقتی کرده و یک بار دیگر از این امید سرخوش شده بودم که یک قدم به سمت آزادی و تندرستی برداشته‌ام. پذیرش کتاب و سکوت پس از آن، باز هم هر رابطه در حال رشد را با محیط اجتماعی‌ام از بین برد. به این دلیل که دومین آهن گداخته‌ام، کار من است. پیش‌بینی رسیدن به انتها، حل کردن بسیاری از شک‌ها و سپس دانستن این‌که در مورد شانس‌های درمان چه فکری می‌کنم. به نظر می‌رسد پیش‌بینی‌ها در مورد خانم ای. مطلوب‌ترند و این همان جایی است که من با سنگین‌ترین ضربه سر و کار داشتم. درست وقتی که باور داشتم راه حل را در دست خود دارم، از من دوری کرد و من دیدم که مجبورم همه‌چیز را برگردانم و یک چیز جدید ایجاد کنم و در این فرایند تمام چیزهایی را که تا آن زمان محتمل به نظر می‌رسیدند، از دست دادم. نمی‌توانم افسردگی پس از آن را تحمل کنم. به‌علاوه، خیلی زود متوجه شدم که غیرممکن است بتوان این کار واقعاً سخت را در وضعیت افسردگی خفیف و شک‌های کمین‌کرده، ادامه داد. وقتی که خوشحال و حواس‌جمع هستم، هر یک از بیمارانم به زجردهنده من تبدیل می‌شوند. من واقعاً باور داشتم که باید در نقطه‌ای این کار را رها کنم. من با انکار همه فعالیت‌های ذهنی آگاهانه راهی را پیدا کردم. بنابراین، کورکورانه معماهایم را آزمودم. از آن زمان به بعد، شاید بسیار ماهرانه‌تر از پیش دارم فکر می‌کنم، اما واقعاً نمی‌دانم دارم چه کار می‌کنم. نمی‌توانم توضیح بدهم که این مطالب چطور ایجاد می‌شوند. من مراقبم که در اوقات فراغتم به آن فکر نکنم. دست از خیال‌پردازی‌هایم، بازی کردن شطرنج و خواندن رمان‌های انگلیسی برداشته‌ام. تمام چیزهای جدی از بین رفته‌اند. من به مدت دو ماه حتی یک خط از چیزهایی که فهمیده‌ام یا حدس زده‌ام را ننوشته‌ام. به

محض این‌که از کسب‌وکار آزاد بشوم مانند یک آدم بی‌فرهنگ خوش‌گذران زندگی خواهم کرد. می‌دانی لذت‌های من چقدر محدودند. من اجازه ندارم سیگار بکشم. الکل هیچ کاری برایم نمی‌کند. کارم با فرزندآوری تمام شده است و از تماس با مردم محروم شده‌ام. بنابراین، زندگی نباتی دارم و با دقت، توجهم را از موضوعی که کل روز روی آن کار کرده‌ام، منحرف می‌کنم. تحت این رژیم، خوشحالم و برابر با هشت قربانی و شکنجه‌گر خود هستم.

بعدازظهر شنبه‌ها، به دنبال عیاشی با تاروک هستم و هر یک هفته در میان سه شنبه‌ها را میان برادران یهودی‌ام می‌گذرانم که به‌تازگی سخنرانی دیگری برایشان انجام داده‌ام. تا عید پاک به این صورت ایمنم و سپس، چند درمان قطع خواهد شد و دوره جدیدی از ناراحتی بزرگتر من آغاز خواهد شد.

خب، به هر حال تو به اندازه کافی شنیده‌ای. اگر باید روزی تو را در رم یا کارلسباد ببینم، باید از تو بخواهم به خاطر گلایه‌های فراوانی که در این راه کردم، مرا ببخشی.

اما از طرف من صمیمانه به همسر و فرزندانت درود بفرست و برای هفتادمین تولد به وین بیا!

با احترام!

زیگموند

۱. اما فلیس کارت را دریافت کرده بود؛ نامه قبلی مربوط به ۱ مارس ۱۹۰۰ را ببینید.

۲. دومین دختر ژوزف بروئر، مارگارت (۱۹۰۲، ca-۱۸۷۲) در ۲۷ می ۱۹۰۰، با آرتور شیف (۱۹۳۹-۱۸۷۱) ازدواج کرد. این اطلاعات از هرشمولر (۱۹۷۸، صفحه ۴۸) به‌دست آمده است. یادداشت ۶ نامه ۳۰ ژانویه ۱۸۹۸ را ببینید.

۳. آنتائوس پسر پوسئیدون و زمین، کشتی‌گیری بود که وقتی او را به زمین انداختند، مادرش -یعنی زمین- نیروی جدیدی پیدا کرد.

وین، ۲۳ مارس ۱۹۰۰
۹، برگاس ۱۹

ویلهلم عزیز!

باید باز هم نامه‌ای طولانی برایت بنویسم. به جز این، چه فکر می‌کنی؟ اول از همه، به خاطر میزبانی‌ات از مینا صمیمانه‌ترین تشکرها را دارم. سرانجام، اطلاعات درستی در مورد خانواده‌ات پیدا کردم: این‌که حال مادرت باز خوب است که برخلاف انتظارات من است و بنابراین، به شدت از آن استقبال می‌شود. این‌که پائولینشن عزیز تو چقدر زیبا و ظریف است و این‌که کنراد چقدر قوی به نظر می‌رسد. برای صحبت نکردن در مورد دوست قدیمی‌مان رابرت و *واژه‌های مناسبش* [کلمات خوبش] -حالا باز هم تصویر خوبی از همه آن‌ها دارم. با خشنودی کامل شنیدم که علاقه تو به کودک -رویای- من کم نشده و تو داری در وارد کردن آن به روندشاو و منتقدان ادبی تنبلش تلاش می‌کنی.[1] بعد از این که مطالب زیادی در سرم مردد شدند، من به جایی رسیده‌ام که از تو به خاطر این‌که پدرخوانده‌اش بودی و آن را خوب و هوشمندانه تلقی کردی، تشکر کنم. برای من تسلی‌بخش بود که در ساعت‌های تاریکی توانستم این کتاب را پشت سر بگذارم. درست است، پذیرش آن -حداقل پذیرشی که تاکنون داشته است- واقعاً هیچ لذتی برایم به همراه نداشته است. با این درک که این ناچیز است و تحسین و تمجیدها را انگار صدقه می‌دهند، برای بیشتر افراد ناخوشایند است. من هنوز کسی را ندیده‌ام که به چیزی که در آن برجسته است، اشاره کند و با گفتن این مسئله که من پانزده تا بیست سال جلوتر از زمان خود هستم، به خودم دلداری می‌دهم. البته، بیم‌های متداول مربوط به شکل‌گیری قضاوت در مورد خود ایجاد می‌شود.

تاکنون پیش نیامده که شش ماه به‌طور دائم و به شدت مشتاق زندگی کـردن بـا تو در یک مکان و چیزی که مال تو است[2] باشم، درسـت مانـنـد دفعـه پـیش کـه گذشت. می‌دانی که دارم به سمت بحران درونی عمیق‌تر می‌روم. باید ببینی ایـن چقدر مرا پیر کرده است. بنابراین، وقتی که در مورد این پیشنهادت شـنیدم کـه امسال هم عیـد پـاک همـدیگر را ببینـیم چقـدر انگیـزه گـرفتم. هـر کـس کـه ناچیزترین نیت‌های متناقض را درک می‌کند، این‌که چرا من در پذیرش پیشنهاد تو عجله نمی‌کنم را غیرقابل درک می‌داند. درواقع، انگار من باید از تو دوری کنم، نه تنها به دلیل اشتیاق کودکانه‌ام به بهار و زیبایی‌های طبیعـت بلکـه بـه خـاطر خشنودی از سه روز با تو بودن، با رضایت آن‌ها را فدا می‌کنم. امـا دلایـل درونـی دیگری نیز وجود دارد، تجمعی از غیرممکن‌هـا. هرچنـد، بـه شـدت روی دوشـم سنگینی مـی‌کننـد (احتمـالاً خـواهی گفـت بـه خـاطر محـل سـکونت طبیعـی دیوانه‌کننده‌ام[3] است). از درون واقعاً ضعیف شده‌ام و باید همه قلعه‌هایم را در هـوا خراب کنم و حالا شجاعت کافی بـرای دوبـاره سـاختن آن‌هـا را دارم. در ویرانـی فاجعه‌بار، تو برای من بسیار ارزشمند بودی. در حال حاضـر، بـه‌نـدرت مـی‌تـوانم خودم را برایت ملموس کنم. من با کمک رژیم خاص مطالب فکری، بر افسـردگی خود غلبه کردم و حالا به خاطر حواس‌پرتی‌های ایجـادشـده بـه کنـدی در حـال خوب شدن است. اگر با تو بودم سعی نمی‌کردم همه‌چیز را آگاهانه بفهمم و آن‌ها را برایت شرح بدهم. می‌توانستیم در مورد علت و علم صحبت کنـیم. کشـف‌هـای زیست‌شناسی مثبت و زیبایت، درونی‌ترین حسادت‌های (غیرشخصـی!) را در مـن برمی‌انگیخت. نتیجه‌اش این می‌شد که من به مدت پـنج روز گلایـه مـی‌کـردم و نگران و ناراضی به تابستان خود برمی‌گشتم که احتمالاً برای آن به همـه آرامشـم نیاز دارم. هیچ‌کس نمی‌تواند در برابر چیزی که پریشانم می‌نماید، به مـن کمـک کند. این مشکل من است و بایـد آن را تحمـل کـنم و خـدا مـی‌دانـد کـه در راه پذیرش آن کمرم به شدت خم شده است.

در تابستان یا پائیز، نه پس از آن، باید تو را ببینم، با تو حرف بزنم و تمام معماهای کنت اوئریندور[4] را برایت توضیح دهم. می‌توانی خودت را متقاعد کنی که این موضوع فقط پیچیده است و اصلاً دیوانه‌کننده نیست. هرچند، کار ناپسند با همه تقاضاهایش بعضی از آن‌ها را هم معذور خواهد داشت. سپس، باید در مورد نکات مثبت و منفی نظریه بینی صحبت کنیم، ترجیحاً درست در مورد این موضوع. در حال حاضر، به هیچ‌وجه نمی‌توانم به برلین بیایم. الزامات خانوادگی حتی یک ساعت آرامش برایم باقی نگذاشته است. بزرگترین خواهرم آنا و چهار فرزندش به‌تازگی از نیویورک آمده‌اند. نمی‌دانم این به چه معناست و اصلاً فکر خوبی در مورد آن ندارم. هیچ‌وقت رابطه خاصی با او نداشتم. مثلاً آن رابطه‌ای که با رزا دارم، با او نداشتم و ازدواج او با اِلی بی. این رابطه را بهتر نکرد. من فقط یکی از چهار فرزند او را می‌شناسم و اگر یک گدای بیچاره نبودم و می‌توانستم یک دایی باشم، کلونی فرزندانم در این‌جا را تا چند نفر افزایش می‌دادم.
نمی‌دانم این سفر به چه معناست؛ بیماری شدید آنا، ثروت، افراط یا فاجعه‌ای که همسرش را تهدید می‌کند؟ بس است، مادر دو روز پیش به آن‌جا رفت. رزا و همسرش هم هفته بعد می‌روند. الکساندر نتوانست در برابر این وسوسه که آخر هفته به برلین برود، مقاومت کند و من باور دارم که همه این کار را از روی نگرانی و همچنین عشق انجام می‌دهند. برنامه‌ام برای عید پاک این است که با الکساندر به ترِنت و سپس از آن‌جا به دریاچه گاردا بروم. تا وقتی که دارم این راه طولانی را می‌پیمایم، کمی هم بهار را ببینم. اگر چیزی تداخل ایجاد نکند، باید سه هفته دیگر راه بیفتیم و چهار روز کامل را به عنوان دانشجو و توریست زندگی کنیم، همان‌کاری که همیشه می‌کنیم.
مطمئناً ال. جی. به شدت پیشرفت کرده است. به سختی می‌توان انتظار داشت که خودش این را بپذیرد، اما توانایی‌اش در کنار آمدن و تغییرات روانی، هیچ شکی در این مورد باقی نمی‌گذارند. او طبعاً غیرفعال است. این‌که چقدر بد از زمانش استفاده می‌کند، گیج‌کننده است. هنوز هم دائماً مست است، سردرد؛

خستگی؛ تصاویر مستهجن در ذهنش و چیزهایی از این دست دارد، اما شروع کرده است به حرف زدن. او تماسش با جی. آر. را که بعدازظهر مهمان من بود و دائماً دعوت می‌شود، حفظ می‌کند. فردی مهربان و انسانی خوب؛ در عمیق‌ترین لایه، زن‌دوست که مجذوب مادرش (؟)[5] شده است، به همین دلیل ممکن است تصاویر مردانه به عنوان سیمپتوم‌ها ظاهر شوند.

هفته گذشته جی. برندس[۶] در مورد خواندن، سخنرانی کرد. موضوع چیز خاصی نبود، اما سخنرانی بلیغی بود و صدایش انسان را تکان می‌داد. تلفظش خارجی بود -اما مرد بسیار سرزنده‌ای بود. همه‌چیز برای یک وینیِ شایسته باید بسیار عجیب‌وغریب به نظر رسیده باشد. مخصوصاً این‌که او چیزی به جز توهین به حضار بیان نکرد. چنین دیدگاه سفت‌وسختی نسبت به زندگی، در این‌جا برای ما ناشناخته است. به هر حال، منطق و اخلاقیات ما تفاوت زیادی با منطق و اخلاقیات شمالی‌ها دارد. من از گوش کردن به او شاد شده بودم. مارتا که ویژگی بسیار بارزش جاه‌طلبی است، تشویقم کرد یک کپی از کتاب رویا را به هتل او بفرستم. تاکنون هیچ واکنشی به آن نشان نداده است. شاید واقعاً وقتی که به خانه برسد، آن را بخواند.

با درودهای صمیمانه به تو و آیدا و بچه‌ها. امیدوارم که خیلی زود خبری از تو بشنوم و پیش از عید پاک چندین نامه برایت بفرستم.

وفادار تو!

زیگموند

۱. *روندشاو آلمانی* مقاله‌ای در مورد *تفسیر خواب* منتشر نکرده بود.

۲. کلمه آلمانی آن dem Denigen است، نه آن‌طور که در کتاب *شروع* نوشته شده den Deinigen. احتمالاً ارجاعی است به کار فلیس.

3. Schigan

این کلمه در نامه ۹ نوامبر ۱۸۹۹ نیز استفاده شده است.

۴. الکساندر گرینشتین Alexander Grinstein مقاله‌ای در مورد اهمیت این توضیح نوشته است: «فروید و کنت اوئریندور Oerindur count یک ارتباط مقدماتی». کنت اوئریندور بازیگر اصلی نمایشنامه‌ای بود که توسط آدولفوس مولنز

Adolphus Miillner (۱۸۲۹-۱۷۷۴) به نام گناه نوشته شده بود. یا، *پیامبری جیپس؛ یک تراژدی* که توسط وی. ای. فری (لندن: ۱۸۱۹، چاپ خصوصی) ترجمه شد. طبق گفته شور (۱۹۷۲، صفحه ۲۰۶)، نسخه فشرده‌ای از یکی از بندهای نمایشنامه است که ظاهر اصطلاحی پیدا کرد: (اوئریندور، تناقض طبیعت را به من توضیح بده) که به دوسوگرایی اشاره می‌کند. احتمالاً فقط به برخی احساسات متناقض خودش نسبت به فلیس اشاره می‌کند و می‌گوید که این دیوانگی نیست بلکه می‌توان آن را با ارجاع به گفته کنت اوئریندور در مورد عشق و نفرت از کسی در یک زمان توضیح داد.

5. Mutter Lieb

معنی آن نامشخص است.

۶. جورج برندس Georg Brandes (۱۹۲۷-۱۸۴۲) نویسنده‌ای دانمارکی بود که به زبان آلمانی می‌نوشت و ارتباط دوستانه‌ای با آرتور شنیتزلر و تئودور گومپرز داشت. نامه‌های رد و بدل‌شده بین برندس و شنیزلر توسط کورت برگل Kurt Bergel به عنوان پایان‌نامه دکتری ویرایش و تفسیر شده‌اند:... (دانشگاه کالیفرنیا، ۱۹۴۸) طبق گفته‌های برگل (صفحه ۲۲۰)، برندس به جی. سی. مور-اسمیت G. C. Moore-Smith گفت که هیچ‌چیزی نمی‌شد از رویاها به‌دست آورد و به عنوان اثبات گفت که تا به حال دو بار خواب دیده که زن است! وقتی هشتاد و سه ساله بود گفت: «نظریه‌های فروید **منزجرکننده** بودند»، اما وقتی که در سال ۱۹۲۵ فروید را دید نظرش را در مورد شخص فروید تغییر داد. مدت *زندگی*، ۶۴۲: (۱۹۷۲) ۳۳۲ را ببینید. این‌که آیا عقیده برندس در مورد رویاها از خواندن کتابی که فروید به هتل برد، ناشی شده یا نه مشخص نیست؛ او در مکاتباتش با شنیتزلر اشاره‌ای به این موضوع نکرده است.

وین، ۴ آوریل ۱۹۰۰

۹، برگاس ۱۹

ویلهلم عزیز!

ابراز احساسات را می‌توان به تعویق انداخت، اما باید به مسائل مالی چسبید. بنابراین، بگذار فوراً جواب بدهم که اصلاً چنین نیتی ندارم که [کتاب] رویای کوتاهی را برای *روندشاو* بنویسم. به چند دلیل: نخست به خاطر این‌که بعد از آن

اثر بزرگ، این کار بسیار ناخوشایندی خواهد بود؛ دوم، چون من قول یک مقاله این‌چنینی را به لاونفلد داده‌ام و پس نمی‌توانم آن را به جای دیگری بفرستم؛ بعد، به این دلیل که به اصل تفکیک که خودش را در نوشتن یک کتاب توسط یک نفر و بازبینی آن توسط فردی دیگر ابراز می‌کند، تجاوز می‌کند و به‌علاوه، به خواننده فایده بازبینی و به نویسنده این شانس را می‌دهد که تأثیر کارش را روی یک غریبه ببیند و چهارم و آخری: *روندشاو* را نباید مجبور کرد که برخلاف میل خود یک مقاله انتقادی را چاپ کند. یک منتقد بی‌میل فوراً تبدیل به یک منتقد نفرت‌انگیز می‌شود. به نظر می‌رسد این راز مقاله انتقادی برکهارد در زیت[1] است که با حماقت خود این کتاب را در وین کُشت. پنجم، می‌خواهم از هر چیزی که شبیه به تبلیغ است دوری کنم. می‌دانم کاری که دارم می‌کنم برای بیشتر افراد نفرت‌انگیز است. تا وقتی که من کاملاً درست رفتار کنم، رقیبان شایسته‌ام نامطمئن هستند؛ تنها زمانی که من دقیقاً کاری را بکنم که آن‌ها دارند انجام می‌دهند، مطمئن می‌شوند که من هم بهتر از آن‌ها عمل نمی‌کنم. به همین دلایل است که مدت‌ها پیش از بازبینی کتاب تو خودداری کردم که به هر حال خیلی دوست داشتم این کار را انجام بدهم. این افراد نباید بگویند که ما داریم در ملأ عام چاپلوسی همدیگر را می‌کنیم. بنابراین، من فکر می‌کنم قابل توصیه‌ترین کار این است که فوراً عدم پذیرش *روندشاو* را به عنوان نشانه غیرقابل تکذیب افکار عمومی در نظر بگیریم.

ماتیلده دچار آبله‌مرغان شده است ولی خیلی مریض نیست؛ حال بقیه بچه‌ها خوب است. ما به لطف مینا از حوادث کوچک در خانه تو مطلع شدیم. ال. نسبتاً خوب و در حال پیشرفت است. آی. درمان را در عید پاک به پایان خواهد رساند، امیدوارم این درمان برای او فایده فراتنی در پی داشته باشد. من هنوز هم برای کار کردن به خاطر خودم خیلی تنبل‌ام. باید جدیدترین بیمارم را تا دو هفته دیگر جواب کنم -موردی از پارانویا بود.[2]

با صمیمانه‌ترین درودها برای تو، همسر، دختر و پسرهایت!

با احترام!

زیگموند

۱. یادداشت ۴ نامه ۸ ژانویه ۱۹۰۰ را ببینید.

۲. یادداشت ۶ نامه ۲۵ آوریل ۱۹۰۰ را ببینید.

وین، ۱۶ آوریل ۱۹۰۰

۹، برگاس ۱۹

ویلهلم عزیز!

قرار بود با این نامه از سرزمین آفتاب به تو سلام کنم. یک بار دیگر من به آن‌جا نرسیدم. باید این سفر را که قرار بود ما را به ترنت و دریاچه گاردا ببرد، کوتاه‌تر می‌کردیم. چون همسفرم از سفر بیست و دو ساعته در بازگشت می‌ترسید و من مجبور بودم تأیید کنم که حق با اوست. سپس، شنیدیم که در منطقه‌ای که می‌خواستیم به آن‌جا برویم برف زیادی آمده است، تقریباً همان میزان برفی که ما در خانه داریم. بعد از آن، جمعه به یک روز بسیار بد بارانی تبدیل شد. ناگهان مارتین مریض شد و من تصمیم گرفتم در خانه بمانم. سرانجام، شنبه هوا قابل تحمل شد، اما هر پنج بچه -بعد از ماتیلده- به خاطر آبله‌مرغان در رختخواب افتادند. البته، چیز جدی‌ای نیست با وجود تجمع این چیزهای ناخوشایند، من کاملاً خوشحالم که هنوز در خانه‌ام.

حق کاملاً با توست، آرزوهای من خیلی انعطاف‌پذیر نیستند؛ بنابراین، خیلی زود بعد از یک کناره‌گیری جزئی، دیگر از «مراسم دفن بی‌نقص» لذت نبردم. این همان‌چیزی است که در این‌جا به خوبی اتفاق افتاد.

در این بین که همه شما در درسدن بودید؛ مشکلات داخلی کوچک -خوشبختانه خیلی زود فراموش می‌شوند. عجیب است که همه‌چیز چطور پخش می‌شود. تمام چیزهای ممکن هم برای ما اتفاق افتادند، اما نه چیزهایی از این دست. خانواده به آرامی در حال حرکت است و افراد خود را فدا می‌کنند و در این‌جا می‌مانند. بنابراین، هر لایه اجتماعی، گلایه‌های مخصوص به خودش را دارد.

ای. سرانجام با آمدن به خانه‌ام برای صرف شام، نتیجه‌گیری کرد که شغلش یک بیمار است. معمای او *تقریباً* به‌طور کامل حل شده؛ فیزیک خوبی دارد و شخصیتش کاملاً تغییر کرده است. در حال حاضر، بقایای سیمپتوم‌ها باقی مانده است. دارم می‌فهمم همیشگی بودن درمان آشکار، چیزی است که به‌طور منظم روی می‌دهد و به انتقال [در روان‌کاوی] مربوط است. امیدوارم این باقی‌مانده‌ها موفقیت عملی را کم نکنند. من می‌توانستم درمان را ادامه بدهم، اما حس می‌کنم این طولانی کردن، نوعی سازش بین بیماری و سلامتی است که خود بیماران هم آن را می‌خواهند و بنابراین، پزشک نباید به آن تن بدهد. این نتیجه‌گیری تقریبیِ[1] درمان درواقع، هیچ فرقی برای من ندارد، اما به هر حال برای دیگران که از بیرون نگاه می‌کنند یک ناامیدی است. در هر صورت، باید حواسم به این مرد باشد. به این دلیل که باید به خاطر تمام خطاهای نظری و فنی‌ام رنج بکشد. درواقع، فکر می‌کنم که یک بیمار در آینده در نصف این زمان درمان شود. شاید خدا این بیمار بعدی را نزد من بفرستد. حال ال. جی. بسیار خوب است. دیگر هیچ شانسی برای شکست وجود ندارد.

گاهی اوقات چیزی به سمت آمیختگی حرکت می‌کند، اما من مانعش می‌شوم.

به جز این، وین همان وین است، یعنی واقعاً منزجرکننده. اگر نزدیک به «عید پاک بعدی در رُم» بودم، حسی مانند یک یهودی پرهیزگار را پیدا می‌کردم. پس به جای آن می‌گویم: «تا وقتی که در تابستان یا پائیز همدیگر را در برلین یا جایی که تو می‌خواهی ببینیم، خداحافظ».

با صمیمانه‌ترین درودها!

با احترام!

زیگموند

۱. با حس نرسیدن به هدف.

وین، ۲۵ آوریل ۱۹۰۰
۹، برگاس ۱۹

ویلهلم عزیز!
خب، حالا متوجه می‌شوی که نمی‌توان رم را به زور تحمیل کرد؟ من غالباً از این اعتقادات سرنوشت‌ساز این‌چنینی داشته‌ام که خیلی خوب به بی‌تحرکی من خدمت کرده‌اند. من واقعاً هیچ پیشرفتی ندارم. هنگام دریافت نامه‌ات این فکر به ذهنم رسید که چند روز را در ماه آگوست با تو در اقیانوس بگذرانم. دستمزد بیش‌ازحدی که خانم آر. پرداخت کرد سبب شده بود آن روز تا حدی ثروتمند باشم، اما اگر خدا این مبالغ را در جایی دیگر و لحظاتی بعد، کم کند هیچ‌چیزی برایم باقی نمی‌ماند. مطمئنم نسبت به زمانی که با من در ویمر سپری خواهی کرد، اوقات خوش‌تری را با همسرت در درسدن می‌گذرانی. مطمئناً من نخواهم آمد. دیدن پنج فرزند بیمار تا حدی رقت‌انگیز، اما در کل مسئله بی‌خطری بود.
دیروز در مقابل جامعه‌ام در فکوندیتِ زولا[1] سخنرانی کردم[2] —همیشه بدون آمادگی هستم. درست به اندازه‌ای که یک نفر در مدرسه برای نوشتن انشاءِ آلمانی آماده می‌شود. در طول شب دوشنبه تا سه‌شنبه، من بیش از اندازه در مورد این سخنرانی خواب دیدم.[3] من توضیح دادم که باید به خانه برگردم تا کتاب را بردارم، راه را پیدا نکردم و گم شدم. آب‌وهوا خیلی بد بود، هیچ پیشرفتی نداشتم و در طول این تأخیرها روی بخشی از صحبت‌هایم کار کردم. بنابراین، موانع تنها بهانه‌هایی برای خریدن زمان و کارکردن روی سخنرانی بودند. به‌علاوه، برادران نامهربان بودند و مرا مورد تمسخر قرار دادند که مطمئناً نشان‌دهنده آمادگی‌ام برای کاهش علاقه به موفقیت سخنرانی است. «آب‌وهوای بد» هم از بیماری قرض گرفته شده بود که در آن زمان سرزنده‌ترین توجه‌هایم را به خود جلب می‌کرد. زیرا من سرانجام -در ششمین فصل- دارم رازش را کشف می‌کنم.

خطاهای موجود در این تکنیک مانع من شدند که زودتر از این‌ها رازش را کشف کنم.
بهار به این‌جا هم رسیده است. درختانِ جلوی پنجره اتاقم برگ‌های قرمز لطیفی دارند. کنجکاوم بدانم برای تو چه چیزی را با خود می‌آورد. من از آرامش و تندرستی جسمی‌ام راضی هستم. فراموش کردم برایت بنویسم که ترس‌هایم برای این‌که سفر خواهر بزرگترم از نیویورک به برلین به دلیل یک فاجعه زودهنگام است، بی‌اساس بودند. چیز عجیب دیگری پشت آن است. از سوی دیگر، همسر کوچکترین خواهرم (در نیویورک) بیماری مهلکی دارد.
در آخرین نشریه موناتزشریفِ ورنیکه (که من برای آن هم می‌نویسم) اولین بخش از مقاله دکتر واردا از بلَنکِنبورگ وجود دارد. «یک مورد هیستری، ارائه‌شده براساس روش پالایشی بروئر و فروید».[۴] هنوز آن را به‌طور کامل نخوانده‌ام. این مرد مشخصاً فقط چیزهایی را که در کتاب *مطالعات* آمده است، می‌داند و نسبتاً به زحمت دارد روی خلق‌های مفهومی دوره نهضت ادبی رمانتیک آلمان - نگهداری، دفاع، تبدیل- و همچنین با «خواب هیپنوتیزم»[5] که به من تحمیل شده بود، کار می‌کند.
بیماری که من او را به مدت چهارده روز درمان کردم و سپس، به عنوان موردی از پارانویا مرخص شد، خودش را در اتاق هتل حلق‌آویز کرده است (خانم مارگیت کرمزیر).[۶]
در به‌دست آوردن یک بیمار جدید موفق نبودم. آخرین بیماری که دیگر نیامد یک پسر دوازده ساله بود، نوه آلتِ نقاش.[۷] هرچند، ما چند هفته پیش روی آمدن او توافق کرده بودیم، اما انگار روزی که قرار بود درمان را شروع کنیم مریض شده است.
با صمیمانه‌ترین درودها برای کل خانواده‌ات و به امید خبرهای بیشتر به محض این‌که خبری پیش بیاید.
با احترام!

۱. امیـــل زولا، Les quatre Evangiles-Fecondite, in Les Oeuvres completes یادداشت‌ها و تفسیرها توسـط مـوری لـه بلونـد Maurice Le Blond (پاریس: فرانچـویس برنـوارد). در صـفحه ۶۲: «دکتـر بوتـان Dr. Boutan ... ذکـر می‌کند که زن‌ها به خاطر بارداری از بین نمی‌روند و پیر نمی‌شـوند بلکـه بـه خـاطر مقیاس‌هایی کـه مانعشـان مـی‌شـود پیـر می‌شـوند» و در صـفحه ۱۸ زولا در مـورد «دخترانی صحبت می‌کند که اغوا شده‌اند (اما) نمی‌توانند پدرشان را به عنوان اغواگر متهم کنند».

۲. تولد B ‘nai

۳. به نظر نمی‌رسد این رویا در نوشته‌های منتشرشده فروید نقل شده باشد.

4. W. Warda “Ein Fall von Hysterie, dargestellt nach der kathartischen Methode von Breuer und Freud” , *Monatsscbriftftir Psychiatrie und Neutologie,* 7 (1900):301-318, 471- 489

این اثر گزارش روزانه و طولانی در مورد یکصد و دو جلسه از روان‌درمانی‌ای است که شامل تخلیه هیجانی، هیپنوتیزم و تلقین می‌باشد. واردا، با تخلیه هیجانی فهمید که باید از بیمار بپرسد چه اتفاقی در خصوص هر یک از علائمش افتـاده اسـت. در یـک نقطه بیمار از او می‌پرسد: «آیا باید دوباره کل کودکی غم‌افزایم را تعریف کنم»؟ واردا چیز کمی برای گفتن دارد، اما «تفسیرهای» برخی بیماران بسیار برجسته‌انـد. مـثلاً، توضیح بیمار در مورد احساس فشار جسمی از فقـدان آزادی در دوران کـودکی‌اش و تمایل به دور شدن از فشارهای آن دوره از زندگی‌اش ناشی می‌شـود. (صـفحه ۳۱۵) به نظر می‌رسد برای واردا دنبال کردن این بیمار سخت بوده است. درک او از فرویـد مطمئناً بسیار محدود بود، اما مطالبی که ارائه کرد برای آن زمان غیرمعمول بود.

۵. برای خواندن مباحثات این ایـده در کتـاب *مطالعـات روی هیسـتری* و ایـده‌هـای بعدی فروید در مورد آن، هرشمولر(۱۹۷۸، صفحات ۲۲۴-۲۲۱) و مقدمـه اسـترچی در ۲۵: S. E. ۲ را ببینید. در مورد دورا (S.E. ۷ :۲۷ n) فروید می‌نویسد: «بایـد از فرصت آغازین فرضیه «حالت‌های هیپنوتیزمی» استفاده کنم که بسیاری از منتقدان آن را بخش مرکزی کار ما می‌دانند و کاملاً از ابتکـار بروئـر ناشـی شـده اسـت. مـن استفاده از چنین عبارتی را زیادی و گمراه‌کننده می‌دانم، زیرا پیوسـتگی مسـئله بـه ماهیت فرایند روانی همراه شکل‌گیری، علائم هیستریایی را قطـع مـی‌کنـد». فرویـد درست در زمان *مطالعات* (S.E. ۲ :۲۸۶) شروع کـرد بـه مشـکوک نگـاه کـردن بـه

نظریه حالت‌های هیپنوتیزمی. سرانجام، فروید در *پنج سخنرانی‌اش* (۲۰: تا۱۱.E .S) می‌نویسد: «نظریه بروئر در مورد حالت‌های هیپنوتیزمی، زودهنگام و غیرضروری بود و امروز توسط روان‌کاوی رها شده است».

۶. در نشریه *Neue freie Presse* ۲۰ آوریل ۱۹۰۰، در ستون وقایع‌نگاری کوتاه Kleine Chronik خبر کوتاهی وجود دارد. «امروز صبح یک زن مجارستانی که از زندگی خسته شده و به این‌جا آمده بود تا به خاطر بیماری شدید شکمی چند دکتر را ببیند، به دلیل افسردگی خودش را حلق‌آویز کرد». روز بعد، شنبه همان روزنامه در صفحه ۴ خود خبر مرگ مارگیت کرمزیر Margit Kremzir (نام مجردی، وِیس دِ زوردا Weiss de Szurda) را اعلام کرد.

7. Alt

وین، ۷ می ۱۹۰۰

۹، برگاس ۱۹

ویلهلم عزیز!

با تشکر فراوان برای واژه‌های صمیمانه‌ات. آن‌ها همچنین چاپلوسانه بودند و ممکن بود -اگر در حضورت بودم- بخشی از آن‌ها را باور می‌کردم. هرچند، من همه‌چیز را کمی متفاوت می‌بینم. من نباید به واقعیت انزوای عالی[1] هیچ اعتراضی می‌داشتم، اگر خیلی پیش نمی‌رفت و بین من و تو نیز قرار نمی‌گرفت. در کل به جز یک نقطه‌ضعف؛ ترس من از فقر، چیزهای زیادی برای گلایه کردن دارم و در حال حاضر، حالم آن‌قدر خوب است که نمی‌توانم این کار را بکنم؛ می‌دانم چه چیزی دارم و می‌دانم از لحاظ آمارهای بدبختی انسانی چقدر افراد کمی مستحق آن هستند، اما هیچ‌کس نمی‌تواند جایگزین رابطه با دوستی بشود که تقاضاهای جانبی خاص -احتمالاً زنانه- و صداهای درونی که من عادت کرده‌ام به آن‌ها گوش کنم و برآورد خفیف‌تر کارم را نسبت به آنچه تو بیان می‌کنی، نشان بدهد. وقتی که کتاب تو[2] منتشر شود، هیچ‌یک از ما نمی‌توانیم از قضاوت در مورد واقعیت آن رد بشویم که مانند همه موفقیت‌های بزرگ، برای آیندگان حفظ می‌شود. هرچند، زیبایی مفهوم آن، اصل بودن ایده‌هایش، ربط

ساده آن و دلگرمی نویسنده، تـأثیری ایجـاد خواهـد کـرد کـه اولـین درک را در خصوص دستو پنجه نرم کردن پرزحمتـات با اهریمن به تو مـی‌دهـد. در مـورد من این موضوع فرق دارد. هـیچ منتقـدی (نـه حتـی لاونفلـد[3] احمـق، برکهـارد[4] آسیب‌شناس عصبی) ناهمخوانی ایجادشده از مشـکلات و پاسـخ بـه آن‌هـا را بـه وضوح نمی‌توانند ببینند و این یک تنبیه مناسب برای من خواهد بود که هیچ‌یـک از حوزه‌های کشف‌نشده زندگی روانی که من اولین انسانی بودم که در آن‌ها قـدم گذاشته‌ام، هرگز نام مرا حمل نخواهند کرد و از قـوانین مـن تبعیـت نمـی‌کننـد. وقتی که مشخص شد نفسم در مسابقه کشتی مرا شکست خواهـد داد، از فرشـته خواستم که از من دست بکشد و این کاری است که او از آن زمان بـه بعـد انجـام داده است، اما من قوی‌تر نشدم. هرچند، از آن زمان به بعد به‌طـور قابـل تـوجهی لنگیده‌ام. بله، واقعاً الان چهل و چهار ساله‌ام، یک یهودی پیر و تـا حـدی پَسـت، همان‌چیزی که در تابستان یا پائیز با چشم‌های خودت خواهی دید. با این وجـود، خانواده‌ام می‌خواستند روز تولدم را جشن بگیرند. بهترین تسلی‌ام ایـن اسـت کـه آن‌ها را از تمام موفقیت‌های آینده محروم کرده‌ام. آن‌ها می‌توانند تا حدی کـه در قدرتشان است، تجربه‌های موفقیت خود را داشته باشند. من یک جای پا به جهت شروع برایشان باقی گذاشته‌ام، اما قرار نیست آن‌ها را به نقطه اوجی ببرم که دیگر نتوانند بالاتر از آن بروند.

شنبه تدریس در مورد رویاها را شروع می‌کنم. تا ده روز دیگر باید به بلوو بـرویم. شایعه شده است که همسرت به زودی به وین خواهد آمد.

وضعیت سلامتی‌ام الان قابل تحمل است. وین ناگهان به‌طـور ناخوشـایندی گـرم شده است. حال ال. جی. در ماه گذشته بسیار خوب بـوده. بنـابراین، سـرانجام در بازی برنده شده است. یک مورد جدید: یک مرد که از نظـر روانـی نـاتوان اسـت، احتمالاً فقط برای تابستان. مراجعان احتمالی دیگری نیز وجـود دارنـد کـه هنـوز قطعی نشده‌اند.

در کل همه‌چیز تا حدی در حرکت است.

با صمیمانه‌ترین درودها به همه شما!

با احترام!

زیگموند

۱. در اصل به زبان انگلیسی آمده است.

۲. یا *Uber den utsachlicbeti Zusammenhang von Nase und Geschlechtsorgan* که در سال ۱۹۰۲ چاپ شد -و یا احتمالاً *دوره زندگی* که در سال ۱۹۰۶ چاپ شد.

۳. در مورد لئوپولد لاونفلد و رابطه‌اش با فروید، نامه ۸ اکتبر ۱۸۹۵ را ببینید. در ماسون (۱۹۸۴) درباره تأثیر لاونفلد بر تفکر فروید در مورد نظریه اغواگری صحبت کرده‌ام. از کتاب‌های لاونفلد مشخص است که این دو نفر مکاتبات زیادی با هم داشتند (که نامه‌ها باقی نمانده است). به‌تازگی فهمیده‌ام که در ویرایش دوم (۱۸۹۹) کتاب لاونفلد: *Sexualleben und Nervenleiden:*، لاونفلد می‌نویسد: «به‌طور اتفاقی یکی از بیمارانی که فروید روش تحلیلی را روی آن اجرا کرده بود، تحت معاینه من قرار گرفت. این بیمار خیلی با اطمینان به من گفت که احساس جنسی دوران کودکی که تحلیل آن را کشف کرده بود، تخیل محض بوده و واقعاً برایش اتفاق نیفتاده». (صفحه ۱۹۵) ممکن است این متن نقشی در دیدگاه فروید در مورد رها کردن نظریه اغواگری داشته باشد.

۴. یادداشت ۴ نامه ۸ ژانویه ۱۹۰۰ را ببینید.

وین، ۱۶ می ۱۹۰۰

۹، برگاس ۱۹

ویلهلم عزیز!

چون مدت زیادی است که چیزی ننوشته‌ای، چاره‌ای برایم باقی نمی‌گذاری به جز این‌که تو را با نامه خارج از نوبت وسوسه کنم. در هر رویدادی شکاف کوچکی وجود خواهد داشت؛ یکی از بیماران بعدازظهرم، رهایم کرد، دشوارترین موردم، و تا جایی که سبب‌شناسی مد نظر است در مورد او بیشتر از همه مطمئن بودم. من مدت چهار سال نتوانستم به او نزدیک شوم. به‌علاوه، او تنها بیماری بود که بروئر

نزد من فرستاد. هر وقت من با ناامیدی مطلق این بیمار را از خودم می‌راندم، او سعی می‌کرد باز این دختر را به این‌جا برگرداند. سال گذشته سرانجام توانستم به شرایط خوبی در مورد او برسم و امسال بالاخره موفق شدم. من کلیدها را پیدا کردم؛ یعنی توانستم خودم را قانع کنم که کلیدهای پیداشده در جاهای دیگر با او متناسب‌اند و تا جایی که زمان کوتاه (از دسامبر تاکنون) اجازه می‌داد عمیق و اساسی بر شرایطش تأثیر گذاشتم. او امروز با گفتن این واژه‌ها ترکم کرد: «کاری که شما برای من انجام دادید، غیرقابل ارزش‌گذاری است». او به من گفت وقتی که بهبودی خارق‌العاده‌اش را به بروئر اعتراف کرد، بروئر دست زد و بارها و بارها گفت: «خب، پس بالاخره حق با او بود»! در این صحنه کوچک می‌توانی ستایش‌کننده موفقیت را ببینی، کسی که به یکی از رایج‌ترین مذاهب دنیا اعتقاد دارد که همه ویژگی‌های ضعیف ما به آن مربوط است. چرا او سال‌ها اعلام می‌کرد که من اشتباه می‌کنم؟ خیلی خوب است که یک نفر می‌تواند به خاطر هر اشتباه دو بار لذت ببرد. اولین بار، با اشتباه کردن که حس برتری به فرد می‌دهد و سپس، با پذیرفتن این‌که اشتباه کرده است که سبب می‌شود فرد به نظر خودش و دیگران، نجیب برسد. شیطان بیچاره، احمق و بی‌عاطفه مانند یکی از ما، این لذت‌ها را از دست خواهد داد، اما با این‌که اغلب به تو گلایه می‌کنم، نمی‌خواهم تو را از اخبار پیروزی کوچک خود محروم کنم.

تنها سه دانشجو در کلاس‌هایم شرکت کردند. هانس کونیگشتین، خانم دورا تِلکی[1] و دکتر مارکوس از برسلو. کتاب‌فروش شکایت می‌کند که فروش کتاب *تفسیر خواب* بسیار «کند» است. نشریه آمشائو دهم مارس حاوی یک مقاله انتقادی کوتاه، دوستانه و غیرقابل درک بود. هرچند، برای من چیزی جز کارم اهمیت ندارد و اگر بتوانم آماده‌ام که کلاً بااراده بشوم.

همسر کوچکترین خواهرم، ششم می در نیویورک فوت کرد. هنوز از بیوه‌اش نامه‌ای دریافت نکرده‌ایم. من هیچ‌وقت او را ندیده بودم، اما به نظر می‌رسد خیلی مهربان بود. این یک ازدواج کوتاه و شاد بوده است.

و در مورد تو چطور؟ هنوز هم روی فصل ۱ کار می‌کنی؟ اجازه می‌دهی امتحان کنیم که در برنامه‌های تابستانی‌ات چند روز را با هم در دریای شمالی بگذرانیم؟ می‌دانم که فقط فقدان کامل سرمایه یا بیماری، مانع من در انجام این هدف خواهد شد. هیچ مانعی را سر راه خود می‌شناسی؟

خیلی خوشحال می‌شوم که همسر عزیزت را این‌جا ببینم. سلام مرا به سه فرزندت برسان. حال مِلا چند روز پیش از موعد به‌طور لذت‌بخشی خوب بود. من امروز به آن‌جا رفتم.

از صمیم قلب!

با احترام!

فروید

۱. در مورد دورا تلکی Dora Teleky، ماسون (۱۹۸۴، صفحات ۲۵۰-۲۴۹) را ببینید.

۲. مقاله انتقادی، نوشته‌شده توسط سی. اوپنهایمر C. Oppenheimer بیان می‌کند که *تفسیر خواب* «کتابی بسیار جالب و نه عجیب است»! و ادعا می‌کند که نخست، تداعی‌های بعید یا جوک‌های مبتذل به نظر می‌رسد. (کالاور)

وین، ۲۰ می ۱۹۰۰

۹، برگاس ۱۹

ویلهلم عزیز!

طبیعتاً دیگر نباید اسمی از دریای شمالی ببرم، وقتی که تو این‌قدر حس بدی به آن داری. من اصلاً از این خبر نداشتم. کاش می‌شد که یک سفر مدیترانه‌ای باشد، اما اگر بتوانیم برویم، هر جا تو بخواهی می‌رویم. حالا دوره رکودی که از آن می‌ترسم، می‌آید. یعنی، دوره‌ای که در آن از خودم می‌ترسم. دیروز چهارمین بیمار با صمیمانه‌ترین کلمات و به شکلی عالی خداحافظی کرد و نقاشی‌های گلچین‌شده بوکلین را به من هدیه داد.[۱] این بیمار بالاترین حد رضایت را به من می‌داد و احتمالاً درمانش کامل شده است. بنابراین، امسال همه‌چیز تمام شده

است. سرانجام، پیروز شدم، اما حالا چه کار کنم؟ همچنان در هر روز سه نفر و نیم، یعنی سه جلسه و نیم دارم که برای یک وال اسباب‌بازی‌های کافی‌ای نیستند.[۲] وای بر من! وقتی که خسته می‌شوم. همه‌چیز می‌تواند اشتباه شود. نمی‌توانم کار کنم. تنبلی در من نفوذ می‌کند. کاری که من از اکتبر تا الان انجام می‌دهم به احتمال زیاد به نوشتن منجر نمی‌شود و برایش بسیار نامطلوب است. من رساله چاپی کوتاه رویا را برای لاونفلد شروع نکرده‌ام. حتی دیگر سراغ سرگرمی‌هایم هم نمی‌روم بلکه یک در میان سراغ شطرنج، تاریخ هنر و پیشا تاریخ می‌روم. هیچ‌چیزی اجازه ندارد که برای مدت طولانی باقی بماند. دوست دارم برای چند هفته در جایی ناپدید شوم که هیچ‌چیزی به جز علم وجود نداشته باشد، یعنی جدا از ملاقات با تو. کاش پول یا همسفری برای رفتن به ایتالیا داشتم!

به نظر می‌رسد شوهرخواهرم به دلیل بیماری قلبی‌ای که منشأ نامعلومی داشته و احتمالاً مربوط به مشکل کلیوی نهفته بود، از پای درآمد. او به‌طور غیرمتداولی خوش‌قیافه، دست‌ودل‌باز و مردی قوی بود که پیش از این هیچ‌وقت نگفته بود بیمار است. در زوبیتا در موراویا متولد شد و سیزده سال پیش به آمریکا رفت. من خانواده‌اش را دیده‌ام؛ آن‌ها فقیرند، اما افراد توانا و خوبی هستند و همه تلاششان را می‌کنند که بیوه و فرزندان او را تأمین کنند. ما هم باید کارهایی انجام بدهیم. متأسفم که تو هم باید در عید پنجاهه به وین بیایی، زیرا برادر بزرگ‌ترم از منچستر نامه نوشته که در عید پاک به دیدن ما خواهد آمد. او دیگر جوان نیست؛ فکر می‌کنم شصت و هشت (!) ساله باشد. هرچند، ظاهرش بسیار جوان است.

از خودم پرسیدم که چرا نمی‌توانم رابطه‌ام را با بروئر تمام کنم و یک نمونه فراموشی اخیر، جواب را برای من فراهم کرد. من به خانم ال. قول داده بودم که یک گاوصندوق آهنی برایش خواهم گرفت که بتواند اشیای ارزشمندش را در آن بگذارد، اما دائماً این را فراموش می‌کردم. سرانجام، او این را به من یادآوری کرد و

من رفتم که آن را بخرم. مغازه‌ای به نام تانزوس را به خاطر آوردم و واضح‌ترین حافظه بصری را از پنجره‌ای داشتم که جعبه کوچکی از بیرونش دیده می‌شد. این مغازه باید در یک مکان دم دستی در شهر می‌بود، اما واقعاً نتوانستم با قدم زدن مغازه را پیدا کنم. بنابراین، بعد از پیاده‌رَوی دوباره، تصمیم گرفتم به دفتر تلفن و یا به ثبت شرکت‌های تجاری نگاهی بیندازم. سپس، باز هم به مدت پنج روز آن را فراموش کردم. سرانجام، خودم را مجبور کردم که آن را به‌یاد بیاورم و به دنبال نشانی گشتم. این پنجره با جعبه آهنی کجاست؟ [خیابان] براندستات، آن سوی خانه بروئر که احتمالاً هزاران بار آن را دیده‌ام. تفسیرش ساده است.[۳]

با صمیمانه‌ترین درودها. هنوز چیزی در مورد رای ۳ و همچنین بعدازظهر بیست و دوم مِی[۴] نمی‌دانم.

با احترام!

زیگموند

۱. از متن آلمانی مشخص نیست که آیا بیمار این کتاب مجدداً تولیدشده را به فروید داده، یا فروید آن را به او داده است. به نظر می‌رسد برداشت اول، محتمل‌تر باشد.

2. *Dem Walfisch die rote Tonne hinwerfen*

(بشکه قرمز را برای وال بینداز) یک ضرب‌المثل قدیمی آلمانی است به این معنی که چیزی را به کسی بده که وقت نکند شیطنت کند. کی. اف. دابلیو واندر، *Deutscbes Sprichwcttet-Lexikon* (لایپزیک، اف، ای، بروکهاوس، ۱۸۶۷) را ببینید.

۳. *آسیب‌شناسی روانی زندگی روزمره* (S.E. ۶ :۱۳۷-۱۳۸) را ببینید که در آن فروید این رویداد را هم توضیح می‌دهد، اما می‌گوید که این مغازه در ساختمانی بود که بروئر «M» در آن زندگی می‌کرد.

۴. ماریان رای کریس Marianne Rie Kris در ۲۷ می ۱۹۰۰ متولد شد.

۲۶ می ۱۹۰۰

۹، برگاس ۱۹

ویلهلم عزیز!

به این دلیل که این با محاسبات تو همخوانی دارد، برایت گزارش می‌کنم که پس از یک دوره طولانی و خوب، روز پنجشنبه، بیست وچهارم مِی، میگرن شدیدی داشتم و از آن زمان به بعد خسته و ناراحتم. آن‌قدر بداخلاق‌ام که دارم به نرفتن به سفر روزانه به بلوو که از چهارشنبه آن‌جا بودیم، فکر می‌کنم تا در تنهایی برگاس خودم بمانم. اگر علل کلی برای این بار وجود نداشت، این اولین همخوانی زمانی نبود.

نشانی ما در بلوو XIX/۵ است، اما انتظار دارم که نامه‌های تو به همان نشانی قدیمی بیایند. این‌که پائولینشن واکنش مثبتی به پیش‌رانه داشته، بسیار لذت‌بخش است.

با صمیمانه‌ترین درودها!

با احترام!

زیگموند

وین، ۱۲ جون ۱۹۰۰

۹، برگاس ۱۹

ویلهلم عزیز!

ما مهمان‌های خانوادگی داشتیم. بزرگترین برادرم، امانوئل، روز پیش از عید پنجاهه با کوچکترین پسرش سم (که حالا سی و پنج ساله است) به این‌جا آمد و تا بعدازظهر چهارشنبه این‌جا ماند.[۱] او واقعاً هوای تازه با خودش آورد. چون انسان بسیار جالب، نیرومند و از نظر روانی خستگی‌ناپذیری است؛ با وجود این‌که شصت و هشت یا شصت و نه سال سن دارد و همیشه برای من معنای خاصی داشته است. سپس، به برلین رفت که حالا قرارگاه خانوادگی ما شده است. البته، با دلفی که سه دختر (آنای نیویورکی) را به وین آورده بود و از آن‌جا (امروز بعدازظهر) برای تابستان همراه رزا به دریاچه اوساریا می‌روند. سه دختر آنا سیزده، هشت و شش ساله‌اند و بچه‌هایی زیبا هستند. واقعاً زیبا و مانند دختران

آمریکایی، باهوش و بسیار سرگرم‌کننده‌اند. بنابراین، گاهی، خانواده می‌تواند تأثیر خوبی روی انسان داشته باشد. طبیعتاً، ناامیدی از بین نرفته است. پائولین بیوه جوان، پریروز از هامبورگ عازم پرِتوریا شد.(؟)

ارنست باز هم به دلیل تب و عفونت گلو چهار روز بیمار شد. انرژی او خستگی‌ناپذیر است. حتی وقتی که تب ۳۸/۵ درجه داشت، هنوز هم فریاد می‌زد: «حال هیچ‌کس نمی‌تونه بهتر از من باشه، من می‌خوام از جام بلند شم». این پسر شیطان تنها زمانی رام و مطیع می‌شود که تبش به ۳۹/۵ درجه برسد. این وحشی‌گری و سرزندگی دیوانه‌وار گاهی اوقات غیرطبیعی به نظر می‌رسد، درست مانند کسی که دچار سل شده است.

به جز این، زندگی در بلوو برای همه خوشایند به نظر می‌رسد. بعدازظهرها و صبح‌ها دلربا هستند؛ رایحه یاس و اقاقیا بر رایحه زنبق و آبنوس دروغی غلبه کرده است. رزهای وحشی شکوفه زده‌اند و همان‌طور که من هم متوجه شدم، همه‌چیز ناگهانی روی می‌دهد.

آیا فکر می‌کنی که روزی یک نفر روی صفحه مرمرین در این خانه بخواند.

این‌جا، در بیست و چهارم جولای ۱۸۹۵

راز رویا

خودش را برای دکتر زیگموند فروید آشکار کرد.[۲]

در حال حاضر، احتمال کمی برای آن وجود دارد، اما وقتی که تازه‌ترین کتاب‌های روان‌شناسی را می‌خوانم Mach's *Analyse der Empfindungen,* 2nd ed.,Kroell's *Aufbau der Seele* (و چیزهایی از این دست)[۳] جهت همه آن‌ها مانند کار من است و خوشحالم از این‌که می‌بینم چیزی که آن‌ها می‌خواهند در مورد رویا بگویند، مانند کوتوله در داستان‌های جن و پری است. چون «شاهزاده نمی‌داند».[۴]

دیگر بیمار جدیدی نگرفتم؛ یا ترجیح ندادم، منظورم این است که در تبادل با بیمار آخر، من بیماری را از دست دادم که درمانش را از ماه مِی آغاز کرده بود.

بنابراین، به جایی برگشته‌ام که قبلاً بودم، اما این یکی زیباست؛ دختر سیزده ساله‌ای که فکر می‌کردم فوراً او را درمان خواهم کرد و کسی که برای اولین بار سطحی را به من نشان داد که معمولاً تلاش می‌کردم از زیر لایه‌های مازاد دربیاورم. نیازی نیست به تو بگویم این‌ها دقیقاً چیز مشابهی هستند. باید در آگوست در مورد این بچه حرف بزنم، مگر این‌که زودتر از موعد از پیش من برود. زیرا در آگوست باید قطعاً تو را ببینم، مگر این‌که از انتظارم برای درآمد هزار و پانصد فلورینی در اول جولای ناامید بشوم. دیگر این‌که در هر صورت می‌توانم به برلین بیایم، اگر پائولی هزینه زیادی برای من در پی نداشته باشد و در کوهستان یا در ایتالیا کمی هوای تازه و انرژی جدید برای سال ۱۹۰۱-۱۹۰۰ به‌دست بیاورم.

حال و حوصله بد، دیگر به اندازه پس‌انداز پربار نیست.

من در مورد تصادف کنراد و پیامد شاد آن شنیدم. حالا مستحق شنیدن اخبار در مورد تو و خانواده‌ات هستم.

با درود صمیمانه به تو و آن‌ها!

با احترام!

زیگموند

۱. یادداشت ۲ نامه ۳۰ می ۱۸۹۶ را ببینید.

۲. چنین پلاکی درواقع، در ۶ می ۱۹۷۷ در آن‌جا وجود داشت.

۳. ارنست ماخ Ernst Mach (۱۹۱۶-۱۸۳۸) *Die Analyse der Empfindungen und das Verhiiltnis des Pbysiscneti* zum *Psycbischen* *ویرایش دوم* (جنا: و فیشر، ۱۹۰۰، اولین ویرایش، ۱۸۸۶) نام بروئر ذکر شده، اما نامی از فروید نیامده است. اشاره کروئل به (لایپزیک: ویلهلم انگلمن ۱۹۰۰) است.

۴. بی‌شک اشاره‌ای است به rumpelstilzchen نوشته گریم. یادداشت ۳ نامه ۱۶ می ۱۸۹۷ را ببینید.

وین، ۱۸ جون ۱۹۰۰

۹، برگاس ۱۹

ویلهلم عزیز!

آخرین نامه من فقط در مورد خودم بود و حالا مجبورم می‌کنی که باز هم در مورد خودم بنویسم. چون تو جزئیات اطلاعات در مورد خانواده‌ات را از من مخفی می‌کنی. خبرهایی در مورد مشکلات تو با «خانم»[1] دارم. تو چیزی در مورد کنراد نمی‌گویی. بنابراین، همه‌چیز به آگوست موکول می‌شود که در آن تاریخ باید حتماً با تو حرف بزنم و یک بار دیگر در مورد خودم بنویسم، گویی علاقه‌ای به هیچ‌چیز دیگر ندارم.

بعد از ارنست که خیلی زود حالش خوب شد، همه‌گیری عفونت گلو، مارتین را درگیر کرد و طوری تلوتلو می‌خورد که گویی یک سایه است. به نظر می‌رسد ماتیلده نفر بعدی باشد، اما تب ندارد. بقیه هنوز در حال پیشرفت‌اند. طبیعتاً، اقامت ما در بلوو بدون هر چیزی است که دوری از کلان‌شهر را لذت‌بخش می‌کند. این‌جا فقط چیزی به اسم آب شدن یخ وجود ندارد.

هرچند، من تاریخ ۲۴ جولای ۱۸۹۵ را تأیید کرده‌ام. این تاریخ به همین صورت در کتاب رویا، ۲۳-۲۴ جولای گفته شده است و می‌دانم این تاریخ اولین باری بود که من اصل عمومی را فهمیدم و می‌دانم رویا را روز بعدش تحلیل کردم. می‌توانی از این تاریخ استفاده کنی؟

البته، من از مقاله انتقادی در تِگبلَت برلینی[2] راضی بودم. اولین گفته‌ها از کسی که تحت تأثیر قرار گرفته و نشان می‌دهد که برخی چیزها را درک کرده است. البته، نه کاملاً، چون آخرین تذکر —این‌که یک شیوه علمی نمی‌تواند براساس آن شکل بگیرد و این روش را نمی‌توان به کسی یاد داد- صحیح نیست. حداقل دو نفر از بیمارانم درست مانند من آن را یاد گرفته‌اند. خیلی دوست دارم بدانم این منتقد کیست. او نمی‌تواند خیلی دور از حلقه‌های پزشکی باشد.

زندگی در این‌جا بسیار خسته‌کننده است و من به‌تدریج دارم تیز بودن گوش‌هایم و تعادل فکری‌ام را از دست می‌دهم. بیمار دیگری از شهر زیتومیر روسیه آمدنش را اعلام کرده است، شهری که دو سال پیش هم زن بیمار دیگری از آن‌جا آمده

بود، اما به خاطر او به سختی می‌توانم کار کردنم را بعد از یکم آگوست ادامه بدهم. دختر کوچولوی سیزده ساله بسیار جالب است و سبب می‌شود حرف‌های زیادی برای گفتن داشته باشیم. حال ال. جی. عالی است؛ یکشنبه گذشته، کل بعدازظهر را پیش ما در بلوو بود. سه وعده پیش ما ماند و رفتاری عالی داشت. امیدوارم کم‌کم بتوانم توجهم را به سختی‌ها و مشکلات باقی‌مانده جلب کنم. هرچند، مطمئناً بعد از تعطیلات.

این خبر پیش روی من است:[3]

«اسفریزیولوژی جنسی»[4] نوشته دکتر آلبرت هگان.

فصل اول آن یک «بررسی کلی» است که شامل «ناحیه تناسلی» بینی می‌باشد (رفتار بینی در طول بلوغ، در طول قاعدگی و غیره). امیدوارم او قدر منبع خردمندی‌اش را بداند. همچنین، من نام تو را در متنی که به‌تازگی منتشرشده دیدم: «حالت چهره براساس روان‌شناسی ارادی» *Mimik auf* Grund *voluntarischer Psychologie* (نام نویسنده را فراموش کرده‌ام).

امیدوارم این تابستان خیلی زود به پایان برسد. نیاز دارم که یک بار دیگر از این جا دور شوم و چیزی را ببینم.

در طول سال، انسان خیلی راحت با محدودیت غیرقابل اجتناب علائقش متوقف می‌شود. واقعیت دارد، هنوز وقت رم نرسیده است -اوه خوش‌بین! اما حداقل می‌توانم به برلین بیایم و شاید با همسرم به بعضی از بخش‌های کوهستان بروم. باید ببینیم!

با صمیمانه‌ترین درودها برای تو و کل خانواده‌ات!

با احترام!

زیگموند

۱. احتمالاً دختر فلیس پائولین و یا زن حاکم.

۲. در تاریخ ششم جون، مقاله انتقادی کوتاهی در *تَگبلَت برلینی* *Berliner Tageblatt* و *هندلز–زیتونگ* Handels-Zeitumg ، این کتاب را «عجیب و شگفت‌انگیز» می‌نامد.

۳. آلبرت هاگن Alb. Hagen، *Die sexuelle Ospbresiologie Die Beziehung des Geruchssinnes* und *der Getucbe* zur *menscblichen Geschlechtstiitigkeit* (کارلوتنبرگ: اچ. بارسدورف، ۱۹۰۱)

4. Sexuelle Osphresiologie

وین، ۱ جولای ۱۹۰۰

۹، برگاس ۱۹

ویلهلم عزیز!

بنابراین، روز واقعاً دارد روشن می‌شود! اما من به اندازه تو نسبت به آن بی‌تفاوت نیستم. هیچ‌وقت مورد تو برای من ناامیدکننده نیست. در مورد من، می‌توانم فوراً مقاومت مردم برحسب ناراحتی ایجادشده از موضوع را توضیح بدهم، اما موضوع تو کاملاً واضح و غیرشخصی است و تنها توضیح ممکن تهاجم مردم به هر چیز جدیدی است که می‌تواند واقعیت داشته باشد و این توضیح واقعاً پریشان‌کننده است. بگذار عامل دیگری را نیز در نظر بگیریم. وقتی که مجلاتی چاپ شوند که یافته‌هایت را کلاسیک می‌نامند، جامعه علمی ماهیت گوسفندمانند معروف خود را مشخص می‌کند که در آن معمولاً چیزی را می‌پذیرند که قبلاً رد شده بود. سپس، وقتی که تصور می‌کنی هوفرات کروباک و دستیاران بالینی‌اش تلاش می‌کنند فقط چیزی را ببینند که در اصل دیده‌اند و بعد آن را برای خودشان و بقیه تکذیب کنند، احساس رضایت قطعی پیدا می‌کنی؟ چنین کامیابی کینه‌توزانه و چنین عطش ارضاءشده‌ای برای انتقام، نقش مهمی را در مورد من ایفا می‌کند. تاکنون، طعم بسیار کمی از این خوراک دلپذیر را چشیده‌ام. بنابراین، در پر کردن قاشقی از وعده غذایی‌ات به تو می‌پیوندم. عامل دیگری هم وجود دارد که توضیح می‌دهد چرا وقتی که ما با همان قضاوت مواجه می‌شویم، می‌توانیم این‌قدر متفاوت عمل کنیم. هر دوی ما احتمالاً مخزن کوچکی از تأیید هم‌دوره‌ای‌هایمان را به‌دست می‌آوریم، اما تو به آن وابسته نیستی. چون تو هم دندان می‌کشی، بینی را می‌بُری و کارهای دیگری می‌کنی که بدون ایجاد تعارض در تو به تو پاداش می‌دهند، اما تصور می‌کنم من باید زندگی‌ام را دقیقاً براساس

افکار کسانی بسازم که تفکرشان را تحقیر می‌کنم. اگر من هم مثل تو این‌قدر مستقل بودم، من هم به اندازه تو نگران حرف مردم نمی‌شدم.
مطمئناً تو را در طول این تعطیلات و در جایی که تو تعیین می‌کنی، خواهم دید. چه چیزی هنوز برای من سؤال‌برانگیز است آیا می‌توانیم اول آگوست همدیگر را ببینیم یا نه. احتمالاً به مدت یک هفته در آگوست با همسرم به ترافوی برویم و سپس از دوره‌ای که او توانایی لذت بردن از آن را ندارد، پرهیز کنیم. پولی را که این همه‌وقت روی آن حساب می‌کردم، نگرفتم، اما نباید اجازه بدهم که این مانع مسافرت ما بشود. من نسبتاً ملال‌آور، تندمزاج و ترش‌رو شده‌ام و به هر چیزی که به آرامی پیش نمی‌رود مانند بیماران اصلی‌ام، به شدت واکنش نشان می‌دهم. به علاوه، این روزها گرما کشنده شده است. زمان دست کشیدن است. هنوز باید بتوانم در مورد زمان دیدارمان مذاکره کنم. همه‌چیز در خانه تو آرام شده است و پس، باید بتوانم از تو در مورد برنامه‌های تابستانت بپرسم.
امسال سال پیشگامان است! دوست قدیمی‌ام لوستگارتن از نیویورک، باز هم این جاست. او با خواهر بیچاره من بسیار مهربان بوده است و می‌خواهد در آگوست مرا در کوهستان ببیند. خواهرم، اول جولای رسید. هنوز هم در شوک سوگ پیشین است و با یک دختر چهار سال و نیمه بسیار وحشی، تیره‌روز و نحیف شده است. اگر فکر کنیم، چندین چیز منطقی به نظر می‌رسد.
خیلی زود بنویس.
از صمیم قلب!
با احترام!
زیگموند

وین، ۱۰ جولای ۱۹۰۰
۹، برگاس ۱۹

ویلهلم عزیز!

بالاخره توضیح داده شد و حل شد. چون نتوانستی در آن زمان که من تاریخی را مد نظر داشتم یک تاریخ قطعی به من بگویی، ملاقاتمان را تا اواخر تعطیلاتمان به تعویق انداختم. حالا که برنامه‌هایت را فاش کردی، من فقط می‌توانم جواب بدهم که به شدت با برنامه‌های من متناسب‌اند. من می‌توانم سی و یکم جولای در اینسبروک باشم و تا چهارم آگوست در آن‌جا پیش تو بمانم. زن‌ها می‌توانند چهارم آگوست پیش ما بیایند و بعد باید با مارتا به لَندِک بروم و از آن‌جا به مقصد ترافوی کالسکه‌ای بگیریم. اگر هیچ‌یک از بچه‌ها مریض نشود و هیچ پلی خراب نشود و هیچ رویداد ناگوار دیگری اتفاق نیفتد، برنامه این‌طور خواهد بود. باید بر حس ناچیز این افسوس که یک بار دیگر فرصت دیدن بچه‌هایت را ندارم و این‌که تو مرا در اوج خستگی و بداخلاقی خواهی دید، غلبه کنم، اما موضوع اصلی این است که باید کنار هم باشیم. هر به تعویق انداختنی مستلزم ریسک است. هیچ‌چیز در مورد دیگر برنامه‌هایت به من نگفتی. بنابراین، نمی‌دانم آیا چیز دیگری در این تعطیلات امکان‌پذیر است یا نه. پس، این قرار تعیین شده است و بعد از مدت زیادی که منتظر چیزی نبوده‌ام، حالا منتظر این هستم.

خیلی کنجکاوم که جزئیات توان‌بخشی‌ات و همچنین هر چیزی که به من قول می‌دهی را بدانم. هرچند، نمی‌توانم تضمین بدهم که جبران کنم. کاملاً از کارم خسته شده‌ام و تمام چیزهای مربوط به آن که دارند جوانه می‌زنند، اغواگری و تهدید می‌کنند. به هر حال، تابستان خیلی بد نبود. سؤالِ به‌دست آوردن کار تابستانی که پارسال به نظر یک مشکل می‌رسید، حالا باز هم پابرجاست. از یک سو، لازم نیست و از سوی دیگر، من قدرت آن را ندارم. مشکلات بزرگ، هنوز کاملاً حل نشده‌اند. همه‌چیز در حال جریان یافتن و طلوع کردن است، یک جهنم فکری که لایه‌لایه است؛ در تاریک‌ترین هسته، اجمالاً ردی از لوسیفر-آمور وجود دارد.

دیگر علاقه‌ای ندارم که بدانم آیا مردم کتاب رویا را دوست دارند یا نه و دیگر برای سرنوشت آن عزاداری نمی‌کنم. به وضوح این یک قطره آب، سنگ را نرم‌تر

نکرده است. به‌علاوه، در مورد مقاله‌های انتقادی بیشتر چیزی نشنیده‌ام و تشکر و قدردانی‌های گاه‌وبیگاهی که در تماس‌های شخصی دریافت می‌کردم، بسیار خصمانه‌تر از اعتراض‌های بی‌صدای معمول شدند. خود من تاکنون چیزی را که به اصلاح نیاز داشته باشد، پیدا نکرده‌ام. این واقعیت دارد و بدون شک درست باقی می‌ماند. نوشتن مقاله کوتاه در مورد کتاب رویا را تا ماه اکتبر به تعویق انداخته‌ام.

در هر صورت، دیدار ما در سی و یکم جولای یا حداکثر اول آگوست، پرتوی از روشنایی است. بگذار به آن بچسبیم. هنوز هم می‌توانیم در مورد جزئیات بحث کنیم. می‌توانیم در همان مسیر در جای دیگری به جز اینسبروک اقامت کنیم، اما این واقعاً مسئله مهمی نیست.

با درودهای صمیمانه برای همسر عزیزت و فرزندانت!

با احترام!

زیگموند

[کارت پستالی که مربوط به لوح یادبود گوته است]

تاربول در دریاچه گاردا[1]

۵ سپتامبر [۱۹۰۰]

برای تغییر، یک کارت پستال تصویری در مقام مردِ کهنسال از طرف زیگموند تو!

1. Tarbole su lago di Garda

وین، ۱۴ سپتامبر ۱۹۰۰

۹، برگاس ۱۹

ویلهلم عزیز!

شگفت‌انگیز است که تو بیشتر از ما در مسافرت ماندی. من از دهم سپتامبر به وین آمده‌ام.

خیلی خوشحالم که این‌قدر به تو خوش گذشت. برای من هم خیلی خوب بود. باید گزارشم را در مورد این شش هفته، کوتاه کنم. بعد از این‌که از هم [فلیس و فروید] جدا شدیم، ما [مارتا و فروید] به سمت ترافوی حرکت کردیم. سفر سرد و طولانی‌ای داشتیم تا به آن‌جا رسیدیم، اما سپس ترافوی به ما پاداش فراوانی داد *Gasthaus zur schönen Aussicht*[1] راحت بود و [غذاها] مفصل بودند. ما مکرراً از جاده زیبای استیلفسر عبور می‌کردیم. بعد به سمت سالدِن حرکت کردیم. همه سفرهای میانی ما طی طوفان و تحت دیگر شرایط وخیم انجام شدند. در آن‌جا درست زمانی که از آب‌وهوا ناامید شده بودیم، دو روز بسیار باشکوه در مقابلمان قرار گرفت. کلبه شوباخ که روی «یخ لیز» به آن‌جا رفتیم باابهت بود. امروز، نمی‌دانم چرا با وجود این‌که نیتش را هم داشتم، از تو برای این‌که آن‌جا را پیشنهاد دادی تشکر نکردم. سپس، از طریق مرانو به سمت توقفگاهی در مِندولا رفتیم که آن‌جا لوستگارتن و دیگر دوستان وینی‌مان را دیدیم. آن‌جا از شدت گرما کلافه‌کننده بود و تنبل شده بودیم. برای ایجاد تغییر یک کالسکه برای سفر یک روزه به دره نانس گرفتیم که گنجینه‌ای از عتیقه‌ها بود. بعد مارتا از طریق بولتزانو به سمت خانه حرکت کرد و کاملاً اصرار داشت که من به عنوان راهنما لوستگارتن را به وین بیاورم. من هم همین کار را کردم، اما در کمال تعجب شوهرخواهرم هینریش و رزا را دیدم که بعد از یک روز و نیم بودنِ در وین، مرا با خود به بِرگهوف در دریاچه اوسیاک بردند. من حق داشتم که این‌ور و آن‌ور ولگردی می‌کردم و در برابر همه‌چیز رام می‌شدم. در بِرگهوف خواهرم آنا را با فرزندان آمریکایی‌اش دیدم که درست شبیه بچه‌های خودم بودند و روز بعد هم دایی الکساندر به‌طور سرزده آمد. سرانجام، به بیست و شش آگوست رسیدیم، آرامش بازگشته است. منظورم میناست که از طریق دره پوستر با او به ترنتینو رفتیم و در طول مسیر چند توقف کوتاه داشتیم. تنها زمانی که کاملاً در جنوب بودم احساس کردم واقعاً راحتم، زیر برف و یخ چیزی گم شده بود. هرچند، در آن زمان نتوانسته بودم آن را توضیح بدهم. در ترنتینو آفتاب

بسیار دلپذیر بود و اصلاً مثل آفتاب وین غیرقابل تحمل نبود. از ترنتینو گردشی به سمت قلعه بسیار زیبای توبلینو داشتیم. آن‌جا جایی بود که انتخاب *شراب مقدس* شکل می‌گیرد که فقط در کریسمس فشرده می‌شود. در آن‌جا باز هم درخت دوست‌داشتنی زیتون را دیدم. مینا می‌خواست یک اقامتگاه را که در ارتفاع بالا بود، امتحان کند. بنابراین، از طریق یک مسیر کوهستانی تماشایی به لاورنه (۱۲۰۰ متر بالاتر از سطح دریا)، فلات مرتفعی در کنار والسوگانو رفتیم و در آن‌جا باشکوه‌ترین جنگل‌های کاج را دیدیم و بیش از آنچه تصور می‌کردیم خلوت بود. هرچند، شب‌ها سرد می‌شد. بنابراین، من مستقیم به سمت دریاچه گاردا حرکت کردم، همان‌طور که شاید از کارتی که از تاربول برایت فرستادم، متوجه شده باشی. سپس، به مدت پنج روز در ریوا ماندیم. خداگونه سُکنی گزیدیم و تغذیه شدیم و تجمل‌گرایی بی‌تأسف را تجربه کردیم و هیچ دردسری نداشتیم مگر این‌که انجمن استادان در هتل دولاک را «دردسر» در نظر بگیریم. حاضرین: زیگموند. مایر (از پراگ) که من دستیارش بودم، شرماک، جودی، فلسنریچ از وین، دیمر از گراتس، هیلدبراند از اینسبروک. ما از آن‌جا رفتیم. با دو سفر طولانی با قایق، یک بار به سالو رفتیم و بار دیگر به سیرمیونه و در آن‌جا از ویرانه‌های چیزی بالا رفتیم که به نظر می‌آمد ویلای کتولس باشد.

هشت سپتامبر مینا را به مرانو رساندم که به نظر می‌رسد چند هفته یا چند ماه در آن‌جا خواهد ماند تا التهاب ریه‌اش را درمان کند. فکر می‌کنم به تو گفته بودم که بازپیدایی این مصیبت که او را به خاطر آن در هفده سالگی به سیسیلی فرستاده بودند، بر آینده نزدیکش سایه انداخته است. من با احساس بسیار خوب و شاد به وین برگشتم و دیدم که خانواده‌ام روحیه خوبی دارند و درست همان روز دوباره تحت کنترل درآمدم. برخلاف انتظارات، کار بود. فوراً دویست فلورین درآمد کسب کردم. بگذار ببینم بعداً چه پیش خواهد آمد. تاکنون فقط دو نفر از بیماران مهم من برگشته‌اند، اف. و ال. پس از این‌که به‌طور عالی با خانواده‌اش رفتار کرده بود، پدرش جی. نامه بسیار محبت‌آمیزی برایم نوشت. بقیه، شامل

همه‌جور کاری می‌باشد. تا جایی که روان‌رنجوری یکی از بیماران ثابت من اهمیت دارد، باید تا حد زیادی آماده بشوم.

متأسفانه متوجه شدم که ملا واقعاً مریض بود. حال و روز اسکار بسیار بد بود و واقعاً خوشحالم که فردا، شنبه، انتقال از بروهل به آپارتمانی در شهر روی خواهد داد. چیز خوبی وجود ندارد که بخواهم در مورد آن پیرزن و پیرمرد بگویم، همان‌طور که خودت میدانی. اسکار سال سختی را پیش رو دارد. او هنوز هم وقت پیدا می‌کند تا در مورد غفلت من، اوقات تلخی کند. چون در واقعیت در یکی از روزهای ماه آگوست، همه افراد پیشنهادی، به رتبه استادی ارتقاء پیدا کردند به استثناءِ من. من آن‌قدر کم تحت تأثیر این مسئله قرار گرفته بودم که فقط اسکار آن را به یاد من انداخت. اما سرانجام، کونیگشتین این مقام را به‌دست آورد.

همچنین روز اول، تفکری جزئی در مورد ریشه‌های روان‌شناسی (یا یکی از ریشه‌های) خرافه[۲] ایجاد شد. من این‌طور به آن رسیدم: یک کالسکه اجاره کرده و از سورچی خواستم تا مرا به دیتریش‌استینگاس ببرد. می‌خواستم ببینم پیرزن که حالا نود و یک ساله است و به صد سالگی نخواهد رسید، به وین برگشته یا نه. راننده مرا به خیابان اشتباهی برد. هرچند، قبلاً بارها مرا به محل درست برده بود. گفتم: «اگر خرافی بودم، این را شگونی در نظر می‌گرفتم که نشان می‌داد این پیرزن امسال خواهد مرد، اما چون من هیچ ربطی به اشتباه سورچی ندارم تا جایی که برایم اهمیت دارد فقط یک اتفاق بوده است. حالا علیه این مسئله که اتفاق، اهمیت روان‌شناسی دارد موضع گرفته‌ام. اگر خود من به جای سورچی راه را گم می‌کردم، کس دیگری آن را «اتفاق» می‌نامید. می‌دانستم که می‌خواهم چیزی را با این اشتباه بیان کنم. اگر به رویدادهای اتفاقی بیرونی اهمیت بدهیم، به دانشی خارج از محیط‌مان فرافکنی کرده‌ایم که اتفاق درونی ما به‌طور اجتناب ناپذیری عمدی (ناخودآگاه) است. پس این دانش سیاه، منبع باور ما به تناسب اتفاق‌ها و بنابراین خرافه است.

به جز این، هنوز هم کاملاً تنبل‌ام. انتظار دارم مارتا و بچه‌ها فردا به خانه برگردند.
امروز اولین روزی است که من به بلوو نرفته‌ام.
با صمیمانه‌ترین درودها و به امید این‌که خیلی زود خبری از تو بشنوم.
با احترام!
زیگموند

۱. به طور تحت‌اللفظی، مسافرخانه‌ای با چشم‌اندازی عالی.
۲. این اتفاق در *روان‌شناسی و زندگی روزمره* (۲۵۸-۲۵۶: S.E. 6) گزارش شده است.

۲۴ سپتامبر ۱۹۰۰

ویلهلم عزیز!
با تشکر فراوان به خاطر نامه‌ات و اخبار قیچی‌شده از روزنامه؛ امروز دارم به آن خبر روزنامه پاسخ می‌دهم. بالاخره دارم به *واقعیت* جنسیت علاقه‌مند می‌شوم که فقط با دشواری زیاد می‌توان آن را فهمید. دارم آرام‌آرام، «روان‌شناسی زندگی روزمره» (به اشتباه—دیوانگی)[1] را می‌نویسم. افسوس که حتی مجبورم از تو بخواهم نامه‌ای را که از برچتس‌گادن برایت نوشته بودم، به من برگردانی. همان نامه‌ای که حاوی تحلیل اعدادی بود که به طور تصادفی انتخاب شده بودند.[2] اعتراض‌هایم به روایت‌های خداشناسان در این موضوع کمتر از مقدمه نویسندگان خشمگین خودمان، حتی فون کرافت-ابینگ است. می‌توانم /ختگی سی. رییگر را به عنوان نقطه مقابل[3] به تو معرفی کنم.
حالم به خاطر سرماخوردگی سینوسی بد است.
با درودهای صمیمانه!
با احترام!
زیگموند

۱. منظور فروید این است که کلمه آلمانی Irr (خطا) او را به یاد Irre (دیوانگی) می‌اندازد.

۲. یادداشت ۱ نامه ۲۷ آگوست ۱۸۹۹ را ببینید که این به آن نامه اشاره می‌کند.

۳. کنراد رییگر Conrad Rieger، استاد روان‌شناسی در دانشگاه وورسبورگ بود. کتابی که به آن اشاره می‌شود، این است: *Die Castration in tectulichet, socialet und vitaler Hinsictit* (جنا، گوستاو فیشر، ۱۹۰۰). یادداشت ۳ نامه ۲ نوامبر ۱۸۹۶ را ببینید.

دورا و آسیب‌شناسی روانی در زندگی روزمره

وین، ۱۴ اکتبر ۱۹۰۰

۹، برگاس ۱۹

ویلهلم عزیز!

حالا زن و بچه‌ات باز به خانه برگشته‌اند و مطمئناً می‌دانی که من یک لحظه آن‌ها را دیدم و با آن‌ها صحبت کردم. رابرت عالی بود و با رک‌گویی خام خدادادی‌اش -که مربوط به من نبود- مرا به یاد پائول همرشلاگ[۱] انداخت.

Si patva licet componere magnis[۲] ممکن است برای مدتی طولانی این خصوصیت را حفظ کند. مطمئناً همسرت به خاطر مشکلات مادر پیرش خیلی ناراحت است. این چیزی است که به شکل وصف‌ناپذیری ناراحت‌کننده است و وقتی که شنیدم دلایل ناگفته‌ای برای سفر به برلین وجود داشت، با خودم فکر کردم آیا بهتر نیست تو را ترغیب کنم که دیگر کاری با این درمان نداشته باشی. او در نتیجه این کار، چیزی را از دست نمی‌دهد. زیرا چیزی که تو می‌خواهی اتفاق نمی‌افتد و شاید چیزی به‌دست بیاورد، چون ممکن است بروئر برای خودش کاری کند که هیچ‌وقت بنا بر درخواست، آن را انجام نمی‌دهد. من او را می‌شناسم. نمی‌توان روی او تأثیر گذاشت و نمی‌توان با او قطع رابطه کرد.

اما خود من آن‌قدر از نظر شخصی درگیر نیستم که عقیده قابل اعتمادی داشته باشم. همان‌طور که خودت گفتی، از من برای همه افکاری که در مورد رابطه‌ام با او داشتی، پوزش می‌خواهی و آیدا هرگز پیش از این این‌قدر سریع و مکرراً در همه‌چیز با من موافقت نکرده است که باطناً باید جایگزینی برای اصلاح پذیرفته نشده باشد. امیدوارم که موقعیت‌های بی‌خطر بیشتری نیز وجود داشته باشد که ثابت بشود حق با من بوده است. بنابراین، باید از این‌که شبیه به یک آشوبگر به

نظر نمی‌رسم، رنج بکشم. واقعاً پیش از این‌که رابطه‌ام را با او تمام کنم، خیلی رنج می‌کشیدم. عامل دیگر نیز این بود که من به سختی می‌توانستم رفتار او را درک کنم که تو حالا می‌توانی بدون هیچ مشکلی این کار را انجام بدهی.

همسرت با درایت عالی، تأکید کرد که بروئر مستقیماً به او گفته بود؛ که ماما گفت اگر بروئر گیاه انگشتانه را به او بدهد، دوست دارد آن را امتحان کند. این واقعاً برایش لازم است. او در بازی زندگی، نه به دلیل دانش و توانایی بلکه به خاطر خوش شانسی در ورق بازی، موفق شده و بختش را ساخته است. وای بر کسی که جرئت داشته باشد به او حمله کند!

این کافی است. امیدوارم در مورد چیزهایی که در حال وقوع است چیزی از تو بشنوم. خود من بدون لذت واقعی دارم [مقاله] رویا را می‌نویسم و با حواس‌پرتی دارم استاد می‌شوم، در حالی که دارم مطالبی برای «روان‌شناسی زندگی روزمره»[3] جمع‌آوری می‌کنم. اوقات خوبی را می‌گذرانم و یک بیمار جدید دارم. یک دختر هجده ساله؛ موردی که به آرامی در مجموعه قفل‌گشاها[4] قرار گرفته است.

برای «روان‌شناسی زندگی روزمره» دوست دارم این شعار خوب را از تو قرض بگیرم:

Nun ist die Welt von diesem Spuk so voll …[5]

به جز این دارم کتاب باستان‌شناسی یونان را می‌خوانم و از سفرهایی که هرگز نخواهم رفت و گنج‌هایی که هرگز به‌دست نخواهم آورد، لذت می‌برم.

حال بچه‌ها خوب است؛ اخبار مِرانو هم خوب‌اند.

با صمیمی‌ترین درودها!

با احترام!

زیگموند

پی‌نوشت: مقاله انتقادی احمقانه‌ای در مورد [کتاب] رویا در روزنامه عمومی مونیخ در ۱۲ اکتبر چاپ شد.[6]

۱. پائول همرشلاگ Paul Hammerschlag، پسر معلم فروید، ساموئل همرشلاگ بود که فروید آگهی درگذشت جالبی برای او چاپ کرد. در سال ۱۸۹۳، همرشلاگ جوان با برنا بروئر (۱۹۶۲-۱۹۷۳)، بزرگترین دختر ژوزف و ماتیلده بروئر ازدواج کرد. هرشمولر (۱۹۷۸، صفحه ۴۸ را ببینید)

۲. یادداشت ۲ نامه ۴ اکتبر ۱۸۹۲ را ببینید.

۳. فروید در جایی نام این مقاله را از «روان‌شناسی زندگی روزمره» به «آسیب‌شناسی روانی زندگی روزمره»، تغییر داد که بعدها چندین بار به صورت کتاب چاپ شد.

۴. این مورد دورا بود که در سال ۱۹۰۵ با عنوان «بخشی از تحلیل یک بیمار مبتلا به هیستری» منتشر شد.

۵. این نقل قول (این دنیا پر از چیزهای شبح‌وار است) در واقعیت به عنوان یک شعار استفاده شد. از کتاب فاوست گوته، پرده ۲ صحنه ۵ می‌آید. همان‌طور که شونا Schonau (۱۹۶۸، صفحه ۸۵) بیان می‌کند، تداعی‌های فروید باید بقیه شعر را نیز دربرگرفته باشد (ترجمه‌شده توسط بایارد تیلور):

پیش از این در جایی تاریک به دنبال آن گشتم، من این‌طور بودم
پیش از این با بدجنسی دنیا را نفرین کرده بودم
حالا بسیاری از أشکال فراموش‌نشدنی، دنیا را پر می‌کنند
که هیچ‌کس نمی‌داند چطور به بهترین شکل فرار کند
هر چند روز، پرتوهای درخشان منطقی دارد
شب ما را در شبکه‌هایی از رویاها گیر می‌اندازد

۶. این مقاله که توسط لودویگ کارل Ludwig Karell نوشته شد، در روزنامه عمومی مونیخی *بیلاج زور* Beilage Zur چاپ شد. این مقاله انتقادی نیست و تقریباً نقل قول‌هایی از کتاب است. مقاله‌نویس بیان می‌کند که بچه‌ها معمولاً به خاطر «مسائل جزئی» مانند قبول نکردن خواسته‌شان، آرزوی مرگ والدینشان را می‌کنند.

۲۳ اکتبر ۱۹۰۰
۹، برگاس ۱۹

ویلهلم عزیز!

بهترین‌ها را برایت آرزو می‌کنم و از راه دور برلین-وین دستت را می‌فشارم؛ هیچ هدیه‌ای مانند هدیه سال پیش نیست که توانستم با اولین نسخه کتاب رویا به تو تبریک بگویم. کاش هر کس و هر چیزی که اطراف توست زوال غیرقابل اجتناب نسل‌های قدیمی‌تر را جبران کند. کار تو به عنوان مخلوقی که از نظر ارگانیک رشد می‌کند نیز در این آرزو شامل شده است!

اوقات آرام‌تری را می‌گذرانم که عفونت گلوی مارتین و بازگشت مینا، به آن روح بخشیده است.

از صمیم قلب!

با احترام!

زیگموند

۲۱ نوامبر ۱۹۰۰

۹، برگاس ۱۹

ویلهلم عزیز!

در مقاله چاپ‌شده اخیر *Geschlechtstrieb und Schamgefuhl* توسط هاورلوک الیس، چیزهای جالبی پیدا خواهی کرد؛ [مثلاً] (صفحه ۱۱۳)[۱] «هرچند تا حدی عجیب است که درست هم‌زمان با فلیس، البته کاملاً مستقل و از یک نقطه‌نظر متفاوت، شخص دیگری هم بیان کرده که دوره روان‌شناسی ۲۳ روزه وجود دارد. (جان بِرد، گستره بارداری و علت تولد، جنا، ۱۸۹۷) بِرد از نقطه‌نظر جنین‌شناسی به این مسئله نزدیک می‌شود و بیان می‌کند چیزی وجود دارد که او آن را «واحد تخمک‌گذاری» می‌نامد که دوره $\frac{1}{2}$ ۲۳ روزه دارد و در وقفه‌هایی از پایان یک قاعدگی تا شروع قاعدگی بعدی ادامه می‌یابد. دو «واحد تخمک‌گذاری» یک «واحد حیاتی» را شکل می‌دهند و طول دوره بارداری، براساس گفته بِرد، همیشه مضربی از «واحد حیاتی است». از نظر او دوره بارداری برابر است با «شش واحد حیاتی».

مدت خیلی زیادی است که چیزی در مورد تو و خانواده‌ات نشنیده‌ام. در مورد من، هیچ‌چیز وجود ندارد به جز یکنواختی که خالی از نگرانی نیز نیست.

با صمیمانه‌ترین درودها!

با احترام!

زیگموند

۱. من به جای این‌که متن گِرمَن را ترجمه کنم، متن انگلیسی اصلی را جایگزین کرده‌ام. هاولورک الیس، *مطالعات روی روان‌شناسی جنسیت*، جلد ۱ تکامل شرم جنسی (فیلادلفیا: جی. ای. دیویس، ۱۹۰۰) را ببینید. این نقل قول از صفحه ۱۱۳ کتاب انگلیسی است. در جمله پیش از آن آمده است: «هرچند، فلیس چند مورد دقیقاً معاینه‌شده را ارائه کرده است، اما نمی‌توانم بگویم که هنوز در مورد واقعیت داشتن این دوره ۲۳ روزه متقاعد شده‌ام».

وین، ۲۵ نوامبر ۱۹۰۰

۹، برگاس ۱۹

ویلهلم عزیز!

تردید من در مورد این‌که سکوت طولانی‌مدت تو معنای بدی دارد، درست از آب درآمد. از مدت‌ها پیش که این کار حالت خیلی بدی داشت به این موضوع عادت داشتم. خوشبختانه دیگر مسئله این نیست.

اگر در ابتدای تبادل نامه‌های امسال به خودم قول نمی‌دادم که تحت هیچ شرایطی خیلی گله و شکایت نکنم، خودم هم این‌قدر منتظر خبر گرفتن نمی‌ماندم. می‌بینی که پس از آن چقدر زود رد پای همدیگر را گم می‌کنیم. بالاخره خودت می‌نویسی: «من پاسخ ندادم چون چیزی برای گزارش دادن نداشتم، حداقل چیز خوشایندی نداشتم». کاش می‌شد منتظر ماند! بنابراین، شاید چیزی در این میان باشد؛ فقط یک گلایه کوچک، اما بیشتر بنویسیم.

خبر تو سبب رنجش شدید من شد. بنابراین، پس‌رَوی نمی‌کند بلکه می‌آید و به طور دوره‌ای می‌رود و شاید چیزی به هر فاز پیشرفت اضافه می‌کند. من باور دارم

که این موضوع همیشه به پارانویا مربوط است. هیچ درمانی به جز فرونشست آن با جلوگیری از سرکوبی وجود ندارد. در مقایسه با این، ماهیت دوره‌ای آن یک موهبت است.

در خصوص دیگر موضوعات که دلیل کمی برای خوش‌اخلاقی ایجاد می‌کنند (از سوی دیگر حس مادرانه) من بیشتر آن را همان‌طور که اتفاق می‌افتد، می‌دانم. من اسکار را زیاد می‌بینم چون مینا او را به عنوان دکتر خود انتخاب کرده است و تو او را می‌شناسی و در این خصوص در مورد او با هم توافق داریم که قابلیت اطمینان و فداکاری او هیچ‌چیز را ناخواسته باقی نمی‌گذارد. بنابراین، حالا داریم کاملاً استثمارش می‌کنیم. هیچ‌چیز در مورد وضعیت مینا کاملاً مشخص نبوده و میزان نگرانی در مورد وضعیتش توجیه‌پذیر نیست. نمی‌خواهم این نامه را با جزئیات پر کنم. سرانجام باید به زودی به جواب برسیم. مهم‌ترین ویژگی این است که ضربان قلب او ۱۳۰ و بیشتر است.

من در کارم کاملاً بی‌تحرک نبودم. در سطح نهایی، احتمالاً خیلی خوب پیش می‌رود، اما حالا زمان درو کردن سلطه خودآگاه نیست. احتمالاً هیچ یافته غافلگیرکننده دیگری وجود نخواهد داشت. احتمالاً نقطه‌نظرهای [اصلی] کنار هم قرار گرفته‌اند. چیزی که وجود ندارد، سازماندهی و شرح جزئیات است. من هیچ آینده‌ای را برای کوتاه کردن اساسی دوره درمان نمی‌بینم. به‌ندرت می‌توان حوزه نشانه‌ها را گسترش داد.

وقتی که به ارائه می‌رسم، اگر برسم، کاملاً نامطمئن می‌شوم. این بار نباید هیچ خطایی در آن باشد. هیچ‌چیز مشروطی نباید در آن باشد. بنابراین، باید براساس قانون هوراس پیش بروم: *Nonum prematur in annum*[1] به‌علاوه، چه کسی به آن علاقه‌مند است؟ چه کسی آن را درخواست کرده است؟ من باید برای چه کسی این کار را انجام بدهم؟ قبلاً هم از همه کناره‌گیری کرده‌ام و مانند کسی زندگی می‌کنم که با زبان بیگانه یا مانند طوطی هامبولت[2] صحبت می‌کند.

این‌که آخرین نفر یک قبیله و یا اولین نفر و شاید تنها فرد قبیلـه باشـی، ایـن‌هـا شرایط کاملاً مشابهی هستند.

من نباید استقبال از همسر عزیزت را این‌جا در ماه سپتامبر از دست بدهم. اجـازه بده اخبار بیشتری از تو بشنوم.

با درودهای صمیمانه!

با احترام!

فروید

۱. از کتاب Ars Poetica؛ «بگذار تا سال نهم آرام بماند».

۲. در فصـلی از دیـدگاه‌هـای طبیعـت؛ über die Wasserfalle des Orinoco الکساندر فون هامبولـت Alexander von Humboldt بـه داسـتان طـوطی اشـاره می‌کند. طبق یک افسانه قدیمی مربـوط بـه هنـدیان گوراسـیا Guareca، هنـدیان آتوریAturi که توسط یک قبیله آدم‌خوار تهدید شده بودند بـه پناهگـاه صـخره‌ای رفتند و در آن‌جا مردند. هیچ‌کـس متوجـه حـرف‌هـای تنهـا بازمانـده، یـک طـوطی باستانی نمی‌شد. چون به زبان یک قبیله منقرض‌شده صحبت می‌کـرد. ایـن افسـانه، موضوع شعری برای ارنست کورتیوس Ernst Curtius شد. شاید فروید این بیـت را در ذهنش داشته است:

Einsam ruft er, unverstanden,
in die fremde Welt hinein.

(تنها او با دنیای بیگانه صحبت می‌کند، کسی نمی‌فهمد).

وین، ۱ ژانویه ۱۹۰۱

۹ برگاس ۱۹

عزیزم!

دارم «آسیب‌شناسی زندگی روزمره» را کنار می‌گذارم. بنابراین، حالا که سـرانجام نامه‌ات سکوت هشداردهنده را شکسته است، می‌توانم فـوراً بـه آن جـواب بـدهم. وقتی که این‌قدر واضح نشان دادی نوشتن برایت دردسرساز است و نیاز به مکاتبه تو را به جنبش درنیاورده، نمی‌توانم ذهنم را جمع‌وجور کنم و یک بار دیگر تـو را با اخبار تحت فشار بگذارم. من پدیده غیرقابل توضیح را به درسـتی بـرای خـودم

تعریف کردم و بنابراین، تنهایی عمیق خود را با آرامش نسبی تحمل کردم. به خوبی می‌توانم تصور کنم که با وجود همه منطق‌ها، بیماری مادرت چه تأثیری روی تو داشته است. زیرا می‌دانم مدت زیادی است که خیلی به هم نزدیک نبودید، اما دقیقاً به خاطر همین موضوع تو عمیق‌تر تحت تأثیر قرار گرفته‌ای.
حالا بسیار خوشحالم که کریسمس به برلین نیامدم.
با خوشحالی می‌توانم تو را در مورد چیزی که می‌توان از این‌جا گزارش داد، مطلع کنم. اخبار زیادی نیست. با نوشتن «زندگی روزمره»، یکنواختی از بین رفته و تقریباً خوب پیش می‌رود و همه موضوعات خصوصی را دربرمی‌گیرد. مختصر بیمارانی که دارم، حالشان خوب است. بچه‌ها در حال پیشرفت‌اند. به استثناءِ شعرهای گاه‌وبیگاه گفته‌شده مارتین که یکی از آن‌ها را برایت ضمیمه می‌کنم. چون تو همیشه یکی از تحسین‌کننده‌هایش بودی. هیچ تغییر قابل توجهی در مینا وجود ندارد، گاهی با نوسان جزئی درجه حرارت بدنش، اختلال‌هایی در شرایط عمومی او ایجاد می‌شود. به جز این، اگر استراحت کند و کیسه یخ بگذارد، حالش خوب است. وقتی که از جایش بلند می‌شود، تپش قلب شدید همراه با درد پیدا می‌کند. علائم روان‌رنجوری دیگری ندارد. من اصلاً تشخیص بیسداو را قبول ندارم، حتی این را هم که از نوع نامتداولی[1] است، قبول ندارم. اسکار به عنوان یک مشاهده‌کننده مهربان عمل می‌کند که حتی نمی‌داند موضوع چیست. این‌ها همه اخبارند.
مطمئناً، من نمی‌توانم ملاقات همسرت و آن صحبت پانزده دقیقه‌ای که با او داشتم را فراموش کنم. بنابراین، بیشتر ناراحت‌کننده است که من باید دوباره دیدن او را بر مبنای «متأسفانه» قرار دهم. بگذار فقط از تو سؤالی بپرسم؛ باید نامه‌نگاری‌هایمان را تا وقتی که هیچ‌یک از ما مشکلی ندارد متوقف کنیم؟ و این به معنای خواسته زیادی و بی‌ارزش نشان دادن دوستی نیست؟
با درودهای صمیمانه برای تو، همسر و فرزندانت، از طرف کل خانواده‌ام که در این هفته‌های گذشته در نگرانی‌های من سهیم بوده‌اند.

با احترام!
زیگموند

زمستان[۲]

خیابان‌ها خیلی سفید و پُرمانند* دارند می‌درخشند
و میدان‌ها پوشیده از برف هستند
برکه، استخر و دریاچه
همه تبدیل به یخ براقی شده‌اند
باد خیلی وهم‌آور و سرد می‌وزد
از شرق و شمال می‌وزد
بچه بیچاره به خاطر سرمای تلخ به شدت گریه می‌کند
و به دنبال سرپناه و پناهگاه است
من با خوشحالی † به مدرسه می‌روم
امروز برای اولین بار نخواهم رفت
کیف مدرسه در پشتم استراحت می‌کند
و خط‌کش بین دست‌هایم قرار می‌گیرد

* اولین برف امسال آمد، البته فقط یک بعدازظهر باقی ماند.
† البته، دروغ می‌گوید. او از رفتن به مدرسه متنفر است.

1. Formes Frustissimes

انواع غیرمعمول یک بیماری را می‌گویند.
۲. شعر مارتین به زبان آلمانی، قافیه‌دار است.

۱۰ ژانویه ۱۹۰۱
۹، برگاس ۱۹

ویلهلم عزیز!

نامه ضمیمه‌شده تمجید و تحسین که صادقانه از جانب من است، باید به دست تو برسد. زیرا سهم تو در این موضوع قطعی بود. به خاطر آن از تو خیلی ممنونم.

از نظر ذهنی و نه از نظر زندگی، سرم خیلی شلوغ نیست و به همین دلیل دارم دو مقاله را به‌طور هم‌زمان می‌نویسم. یعنی با هم در رقابت‌اند؛ علاوه بر «زندگی روزمره»، «رویا و هیستری»، «بخشی از یک تحلیل» و هنوز تصمیم نگرفته‌ام کجا آن را منتشر کنم.[1]

وقتی ابرها کنار رفتند، امیدوارم باز هم خبری از تو بشنوم.

Wenn aucb die Wolke sie vetbull[2]

از صمیم قلب!

با احترام!

فروید

۱. یادداشت ۴ نامه ۴ اکتبر ۱۹۰۰ را ببینید.

۲. «هرچند، ابرها آن را می‌پوشانند»... جرارد فیشر Gerhard Fichtner به من اشاره کرد که این جمله از دیالوگ فردریش کایند در اپرای کارل ماریا فان وِبر با عنوان *Der Freischütz* که در سال ۱۸۱۷ نوشته شده، گرفته شده است. نقل قول از آواز آگاتِه Agathe آمده است:

هرچند ابرها آن را می‌پوشاند
اما خورشید در آسمان باقی می‌ماند.
خدا در آن‌جا حکم‌فرمایی می‌کند.
دنیا خدمتکار شانس کور نیست!
چشمان خدا، خالص و همیشه شفاف
همه مخلوقات را با عشق می‌بینند

وین، ۲۵ ژانویه ۱۹۰۱

۹، برگاس ۱۹

ویلهلم عزیز!

بله، حالا تو مرد بزرگی در وین و دهکده‌های اطراف آن شده‌ای. آرتور شیف[1] این کار را با تو کرده و اکنون حتی بزرگتر از تو شده است. زیرا آماده توضیح دادن چیزی است که تو فقط آن را کشف کرده‌ای. البته، من در این جلسات شرکت

نکرده‌ام، اما در موردشان شنیده و خوانده‌ام. ولی در حال حاضر، تو همه‌چیز را از منابع دیگری می‌دانی. دوتیکه هفت کپی از بزیهانگن تو را که قبلاً تحقیر شده بود، کنار هم قرار داده است تا خاطره خواندن مردم را زمانی که به پنجره فروشگاه زل می‌زنند، دوباره زنده کند.

اگر حدوداً سه سال و نیم طول کشید تا من مردم را وادار کنم که آزمایشات کوکائین تو برای اختلال قاعدگی را تکثیر کنند، حالا یک واحد اندازه‌گیری داری که محاسبه کنی آن‌ها چه زمانی چه حاصل ۲۳×۲۸ را بررسی می‌کنند. در آن نقطه دیگر نباید برایت بنویسم؛ یعنی در آن زمان دیگر از این اجبار رها شده‌ام.

حجاب از بیماری مینا برداشته شده است. در ارتباط با اسهال استروفانتوس، هفته گذشته دچار درد معده و شکم می‌شد. در یکی از شب‌های پس از آن حمله، درد شدیدی داشت که محل اصلی درد در سمت چپ عضله روده بزرگ بود. بنابراین، همه‌چیز مرا به یاد آمبولی رگ روده انداخت که یک بار در یک بیمار قلبی دیده بودم. روز بعد و از آن زمان تاکنون، دچار مدفوع خونی شده است و حالا، به‌علاوه، تکه‌هایی از مخاط و چیزی شبیه به بافت تکه‌تکه‌شده، از او دفع می‌شود. بدون شک زخم روده است. آیا واقعاً آمبولی بوده است؟ رای می‌گوید در آن روزها متوجه صدای ناخالص قلب مینا شده بود. اکنون فقط شیر می‌خورد و درد بر روزهایش حکم‌فرما شده است. همه‌جور ترسی دارم از این‌که آینده چه پیش خواهد آورد.

دیروز «رویاها و هیستری» را تمام کردم و امروز دلم برای مخدر تنگ شده است. این بخشی از تحلیل یک مورد مبتلا به هیستری است که در آن، توضیحات براساس دو رویا، گروه‌بندی شده‌اند. پس درواقع، دنباله‌ای از کتاب رویا است. به علاوه، حاوی تجزیه و تحلیل سیمپتوم‌های هیستریایی و نگاهی کلی به مبنای ارگانیک–جنسی می‌باشد. این دقیق‌ترین چیزی است که من تاکنون نوشته‌ام و حتی بیشتر از حد معمول، مردم را سر می‌دواند. هنوز هم انسان وظیفه‌اش را انجام می‌دهد و فقط برای روز نمی‌نویسد. این مقاله توسط زیبِهن پذیرفته شده

است که نمی‌فهمد من باید خیلی زود «آسیب‌شناسی روانی روزمره» را نیز به او تحمیل کنم. ورنیکه تا کجا این تخم‌های هدهد را در کسب‌وکارش می‌پذیرد.
با درودهای صمیمانه و امیدوارم که خیلی زود بشنوم که فشار از روی تو برداشته شده است.
وفادار تو!
زیگموند

۱. یادداشت ۲ نامه ۳۰ ژانویه ۱۹۰۱ را ببینید.

وین، ۳۰ ژانویه ۱۹۰۱
۹، برگاس ۱۹

ویلهلم عزیز!
چیز زیادی دارم که به آن پاسخ بدهم و این برای مدتی طولانی اتفاق نیفتاده است. در مورد شرایط مینا، من این‌ها را می‌دانم؛ بدون تردید زخم وجود دارد، اما علامت دیگری نیست که نشان دهد زخم اثنی‌عشر است. از لحاظ درد و خون، مشاور اسکار، ب. همرشلاگ (که به هر حال، از همه این‌ها گیج شده است) حتی می‌خواست ما را ترغیب کند که آن را در روده بزرگ متمرکز کنیم. من باور دارم که این درد در روده است و با آمبولی آغاز شده، اما به وضوح می‌توان زخم مسلول را مستثنی کرد. این روزها اسکار صداهای نادرستی از قلب مینا شنیده است. چند روز پیش، درجه حرارت بدنش به‌طور جزئی افزایش یافت، اما خیلی اثبات‌پذیر نبود. این تمام چیزی است که ما داریم. درواقع، هیچ‌کس تصویر روشنی ندارد، اما دارد برای ما مشخص می‌شود که ممکن است درد قلبی باشد که منشأ و اهمیت آن هنوز مشخص نیست. ولی می‌تواند شامل تغییرات درون قلبی باشد. به دلیل چند رویداد داخلی چند نمونه از مدفوع‌ها گم شد، اما از آن زمان به بعد اسکار چند لخته فیبرینی را در ترکیب [نمونه‌های مدفوع] مورد بحث پیدا کرده است.

در چند روز گذشته، وضعیت عمومی او خیلی بهتر شده و در نتیجه، روحیه ما هم بسیار بهتر شده است. مطمئناً نمی‌توان این را تشخیص داد که بیماری‌اش یک بیماری روان‌رنجوری یا کارکردی است. کل این موضوع غیرطبیعی است.

«رویاها و هیستری» اگر ممکن باشد، نباید تو را ناامید کنند. باز هم مهم‌ترین چیز در آن، روان‌شناسی استفاده از رویاها و چند صفت عجیب‌وغریب از فرایندهای فکری ناخودآگاه است. تنها نگاه‌هایی کلی از [عناصر] ارگانیک، یعنی نواحی محرک تحریکات جنسی و دوگانگی جنسی وجود دارد، اما دوگانگی جنسی یک بار برای همیشه ذکر شده و به‌طور خاص به رسمیت شناخته شده و زمینه برای تدبیر پرجزئیات آن در فرصتی دیگر فراهم شده است. این هیستری با تومور مغزی و لالی حنجره‌ای است که می‌توان آن را به ویژگی مکیدن کودک نسبت داد و مسئله اصلی در این فرایندهای فکری متعارض، تضاد بین میل به مردان و میل به زنان است.

در عین حال، «زندگی روزمره» نیمه‌تمام را اکنون رها کرده‌ام، اما به زودی ادامه خواهم داد. حتی یک مقاله سوم، چیز کوچکی در ذهنم دارم. در حال حاضر اوقات فراغتم زیاد است و نیاز دارم که خودم را مشغول کنم. امسال، روزانه سه یا چهار ساعت کمتر جلسه دارم و بنابراین، احساس بسیار بهتری پیدا کرده‌ام،[۱] اما از مشکل مالی خاصی رنج می‌برم.

در مورد تاریخ خیلی اشتباه نکرده‌ام. به اندازه کافی صبور بودم که فقط با گذشت زمان و از زمان چاپ بزیِهانگن که در سال ۱۸۹۷ ارائه کردم و در سال ۱۸۹۶ در کریسمس (؟) چاپ شد، به مردم اعتقاد پیدا کنم. حالا بیش از چهار سال از آن زمان گذشته است. من شنیدم، دومین مباحثه در وین حتی از اولی هم خفت‌آورتر بوده است.[۲] این مردم اصلاح‌ناپذیرند. با همان نفسی باید شرمنده شوند که مجبور شوند بپذیرند آنچه که به‌راحتی قابل اثبات بود و در عین حال در کتاب تو کاملاً خارق‌العاده بود را به اشتباه رد کردند، اکنون بخش دشوارتر آن را مسخره می‌کنند و بررسی انتقادی خود، به آن‌ها نمی‌گوید که شاید ثابت شود

آن‌ها اشتباه می‌کنند و حق با نویسنده است و ممکن است حتی چیزی در دیگر قسمت‌ها باشد که باید اول به آن فکر کنند.[۳] بنابراین، اصلاح‌ناپذیرند و همین‌قدر کافی است!

گروسمن[۴] در وین درست به اندازه جی. در برلین منزجرکننده است. این موضوع، درست و بسیار قدیمی است و ربطی به یافته‌های تو ندارد. او یک بار برادرزن مبتلا به صرع خود را به من نشان داد که نمی‌توانست نفس بکشد. چون بینی‌اش مسدود شده بود و من به او توصیه کردم که بینی‌اش را پاک کند، تا ببینیم شاید این کار تأثیر مثبتی بر حمله‌ها هم داشته باشد. به من اجازه دادند که چندین بار جراحی (!) را مشاهده کنم و از زشتی، بیچارگی و عدم دوراندیشی او وحشت کردم.

فکر نمی‌کنی وقت آن رسیده که مطالب اضافه‌ای را که داری، به آن سه صفحه‌ای که در مورد موضوع جاری است اضافه کنی -مناطق سر، تأثیر زونا و هر چیز دیگری که ممکن است داشته باشی- و آن‌ها را منتشر کنی؟ بالاخره قرار گرفتن نام تو پیش از طبقه عوام، راهی است که بعدها توجهات لازم را برای کارهای زیست‌شناسی عمده که برایت مهم‌ترند، تضمین می‌کند. مردم فقط نویسنده‌های معتبر را دنبال می‌کنند و این تنها با انجام چیزی که در حوزه درک آن‌ها است، امکان‌پذیر است.

در میان وضع موجود و کسادی مطالب از این وسوسه عذاب می‌کشم که عید پاک امسال را در رم بگذرانم. به هر حال، هیچ توجیهی برای آن وجود ندارد. هیچ چیز تمام نشده است و شرایط بیرونی هم احتمالاً این را غیرممکن می‌کند. بگذار به امید زمان بهتری باشیم. من به گرمی امیدوارم که تو هم روزی چنین گزارشاتی داشته باشی.

از صمیم قلب!

زیگموند

۱. متن آلمانی در کتاب *شروع* نوشته است Psychische، اما در نامه اصلی به روشنی آمده است Physische.

۲. این اشاره‌ای است به مقاله‌ای از آرتور شیف
über die Beziehungen zwischen Nase und weiblichen Sexualorganen,
که در ۲۵ ژانویه ۱۹۰۱ در *گسلشفت دِر آرزرت* در وین منتشر شد و در *روندشاو پزشکی وین* در ۲۷ ژانویه منتشر شد. اولین مباحثه شامل نظراتی از امیل رِد لیچ، موریز وِیل، بنجامین گومپرز و مایکل گروسمن است. بحثی که فروید به آن اشاره می‌کند به بحث گزارش‌شده توسط اوتوکار فان چیاری Ottokar von Chiari در شماره ۵ صفحه ۷۶ اشاره می‌کند و انتقادی است. هرچند، کروبک «کاملاً در مورد مشاهدات شیف قانع شده بود». بنابراین، مقاله شیف از دیدگاه‌های فلیس و خصوصاً کتاب سال ۱۸۹۷؛ بزیهانگن، از نظریه فروید حمایت می‌کند. یادداشت ۶ نامه ۳۰ ژانویه ۱۸۹۸ را ببینید.

۳. پیچیدگی این جمله بی‌شک نتیجه تلاش فروید برای گفتن چیز مثبتی به فلیس است.

۴. مایکل گروسمن Grossmann (۱۹۲۷-۱۸۴۸)، حنجره‌شناس وِیَنی. لسکی (۱۹۷۸، صفحات ۵۶۳–۵۶۱) را ببینید.

وین، ۱۵ فوریه ۱۹۰۱
۹، برگاس ۱۹

ویلهلم عزیز!

دیگر من هم مانند تو عید پاک به رم نخواهم رسید. تنها یادآوری تو بود که معنای چیزی را شرح داد که در نامه قبلی برای من یک درون‌یابی غیرملموس بود. مطمئناً پشت آن یادآوری، قولی است که تو در دیدارهای خوبمان به من دادی، این‌که در خاک کلاسیک همدیگر را ببینیم. من خیلی خوب می‌دانم که چنین تذکری در حال حاضر، نامتناسب است. من فقط داشتم از زمان حال حاضر به خیال‌پردازی‌های زیباتر گذشته‌ام فرار می‌کردم و خودم متوجه شدم که کدام یک واقعیت دارد. در حالی که خودِ دیدارها به عتیقه‌هایی از گذشته تبدیل شده اند. من خودم کار جدیدی انجام نمی‌دهم و همان‌طور که تو می‌نویسی، کاملاً از کاری که تو داری انجام می‌دهی، دورم.

تمام چیزی که برایم باقی مانده، شادی از راه دور است (آن هم) در زمانی که تو اقرار می‌کنی ارائه راه حل‌های بزرگ دارد به سرانجام می‌رسد و از پیشرفت کار ابراز رضایت می‌کنی؛ بنابراین، کاملاً حق با توست که تمام مکاتبات بعدی را براساس روابط بینی برای این متن مهم‌تر [یعنی کتاب فلیس] قرار بدهی.

«روان‌شناسی زندگی روزمره» نیز تا چند روز دیگر به پایان می‌رسد و سپس هر دو مقاله اصلاح، فرستاده و غیره... خواهند شد. تمام مطالب آن با افسردگی غم‌افزای معیّنی[1] نوشته شده است و نمی‌توان رد پاهایی از این افسردگی را مخفی کرد. سومین بخشی که آغاز کرده‌ام چیز کاملاً بی‌ضرری است. واقعاً سوپ رقیقی از یک مطلب ضعیف. دارم یادداشت‌هایم در مورد روان‌رنجوری را که در ساعت‌های مشاوره مشاهده کرده‌ام، جمع‌آوری می‌کنم تا نشان بدهم؛ حتی چنین مشاهده‌هایی که لزوماً سطحی‌اند، ارتباط بین «زندگی جنسی» و روان رنجوری را نشان می‌دهند و آن‌ها را تفسیر می‌کنند. به عبارت دیگر، دارم درست همان کاری را می‌کنم که گاتل زمانی که در وین غیرمحبوب شد، انجام داد. به همین دلیل، من به بیماران جدیدی نیاز دارم و درواقع، مطبم بسیار خالی است. فقط شش نمونه در مجموعه‌ام دارم و حتی آن‌ها هم بهترین نمونه‌ها نیستند. همچنین، آزمایش چپ‌دستی را هم با نیروسنج [برای اندازه‌گیری قدرت دست] و نخ کردن سوزن معرفی کرده‌ام.

نمی‌توانم هیچ توضیح دیگری در مورد بیماری مینا بدهم. هیچ بینش جدیدی ایجاد نشده است. به نظر می‌رسد که زخم روده کاملاً خوب شده است. باز هم دارد غذاهای جامد می‌خورد. وضعیت عمومی‌اش در نوسان است و ضربان قلبش هنوز کاملاً نامنظم است. می‌تواند فقط به خاطر صحبت کردن تا ۱۳۰ پالس افزایش یابد. من هیچ ردی از روان‌رنجوری ندیده‌ام. کلاً در چند هفته گذشته، پیشرفت مشخصی داشته است.

من سخنرانی چاپ‌شده دوشنبه گذشته در نوفریه‌پرس را اعلام نکردم. باز هم کار خوب بروئر بود که زیر فشار انجمن فلسفی، آن‌ها را برای من تنظیم کرد. من با

بی‌میلی زیاد قبول کردم و بعدها در حالی که داشتم برای آن آماده می‌شدم، فهمیدم باید همه موضوعات خصوصی و جنسی را بیان کنم که برای افراد مختلف ناآشنای من بسیار نامناسب بود؛ بنابراین، نامه‌ای نوشتم و آن را لغو کردم. (هفته اول) سپس، دو نماینده با من تماس گرفتند و مرا ترغیب کردند که این سخنرانی را انجام بدهم. من به شدت توصیه کردم که این کار انجام نشود و از آن‌ها دعوت کردم که خودشان یک روز بعدازظهر به خانه من بیایند و سخنرانی را گوش کنند. (هفته دوم) در هفته سوم برای آن دو نفر سخنرانی کردم و گفتند این‌که شنونده‌هایشان می‌توانند بدون اعتراض به این سخنرانی گوش کنند، شگفت‌انگیز است و چیزهایی از این دست؛ بنابراین، قرار شد سخنرانی در هفته چهارم برگزار شود. هرچند، چند ساعت پیش از آن، یک نامه فوری دریافت کردم که نشان می‌داد بالاخره بعضی از اعضاء به این سخنرانی اعتراض کرده‌اند. آن‌ها از من خواستند سخنرانی را با روشن‌کردن نظریه‌ام و با برخی نمونه‌های غیرتهاجمی آغاز کنم. سپس، اعلام کنم که برای مطالب پرمخاطره آمده‌ام و درخواست وقت تنفس (وقفه) کنم تا زن‌ها تالار سخنرانی را ترک کنند. البته، من فوراً سخنرانی را لغو کردم، اما حداقل نامه‌ای بود که در آن بسیار جالب و بانمک بودم. زندگی علمی در وین این‌چنین است!

به امید این‌که خیلی زود خبرهای خوبی از تو بشنوم.

وفادار تو!

زیگموند

۱. فروید از کلمه Dumpfheit استفاده می‌کند، کلمه‌ای که معانی ضمنی زیادی دارد و نشان‌دهنده تداعی‌هایی مانند کهنگی، بوی نا، عبوسی و کرختی است.

وین، ۳ مارس ۱۹۰۱

۹، برگاس ۱۹

ویلهلم عزیز!

یک هفته پیش اُولی با چیزی که خیلی زود مشخص شد سرخک است به رختخواب افتاد. دیروز ارنست و سوفی و امروز آنا هم به آن دچار شدند؛ بنابراین، الان یک بیمارستان خوب در خانه داریم. اُولی نسبتاً بهتر شده است و در مورد بقیه، باید منتظر باشیم و ببینیم. ما فوراً مارتین را نزد خانم ای. فرستادیم که یکی از دوستان عزیزمان است و بیماری است که تنها پسرش نیز به همان دبیرستان می‌رود؛ بنابراین، مارتین هفته‌های پایانی مدرسه را از دست نخواهد داد. به‌تازگی در مدرسه عملکرد بهتری داشته است. ماتیلده باید در خانه بماند. حال مینا واقعاً بهتر است. هر روز چند ساعتی را از جایش بلند می‌شود و راه می‌رود، بدون این که ضربان قلبش بالاتر از صد برود. پس از آن، معمولاً دردهای قلبی و میان‌دنده‌ای شدیدی دارد.

به‌تازگی رساله دوم را کامل کرده‌ام و باید بتوانم در هفته‌های آینده هر دوی آن‌ها را اصلاح کنم و به پایان برسانم و سپس، باید کاری بکنم که هم‌زمان چاپ شوند. من بنا به درخواست اسکار، به او اجازه دادم که «رویاها و هیستری» را بخواند، اما لذت اندکی از آن برایم حاصل شد.[1] دیگر نباید تلاش کنم که انزوایم را از بین ببرم. به جز این، اوقات بسیار غم‌افزایی را پشت سر می‌گذارم، بسیار غم‌افزا!

احتمال مبهمی وجود دارد که یکشنبه دیگر به برلین بیایم تا بیماری از وین را ببینم که در یک آسایشگاه خصوصی با فاصله نیم ساعت از شهر بستری است. برنامه دارم که دو روز آن‌جا بمانم؛ بنابراین، امیدوارم بعدازظهر چند ساعتی را با تو بگذرانم و بالاخره بچه‌هایت را ببینم که تا به حال آن‌ها را ندیده‌ام. به اندازه دفعه پیش که به برلین آمده بودم، وقت آزاد ندارم و روز دوم باید به آسایشگاه بروم تا دستمزد مشاوره‌ام را دریافت کنم. خواهرم که باید در خانه او بمانم نیز خواسته‌هایی از من دارد. در نتیجه، وقت کمی برای ما دو نفر باقی می‌ماند و از تو

می‌خواهم اجازه ندهی کارَت و دیگر مسائل مربوط به کسب‌وکار به خاطر من مختل شوند. با این وجود، من این ملاقات را لذت‌بخش می‌پندارم. هرچند، حالا نسبتاً نامشخص است. پدر بیمار هنوز تصمیمش را نگرفته، کل نگرانی‌اش را کنار گذاشته است. مانند *خطای ریشه‌ای*،[2] است که فکر کند مداخله پزشکی من نسبتاً غیرضروری است. به خاطر این عدم اطمینان، دارم دقیق در مورد آن می‌نویسم. اگر مطمئن بودم، دوست داشتم تو را غافلگیر کنم؛ بنابراین، دارم به تو لذت پیش‌بینی این را می‌دهم که من هم آماده انجام این کار هستم. اگر فقط بعد از این‌که این احتمال از بین می‌رفت، در مورد آن به تو می‌گفتم، چیزی به جز ناامیدی به همراه نداشت. در صورتی که این احتمال به واقعیت تبدیل شود، حتماً جزئیات بیشتری را برایت خواهم فرستاد.

درودهای صمیمانه من برای تو و همسر عزیزت و با امید دیدن شما در آینده‌ای نزدیک.

با احترام!

زیگموند

۱. اشاره‌ای است به مورد دورا. یادداشت ۱ نامه ۱۱ مارس ۱۹۰۲ را ببینید.

۲. «طرحی برای روان‌شناسی علمی» (S. E.۱ :۳۵۲) که در آن استرچی می‌گوید: «اصطلاحی که در کتاب «علم تجزیه و تحلیل پیشین» ارسطو (کتاب ۲، فصل ۱۸، ۶۶۱ ، ۱۶) بیان شد، کاری که با نظریه قیاس صوری سر و کار داشت و بعدها در چیزی که «ارغنون» نام گرفت، شامل شد. این فصل با قضایای کاذب و نتیجه‌های کاذب سر و کار دارد، یک جمله خاص نشان می‌دهد که یک اظهار نظر کاذب در نتیجه دروغ پیشین ایجاد می‌شود. (خطای ریشه‌ای)

دو تا از سه دختر فروید (از چپ به راست): آنا و سوفی، حدود چهار و شش ساله.
طبق پشت‌نویس عکس، این اولین تلاش برای سوزن‌دوزی «زنانه» است.

سه پسر فروید. (از چپ به راست): ارنست (تولد ۱۸۹۲)، مارتین (تولد ۱۸۸۹) و اولیور (تولد ۱۸۹۱). این عکس احتمالاً حدود سال ۱۹۰۰ گرفته شده است.

وین، ۹ مارس ۱۹۰۱
۹، برگاس ۱۹

ویلهلم عزیز!
با تشکر فراوان برای پیشنهاد مهربانانه‌ات، اما به نظر می‌رسد که این فرصت از دست رفته است. من از آن زمان به بعد چیزی از شخص مورد نظر نشنیده‌ام.
سرخک روند کاملاً بدی پیدا کرده است. پریروز ظهر، سوفی علائم سمی هشداردهنده‌ای داشت و ضربان قلبش بسیار بالا رفت. نامنظمی ضربان قلب، آریتمی و گم‌گشتگی عفونی داشت. از دیروز بعدازظهر به بعد، حالش بهتر شده است. به جز یک جنون سمی که به شدت این بچه باتربیت و آرام را تغییر داده است. دو بچه دیگر، ارنست و آنا، امروز دارند بهتر می‌شوند. بعد از آن، گوش درد و چیزهایی از این دست خواهد بود.
به‌علاوه، ماتیلده هم در رختخواب است و امروز دارد بدترین روز خود را پشت سر می‌گذارد. دیروز یک پرستار استخدام کردم که به ما کمک کند. اسکار یک بار دیگر هم حیرت‌انگیز شده و بدهی من به او کاملاً سنگین شده است.
من به‌تازگی از زیِیهن در اوتریخت شنیده‌ام که هر دو اثر را قبول خواهد کرد. پنجشنبه نتیجه‌گیری کردم که هیچ‌چیزی از سفر من [به برلین] در نخواهد آمد و شب بعد از آن (پنجشنبه/جمعه) خواب دیدم که در برلین هستم و بچه‌های تو را می‌بینم که البته، با همه‌چیز در خانه‌ام قاطی شده بود.
با درودهای صمیمانه!
با احترام!
زیگموند

۲۴ مارس ۱۹۰۱
۹، برگاس ۱۹

ویلهلم عزیز!

البته، تو فرستنده تگ Tag [روز] هستی؟[۱] بعد از زیت Zeit [زمان] و تگ، حالا امید به ووچه Woche [هفته] دارم. ضمناً، منتقد مردی است که می‌داند چطور یک تشبیه را بپیچاند و آن را تاب بدهد. من خیلی تعجب کردم، چون نه یک روزنامه بلکه بسیار کمتر، یک نشریه علمی از زمان چاپ نقدهایی که با آن‌ها آشنا هستی، هیچ توجهی به کتاب یک سال و نیمه نکرده است. آیا این بدان معنی است که شاید آن «روز» رسیده است؟ تجربه‌ای که با *روندشاو آلمانی* داشتی واقعاً مرا در وضعیت کناره‌گیری و استعفا قرار داد.[۲]

بهار سردی را پشت سر می‌گذاریم. حال ماتیلده و سوفی خیلی خوب نیست. بقیه باز هم سرزنده شده‌اند و حالشان بهتر از قبل است. مینا اول آوریل برای آب درمانی به ادلاخ می‌رود تا سریع‌تر بهبود پیدا کند. انسان به‌تدریج به درک جدیدی از ماهیت «خوشحالی» عادت می‌کند. وقتی سرنوشت، هم‌زمان حامل همه تهدیدهایش نیست، انسان باید خوشحالی را تصور کند.[۳] شایعه‌ای شنیده‌ام در مورد این‌که تو برای مدت کوتاهی به وین سر می‌زنی. امیدوارم که چیزهای بیشتری بشنوم.

با تشکر فراوان!

با احترام!

زیگموند

۱. نشریه «در تگ» Der Tag در بیست و دوم مارس حاوی مقاله‌ای با نام *Eine neue Theorie des Traumes* بود که توسط فر. مِرو Fr. Mero نوشته شده بود. این مقاله، یک مقاله مثبت بود که کتاب فروید را «یکی از مبتکرانه‌ترین نظریه‌های روان‌شناسی حال حاضر» می‌خواند و می‌گفت که به سبکی عالی نوشته شده است. متنی که احتمالاً مد نظر فروید است می‌گوید: «چیزی که به عنوان توجه حیاتی باقی می‌ماند، تنها به عنوان نگهبان اصول اخلاقی عمل می‌کند که گویی در رنج

است تا یک برگ انجیر را از شاخه‌های لخت و بی‌رحم آویزان کند و این کار را با به هم‌فشردگی و تنفر انجام می‌دهد».
۲. نامه ۲۳ مارس ۱۹۰۰ را ببینید که نشان می‌دهد فلیس به فروید گفته بود سعی می‌کند کاری کند که کتاب فروید در *روندشاو* مورد نقد قرار بگیرد.
۳. احتمالاً اشاره‌ای است به آلفونس کار Alphonse Karr (۱۸۰۸-۱۸۹۰)، از لس گوئپس Les Guepes، ژانویه ۱۸۴۲ « Des malheurs evites le bonheur se compose» (خوشحالی شامل بدبختی‌ای است که از آن اجتناب شده است).

وین، ۸ می ۱۹۰۱
۹، برگاس ۱۹

ویلهلم عزیز!
مطمئناً تولد مرا فرصتی برای خودت در نظر خواهی گرفت که ادامه حالت پرانرژی و تکرار این دوره‌های نیروبخش در بین آن‌ها را آرزو کنی و من باید به طرز غیرخودخواهانه‌ای از این آرزو حمایت کنم. نامه تو با دیگر هدایایی که سبب خوشحالی‌ام شدند و تا حدی به تو مربوط بودند، روی میز تولد قرار گرفت. هرچند، من خواسته بودم که از عدد میانی تأسف‌آور [روز تولدم] چشم‌پوشی شود. سن من برای یک جشن خیلی کم است و برای پسری که تولدش است هم خیلی بزرگ هستم. نامه‌ات به هیچ‌وجه کمترین لذتی به من نداد، به جز بخش مربوط به جادو، که در این مورد هم من به‌عنوان مرهمی غیرضروری برای پوشاندن شک‌هایت در مورد «خواندن ذهن» به آن اعتراض دارم. من به خواندن ذهن، وفادار می‌مانم و به شک کردن به «جادو» ادامه می‌دهم.
یادم می‌آید جایی شنیدم که فقط چیزهای ترسناک، بهترین چیزها را در انسان آشکار می‌کنند. بنابراین، خودم را کنترل کردم، همان‌طور که تو می‌خواستی. در واقعیت، حتی چند هفته پیش از این‌که تو بگویی، با شرایط خود صلح کردم. یک سبد ارکیده، به من توهمی از شکوه و جلال و آفتاب تابان داد. قطعه‌ای از دیوار پُمپِئیان به همراه رب‌النوع و قنطورس[1] مرا به سمت ایتالیا می‌برند که مدت

زیادی منتظرش بودم. *Fluctuat nec mergitur!*[۲] حال خواهرزنم در ادلاخ بهتر است. تغییرات قلبی حالا کاملاً واضح‌اند، اما او خوشحال است و می‌تواند کمی راه برود. تاکنون دو بار او را دیده‌ام. یک بار با اسکار که یک دوست واقعی است. بچه‌ها تصمیم گرفتند این عادت را که همیشه مریض باشند، ترک کنند که امیدبخش تغییرات لذت‌بخشی است. در حال حاضر، دارم صفحات اول «زندگی روزمره» را تصحیح می‌کنم که شصت صفحه شده است. من به شدت از آن متنفرم و امیدوارم که بقیه حتی بیشتر از من از آن بدشان بیاید. این مقاله هیچ ساختاری ندارد و شامل تمام چیزهای ممنوعه ††† است.[۳] هنوز تصمیم نگرفته ام که آن یکی مقاله را هم بفرستم. یک بیمار جدید، زن جوانی که معشوقش او را رها کرده بود، شکاف جامانده از خانم آر. را پر کرد و مطمئناً مراقبت از او همان‌طور خواهد شد که می‌خواهد. از دیگر جنبه‌ها هم دیگر هیچ‌چیز به آرامی چند هفته پیش نیست. انتظار دارم که هشت تا چهارده روز دیگر، والدین جی. که می‌توانند از دخترشان بسیار راضی باشند، به دیدن من بیایند.
به وضوح، فقط با تکرار هزارباره همان برداشت‌ها در کارم انتظار پیشرفت می‌رود و کاملاً آماده‌ام که تسلیم آن‌ها شوم. تاکنون ثابت شده که همه‌چیز درست بوده است، اما هنوز نمی‌توانم گستره کامل ثروتمندان را بررسی کنم و نمی‌توانم از لحاظ ذهنی بر آن‌ها مسلط شوم.
مقاله بِرسِگن[۴] یک خواننده بادقت پیدا خواهد کرد. نمی‌توانی از درج چیزهای جدید اجتناب کنی.
با درودهای صمیمانه!
با احترام!
فروید

۱. قنطورس Centaur حیوان افسانه‌ای با بالاتنه انسان و پایین‌تنه اسب.
۲. «شناور می‌شود اما غرق نمی‌شود». عبارتی که در نامه ۲۱ سپتامبر ۱۸۹۹ نیز استفاده شده بود.

۳. فروید استفاده از علامت سه صلیب کنار هم برای حفاظت در برابر شیطان را مورد تمسخر قرار می‌دهد. نامه ۵ نوامبر ۱۸۹۹ را ببینید.

۴. ماکسیمیلیان برسگن Maximilian Bresgen ویراستار ماهنامه Sammlung zwangloser Abboudlungen aus dem Gebiete der Naseti, Obren, Mund und Halskrankheiten.

وین، ۹ جون ۱۹۰۱

۹، برگاس ۱۹

ویلهلم عزیز!

یک بار دیگر دارم از این یکشنبه عجیب استفاده می‌کنم که برایت نامه بنویسم. اولین یکشنبه‌ای است که من کاملاً آزادم، بدون این‌که چیزی به یادم بیاورد که در دیگر اوقات، یک پزشک هستم. خانم باستانی‌ام را که به‌طور منظم دو بار در روز به ملاقاتش می‌رفتم، دیروز به حومه شهر بردند و هر پانزده دقیقه یک بار به ساعت نگاه می‌کنم تا او را خیلی منتظر تزریق نگذارم؛ بنابراین، حتی وقتی که موانع از سر راهمان برداشته می‌شوند باز هم به آن‌ها فکر می‌کنیم و واقعاً نمی‌دانیم چطور از آزادی‌مان لذت ببریم.

برای پاسخ دادن به سؤالات؛ هنوز تصمیم نگرفته‌ایم تابستان را در کجا بگذرانیم. فکر می‌کنم جایی در نزدیکی سالزبورگ باشد. مذاکرات روی پانسیونی در سالزبورگ و در نزدیکی برچتس‌گادن، به خاطر کندی این انسان‌های خوب تا حدی طول کشیده است. در عید پنجاهه با برادرم رفتیم که جایی در وورالبرگ پیدا کنیم. نزدیک بودن به سوئیس و قیمت‌های متوسط آن‌جا وسوسه‌کننده بود، اما حاصلی نداشت. هزینه سفر به آن‌جا آنچه که در پانسیون پس‌انداز می‌کنیم را از بین خواهد برد و مناظر طبیعی‌اش، هزینه را توجیه نمی‌کنند. در هر صورت، بیشتر بهانه‌ای برای گردش عید پنجاهه بود تا این‌که یک نیت جدی باشد. ما یک روز را در بودِنسی گذراندیم.

«زندگی روزمره» در شماره جولای *ماهنامه* چاپ خواهد شد. اگر قرار بود با شکل‌گیری طرز فکری از کارم اجتناب کنم، فقط طرز فکر مطلوب تو در مورد

آن‌ها باقی می‌ماند. «رویاها و هیستری» فرستاده شده است و احتمالاً تا پائیز مورد توجه مردم متحیّر، قرار نخواهد گرفت.
مطمئناً از مقالات در برسِگن استقبال خواهد شد.
خواهرزنم دیروز آسایشگاه ادلاخ را ترک کرد و فردا صبح نزد مادرش در ریچنهال خواهد رفت. حالش بهتر شده است. یعنی می‌تواند حدود چهل و پنج دقیقه بدون هیچ مشکلی راه برود. او حمله‌های متناوبی دارد از دردهای مربوط به زخم. طبق گزارش دکترهایش (اسکار و دکتر کنراید) حالا، نقص آشکار شده است. می‌دانم که باید این را یک واکنش مطلوب در نظر گرفت. به این دلیل که من آن را قطعی نمی‌دانستم، خیلی راضی‌ام.
حال همسر و بچه‌هایم خوب است. گرما غیرقابل تحمل است. امروز به معنی واقعی اشتیاق، منتظر باران یا طوفان تندری هستیم. می‌خواهیم امروز بعدازظهر را با ملا و اسکار پیش از رفتنشان همراه خانم جی. بگذرانیم که والدینشان فردا صبح می‌رسند تا مثل یک ابر طوفانی، اما نه آن ابری که من دلتنگش هستم، از من آویزان شوند.
تو مرا به یاد اوقات زیبا و سختی انداختی که برای این‌که باور کنم به انتهای زندگی‌ام نزدیک هستم، دلیلی داشتم و این‌که اطمینان تو بود که سبب شد به زندگی ادامه بدهم. مطمئناً نه شجاعانه و نه خردمندانه عمل کردم. من خیلی جوان بودم، غرایزم هنوز خیلی گرسنه بودند و کنجکاوی‌ام هنوز آن‌قدر زیاد بود که نمی‌توانستم بی‌تفاوت باشم، اما هیچ‌وقت خوش‌بینی تو را نداشتم. مطمئناً احمقانه است که بخواهی درد و مرگ را از این دنیا دور کنی. همان چیزی که در سال نو آرزو می‌کنیم. این به خاطر خواست ما از خدا بود که هر دوی آن‌ها را از ما و از عزیزانمان بردارد و روی غریبه‌ها بیندازد.
بنابراین، اکنون متواضع‌تر شده‌ام و بیشتر آماده‌ام چیزی را که پیش می‌آید، تحمل کنم. هیچ شکی وجود ندارد که نمی‌توان به همه آرزوها رسید. چیزی که من با اشتیاق برای آن تلاش می‌کردم، غیرممکن شده است. چرا نمی‌توانم هر

سال یک امید جدید را دفن کنم؟ اگر موافق نیستی، این می‌تواند تلاشی برای دلجویی باشد. همچنین، قضاوتی است که به واسطه دوستی، گمراه شده است. واقعیت دارد که سازش کردن با شاکیان سخت است. یاد گرفته‌ام که این را هم درک کنم. حالا هفته‌هاست که از حال و حوصله‌ام راضی‌ام.
امیدوارم که خیلی زود خبرهای خوبی در مورد تو و خانواده‌ات بشنوم. با درودهای صمیمانه برای شما.
با احترام!
زیگموند

وین، ۴ جولای ۱۹۰۱
۹، برگاس ۱۹

ویلهلم عزیز!
به این دلیل که علاقه من به تو و خانواده‌ات دیگر با مکاتباتمان ارضاء نمی‌شود، معمولاً از اسکار حالتان را می‌پرسم و از این طریق بود که در مورد تهدید سرخک فهمیدم. امیدوارم که به‌راحتی آن را پشت سر بگذارند. هیچ اعتراضی ندارم اگر خوش‌بینی نظری من که به سختی قابل استناد است در عمل تا حد ممکن درست از آب دربیاید. سؤال‌های بسیاری پرسیدی که این نامه طولانی شود؛ بنابراین، ساعت مشاوره من تبدیل شد به یک ساعت نامه نوشتن.
من هنوز هم دقیقاً نمی‌توانم به تو بگویم که به کجا خواهیم رفت. بعد از این‌که انواع برنامه‌ها به جایی نرسیدند، فکر کردیم که شاید چیز اصلاح‌شده‌ای حاصل شود. در تعطیلات دو روزه پایان ماه جون به ملاقات مینا و ماما در ریچنهال رفتم و از آن‌جا کالسکه‌ای به تامسی گرفتم و عاشق آن محل کوچک شدم. رزهای آلپ دقیقاً در پائین جاده؛ یک دریاچه کوچک سبز؛ جنگل‌هایی باشکوه در اطراف آن؛ با توت‌فرنگی‌ها و گل‌ها و (امیدوارم) قارچ هم وجود داشته باشد. بنابراین، پرس‌وجو کردم که آیا می‌توان در تنها مسافرخانه آن‌جا اقامت کرد یا نه. آن‌ها

امسال برای اولین بار در آن محل اتاق اجاره می‌دهند، زیرا مالک آن‌جا که یک پزشک و ملّاک از برکرشبرگ بود و خودش آن‌جا زندگی می‌کرد، فوت شده و اکنون مذاکرات در ریچنهال در حال انجام است و احتمالاً نتیجه رضایت‌بخشی دربردارد. جدا از جذابیت‌های آن محل، برایم خیلی مهم است که به بیمار عزیزم [مینا] نزدیک باشم که احتمالاً وقتی ریچنهال خیلی گرم شود به سالزبورگ در نزدیکی برچتس‌گادن می‌رود.

من در برگشت از سفر در بعدازظهر روز یکشنبه، برخورد غیرمنتظره‌ای با رابرت بروئر داشتم. در واگن تختخواب‌دار قطار با هم در یک کوپه بودیم. او واقعاً دستپاچه بود، اما کاملاً درست رفتار کرد.

پنج جولای. همین الان تلگرامی فرستادم که برنامه‌ریزی‌هایمان برای تامسی را تأیید می‌کرد. روزی که از این‌جا می‌رویم هم، باید برایت کارت پستالی بفرستم.

ال. جی. روحیه خوبی دارد و به موفقیت برجسته‌ای رسیده است. او هنوز هم احساسات و خیال‌پردازی‌هایی دارد، اما این «آثار باقی‌مانده نخ‌نما» اصلاً او را ناراحت نمی‌کند. می‌دانی که در طول دوره درمانی‌ام، شرایط عمومی بیمار از هر لحاظ تغییر می‌کند. در این فرایند، سیمپتوم‌ها که برای بقا به درجه معیّنی از توجه نیاز دارند، کم‌کم شروع به کاهش می‌کنند. والدین او این‌جا بودند و رفتار دوستانه‌ای داشتند. پدر او شخصیت پیچیده‌ای دارد که در هر نمونه به چیز درست فکر می‌کند؛ تحمل کردن مادرش سخت است، اما در معنای کامل کلمه «شخصیت» دارد.

پاپا جی. با پشتکار، اخبار قیچی‌شده روزنامه و مقالاتی که در آن‌ها نام من یا کتاب رویا نوشته شده است، را برایم می‌فرستد؛ در میان آن‌ها مقاله‌ای به نام «رویا و داستان جن و پری» وجود دارد که در لاسته چاپ شده بود و نویسنده، مدرسی از مونیخ، متعاقباً آن را برایم فرستاد.[1] او [آقای جی.] حالا در مورد چیزی که می‌توان برای عموم درباره درمان «پروپاگاندا» منتشر کرد با من مکاتبه

می‌کند. شاید خیلی زیاد، کم یا هیچ‌چیز از آن حاصل نشود، در هر صورت، به لحظه‌ای برمی‌گردد که تو اسم مرا به او گفته بودی.

تشخیص بیماری آقای ال. آسان بود. هیچ علت جنسی حادی، حتی مورد روان شناسی هم وجود ندارد بلکه نورآستنی است؛ بنابراین، باید واقعیت‌های پیشین را به عنوان تغییرات بینی حفظ کرد. اهل وینی‌ای که البته، به توصیه‌ای که بهبودی خود را مدیون آن خواهد بود، عمل نخواهد کرد، اما این هدیه نسبتاً کمی در عوضِ جی. باقی می‌ماند.

امسال، حالِ دیگر مراجعانم بسیار بهتر است. هرچند، تعدادشان بسیار کمتر از پارسال بود. به لطف کار کم، اما کمتر پرزحمت، حال من در مقایسه با پارسال بسیار بهتر است، اما مغزم درست همان‌طور خسته است. من دیگر هیچ ایده جدیدی ندارم و واقعاً نمی‌دانم چطور ساعت‌های آزادم را پر کنم.

دکتر فون دِر لین از مونیخ، توجه مرا به کتابی که با عنوان *غربال اسفینکس*[۲] (۱۸۸۹) توسط ال. لیستنر نوشته شده بود، جلب کرد که به شکل مؤثری از برگشتن افسانه‌ها به رویاها حمایت می‌کرد.

تاکنون، مقدمه لذت‌بخش آن را خوانده‌ام، اما تنبلی‌ام مانع از ادامه خواندن می‌شود. می‌بینم که او هیچ‌چیزی در مورد آنچه در پس رویاهاست، نمی‌داند. از سوی دیگر، به نظر می‌رسد که به درستی روی رویای اضطراب تمرکز می‌کند.

امسال هیچ «سفری به جنوب» نخواهم داشت. برای این کار همسفری نداشتم. بیماری مینا، مارتا را مجبور می‌کند که او هم در خانه بماند.

«زندگی روزمره» تا چند روز دیگر روشنایی روز را خواهد دید، اما احتمالاً نیمی از آن متولد می‌شود؛ بنابراین، تا ماه آگوست نمی‌توانم نمونه چاپ‌شده‌اش در روزنامه را برایت بفرستم. این مقاله برای یک شماره از ماهنامه، بسیار طولانی است.

حالا مارتین کمتر شعر می‌نویسد، اما نقاشی می‌کشد. معمولاً فانتزی‌هایی دارد از حیوانات با شوخ‌طبعی و شروع می‌کند به نشان دادن حرکات و چیزهایی از این

دست. چیزی که شاید از همه مهم‌تر است، این است که در مدرسه‌اش با گزارش نسبتاً خوبی به پایه دوم رفته است. امتحان ورودی اُولی تا پانزدهم ماه ما را در این‌جا نگهداشته است. همه بچه‌های بزرگترم هم مجبورند تا آن زمان صبر کنند. البته، من به خوبی از تغییرات ناراحت‌کننده در کالتِنلوتگِبِن[۳] آگاهم. ما باید هفته بعد به آن‌جا برویم و در همان‌جا به دیدن کونیگشتین برویم که دخترش منتظر به‌دنیا آمدن اولین فرزندش است. «تولد و مرگ...».[۴]

مادرت باید واقعاً مرگ را تجربه کرده باشد. من با وجود اشاره‌هایت، تصور می‌کنم که سخنرانی تو در مورد این‌که چرا بعضی از افراد در اوج قدرت می‌میرند، در حالی که بقیه تا آخرین لحظه روبه‌زوال می‌روند، بسیار جالب خواهد بود. خیلی عجیب است که ما در هر دو صورت ناراضی هستیم.

آیا خوانده‌ای که انگلیس یک قلعه قدیمی را در کرت (کنوسوس) حفاری کرده است و ادعا می‌کنند که لابیرنت واقعی ماینوس در آن‌جا قرار دارد؟ به نظر می‌رسد زئوس درواقع، یک گاو نر بوده است. گفته می‌شود خدای پیر ما هم در آغاز و پیش از توجه به عالم بالای تحمیل‌شده توسط ایرانیان، به عنوان گاو نر مورد پرستش قرار گرفته است. این علتی است بر این‌که همه‌جور فکری پیش از آن‌که وقتش برسد، نوشته می‌شوند.

با درودهای صمیمانه برای تو و با بهترین آرزوها برای داشتن اوقات راحت برای تو و برای بچه‌هایت که در این روزها دچار بیماری زودهنگام می‌شوند. فرزند کوچک که من او را باور دارم، هنوز عفونت را در خود نگهداشته است؟

با وفاداری!

با احترام!

زیگموند

۱. مقاله، توسط اف. فون در لین F. Von der leyen یک بحث طولانی خیالی «آلمانی» در مورد رویاهاست که اشاره کوتاهی به کتاب فروید کرده است. برای دیدگاه متفاوت، دکر(۱۹۷۷، صفحات ۲۸۷-۲۸۵) را ببینید که خلاصه‌ای از اثر فون در لین ارائه می‌کند. کتاب *منشا*، صفحه ۲۳۲ n1 را نیز ببینید.

2. Sphinx

موجود افسانه‌ای با سر و سینه زن و بدن شیر.

۳. لودویگ لیستنر Ludwig Laistner

Das Rätsel der Sphinx: Grundziige einer Mythengeschichte

جلد۲ (برلین، ویلهلم هرتز ۱۸۹۹). لین که مقاله انتقادی را نوشت و پیش از این در این نامه ذکر شد، از این کتاب در مقاله انتقادی نام می‌برد.

4. Kaltenleutgeben

اقامتگاه تابستانی خانواده فلیس

۵. فاوست گوته، پرده ۱، صحنه ۱.

تامسی، ۷ آگوست ۱۹۰۱[1]

ویلهلم عزیز!

امروز، برای اولین بار در این سه هفته آب‌وهوا خوب نیست و مانع از انجام هر فعالیتی می‌شود. فردا برای نمایش *دُن جیو وانی* که فرِستِل بلیت آن را برایمان گرفت، به سالزبورگ می‌رویم. به خاطر همین امروز فوراً پاسخ نامه‌ات را دادم و یا در هر صورت شروع کردم به پاسخ دادن.

نخست، کسب‌وکار. سپس چیزی جدی‌تر و در پایان، لذت.

خانم دی. جایگزینی عالی برای ال. جی. خواهد بود. برای قضاوت براساس گزارش‌های پیشین تو، مطمئناً شخص مناسبی برای این درمان خواهد بود و بنابراین، احتمال موفقیت بیش‌ازحد متوسط را می‌توان پیش‌بینی کرد، اما به خاطر هیچ‌یک از بیماران، معلوم یا نامعلوم‌ام، تا پیش از شانزدهم سپتامبر اجازه نمی‌دهم دوباره به من افسار بزنند و تا آن زمان احتمالاً تشنج او خوب شده است. تا وقتی که کسی را تحت کنترل نداشته باشم، نمی‌توانم روی آن حساب کنم. مراجعان من انسان‌های بیمارند. بنابراین، مخصوصاً نامعقول و دهن‌بین هستند. ضمناً فصل بعدی به‌طور خاص توجه مرا به خود جلب می‌کند. من فقط یک بیمار دارم، جوانی که دچار روان‌رنجوری وسواسی است. انگار قطعی است و بانوی

پیر و خوب من که منبع درآمد کوچک اما مطمئنی بود، در طول تعطیلات فوت کرد.
من رضایت‌نامه پدر جی. در مورد آرزوی صریح مارتا را برایت ضمیمه می‌کنم که می‌بیند برایت نامه می‌نویسم.
وینترنیتز[۲] یک فرصت‌طلب است، کسی که به‌طور منظم تغییر مسلک می‌دهد و بنابراین، از نقطه‌نظر نشانه بیماری، شخص جالبی است. این‌که تو باید موفقیت بزرگی کسب کنی که فقط *بعد از چهل سالگی* افراد را خیره می‌کند، همیشه مرا به شدت متحیر کرده است. واقعاً می‌توانست پیش از این و بدون این‌که هیچ آسیب روانی‌ای بر تو بگذارد، پیش بیاید. دوست دارم خودم هم به خاطر فواید مطالب، آن را داشته باشم، اما این‌طور نشده است و من تردید دارم که آیا سرانجام اتفاق خواهد افتاد یا نه.
من دائماً و با همدردی، وضعیت ناراحت‌کننده امور در کالتنلوتگبن را در نامه‌نگاری با اسکار دنبال می‌کنم. همیشه می‌ترسیدم که هر دوی شما پس از مرگ والدین همسرانتان اندک چیزهای مشترکی با هم داشته باشید، اما واقعاً نمی‌توانم از ته قلبم طرف شما را بگیرم. یعنی طرف هر دوی شما را. اسکار و ملا واقعاً مشتاق‌اند که فداکاری کنند و در این دوره بیماری از خودخواهی فارغ هستند. اسکار که از مدت‌ها پیش او را می‌شناختم، همیشه این‌طور بوده است و یک بار دیگر هم این را برای من مشخص کرد. من نمی‌توانم نادیده بگیرم که به او مدیونم و بنابراین، به خاطر عدم درک یافته‌هایم او را می‌بخشم. خصوصیتی که در آن بی‌همتا نیست و بین تو و او هم نباید این‌چنین باشد. «آن‌ها واقعاً انسان نیستند» به نظر من یک جور توصیف شخصیت است که در مورد این دو نفر کاربرد ندارد، زیرا درواقع، رفتار خوب و درستی به عنوان انسان دارند.
لزومی به مخفی کردن این واقعیت نیست که هر دوی ما تا حدی از هم دور شده‌ایم و می‌توانم ببینم که هر کدام چقدر فاصله داریم. بنابراین، از قضاوت بروئر هم در امانیم. من دیگر از او نفرت ندارم و مدتی است که این‌طورم. من قدرت او

را حس کرده‌ام. اگر تا آن‌جایی که مد نظر توست او مرده باشد، پس هنوز بعد از مرگ هم دارد قدرت خود را نشان می‌دهد. همسرت چه کار دیگری به جز کار کردن روی اخبار تیره‌ای که بروئر در مغزش کاشته بود، می‌کند؟ زمانی گفته بود چقدر خوش‌شانس است که من در برلین زندگی نمی‌کنم و نمی‌توانم در ازدواج او تداخل ایجاد کنم. در این مسئله، شما به حد فراست خود رسیده‌اید. شما دو نفر علیه من متحد شده‌اید و به من می‌گویید «ذهن‌خوان فقط افکار خودش را در ذهن بقیه می‌خواند» که سبب می‌شود همه کارهای من بی‌ارزش شوند.

اگر این چیزی است که تو در مورد من فکر می‌کنی، پس «زندگی روزمره» من را بدون این‌که بخوانی به سطل کاغذ باطله‌ها بینداز. آن (کتاب) پر است از منابع مربوط به تو. محتوای آشکاری که تو موارد مربوط به آن را هدیه کردی و محتوای پنهانی که انگیزه آن‌ها به تو باز می‌گردد. شعار هم هدیه‌ای از طرف تو بود. جدا از هر چیزی که ممکن است راضی‌کننده باقی بماند. می‌توانی آن را به عنوان گواهی‌نامه‌ای در مورد نقشی که تاکنون برای من ایفا کردی، نگهداری. حال که این‌چنین آگاه شده‌ام، حس می‌کنم وقتی مقاله به دستم برسد، بدون هیچ کلامی می‌توانم آن را برایت بفرستم.

مانند بروئر، تو هم کاملاً در مورد *برادر* حق داری، اما من اهانت تو به دوستی بین مردها را به اشتراک نمی‌گذارم، چون تا حد زیادی در آن دخیل هستم.[3] همان‌طور که می‌دانی، در زندگی‌ام زن‌ها هیچ‌وقت جایگزین رفقایم نشده‌اند، دوست من. اگر سیرت مردانه بروئر این‌قدر عجیب، محبوب و متناقض نبود، مانند هر چیز دیگری در ساختار احساسی و ذهنی او، مثال خوبی می‌شد از پذیرش جریان روبه‌رشد آندروفیلیا[4] در مردها.

قول دادم که در مورد «لذت» هم برایت بنویسم. تامسی واقعاً یک بهشت کوچک است، خصوصاً برای بچه‌ها که این‌جا وحشیانه غذا می‌خورند و با همدیگر و با مهمانان دیگری که در آن طرف قایق هستند، دعوا می‌کنند و سپس، از برابر دیدگان والدین مضطربشان ناپدید می‌شوند. همیشه، همراه ماهی‌ها بودن واقعاً

مرا احمق کرده است، اما با این وجود تاکنون روحیه بی‌خیالی را که باید در تعطیلات به آن برسم، نداشته‌ام و گمان می‌کنم بدون هشت تا دوازده ساعت روغن زیتون و شراب، امکان‌پذیر نخواهد شد. شاید، برادرم همسفر من باشد. نمی‌توانم هیچ پیشرفت واقعی‌ای را در خواهرزنم گزارش کنم، اما حداقل وضعیت موجود را حفظ می‌کند. او خیلی حرکت نمی‌کند. حال و حوصله‌اش نامتعادل و افسرده است. زخم روده سبب ناراحتی دائمی او می‌شود.

و حالا مهم‌ترین چیز! تا جایی که می‌توانم ببینم، اثر بعدی من «دوجنسیتی انسان» نامیده خواهد شد و به ریشه مشکل می‌پردازد و آخرین واژه‌ای را می‌گوید که شاید من باید بگویم؛ یعنی آخرین و برجسته‌ترین مسئله را. در حال حاضر فقط یک چیز برایش دارم؛ بینش اصلی آن‌که برای مدتی طولانی براساس این تفکر، ایجاد شد که سرکوبی مسئله اصلی من، تنها از طریق واکنش بین دو جریان جنسی امکان‌پذیر است. من به شش ماه وقت نیاز دارم تا مطالب را جمع بندی کنم و امیدوارم که متوجه شوم الان انجام این کار امکان‌پذیر است، اما بعد از آن باید یک مباحثه جدی و طولانی با تو داشته باشم. خود این ایده مال توست. یادت می‌آید که چند سال پیش، وقتی هنوز متخصص و جراح بینی بودی، به تو گفتم که راه حل در جنسیت است. چند سال بعد تو مرا اصلاح کردی و گفتی که راه حل در دوجنسیتی است و می‌بینم که حق با توست. پس شاید حتی باید چیزهای بیشتری را از تو قرض بگیرم. شاید حس صداقت من وادارم کند که از تو بخواهم نویسندگی این اثر را همراه من انجام بدهی. بنابراین، بخش آناتومیکی-زیست‌شناسی آن مورد توجه قرار خواهد گرفت. بخشی که اگر آن را به تنهایی بنویسم، خوب از آب درنمی‌آید. من روی جنبه روانی دوجنسیتی و توضیح روان‌رنجوری تمرکز می‌کنم. پس این پروژه بعدی در آینده نزدیکی است که امیدوارم باز هم ما را در مسائل علمی با هم متحد کند.

با درودهای صمیمانه برای تو و خانواده‌ات! بگذار خبری از تو بشنوم.

با احترام!

زیگموند

۱. ماری بناپارت در کتابچه‌اش یادداشت کرده است که وقتی این نامـه را بـه فرویـد نشان داده، او به ماری گفته که این نامه بسیار مهمی است.

۲. احتمـالاً ویلهلـم وینترنیتـز Wilhelm Winternitz (۱۹۱۷-۱۸۳۴) لسـکی (۱۹۶۵، صفحه ۳۳۶) را ببینید

3. *Weil ich in hohem Grade Partei bin.*

4. Androphilic

پایان رابطه

۱۹ سپتامبر ۱۹۰۱
۹، برگاس ۱۹

ویلهلم عزیز!
چند ساعت پیش از این‌که عازم رفتن بشوم، کارت پستال تو را دریافت کردم. حالا باید در مورد رم برایت بنویسم، اما سخت است. برای من نیز طاقت‌فرسا و همان‌طور که می‌دانی محقق شدن آرزویی دیرین بود. از آن‌جا که محقق شدن آرزوهای این‌چنینی بعد از زمان انتظار طولانی -زمان انتظار تحقق این یکی کم شده بود- هنوز نقطه اوج در زندگی من هستند، اما در حالی که کاملاً و بدون دردسر جذب دوره باستان شده بودم (و می‌توانستم آثار تحریف‌شده و خوار معبد مینروا در نزدیکی میدان نروا را بپرستم)، متوجه شدم که نمی‌توانم آزادانه از رم دوم [قرون وسطی، مسیحیت] لذت ببرم. جوّ آن مرا آزار داد. فهمیدم که نمی‌توانم دروغی را که در مورد رستگاری انسان وجود دارد که سر انسان را تا بهشت برین بالا می‌برد باور کنم، زیرا نتوانستم فکر بدبختی خودم و دیگر بدبختی‌هایی را که می‌شناسم از سرم بیرون کنم.
من متوجه شدم که رم سوم، ایتالیایی نویدبخش و دوست‌داشتنی است. هرچند، در لذت‌هایم صرفه‌جو هستم و سعی نکردم که همه‌چیز را در دوازده روز ببینم. من نه تنها به فواره ترِوی رشوه دادم، همان کاری که همه می‌کنند بلکه -این را خودم اختراع کردم- در بوکادلاوریتا در سانتا ماریا کاسِمدین سرم را زیر آب فرو برده و نذر کردم که بازگردم. هوا گرم بود، اما کاملاً قابل تحمل بود تا این‌که یک روز -که خوشبختانه تا روز نهم پیش نیامد- باد گرم آمد و مرا از پای درآورد. حال من اصلاً بهتر نشد. وقتی که به خانه برگشتم، دچار ورم معده و روده شدم که می‌دانم آن روز در سفرم به آن دچار شدم و هنوز هم دارم به خاطرش درد

می‌کشم. هرچند، گله و شکایت نمی‌کنم. خانواده‌ام یک شب زودتر از من به خانه برگشتند. هنوز هم سرم خلوت است.

درواقع، آخرین نامه‌ات برای من خوب بود. حالا می‌توانم نگرشی را که در سال گذشته نسبت به من داشتی، درک کنم. ضمناً این اولین باری بود که تو چیزی به جز واقعیت را به من نگفتی.

من در درون خودم می‌دانم چیزی که در مورد نگرشم نسبت به کار بزرگ خود گفتی، غیرمنصفانه است. می‌دانم که چندین بار با غرور و اضطراب به آن فکر کردم و وقتی که نمی‌توانستم در هر یک از نتیجه‌گیری‌ها از تو تبعیت کنم، چقدر ناراحت می‌شدم. می‌دانی که من به هر حال فاقد هر نوع استعداد ریاضی هستم و هیچ حافظه‌ای برای اعداد و اندازه‌گیری‌ها ندارم. شاید همین سبب شده تو این برداشت را داشته باشی که هیچ‌یک از چیزهایی را که به من گفته‌ای، حفظ نکرده‌ام. فکر می‌کنم تمام چیزی را که می‌توان از اعداد و نقطه‌نظرها و کیفیت‌ها به‌دست آورد، در من تلف نشده است. شاید تو خیلی زود دیگر مرا محرم اسرار ندانستی. دوستی که حق دارد حرف دوستش را رد کند، آن‌که به خاطر جهل خود این مسیرهای تاریک را در پیش می‌گیرد و با افراد کمی در ارتباط است که همه آن‌ها بدون هیچ قیدوشرطی و بدون هیچ انتقادی او را تحسین می‌کنند، هیچ ارزشی ندارد.

تنها چیزی که مرا رنجاند سوءتفاهم دیگری در نامه‌ات بود؛ این‌که تو این جمله‌ام را که «اما همه ارزش کار مرا زیر سؤال می‌بری»! با درمانم مرتبط دانستی. در این زمینه من واقعاً به ماست‌مالی کردن فکر نمی‌کنم! متأسفم که «تنها شنونده خود» را که نسترویِ ما آن را این‌طور می‌نامید، از دست دادم. آیا هنوز هم دارم برای او می‌نویسم؟ به محض این‌که تفسیری از من سبب ناراحتی‌ات می‌شود، تو آماده‌ای موافقت کنی که «ذهن‌خوان» هیچ‌چیزی را در فرد دیگر درک نمی‌کند[1] بلکه فقط افکار خودش را مطرح می‌کند. تو واقعاً دیگر شنونده من نیستی و باید کل روش کارم را مانند دیگران بی‌ارزش بدانی.

من پاسخ تو را در مورد دوجنسیتی درک نمی‌کنم. واضح است که خیلی سخت می‌توانیم همدیگر را درک کنیم. مطمئناً قصد ندارم هیچ کاری انجام بدهم به جز کار کردن روی سهم خودم در نظریه دوجنسیتی و این‌که نظریه سرکوبی و روان رنجوری و سپس استقلال ناخودآگاه و پیش‌نیاز دوجنسیتی را ارتقاء بدهم.

تو تاکنون از ارجاع به اولویت خودت در «زندگی روزمره» دیده‌ای که من هیچ نیتی برای توسعه نقش خود در این بینش ندارم، اما ایجاد ارتباط با جنبه‌های آناتومیک و زیست‌شناسی عمومی دوجنسیتی، بالاخره در هر کار این‌چنینی، ضروری است. چون تقریباً هر چیزی که در مورد آن می‌دانم، از تو حاصل شده است. تنها کاری که می‌توانم انجام بدهم این است که نام تو را در مقدمه ذکر کنم یا کل مقدمه را تو بنویسی. حالا اصلاً مشتاق نیستم که آن را چاپ کنم. در عین حال، بدون شک این شانس را داریم که در مورد آن بحث کنیم. نمی‌توان فقط گفت: «خودآگاه، عامل برجسته و ناخودآگاه، عامل جنسی اساسی ولی پنهان است» بدون این‌که مطالب پیچیده را ساده کرد، هرچند که این واقعیت پایه باشد. من دارم روی یک مقاله روان‌شناسانه‌تر «فراموش کردن و سرکوبی» کار می‌کنم که هرچند باید مدت زیادی پیش از چاپ، آن را نزد خودم نگهدارم.[۲]

تاریخ سخنرانی تو برای (مجله) برسگِن گذشته است. من مشتاقانه منتظر آن هستم. آیا به تعویق افتاده است؟

صمیمانه به تو درود می‌فرستم و منتظر خبرهای خوبی از طرف تو و خانواده‌ات هستم.

با احترام!

زیگموند

۱. فروید از کلمه مفرد am anderen استفاده می‌کند. شاید منظور او به‌طور کلی بیمارها و به‌طور خاص فلیس باشد.

۲. این مقاله در واقعیت هرگز منتشر نشد.

۲۰ سپتامبر ۱۹۰۱
۹، برگاس ۱۹

ویلهلم عزیز!

شگفت‌انگیز است! نامه‌های ما هم‌زمان شدند! دیروز از مقالات مطلع شدم و امروز این‌جاست. یکباره همه آن را خواندم و خوشحالم که به تو بگویم پیش از این هرگز چیزی به این روشنی و مختصری که محتوایی غنی داشته باشد، ننوشته‌ای و چقدر خوب که هیچ شکی در مورد محتوای آن وجود ندارد! همچنین به خاطر در نظر گرفتن جایگاهی برای من[۱] از تو تشکر می‌کنم. من هم از تبخال خیلی راضی بودم و در کل از این مقاله می‌توان حس کرد که هنوز مطالب زیادی برای نوشتن داری، اما می‌توانی ثروت خود را کنار بگذاری و می‌دانی چطور خودت را محدود کنی. من باور دارم که این مقاله سبک کلاسیک را نشان می‌دهد.

عنوان مقاله به طرزی عجیب در مورد ارتباط «سببی» بین اندام جنسی و بینی چیزی نشان نمی‌دهد؟ آیا مخفّفی است برای «تغییرات در بینی و اندام جنسی»؟ اما واقعاً مهم نیست، نمی‌خواهم ملّانقطی باشم.

با احترام!

زیگموند

۱. اشاره‌ای است به نوشته فلیس *Ober den utsachlichen Zusammenhang von Nase und Geschlechtsorgan* متنی در آن وجود دارد که نوشته است: «علت متداول نورآستنی در زنان و مردان جوان، خودارضائی است (فروید) که در افراد مسن‌تر معمولاً با خودارضائی زناشوئی (متقابل) جایگزین می‌شود». (اولین ویرایش، صفحه ۷)

وین، ۷ اکتبر ۱۹۰۱
۹، برگاس ۱۹

ویلهلم عزیز!

سه هفته از رسیدن خانم دی. که تو او را به من ارجاع دادی، می‌گذرد؛ بنـابراین، باید کمی پیش‌تر در مورد وضعیت او به تو گزارش می‌دادم.

البته، او درست کسی است که نیـاز دارم؛ یـک مـورد سرشـتی دشـوار کـه همـه کلیدها با او متناسب است و همه سرنخ‌ها به پاسخ می‌رسند. کار بـدون درد بـا او به سختی امکان‌پذیر است، زیرا او خیلی به داشتن و رهـا کـردن درد، علاقه‌منـد است، اما انتظار دارم که موفقیت حتمی باشد و باقی بماند.

متأسفانه، چیزهای دیگری سر راه است. همسر او که با همـه هنرپیشـگی‌اش، بـه نظر می‌رسد واقعاً دیوانه باشد، (او با خانم دی. به این‌جا آمد) هنوز موافقت نکرده است. او فقط سه ماه به همسرش اجازه داد که البته من آن را نپذیرفتم، اما حتی ایـن اجـازه هـم واقعـی نبـود. چـون از خـانم دی. خواسـت همـان بعـدازظهر چمدان‌هایش را ببندد و حالا خانم دی. هر روز منتظر همسرش است که بیایـد و او را با خود ببرد. اگر شوهرش این کار را بکند، همراه او خواهد رفت. همـین الان هم دیگر نمی‌تواند بدون شوهرش تحمل کند.

اگر همه‌چیز این‌طور با زمان در ارتباط است، به نظر می‌رسد در مورد پـول اصـلاً مطمئن نباشد. آیا همه‌چیز واقعاً این‌قدر ناخوشایند است یا او موفق شده پریشانم کند؟ به‌طور خلاصه، اصلاً بعید نیست خیلی کوتاه ابراز کنم که بهتر است شـروع نکنم به ساختن ساختمان در فونداسیونی که این‌قدر لرزان است. بعید است که با وجود هوش زیادش، در سه ماه به هیچ‌چیزی نرسد، اما شـوهرش چنـان بـا عـدم اطمینان مشهود و حسادت به من نزدیک شد که فکر نمی‌کنم مطرح کـردن ایـن مسئله هیچ تأثیری روی او داشته باشد.

شاید هنوز هم همه‌چیز درست شود. من فقط می‌خواستم برای این احتمال آماده‌ات کنم که ممکن است او را زودتر از آنچه انتظار داری ببینی و از قبل خودم را توجیه کنم که شاید باید به مشکل بزرگ تو این‌چنین پاسخ بدهم.
چون الان خیلی به‌ندرت برای هم نامه می‌نویسیم، پیش از این نتوانستم از تو تشکر کنم.
با درودهای صمیمانه!
با احترام!
زیگموند

وین، ۲ نوامبر ۱۹۰۱
۹، برگاس ۱۹

ویلهلم عزیز!
مطمئناً مستحق این هستی که هر بار بشنوی اوضاع در مورد بیمارت چطور پیش می‌رود و حالا خیلی مشتاقانه‌تر در مورد او می‌نویسم، چون حوصله چیز دیگری را ندارم.
درواقع، بیماری را برایم انتخاب کردی که برای این درمان، سفارش داده شده است. می‌توانم بگویم که تاکنون خیلی خوب پیش رفته است، شاید به این دلیل که علاقه‌مند شدن به این نوع شخصیت برایم آسان است. گاهی اوقات باید جزئیات بیشتری را به صورت شفاهی به تو بگویم، زمانی که می‌توانم درایت را بدون مجازات نقض کنم. هرچند، یک بار دیگر، همه‌چیز سر جایش قرار می‌گیرد. حداقل براساس تازه‌ترین مفهوم‌سازی‌ام و این آلت موسیقی، با اشتیاق به لمس قطعی نوازنده پاسخ می‌دهد. نه این‌که او به اندازه کافی تلاش نمی‌کند تا زندگی مرا سخت کند، او قبلاً این کار را کرده است و باز هم خواهد کرد. نامه دلسردکننده‌ام که با اطلاعات ارزشمندی به آن پاسخ دادی، پیامدی بود از کشیده شدنم به کوهستان مشکلاتی که او سر راه من ایجاد کرده بود. بار دوم

باید کمتر به این راحتی فریب خورده باشم، حداقل نیتم این است. در هر صورت، او انسان جالب و ارزنده‌ای است.
خوشحالم که می‌توانم این را به تو بگویم و صمیمانه به تو درود می‌فرستم!
با احترام!
زیگموند

وین، ۷ دسامبر ۱۹۰۱
۹، برگاس ۱۹

ویلهلم عزیز!
خانم دی. همین الان خداحافظی کرد. همه نگرانی‌هایی که بعد از دو هفته اول به تو ابراز کردم، کاملاً بی‌جهت نبودند. همان‌طور که می‌دانی همسرش به زور در درمان مداخله کرد و زمان و هزینه را بهانه کرد. هرچند -کاملاً مطابق با توضیحات تو- ممکن است این بهانه‌ها را مطرح کرده باشد که حسادتش را مخفی کند. سرانجام، نامه‌ای فرستاد که استفاده از مدت زمانی که اجازه داده بود، یعنی تا نوزدهم این ماه را غیرممکن کرد. خود من به خانم دی. توصیه کردم که فوراً به خانه برگردد. در کل این مرد خیلی توهین‌آمیز با من برخورد کرد و سبب شد به سهم خودم همه تلاشم را تا حدی که می‌توانم انجام بدهم.
درمان آن‌قدر کوتاه بود -ده هفته- که هیچ معالجه پیوسته‌ای مطرح نیست. حتی نمی‌دانم در آینده نزدیک نیز اوضاع برای بیمار چطور پیش خواهد رفت. از سوی دیگر، این موضوع آن‌قدر پیش رفت که ممکن نیست این کار هیچ ثمری نداشته باشد. وقتی که طوفان به جریان یافتن ادامه می‌دهد، باید بتوان موفقیت آن را سنجید.
در هر صورت، او مناسب‌ترین و جالب‌ترین بیماری بود که تو به من ارجاع داده بودی و من به خاطر آن از تو ممنونم. تقصیر هیچ‌یک از ما نیست که اوضاع بهتر نشد. پرفسور دی. فقط نتوانست اعتمادی را که به تو داشت، به من هم منتقل

کند. دارم مجموعه دشواری از رویدادهای تصادفی را پشت سر می‌گذارم که در آن چیزهای ناخوشایندی برایم اتفاق می‌افتد. من دائماً، تحمل را تمرین می‌کنم.
باز هم، با تشکر صمیمانه!
با احترام!
زیگموند

وین، ۱۷ ژانویه ۱۹۰۲
۹، برگاس ۱۹

ویلهلم عزیز!
به خاطر پرس‌وجویت که فوراً دارم به آن پاسخ می‌دهم، تشکر می‌کنم. روز اول کریسمس، ارنست و آنا دچار مخملک شدند که هنوز سبک است و تاکنون بی هیچ مشکلی پیش رفته. صبح‌ها پیش از این‌که دوش بگیرم بیماران را می‌بینم و متوجه خوشحالی‌شان می‌شوم. هرچند، رنگ‌پریده و ساکت و ناراحت‌اند.
به خاطر تردیدهای مشخصی، نمی‌توانم بقیه بچه‌ها را به خارج از خانه بفرستم؛ بنابراین، تا جایی که امکان دارد آن‌ها را در خانه ایزوله کرده‌ایم و تاکنون هیچ سوءظنی به یک بیمار جدید وجود ندارد. از زمانی که اجازه ندارند به مدرسه بروند، دارند از زندگی لذت می‌برند و خیلی عالی پیشرفت می‌کنند.
خواهرم هم به شدت بیمار است. آب‌وهوای این‌جا بسیار غیرعادی است و در کل اوقات بدی را می‌گذرانیم.
با تشکرهای فراوان از لوبارش.[1] خانم جی. آر. قبلاً دو شماره از نشریه را برای من فرستاده بود. تاکنون فقط دو مقاله انتقادی را در ژورنال‌های حرفه‌ای دیده‌ام. مجله *روان‌شناسی و فیزیولوژی اندام‌های حساس*[2] و ماهنامه *نورولوژی و روان پزشکی* که هر دوی آن‌ها طبیعتاً از تجاوز به علم شوکه شده بودند.[3]
هیچ‌چیزی از تو نمی‌دانم و امیدوارم و تصور می‌کنم همه‌چیز روبه‌راه است.
با درودهای صمیمانه!

با احترام!

زیگموند

۱. یک مقاله/مقاله انتقادی مثبت؛ *خواب و رویا* Schulf und Traum نوشته اُ. لوبارش O. Lubarsch که در مجله ووچه Woche منتشر شد. (هیچ شکی نیست که اثر فروید برای درک رویاها به صورت خارق‌العاده‌ای غنی است). لوبارش با گفتن این جمله که رویا همان‌طور که فروید تشخیص می‌دهد، ارزش زیادی در درمان دارد و برای درک علائم از آن استفاده می‌شود و «متوجه می‌شویم که هیچ‌چیزی ما را در رویا به حرکت درنمی‌آورد که در زندگی واقعی معنایی برایمان نداشته باشد. بنابراین، رویا اجازه می‌دهد که نگاهی کوتاه به عمیق‌ترین لایه‌های قلبمان بیندازیم».

۲. مقاله‌ای انتقادی توسط وی. استرن از برسلو که در سال ۱۹۰۱ چاپ شد و لحن کاملاً مخالفی دارد: «یک تمایل خاص، یعنی پیدا کردن معنای جنسی در همه محتواهای امکان‌پذیر و امکان‌ناپذیر رویا، آن‌قدر زیاد در این کتاب آمده است که به هیچ کاری نمی‌آید به جز ذکر کردن یک مثال. این واقعیت که مطالب ابتدا از فرد هیستریایی حاصل می‌شوند، احتمالاً مسئول این موضوع است. عدم مقبولیت این نوع تفسیر رویا به عنوان یک روش علمی باید به‌طور قطعی بیان شود، زیرا این خطر وجود دارد که ذهن‌های غیرانتقادی ممکن است از این بازی خیالی جالب، لذت ببرند و بنابراین ما را به عرفان کامل و اختیار آشفته خواهند برد -پس انسان نمی‌تواند هیچ‌چیز را با هیچ‌چیز اثبات کند».

۳. این مقاله توسط هر لیپمن Herr Liepmann از برلین نوشته و در سال ۱۹۰۱ چاپ شد. این هم ناخوشایند است و با این جملات به پایان می‌رسد. «به‌طور خلاصه در این اثر، متخصص زیرک ذهن بر محقق علمی پیروز می‌شود. این خطر وجود دارد که در کسانی که هوش کمتری دارند، برای مثال روان‌شناسی خیالی آن‌ال را که در لذت تفسیر غلت می‌زند از بند باز کند و به تورفتگی‌های تاریک زندگی احساسی، نقب بزند و بینش‌های با زحمت به‌دست‌آمده تحقیقات علمی روان‌شناسی را به باد بدهد».

۸ مارس ۱۹۰۲
۹، برگاس ۱۹

ویلهلم عزیز!
خوشحالم می‌توانم به تو بگویم که بالاخره، درجه استادی را که از خیلی وقت پیش منتظرش بودم و به‌تازگی هم آن را می‌خواستم، به‌دست آوردم. هفته بعد، زیتونگ وینَی، این را به اطلاع عموم که انتظار دارم به چنین مهر و موم تأیید رسمی احترام بگذارند، خواهد رساند. تقریباً مدت زیادی است که هیچ خبری از من دریافت نکرده‌ای که می‌تواند به انتظارات خوشایند مربوط باشد.
صمیمانه به تو درود می‌فرستم!
با احترام!
زیگموند

وین، ۱۱ مارس ۱۹۰۲
۹، برگاس ۱۹

ویلهلم عزیز!
فقط تصور کن «عالیجناب» چه کاری می‌تواند انجام بدهد! او حتی می‌تواند کاری کند که من یک بار دیگر صدای تو را در نامه بشنوم، اما چون تو چنین چیزهای خوبی را با اخبار -به رسمیت شناختن، سلطه و غیره- مرتبط می‌دانی، اصرار معمول و زیان‌بار من بر صداقت وادارم می‌کند که به تو بگویم در نهایت دقیقاً چه اتفاقی افتاد.
در واقعیت کار من بود. وقتی که از رم برگشتم، لذت من از کار و زندگی تا حدی افزایش و از رنج کشیدن تا حدی کاهش یافته بود که متوجه شدم مطبم به‌تدریج خلوت شده است؛ آخرین کارم[1] را از چاپ دور نگهداشتم، چون فقط کمی قبل، شنونده‌ام که تو باشی را از دست داده بودم.* می‌توانستم پیش‌بینی کنم که انتظار برای به رسمیت شناخته شدن می‌تواند بخش مهمی از زندگی مرا بگیرد و در

عین حال، هیچ‌کدام از پیروانم خودشان را برای من به دردسر نیندازند و می‌خواستم باز هم رم را ببینم، از بیمارانم مراقبت کنم و روحیه فرزندانم را بالا نگهدارم. بنابراین، تصمیم گرفتم که از واقعیت محض جدا شوم و قدم‌های درستی بردارم. درست همان کاری که انسان‌های دیگر انجام می‌دهند. انسان باید جایی به دنبال رستگاری باشد و من این عنوان را نجات‌بخش خود دیدم. چهار سال تمام حتی یک کلمه در مورد آن حرف نزدم، اما حالا معلم قدیمی‌ام، اکسنر را دیدم. او تا جایی که می‌توانست، ناخوشایند و تا حدی گستاخ بود و نمی‌خواست هیچ‌یک از دلایل چشم‌پوشی کردن از من را فاش کند و کاملاً نقش یک مأمور را بازی کرد. تنها بعد از این‌که با بیان چند تذکر توهین‌آمیز در مورد فعالیت مقامات ارشد وزارت‌خانه خشمش را برانگیختم، بیان کرد که چیز مبهمی در مورد تأثیر شخصی عالیجناب علیه کار من وجود دارد و به من توصیه کرد که به دنبال یک ضد تأثیر شخصی باشم. من توانستم به او بگویم که می‌توانم به دوست و بیمار پیشین خودم نزدیک بشوم، یعنی به همسر هوفرات گومپرز. به نظر می‌رسید او این ایده را دوست دارد. خانم الیس خیلی مهربان بود و با گرمی، علت را مطرح کرد. او به دیدن وزیر رفت و از پاسخ وزیر حیرت‌زده شد: «چهار سال! و او کیست»؟ روباه پیر طوری رفتار می‌کرد که گویی مرا نمی‌شناسد. در هر صورت، باید پیشنهاد جدیدی ارائه می‌شد. بنابراین، برای ناتنگل و کرافت-ابینگ که داشتند بازنشسته می‌شدند، نامه نوشتم و از آن‌ها خواستم که پیشنهاد قبلی‌شان را تجدید کنند. هر دوی آن‌ها به‌طور شگفت‌انگیزی پاسخ دادند. ناتنگل چند روز بعد نوشت: «من با کرافت-ابینگ صحبت کردم» و کرافت-ابینگ هم چند روز بعد نامه نوشت: «ما پیشنهاد را فرستادیم»، اما وزیر سرسختانه از دیدن گومپرز اجتناب کرد و به نظر می‌رسید باز هم چیزی از آن حاصل نخواهد شد.

سپس، جبر دیگری به کار گرفته شد. یکی از بیمارانم، ماری فِرستِل (که تا چند هفته دیگر با همسرش که به مقام ژنرال مشاور منصوب شده است، به برلین نقل مکان خواهد کرد) در مورد این موضوع شنید و شروع کرد به مبارزه برای آن. او

آرام نگرفت تا وقتی که یکی از آشنایان وزیر را به عنوان پارتی پیدا کرد. برایش خودشیرینی کرد و وزیر از طریق این دوست مشترک به او قول داد که منصب استادی را به دکتری بدهد که درمانش کرده بود، اما او که کاملاً آگاه بود یک قول اولیه هیچ معنایی ندارد، شخصاً دوستش را به گوشه‌ای کشید و من معتقدم که بی‌تردید اگر بوکلین به جای این‌که دست عمه‌اش ارنستین تورش باشد، دست او بود، من سه ماه پیش به این سمت منصوب می‌شدم. آن‌طور که به نظر می‌رسد عالیجناب باید از یک نقاشی مدرن برای گالری‌ای که می‌خواهد تأسیس کند -که طبیعتاً برای خودش نیست- خشنود شده باشد. در پایان وقتی که وزیر در خانه این بیمار من شام خورد، از روی بخشندگی او را مطلع کرد که برگه‌های رسمی را نزد امپراتور فرستاده است و وقتی که این برگه‌ها امضاء شدند و انتصاب نهایی شد، او اولین کسی است که خبردار خواهد شد.

سپس، یک روز که به جلسه درمانی‌اش آمد، نامه‌ای از وزیر را در دستش تکان می‌داد. بالاخره انجام شده بود. زیتونگ وِینی هنوز این انتصاب را به اطلاع عموم نرسانده، اما خبر حتمی بودن آن از ارگان‌های رسمی پخش شده است. تحسین مردم بی‌اندازه بود، همچنان تبریک‌ها و گل‌ها فرستاده می‌شوند. گویی این نقش جنسیت ناگهان به‌طور رسمی توسط اعلیحضرت به رسمیت شناخته شده و اهمیت رویاها توسط هیئت وزرا تأیید شده است و همچنین ضرورت درمان روان‌کاوی هیستری توسط دوسوم اکثریت نمایندگان پارلمان تأیید شد.

به‌طور واضح، باز هم مشهور شده‌ام. بی‌میل‌ترین تحسین‌کننده‌هایم در خیابان از دور به من تبریک می‌گویند.

خود من هنوز هم با خوشحالی هر پنج تبریک را با یک مورد قابل قبول مناسب برای درمان طولانی‌مدت معاوضه می‌کنم. من آموخته‌ام که دنیای کهن توسط اقتدار اداره می‌شده، درست همان‌طور که دنیای جدید توسط دلار اداره می‌شود. من اولین تعظیم خود را به اقتدار انجام داده‌ام و بنابراین، امیدوارم پاداشی

دریافت کنم. اگر اثر آن روی حلقه‌های بزرگتر درست به اندازه اثر آن روی حلقه های نزدیک‌تر باشد، ممکن است به دلیل خوبی امیدوار باشم.

در کل یک انسان با گوش‌های بسیار دراز است که در نامه‌ات به اندازه کافی تحسین نشده و او خود من هستم. اگر سه سال پیش چند قدم برمی‌داشتم، سه سال پیش به این منصب می‌رسیدم و همه‌چیز مهیا می‌شد.

بقیه بدون این‌که به رم بروند این‌قدر زیرک‌اند. سپس، نامه محبت‌آمیزت را، در میان بقیه چیزها، مدیون این رویدادهای شکوهمند هستم. لطفاً محتوای این نامه را پیش خودت نگهدار.

از تو ممنونم و صمیمانه به تو درود می‌فرستم!

با احترام!

زیگموند

*نستروی، پیش از عملکرد نتیجه‌بخش به دنبال روزنه‌ای می‌گردد و فقط دو نفر را در خانه می‌بیند و ادعا کرده است: «من آن یک شنونده» را می‌شناسم و او بلیت مکمل دارد. نمی‌دانم که شنونده دیگر نیز بلیت مکمل دارد یا نه».

۱. این بدون شک ارجاعی است به مورد دورا (بخشی از تحلیل یک مورد مبتلا به هیستری) که در سال ۱۹۰۱ به پایان رسید، اما تا سال ۱۹۰۵ چاپ نشد. استرچی (S. E. ۷:۴) ذکر می‌کند که فروید در تاریخ ۹ جون ۱۹۰۱ نوشت که تاریخچه این بیمار در پائیز چاپ خواهد شد. استرچی اضافه می‌کند: «ما هیچ اطلاعاتی نداریم که چرا فروید نظرش را عوض کرد و چاپ را تا چهار سال بعد عقب انداخت». (از جزئیات بیشتر؛ از جمله این واقعیت را که فروید در سال ۱۹۰۹ به فرنزی گفت که ویراستار ماهنامه *روان‌شناسی و عصب‌شناسی*، در ابتدا مقاله را برگشت زده بود، می‌توان در کتاب «زندگی جونز» ۲۸۷-۲۸۶ : ۲ پیدا کرد) متن حاضر خصوصاً از نظر ارجاع قبلی به این‌که رای این مقاله را دوست نداشت (نامه ۳ مارس ۱۹۰۱) به ما اجازه می‌دهد درک کنیم که دلیل اصلی این‌که فروید نمی‌خواست مقاله چاپ شود چیست؛ با از دست دادن دوستی فلیس و علاقه به کار، فروید حس کرد دیگر کسی وجود ندارد که برای آنچه او می‌نویسد، اهمیت قائل شود.

[کارت پستال تصویری از معبد نپتون، پائِستوم]

۱۰ سپتامبر ۱۹۰۲

با درودهای صمیمانه از نقطه اوج سفر!

با احترام!

زیگموند

۷ دسامبر ۱۹۰۲

۹، برگاس ۱۹

ویلهلم عزیز!

با افسوس فراوان از مصیبتی که در خانه‌ات اتفاق افتاد، مطلع شدم و فقط امیدوارم که خیلی زود بر این پریشانی غلبه کنی.[1] از میان همه انواع مصیبت، بالاخره این آزمایشی است که نسبت به بقیه کمتر سخت است.

با درودهای صمیمانه!

با احترام!

زیگموند

۱. مایکل شروتر به من اطلاع داد که در ۲۸ نوامبر آیدا فلیس یک دختر مرده به‌دنیا آورد. «دوره زندگی» فلیس، صفحه ۳۴ را ببینید.

دستاورد

نامه‌هایی که پس از این می‌آیند، نتیجه ناراحت‌کننده یک دوستی پرحرارت‌اند. از این چند سند، دشوار می‌توان فهمید که چه اتفاقی افتاده است، اما آشکارا به نظر می‌رسد که انگیزه پایان یافتن این دوستی از طرف فلیس بوده است. فروید به تدریج متوجه می‌شود که دوستش خود را عقب می‌کشد. بدون نامه‌های فلیس، نمی‌توان فهمید که آیا فروید از اولین علائم جدایی چشم‌پوشی کرده، یا فلیس هیچ اشاره‌ای به چیزی که پیش آمده، نکرده بود.

یک سند مربوطه، به‌تازگی رو شده است. در کتابخانه کنگره، چند صفحه از مقاله‌ای از فلیس وجود دارد که هیچ‌وقت چاپ نشده بود. عنوان مقاله این بود؛ *کشف دوگانگی جنسی مداوم: یک تصویر تاریخی*. فلیس از یکی از نامه‌هایش به فروید که متأسفانه تاریخ آن معلوم نیست، اما مطمئناً مربوط به زمان جدایی است و طبق داوری فلیس، به ۱۹۰۰ مربوط است، چیزی نقل می‌کند. بخشی از آن نامه که فلیس در مقاله‌اش آن را باز می‌نویسد این‌چنین است: «در این مورد، به عقیده من، شما تنها مسئول موفقیت‌های سریع و درخشان خود هستید و در مقابل بازگشت و عود کردن بیماری‌های دیگر مسئولیتی ندارید؛ چرا که خودم شاهد بودم که بعد از یک دوره سرخوشی چند ماهه، درگیری تومورهای مغزی شروع شده است. در آن دوره، سیمپتوم‌های روان‌رنجوری نیز پس‌رَوی می‌کنند. سپس، ناگهان به‌طور حیرت‌آوری و هم‌زمان با اولین سیمپتوم‌های نئوپلاسم، بازمی‌گردند». فلیس ادامه می‌دهد: «فروید از این گفته‌ها وحشت‌زده شد». هیچ شکی وجود ندارد که وحشت‌زده می‌شد. این گفته‌ها به این معنی بود که هیچ نیازی نبود فروید وارد روان‌پزشکی شود. بیمار براساس دوره‌های زیست‌شناسی، بهتر یا بدتر می‌شود. دیدگاه فلیس، همه کارهای فروید را خراب می‌کرد و بیگانگی، اجتناب‌ناپذیر بود.

دیگر جنبه جدایی این است که فروید در ابتدا نه تنها دیدگاه فلیس را در مورد اهمیت خودش برای زیست‌شناسی به اشتراک گذاشت بلکه قبول کرد که او (فروید) تلاش کرده که فلیس را از پیشرفتش دور کند. فروید آشکارا در متنی از *آسیب‌شناسی روانی زندگی روزمره* (S. E. ۶ :۱۴۳-۱۴۴) به این اعتراف کرد:

در یکی از روزهای تابستان ۱۹۰۱ به دوستی که در آن زمان ایده‌های علمی‌مان را با هم مبادله می‌کردیم، یادآوری کردم: «این مشکلات روان‌رنجوری فقط در صورتی حل خواهند شد که ما کاملاً بر فرضیه دوجنسیتی اصیل افراد تکیه کنیم» و او در پاسخ گفت: «این همان چیزی است که من دو سال و نیم پیش در بروسلو وقتی که برای پیاده‌رَوی بعدازظهر رفته بودیم به تو گفتم، اما تو در آن زمان به آن گوش نمی‌کردی». خیلی دردناک است که کسی بخواهد این‌چنین اصالت یک چیز را زیر سؤال ببرد. من اصلاً نمی‌توانم چنین گفته‌ای را از دوستم به خاطر بیاورم. یکی از ما دارد اشتباه می‌کند و براساس اصل «منافع که؟» آن یک نفر باید من باشم. درواقع، هفته بعد همه‌چیز را به‌یاد آوردم. من حتی پاسخی را که در آن زمان به او دادم نیز به‌یاد آوردم: «هنوز این را نپذیرفته‌ام، نمی‌خواهم حتی این سؤال را بپذیرم». اما از آن زمان به بعد، وقتی که در خواندن ادبیات پزشکی قرون وسطی، به یکی از چند ایده‌ای رسیدم که نام من تداعی‌کننده آن‌هاست و متوجه شدم که نامی از من ذکر نشده، کمی صبورتر شدم.

این قطعه منتخب همراه نامه‌های پایانی از طرف فروید به فلیس، احساس گناه فروید نسبت به همکارش را نشان می‌دهد و اعتقادش را به این‌که به درستی او را به افشای راز متهم کرده بود. احتمالاً آیندگان با فروید از آنچه او با خودش بود مهربان‌تر خواهند بود و صداقت او را در این موقعیت سخت، تحسین خواهند کرد. با نگاه به گذشته، عقیده تند فروید در مورد رفتارش چیزی به جز ارزش‌گذاری بیش‌ازحد به موفقیت‌های علمی فلیس نیست. او از این داستان دوجنسیتی به عنوان فرد سخاوتمندتر، هم از نظر احساسی و هم فکری، پدیدار می‌شود.

۲۶ آوریل ۱۹۰۴[۱]

ویلهلم عزیز![۲]

اگر بعد از این وقفه طولانی باز هم دارم برایت نامه می‌نویسم، مطمئناً تصور خواهی کرد که نیتم یک تکانه احساسی نیست بلکه یک انگیزه عملی است و همین‌طور است. دوست دارم که به صورت زیر باز هم از هم مطلع شویم؛ چند پزشک جوان شایسته -که نمی‌خواهم در مورد آن‌ها پنهان‌کاری کنم- و در حلقه شاگردان من هستند، در آینده‌ای نزدیک می‌خواهند ژورنالی علمی را منتشر کنند که به «کشف زیست‌شناسی و روان‌شناسی دوجنسیتی» تعلق دارد و از تو می‌خواهند با آن‌ها همکاری کنی و پیش از آن‌ها من از تو می‌خواهم نام و سهم خود را در این مورد انکار نکنی. آن‌ها باور دارند که زمان درست فرا رسیده است، زیرا همه‌جا نشانه‌های توافق با دیدگاه‌های من در حال افزایش است. به‌تازگی، به رسمیت شناختنِ کاملاً ابهام‌آمیز نقطه‌نظرم را در یک مقاله انتقادی در *هفته‌نامه پزشکی مونیخ*[۳] دیده‌ام که توسط روان‌پزشک رسمی بلولِر، در زوریخ نوشته شده بود. فقط تصور کن، یک استاد تمام روان‌پزشکی و †††[۴] مطالعات هیستری و رویای من که تاکنون منزجرکننده نامیده می‌شدند! حالا دیگر غیرممکن نیست که خود من هم شاهد بخش‌هایی از تغییر باشم. من هرگز به پیروزی پس از مرگ شک نکرده‌ام.

باید کاری از دکتر سِووبودا[۵] که من بیش از یک جنبه، خالق فکری آن بوده‌ام به دستت رسیده باشد. هرچند، نمی‌خواستم نویسنده آن باشم. نوع؛ گاتل.[۶] اما باور دارم که دانشجوهای بهتری را در اختیار دارم.

البته، درست به اندازه قبل مشتاق این هستم که در مورد کتاب جدیدت توضیحاتی به ما بدهی.

با درودهای صمیمانه!

با احترام!

زیگموند

۱. این نامه و نامه‌های ۲۶ و ۲۷ جولای ۱۹۰۴، در ابتدا توسط فلیس در جزوه *مربوط به خودم و او* ثبت شدند. برای اولین بار چاپ شدند، نامه‌های اصلی در کتابخانه دانشگاه ملی یهودی، اورشلیم، هستند.

۲. فروید از کلمه متداول‌تر Lieber wilhelm به جای Teurer wilhelm استفاده می‌کند.

۳. در مقاله انتقادی لاونفلد در مورد *نشانه‌های وسواسی-اجباری روان‌شناختی* که در *هفته‌نامه پزشکی مونیخ*، ۷۱۸: (۱۹۰۴) ۵۱ چاپ شد، یوگن بلولر Eugen Bleuler می‌نویسد: «فروید در مطالعات روی هیستری و در کتاب رویاها، بخشی از دنیای جدید را به ما نشان داده، هرچند به هیچ‌وجه تمام آن را به ما نشان نداده است. خودآگاه ما در تئاتر خود فقط عروسک‌های خیمه‌شب‌بازی را می‌بیند. در دنیای فرویدی، بسیاری از نخ‌هایی که عروسک‌ها را تکان می‌دهند، آشکار شده‌اند». به نظر می‌رسد فروید نمی‌داند بلولر در سال ۱۸۹۶ یک مقاله انتقادی در مورد *مطالعات روی هیستری* او در *هفته‌نامه پزشکی مونیخ* نوشته است. این مقاله که در اصل خلاصه‌ای از کتاب است، با این کلمات مثبت به پایان می‌رسد: «همان‌طور که باید باقی بمان، این واقعیت که این کتاب دیدگاه کاملاً جدیدی در مورد روان ارائه می‌کند، آن را به یکی از مهم‌ترین چیزهای اضافه‌شده در چند سال گذشته در حوزه روان‌شناسی پاتولوژیکی یا نرمال، تبدیل می‌کند». مقاله دیگری در سال ۱۹۰۴ که توسط بلولر نوشته شده بود، برای فروید به اندازه مقاله‌ای که برای فلیس در مورد آن نوشته بود، لذت‌بخش بوده است. بحث بلولر در مورد امیل رایمن Emil Raimann، *اختلالات روانی هیستریایی* (لایپزیک، دوتیکه، ۱۹۰۴) در *هفته‌نامه پزشکی مونیخ*، با این کلمات به پایان می‌رسد: «واقعیت دارد که این منتقد به اهمیت منحصربه‌فرد جنسیت اعتقاد ندارد و این‌که از مفهوم تغییر درک ناکافی دارد و غیره؛ با این وجود، او روش فروید را برای درک عمیق‌تر روان سالم و همچنین روان بیمار لازم می‌داند». این‌ها احتمالاً اولین ارزیابی‌های مثبت کار فروید توسط یک روان‌پزشک آکادمیک پیشگام است.

۴. نامه‌های ۵ نوامبر ۱۸۹۹ و ۸ می ۱۹۰۱ را ببینید.

5. Hermann Swoboda, *Die Petiode des menscblicben Organism us in ihret psyciiologiscben und biologischen Bedeutung*
هرمان سووبودا (لایپزیک و وین، فرانتز دوتیکه، ۱۹۰۴)

۶. گاتنگ Gattung به معنی نوع، طبقه‌بندی، دسته است. گاتل اولین شاگرد فروید بود. این یک نمایش غیرقابل ترجمه به صورت واژگان است.

برلین، ۲۷ آوریل ۱۹۰۴[۱]

زیگموند عزیز!

خیلی خوشحال شدم که خبری از تو شنیدم. هرچند، بنابر گفته خودت، نوشته های تو براساس هیچ تکانه احساسی نیستند. مخصوصاً از این خبر که بیشتر به رسمیت شناخته می‌شوی، خوشحال شدم.

بلولر برای من ناشناخته نیست. من خاطره خوشایندی را از یک تحقیق خوب روی دید رنگی بعد از تأثیرات صوتی به‌یاد آوردم که او سال‌ها پیش با لِمَن انجام داده بود. در حال حاضر، نمی‌توانم هیچ‌چیزی برای ژورنال جدید بنویسیم. (من همه دعوت‌های دیگر را نیز رد کرده‌ام) چون کاملاً مشغول نوشتن کتابم هستم و تا وقتی که آخرین بخش آن کامل نشود، نمی‌توانم خودم را به کارهای دیگر اختصاص بدهم.

خیلی متأسفم که تو باید به عنوان پدیدآورنده فکری کتاب سووبودا به‌حساب بیایی. نه به این خاطر که نویسنده کوچکترین ایده‌ای در مورد این‌که مشکل دوره‌ها کجاست ندارد و نه به خاطر خطاهای واقعی بسیار زیاد بلکه فقط به خاطر ردی از عدم صداقت عمیق که در کل کتاب وجود دارد. خود تو با اشاره به گاتل، این مطلب را می‌رسانی. من فقط زمانی متوجهش شدم که دقیق‌تر آن را خواندم. در غیر این صورت، یادداشت تشکرم از نویسنده به خاطر فرستادن این کتاب برای من، با لحن دیگری نوشته می‌شد. سووبودا سالی که این مشاهدات را در آن انجام داده بود، ذکر کرده و در آن سال با کتاب من آشنا شده بود. ضمناً آیا *شوخی‌ها*، مطلبی را که دقیقاً یک سال پیش به من نشان داده بودی، تمام کرده ای؟[۲]

ترجیح می‌دادم شفاهاً به تو پاسخ می‌دادم، اما در حال حاضر به وین نخواهیم آمد. (همان‌طور که توسط منابع غیرموثق شایعه شده است) بنابراین، با بهترین آرزوها، این دست‌خط را برایت می‌فرستم.

با احترام!

ویلهلم

۱. من این نامه را در دست فلیس در مارسفیلدگاردن پیدا کردم. پیش از این منتشر نشده است.

۲. فروید این کتاب را در سال ۱۹۰۵ با عنوان *شوخی‌ها و رابطه آن‌ها با ناخودآگاه* چاپ کرد.

۱۵ جولای ۱۹۰۴

۹، برگاس ۱۹

ویلهلم عزیز!

من از تاریخ امروز برای تبریک گفتن ازدواج زودهنگام خواهرزنت ماری استفاده می‌کنم. حضور تو در وین هیچ حاصلی برای من نخواهد داشت. چون بعدازظهر پیش از آن، وین را به مقصد تعطیلاتم در کونیگسی ترک خواهم کرد. بهترین‌ها را برای تابستان تو و خانواده‌ات آرزو می‌کنم.

با احترام!

زیگموند

هتل میسل و شادن

وین، ۲۰ جولای ۱۹۰۴

زیگموند عزیز!

کتابی از وینینگر[1] را دیدم که در اولین بخش زیست‌شناسی آن، در کمال تعجب توصیفی از ایده‌هایم را در مورد دوجنسیتی و ماهیت جذابیت جنسی ثمربخش آن -مردان زنانه، جذب زنان مردانه می‌شوند و برعکس- پیدا کردم. از یک نقل

قول در آن می‌بینم که وینینگر، سووبودا -شاگرد تو- را (پیش از انتشار این کتاب) می‌شناسد و این‌جا فهمیدم که این دو نفر «همراز» بودند. هیچ شکی ندارم که وینینگر، دانش ایده‌های من را از طریق تو به‌دست آورده و از استعدادهای فرد دیگر سوءاستفاده کرده است. در مورد آن، چه می‌دانی؟ آیا با مهربانی پاسخ صریحی به من می‌دهی؟ (به نشانی برلینم، چون بعدازظهر روز بیست و سوم، وین را ترک خواهم کرد)

با درودهای صمیمانه!

با احترام!

۱. اوتو وینینگر، Otto weininger (وین، ویلهلم براومولر، ۱۹۰۳). *Geschlecht und Charakter: Eine prinzipielle Untersuchung*

وی. سونِنفِلس

۲۳ جولای ۱۹۰۴

۹، برگاس ۱۹[1]

ویلهلم عزیز!

من هم معتقدم که وینینگر مرحوم با کلیدی که به‌دست آورد، دزدی کرده بود. هر چیزی را که در مورد آن می‌دانم، برایت می‌فرستم. سووبودا که دوست صمیمی او بود و اطلاعاتی در مورد دوجنسیتی از من به‌دست آورده (آن را از گفتگوهای‌مان در هر درمان کسب کرده بود) و وقتی که فهمید وینینگر مشغول مسائل جنسی است، کلمه «دوجنسیتی» را ذکر کرده است. البته، آن‌طور که خودش تعریف می‌کند، در نتیجه آن، وینینگر با دست به پیشانی‌اش می‌کوبد و به سمت خانه می‌دود تا کتابش را بنویسد. در موقعیتی نیستم که داوری کنم آیا این گزارش، درست است یا نه.

به‌علاوه، من باور می‌کنم که وینینگر که به خاطر ترس از ماهیت مجرمانه‌اش خودش را کشت، می‌تواند ایده دوجنسیتی را از هر جای دیگری به‌دست آورده باشد، چون این ایده برای مدتی در پیشینه آمده بود. بدون شک، تشابه جزئیات

را می‌توان به این صورت توضیح داد: وقتی که متوجه این ایده شد، برخی مداخلات را به درستی استنباط کرد. البته، بخش عمده‌ای را نادرست استنباط کرده بود. زیرا سووبودا می‌گوید هیچ اطلاعات اضافه‌ای به او نداده است و درواقع، اطلاعاتی نداشته که بخواهد بدهد. زیرا به جز چیزی که در درمان پیش می‌آید — این‌که یک جریان هم‌جنس‌گرایی قوی در هر روان‌رنجور وجود دارد- چیز دیگری از من نفهمیده است.

آن‌طور که نوشتی، سووبودا شاگرد من نیست. او به عنوان یک انسان بسیار بیمار نزد من آمد و به اندازه هر بیمار دیگر، من به او کمک کردم و چیزهایی از من یاد گرفت. بنابراین، من هیچ نقشی در کشف او که با ایده‌های تو سر و کار دارد، نداشتم. من پیش از این‌که کتاب چاپ شود آن را نخوانده بودم. وقتی که آن را خواندم، از نمک‌نشناسی روان‌رنجوری او حیرت کردم. یعنی، از روشی که در یافته‌هایش استفاده می‌کند تا به نظریه رویای من حمله کند. او به‌راحتی از من بهره‌برداری کرد. در نهایت حتی به منظور پیدا کردن ناشری برای او که من این کار را کردم و از نظر ویژگی‌های کیفی یک کارگر در کارش، صریحاً هر مسئولیتی را رد می‌کند. من همیشه آماده انجام چنین چیزهایی بودم، با این هدف که هرگز بعدها به خاطر آن افسوس نخورم.

در حال حاضر، دارم «سه مقاله در مورد نظریه جنسیت را به پایان می‌رسانم که در آن تا حد ممکن از موضوع دوجنسیتی پرهیز می‌کنم. من در دو جا نمی‌توانم این کار را انجام بدهم؛ در توضیح همجنس‌خواهی که در آن تا جایی پیش می‌روم که پیشینه به من اجازه می‌دهد. (کرافت-ابینگ و افراد پیش از او، کییِرنان، چِوالیِر و دیگران) به‌علاوه، وقتی که جریان همجنس‌خواهی را در روان رنجوری ذکر می‌کنم، در آن‌جا می‌خواهم یادداشتی را اضافه کنم که با تذکرات خاص تو برای ضرورت این یافته آماده کرده‌ام یا شاید می‌خواهی فرمولاسیون قابل مقایسه‌ای را به من پیشنهاد کنی.

بقیه آن به زندگی جنسی دوران کودکی و مولفه‌های محرک‌های جنسی مربوط است.

با درودهای صمیمانه!

با احترام!

زیگموند

۱. یادداشت ۱ نامه ۲۶ آوریل ۱۹۰۴ را ببینید.

برلین، ۲۶ جولای ۱۹۰۴

زیگموند عزیز!

بنابراین، چیزی که اسکار رای در مورد بی‌گناهی وینینگر به من گفت، نادرست بود. او گفت که وینینگر با دست‌نوشته‌اش سراغ تو آمد و تو در حالی که به او نگاه می‌کردی، توصیه کردی آن را منتشر نکند چون محتوایش مزخرف است. من باور دارم که در این صورت، تو باید توجه من و او را به «دزدی» جلب می‌کردی. به‌طور واضح، خود وینینگر -مانند تو- باور نداشت که ایده «دوجنسیتی پایدار و غیرقابل اجتناب همه موجودات زنده» (نه فقط زمینه دوجنسیتی) را از جای دیگری پیدا کرده باشد. چون او در صفحه ۱۰، بیان می‌کند که این ایده به این صورت، کاملاً جدید است. از تو خیلی ممنون می‌شوم اگر دیگر منابعی را که در مورد آن‌ها نوشتی -کرافت-ابنیگ، کییرنان، چوالیر و غیره- طوری برایم فهرست کنی که من بتوانم به‌راحتی آن‌ها را پیدا کنم، زیرا من به خوبی با پیشینه آشنا نیستم.

به‌علاوه، وینینگر در آرنوپلاسما و تلی‌پلاسمایش[1] نیز این ایده که ذات زنده در هر موجود زنده‌ای، نرینه و مادینه می‌باشد را دزدیده است، همان که من از وقوع منظم دوره‌های ۲۳ و ۲۸ روزه در مردان و زنان، آن را استنباط کردم.

من چیزی را که تاکنون از نامه‌ات فهمیده‌ام -این‌که تو داری از (ایده) دوجنسیتی پایدار در درمان‌هایت استفاده می‌کنی- نمی‌دانستم. ما اولین بار در

مورد آن در نورمبرگ و وقتی که هنوز در تخت خوابیده بودم، صحبت کردیم و تو تاریخچه موردی زنی را به من گفتی که خواب مارهای غول‌پیکر را می‌بینند. زمانی‌که تو کاملاً تحت تأثیر این ایده قرار گرفته بودی که شاید احساسات پنهانی این زن از بخش نرینه روانش نشأت گرفته باشد. به همین دلیل من از مقاومت تو در برسلو در برابر فرضیه دوجنسیتی در روان حیرت کرده بودم. در برسلو همچنین در مورد وجود شوهرهای چپ‌دست فراوان در میان آشنایان هم با تو صحبت کردم و توسط نظریه چپ‌دست بودن، توضیحی به تو دادم که تمام جزئیاتش با گفته‌های وینینگر (که هیچ‌چیز در مورد چپ‌دست بودن نمی‌داند) مطابق است. مطمئناً، تو خود نظریه چپ‌دست بودن را رد کردی و همان‌طور که خودت صادقانه اقرار کردی، برای مدتی بحث دوجنسیتی‌مان را فراموش کردی.

به این دلیل‌که من نمی‌دانستم درمان تو نیاز به ذکر دوجنسیتی دارد، نمی‌دانستم دوست صمیمی وینینگر، دکتر سووبودا بیمار تو بوده است- وقتی که در نامه‌ات او را با گاتل مقایسه کردی و اضافه کردی که «اما من باور دارم که دانشجوی بهتری را در اختیار دارم»، فکر نمی‌کردم او بیمار تو باشد.

بدون شک هر دوی ما دوست داریم برای مکاتبه، موضوعی بهتر از بحث در مورد یک «دزد»، داشته باشیم. شاید آینده آن را برای ما فراهم کند.

با درودهای صمیمانه!

ویلهلم

1. arrhenoplasma and thelyplasma

۲۷ جولای ۱۹۰۴

۹، برگاس ۱۹[1]

ویلهلم عزیز!

می‌بینم که باید حق بیشتری را نسبت به آنچه برایش آماده بودم، به تو بدهم. من تعجب می‌کنم که فراموش کردم چقدر از شاگردم سووبودا شکایت کرده‌ام و همچنین از توضیح دادن در مورد ملاقات با وینینگر نیز (هرچند آن را فراموش

نکرده بودم) شگفت‌زده‌ام. مورد دوم، درست به همان صورتی است که رای برایت نقل کرده بود. هرچند، دست‌نوشته‌ای که به من نشان داد، واژه‌بندی کاملاً متفاوتی نسبت به کتاب چاپ‌شده، داشت. همچنین من در مورد فصلی که درباره هیستری نوشته شده بود تا توجه مرا جلب کند، احساس خطر کردم، اما زمینه اساسی دوجنسیتی نیز قابل تشخیص بود و آن زمان باید متأسف شده باشم که آن‌طورکه من می‌دانستم، ایده تو را از طریق سووبودا به او داده بودم. هم‌راستا با تلاش من برای بی‌بهره کردن تو از نوآوری‌ات، من رفتار خودم نسبت به وینینگر و فراموشی پس از آن را بهتر درک می‌کنم.

از سوی دیگر، من باور ندارم که باید در آن زمان فریاد می‌زدم: «بس است، دزد»! چرا که هیچ فایده‌ای نداشت. چون دزد هم ادعا می‌کرد این ایده، ایده خودش است و نمی‌توان ایده‌ها را ثبت اختراع کرد. ممکن است انسان آن‌ها را منع کند و این کار را از روی مشورت انجام دهد. اگر جایگاه والایی برای حق مالکیت کسی قائل باشد، اما وقتی آزاد می‌شوند، باز هم راه خودشان را می‌روند. به‌علاوه، در آن زمان من کاملاً با منابعی در پیشینه آشنا بودم که در آن‌ها ایده دوجنسیتی برای توضیح همجنس‌خواهی استفاده شده بود. تو باید بپذیری که یک ذهن مبتکر می‌تواند به‌راحتی از جابجایی دوجنسی برخی افراد، استفاده کند و آن را به کل تعمیم دهد؛ هرچند، این گام، «منطق» تو باشد. شخصاً برای من، تو همیشه (از ۱۹۰۱) نویسنده دوجنسیتی بوده‌ای. من می‌ترسم در نگاه کردن به پیشینه، متوجه بشوی که خیلی‌ها حداقل به تو نزدیک شده‌اند. نام‌هایی که برایت ذکر کردم در دست‌نوشته‌ام وجود دارند. من کتاب‌ها را با خودم نیاوردم؛ بنابراین، نمی‌توانم اسناد بیشتری در اختیارت بگذارم. مطمئناً در کتاب *بیماری روانی* جنسی نوشته کرافت-ابینگ، آن را خواهی یافت.

به‌علاوه، من مطمئن بودم (و هنوز هم هستم) که هیچ جزئیاتی از صحبت‌های تو را به سووبودا نگفته‌ام. عمومیت گرایش جنسی تنها چیزی است که در درمان‌ها مطرح شد و من فقط تا این حد به آن نیاز داشتم. از بعد از تجربه‌ای که صادقانه

در «زندگی روزمره» گزارش کردم، شک کردم که یکی از ما شاید به خاطر تبادل نامحدود ایده‌های‌مان در گذشته، افسوس بخورد و با موفقیت سعی کرده باشد جزئیات صحبت‌های‌مان را فراموش کند. در آن زمان من به روشنی خودم را، برای خیرخواهی یا بی‌دقتی‌ام نسبت به دارایی تو شدیداً سرزنش می‌کردم، همان‌طور که حالا دارم این کار را انجام می‌دهم. اکنون شاید تصور کنم آسیبی که از وینینگر دیده‌ای بسیار ناچیز است. زیرا هیچ‌کس این اثر بی‌ارزش او را جدی نخواهد گرفت و اگر ارزش وقت تو را دارد می‌توانی این شرایط را پاک کنی. دزدیدن آن‌قدر که فکر می‌کرد، ساده نیست. من با این حرف خودم را تسلّی می‌دهم و می‌خواهم بقیه نیز تسلّی‌ام بدهند.
فقط تو نیستی که افسوس می‌خوری -من هم افسوس می‌خورم- که این حادثه که تو مرا به خاطر آن سرزنش کردی، مکاتبه‌ای را که از مدت‌ها پیش در خوابی طولانی بود، بیدار کرد. هرچند، تقصیر من نیست که تو وقت پیدا کردی و فقط در هنگام این حوادث زیبا، شروع به مکاتبه با من کردی. واقعیت این است که در چند سال گذشته -«زندگی روزمره» خط تقسیم‌کننده بوده است- تو دیگر علاقه‌ای به من یا خانواده‌ام یا کارم نشان ندادی. من الان آن را پشت سر گذاشته‌ام و دیگر کمترین آرزویی برای آن ندارم. من تو را سرزنش نمی‌کنم و از تو می‌خواهم به این نکته پاسخ ندهی.
من درخواست متفاوتی دارم. من در تمام زندگی‌ام پیشنهادها را رد کردم، بدون این‌که بپرسم چه چیزی از آن‌ها حاصل خواهد شد. بدون این‌که احساسم از بین رفته باشد، می‌توانم اعتراف کنم که فلان چیز یا بهمان چیز را از دیگران یاد گرفته‌ام، اما هیچ‌وقت به چیزی که برای دیگران بوده، طوری نزدیک نشده‌ام که گویی برای خودم است. فقط افرادی مانند گارتنر می‌توانند این را بگویند؛ بنابراین، حالا در خصوص دوجنسیتی، من هم نمی‌خواهم مقابل تو در چنین موقعیتی باشم. زیرا حداقل این همان موضوعی است که تو انتخاب کرده‌ای که ارزش [فرد] دیگر و عدم رضایت از من (مورد سووبودا) را ابراز کنی. اطمینان دارم

که شما مهربانانه با خواندن اظهارات در باب دوجنسیتی در اثبات مقاله تازه تمام‌شده «مقاله‌هایی در باب نظریه جنسیت» و تغییر آن‌ها در صورت رضایت، به من کمک می‌کنید تا از این مخمصه خارج شوم. راحت‌تر است که بخواهم انتشار آن ها را تا زمانی که زیست‌شناسی خود را به عموم عرضه کنی، به تعویق بیندازم، اما نمی‌دانم چه زمانی این اتفاق خواهد افتاد. تو شدیداً به خاطر من عجله خواهی کرد. در این بین، من کاری نمی‌توانم انجام بدهم، حتی نمی‌توانم *شوخی‌ها* را به پایان برسانم که در نقطه حساس، تا حدی براساس تئوری جنسیت است. همچنین از منتظر شدن برای چاپ کتاب تو، چیزی نصیبم نمی‌شود. چون پس از آن احتمالاً نمی‌توانم از موضوع دوجنسیتی اجتناب کنم، کاری که حالا انجام می‌دهم. مجبورم درنگ کنم و سرانجام، کارهای جدیدی آماده کنم. از سوی دیگر، من مطالب مختصری را از دوجنسیتی و یا سایر چیزهایی که می‌گویم، از تو قرض گرفته‌ام و می‌توانم با چند اظهار نظر، عدالت را در سهم تو رعایت کنم. فقط باید مطمئن باشم که تو با آن‌ها موافقی و زمینه‌هایی برای سرزنش‌های بعدی در آن‌ها پیدا نخواهی کرد.

از تو می‌خواهم به این موضوع پاسخ بدهی.

با درودهای صمیمانه!

با احترام!

زیگموند

پی‌نوشت: موبیوس، جزوه *جنسیت و بی‌شرمی*[۲] را به کتاب وینینگر اختصاص داده است. البته، من آن را هم با خودم نیاوردم. او ادعا می‌کند که بسیاری از ایده‌های وینینگر، مال اوست. مطمئناً، برایت جالب خواهد بود که ببینی کدام ایده‌ها را می‌گوید.

۱. یادداشت ۱ نامه ۲۶ آوریل ۱۹۰۴ را ببینید.

2. Mobius, *Geschlecht und Unbescheidenheit*

پائول، جی، موبیوس، (هیل، ای، اس: کارل مارهولد، ۱۹۰۴)

کارهای اصلی ذکرشده

Principal Works Cited

Freud's works are entered alphabetically under their German title and under the English translation of the title, with full publication data at the German entry. If the work was published separately in English, those publication data are given at the English entry, works included in *S.E.* are identified by volume number and pages in that edition. If there was no publication in English, an English translation of the title has been supplied and is cross-referenced to the German entry. Fliess's works are listed alphabetically by German title, with the English translation given in parentheses. Reviews of both men's works appear chronologically under the German entry for the item reviewed. Works by other writers are given alphabetically by author.

Works by Sigmund Freud

*II*Abstracts of the Scientific Writings of Dr. Sigmund Freud, 1877 - 1897.11 *S.E.* 3:225- 257. See also "Inhaltsangaben der wissenschaftlichen Arbeiten des Privatdozenten Dr. Sigm. Freud, 1877-1897.'1
"Abwehr-Neuropsvchosen, Die." *Neurologisches Centralblatt,* 13 (1894): 362 - *3641* 402 - 409.
*/I*Analyse der Pho bie eines funfiahrigen Knaben.' *J [ahrbucb* fUr *psycboatialytiscbe und psychopathologische Potschungen,* 1 (1909):1- 109.
*II*Analysis of a Phobia in a Five-Year-Old Boy." *S.E.* 10: 5- 149. See also" Analyse der Phobie eines funfjahrigen Knaben."
"Autobiographical Study." *S.E.* 20: 7 70. See also "Selbstdarstellung."
"Beobachtung einer hochgradigen Hemianaesthesie bei einem hysterischen Manne. *" Wiener medizinische Wochenschrift,* 36 (1886):1633- 38.
Beyond the *Pleasure Principle. S.E.* 18:7 -64. See also Ienseits des Lustprin*zips.*"Bruchstuck einer Hysterie-Analyse." *Monatsscbrift [iu Psychiattie und*
Neurologic, 18 (19°5):285-310,408-467. "Charcot," an obituary.

Wiener medizinische Wochenscbrift, 43 (1893):
151 3- 20 j *S.B. 3:9-23.*

Principal Works Cited

Civilization and Its Discontents. S.E. 21:59 -145. See also *Das Unbebagen in det Kuliut,* "Clinical Study in Hemiplegia in Children, A," with Oscar Rie. See "Kli .. nische Studie tiber die halbseitige Cerebrallahmung der Kinder." "Contribution to the Knowledge of Cerebral Diplegias in Childhood (in Connection with Little's Disease}." Abstract, *S.E.* 3:245. See also "Zur Kenntnis der cerebralen Diplegien des Kindesalters (im Anschluss an die Little'sche Krankheit]." "Critical Introduction to the Pathology of the Nervous System." See "Kritische Einleitung in die N ervenpathologie." *Drei Abhandlungen* zur *Sexualtheorie.* Leipzig and Vienna: Franz Deu.. ticke, 1905. "Entwurf einer Psychologie." *Anjiuige,* 373 - 456. "Erfullte Traumahnung, Eine." *C.W. 17:21-23. Five Lectures* on Psycho-Anclysis, *S.E.* 11:3-56. See also *Ober Psychoanalyse.* "Forgetting and Repressing." See "Vergessen und Verdrangen." "Fragment of an Analysis of a Case of Hysteria." *S.E.* 7:3 - 122. See also "Bruchstuck einer Hysterie-Analyse."
"Further Remarks on the Neuro-Psychoses of Defence." *S.E.* 3:159-185. See also "Weitere Bemerkungen uber die Abwehrneuropsychosen." *Group Psychology and the Analysis of the Ego. S.E.* 18:67-143. See also *Massenpsycbologie und Ich-Analyse.* "L'heredite et I' etiologic des nevroses." *Revue neuxologique,* 4 (1896): 161- 169. ' "Heredity and the Aetiology of Neuroses." *S.E.* 3:142 - 156. See also "L'heredite et I'etiologie des nevroses." "Hysteria." *S.E.* I: 39- 57. See also "Hysterie." "Hysterie." In *Hatuiwottetbucii dec gesamten* Medizin, edited by Albert Villaret, 1:886 - 892. Stuttgart: 1888. "Infantile Cerebrallahmung, Die." In *Specielle Pathologie und Thetapie,* edited by Hermann Nothnagel, vol. 9, pt. 2, sec. 2. Vienna: Alfred Holder, 1897.
Review by Mann. *Monatsschrift* fur Psychiatrie und *Neurologie, 2.* (1897):247 - ~51. "Infantile Cerebral Paralyses." See "Die infantile Cerebrallahrnung." "Inhaltsangaben der wissenschaftlichen Arbeiten des Privatdozenten Dr. Sigm. Freud, 1877-1897." Privately printed by Franz Deuticke. Interpretation *ofDreams,* The. Translated by James

Strachey. New York: Basic Books, 1955; *S.E.* 4,5. See also *Die Traumdeutung. Introductory Lectures* on *Psycho-Analysis. S.E.* IS,16. See also *Vorlesungen* zur *Eitiiuhrung* in *die Psychoanalyse. [etiseits des Lustprinzips.* Leipzig, Vienna, and Zurich: Internationaler Psychoanalytischer Verlag, 1920. *lokes and Their Relation* to *the Unconscious. S.E.* 8:3-238. See also *Dei* Witz *und seine Beziehung* zum *Unbewussten.*

Principal Works Cited

"Klinische Studie tiber die halbseitige Cerebrallahmung der Kinder," with Oscar Rie. In *Beitrage* zur *Kindetheilkunde,* edited by M. Kassowitz, vol. 3. Vienna: Perles, 1891.
"Kritische Einleitung in die Nervenpathologie." 1887 (unpublished). *Letters ofSigmund Freud,* 1873 - 1939. Edited by Ernst L. Freud; translated by Tania Stern and James Stern. London: Hogarth Press, 1961. See also *Sig-* . mund Freud *Btieie, 1873-1939. Massenpsychologie* und *len-Analyse.* Leipzig, Vienna, and Zurich: Internationaler Psychoanalytischer Verlag, 1921. *Neue Studien* tiber *Hypnotismus, Suggestion* und *Psycbotherapie,* by Hippolyte Bernheim. Translated from the French by Freud. Leipzig and Vienna: Franz Deuticke, 1892. Originally published as Hypnotisme, sugg*estion, psychotherapie: Etudes nouvelles.* Paris, 1892. *Neue Vorlesungen tiber die Krankheiten des Netvetisystems insbesondere* tiber *Hysterie,* by Jean Martin Charcot. Translated from the French by Freud. Leipzig and Vienna: Toplitz &. Deuticke, 1886. Originally published as Lecons *sur les maladies* du systems nerveux, Paris, 1887. "Neuro-Psychoses of Defence, The." *S.E.* 3:45-61. See also "Die AbwehrN europsychosen." *New Lectures* on *Diseases ofthe Nervous System, Especially Hysteria.* See *Neue Vorlesungen tiber die Krankheiten des Nervensystems insbesondere* tiber *Hvstetie.* Preface, *S.E.* 1:19- 22. *New Studies* on *Hypnotism, Suggestion and Psychotherapy.* See *Neue Studien tiber Hypnotismus, Suggestion* und *Psycbotherapie.* Obituary of Samuel Hammerschlag. *Neue [teie Ptesse,* November II, 1904, *8; S.E.* 9: 255 - 256. "Observation of a Severe Case of Hemi-anaesthesia in a Hysterical Male." *S.E.* 1:24 - 31. See also "Beobachtung einer hochgradigen Hemianaesthesie bei einem hysterischen Manne." "Obsessions and Phobias: Their

Psychical Mechanism and Their Aetiology." *S.E.* 3:71- 82. See also "Obsessions et phobies (leur mecanisme psychique et leur etiologie]."
"Obsessions et phobies (leur mecanisme psychique et leur etiologie]."
Revue neurologique, 3 (1895):33 - 38 . *On Aphasia.* See *Zur Auffassung det Aphasieti: Eine kritiscbe Studie.* "On a Symptom Frequently Accompanying Nocturnal Enuresis." See /lOber ein Symptom, das haufig die Enuresis nocturna der Kinder begleitet." "On Bernhardt's Disturbance of Sensibility in the Thigh." See l'Uber die Bernhardt'sche Sensibilitatsstorungen am Oberschenkel." *On Dreams. S.E.* 5:631-686. See also *Ober den Traum.* "On Hemianopsia in Early Childhood. *II* See "Ober Hemianopsie im fruhesten Kindesalter. *"* "On the Aetiology of Hysteria." *S.E.* 3:189 - 221. See also "Zur Atiologie der Hysterie. " "On the Grounds for Detecting a Particular Syndrome from Neurasthenia Principal Works Cited under the Description' Anxiety Neurosis.' *JI S.E.* 3:87 -117. See also "Uber die Berechtigung, von der Neurasthenie einen bestimmten SymptomenKomplex als 'Angstneurose: abzutrennen. *JI* "A Reply to Criticisms of My Paper on Anxiety Neurosis" (translation of Freud's response to Lowenfeld review of"Ober die Berechtigung"], *S.E. 3:12 1 - 139.* "On the History of the Psycho-Analytic Movement." *S.E.* 14:3-66. See also "Zur Geschichte der psychoanalytischen Bewegung." "On the Mechanism of Obsessional Neuroses and Phobias." See "Ober den 'Mechanismus der Zwangsvorstellungen und Phobien.'" "On the Psychical Mechanism of Hysterical Phenomena: A Preliminary Communication," with Josef Breuer. *S.E.* 2:3-17. See also "Uber den psychischen Mechanismus hysterischer Phanornene: Vorlaufige Mitteilung." Origins *of Psycho-Analysis, The: Letters* to *Wilhelm Fliess, Drafts and Notes,* 1887-1902, *by* Sigmund *Freud.* Edited by Marie Bonaparte} Anna Freud, and Ernst Kris, translated by Eric Mosbacher and James Strachey, introduction by Ernst Kris. New York: Basic Books, and London: Imago Publishing Company, 1954. "Premonitory Dream Fulfilled, *A. IJ S.E.* 5:623 - 625. See also "Eine erfullte Traumahnung." "Project for a Scientific Psychology. *II S.E.*. 1:283- 387*i Origins,* 347 - 445. See also "Entwurf einer Psychologie." "Psychical Mechanism of Forgetfulness, The. 1I Also called' by Freud "The Painting by Signorelli. *II S.E.* 3:289 - 297. See also "Zum psychischen Mechanismus der Vergesslichkeit.' *Psychopathology of*

Everyday Life. S.E. 6:1-279. See also "Zur Psychopathologie des Alltagslebens. *JI* "Quelques considerations pour une etude comparative des paralysies motrices organiques et hysteriques." *Archives de neutologie,* 26 (1893):29- 43· Review by L. Camuset. *Annales medicopsycliologiques,* 54 (1896):265. Review by Freud of Paul J. Mobius, Migraine. Wiener klinische Rund*schau,* 9 (1895):140 - I4I. "Screen Memories." *S.E.* 3:301- 322. See also "Ober Deckerinnerungen." "Selbstdarstellung." Ill; *Die Medizin der Gegenwart* in *Selbstdatstellungeti,* edited by L. R. Crete, 4:1-52. Leipzig: Meiner, 1925. "Sexualitat in der Atiologie der Neurosen, Die." *Wiener klitiiscbe* Rund· *schau,* 12 (1898):21 - *22 J* 55- 57, 70 - *72 J* 103 - l0S· "Sexuality in the Aetiology ofthe N euroses." *S.E.* 3:261 - 285. See also "Die Sexualitat in der Atiologie der N eurosen." Sigmund *Freud, Aus den Aniangen. der Psychoanalyse. Briefe an Wilhelm Pliess, Abhandlungen* und *Notizen aus den [ahren* 1887-19°2. Edited by Marie Bonaparte, Anna Freud, and Ernst Kris, introduction by Ernst Kris. London: Imago Publishing Company, 1950. *Sigmund Freud Brieje,* 1873-1939. Frankfurt: S. Fischer Verlag, new and enlarged edition, 1980 [rst ed., 1960)

Principal Works Cited

Sigmund Freud, Gesammelte Werke. 18 vols. Edited by Anna Freud, with the collaboration of Marie Bonaparte, E. Bibring, W. Hoffer, E. Kris, and O. Isakower. London: Imago Publishing Company, 1940-1.952. "Some Elementary Lessons in Psycho-Analysis." *S.E.* 23:281-286; *C.W.* 17:141 - 147· "Some Points for a Comparative Study of Organic and Hysterical Motor Paralyses." *S.E.* 1:157-172. See also "Quelques considerations pour une etude comparative des paralysies motrices organiques et hysteriques." *Standard Edition ofthe Complete Psychological Works ofSigmund Freud, The.* 24 vols. Edited by James Strachey, translated in collaboration with Anna Freud, assisted by Alix Strachey and Alan Tyson. London: Hogarth Press and the Institute of Psycho-Analysis, 1953- 1974. *Studien tiber Hysterie,* with Josef Breuer. Leipzig and Vienna: Franz Deuticke, 1895. Review by Adolf von Strumpell. *Deutsche Zeitschrift fur Nervenheilkuiide,* 8 (1895- 1896):159 - 161. Review-by Alfred Freiherr von Berger. "Chirurgie der Seele." *Morgenptesse,* February 2, 1896. Reprinted in part in *Psychoanalvtiscbe Bewegung,* 4 (1932):73-76. Review by Eugen Bleuler. *Miinchener medizinische Wochenschrift,* 43 (1896):524-525. Review by Eugen Bleuler of Emil Raimann, *Die hysterischen Geistes*storungen. *Munchener medizinische Wochenschrift,* 51 (1904):2241. Some discussion of Studien tiber Hysterie included. *Studies on Hysteria,* with Josef Breuer. *S.E.* 2. See also *Studien iiber Hystetie. Suggestion and Its Therapeutic Effects.* See *Die Suggestion* und *ibre Heilwitkung.* Preface, *S.E.* 1:73 - 87. *Suggestion* und *ihre Heilwirkung, Die,* by Hippolyte Bernheim. Translated from the French by Freud. Leipzig and Vienna: Franz Deuticke, 1888. Originally published as *De la suggestion* et *de ses applications ala thetapeutique.* Paris, 1886. *Three Essays* on *the* Theory *ofSexuality. S.E.* 7:125-245. See also *Drei Abhandlungen* zur *Sexualtheorie. Traumdeutung, Die.* Leipzig and Vienna: Franz Deuticke, 1900. Review by Carl Metzentin, "Uber wissenschaftliche Traumdeutung." *Gegenwart,* 50 (1899):3 86 - 389. Review by Jacob Julius David. *Die Nation,* 17 (1900):238-239. Review by Max Burckhard. "Ein modernes Traumbuch." *Die Zeit, 22* (190 0): no. 275, p. 911, and no. 27 6, pp. 25-27. Review by C. Oppenheimer. *Umscbau,* 4 (190 0):218- 2 19. Review in *Berliner Tageblatt* und *Handels-Zeitung,* June 6, 190 0 , P·19· Review by Ludwig Karell. *Beilage* zur *[Miinchener] allgemeineti Zeitung,* October 12, 19° 0 , pp. 4 - 5· Review by Paul J. Mobius. "Uber den Traum." *Schmidt's lahibucber* der in- *und ausliindischen* gesamten Medizin, 269 (190 1):271. Principal Works Cited Review by Fr. Mero. "Eine neue Theorie des Traumes." Der *Tag,* March 22,1901, pp. 5-6. Review by W. Stern. *Zeitschxiit* fUr *Psychologie und Phvsiologie det* Sinnesorgane, 26 (1901):131 -133. Review by O. Lubarsch. "Schlaf und Traum." *Die Woche,* 3 (1901): 2243-46,4: 17- 19. Review by Liepmann. *Monatsschrift [tit Psycbiatrie* und *Neurologie,* 10 (1901):237- 239. Article by F. von der Leyen. "Traum und Marchen.' *Der Lotse: Hambutgetsche Wochenschrift [iu deutsche Kultur,* 1 (19°1):382-39°. "Uber Deckerinnerungen." *Monatsschrift* fUr *Psychiatrie und Neurol*ogie, 6 (1899):215 - 230. "Uber den 'Mechanismus der Zwangsvorstellungen und Phobien."' *Wiener kliniscbe Wochenschrift,* 8 (1895):496. See also expanded version entitled "Obsessions et phobies {leur mecanisme psychique et leur etiologie)." "Uber den psychischen Mechanismus hysterischer

Phanornene: Vorlaufige Mitteilung," with Josef Breuer. *Neurologisches Ceturalblatt, 12-* (1893):4- 10,43-47. Review by Paul J. Mobius. Schmidt's Tahrbucher der in- und *ausliindischeti gesamten Medizin,* 239 (1893):236. *Uber den Traum.* In *Grenz/ragen des Nerven- und Seelenlebetis,* edited by L. Lowenfeld and H. Kurella, pp. 307-344. Wiesbaden: J. F. Bergmann, 19°1. "Uber die Berechtigung, von der N eurasthenie einen bestimmten Symptomen-Komplex als 'Angstneurose' abzutrennen." *Neurologisches Centralblatt,* 14 (1895) :50 - 66. Review by Leopold Lowenfeld, "Uber die Verknupfung neurasthenischer und hysterischer Symptome in Anfallsform nebst Bemerkungen uber die Freudsche Angstneurose." *Miinchener medizinischeb Wochenschrift,* 42 (1895):282- 285. "Zur Kritik der *I* Angstneurose' *II* (Freud's response to the above review). *Wiener klinische Rundschau,* 9 (1895):417-4191 435-437, 4Si . "Ober die Bernhardt'sche Sensibilitatsstorungen am Oberschenkel." *Neurologiscbes Ceturalblau,* 14 (I895):49 1 - 49 2. "Uber ein Symptom, das haufig die Enuresis nocturna der Kinder begle*itet." N*eurologisches *Cetitralblati,* 12 (1893):735-737· /lOber Hemianopsie im fruhesten Kindesalter." *Wiener medizinische Wocbenscbriit,* 38 (1888): 1081- 86, 1116 - 21. Review by Holtzke. "Uber Hemianopsie im fruhesten Kindesalter." *Archiv fur Kindetheilkunde,* 12 (189~):444 - 445· *Uber Psychoanalyse.* Leipzig and Vienna: Franz Deuticke, 1910. *Unbehagen* in *det* Kultur, *Das.* Vienna: Internationaler Psychoanalytischer Verlag, 1930. "Vergessen und Verdrangen." 1901 (presumably never published). Vorjesungen zur *Einiubrung* in *die Psychoanalyse.* Leipzig and Vienna: Heller, 1916- 1917.

Principal Works Cited

"Weitere Bemerkungen tiber dieAbwehrneuropsychosen."*Neutologisches Centralblatt,* 15 (1896):434- 448. *Witz und seine Beziehung* zum *Unbewussten, Del,* Leipzig and Vienna: Franz Deuticke, 1905. *"Zum* psychischen Mechanismus der Vergesslichkeit." *Monatsschrift fur Psychiattie und Neurologie,* 4 (1898):436 - 443- "Zur Atiologie der Hysterie." *Wiener klinischbe Rundschau,* 10 (1896):379- 381, 395·- 397, 413- 415, 43 2 - 433, 450;"" 452. Zur *Auf/assung der Aphasien: Eine ktitiscbe Studie.*

Leipzig and Vienna: Franz Deuticke, 189I. "Zur Geschichte der psychoanalytischen Bewegung." *[alubucb der Psychoanalyse,* 6 *(1914):207-260.* Zur Kenntnis der cerebralen Diplegien des Kindesalters (im Anschluss an die Little'sche Krankheit)." *Beittage* zur *Kinderheilkunde,* Neue Folge 3 (1893):1-158. Leipzig and Vienna: Franz Deuticke. "Zur Psychopathologie des Alltagslebens." *Monatsschrift fur Psycbiatrie und Neurologie,* 10 {19 0 I):1 - 32, 95 - 143. "Zwangsvorstellungen und Phobien: Ihr psychischer Mechanismus und ihre Atiologie." Translated from the French by Arthur Schiff. *Wiener klinische Rundscliau,* 9 (1895):262 - 263, 276 - 278. Works by Wilhelm Fliess *Ablaufdes Lebetis, Del: Gtuiidlegung* zur *exakten Biologie* (The course of life: foundation for an exact biology). Leipzig and Vienna: Franz Deuticke, 1906; zrid ed., 1923. "Aus der Diskussion tiber die Vortrage des Herrn Siegmund: Heads Felder und weibliche Geschlechtsorgane, und des Herrn Koblanck: Ober nasale Reflexneurosen" (From the discussion of the paper by Siegmund: Head's zones and female sexual organs, and the paper by Koblanck: On the nasal reflex neuroses). *Zeitschriit fur Geburtshilfe* und *Gyniikologie, 43* (1900):601- 60 4. *Beziehungen zwischen Nase und weiblicheti Geschlechtsorganen, Die:* In *ihrer biologischeti Bedeutung dargestellt* (The relationship between the nose and the female sexual organs: presented from the point of view of its biological significance). Leipzig and Vienna: Franz Deuticke, 1897. Review by Ry. *Wiener klitiiscbe Rundsciiau,* 12 (1898):240. Review essay by Arthur Schiff. "Ober die Beziehungen zwischen Nase und weiblichen Sexualorganen." *Wiener kliniscíie Wochenschrift,* 14 (1901):57 - 65. "Entdeckung der dauerndn Doppelgeschlechtigkeit, Die: Eine geschichtliche Darstellung" (The discovery of permanent bisexuality: a historical presentation). Unpublished manuscript in the Library of Congress. In *eigetiet Sache: Gegen Otto* Wei~inger *und Hermann Swoboda* (In my own defense: against Otto Weininger and Hermann Swoboda). Berlin: Emil Goldschmidt, 1906. 49°

Principal Works Cited

"Magenschmerz und Dysmenorrhoe in einem neuen Zusammenhang" (Stomachaches and dysmenorrhea in a new context). *Wiener kliniscbe*

Rundscbau,9 {189S):4-6, *20-22,* 37-39, 65-67,115-117,131-133,15°-152.*Nasale Fernleiden* (Remote symptoms attributable to the nose). Leipzig and Vienna: Franz Deuticke, 1926. See also *Ober den utsacblicben* Zu*sammenhang von Nose* und *Geschlechtsorgan.* "Nasale Reflexneurose, Die" (The nasal reflex neurosis). *Verhandlungen des Congresses [ur ituiete Medizin,* 12. *Congress,* pp. 384 - 394. Wiesbaden:]. F. Bergmann, 1893. Summary in French by Fliess. "Les reflexes d'origine nasale" (Travail lu au Congres de medecine interne de Wiesbaden). *Archives de laryngologie* (also known as the *Archives internationales d'otologie* et *de rhitiologie),* 6 (1893):266 - 269. *Neue Beitrage* zur *Klinik* und *Therapie det nasalen Reflexneurosen* (New contributions to the theory and therapy of the nasal reflex neuroses). Leipzig and Vienna: Franz Deuticke, 1893. Review by Arthur Schnitzler. *ltiternationale klinische* Rundschau, 7 (1893):1098. Review by O. Chiari. *Wiener klinische Wochenschrift,* 6 (1893):462. Review by Schech in *Miinchener mediziniscbe Wochenschrift, 41* (1894):55. *Ober* den *ursachlicheti Zusammenhang von Nase* und *Geschlechtsorgan: Zugleicb ein Beitrag* zur *Netvetiphysiologie* (On the causal connection between the nose and the sexual organ, as well as a contribution to the physiology of the nervous system). Halle a.S.: Carl Marhold, 1902; znd ed., 1910; 3rd ed., as *Nasale Petnleiden,* Leipzig and Vienna: Franz Deuticke, 1926. "Uber Dysmenorrhoe und Wehenschmerz" (On dysmenorrhea and labor pain). *Zeitscbxiit fur Geburtshilfe und Gynakologie,* 36 (1897):356 - 371. *Vom Leben* und *Tod: Biologische Vortriige* (Of life and death: biological essays). lena: Eugen Diederichs, 1909. Zur *Periodenlehre: Gesammelte Auisatze* (On periodicity: collected essays). Iena: Eugen Diederichs, 1925. Works by Other Authors Becker, Hortense Koller. "Carl Koller and Cocaine." *Psychoanalytic Quarterly,* 32 (1963):3°9 - 373. Bernfeld, Siegfried. "Sigmund Freud, M.D., 1882 - 188S." *International Journal of Psycho-Analysis,* 32 (1951):1-14. " Bernfeld, Siegfried. "Freud's Studies on Cocaine, 1884-1887." *[ournal of the American Psychoanalytic Association,* I (1953):581-613. Bernfeld, Siegfried, and Suzanne Cassirer Bernfeld. "Freud's First Year in Practice, 1886 - 1887." *Bulletin ofthe Menninger Clinic,* 16 (195 2):37- 49. Bruckner, Peter. "Sigmund Freuds Privatlektiire." *Psyche,* 15 (1961- 62):881-9 02; 16 (1962-63):721-743.

49 1 Decker, Hanna S. *Freud* in *Germany: Revolution and Reaction in Science,1893* - 1907. New York: International Universities Press, 1977.Eissler, Kurt R. *Goethe: A Psycboanalytic Study.* 2 vols. Detroit, Michigan:Wayne State University Press, 1963.Eissler, Kurt R. *Sigmund Freud und die Wiener Univetsitat: aber diePseudo-Wissenscbaftlichkeit det ituigsten Wiener Preud-Biogtapbik.* Bern and Stuttgart: Hans Huber, 1966. .Ellenberger, Henri F. The *Discovery ofthe Unconscious:* The *History and Evolution ofDynamic Psychiatry.* New York: Basic Books, 1970. Cicklhom, Josef, and Renee Gicklhorn. Sigmund *Freuds akademische Laufbahn im Lichte der Dokumente.* Vienna and Innsbruck: Urban &. Schwarzenberg, 1960.Grinstein, Alexander. On *Sigmund Freud's Dreams.* New York: International Universities Press, rev. ed., 1980; rst ed., 1968:-Grinstein, Alexander. "Freud and Count Oerindur: A PreliminaryCommunication." Unpublished; presented to the Michigan Association forPsychoanalysis on September 23, *1980.* Hirschmuller, Albrecht. *Physiologie und Psychoanalyse im Leben und Werk JosefBreuers.* Bern: Hans Huber, 1978.Jones, Ernest. *Sigmund Freud: Life and Work.* 3 vols. New York: BasicBooks, 1954 - 1957. Krull, Marianne. *Freud* und *sein Vater.' Die Entstehung der Psychoanalyse*und *Freuds ungeloste Vaterbindung.* Munich: C. H. Beck, 1979.Lebzeltern, G. "Sigmund Freud und Theodor Meynert." *WienerklinischeWochenschrift,* 8S (1973):417-42 2 .Lesky, Erna. "Die Entwicklung der wissenschaftlichen Kosmetik in Osterreich." *Astbetische Medizin,* 9 (19 6 0):199- 210.Lesky, Erna. *Die Wiener medizinischbe Schule* im 19. *[abrhutidett:* Graz andCologne: Hermann Bohlaus, 1965; znd ed., 1978.Masson, Jeffrey Moussaieff. *The Assault* on Truth: *Freud's Suppression ofthe Seduction Theory.* New York: Farrar, Straus and Giroux, 1984.Meynert, Dora Stockert. *Theodor Meynert* und *seine Zeit:* Zur *Geistesgeschbicbie Ostetreichs* in *det* 2. *Halite des* 19. *[ahrbundetts.*ViennaandLeipzig:Osterreichischer Bundesverlag, 1930.Prevost, Claude M. *Janet, Freud et la psychologie clinique.* Paris: PetiteBibliotheque Payor, 1973. Pschyrembel, Willibald. *Klinisches Worterbuch mit kliniscben*

Sytidtomen. Berlin: Walter de Gruyter, 1964.
Sablik, K. "Sigmund Freud und die Gesellschaft der Arzte in Wien." *Wiener klinische Wochenscbrift,* 80 (1968):1°7-110.
Sajner, Josef. "Sigmund Freuds Beziehungen zu seinem Geburtsort Freiberg und zu Mahren." *Clio Medica,* 3 (1968):167-180.
Schonau, Walter. *Sigmund* Freuds *Prosa: Litetatiscbe Elemente seinesStils.* Stuttgart: J. B. Metzler, 1968.Schur, Max. Editor's introduction, "Marie Bonaparte, 1882- 196 2 . *JJ* In*Drives, Affects, Behavior,* edited by Max Schur, *2:9-20.* New York: International Universities Press, 1965.49 2 Principal Works CitedSchur, Max. "Some Additional 'Day Residues' of the Specimen Dream of Psychoanalysis. *JJ* In *Psychoanalysis, A General Psycbology: Essays* in*Honor ofHeinz Hartmann,* edited by Rudolph M. Lowenstein, Lottie M.Newman, Max Schur, and Albert]. Solnit, pp. 45 -85. New York: International Universities Press, 1966.Schur, Max. Freud: Living *and* Dying. New York: International Universities Press, 1972.
Sulloway, Frank]. *Freud, Biologist ofthe Mind: Beyond the PsychoanalyticLegend.* New York: Basic Books, 1979.Vogel, Paul. "Eine erste, unbekannt gebliebene Darstellung der Hysterievon Sigmund Freud." *Psyche,* 7 (1952-53):481-500.Zilboorg, Gregory. *A History ofMedical Psycbology.* New York: W. W.N orton, reprint ed., 1967 *i* 1St ed., 1941.

فهرست اعلام و مطالب

Index

Library of Congress' Cataloging in Publication Data

Freud, Sigmund, 1856 - I939

Thecomplete letters of Sigmund Freud to Wilhelm, Fliess, - -1858 - 1928.

'Bibliography: 'p,

Includes index.

L Freud; Sigmund, 1856 1939. 2. Fliess, Wilhelm,

18S8 - i92~. 3. Psychoanalysts- Correspondence.

4'. Psychoanalysis. f 'Masson, J. Moussaieff (Jeffrey" Moussaleff],
194i Fliess Wilhelm, I8~7 - 190 4. ".~? ';all
A:,~. _~4 II. ..
III. Title.
BFI73·F8SA4 -'"1985 i50 . 19'S2 84~24S16
ISBN:o-67 4~IS42Q"7 [alk, paper}